구원계시의 발전사

Copyright ⓒ 1998 by Willem A. VanGemeren
Originally published in English under the title
The Progress of Redemption by Baker Books,
A division of Baker Publishing Group
P.O. Box 6287, Grand Rapids, MI 49516, U.S.A.
All rights reserved.

Used and translated by the permission of Baker Publishing Group
through rMaeng2, Seoul, Korea

This Korean edition copyright ⓒ2017 by Solomon Publishing Co.

구원계시의 발전사(수정판)

2019년 9월 25일 수정판 1쇄 발행

지은이 | 윌렘 반 게메렌
옮긴이 | 권대영
펴낸이 | 박영호
교정·교열 | 주종화 /김태림
펴낸곳 | 도서출판 솔로몬

주소 | 서울시 동작구 사당로 170
전화 | 599-1482
팩스 | 592-2104
직영서점 | 596-5225

등록일 | 1990년 7월 31일
등록번호 | 제 16-24호

ISBN 978-89-8255-559-6 03230

1998 ⓒ Willem A. VanGemeren
Korean Copyright ⓒ 2017
by Solomon Publishing Co., Seoul, Korea

본서의 한국어판 저작권은 알맹2 에이전시를 통하여
Baker와 독점 계약한 도서출판 솔로몬에 있습니다.
저작권법에 의하여 한국 내에서 보호를 받는 저작물이므로 무단전재와 복제를 금합니다.
※ 본서는 ESP에서 「구원계시의 발전사」로 출간된 바 있음.

창조에서 새 예루살렘으로 가는 구원의 이야기

구원계시의 발전사

The Progress of Redemption
The Story of Salvation from Creation to the New Jerusalem

윌렘 반 게메렌 지음 | 권대영 옮김

수정판

창조에서 시작하여 새 예루살렘에서 완성되고 최종적으로 이루어지는 하나님의 점진적인 구속 사역에 관한 연구를 제시할 수 있다는 것은 나의 기쁨이다. 성경은 구속의 한 이야기를 전개함에 있어서 하나님께서 자기 백성들에 대한 계획을 점진적으로 진행시켜 가신다는 사실을 제시하고 있다. 신구약은 모두 예수 그리스도 안에 있는 새로운 하나님의 백성을 위해 예비된 영광에 대하여 증거하고 있다. 우리는 성경을 하나님의 책인 동시에 사람의 책으로 파악하게 될 것이며, 구속사의 각각의 긴게 단계에 대하여, 우리는 특히 각 단계별 문학적 형식들과, 정경적 기능 혹은 공동체에게 주어진 거룩한 메시지로서의 본문의 의미와 구속-역사적 의의 혹은 구속 역사의 다른 단계들에 두신 하나님의 여러 가지 목적의 관점에서 비추어 본 각 시대의 관련성을 숙고하게 될 것이다.

솔로몬

| 추천의 글 |

『구원계시의 발전사』가 새로 번역되어 나온다는 기쁜 소식을 들었다. 이 책은 추천자의 박사과정 스승이신 반 게메렌 박사의 저술로서, 구원계시의 점진적 발전이라는 개혁주의 언약신학적 관점에서 성경의 맥락을 아우르고 있다. 저자는 게르할더스 보스가 주장한 구원계시의 발전 사상을 보다 더 깊이 구약 전반에 걸쳐 적용하는 연구를 하였고, 그 연구결과를 이 책을 통해 독자들에게 쉽게 설명해내고 있다. 목회자들과 신학생들이 '구원계시의 점진적 발전'을 이론적으로만 이해하는 경우가 많은데, 사실 이 원리는 실제 성경 본문을 읽으며 정리해 나갈 때라야 실제로 이해할 수 있다.

이 책은 구원계시의 발전을 성경 전체를 통해서 실제적으로 이해할 수 있도록 도와주는 길잡이 역할을 한다. 추천자는 신학생들에게 구약언약신학 및 구원계시의 발전에 대해서 공부할 때 이 책을 가장 기본이 되는 입문서로 반드시 숙독할 것을 권한다. 방대한 양의 성경 내용을 다루고 있어서 어떻게 보면 쉽게 느껴질 수도 있지만, 그 내용을 하나하나 생각하며 기억해 두게 될 때, 구약성경 및 신약성경까지를 언약적 관점에서 어떻게 읽을 것인지에 대한 기본적인 토대를 탄탄히 쌓게 될 것이다. 구약성경신학, 언약신학, 구약과 신약과의 관계, 구약의 거시적 구조, 구약해석학 등에 관심이 있는 독자라면 꼭 읽어야 할 필수적인 책이라 할 수 있겠다. 이렇게 소중한 책을 새롭게 번역한 솔로몬출판사의 관계된 분들께 감사드리며, 많은 분에게 유익을 끼치게 되기를 진심으로 기대한다.

김희석(총신신대원 구약학 교수)

| 차 례 |

추천의 글
머리말
서론

1부 • 조화 속의 창조
    서론   50
    01. 창조에 관한 하나님 중심의 관점   53
    02. 정경적 관점 – 이스라엘에게 주신 하나님의 말씀   67
    03. 구속사의 전제로서의 창조   79
    결론   90

2부 • 소외 속의 창조
    서론   94
    04. 아담에서 데라까지의 계보   97
    05. 이스라엘과 열방들   109
    06. 인간의 반역과 땅에 대한 하나님의 통치   121
    결론   138

3부 • 선택과 약속
    서론   142
    07. 소외된 세계 안에서의 약속   145
    08. 조상들의 하나님은 약속의 하나님이시다   165
    09. 약속, 은혜 그리고 신실하심   177
    결론   187

4부 • 거룩한 나라

서론	190
10. 약속과 성취의 문학적 기록	193
11. 야웨의 계시와 이스라엘의 성별	209
12. 하나님의 나라와 그의 약속	245
결론	259

5부 • 열방들과 같은 한 나라

서론	262
13. 거의 진전이 없는 한 이야기	265
14. 이스라엘 역사로부터 얻는 교훈들	279
15. 하나님의 신실성과 이스라엘의 무반응	291
결론	304

6부 • 왕이 다스리는 나라

서론	308
16. 야웨는 이스라엘의 반석이시다	311
17. 다윗과 솔로몬의 통치에 나타난 하나님의 임재	323
18. 다윗과의 언약	335
결론	347

7부 · 분열된 나라

서론	352
19. 문학적 관점들	355
20. 이스라엘과 예언 사역	367
21. 유다와 다윗의 집	383
22. 예언 운동	393
결론	408

8부 · 회복된 나라

서론	412
23. 포로기와 포로 후기 시대의 문헌	417
24. 포로 시절에 대한 관점들	425
25. 포로 이후의 시대의 회복	441
26. 신구약 중간기	459
결론	476

9부 · 예수와 그 나라

서론	480
27. 예수 그리스도의 복음	483
28. 요한과 예수	499
29. 하나님의 나라	515
30. 예수의 메시아적 사명	529
결론	538

10부 · 사도 시대

서론	542
31. 부활하신 그리스도에 대한 사도들의 증거	545
32. 부활의 그리스도에 대한 바울의 증거	561
33. 예수에 관한 사도들의 메시지	575
34. 교회: 성령 안에서의 예수의 사역	591
35. 하나님의 구원 사역	601
결론	614

11부 · 그 나라와 교회

서론	616
36. 세상 속의 교회	619
37. 교회 안에서의 핵심 문제들	637
38. 현재와 미래에 관한 문제들	655

12부 · 새 예루살렘

서론	664
39. 주의 날	667
40. 종말론과 그리스도인의 삶	693
약어표	709
참고문헌	713
성경 색인	727

| 머리말 |

　　창조에서 시작하여 새 예루살렘에서 완성되고 최종적으로 이루어지는 하나님의 점진적 구속 사역에 관한 연구를 제시할 수 있다는 것은 나의 기쁨이다. 성경은 구속에 관한 이야기를 전개함에 있어서 하나님께서 자기 백성들에 대한 계획을 점진적으로 진행시켜 가신다는 사실을 계시하고 있다. 신구약은 모두 예수 그리스도 안에 있는 새로운 하나님의 백성을 위해 예비된 영광에 대하여 증명하고 있다. 우리는 성경을 하나님의 책인 동시에 사람의 책으로 파악하게 될 것이며, 구속사의 각각의 전개 단계에 대하여, 우리는 특히 단계별 문학적 형식들과 정경적 기능 즉, 공동체에 주어진 거룩한 메시지로서의 본문의 의미와 구속-역사적 의의 혹은 구속사의 다른 단계들에 두신 하나님의 여러 가지 목적의 관점에서 비추어 본 각 시대의 관련성을 숙고하게 될 것이다.

　　따라서 본서는 독자에게 구약, 신구약 중간기, 신약, 교회사 그리고 종말론적 미래를 소개하고 있다. 구속사의 흐름은 하나님 계시의 다양성과 그의 계획의 통일성을 동시에 증거한다. 조지 래드George ladd에 따르면,

> "전체 성경은 가장 적절하게 불리는 바 구속사의 관점 안에서만 통일성을 찾을 수 있다. 그것은 하나님께서는 역사 속에서 개인적으로 구속하실 뿐만

아니라 사회 안에 즉, 역사 안에 사는 인간들을 구속하시기 위하여 역사 속에 찾아오신 사건들에 대한 기록이며 해석이다. 이것은 궁극적으로 역사 자체의 구속을 의미한다. 다양성은 구속사건의 연장 선상에서 서로 상이한 여러 단계들이 존재하기 때문에 나타나며, 특정 구속사건이 해석되는 방법들의 차이점들 때문에 나타난다. 선지자들은 이와 같은 구속사건을 이해함에 있어서 '약속의 관점'을 취하고 있으며, 이 같은 하나님의 찾아오심이 지니는 지상적인 의미와 역사적인 의미를 대단히 강조하고 있다."[1]

나는 본서에서 광범위한 주제를 다루고 있으나 각각의 주제를 충분히 취급하기에는 나 자신의 한계가 있음을 절실히 느낀다. 그러나 구속사의 점진적인 전개과정을 탐구하는 저서들이 거의 부재한 관계로 현대 복음주의 문헌에서는 이러한 주제에 대한 연구의 공백이 있다. 나는 40년 전에 『성경신학 구약 및 신약』Biblical Theology: Old and New Testaments을 출판한 게르할더스 보스Geerhardus Vos의 여러 저서에 큰 빚을 지고 있으며, 웨스트민스터 신학교에서 연구 중이었을 때 구속사적 접근법을 소개해 준 에드먼드 클라우니 Edmund P. Clowney와 리차드 개핀 2세Richard B. Gaffin. Jr.에게도 빚지고 있다. 이 책은 스스로 가진 한계점들과 오류들이 있음에도 불구하고 그리스도인들로 하여금 하나님 백성의 역사에 뿌리를 내리고 그리스도를 더 잘 섬기고 새 예루살렘에서 하나님의 백성을 위하여 예비된 영광스러운 구속을 바라볼 때 회복의 성령으로 충만케 되는 데 도움을 주리라고 확신한다.

나는 1974-1978년간 제네바 대학에 있을 때 그리고 1978년 이후 현재까지 Reformed Theological SeminaryRTS에 있는 동안 나를 격려해준 여러 학생들에게 감사를 표한다. 또 학생 조교들로서 나를 도와준 미이드James mead(이 사람은 나의 연구원이요 편집인이었다), 휴턴Mary Louise Hutton과 밀러

---

1. G. E. Ladd, *The Pattern of New Testament Truth* (Grand Rapids: Eerdmans, 1968), 110-11.

Janet miller에게 감사하며 그리고 화이트Robert White, 파라John farrar, 쿠이스트라Paul Kooistra, 필로우Janie Pillow 그리고 RTS에 계신 나의 동료들을 포함한 많은 분들에게 감사드린다. 나는 오랜 연구와 집필 기간 동안 사랑과 격려와 헌신을 보여준 나의 아내 에노바Enova와 딸 누리트Nurit, 타마라Tamara, 쇼샨나Shoshanna에게 특별히 사랑의 빚을 지고 있다.

이제 독자들이 이 책을 읽어가는 동안에 이 책 속에 담겨 있는 영원한 진리를 파악하며 성령님을 통하여 우리들에게 미래의 확실성을 보증하고 독생자 속에서 자신을 계시하신 전능자의 날개 아래 피난처가 되기를 기도한다.

서론

　성경은 하나님의 책인 동시에 사람의 책이다. 하나님께서는 사람들의 입을 통하여 말씀하시며 사람들은 하나님의 음성을 듣게 된다. 비록 하나님께서 수천 년 전에 살았던 사람을 통하여 말씀하셨다고 할지라도, 지금도 교회는 말씀을 듣고 있는 것이다. 그러나 교회가 말씀을 경청하는 방법은 교회가 처한 역사적 상황에 따라 달라진다. 19세기 이래로 성경의 영감성, 정경성, 무오성에 대한 심각한 도전이 제기되어 오고 있다. 학자들은 성경에 대한 비평적 접근의 등장을 분기점으로 이것이 전개되기 이전 및 이후의 문헌을 각각 '비평 이전적', '비평 이후적'이라고 지칭한다. 비평적 접근은 교회에서 성경이 어떻게 설교 되느냐 하는 문제와 대학교와 신학교에서 성경이 어떻게 연구되느냐 하는 문제에 심대한 영향을 끼쳤다. 성서비평학은 교회를 바벨론 포로 상태로 끌어가고 있다는 비판을 받고 있다. 즉 하나님의 백성들은 말씀에 갈급하여 있는데, 주석학자들은 해석에 관련된 미묘한 문제들을 둘러싸고 논쟁을 벌이고 있다는 것이다.

　복음주의자들은 점차 이러한 노선에 응답해 나가고 있다. 비록 복음주의자들이 성경을 하나님의 말씀이라는 높은 위치로 끌어 올리면서도 성경이 우리에게 전달되어 온 역사적, 문학적, 문화적 방식을 간과하고 있다는 비난을 받고 있지만, 사실 복음주의자들은 보여지는 것보다는 이러한 문제들을 진지하게 고려하고 있다. 나는 본서에서 성경을 실제적이고 적합한 방법으로 해석하려는 동기에서 구속-역사적 방법을 제시하고자 한다. 성경에 대한 이러한 접근은 문학적, 정경적 기능들뿐만 아니라 역사적, 문법적 분석에도 주의를 기울임으로써 성경이 시간과 공간 안에서 우리들에게 전달되어 온 하나님의 말씀임을 인정하고 있다. 이러한 성경 해석 방법은 성경이 하나님의 말씀인 동시에 인간의 말이라는 기본 전제에서 출발하고 있다. 하나님의 말씀으로서의 성경은 하늘과 땅을 새롭게 하시려는 그분의 웅대한 의도를 가지고, 인류를 구원하여 생명을 주시려는 삼위일체 하나님을 계시하고 있다.

인간의 말로서의 성경은 하나님의 사람들에 의하여 쓰이고 하나님의 영에 감동된 문학작품들의 수집물이다. 이 문학적 보고들은 수 세기에 걸쳐 인간의 언어로 기록되었으며 상이한 문학적 관습들과 문화들을 반영하고 있다. 이와 같이 성경은 특수한 문화들과 관련되어 있다. 하나님께서는 성경 기자들이 알아들을 수 있는 언어로 말씀하셨으며, 지금 우리에게도 우리가 이해할 수 있는 방법으로 말씀하고 계신다. 하나님의 말씀으로서 성경을 이해하기 위하여 문학적인 형식, 성경의 정경적인 기능, 구속사를 통한 일련의 연속성과 불연속성에 대한 초점이 성경 이해를 돕듯이, 신학적인 연구는 성경 이해를 방해하는 것이 아니라 도움을 준다. 성경의 신적 측면들과 인간적 측면들 양자에 대한 관심은 가장 근본적인 해석상의 질문과 관련된 긴장들을 조성한다. "우리는 우리가 읽는 바를 정말로 이해하는가?" 이 문제에 답하고자 할 때 우리는 다음 일곱 가지의 추가적인 문제들에 직면하게 된다.

1. 성경에 기술된 사건들이 20세기의 그리스도인에게 어떻게 상관성이 있을 수 있는가?
2. 역사적 전통에 입각한 신학 혹은 신앙 고백적 진술과 성경을 계속적으로 새롭게 읽고 연구하여야 할 필요성은 어떤 관계를 지니는가?
3. 구약을 포함한 성경 읽기와 연구에서 "믿음"의 위치는 무엇인가?
4. 구약과 신약은 서로 어떤 관계를 지니는가?

5. 성경의 신학적 중심 혹은 지배적인 주제는 무엇인가?
6. 성경을 해석하기 위하여 성경 해석자들이 관심을 집중시켜야 할 요소들은 무엇인가?
7. 성경 주석은 실제적인 삶에 어떻게 적용되는가? 어떻게 성경이 삶을 끊임없이 변화시키는가?

고대의 사건들과 현대 그리스도인의 신앙

고대의 상황에서 설정된 성경의 본문이 오늘날 우리에게 어떻게 관련되는가? 이러한 관련성의 문제는 성경 자체만큼이나 오랫동안 존속하였으나 19세기 독일의 역사철학자인 헤겔에게 와서야 비로소 본격적으로 제기된 쟁점이다. 헤겔은 '역사 속의 정신'이라는 개념을 현재를 과거에 이어주는 연결고리로서 자리매김하였다. 헤겔에게 있어서는 사건이 그 자체로서는 아무런 의미가 없고, 그 사건이 다른 사건들과 갖게 되는 연결성만이 중요하다. 오직 과정만이 계시적이다. 과거는 현재와의 관계를 기초로 그 관련성이 결정된다. 헤겔의 견해에 따르면 성경에 나타난 여러 사건들과 역사는 결국 현재와 연관될 때에만 관련성을 지니게 된다.

역사로부터 신앙의 분리는 구약의 역사에 대한 부정적인 태도를 초래하였고 뒤이어서 구약성경의 권위를 실추시켰다.[1] 신약학자들은 예수에 대한 초대교회의 신학적 해석으로부터 '역사적 예수'의 개념을 이끌어 내었다. 불트만Bultmann은 역사적 예수에 관한 연구를 통하여 신앙의 예수로부터 역사적 핵심인 나사렛 예수를 분리시키기 위해 비신화화demythologization의 개

---

1. 개요에 대하여는 Alan R. Millard, Approaching the Old Testament, *Themelios* 2 (1977): 34-39를 보라.

념을 도입하였다. 비평적 방법은 성경의 각 책들을 수많은 전승들에 의해 생겨난 문학적인 파편들로 분해하였다. 클럭Klug은 비평주의자들이 가지고 있는 현실적인 딜레마에 대한 복음주의자들의 반응을 잘 대변해준다. "역사 비평가들은 하나님의 말씀을 땅에 매장시키는 그 장례식에서 친히 장의사들이 되어 버렸다."[2]

해석의 과정은 해석자와 본문 사이에, 그리고 고대의 사건과 20세기 사이에 결코 분리를 야기시켜서는 안됨에도 불구하고 헤겔 철학Hegelianism은 그와 같은 분리를 야기시키는 것이 분명하다. 고등비평은 더욱 그 차이를 부각시킨다. 분명히 차이는 존재한다. 그러나 해석의 과정에서 성경과 현대의 독자들은 서로 관련이 있다는 것이 나타난다. 진정한 해석은 고대의 메시지를 성경 독자에게, 똑같지는 않으나 유사한 톤으로 되살려 준다. 하나님은 말씀해 오셨고, 지금도 성령의 역사를 통하여 사람들에게 말씀하고 계신다. 모세, 선지자들, 우리 주님, 그리고 사도들을 통하여 전달된 하나님의 계시는 하나님의 음성에 귀를 기울이는 자들에게 현대의 상황에서도 여전히 증거하고 있다. 예수님께서는 자기 양이 그의 음성을 들으며(요 10:1-5), 그 음성은 성경으로부터 우리들에게 다가온다고 말씀하셨다. 하나님의 그리스도를 믿는 자들은 하나님의 활동 역사 속으로 접목됨으로써 시편 기자와 같이 외칠 수 있다.

> 여호와는 위대하시니 크게 찬양할 것이라
> 그의 위대하심을 측량하지 못하리로다
> 대대로 주께서 행하시는 일을 크게 찬양하며
> 주의 능한 일을 선포하리로다
> 주의 존귀하고 영광스러운 위엄과 주의 기이한 일들을
> 나는 작은 소리로 읊조리이다

---

2. Eugene F. Klug, *The End of the Historical Critical Method* (St. Louis: Concordia, 1977), 9.

사람들은 주의 두려운 일의 권능을 말할 것이요
나도 주의 위대하심을 선포하리이다
그들이 주의 크신 은혜를 기념하여 말하며
주의 의를 노래하리이다 (시 145:3-7)

성경주석과 신학적 전통들

교회사 전체를 통해서 살펴볼 때, 성경은 교회의 생명력과 가르침과 강하게 연관되어 왔다. 어떤 시기에는 실제적인 적용과 교훈이 성경을 벗어났을 수도 있으나, 성경이 완전히 다른 것으로 대체된 적은 없다. 그러나 성경의 위치는 교회의 제반 전통이나 교파와 끊임없는 긴장관계에 놓여 있었다. 이러한 긴장은 종교개혁 당시에 더욱 고조되었고, 그 이후 이 문제의 해결 과정에서 수많은 종파들이 탄생되었다.[3] 각 세대가 앞 세대들의 긴장들, 신학적인 쟁점들, 그리고 실제적인 문제들을 되풀이할 수 없기 때문에 전통이 어느 중요한 위치를 차지하게 되었다. 우리는 공식적인 삼위일체 교리를 만들었던 교회 교부들의 상속자들이다. 우리는 그리스도 중심(교회 중심에 반하여), 이신칭의, 은혜에 의한 구원, 만인제사장 주의, 그리고 성경의 우위성(교회 전통의 우위성에 반해)을 강조하는 종교개혁의 상속자들이다. 그뿐 아니라, 많은 개신교회들은 교회의 구성원들을 하나로 묶어주는 구실을 하는 신조, 신앙고백, 계약 또는 신앙 선언을 하고 있다. 전통은 일종의 역사적 연속성, 정체성 및 결속성을 자각시켜 준다. 게다가 성경 해석상의 선이해(예를 들면, 문화적으로 조건 지워진 접근법)의 수용은 성경독자들로 하여금 그릇된 이해를 경계하도록 도와준다.[4]

---

3. G. Ebeling, *Word and Faith*, trans. James W. Leitch(Philadelphia: Fortress, 1963), 308.
4. 계속 더 연구하기 위해서는 다음의 글들을 보라. Anthony C. Thiselton, Hermeneutics and

또 한편 '오직 성경'*Sola Scriptura*이라는 종교개혁의 성경 우위성의 원칙과 무관한 전통은 위험하다. '오직'*solas*이라는 글자가 들어가는 종교 개혁의 제원칙들(오직 그리스도, 오직 믿음, 오직 은혜, 그리고 오직 성경)은 여러 가지 신학적, 교회적 전통들과 상반되게 설정되었다. 종교개혁자들은 전폭적으로 성경 우위성의 원칙을 수용하였다. 그들은 교회 당국자들의 권위에 대항함에 있어서 자신들의 입장을 -구원을 위한 그리스도의 충분성, 믿음과 은혜를 통한 직접적인 은총의 전유- 성경으로부터 옹호하였다. 그들은 전통의 강압과 로마 가톨릭교회의 세력 앞에서도 위축되지 않고 그들의 신앙의 주된 근원인 하나님의 말씀으로 돌아갔다. 성경의 신선한 해석이 주는 자극도 모르고, 신학적인 공식 입장에만 안주하고 살아갈 위험은 끊임없이 존속한다. 그렇기에 바아Barr는 전통을 이어받아 사용하기 위한 한 방법으로서 성경적인 해석으로 되돌아가도록 고무시키고 있다. "대부분의 해석작업에 있어서, 신선함이라는 것은 전통을 떠난다는 뜻이 아니라 ⋯ 오히려 더욱 깊은 이해를 가지고 전통을 다시 인용함을 뜻한다."[5]

현재 우리의 상황은 종교개혁 이전 시대와 크게 다를 바가 없다. 중세의 여러 시기는 교회가 가르치고 전하여 준 "신앙 원칙들"을 수용함으로써 통합되었다. 중요성에 있어서 성경은 전통에 비해 이차적인 것이었다. 해석방법들은 교회의 가르침에 영향을 끼치지 못하였다. 현대의 복음주의적 기독교의 위험은 성경 말씀을 경청하기 위한 정당한 관심을 기울이지 아니하고, 성경으로부터 가치들을 이끌어 내려고 하는 것이다. 에밀 브룬너Emil Brunner는 많은 사람들이 성경 본문을 경청하려 하지도 않고 본문을 적절히 적용하려고도 하지 않고 있으며, 또 어떤 사람들은 감추어진 "영적 의미"만을 찾고

Theology: The Legitimacy and Necessity of Hermeneutics, in *The Two Horizons: New Testament Hermeneutics and Philosophical Description* (Grand Rapids: Eerdmans, 1980), 85-114; Roger Lundin, Anthony C. Thiselton, and Clarence Walhout, *The Responsibility of Hermeneutics* (Grand Rapids: Eerdmans, 1985).

5. James Barr, *Old and New in Interpretation* (New York: Harper & Row, 1966), 190.

있다는 사실에 개탄한다. 그는 성경을 잘못 취급함으로써 빚어지는 혼돈 상태는 종교개혁적인 것이 아니라, 오히려 종교개혁 이전 시기를 생각나게 하는 것이라고 적절하게 반박하고 있다. "오직 우리는 사람들에게 이 같은 사고의 혼란에서 벗어나도록 매우 다급하게 경고할 수 있을 뿐이다. 이러한 사고의 혼란은 불가피하게 우리를 종교개혁자들이 극복해내야 했던 종교적 입장으로 되돌아가게 한다. 진실로 이 승리가 종교개혁을 이루어냈던 것이다."[6]

성경 해석에 있어서 믿음의 위치

성경신학의 연구 동향은 전통주의를 반대하고 있다. 현대의 성경신학은 그 역사가 100년 정도밖에 안 되었지만, 성경연구의 방법론과 성경연구의 깊이와 폭에 미친 그 충격은 부인될 수 없다. 금세기 구약학계의 놀랄 만한 연구 성과들 중의 하나는 고대 근동 및 구약 본문에 관한 보다 광범위한 연구결과들을 통합하고 있는 풍성한 소논문들, 전공 논문들 및 주석들의 양산이다. 19세기 초에 발행된 구약성경 중의 어떤 책에 관한 주석과 이에 대응되는 20세기 중반에 발행된 주석을 비교해 본다면, 여러 측면에서 많은 차이를 발견할 수 있을 것이다. 철학, 문헌학, 비교종교학, 고고학, 역사에 기반을 둔 통찰력이 각광을 받기 시작하면서 초기 기독교도들의 주석, 중세의 주석, 종교개혁 당시의 주석들은 도외시 되었다. 과거의 것을 거부하는 태도와 아울러 새로운 것을 끊임없이 추구하는 태도가 짝을 이루게 된 것이다.

성경신학계에서는 성경을 교회로부터 꼭 빼앗으려고 의도한 것은 아니었다. 비평학은 성경 각 책들이 등장하였던 원래의 맥락을 재구성하는 데에

---

6. Emil Brunner, *The Christian Doctrine of Creation and Redemption*, vol. 2 of Dogmatics (Philadelphia: Westminster, 1952), 213.

그 목적을 두고 있었으며, 많은 정보를 얻을수록 그만큼 메시지가 더 분명하게 드러날 것으로 생각하였다. 그러나 차일즈Childs가 지적하는 바와 같이 결과는 달랐다. "우리가 역사와 문학에 대한 지식을 많이 가질수록 그만큼 더 성경을 잘 이해할 수 있다고 보는 것은 사실과 다르다."[7]

성경연구는 여타의 문학적 혹은 종교적인 문헌에 대한 연구와 그 성격이 다르다. 성경연구는 개인의 믿음이 전제되는 것이며, 전인격적인 헌신이 요구되는 것이다. 성경의 권위 있는(정경적인) 주장을 고려해볼 때, 또한 수 세기 동안 내려온 유대교 및 기독교적 전통에 비추어 볼 때, 성경을 연구하는 자는 굳은 믿음을 통하여 성경을 적용할 수 있을 뿐만 아니라 그렇게 하여야 한다.

위와 같은 전제에는 두 가지의 의미가 내포되어 있다. 첫째로 교부들, 종교개혁자들, 청교도들, 또는 다른 어떤 학식있는 성경독자들의 증거를 함부로 내버리지 말아야 한다는 것이다. 우리는 하나의 역사적 연속체를 구성하는 일부분이다. 지식은 우리에게서 비롯된 것도 아니며, 우리에게서 끝날 것도 아니다. 차일즈가 지적한 대로 "'비평이전적'pre-critical이란 용어는 조잡할 뿐만 아니라 거만하기까지 하다."[8]

둘째로, 구약을 연구하는 그리스도인들은 구약성경으로 돌아가고자 할 때 예수 그리스도의 십자가를 통과하지 않으면 안 된다. 그렇게 함으로써 그들은 그리스도인이라는 자신의 정체성을 절대로 잃지 않게 된다. 구약성경에 대한 신학적인 이해로 되돌아가라는 차일즈의 부르짖음은 학계를 일깨웠다. 그는 "믿음 안에서의 해석"이라는 소논문에서 비평학의 근본적인 오류가 한결같이 주석의 목적이 객관성에 있다는 가성을 취하는 데 있음을 보여주었다. 그 대신 그는 설득력 있게 종교개혁적 모범으로 돌아가자는 주장을 폈다.

---

7. B. S. Childs, On Reading the Elijah Narratives, *Interpretation* 34 (1980): 128.

8. B. S. Childs, *The Book of Exodus*, OTL, x.

종교개혁가들은 하나님의 말씀을 듣기 위해서 구약을 읽었다. 그들은 구약과 신약이 다 같이 그의 백성에게 두신 하나님의 한 가지 목적을 증거하고 있다는 기독교 신앙의 전제 안에서 출발하였다 … 그들은 이 증거는 중대사를 행하셨던 분을 향하고 있다는 믿음을 가지고 성경을 읽었다.

차일즈는 이렇게 해서 신학적 맥락 안에서의 주석으로 돌아갈 것을 제안하고 있다. 그는 우리가 "진정한 주석의 해석적인 순환 안으로 들어가야"[9] 만이 신학적인 이해를 얻을 수 있다고 주장한다.

차일즈의 방법은 현대교회에서 성경적인 메시지를 외칠 수 있는 길을 열어주고 있다. 그 해석학은 다음과 같이 주장하고 있다.

1. 한 단일한 본문은 전 구약성경 안에서 이해된다. 전 구약성경은 그 단일한 본문에 비추어 이해되어야 한다.

2. "하나의 거룩한 목적"에 따라서 옛 것은 새로운 것에 비추어, 새로운 것은 옛 것에 비추어 해석된다.

3. 성경 주석자는 구약 및 신약에서 출발하여 신학적인 현실 그 자체로 나간다(또 역방향으로도 움직인다). "성경 본문은 과거로부터 물려받은 죽은 유적이 아니라 독자들에게 반응을 요구하는 하나님의 활동을 전달하는 살아있는 통로이다."[10]

---

9. B. S. Childs, "Interpretation in Faith," *Interpretation* 18 (1964): 437,438. 해석학 이론은 점점 해석에 있어서의 개개인의 위치를 인정하는 추세이다.

10. Ibid., 444.

구약과 신약의 관계

믿음 안에서의 해석의 과정에서 본질적인 쟁점은 바로 구약과 신약이 서로 어떤 관계를 지니고 있는가 하는 문제이다.[11] 이 문제는 신약이 구약과 나란히 정경의 일부로서 그 위치를 차지하기 시작하면서 제기된 것이다. 2세기의 신학자였던 마르시온Marcion은 철학적, 신학적 근거에서 교회 안에서 구약이 가지는 위치를 부인하였다. 그는 구약을 유대적인 것이요, 세속적인 것이요, 하나님의 진노로 가득찬 것이며, 영적이지 못한 것으로 보았다. 교회사 전체를 통하여 마르시온의 입장을 옹호하는 사람들이 있다. 아돌프 폰 하르낙Adolph von Harnack도 마르시온주의Marcionism를 옹호하였는데, 그의 주장은 반유대적 사상 풍조를 대표하며, 이러한 반유대주의 사상은 결국 유대인 대학살로 이어졌다. 프리드리히 델리취Friedrich Delitzsch도 유사하게 주장하였다.

> 구약은 온갖 속임수로 가득 차 있다. 오류로 가득 차 있고 신빙성도 없으며 근거도 없는 인물들이 뒤범벅을 이루고 있다. … 결국 의도적이고 비의도적 속임수로 가득한 책이요 … 아주 위험스러운 책이다. 따라서 이 책을 이용하려 할 때는 할 수 있는 한 최대한의 주의를 기울일 필요가 있다.[12]

---

11. 다음을 보라. W. VanGemeren, "IHCIP," pt. 1; idem, "Perspectives on Continuity," in *Continuity and Discontinuity :Perspectives on the Relationship between the Old and New Testaments in Honor of S. Lewis Johnson, Jr.*, ed. John S. Feinberg (Westchester: Crossway, 1988); W. C. Kaiser, Jr., *Toward Rediscovering the Old Testament* (Grand Rapids: Zondervan, 1987), 35-46. 카이저는 구약과 신약의 통일성 문제를 다루면서, 구약의 약속들을 세심히 분석한 후에 이렇게 결론을 내린다, 다양한 면모들이 있기는 하나 하나님의 백성은 오직 하나이며, 하나님의 프로그램도 오직 하나이다 (*TOTT*, 269).

12. Friedrich Delitzsch, *Die grosse Täuschung* (Stuttgart: Deutsche Verlags -Anstalt, 1920-21), 2:52, 재인용 in E. G. Kraeling, *The Old Testament Since the Reformation* (New York: Harper & Row, 1955), 158. 연구를 위해서는, A. C. Cochrane, *The Church's Confession Under Hitler* (Philadelphia: Westminster, 1962)를 보라.

이 문제는 종교개혁 당시에 크게 부각되었다. 구약성경에 대하여 칼빈과 루터는 접근을 달리하였는데 이는 그들이 구약과 신약의 관계에 대하여 서로 다른 생각을 지니고 있었기 때문이었다. 루터는 "그리스도를 다루고 있는 것"was Christum treibt을 기준점으로 성경에 접근했고 구약을 이러한 관점에 종속시켰다. 신약에서 정의된 "복음"이 구약성경의 적합성을 분석하는 기준이 되었다.[13] 루터는 한편으로는 구약의 어떤 부분들은 그리스도의 복음이 선포될 것을 명확하게 기대하고 있는 반면에, 또 다른 한편에서는 구약성경의 어떤 부분들은 율법적이고 유대적 성격을 띠고 있음을 발견하였다. 루터는 "율법"과 "복음"을 대비시켜 구별하였다. 그리고 구약성경의 많은 부분이 복음으로서의 적합성이 적다는 결론을 내렸다. "모세와 이스라엘 백성을 모두 떠나라. 그들은 과거지사요 내가 상관할 바가 아니다. 나는 나와 관계가 있는 말씀을 듣는다. 우리에게는 복음이 있다 … 나는 모세에게 관심을 기울이지 않는다. 그는 나와 상관이 없기 때문이다."[14]

구약에 대한 칼빈의 입장은 개신교의 여러 신앙고백들에 반영되어 있는데 로마 가톨릭교회 및 재세례파에 대항하는 가운데 표명된 것이다. 로마 가톨릭교회는 구약성경을 이용하여 미사, 예배의식, 선행의 위치, 제사장직, 그리고 다양한 규칙들을 정당화한다. 반면에 모든 개신교의 신앙고백에서는 예수 그리스도께서 오심으로 시작된 완성 또는 성취의 측면이 강조된다. 교회는 여러 종교의식적 요구들과 시민법적인 요구 아래에 살던 이스라엘의 시간 흐름의 연장선 정도의 의미는 아니었다. 교회는 예수 그리스도에 대한 신앙을 고백하는 모든 하나님의 백성으로 구성되는 신령한 공동체다. 새로운 시대는 새로운 성격(더 나은 언약, 예수님의 사역의 성취와 완성)을 지닌다는 사실을 강조하고 있는 성경의 가르침들은 구약과 신약 사이에 연속

---

13. Davis W. Lotz, Sola Scriptura: Luther on Biblical Authority, *Interpretation* 35 (1981): 258-73.

14. Emil G. Kraeling, *The Old Testament Since the Reformation*, 16에서 재인용.

성을 과도하게 주장하는 로마 가톨릭 교회의 주장을 반박할 수 있는 확고한 근거를 제공하였다. 종교개혁가들은 옛 언약의 공동체들과 새 언약의 공동체들 사이에 있는 뚜렷한 차이점들을 올바르게 식별하였다. 그리스도인들은 로마교회 속박을 담대히 벗어 던지고 "그리스도인의 자유"를 마음껏 누리도록 격려 받았다.

한편, 구약성경을 전적으로 거부하고, 이를 신약 계시보다 열등한 것으로 보았던 재세례파와는 대조적으로, 칼빈은 구약 율법이 영구적인 적합성을 지닌다는 주장을 어느 정도까지는 견지하였다. 그는 주석 과정에서 이스라엘과 구약의 위치에 세심한 주의를 기울였다. 칼빈에 따르면, 하나님께서 아브라함과 그의 후손과 언약관계를 맺으셨는데, 이것은 특수한 구속적 성격을 지닌 관계였다. 구약과 신약은 하나의 거룩한 은혜를 베푸시는 두 가지 형식이며, 그것은 모든 특수한 언약들을 포함한다.[15] 언약들과 신구약 모두는 하나의 기초 위에 서 있는데 이 사실은 극히 중요한 의미를 지니고 있다. 그 하나의 기초란 바로 언약의 중보자되신(딤전 2:5) 그리스도이시다. 그리스도께서는 구약의 약속들을 성취하고 계시며 앞으로 영광 중에 강림하실 때에 이를 더 완전하게 성취하실 것을 보증하고 계신다. 칼빈은 하나님의 성품은 변함이 없으시다는 사실과 성경이 여러 구속단계를 "새로운 것"으로 제시하고 있다는 주장을 모두 견지하려고 하였다. 이와 같이 그는 계시 이해에 있어서 정태적 측면을(즉, 구속의 영속성) 역동적 측면으로(즉, 구속의 역사성) 균형을 잡으려고 하였다.

상대적으로 융통성을 지닌 칼빈의 입장은 17세기 두 신학자인 콕세이우스Cocceius와 보에티우스Voetius의 독특한 접근방법들 속에서 좀더 경직된다.[16] 콕세이우스의 추종자들은 칼빈의 성경신학과 주경신학에 대한 선호

---

15. Calvin, *Institutes* 2.9-11; Anthony A. Hoekema, The Covenant of Grace in Calvin's Teaching, *Calvin Theological Journal* 2 (1967): 133-61.

16. VanGemeren, Perspectives on Continuity를 보라.

경향을 강조하였다. 한편 보에티우스의 추종자들은 칼빈의 조직신학적 사고능력을 강조하였다. 이처럼 칼빈의 논지에 내재되어 있는 긴장상태는 오늘날까지 양극화되어 오고 있다. 이러한 긴장관계는 율법과 복음, 약속과 성취, 상징과 실재의 병렬 관계에 의해 가장 잘 표현된다.

율법과 복음

칼빈신학에서는, 구약과 신약의 차이는 율법과 복음의 구별에 있는데 이 차이는 각각의 역사적 시대를 반영하고 있다. 즉 율법은 구약 속에서 주어졌고, 복음은 신약에서 주어졌다. 칼빈은 율법을 이해하는 데 법률적인 측면보다는 하나님의 율법 속에 담긴 의미 곧 구약 속에 나타난 언약의 경륜을 더 중요시하였다. 구약은 단순히 그리스도의 오심에 대한 예비적 성격을 띠는 것만은 아니다. 구약은 언약의 핵심인 약속된 메시아를 주제로 펼쳐지는 구속의 계시이다. 은혜 언약의 한 표현으로서 율법시대는 그리스도의 완성된 사역을 근거로 해서 사죄, 양자 삼으심, 언약적 특권들을 확장시켰다. 다른 말로 하면, "복음은 율법이 모형들로 예표하였던 것을 손가락으로 가리켜 보이는 것이다."[17]

율법은 단지 그리스도에게 인도하는 한 안내자라는 점에서 복음과 대조된다. 율법은 복음과 반대로 그 요구 조건과 처벌 규정으로서 저주를 선포하고 있는데, 복음은 이러한 율법의 요구를 성령에 의하여 충족시킨다. 율법은 율법의 목적인 그리스도의 오심을 준비하고 있다. 그래서 그리스도를 목표로 삼는 율법은 은혜 언약의 경륜 안에서 고유한 위치를 차지하고 있다. 율법의 요구들은 자유의 체험으로 바뀌고, 이 자유의 경험 안에서 신자들은 하늘에 계신 아버지께 즐거이 순종한다.

---

17. Calvin, *Institutes* 2.9.3.

약속과 성취

칼빈사상에서 구약과 신약을 구별하는 또 하나의 방법은 약속과 성취의 구별이다. 두 경우 모두 구원이 접촉점이 된다. 그러므로 신약의 계시는 단순히 "성취"가 아니요, 구약은 단순히 "약속"이 아니다. 즉 구약과 신약은 상호보완적이다. 구약의 성도들은 비록 더 완전한 구원을 기대했을지라도, 이미 구원을 체험하였다. 칼빈은 우리의 입장이 구약 성도의 입장과 비슷하다는 점을 우리들에게 침착하게 상기시켜 주고 있다.

그러므로 비록 그리스도께서 지금 우리들에게 복음 안에서 충만한 은혜를 베풀어 주시고 있다 할지라도 그 은혜의 기쁨은 여전히 희망의 보호 아래 감추어져 있으며 썩을 육체를 벗은 후에야 우리는 우리를 앞장서 가시는 그분의 영광 안에서 변형될 수 있다.[18]

성경 계시의 전체적인 성격은 (1) 현재 맛보는 약속된 구속의 선포와 경험 (2) 미래에 실현될 보다 더 위대한 구속의 성취에 대한 기대이다. 이 진리는 구약에서의 "상징"과 신약에서의 "실재"라는 이미지 속에 반영되어 있다. 그런데 후자의 실재 역시 궁극적인 하나님의 자녀들의 영화가 이루어질 때 하나님의 자녀들을 기다리고 있는 보다 더 위대한 구속의 성취에 비하면 왜소해진다.

상징과 실재

지금까지 우리는 칼빈이 구약과 신약을 근본적으로 다른 것으로는 보지 않고 있음을 살펴보았다. 오히려 칼빈은 구약과 신약의 강조점에 차이가 있다고 보고 있음을 살펴본 것이다. 칼빈은 이스라엘의 경험을 교회의 유아기 상태에 해당한다고 보았다.

---

18. Ibid.

오늘날과 동일한 교회가 그들 가운데 존재하였다. 그러나 아직 유아기였다. 그러므로 주께서는 이스라엘을 현세적인 축복의 후견 아래 보호하시면서 지상적인 축복들로 장식되지 않은 신령한 약속들을 주시지 않고 어느 정도 세상적인 약속들로 채색된 약속들을 주셨다. 그래서 하나님께서 아브라함, 이삭, 야곱, 그리고 그들의 후손을 양자로 택정하셔서 영생의 소망을 갖게 하셨을 때 그들에게 가나안 땅을 기업으로 주시기로 약속하셨다. 그것은 그들의 진정한 기업을 상속하리라는 소망을 갖고, 그것을 묵상함으로 훈련을 받으며 확신을 가지도록 하기 위함이었다.

그렇다면, 그 세상적인 축복들에도 신령한 성격이 결부되어 있는 것이다. 구약의 신자는 하나님의 은총들을 그들과 하나님과의 샬롬, 즉 평화의 증거로서 받아들였다. "그래서 하나님은 땅에 대한 약속을 추가했는데 그것은 오로지 그들을 향하신 하나님의 은총의 상징이요, 하늘에 있는 기업의 모형이었다." 이러한 통찰은 현세적 축복들에 대한 그림 언어들과 표현들을 가진 선지자들의 언어를 완성된 축복에 비추어 설명해준다.

그러나 선지자들은 보다 빈번히 주께로부터 받은 모형을 통하여 다가올 시대의 축복을 표현한다. … 우리는 이 모든 사실들이 우리가 나그네로서 살고 있는 이 땅이나, 지상의 예루살렘이 아니라 믿는 자의 참된 고향이요 '여호와께서 영생의 복을 명하신'(시 133:3하) 하늘의 도성에 올바로 적용될 수 있음을 알고 있다.[19]

---

19. Ibid. 2.11.2.

성경의 신학적 핵심

이스라엘과 교회의 문학적, 역사적 전통들 안에는 어떤 통일성이 있는가? 성경의 강조점들과 주제들은 너무도 뒤얽혀 있고 시대별로 책별로 특히 구약과 신약 간에는 중요한 변이가 나타나고 있기 때문에 그 안에서 어떤 통일성을 발견해 내기가 어렵다. 다양성에 대한 하나님의 선호 경향은 창조와 계시 속에 잘 나타난다. 그러나 우리는 자연세계(과학)의 연구에서 뿐만 아니라 하나님의 말씀을 연구하는 데서도 조화, 통전성, 그리고 방향성을 식별해 내기를 좋아한다. 그래서 전체를 하나로 묶어주는 어떤 주제 또는 중심점을 찾는 모색이 이뤄진다.

성경신학의 역사는 여러 학자들이 단일한 중심주제에 합의하리라는 어떤 희망도 보여주지 않는다.[20] 아이히로트Eichrodt는 그 통합적 개념이 언약이라고 단언하였다. 젤린Sellin은 하나님의 거룩하심을 구약성경의 중심이라고 하였다. 코올러Kohler는 이스라엘의 하나님의 주권을 제안하였다. 다른 사람들도 꼭같이 그럴듯한 것들을 내세웠는데, 하나님의 나라, 야웨의 백성들, 또는 야웨와 자기 백성과의 관계 등이 그것들이다. 폰 라드von Rad는 구약신학을 지나치게 단순히 구조화하려는 그 어떤 시도도 즉각 거부하였는데, 그는 이스라엘의 역사 속에 나타나는 강조점들의 다양성을 중시하고 있다.

단일 중심주제의 규정과 의견일치의 문제는 복음주의적인 학자들에게도 관심을 끌고 있다.[21] 중심주제에 대한 카이저Kaiser의 관심은 성경이 하나님

---

20. 성경 신학에 있어서의 중심 문제에 관한 연구를 위해서는, Kaiser, *TOTT*, 20-32; Gerhard Hasel, *Old Testament Theology* (Grand Rapids: Eerdmans, 1972), 123-30을 보라. 성경 신학의 문제점에 대해서는, Brevard S. Childs, *Biblical Theology in Crisis* (Philadelphia: Westminster, 1970)을 보라. 최근의 재평가와 공헌에 대하여는, idem, *Old Testament Theology in a Canonical Context* (Philadelphia: Fortress, 1986), 1-17을 보라.

21. Bruce C. Birch, "Biblical Hermeneutics in Recent Discussion: Old Testament," *Religious Studies Review* 10 (1984): 1-7.

의 계획을 계시한다는 확신으로부터 비롯되었다. 이러한 관심으로부터 그는 "약속"이라는 주제를 중심으로 구약신학을 전개하였다.

> 창세기 17장에 따르면 후손, 족속, 가족, 사람, 땅 그리고 우주적인 범위의 축복을 가리키는 거룩한 약속은 영구적이고 영원한 것으로 보증된다. 그리고 그 목적들 속에 하나님의 한 가지 계획이 내재한다. 그 한 가지 계획 속에는 계시와 역사가 진행됨에 따라 생길 수 있는 모든 다양성과 다채로움을 포용할 수 있는 가능성이 들어있다. 그 목표와 방법의 통일성 안에서 성경 기록자들이 기술한 사건들의 행렬이 펼쳐졌고, 일련의 상호 연관된 해석들 속에서 그들은 한결같이 담대하게 그 당대와 오는 세대를 위하여 그 사건들에 대한 하나님의 규범적 관점들을 선포하였다.[22]

약속Kaiser, 언약Robertson, McComiskey, 하나님 나라van Ruler등과 같은 신학적 중심들은 성경 계시에 접근하는 데 필요한 출발점이 되는 조직화의 원리들로 이용될 수 있는 장점을 지니고 있다. 그런데 신학적 중심주제를 인정하면 하나님의 계획의 여타의 측면들과는 구별되는 한 측면만 부각시키게 된다. 하나님은 질서의 하나님이시다. 그분은 모든 것을 위한 목적을 가지고 계신다. 이러한 확신을 근거로 나는 신학의 모든 방향을 예수 그리스도를 중심으로 초점을 맞출 것을 제안한다. 예수님은 하나님의 구원의 계시이다.

구속사는 만물을 회복시키실 때 완전하게 펼쳐질 하나님의 구속계획을 점진적으로 진행시킨다. 모든 축복들, 약속들, 언약들, 그리고 하나님의 나라의 표현들은 종말에 오실 예수 그리스도 안에 있는 위대한 구원의 반영 혹은 그림자다. 다른 말로 하면 구약과 신약은 모두 회복으로서의 그 위대한 구원을 증거하고 있다. 구약의 성도들과 그리스도인들은 예수 그리스도 안에 있는 하나님의 은혜를 받는다는 점에서 공통의 경험을 공유하고 있

---

22. Kaiser, *TOTT*, 39; pp. 32-40도 보라.

다. 구속의 은혜를 누리며 경험하는 것은 하나님의 계시가 메시아의 성품과 메시아 시대의 성격을 명료하게 밝혀줄수록 점차 증가된다. 그리스도인 구약 해석가들은 구약의 많은 주제들 가운데 하나에만 초점을 제한시킬 수 없다.[23] 그들은 구약을 신약으로부터 분리시킬 수도 없다. 구약 연구에 있어서 그들은 그들이 구속사의 중심 즉, 메시아 예수의 성육신, 죽음, 그리고 부활로 복귀하는 한 전통에 서 있음을 기억해야만 한다.

> 기독교회는 구약과 신약 각각에서 예수 그리스도에 대한 증거를 발견한다고 고백한다 … 기독교회의 성경의 형식은 성경의 모든 부분이 교회와 세상을 향하여, 그리스도 안에 두신 하나님의 목적에 대한 권위 있는 증거라고 주장한다 … 구약은 신약에 의해 해석되며, 신약은 구약을 통하여 이해된다. 그러나 그 증거의 통일성은 한 분의 주 안에서 근거하고 있다.[24]

성경 각 책들이 가진 심장의 고동은 예수 그리스도께서 오신 이후로 급속히 증가하였다. 신약성경의 저자들은 예수의 부활 이후에 시작된 새 시대에 관하여 설교하고 저술할 때 흥분과 격정을 보여주고 있다. 예를 들어, 베드로(행 2:22-24; 4:11-12; 10:42-43; 벧전 1:12)나 스데반(행 7:52)이나 바울을(행 13:32-33; 17:30-31; 26:22-24; 28:28; 고후 1:19-20; 빌 1:18) 생각해보라. 성경의 중심은 성육신하시고 영화된 그리스도이며, 그분에 의하여 만물은 새롭게 된다. 하나님의 모든 행동들, 그의 약속들과 언약들의 모든 계시, 모든 하나님 나라의 점진적 발전 그리고 구원의 모든 은총들이 그리스도 안에 있다.[25]

새로운 시대를 예기하는 각 시대의 하나님의 행동들과 축복들은 이렇듯 그리스도의 죽으심에 근거하고 있다. 우리는 새 시대의 성격이 어떤 것인지

---

23. P. D. Hanson, *The Diversity of Scripture* (Philadelphia: Fortress, 1982)를 보라.
24. Brevard S. Childs, *IOTS*, 671; Fritz Stolz, *Interpreting the Old Testament* (London: SCM, 1975), 140-43.
25. Kaiser, *Toward Rediscovering*, 101-20을 보라.

정확히 알지 못하고 있다. 왜냐하면 선지자들과 사도들도 은유들과 비유들을 가지고 말하고 있기 때문이다. 우리는 구원의 시대가 현 세계를 특징 지우고 있는 죽음, 고뇌 그리고 심판으로부터의 완전한 자유를 확증해 주리라는 것은 알고 있다. 그 세계는 그리스도의 초림 전후의 신자들에게는 너무나 상상하기도 어려운 낯선 광경이기(너무나 영광스러운 것이기) 때문에 모든 신자들은 소망 혹은 믿음을(히 11장) 공유하고 있다. 다가오는 의의 세상에 대한 소망을 가짐으로써(갈 5:5; 벧후 3:13), 믿음은 영광의 왕이신 그리스도에게 초점을 맞추는 데 그 그리스도 안에서 그림자는 빛으로, 상징은 실재로, 약속은 성취로 바뀌어질 것이다. 아담으로부터 현재까지의 하나님의 모든 성도들의 존재가 그림자 같다고 해서 하나님의 은혜로우신 행위들, 계시들, 언약들, 그리고 약속들을 "단순한 그림자"로 축소시킨다면 그것은 주제넘은 태도이다. 왜냐하면 우리 역시 여전히 다가올 위대한 시대의 그림자 속에 살고 있기 때문이다.

성경의 해석

주석은 해석학의 원칙들에 따라 성경을 해석하는 기술인 동시에 학문이다. 해석학이란 우리가 본문을 경청하고 다른 본문들과 관련시키며 이를 적용하는 방식을 지칭한다. 해석학은 지성과 감성의 훈련을 요구하는 데 이런 훈련을 통하여 성경연구자는 역사적, 문법적, 문학적, 그리고 문화적 맥락들을 포함하여 다양한 문맥들 속에 있는 성경 본문을 끈기있게 연구할 수 있다. 이러한 접근은 역사적-문법적 분석이라고 가장 잘 알려져 있다.[26]

---

26. E. D. Hirsch, Jr., *The Aims of Interpretation* (Chicago: University of Chicago Press, 1976); L. Berkhof, *Principles of Biblical Interpretation* (Grand Rapids: Baker, 1950); G. B. Caird, *The Language and Imagery of the Bible* (Philadelphia: Westminster, 1980)을 보라. 이 방법의 활용과 한계에 대한 평가에 대해서는, Donald K. McKim, ed., *A Guide to Contemporary Hermeneutics: Major Trends in Biblical Interpretation* (Grand

그러나 역사적-문법적 분석은 "믿음 안에서의 해석"과 분리될 수 없다. 성경은 하나님의 영에 감동된 그 말씀에 우리의 이해를 끊임없이 복종시키기를 요구하며(고전 2:12-15), 그리고 개인적인 삶의 변화와 적용과 우리의 전제들의 변화를 요구하고 있다. 각각의 성경 본문 해석자는 본문의 의미에 신학적으로, 실존적으로, 심리적으로 또는 문학적 현상의 관점에서 접근하게 된다.[27] 그러나 각자의 선이해는 하나님의 말씀을 통하여 증거하는 성령의 변화시키는 권능 아래 끊임없이 복종해야 한다. 성경을 해석하기 위해서 우리는 자신의 영혼을 성령께 복종시키고, 매일의 삶에서 하나님과 동행하며, 말씀을 부지런히 연구해야 하며 다른 신자들의 통찰력에 대해 마음을 열어 놓아야 한다. 하나님께서 말씀하시므로 우리는 들어야 한다.

성경연구의 기술

성경연구는 많은 면에서 마치 예술작품에 대한 연구와 흡사하다. 또한 성경도 실제로 예술작품이다. 그것은 문학적 걸작으로 다르게 표현하면 문학적 걸작품들의 집합물이다. 예술은 영감을 불러일으키는 것일 수 있으나 성경은 하나님의 영에 감동되었다. 예술은 정신을 고양시킬 수 있으나 성경은 삶을 변화시키는 책이다. 성령에 의한 성경의 변화시키는 능력은 훈련 및 성실한 연구와 무관한 것이 아니다. 왜냐하면 성경연구를 위해서는 예술작품의 연구에 요청되는 것 그 이상의 것이 요구되기 때문이다. 예술은 예술가의 정신을 사로잡는다고 말할 수 있으나 성경은 성령의 작품이라고 말할 수 있다. 성경연구자들은 자신의 주위에 여러 가지의 성경 참고도서들을 쌓아두고 구속사와 성경신학을 열심히 공부할 수도 있다. 그들은 고대 근동 역사와 셈족어 및 문학에 정통할 수도 있을 것이다. 그러나 그들에게 성령

Rapids: Eerdmans, 1986) 에서 다양한 유익들로부터의 공헌들을 보라.

27. Bernard Ramm, "Who Can Best Interpret the Bible?" *Eternity*, November 1979. vol. 30., pp. 25, 28, 43.

께서 계시지 않는다면, 성경은 단지 감동을 줄 수도 있고 주지 않을 수도 있는 그런 책들의 수집물에 불과할 것이다.

성령은 성경의 저자이신 동시에 하나님의 깊은 것을 추구하는 사람들에게 하나님의 깊은 것들을 가르쳐주신다(고전 2:10-16; 벧후 1:21). 성경연구자들이 성령께 열린 자세로 성경에 접근하면, 성령께서 말씀의 권위에 대하여 증거하며, 삶을 조명하고 변화시키고, 주체적 및 역사적 전개들의 관계에 대해서 뿐만 아니라 성경의 각 책들의 관계에 대해서도 점차 더 깊이 이해하도록 허용한다. 그러나 성령의 함께하심이 성경을 성실하게 공부하지 않아도 된다는 변명이 될 수 없다. 너무나도 자주, 성경연구자는 당면한 문제에 대한 해답을 얻기 위해서만 하나님의 말씀을 펼친다. 문맥이나 여러 가지 관계들은 무시한다. 많은 성경연구자들은 예술에 대한 배경지식은 거의 모르고 박물관에 가서 기호에 따라 발길 가는대로 걸어 다니며 구경하는 사람들과 같다. 올바른 예술작품 연구와 비교하여서 성경을 연구할 때도 연구자는 성경의 사상적 구조를 꿰뚫어 보아야 한다. 만일 우리가 성경의 한 부분이 다른 부분들과 어떻게 관련되는가를 알 뿐 아니라, 각 책들의 문화적, 역사적, 그리고 문학적 배경을 이해함으로써 성경 각 책들의 심장의 고동을 느낄 수 있다면, 우리는 그 책을 더욱 잘 이해하며 그 가치를 더 잘 알 수 있다. 예술과 과학 분야의 연구에서도 구조적 관계들을 이해하는 것이 중요하다면 성경연구자들이 성경의 사상과 표현의 구조를 올바르게 파악하는 것을 배우는 것은 얼마나 더 중요할 것인가? 그렇지 않다면 서구의 성경 독자는 제 3세계의 성경 독자가 내린 결론과 아주 판이한 결론에 도달할 수도 있을 것이다. 성경은 여러 상이한 문화권들과 하위 문화권들에서 연구되고 있기 때문에 성경 자체에 내재된 성경사상의 구조들을 찾아냄으로써 성경연구의 조화를 이루지 않으면 안 된다. 토란스Torrance에 따르면,

> 구약 안에는 신약과 기독교회에 대하여 영원한 가치를 지니고 있는 성경 사상과 언어의 구조들이 발견된다. 이 사실은 왜 교회가 사도들뿐만 아니라 선

지자들의 터 위에 건축되었다고 하는지를 설명해 준다. 그런 질서 안에서 건축된 이유는 구약성경이 이제 신약의 궤도 안에 있음을 전제하고 있기 때문이며, 비록 신약이 이스라엘로부터 이끌어낸 그러한 구조들이 그리스도 안에서 취해져 변형되었을지라도, 구약은 신약이 복음을 명료하게 설명할 때 사용했던 구조들을 신약 계시에 제공했기 때문이다.[28]

분석과 종합: 성경 본문에 대한 삼중적 초점의 접근

만일 우리가 성경 사상의 구조를 좀 더 자세히 알기를 원한다면, 우리는 성경의 각 책들, 저자들, 사람들, 땅, 역사 및 지리뿐만 아니라 구약과 신약의 상호관계를 참을성 있게 연구하는 것을 배워야 한다. 본문의 다양한 구성요소들(분석)과 그들의 상호관계(종합)에 대한 연구를 통하여 성경의 구조들이 오늘날 우리들에게 힘 있게 나타날 수 있다(39p. 도표 1을 보라).

분석이란 성경연구자가 의미(단어, 구절, 문법 및 문장구조), 관계들(절과 단락), 그리고 본문 비평적인 쟁점들에 주의를 기울이게 되는 본문 해석과정의 한 부분이다. 단어, 구절 그리고 절들의 분석 이외에 분석가는 또한 병행 구절들에서 본문이 어떻게 사용되고 있는지 혹은 구약 또는 신약이 다른 곳에서 어떻게 인용되고 있는지를 검토해야 한다. 주의 깊은 분석의 일부로서 성경연구자는 본문의 문화적, 사회경제적, 지리적, 역사적 배경을 연구하여야 한다.

배경 자료의 보고와 언어학적, 의미론적, 본문상의 정보를 잘 구비한 성경연구자는 적어도 본문의 구성요소들에 대해서 더 많이 알고 있는 셈이 된다. 그러나 역사적-문법적인 방법의 문제점은, 말씀연구자들이 행한 모든 일은 고작 본문의 구성요소들을 검토한 것에 불과한데도, 그들로 하여금 본문을 통달했다고 생각하도록 유혹하기 쉽다는 것이다. 그러나 과연 그들은 그 메시지에서 무슨 의미를 파악하였는가? 부분들이 어떻게 서로 어울리며 그 책의 나머지 부분과는 어떻게 연관되며 성경의 나머지 책들과는 어떻게

---

28. Thomas F. *Torrance, The Mediation of Christ* (Grand Rapids: Eerdmans, 1984), 27.

연관되는가를 검토한 후에야 연구자는 그 본문의 메시지를 명확하게 파악할 수 있게 된다. 그러므로 올바른 주경신학은 종합을 요구한다.

종합은 그 책의 문맥과 또한 성경 전체의 맥락 안에서 그 본문이 지니는 의미를 숙고하는 본문 해석의 한 부분이다. 종합 과정은 성경 본문의 진정한 이해를 위해서 가장 중요한 요소이다. 그러나 주석가들은 구성요소들을 전체적으로 결합하는 과정에 개입된 주관성만 정당하게 식별해 낸 후에는 그들 스스로를 종종 본문의 단순한 관찰자로 한정시키는 데 만족한다. 그러나 본문은 분석되어져야 할 뿐만 아니라 현대인들에게 분명하게 영향을 끼쳐야 한다. 역사적으로 조건 지워진 사건인 구약 본문과 20세기의 그리스도인 사이의 연결은 구속사의 뒤이은 사건들 특히 예수 그리스도의 오심으로 인하여 아주 복잡하게 뒤얽혔다. 그것은 해석의 틀을 형성하는 본문에 우리가 갖다 붙이는 다양한 신학적인 전제들에 의해 한층 더 복잡해졌다. 그러므로 우리는 정직하고도 방법론적으로 건전한 길을 통해 본문의 목소리에 귀를 기울이기 위한 노력을 의도적으로 하여야 한다. 우리는 어떤 본문을 증거 본문으로 사용하기 위하여 저자가 의도하였던 의미를 무시하려는 유혹을 물리쳐야 한다. 마지막으로, 우리는 본문을 기독론적으로나, 유형론적으로, 혹은 실존주의적으로 적용하기 위하여 너무 지나치게 신약을 구약 안으로 끌어들여 읽는 것을 피해야 한다.

종합적 주석의 세 가지 측면은 어떤 본문과 그 본문을 둘러싸고 있는 전체적인 집성물 사이의 연결고리를 제공한다. 삼중 초점의 요소들은 모두 다 역사-문법적 방법의 중요성을 전제하고 있으며 성경의 계시가 성령에 의해 감동된 것이긴 하나, 또 한편 역사적으로 조건 지워진 것이라는 사실을 민감하게 의식하고 있다. 성경은 하나의 직접적인 신탁이 아니라 시간 안에서 매개되어지고 인간의 언어로 전달되어진 하나님의 말씀이다. 하나님의 말씀은 그것이 확증하는 각각의 내용에서는 무오하지만, 우리의 인식에는 한계가 있다. 그러므로 성경공부는 문학적 형식(기록된 의사소통의 인간적 형식), 정경적 문맥(기록된 하나님의 말씀을 참된 하나님의 말씀으로 받아들였던 공동체 안에서의 그 문학적 형식들의 기능), 그리고 구속사의 점진적 발전 과정을 (하나님의 행동들과 계시의 질서 정연한 흐름) 기꺼이 확정함으로써 하나님을 따라 하나님의 사상들을 생각하도록 이끄는 데 그 목적이 있다.

문학적 형식

성경의 각 책은 제각기 어떤 목적을 가지고 있다. 따라서 각각의 책은 그 책들의 목적들에 비추어 읽혀져야 한다. 연구 중인 본문이 책 전체의 논지에 어떻게 기여하고 있는지를 발견하기 위해서는, 그 본문은 그 책 전체 안에서 독특한 문학적인 표현으로 읽혀져야 한다. 그 본문은 특별한 주의를 요하는 어떤 문학적 형식이나 장르로 표현되어 있다. 그러한 문학 형식이나 장르에 관심을 기울여야 하는 이유는, 형식은 언제나 내용과 관련되어 있기 때문이다. 독자는 하나의 본문을 유사한 문학적 형태로 표현된 다른 본문들과 비교하여야 한다. 장르가 같은 구절들이 연구 중인 그 구절을 해석하게 함으로써 성경이 성경을 해석할 수 있도록 허용한다.[29]

정경적 위치

정경적 기능에 대한 민감한 이해는 우리가 가지고 있는 성경이 오랜 기간에 걸쳐 형성된 것이라는 단순한 인식에서 시작된다. "정경"이란 말은 한때 역동적인 개념이었는데 "정경"이란 말의 역동성은 여러 부분들이 성령의 영감과 섭리에 의해 결합되었다는 사실을 반영하였다.

첫째, 우리는 정경적 관계들에 대해 민감해야 한다. 다른 말로 하면 우리는 어떤 책이 정경 중 어디에 속하는지를 고려해야 한다는 것이다. 즉 모세

---

29. John Barton, *Reading the Old Testament: Method in Biblical Study* (Philadelphia: Westminster, 1984); Peter W. Macky, "The Coming Revolution: The New Literary Approach to New Testament Interpretation," *Theological Educator* 9 (1979): 32-46; Robert Alter, *The Art of Biblical Narrative* (New York: Basic, 1981); idem, *The Art of Biblical Poetry* (New York: Basic, 1985); Tremper Longman III, *Literary Approaches to Biblical Interpretation* (Grand Rapids: Zondervan, 1987)을 보라.

오경, 선지서(선지서는 소위 전기 선지서〈여호수아-열왕기하〉와 후기 선지서 〈대선지서인 이사야, 예레미야, 에스겔과 12 소선지서〉로 구분된다), 성문서(시편, 욥기, 잠언, 다섯 두루마리〈룻기, 아가, 전도서, 예레미야애가, 에스더〉, 다니엘, 에스라, 느헤미야, 그리고 역대상하), 복음서, 사도행전, 서신서들, 요한계시록 중 어디에 속하는가를 고려해야 한다. 정경적 관계에 민감하다는 말은 하나님의 백성들이 그 특별한 저작물을 받아들인 시기에 관심을 갖는다는 것을 말한다. 한 본문을 책 전체와 관련시킴으로써 전체로서의 그 메시지에 대한 보다 종합적인 이해에 도달할 수 있다.

둘째, 본문의 정경적 기능에 민감한 이해는 하나님의 백성들이 최초로 그 개별적인 책들을 받아들였던 역사적 맥락을 존중한다. 하나님의 백성들의 필요는 시대마다 달랐고 우리는 한 권의 책으로 된 이 성경이 그 안의 각 책들을 하나님의 말씀으로 받아들였던 특정한 하나님의 백성들에게 주어졌던 개별적인 책들 즉, 개별적인 정경들의 수집물이라고 간주할 수 있다. 차일즈는 성경 안의 개별적인 책의 정경적 기능의 중요성에 대한 학문적인 자각을 불러일으킴으로써 귀중한 공헌을 하였다. 차일즈에 따르면 "정경적 기능에 대한 언급은 그 특정 책에 있는 하나님의 말씀에 의하여 종교적 욕구들과 그 신앙 고백을 진술한 그 특정한 공동체의 관점으로부터 그 책을 조망한다는 것을 의미한다." 성경 해석자는 그 성경책 안에서, 한 공동체에서 그 책이 가졌던 기능을 노출시키는 표지들을 민감하게 주목해야 한다. "공동체 내에서의 규범적인 역할을 위한 지도 지침을 확정하기 위하여 기능의 다양성이 각 책의 구조 속에 주의 깊게 배려되어 있다는 것이 우리의 논지이다."[30]

<u>구속-역사적 중요성</u>

성경 계시는 하나님께서 인류 역사 속에서 행하신 일들을 해석하여 주며, 인류의 필요들에 대한 하나님의 은혜로운 응답을 분명히 보여준다. 능하

---

30. Childs, *IOTS*, 533.

신 구속 활동들과 계시를 통한 하나님의 자기 개입의 역사가 소위 구속사의 주체를 형성한다. 구속사적 접근은 성경이 일차적으로 원래 역사나 도덕을 전하기 위해 주어진 것이 아니고 열방들과 족장들, 이스라엘, 그리고 예수 그리스도의 교회를 향한 하나님의 신실성을 기록하기 위하여 주어진 것이라는 것을 전제한다. 구속사 연구를 통하여 예수 그리스도 속에 두신 하나님의 목적은 더욱 분명히 드러난다. 이 방법은 성경의 부분 부분들을 하나의 일관성있는 전체로 연결시키는 체계적인 틀을 제공해주기도 하면서 많은 주제들을 하나의 모자이크로 보여주기도 한다. 성경의 다양성과 통일성은 우리가 아직도 부분적으로 알고 있으며 하나님께서는 처음부터 끝까지 모든 것을 알고 계신다는 전제에 의하여 긴장관계를 이루고 있다.

구속사적 접근은 본문과 특정한 구속사적 시기, 그리고 하늘과 땅의 구주요 회복자인 예수의 도래와 그 시기의 관계성에 특별한 주의를 기울인다. 구속사적 접근을 주석에 도입하는 사람들은 성경에 대한 완전한 이해에 도달했다고 생각하지 않고 그들도 주석가들의 공동체의 한 일원으로서 그 목표에 이르고자 고투하고 있을 뿐이라는 것을 시인한다.[31]

해석자는 그 본문이 예수의 오심 및 재림시 있게 될 만유의 회복에 대한 우리의 희망과 어떤 관계가 있는가를 묻는다. 구속사적 접근은 원래의 역사적, 문화적, 문학적, 신앙 공동체적 맥락 가운데 주어진 그 본문에 각별한 주의를 기울임으로써 인간적 의사소통 및 문화적 통로들을 중시하고 있다. 이 메시지는 전체 성경(구약과 신약)이 만유를 하나님께로 회복시키실 메시아 예수에게 집중하고 있다는 의미에서 기독론적이라고 생각된다. 그런데 이러한 회복이 아직 이루어지지 않았으므로 구속사적 관점은 구속사의 마지막 또는 완성에 관한 계시에 비추어서 그 과정을 주시하게 된다. 구속의 점진적 발전은 예수님의 초림에서 절정을 이루지 않고 그리스도께서 영광 중

---

31. Sidney Greidanus, *Sola Scriptura: Problems and Principles in Preaching Historical Texts* (Kampen: Kok, 1970); Theodore Plantinga, *Reading the Bible as History* (Burlington, Ont.: Welch, 1980).

에 오실 것을 대망하게 된다. 그때에는 그분이 완성의 시대인 새 하늘과 새 땅의 시대를 여실 것이다. 그러므로 그 해석은 기독론적인 동시에 종말론적이다. 만일 그 해석이 구속의 성취를 예수의 초림에만 제한시킨다면, 구약을 신약과 대조시키는 경향으로 흐르게 된다. 그러나 만일 그 해석이 구속사의 목표인 만유의 회복에 초점을 맞춘다면 구약과 신약은 보다 더 밀접하게 결속되어, 이 예수께서 만유를 하나님 아버지께 복종시키도록 예정되었다는 소망의 복음을 증거한다(행 2:34-36; 고전 15:25; 히 1:13; 2:8; 10:13; 계 2:27; 12:5; 19:15). 이러한 관심을 염두에 두고, 나는 구속사를 12시기로 나누어 기술하고자 한다. 각 시기는 전후 시기와 유기적으로 관련된다. 각 시기는 연속성과 불연속성의 요소들을 함께 보여주고 있으며 하나님의 총체적인 계획에 대한 더 폭넓은 이해에 기여하고 있다(도표 1을 보라).

대략적인 시작년도	시기	성경	주제들
—	창조의 조화	창1-2장	• 야웨는 창조자이신 왕 • 인간들은 그 크신 왕의 대리 통치자들 • 창조 언약
—	창조의 분산	창3-11장	• 하나님의 왕권에 대한 반역 • 분산의 상태, 두 왕국: 하나님의 왕국과 인간의 왕국 • 노아 언약
B.C. 2000	선택과 약속	창12-50장	• 약속, 아브라함 언약, 그리고 믿음
B.C. 1400	거룩한 나라	출-수	• 이스라엘의 성별, 모세 언약, 야웨의 임재, 이스라엘 안의 하나님의 왕국
B.C. 1200	열방과 같은 한 나라	삿1-삼상15장	• 이스라엘의 반역 행위와 하나님의 주권 • 이스라엘 안에 인간 왕권의 필요성
B.C. 1000	왕정 국가	삼상16-왕상11 대상1-대하9장	• 다윗 언약, 신정적 공동체의 영광, 성전 안의 야웨의 임재
B.C. 931	분열 왕국	왕상12-왕하25 대하10-36장	• 이스라엘의 반역과 유다의 동요 • 다윗 왕조의 몰락 • 선지자의 메시지: 남은 자, 야웨의 날, 포로, 그리고 회복
B.C. 538	회복된 나라	스, 느, 선지서들	• 회복: 언약들의 갱신

대략적인 시작년도	시기	성경	주제들
B.C. 4	예수와 하나님 나라	복음서들	• 예수의 선포, 이적들, 죽음과 부활: 그 아들 안에 영광의 왕국이 임재 • 언약들의 갱신, 하나님의 새 백성, 예수의 영광스런 임재의 준비
A.D. 29	사도시대	행전, 서신서들	• 예수의 통치, 성령 안에서의 그의 임재, 교회의 출범 • 사도들이 전한 전승: 신약의 저술들
A.D. 100	하나님 나라와 교회	—	• 교회의 발전, 세상에서 거룩하고 왕 같은 백성이 되기 위한 도전
—	새 예루살렘	창3:1-계22:21	• 변화와 회복: 새 하늘과 새 땅 • 창조물의 구원 • 거룩한 백성 • 은혜로운 임재와 하나님과 그의 메시아의 통치

도표 1. 구속사의 12시기

이 12시기는 구속사의 긴 여정을 나누는 유용한 구분점으로 사용된다. 성경 독자는 하나님의 활동들을 전체적으로 조망하기보다는 하나님의 구원의 나아가는 흐름 속에서 어떤 획기적인 표지점을 -최고 지점들 혹은 분수령들- 발견할 수 있을 것이다. 12라는 숫자는 임의로 설정한 것이지만, 그 연속성과 불연속성에 대한 관심은 성경을 어떻게 읽을 것이며 특정 본문을 하나님의 활동들의 전체적인 운동과 어떻게 연결시킬 것인가를 이해하는데 적합하다. 언약이나 약속과 같은 단일한 주제 또는 중심에 초점을 맞추기는 쉽다. 그러나 이 12시기는 모두 함께 수많은 관계의 통로를 제공해 주고 있으며, 그 모든 통로들은 또 예수 그리스도 안으로 수렴되고 있다.

창조로부터 새 창조에 이르기까지, 주께서는 자신이 회복하신 피조 세계를 향유할 구속된 인류를 창조하시려는 당신의 목표를 성취하고 계신다. 구속을 창조와 통합시켜 보면 창조주-구속주-왕이신 하나님의 왕적 관심이 드러나게 된다. 각 구속사의 단계들은 인간의 무관심과 변덕과 그리고 반역에도 불구하고 하나님의 은혜로우신 역사들을 밝히 드러내 준다. 하나님의 능력은 건재하며 그분의 사랑은 사람들에 의하여 좌절될 수 없다. 하나님의 왕국과 인간의 왕국간의 투쟁은 수천 년간 계속되었다. 그러나 그 결과는 분명하다. 하나님의 인내와 사랑은 자신의 모든 피조물에 대한 돌보심과 축복하심 속에서 뚜렷하게 나타난다. 그러나 하나님의 사랑은 진노와 균형을 이루고 있다. 구속하시는 하나님이 또한 보복하시고 신원하신다. 구속사 전체를 통하여 주께서는 축복과 심판으로 역사에 개입하심으로써 모든 사람으로 하여금 그가 궁극적이고 절정의 단계에서 마침내 그의 나라를 세우실 그 위대한 날을 기억하도록 하신다.

성경 해석과 삶의 변화

"공동체 내에서의" 성경 해석

성경학자들은 비평주의자이건 보수주의자이건 가릴 것 없이 오래된 성경의 증거가 현대의 우리에게도 직접 말하도록 해야 할 필요성을 느껴 오고 있다. 첫 번째 질문은 어떻게 해야 성경이 적합성을 갖게 될 수 있느냐가 아니라 어떻게 하나님의 음성을 듣고 그것에 반응할 수 있도록 해주는 방법론을 개발할 수 있느냐 하는 문제이다. 복음주의자들은 그들의 공동체에게 설교를 통하여 성경을 진지하게 받아들이도록 도전해 왔다.[32] 성경 해석자들은 하나님 백성들의 공동체의 일원으로서 해석의 과정에 개입한다. 그들은 자신의 영혼을 먹이는 일로 만족할 수가 없으며, 그리스도인의 한 사람으로서 성경의 통일성, 성령의 내적 증거에 의한 인도하심, 그들의 마음과 삶에 머물러 있는 하나님의 말씀의 가치를 소중히 여긴다.

비복음주의자들도 역시 그들이 속한 공동체로 하여금 본문에 귀를 기울

---

32. W. Kaiser, *The Old Testament in Contemporary Preaching* (Grand Rapids: Baker, 1973); idem, *Toward an Exegetical Theology* (Grand Rapids: Baker, 1981); G. Maier, *The End of the Historical-Critical Method* (St. Louis: Concordia, 1977).

이도록 도전한다. 쉬툴마허Stuhlmacher는 주석가가 본문 전통과 영적 전통과의 결속을 확증하는 "일치의 해석학"으로 기울고 있다고 말한다. 문제가 되는 것은 주로 "우리가 이 본문들과 어떻게 관련되는가와 그 본문들이 사건이 발생한 고대적 문맥 안에서 어떻게 자리매김 될 수 있는가?" 뿐만 아니라 또한 "이 본문들로부터 인간과 그의 세계와 그리고 초월에 관하여 우리가 무슨 주장을 듣는가이다." 역사적 본문에 귀를 기울임으로써 주석가들은 쉬툴마허가 말한 바 "전통과의 비평적 대화"에 자신을 몰입시키게 될 것이다. 도출되는 결론들은 언제나 입증 가능해야 한다. 그 방법론은 일치의 자세와 대립되는 것이 아니며 현대의 독자들로 하여금 잊혀져 왔으며 상실된 것으로 믿어지는 실존의 차원들을 재발견하고 재포착할 수 있게 한다. 이런 방식에 의한 주석은 이해 가능한 것이 되고 "어떤 개인이나 집단에만 제한된 직관적 견해"가 되지 않는다.[33]

신학적 입장의 차이에도 불구하고 복음주의자들(카이저와 마이어)과 쉬툴마허는 다같이 성경 본문을 공동체 내에서 해석하려는 소원을 가지고 주석에 접근한다. 양자가 모두 일치의 해석학, 하나님의 말씀을 경청하는 해석학을 구상하고 있다. 또 양자가 공히 개인주의적 주석에 반대하고 있다. 양자는 다 같이 사도신경("내가 예수 그리스도를 믿습니다")에 충실하고자 한다. 주요한 차이점은 역사, 역사적 연구, 그리고 과거와 현재의 관계에 두는 가치의 상대적인 차이에 놓여 있는 것이다.

쉬툴마허의 말에 의하면 교회의 생활로부터 성경을 분리시킴으로써 근거 없는 해석으로 가득 채워진 한 진공 상태가 종종 유발되었다.

> 현재 교회에서 사역 중인 노장 및 소장 신학자들 가운데 이 분리 결과는 성

---

33. Peter Stuhlmacher, *Historical Criticism and Theological Interpretation: Towards a Hermeneutics of Consent*, trans. Roy A. Harrisville (Philadelphia: Fortress, 1977), 85-87. James D. Smart, *The Strange Silence of the Bible in the Church* (Philadelphia: Westminster, 1970)도 보라.

경 사용에 있어서 엄청난 그리고 때로는 경악스런 불확실성을 유발시키고 있다. … 그들에게 성경 비평은 성경에 대한 쓸모 있는 역사-비평적인 해석의 가능성에 대해 낙담하게 하며, 부분적으로는 머리털을 곤두서게 하는 신학적 대안들을 붙잡도록 만드는 진공 상태를 야기시켰다.[34]

진공 상태라는 개념은 수단을 가리지 않고 개인의 영적 갈증을 충족시키려는 강박적 충동을 기술하는 말이다. 주관주의와 실용주의는 우리들에게 성경신학의 파산을 초래하였다. 성경신학으로부터의 지도를 불신하면서 성경연구자들은 하나님의 말씀을 이해하기 위하여 성령의 조명, 만인제사장주의, 성경의 자명성에 대한 필요를 재발견하였다. 성경 해석에 있어서는 신앙의 색채가 가장 중요하다. 즉각적이고 실용적인 결과들에 대한 집착은, 비평주의가 자유주의에 해로운 영향을 끼쳤듯이, 그와 똑같은 해로운 영향을 복음주의에 끼쳐왔다.

예루살렘과 성전으로부터 추방된 유대인들은 하나님으로부터 소외되어 있었는데, 오늘날의 그리스도인들도 성경이 그들에게 닫힌 책이 될 때나 성경의 가치가 특수한 교리를 증거하기 위해 인용되는 증거 본문들이나 즉흥적인 영적 흔적 정도로 축소될 때 유대인들과 똑같이 버림받았다고 느낄 수 있다. 그와 같은 진공상태는 개인적인 체험, 헌신적인 실천, 그리고 개인적인 성경연구에 의해 채워져 오고 있다. 공동체적으로 예배를 드리지만, 공동체의 구성원들은 스스로 자기 영혼을 먹이고 있다. 공동체와 개인의 양극화는 애석한 현상이 아닐 수 없으며, 이는 그리스도인의 공동체를 궁핍하게 한다. 진정한 대화는 교회 전체와 개별 그리스도인이 성경 본문에 대하여 동일한 수준에서 관련성을 가질 때 일어난다.

---

34. Stuhlmacher, *Historical Criticism*, 65.

"대화 속에서의" 성경 해석

리차드 로어바우Richard L. Rohrbaugh는 목회자가 어떻게 주석 작업에 참여할 수 있는가에 대한 하나의 사례를 제시하고 있다. 그는 목회해석학parish hermeneutics을 "성경을 하나님의 백성들의 지속적인 대화에 있어서의 진정한 동반자로 받아들이려고 시도하는 사역"이라고 정의한다. 해석학은 성경학자가 어떤 본문을 택하고 그에 대한 단 하나의 정확한 해석을 내리면, 이에 따라 목사가 그와 같은 해석을 설교로 바꾸는 그런 과정이 아니다. 로어바우는 주석을 오직 학자와만 연결시키는 그 굴레를 부수고자 한다.

> … 교회생활 가운데 가장 규칙적으로 또 가장 빈번히 성경을 해석하는 목사야말로 성경 그 자체로부터 뻗어 나와서 앞에서 언급된 여러 문제들을 제기시키는 다양한 학문적인 절차들을 거쳐서, 최종적으로 교회에서 해석을 삶으로 표현하고 있는 특정 개인에게로 이어지는 해석학적인 연쇄 체계의 연결고리가 되는 것이다. … 행위로 성경을 해석하고 있는 사람의 맥락과 그 인격이 교회 안에서 성경의 의미를 재창조하는 과정 가운데서 핵심적인 연결고리가 되는 것이다.[35]

신 해석학의 대표자인 에벨링Gerhard Ebeling은 그와 같은 대화의 과정을 어떻게 시작할 것인가에 관하여 귀중한 통찰력을 더해 주고 있다. 그에게 있어서 설교는 단순히 하나님에 대한 과거의 경험을 설명하는 것이 아니다. 목사가 하나님의 백성들이 과거에 하나님을 체험하였던 것처럼 현재에도 그분의 백성들이 하나님을 체험할 수 있도록 돕기 위해서 성경 안의 사건은 재창조되어야 한다는 것이다. 그러한 설교야말로 창조로서의 선포라고 할

---

35. Richard L. Rohrbaugh, *The Biblical Interpreter: An Agrarian Bible in an Industrial Age* (Philadelphia: Fortress, 1978), 7, 8-9.

수 있다.³⁶ 설교를 통해서 목사는 하나님의 백성들이 하나님의 말씀 속에 있는 변화시키는 능력을 체험할 수 있도록 도우려고 의도한다. 해석자로서의 사역자는 본문의 맥락에 몰입하면서도 상이한 상황 가운데 있는 하나님의 백성에 대해서도 동등한 배려를 보여야 한다. 해석은 과거와 현재라는 두 개의 지평들에 비유되어 왔다. 그러나 해석은 이 두 지평을 융합시킨다.³⁷ 이 융합은 성경의 명확한 의미를 정확하게 포착해야 한다.³⁸

복음주의적 성경 연구는 주의 깊은 해석(분석과 종합)을 반영하기 때문에 생명력이 넘치고 적합성이 있는 연구가 될 수 있다. 하나님의 영에 의해 결과적으로 나타나는 삶의 변화는 하나님을 영화롭게 한다. 해석이 성령님의 의도에 기초하지 않고, 나름대로 본문의 의미를 살려준다고 생각되는 가치들을 찾기 위한 기발한 연구에 의해 촉발될 때는 하나님의 백성들에게 다음과 같은 냉소적인 반응을 불러일으킬 수도 있다.

"우리 목사처럼 성경을 풀어낼 수 없다. 그는 … 너무 영리하고 기발하다. 그는 성경 어디에서도 '그리스도를 발견해' 낼 수 있는 사람이다!" 이 말은 그런 사람들이 다음 두 가지 중 어느 하나의 행위에 빠질 수 있음을 시사하고 있다. 그들이 개인적인 성경 읽기를 완전히 포기하든지 그렇지 않으면 그들은 목사를 모방하려 할 것이다. 그렇게 되면 그들은 틀림없이 함정에 빠지게 되고 가장 원시적 풍유들로 도피하여 그것들 속에 빠져서 허우적대며 탐닉할 것이다!³⁹

실제 생활에 적합한 해석이 되게 하기 위해서는, 성경연구자는 한쪽 발

---

36. Ebeling, *Word and Faith*, 311.
37. Thiselton, *The Two Horizons*.
38. *Chicago Statement of Biblical Hermeneutics*.
39. Brunner, *Doctrine of Creation and Redemption*, 212.

을 성경의 세계 속에 딛고 선 채 또 한 쪽은 오늘날의 사회 속에 디뎌야만 한다. 성경 연구는 노동이며 개인적인 몰입이 요청된다. 성경의 통찰력은 우리의 사상과 신념에 새로운 빛을 던져줄 것이다.[40] 그러나 궁극적으로 개인과 하나님의 백성 공동체는 살아계신 그리스도의 영이 그 오래된 성경을 통하여 현 시대적 상황 가운데 사는 우리들에게 말씀하시도록 엎드림으로써 커다란 은혜를 덧입는다.

결론

예수 그리스도를 믿는 자에게 있어서 성경은 하나님의 책인 동시에 사람의 책이다. 주께서는 제각기 다른 문화들과 또한 서로 멀리 떨어진 역사적 시기를 사는 인간들에게 자신을 드러내셨다. 그러나 각각의 경우에 동일하신 하나님께서 말씀하셨다(히 1:1-3). 창조와 구속에서의 하나님의 사역들이 그의 사랑과 심판을 증거하고 있듯이, 구약과 신약성경은 모두 하나님의 계획을 펼쳐 보이고 있다. 하나님의 신실성에 대한 이 영감된 기록은 현대인과 현대교회로 하여금 예수 그리스도의 아버지되신 하나님을 세상의 구속주로 인식하도록 도전하고 있다. 그분은 세계의 기초를 놓을 때부터 자신이 계획하셨던 바를 완전히 이루실 것이다.

이와 같은 하나님의 계획이 어떻게 펼쳐지느냐를 밝히는 것이 성경 해석의 목적이다. 즉, 그것은 성경을 연구하고 성경의 많은 부분들을 서로 관련시키고 고대 본문을 현대적 상황에 적용시키는 과정이다. 해석은 기술인 동시에 학문이다. 성경해석자는 신자 안에서 성령의 능력으로 역사하시는 살아계신 예수님 앞에 있음을 인지하며 성경 본문을 연구한다. 성경이 계속적

---

40. David J. Hesselgrave, "The Three Horizons: Culture, Integration, and Communication," *JETS* 28 (1985): 443-66. Walter C. Kaiser, Jr., "Legitimate Hermeneutics," in *Inerrancy*, ed. Norman Geisler (Grand Rapids: Zondervan, 1980), 117-47을 보라.

인 삶의 변화를 요구하고 있기 때문에 성경 해석은 역동적이다. 하나님의 비전은 세계와 하나님의 피조물에 대한 우리의 비전에 영향을 미친다. 성경 연구에는 삼위일체 하나님에 대한 신앙적이고도 몰입적인 헌신이 요구된다. 독자들은 한 책에 대해서 그 역사적 맥락으로부터만 접근하기보다는 부끄럼 없이 그들이 색안경들을 끼고 성경을 읽고 있다는 사실을 인정해야 한다. 그들은 예수 그리스도의 부활과 그의 영광스런 현현 사이에 살고 있으며 그들 당대의 상황적 배경과 고대 성경 책들의 시간적 시야 사이에 살고 있다. 하지만 하나님께서는 독자들 자신의 신앙 고백적인 체계를 포함한 그들 당대의 문화적 환경 속에서 그들에게 말씀하고 계신다. 하나님께서 말씀하고 계시기 때문에 성경도 말하고 있다!

성경연구자가 성경에 대하여 취하는 관점은 본문이 무엇을 말씀하실 것이며 무엇을 말씀하시지 않을 것인가를 결정해준다. 성경의 역사 그리고 과거 사건들에 대한 연구는 20세기의 사람들과 아무런 관련성이 없어 보이나, 그리스도인들에게 있어서는 그것들은 구속의 계획을 펼쳐 가시는 하나님의 특별한 활동들에 대한 이야기의 일부를 이룬다. 비록 20세기에 살고 있는 사람들이라 할지라도 그 자신을 거의 2천 년간 계속된 교회사로부터 분리시킬 수 없는 것이며 긴급한 현대적 쟁점들에서 자신을 분리시킬 수도 없고, 그들이 처한 신학적인 체계로부터도 자유로울 수 없는 것이다. 그러나 그들은 하나님의 말씀에 대한 신선한 연구(주석)를 통하여 그리스도인으로서 헌신과 자기이해, 그리고 신학적 확신을 갱신할 수 있는 것이다. 성경연구가 사실들의 획득과 분석을 포함하는 한에서 역사적-문법적 접근은 고대의 낱말들의 의미와 그 본문의 삶의 정황을 회복하는 데 도움을 준다.

해석은 본문에 대한 분석뿐만 아니라 종합 혹은 문학적 배경, 정경적 상황(즉, 특정 역사적 맥락 가운데 있던 하나님의 백성들에게 선포되어 정경으로서 수용된 하나님의 말씀), 그리고 구속사적 전개과정 안에서의 그 본문의 통합을 포함하고 있다. 본문에 대한 해석이 스냅사진에 비유되면, 구속사적 해석학은 영화에 비유된다. 후자는 개별 사진들을 상호 관련시키며 지각된 관계성들을 계속 변화시켜서 성경으로 하여금 이스라엘 역사와 교회사 속에서 하나님께서 구속사적으로 개입하신 과정에 관한 이야기를 말하도록 허용해 준다. 더 나아가 하나님의 영은 삶의 변화를 요구하는데, 그러한 삶의 변화에 의해 과거의 문화적 지평들과 현대의 문화적 지평들의 융합이 일어난다. 램Ramm이 썼듯이 "적용없는 주석은 학문적일 뿐이다."[41]

해석은 또 구약과 신약에 대해 동등한 관심을 내포한다. 이와 같이 성경의 두 부분 모두 주의깊은 균형 가운데 읽혀지면 율법과 복음, 상징과 실재, 약속과 성취, 현 시대와 미래의 구속, 이스라엘과 교회, 세속적인 것과 영적인 것 사이에 존재한 끊임없는 긴장은 결국 기독론적, 종말론적 초점을 부각시켜 줄 것이다. 예수 안에서는 하나님의 계시는 분수령 즉, 구속사의 중심점이다.[42] 예수께서는 성경의 초점이다. 그러나 구약이 신약 안에서 완전히 성취되었다고 할 수는 없다. 게다가 예수님께서 구약을 완전히 성취시키신 것도 아니다. 실제적 의미에서 보면, 성경은 하나의 종말론적 초점을 지니고 있다. 즉 구약과 신약은 다같이 만유가 새롭게 되는 완성의 시대를 지향하고 있다. 그러므로 메시아 예수는 자신의 초림 이전과 이후의 모든 성도들의 소망이 되신다.

---

41. Bernard L. Ramm, "Biblical Interpretation," *Baker's Dictionary of Practical Theology*, ed. Ralph G. Turnbull (Grand Rapids: Baker, 1967), 101.

42. H. Berkhof, *Christ, the Meaning of History*, trans. L. Buurman (Grand Rapids: Baker, 1979).

The Progress of Redemption

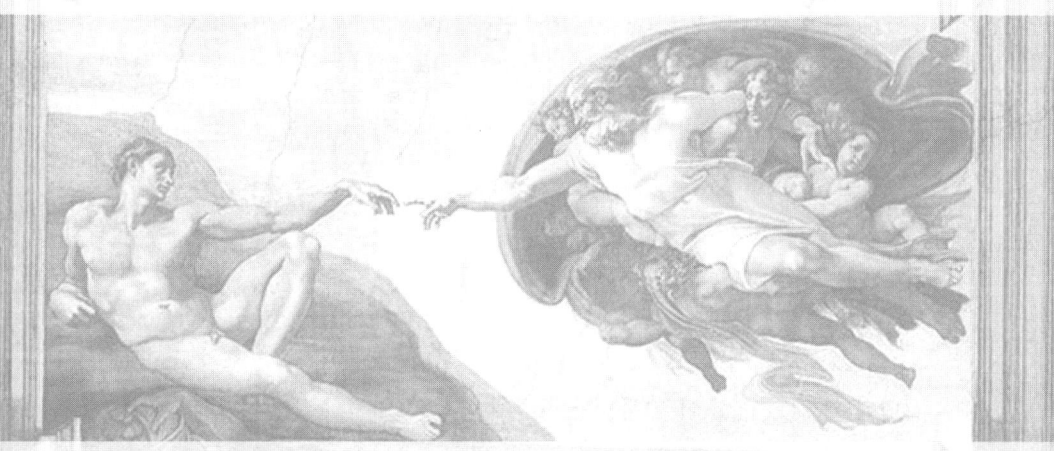

1부
조화 속의 창조

Part 1

서론

성경은 창조 기사로 시작되며(창 1-2장) 보다 영광스러운 창조의 묘사로 끝난다(계 21-22장). 이 기사들의 중간에 구속의 역사가 놓여있다.[1] 창조로부터 회복의 움직임은 하나의 유기적인 발전이다. 거기에서 하나님은 모든 민족으로부터 새로운 인류의 구속을 위한 그의 계획을 수행하신다(계 5:9; 7:9). 창조는 참된 의미에 있어서 구속사의 전제이다. 이 부분에서 나는 성경적인 창조 기사를 특별히 다음과 같은 사실들을 선포하는 하나의 선언으로서 생각하고자 한다.

1. 구속주 하나님은 창조주이시다.
2. 하나님은 그의 왕적인 성품(영광, 능력, 지혜 그리고 충성)에 따라서 그의 피조물을 통치하신다.
3. 그의 창조 자체는 이 왕적인 속성을 반영한다.
4. 인간은 그 위대한 왕의 왕적인 속성을 반영하도록 독특하게 은총을 덧입

---

1. 가장 중요한 핵심은 구속사의 뼈대는 처음부터 끝까지 하나님의 역사하심에 둘러싸여 성경에서 나타난다는 것이다. 또한 하나님의 신성은 당신의 모든 간섭하심의 처음과 끝까지 포함하여 그 핵심인 말씀으로 인도한다(Claus Westermann, *Beginning and End in the Bible*, trans. Keith Crim [Philadelphia: fortress, 1972], 39).

었다.
5. 말씀으로 창조하신 하나님은 말씀에 의해서 각 개인들과 그의 관계성을 유지하신다.
6. 원래의 피조물은 보시기에 좋았지만 그것은 성별되어지고 완전하게 되어져야만 했다.
7. 그러므로 예수 그리스도는 하나님께 모든 만물을 성별시키기 위하여 오셔야만 했다. (엡 1:9-10)

성경적인 창조 기사를 바로 이해하기 위하여 우리는 우리 자신을 성경적인 계시의 구조에 적응시키는 것을 배워야 한다. 창조에 대한 가르침은 이스라엘에게 주신 하나님의 메시지이며 이스라엘의 믿음을 형성시키는데 있어서 권위적인 기능을 가지고 있는 선언이다. 하나님께서 창조의 이야기를 나타내셨을 때에 그는 그것을 먼저 이스라엘에게 나타내셨다. 이스라엘 사람들은 20세기의 과학적인 가정들과 모형들에 관심을 둔 것이 아니라 야웨가 누구신가에 대하여 관심을 두었다.[2] 그는 아브라함과 언약을 맺었고 그들을 애굽으로부터 끌어내셨다. 그들은 하나님, 자연, 인간, 그리고 일반적인 삶에 대하여 상이한 견해를 가진 이교 문화에 직면하였다. 창조에 대한 하나님의 말씀은 권위를 가진 채 그들의 역사적인 맥락에서 그의 백성들에게 선포되었다. 즉 그것은 정경적 차원으로 온 것이다.

창조 기사는 그들에게 하나의 장엄한 문학적 걸작품으로서 다가왔다. 창조 이야기의 진행은 창조주의 활동들을 나타내는 단순한 동작들 안에서 펼쳐진다. 성경의 창조 기사를 분석하고 하나님의 구속사적이고도 역사적인 목적, 고대 이스라엘의 정경적인 문맥, 그리고 다른 시대와 문화의 문학적인

---

2. "야웨"는 이스라엘에 대한 자기 계시에 의해 주어진 하나님의 이름이다 (출 3:13-19; 6:2-8). 그것은 애굽에서 크신 능력을 보여주심으로써 그의 백성을 구속하시고 언약에 신실하신 하나님을 나타낸다. "야웨"의 이런 모습은 구약에서의 "아버지"와 같은 의미이다. 11장에서 나는 그 이름이 가진 중요함에 대해서 더 논의하고자 한다.

전통들을 고려함으로써 우리는 성경적인 사상의 구조를 이해할 수 있다. 우리의 귀에 들려진 하나님의 말씀의 역동적인 메시지는 새로운 시대에 선포되고 적용될 수 있다.

01

창조에 관한
하나님 중심의 관점

창조에 관한 성경의 묘사는 두 가지의 기사로 구성되어 있다(창 1:1-2:3; 2:4-25)[1]. 첫 번째 기사는 일련의 공식적인 표현으로 된 10개의 명령으로 이루어져 있고 다분히 시적인 특성을 띠고 있다. 두 번째의 기사는 이야기체의 형식으로 표현되어 있다. 이 두 기사는 서로 다르지만 조화되고 상보적인 관점들로 창조를 설명해 주고 있다. 첫 기사는 명령 창조fiat creation라고 불리며 둘째 기사는 행위 창조action creation라고 불린다.[2]

이 두 가지 모두가 하나님을 인간의 언어로 표현하고 있으며 둘 다 인간의 창조에 그 초점을 두고 있다. 하나님 중심적인 관점은 인간 중심적 관점과 조화를 이루고 있다. 우리는 하나님의 계시적 관점 하에서만 인간의 독특한 위치를 올바로 평가할 수 있다. 창세기 1장은 하나님을 명령에 의해 세계를 창조한 통치자로 묘사한다. 두 번째 기사는 하나님께서 땅의 티끌(흙)로써 인간을 만드신 토기장이(2:7)와 정원을 꾸미시는 정원사(8절), 갈빗대로 여성을 지으시는 건축자(22절)로 묘사하고 있다.

---

1. 나는 창세기 2:4 상반절에 비평주의적 구분이 적용되지 말아야 한다는 차일즈의 견해(*IOTS*, 145)에 동의한다. 4절은 두번째 설화의 표제이다.

2. William S. LaSor, David A. Hubbard, and Frederic W. Bush, *OTS*, 71.

인간 중심적인 기사로서, 위의 두 기사는 그분께서 친히 창시하시고 확증하신 특별한 관계 속에서 규정되며 특별한 은사들을 부여받은 존재인 하나님의 특별한 피조물인 인간에게 그 강조점을 두고 있다. 우리는 본장에서 두 기사가 각각 어떤 문학적인 기능을 지니고 있는지에 대해 더 구체적으로 고찰하게 될 것이다(그림 1을 보라).

하나님께서 인간을 위하여 세상을 만드시다(창 1:1-2:3)

창세기 1장의 산문적 문체는 도식성과 대칭성을 그 특징으로 하고 있다. 이는 독자들로 하여금 창조 전체의 조화를 느끼게 하고 천지를 창조하신 놀라우신 창조주께 대한 경외심을 고취시키도록 의도된 문학적 솜씨이다(예로 다음을 보라. 시 139:14, "내가 주께 감사하옴은 나를 지으심이 심히 기묘하심이라 주께서 하시는 일이 기이함을 내 영혼이 잘 아나이다"), 창세기의 첫 장의 대칭, 혹은 균형과 조화는 언어학적이며 도식적인 대칭이다.

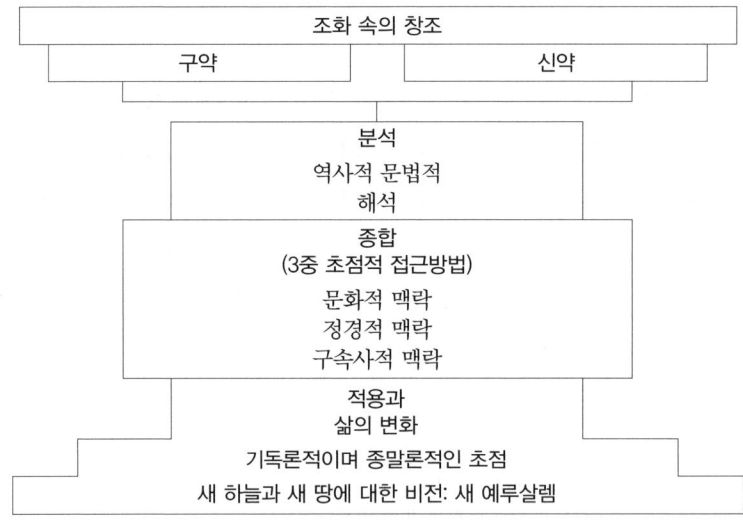

그림 1. 통전적 해석

언어학적 대칭

언어학적 혹은 축자적인 언어적 대칭에서는, 단어와 구들의 반복이 균형을 만들고 있으며 심미적 조화감을 자아내고 있다. 이스라엘인들은 이러한 대칭을 쉽게 발견하였음이 틀림없다. 왜냐하면 그것은 당시의 문학적 관습을 반영하고 있기 때문이다.[3] 창세기 1장의 주요한 대칭은 일곱 개의 전형적인 어구들의 반복적 사용이다(도표 2를 보라).

표현들	창조의 날들						
	첫째 날 1:3-5	둘째 날 1:6-8	셋째 날 1:9-13	넷째 날 1:14-19	다섯째 날 1:20-23	여섯째 날 1:24-31	일곱째 날 2:1-3
어구 1. 하나님이 가라사대 (and God said)	1	1	2	1	2	4	–
2. …게 되라(…이 있으라) (let there be)	1	2	2	1	2	2	–
3. 그대로 되니라(and it was so)	1	1	2	1	–	2	–
4. 하나님께서 하신 일을 나타내는 구절 (descriptive phrase telling what God did)	1	1	2	1	–	2	–
5. 이름을 붙이거나 축복하신 일과 관계되는 단어 (word of naming or blessing)	1	1	1	–	1	1	1
6. (심히) 좋았더라 [(very) good]	1	–	2	1	1	1	–
7. 저녁이 되어 아침이 되니 이는 …째 날이니라(and there was evening and there was morning—the— day)	1	1	1	1	1	1	–

도표 2. 창세기 1:1–2:3에 나타나는 언어학적 대칭성

---

3. 문학적 관례들에 관하여 도움이 될만한 책들에는 Robert Alter, *The Art of Biblical Narrative* (New York: Basic, 1981); idem, *The Art of Biblical Poetry* (New York: Basic, 1985) 이 있다.

창조와 관련되어 – 제3일과 제6일에 나타나는 반복 어구들의 집중적 사용은 각각에는 독립적인 두 창조 행위가 기록되어 있으며 1-3일 창조와 4-6일 창조라는 두 개의 하위 구성부분의 단락 매듭을 나타낸다. 거기에다, 각각의 전개는 어휘상의 변화들과 중요 단어들의 반복에 의해 두드러지게 부각되고 있다.[4] 이렇게 하여 빚어진 차이점은 방향 변화를 알리는 도로 표지와도 같다.[5] 이러한 점층적 강화와 차이점에 의하여 독자들은 넷째 날과 여섯째 날 그리고 일곱째 날에 대해 더욱 자세히 주목하도록 요청받는다(그림 2를 보라).

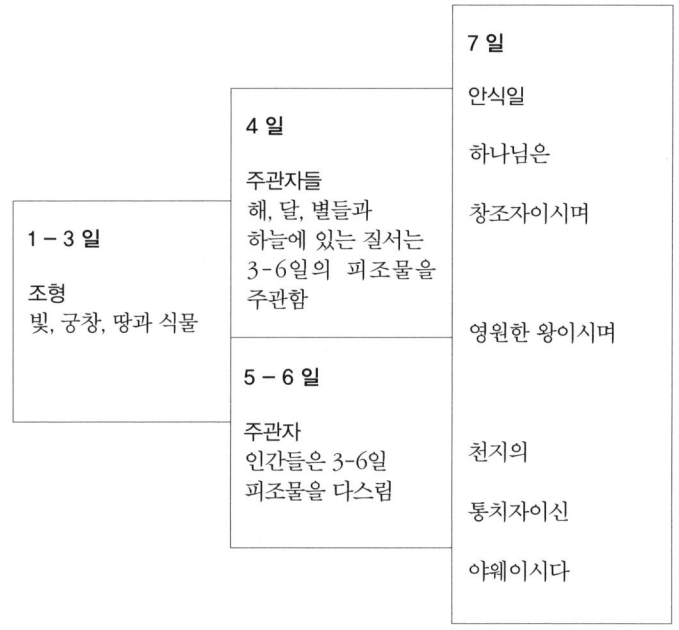

그림 2. 창세기 1:1-2:3에서의 문학적 진행(4, 6, 7일을 강조함)

---

4. 의도적인 반복에 대한 마틴 부버의 설명에 주의를 기울여 보라. 본문의 내적 리듬에 잘 맞거나, 아니면 오히려 그 리듬에서부터 나온 운율이 맞는 반복법은 그것을 명시하지 않고서 의미를 전달하는 가장 좋은 방법들 중의 하나이다 (재인용. Alter, *Biblical Narrative*, 93, 강조 부분은 필자가 강조한 것임).

5. 차이점(dissonance)에 대한 연구를 위해서는 ibid., 100-101을 보라.

넷째 날

1-4일에 걸쳐 창조 기사는 점층적으로 고조되고 있다. 넷째 날은 첫 3일 동안에 사용되었던 어휘들의 반복을 통하여 그 첫 3일 동안의 연속 창조 사역이 끝났음을 표시하고 있다. 제1-3일 동안에 묘사된 창조의 과정이 완성에 이름에 따라 제4일은 창조의 한 정점을 표시하게 된다. 첫 1-3일과의 차이점은 부정사들을 "나누다"to separate(2번 사용됨), "빛을 비추다"to give light(2회 사용)의 사용과 아울러 창세기 1:16 및 1:18에서 세 번 사용되고 있는 "주관하다"mšl라는 새로운 어근 단어의 도입에 의해 빚어진다. 이와 같은 차이점은 또 다른 새로운 표현 요소인 주관governance이라는 말을 강조하는 모습을 보이고 있다. 하나님께서 빛을 내는 발광체들을 하늘의 궁창의 주관자들로 임명하셨다. 4일은 하나님의 창조 과정 중에서 물체를 만들어 내는 부분(제1-3일)에 속하기도 하면서, 해, 달, 별자리 및 별들로 우주공간을 채우시는 하나님께서 동시에 피조된 세계를 충만케 하시는 과정(제4-6일)의 일부이기도 하다. 그러므로 넷째 날은 첫 3일과 나중의 3일 사이의 연결점 구실을 하고 있는 것이다.

여섯째 날

창조 기사의 리듬은 제6일에 이르러 또 하나의 정점에 도달하고 있다. 하나님께서는 다섯째 날에 어류 및 조류와 같은 피조물에 복을 내리셨다. 또 제6일에는 인간에게 복을 주셨다. 그러나 제6일의 중요성은 "하나님이 이르시되"라는 어구(셋째 날의 창조에 대한 언급에서는 2번밖에 나타나지 않음)가 네 번 반복되고, "창조하셨다"(27절)는 동사가 두 번 반복되며 "형상"(26, 27절)이라는 명사가 세 번 반복되는 데 있다. "우리가 … 하자"라는 어구와 "형상", "모양"이라는 단어들이 사용됨에 따라 차이점이 빚어지고 있다. 11-12절, 21절(2회), 24절, 25절에 나타나는 "종류"mîn는 식물 및 동물의 생식능력을 의미한 반면 인간은 하나님을 닮았다는 점에서 차이가 있다. 인간은 하나님의 본질mîn에 속하는 존재도 아니요 식물계나 동물적인 생명계에 속하는 존재도 아니다. 또 "우리의 형상을 따라, 우리의 모양대로 … 자기 형상, 곧 하나님의 형상대로"(1:26-27)라는 구절에 나타나듯이 "형상", "모양"이라는 단어들이 계속 반복됨으로써 인간의 중요성이 힘차게 강조되고 있다.

또 하나의 차이점이 "통치"라고 번역된 동사 *rdh; kbš*에 의해 조성되고 있다. 인간의 통치는 발광체들의 주관(1:16-18을 보면 발광체들의 경우 동사 *mšl*이 사용되고 있음)과는 다르다. 독자들은 *rdh*와 *kbš*와 같은 서로 다른 동사들을 사용하고 있다는 사실에 주목하게 될 때 지상의 피조물에 대한 인간의 통치가 얼마나 중요한가에 대해 관심을 갖게 된다. 넷째 날은 하나님께서 하늘의 "주관자들"에게 주관하는 위치를 부여하셨기 때문에 하나의 정점을 이루게 된다. 그리고 여섯째 날은 또 하나의 정점을 이루고 있는데, 이는 하나님께서 남녀 인간을 모든 피조물을 다스리는 위치에 세우셨기 때문이다(1:28). 마지막으로 공식적 어구인 "좋았더라"가 "심히 좋았더라"로 바뀌고 있다는 것이다. 차이점이 한 번 더 생겨나면서 창조 기사가 매듭지어지고 있다.

일곱째 날

창세기 2:1에 이르면 이제껏 반복되던 일곱 가지의 공식적인 표현 어구들이 갑자기 사라진다. 그 리듬의 변화는 제7일의 독특성에 특별한 주의를 환기시킨다. 이 날은 창조가 완성되는 날인 동시에 하나님께서 쉼을 가지신 날이다. 저자는 "다 이루니라"(2회), "하나님의 지으시던 일"(3일), 그리고 동사 형태인 "하다"(*šh*, MT에서는 3회, NIV에서는 2회)를 반복함으로써 창조 활동들이 완료되었다는 사실에 초점을 맞추고 있다. 저자는 또 "일곱째 날"(3회)을 반복적으로 사용하고 있고, 동사 "안식하셨다"(*šbt*, 2회)를 사용함으로써 제7일의 중요성을 다시 부각시키고 있다. 뿐만 아니라 저자는 낯익은 어구 "하나님이 복을 주셨다"(1:22, 28)에서, 새로운 어구 "거룩하게 하셨다"(2:3)로 표현을 바꾸어서 차이점을 한층 더하고 있다. 만물을 지으신

엘로힘 하나님(이 이름은 2-3절에서 3회 등장한다)은 이제 창조사역으로부터 안식하신 하나님이시다. 그러나 제7일을 성별하심은 특별한 사건이었다. 첫 인류에게 복을 주신 하나님께서 일곱째 날을 성별시키셨다. 하나님께서는 만물이 보시기에 "좋았으며", 심지어 "심히 좋았다"고 하셨으나 오직 일곱째 날만을 "거룩하다"holy하셨다. 피조물 그 전체가 완전하다거나 거룩하다고 선언되고 있지 않고 오직 일곱째 날만이 그렇게 독특하게 구별되어 있는 것이다.

도식적 대칭

대칭은 창조의 날짜들의 순서에서 명백히 드러난다. 전체 7일의 도식은 순차적인 전개과정 안에서 이 창조된 질서의 전체적인 모습의 틀을 지워주는 문학적인 숫자이다.[6] 이 창조의 날들은 대개 사건들의 연속적 순서만을 단순히 묘사하는 것으로 이해되거나 아니면 날들의 길이에 관한 정보를 제공하는 근거로 이해되고 있다. 대칭성의 관점에서 읽는다면 그런 쟁점들은 완전히 피할 수 있다. 연속적 전개의 인상은 우선 점진적으로 전진하고 있다는 느낌을 줄 수도 있다. 창세기의 기사 속에 담겨있는 창조의 의미가 깊이 되새겨지면 현대 과학에 의해 제기된 쟁점들을 포함하여 모든 피조세계가 어떻게 견고하게 유지되고 있는가하는 문제들은 이차적인 것이 되어 버린다. 날들의 연속은 창조사건들의 순서order를 나타낸다기보다는 피조세계의 질서정연함orderliness을 나타내고 있다.

첫 3일의 창조 기사는 인간의 거처가 어떻게 형성되었나를 보여주고 있고 두 번째 3일의 창조 기사는 피조세계 -위로는 하늘, 그리고 땅과 바다-가 어떻게 충만케 되었는지를 보여주고 있다. 날들의 순서는 피조된 세계 속에 내재한 조화를 부각시키고 있다. 말하자면 하나님께서는 인간이 거할 수 있는 무대(빛과 어둠, 하늘과 땅, 바다와 식물이 있는 육지)를 예비하신 다음

---

6. Meredith G. Kline, "Because It Had Not Rained," *WTJ* 20 (1957): 146-57.

그 무대를 발광체들과 조류, 어류, 동물 및 인류로 채우신 것이다. 무형의 상태(제1-3일)에서 충만의 상태(제4-6일)로, 무생물에서 동물을 거쳐 마침내 하나님의 창조 행위의 절정인 인간이라는 생명체가 등장하는 순서로 기술되어 있다. 그날들은 각각 대응되는 날들을 가지고 있어서 평행구조를 이루고 있다. 우리는 창조와 관련된 제1-6일의 날들을 종합적인 평행구조 속에서 바라보면 각각의 날은 그와 상응하는 날에 의해 보충되고 있음을 알 수 있다.[7] 즉 제1일과 제4일, 제2일과 제5일, 제3일과 제6일이 한 쌍을 이루고 있다(도표 3을 보라). 다만 제7일만은 독립되어 있고 그 자체로서 의의를 지니고 있다.

주지하는 대로 저자는 독창성을 발휘하여 우리로 하여금 물질적인 세계에 대한 관심으로부터, 하나님의 형상대로 창조되고 하나님께서 창조하신 만물을 다스리는 특권을 부여받고, 창조주로서의 왕Creator-King에 의해 축복받은 존재인 인간에 대하여 성찰하도록 한다. 하나님의 피조물 가운데 인간이 차지하는 중요성은 하나님의 독특한 인간 창조에 의해 암시되어 있다. ① 인간은 창조 주간의 절정에 해당하는 시점에서 창조되었다. ② 하나님의 절대 주권적 선포〔"우리가 … 하자"〕에 의해 창조되었다. 이는 일반적 명령형〔"…게 하라"〕와 대조되는 것이다. ③ 하나님의 형상대로 창조되었다(창 1:26-27). ④ 하나님이 설정하신 목적을 가진 존재로 창조되었다(26-27절). 마지막으로 인류의 창조는 하나님께서 그들에게만 말씀하셨다는 점에서 특별한 것이다(1:28-30).

---

7. 병행법은 히브리어의 관례로서 서로 다른 단어들이나(동의적 병행법), 보충적인 표현들이나(문맥적 병행법), 대조적인 방법으로(반의적 병행법) 동일한 개념을 설명하여 단어들이나 개념들을 서로 연관시키는 것이다. Alter, *Biblical Poetry*, 3-26; James L. Kugel, *The Idea of Biblical Poetry* (New Haven: Yale University Press, 1981)을 보라.

세계의 형성		세계를 채움	
날	창조된 것	날	창조된 것
1	어두움, 빛	4	하늘의 광명체
2	궁창, 물	5	공중의 새, 바다의 물고기
3	바다, 육지, 채소	6	육지 동물, 인간, 먹을 양식

도표 3. 창세기 1장의 종합적인 평행구조

만일 우리가 제1-6일간에 걸친 조형사역forming과 충만사역filling 사이의 균형만을 바라본다면, 제7일이 지니는 중요성을 보지 못하게 될 것이다. 제7일의 중요성은 먼저 "일곱째 날"이라는 표현이 세 번 반복되고 있다는 점에서 명확히 드러난다. 우리가 이미 보아온 바와 같이, 첫 번째의 창조 기사에서 단어나 공식 구절의 반복은 아주 중요한 것이었다. 뿐만 아니라 하나님께서 제7일을 "복주셨고" "거룩하게 하셨다"는 사실은 주목할 만하다. 동사 "칭하시다"는 창조의 첫 3일 동안에 나타나고 있고, "복주시다"는 동사는 창조의 마지막 이틀에 걸쳐 나타나고 있다. 저자는 칭하심이라는 표현에서 복주심이라는 표현으로 우리를 점진적으로 이끌어 간 뒤, 제7일의 거룩한 구별로 인도하고 있다. 저자는 하나님께서 자신이 안식하신 한 날을 거룩하다(즉, 분리하다)고 선언하심으로써 성별하셨을 때 거룩이라는 새로운 개념을 도입하고 있다. 그날의 거룩성은 하나님의 선포에 있으며 그것은 종말론적인 차원을 열어준다. 남녀 인류는 복을 받기는 하였으나 성별되지는 못하였다. 만일 그들이 성별된 날에 참여하고자 하면 그들도 거룩해져야만 한다. 또 거룩해지기 위해서는 하나님의 승인이 필요한데, 인간이 하나님의 형상대로 창조되었다는 이유만으로 그런 승인을 받은 것은 아니었다. 인간들이 창조주 되신 왕에게 절대적인 충성을 바친다는 사실을 입증해야만 하는 시험이 요청되었다. 그들이 충성심을 보였을 때에라야 성별될 수 있었던 것이다. 이 검증 혹은 시험의 상징은 두 번째 창조 기사에 나타나고 있으며, 시험 자체는 제3장에서 언급되고 있다. 제7일은 하나님의 창조 활동을 마무리 짓고 있으며 동시에 개개인이 어떻게 하면 그들의 여러 가지 활동에서부터 안식으로 들어갈 수 있는지에 관한 문제를 제기하고 있다.

하나님께서 인간을 세계 안에서 평안히 거하게 하시다(창 2:4-25)

창세기 1장에서는 하나님께서 그의 말씀들과 명령들에 의하여 피조물들과 멀리 계시는데 반해서 창세기 2장에서는 그분이 활동을 통하여 창조에 내재하고 계신다. 이와 같은 신학적인 초점의 차이가 있다고 해서 창세기 2장이 1장처럼 문학적 형식 면에서 명백한 대칭을 이루고 있다는 사실이 흐려지는 것은 아니다. 창세기 2장은 ① 3편의 이야기의 논평(4b-6, 10-14, 24-25)과 ② 3편의 이야기(7-9, 15, 19-22)와 ③ 3편의 대화(16-17, 18, 23) 등 세 부분으로 분해될 수 있다. 창세기 2장에서 나타나는 대칭은 전체 기사의 노련한 전개 가운데서 다양한 표현 요소들을 한데 묶어주는 기능을 하고 있다.[8] 그뿐 아니라, 1장에서는 발견할 수 없는 여러 가지의 주제들이 2장에서만 독특하게 나타나고 있다. 저자는 이와 같이 서로 서로 다른 개념들ideas을 소개하고 있으면서도, 두 가지 창조 기사들의 상호보완적 관계를 잘 드러내어 준다(그림 3을 보라).

---

8. Alter가 창세기 2장을 다루는 방법을 보라(*Biblical Narrative*, 141-47).

창세기 1장-일하시는 하나님(엘로힘)	창세기 2장-일하시는 야웨 하나님
초점: 질서, 사람이 창조의 정점이 되다	초점: 하나님이 사람, 남자와 여자를 사랑하시다
하늘, 궁창, 바다와 채소를 내는 땅, 동물 그리고 사람을 창조하시다	사람에게 가정과 가족이라는 구조를 만들어 주시고, 인간존재를 사랑하셔서 충성심을 길러 주시다

그림 3. 두 창조 기사의 비교

첫째로, 언약적 이름 야웨(본 기사에서는 10회, 2:4표제에서 1회)는 1장의 칭호 엘로힘God보다 앞서서 표현되고 있다. 야웨라는 이름은 인간이 축복(12:2-3)과 거룩함(출 19:6) 속에서 하나님의 임재를 체험할 수 있는 하나의 세계를 세우시려는 하나님의 관심을 드러내고 있다. 그분은 약속의 하나님이시다. 이스라엘은 이 하나님을 그분의 전능하신 활동들과 계시를 통하여 알게 되었다. 그는 야웨(영어 번역에는 "주"Lord), 즉 언약의 구속주 하나님이시다. 따라서 창세기 2장은 우리에게 놀라운 사실을 가르치고 있다. 이스라엘의 구속자이신 야웨는 창조주이시다! 야웨께서 그 엘로힘이시다! 이 놀라운 계시는 불행히도 야웨 엘로힘을 "주 하나님"Lord God이라 하였기 때문에 가려져 있다. 이렇게 번역하는 대신 "야웨 하나님"Yahweh God으로 번역할 때 비로소 우리는 2장의 감격을 느낄 수 있게 된다. 창조주이신 야웨께서 흙으로 인간을 조성하시고 정원을 꾸미셨으며 동물을 만드시고, 여성을 지으셨으며 남편과 아내로 한 몸이 되게 하셨다. 야웨께서 그 모든 일을 하셨던 것이다. 그분은 언약의 구속주 하나님 야웨(영어 번역에서는 "주"Lord) 이시다.

둘째로, 창세기 2장은 땅 대신 동산을 강조하고 있다. 그 동산은 식물과 강들이 있는 지복의 장소였다. 하나님께서는 이곳에서 흙을 적시는 관개수를 공급하셨고 첫 인류가 먹을 음식과 할 일을 주셨다. 그 동산은 아담과 하와가 시험을 받고 추방되었던 무대이기도 하였다(창 3장). 이처럼 하나님께서 인간을 동산에 두셨다는 사실에 대한 이중 반복적 표현(2:8, 15)은, 한 쌍이 된 아담과 하와를 동산에서 추방하신 사실을 전달하는 두 동사(3:23-24)와 대칭을 이룬다. 그러나 선지자들과 우리의 주님, 그리고 사도들은 그 동산으로 돌아가리라는 희망을 충만하게 하고 그 희망으로 가슴이 부풀도록 지속적으로 고무시켜 오셨다. 실상 회복된 낙원은 상실된 낙원보다 말할 수 없이 더 아름다울 것이다(계 22:1-5).

셋째로, 그의 말씀을 통하여 하나님께서는 인간에게 먹을 것을 허락하셨으며(2:16), 말씀을 통하여 선악을 알게 하는 나무의 실과를 먹지 말도록 금지하셨고(2:17), 돕는 배필을 지어주시기로 약속을 하셨다. 식물을 먹는 것이 허용된 것(1:29-30, 2:17)은 동물과 마찬가지이다. 그런데 비록 광범위하게 많은 것을 먹을 수 있도록 허락을 받았지만, 두 나무 즉, 선악을 알게 하는 나무(2:17)와 생명나무의 경우는 제외된다. 선악을 알게 하는 나무의 경우는 그 초점이 시험에 있고 생명나무는 오로지 본 기사의 끝에 가서야 주요한 관심이 된다(3:22). 이와 같이 선악을 알게 하는 나무에 대한 금지는 우리들에게 유혹의 상징으로 다가오며 생명나무에 대한 금지는 우리 인간의 소망으로 다가온 것이다. 즉 그 소망이란 사람들이 후에 죽음의 세계에서 벗어나서 생명을 얻게 되리라는 것으로써 타락 이후의 자연에 대한 하나님의 심판과 관련이 있다.

넷째로, 창세기 2장에서는 가족 단위가 강조되고 있다. 저자는 1장에서 남자와 여자에 대해 이미 언급한 바 있다. 그들은 모두 하나님의 축복의 대상이었고 또한 문화 명령을 수행할 자들이었다(1:26, 28).[9] 창세기 2장은 남자에 관한 이야기로 시작하여 그와 동산 및 동물들과의 관계를 전개하고 있다. 남자가 동물들에게 이름을 지어주는 일이 있은 후에야 비로소 여성이 지음을 받았다. 이것은 타락을 전후하여 남성과 여성이 갖게 될 관계를 예상하게 하는 것이었다. 여성의 목적은 남성을 보완하는 것이다. 여성은 남성

---

9. 문화 명령에는 가정을 이루고, 땅에 사람으로 번성케 하여, 창조적으로 하나님의 사역에 참여하라는 명령이 포함되어 있다. John Murray, *Principles of Conduct* (Grand Rapids: Eerdmans, 1964), 27-44를 보라.

이 하나님의 명령들을 끝까지 충성스럽게 감당하도록 도와야 하는 것이다. 그 명령 가운데에는 선악을 알게 하는 나무의 실과를 먹지 말라는 금지사항도 포함되어 있었다. 남성과 여성은 다같이 주께 복종해야 하며 다같이 주 앞에서 책임적인 존재가 되어야 하는 것이다. 그들은 하나님에 의해 독특하게 설계된 존재들이며, 독특한 방식으로 결합되었다. 그들은 결혼의 울타리 안에서 서로 조화 가운데 살아야 하는 것이다. 결혼 그 자체의 목적은 그들이 가진 서로 다른 은사들을 하나님 앞에서, 동시에 서로에 대하여 책임성 있는 존재가 되는 방향으로 계발하는 데에 있다. 가족 단위는 창세로부터 땅의 종말이 이르기까지 하나님의 복된 임재와 그분과의 교제를 확장시키기 위한 수단으로 존재하게 된 것이다. 하나님은 남편과 아내를 하나의 가족으로 취급하셨다. 창조는 이 가족 단위가 제정되고 나서야 비로소 완성되었다. 따라서 가족의 중요성은 성경 전체를 통하여 뚜렷이 나타난다. 즉 축복들과 표적들을 포함하여 족장들 및 이스라엘과 맺어진 언약은 가족 구조 안에서 주어진 것이다.

창세기 2장의 중심적인 요점은, ① 첫 사람(아담)을 특별하게 지으시고 하나님께서 그 코에 생기를 불어넣으셨다는 것(7절)과 ② 하나님께서 그 사람을 동산에 두시고 기쁨을 누리며 경작하게 하셨다는 것(8-15절)과 ③ 먹으라 하시는 명령, 금지된 열매를 먹지 말라 하시는 명령, 남자를 돕는 배필을 만드시겠다는 약속(16-18절)을 주셨다는 것과 ④ 남성의 성품과는 구별되나 보완적인 본성을 가진 특별한 피조물인 여성을 특별히 지어 주셨다는 것(20b-23절)과 ⑤ 본 기사에서 언약적 이름인 야웨가 반복적으로 사용되고 있다는 등의 사실에 의하여 인간에게 두신 하나님의 특별한 관심을 보여주려는 것이다.

결론

　창세기 1장과 2장의 문학적 핵심은 과학적 초점이 아닌 하나님 중심적인 초점을 갖고 있다. 하나님께서는 인류에게 관심이 많으신 창조주이시다. 이 하나님 중심적 관심은 인간 중심적인 관심과 서로 연결되고 있다. 하나님과 인간의 상호관계가 바로 그 구속사의 근거가 된다. 하나님께서는 남녀 인류를 필연적으로 필요로 하지 않으시지만, 자신의 계획 속에 그들을 창조하시고, 지으신 세계 속에서 거처를 마련해 주시며, 자신이 지으신 만물을 그들에게 맡기셨다. 더 나아가서 그분의 창조 사역들 안에서 다양한 것들을 창조하시고 인간에게 필요를 제공하고, 인류에게 남자와 여자가 보완적인 방법으로 각각 하나님을 반영하도록 그의 형상을 부여하심으로써 이 세상을 즐거워할 만한 쾌적한 공간으로 만드셨다.

　이 창조 이야기에 대한 두 가지 해석은 압도적 위엄을 고취시킨다. 그분은 질서와 관심의 하나님이시다. 만물이 그분 앞에서 존재하며 그분 안에서 견고하게 유지된다. 태양계가 지상의 생명을 주관하는 질서를 우주공간에 세우셨던 그분은 또한 인류가 피조물에 대하여 문화 창조의 명령을 수행하도록 지상의 질서를 세우셨다. 이같은 우주와 지상의 질서는 인간의 가족 속에서 소우주의 형태론에 내재되어 있는데, 이는 주께서 자신의 창조질서의 일부로서 명하신 것이며 축복하신 것이다.

　창조주께서는 그의 피조물 안에서 기쁨을 발견하셨다. 피조물은 하나님이 보시기에 좋았고 심지어 심히 좋았다. 이 피조물에 대한 하나님의 승인과 사랑의 징표는 안식일이다. 하나님은 거룩하시며 안식일을 거룩하다고 선언하셨고, 거룩한 백성들과 이 특별한 날을 함께 즐기시려는 목적을 가지셨다. 하나님께서는 거룩한 백성들이 영광스러운 피조물의 갱신을 기다리는 동안 그분의 사랑의 표상으로 이 날을 주신 것이다.

02

정경적 관점
이스라엘에게 주신 하나님의 말씀

　우리가 앞에서 살펴본 바와 같이 창조 기사의 기능은 이스라엘 민족에게 야웨께서 창조주이심을 보여주는 것이다. 이스라엘 민족은 하나님의 능하신 손에 의해 기적적으로 출애굽의 구원을 체험하였고 시내 산에서 그의 계시를 받았다. 그는 연기와 불과 지진 가운데서 "나는 너를 애굽 땅, 종 되었던 집에서 인도하여 낸 너의 하나님 여호와로다"(출 20:2)라는 말씀으로 자신을 나타내셨다. 출애굽의 구원과 반석의 생수와 만나, 그리고 메추라기의 공급과 시내 산에서의 신적 현현을 통하여 야웨께서는 자신이 이스라엘 민족의 구속주-왕이심을 친히 보여주셨다. 그는 아브라함, 이삭, 야곱과 같은 족장들과 언약을 맺으셨고, 시내 산에서 이스라엘 백성과 더불어 자신의 언약을 확증하셨으며 자신의 말씀을 신실히 지키실 것을 맹세하셨던 바로 그 하나님이시다. 야웨의 시내 산 계시 속에서 그는 자신이 이스라엘 민족에게 창조주이심을 알리셨다. 창조 이야기는 오직 야웨만이 홀로 하나님이시며 홀로 만물을 창조하셨고 자신의 형상대로 창조된 인간들에게 그의 왕국 안에서 가장 숭고한 지위를 부여하셨다는 것을 알리는 하나의 선언이다.
　이 창조 기사는 이스라엘에게 하나의 신조, 즉 신앙고백문을 제공하였다. 신앙고백으로서의 창세기 1-2장은 야웨가 만물을 주재하시며 인간을 선택하여 그의 감독 하에서 만물을 통치하도록 위임하신 왕임을 이스라엘에게 각인시키고 있다. 이 위임 통치의 의도 하에서 하나님께서는 은혜롭게도 인간에게 하나님의 형상이라는 성품을 부여하셨던 것이다. 창조 이야기가 신앙고백으로서의 기능을 하고 있다는 사실은 이 장들의 문학적 분석에 의해 뒷받침되고 있다.

창조에 대한 성경 기사는, 그것이 세계의 기원에 대한 이교적 설명을 문자적으로 거부하고 있는 데서 드러나듯이, 하나의 변증적 기능도 갖고 있다. 고대 근동의 여러 나라들 중에서 바벨론과 이집트는 그들 나름의 창조 설화 혹은 우주기원론을 갖고 있었다.[1] 이 이야기들은 여러 신들 중에 한 신이 패권을 차지하는 여러 신들의 만신전에 대한 믿음을 반영한다. 이 우주기원론은 실상 여러 다른 신들에 대한 한 신의 수위권의 정당화를 위한 것이다. 이교적 기사들은 사실상 여러 신들이 어떻게 해서 생겨났는가를 설명하는 신들의 족보 이야기다. 더 나아가서 이 창조 기사들은 이런 나라들의 역사와는 동떨어져 있다. 그러나 하나의 문학적 저작으로서의 성경의 창조 기사는 이것들과 너무나 다른 성격을 갖고 있다. 그것은 한 분 하나님의 존재를 전제하고 창조를 이스라엘 역사와 관련시키고 있다. 그것은 창조주 하나님이 야웨임을 입증하려고 시도하지 않는다. 오히려 그것은 야웨가 바로 그 창조주라고 제시한다.

그 창조 이야기는 또한 구속사의 한 서곡을 형성한다. 이 이야기는 야웨를 위대한 구속 행위를 베푸신 하나님, 시내 산의 하나님으로 알고 있었던 한 백성에게 계시되어진 것이다. 바로 이 하나님이 창조주이시고, 온 세계 위에 계시는 통치자이시다. 이 두 장들의 강조점은 시편과 선지서들로부터 창조주 하나님에 대한 이스라엘의 신앙적 자각을 잠시 살펴봄으로써 정당하게 평가될 수 있다. 창세기 1-2장에서 우리는 우주의 통치자에게로 인도되는데, 그의 왕국은 모든 피조물을 포함하며, 그 영광과 지혜와 권능의 속

---

1. A. Heidel, *The Babylonian Genesis* (Chicago University of Chicago Press, 1963); James B. Pritchard, ed., *Ancient Near Eastern Texts Relating to the Old Testament*, 3d ed. (Princeton University Press, 1969), 4-5.

성들이 그의 피조물들 안에 가시적으로 표현되어 있다. 그분의 창조 사역이 그분의 말씀으로 시작되듯이, 그의 말씀에 의해 그는 또한 그의 백성들과 계약적 관계성을 유지하고 계신다. 고대 이스라엘 사람들이 창세기 1-2장을 읽었을 때 이러한 주제들이 끼친 충격을 어떻게 느꼈을까를 보다 더 잘 이해하기 위하여 우리는 (1) 창조하시는 하나님 (2) 말씀하시는 하나님 (3) 통치하시는 하나님의 정경적 의미를 간략하게 고찰하게 될 것이다.

창조하시는 하나님

사도신경의 첫마디, "전능하사 천지를 만드신 하나님을 내가 믿사오니"는 세속적인 우리의 동시대인들에게는 먼 과거로부터 내려오는 하나의 골동품처럼 보일지 모른다. 기독교의 영향이 한물 간 기독교 문명의 후기 시대에 사는 사람들은 하나님과의 관계없이도 지식을 얻으며, 이해하고, 개인적인 계획들을 세운다고 생각하고 있다. 그러나 이스라엘에게는 창조주 하나님에 대한 신앙은 그들과 그들을 에워싸고 있는 이교도들 간의 가장 중요한 차이였다. 그들은 야웨께서 엘로힘(하나님)이라고 믿었다. 히브리인들에게는 '태초에 하나님'이라는 구절은 신앙 고백적인 교리적 의미를 담고 있다.

'태초에 하나님이'라는 구절을 사용함으로써 성경은 모든 이교적 개념들에 대해 압도적으로 뛰어난 하나님의 으뜸성에 대한 진술을 펼친다. 이스라엘 사람들이 애굽으로부터 나왔을 때, 그들은 우상과 이교도적 제의들, 마술, 제사장의 직능, 혹은 우주의 기원들과 이집트의 만신전에서의 신들의 위계질서를 설명하는 신화들에 대해 무지하지 않았다. 그 신들의 이름과 신앙의 체계는 나라마다 서로 달랐으나 그 본질에 있어서는 모든 고대의 백성들은 이교도적이었다. 그들의 신들은 해, 달, 땅, 하늘, 바다, 채소, 산 그리고 다른 자연의 정령적 힘들과 관련된 '역할 규정문들'을 갖고 있었다. 이집트에서는 호루스/레Horus/Re는 최고의 주권을 행사하는 태양신이다. 가나안에서는 쉐메쉬가 태양신이고, 엘은 주신이었다. 그리고 바빌론에서는 샤마쉬가 태양신이고, 마르둑이 주신이었다. 고대인들은 그들의 세계를 서로 다른 힘들에 의해 지배되고 있는 영역들로 나누었기 때문에, 이교적 종교들은 어떻게 만물이 각각 질서 있게 연결되어 있는지를 설명할 수 없었다.

이교 사상은 본질에 있어서 때로는 서로 협력하고 때로는 지상의 삶에 파괴적인 결과를 야기시키며 서로 투쟁을 벌이는 예측할 수 없는 힘들에게 자신들을 내맡기는 맹목적 위탁이었다. 이러한 이교 사상의 맥락에서 야웨께서는 자신을 엘로힘으로 계시하셨다. 엘("하나님"), 즉 가나안의 주신 이름의 복수형인 엘로힘은 그 계시를 요약해 준다. 즉 이스라엘의 하나님(엘로힘)은 모든 이교신들의 분화된 영역의 주권 행사를 홀로 온전히 행하시는 신들의 총화이시다. 이상하게 들릴지 모르나 이스라엘의 하나님은 그 스스로 이교도들이 그들의 많은 신들에게 분화시켰던 영역들의 주가 되시는 하나님이시다. '태초에 엘로힘'이라는 구절은 이교도의 세계관을 분쇄하는 계시로서 변증적 기능을 함축하고 있다. 이스라엘의 하나님 야웨만이 해, 달, 별, 들, 바다, 채소, 다산, 생명과 죽음 등 자연의 모든 힘들을 통합하고 계신다. 창조주에 대한 고백은 모든 것은 창조주와 관련되어야 함을 요구하고 있다. 이와 똑같은 주제가 신약 전체에 걸쳐서 견지되고 있다. 거기서 우리는 우리 자신을 "그 안에서 만유를 붙들고 계시고"(골 1:15, 17) "모든 피조물보다 먼저 나신 자"이시고 "보이지 아니하시는 하나님의 형상"이신 예수님께 복종시키도록 명령받고 있다. 이 하나님에 대한 복종이 예배와 찬양을 불러일으킨다. 출애굽하여 나오는 이스라엘에게 주께서 말씀하신다. "왜 우주적인 힘들이나 운명을 무서워 하느냐?" 하나님은 하늘과 땅의 창조주이다! 시편 148편은 창조주를 찬양하는 하나님의 백성들의 감격을 표현하고 있다.

> 할렐루야 하늘에서 여호와를 찬양하며
> 　　　높은 데서 그를 찬양할지어다 …
> 너희 용들과 바다여 땅에서 여호와를 찬양하라

> 여호와의 이름을 찬양할지어다 …
> 그의 이름이 홀로 높으시며 그의 영광이
> 땅과 하늘 위에 뛰어나심이로다 (1, 7, 13절)

말씀하시는 하나님

창조주에 대한 신앙은 그의 말씀에 대한 경청을 요구한다. 하나님의 말씀은 권능이 있고 뜻한 바를 이루시는 힘이 있다. 창조와 계시는 하나님의 말씀의 두 국면이다. 창조는 하나님의 말씀으로부터 비롯되었고 인류를 향한 하나님의 계시는 각각의 개인을 하나님의 형상으로 재창조하는 바로 그 말씀이다.

시내 산에서 이스라엘은 계시의 말씀을 받았다. 거기서 야웨는 이스라엘에게 그의 말씀, 즉 그 위대한 왕의 계명들과 율법들을 따라 사는 삶의 중요성을 가슴 깊이 새겨 주셨다. 그의 말씀은 생명을 주는 말씀이다(신 30:15-16; 시 119). 그는 심지어 에덴동산에서 아담과 하와에게 요구했던 것처럼 이스라엘에게 믿음과 사랑 그리고 순종을 요구하셨다(신 6:4-5; 30:20). 한 나라로서의 이스라엘은 아담이 직면했던 것과 같이 삶과 죽음의 선택에 직면했다. 아담처럼 이스라엘은 하나님의 말씀을 경청하고 순종하도록 도전받았다. 이런 배경 아래서의 계시를 통해 이스라엘은 창조적 권능을 배웠던 것이다.

창조 시에 하나님의 말씀은 그 이루고자 하는 바를 성취했다. 어느 누구도 그것을 좌절시키지 못했다. 시편 33편은 말씀에 의한 창조에 대한 이러한 이해를 반영하고 있다. 하나님의 백성들의 원수들의 위력을 직면한(10절, 13-17절) 시인은 경건한 사람들에게 야웨를 신뢰하도록 격려하고 있다(18-22절). 어떤 반대에도 불구하고 그의 계획들과 의도들은 성취될 것이기 때문이다. 그는 이스라엘에게 당신의 말씀은 신실하다는 것을 보여주셨고, 또 당신 자신이 끝까지 신실한 하나님으로 남아 있을 것을 약속하셨다(4절, 22절). 그 시인이 확신을 가지며 기뻐하는 이유는 그 말씀으로 만유를 지으시고 붙들고 계시며 마침내 그 말씀으로 그의 뜻하신 바를 성취하고야마는 야웨께 자신을 내맡기는 신뢰에 있다.

> 여호와의 말씀으로 하늘이 지음이 되었으며 그 만상을 그의 입 기운으로 이루었도다 그가 바닷물을 모아 무더기 같이 쌓으시며 깊은 물을 곳간에 두시도다 온 땅은 여호와를 두려워하며 세계의 모든 거민들은 그를 경외할지어다 그가 말씀하시매 이루어졌으며 명령하시매 견고히 섰도다 여호와께서 나라들의 계획을 폐하시며 민족들의 사상을 무효하게 하시도다 여호와의 계획은 영원히 서고 그의 생각은 대대에 이르리로다 (6-11절)

이스라엘 인근 민족들의 신화들에서는 운명은 불가피한 것이었다. 그들은 다양한 힘들을 설명하기 위해 많은 신들을 두었다. 그러나 그들은 모든 현상들에 대해서 하나의 일관성 있는 설명을 제공할 수 없었다. 그러나 창조된 세계는 운명이나 우연지사에 의해 통제되지 않는다. 창조의 하나님만이 만유에 일관성을 부여하신다. 그분은 계획하시고 말씀하시고 집행하시고 그의 약속의 말씀을 주시고 처음부터 끝까지 그의 계획들을 완수하신다. 그는 이교도의 종교들 안에 있는 우주적 힘들의 갈등과는 대조적으로 의식적인 의지로서 역사하신다. 그의 말씀은 인근 여러 민족들 사이에 공통적이며 마술적인 주문들이 아니다.[2]

하나님의 계시적인 말씀의 의도는 각 개인들에게 그 말씀이 발설되어질 때(창 2:16-17) 그 말씀에 대하여 응답하도록 준비시키는 데 있다. 구약 전체에 걸쳐서 하나님은 그의 백성들에게 말씀하시며, 그 말씀으로 당신 자신의 백성을 창조하신다. 아브라함, 모세, 이스라엘 민족에게 주어진 계시는 말씀

---

2. W. Foerster, "*Ktizō*" *TDNT* 3:1006, 1010.

계시였다. 선지자들은 그 하나님의 말씀을 전했다. 그 말씀이 예수 그리스도 안에서 육신이 되었다. 그는 사람들에게 아버지께 응답하도록 요청하셨고 말씀하실 때 신실한 사랑으로 충만하셨다(요 1:1-14). 성경은 창조 시에 말씀하셨던 그 하나님이 모세와 선지자들을 통하여 계속 말씀하셨고 마침내 아들을 통하여 절정의 방법으로 말씀하셨다고 증언하고 있다(히 1:1-4; 3:1-6).

통치하시는 하나님

창조주에 대한 신앙은 오직 그만이 왕이시라는 계시를 전제한다. 하나님을 엘로힘(모든 신들의 총화)으로 지칭하는 것은 그의 왕권을 흐리게 하려고 의도된 것이 아니다. 오히려 그것은 열방의 신들에게 귀속된 왕권의 모든 은유들(왕적 영광, 권능과 지혜)이 오직 홀로 왕이 되시는 이스라엘의 하나님 안에서 현실이 된다는 것을 의미한다. 이 계시가 출애굽 시에 이스라엘에게 이뤄졌고, 그 전에는 아브라함에게 주어졌던 것이다. 아브라함은 "지극히 높으신 하나님"(엘엘리욘)인 창조주-하나님에 대한 신앙을 고백했던 살렘(예루살렘)의 제사장이요 왕인 멜기세덱을 만났다. 멜기세덱은 창조주-통치자의 이름으로 아브라함을 축복했다. "천지의 주재시요 지극히 높으신 하나님이여 아브람에게 복을 주옵소서"(창 14:19). 이에 대한 보답으로 아브라함은 그 동일한 천지의 주재의 이름으로 한 가지 맹세를 하였다(22절). 하나님을 엘엘리욘이라고 부르는 것은 그만이 최고의 주재자임을 의미하는 것이다. 그는 만유 위에 계시는 왕이시다.

여호와여 신 중에 주와 같은 자가 누구니이까? 주와 같이 거룩함으로 영광스러우며 찬송할 만한 위엄이 있으며 기이한 일을 행하는 자가 누구니이까? 주께서 오른손을 드신즉 땅이 그들을 삼켰나이다 … 여호와께서 영원무궁하도록 다스리시도다 하였더라 (출 15:11-12, 18)

자연 현상들 우주의 권능들, 힘들, 신들 그 어떤 것도 주재자가 되지 못한다. 오직 하나님만이 주재자가 되신다.

위대하신 왕의 영광

그 위대하신 왕은 그의 영광을 자신의 창조 세계와 함께 나누어 오셨다. 천체와 지상 안에는 눈에 보이는 아름다움이 있다. 자연에는 영광스러운 왕에게서 비롯된 영광스러운 아름다움이 내재되어 있다. 따라서 자신이 아름답다고 해서 숭배의 대상이 될 수는 없다. 오히려 우리는 자연 속에 자신의 영광을 수놓아 두신 하나님을 경배한다. 하늘의 천사들은 온 땅을 다스리시는 위엄 있으신 통치자에게 영광을 돌린다(시 29:1). 스랍들은 이사야의 목전에서 하나님의 우주적인 영광을 선포하고 있다. "서로 불러 이르되 거룩하다 거룩하다 거룩하다 만군의 여호와여 그의 영광이 온 땅에 충만하도다 하더라"(사 6:3). 하늘과 땅은 끊임없이 그의 영광을 나타내며 그분의 왕권과 주권을 증거하고 있다(롬 1:20 참조). 시편 8편은 그의 영광이 하늘에, 땅에 그리고 특히 인간 속에 계시되어 있음을 찬양하고 있다["사람이 무엇이기에 주께서 저를 생각하시며 인자가 무엇이기에 주께서 그를 돌보시나이까?"(4절)]. 시편 19편은 창조세계에서 나타나는 그의 영광에 관한 계시를 그분의 말씀의 영광과 연계시키고 있다. 위대하신 왕은 그의 창조물 위에 높이 계시며, 따라서 모든 피조물은 그를 찬양하여야 한다.

> 이제부터 영원까지 여호와의 이름을 찬송할지로다
> 해 돋는 데에서부터 해 지는 데에까지 여호와의 이름이 찬양을 받으시리로다
> 여호와는 모든 나라보다 높으시며 그의 영광은 하늘보다 높으시도다
> 여호와 우리 하나님과 같은 이가 누구리요? 높은 곳에 앉으셨으나
> 스스로 낮추사 천지를 살피시고 (시 113:2-6)

위대하신 왕의 권능

창조 세계는 하나님의 권능의 결과물이며 그의 권능에 의해 유지되고 있다. 하나님께서 말씀하셨고 세계는 그 말씀대로 생겨났다. 사물을 존재하도록 하는 그 경외스러운 권능은 말씀한 바를 반드시 이루시고야 마는 절대주권적 통치의 능력을 과시하고 있다. 이교도들에 의해 많은 신들에게 전가된 많은 능력들이 한 분 이스라엘의 하나님 엘로힘 안에서 통합되었다. 시편 29편은 자연 즉 물, 천둥, 번개, 지진 그리고 온 땅 전체에 대한 하나님의 계속적인 통치 권능을 묘사함으로써 경건한 자들을 격려하고 있다. 이 하나님께 영광과 권능이 속해 있다.

> 너희 권능있는 자들아 영광과 능력을 여호와께 돌리고 돌릴지어다 …
> 여호와께서 홍수 때에 좌정하셨음이여 여호와께서 영원하도록 왕으로
> 좌정하시도다 여호와께서 자기 백성에게 힘을 주심이여 여호와께서
> 자기 백성에게 평강의 복을 주시리로다 (1절, 10-11절)

위대하신 왕의 지혜

하나님의 왕적인 지혜에 대한 성경적 증거는 그의 창조 행위의 질서 정연함, 일관성, 완전한 성취를 특별히 부각시키고 있다. 구약에 나타나는 지혜의 특성은 어떤 계획을 계획하고 성공적으로 실행하는 것을 뜻한다. 왕들은 어떤 계획을 세우는 회의에서 모사들의 충고를 듣는 것이 관례였다(삼하 16:20, 17:5; 왕상 22:5; 잠 8:14-16). 지혜자들은 의논 시에 다른 사람의 충고에 자신을 늘 열어 놓는다(잠 1:5, 9:9). 심지어 이방인들도 그들의 신들이 모사들과의 연석회의에 참여하는 것으로 묘사하고 있다. 그러나 하나님은 어떤 모사도 필요로 하지 않으신다.[3] 하나님께서는 계획하시고, 말씀하시

---

3. 창세기 1:26("우리가 만들자")는 하나님의 뜻을 선언하는 것이기 때문에 이런 입장을 증명하지는 못한다. 확실히 천사적인 무리가 하나님에게 모사를 제공하지는 않았다. Gerhard F. Hasel, "The Meaning of 'Let us' in Gen. 1:26," *Andrews University Seminary Studies* 13

고, 집행하시고 그리고 일곱째 날에 만유 창조를 성공적으로 완수하셨다(창 2:1). 잠언 3:19은 "여호와께서 지혜로 땅을 세우셨으며, 명철로 하늘을 굳게 펴셨다"고 선포하고 있다. 지혜 찬양시(잠 8:22-31)는 하나님의 지혜를 특히 강조하고 있다. 여인으로 의인화되어 있는 지혜는 하나님의 모든 사역에 있어서 하나님과 함께 있었기 때문에 찬양을 받고 있다. "여호와께서 그 조화의 시작 곧 태초에 일하시기 전에 나를 가지셨다"(22절 참조). 창세기 1-2장이 이스라엘의 시편과 지혜 문학의 관점에서 읽혀지게 될 때, 그 저자가 창조에 있어서의 하나님의 지혜를 강조하려고 의도했던 사실이 명백해진다. 1, 2장의 두 창조 기사 안에서 하나님의 다중적 지혜의 초점은 그의 피조물인 인간에게 맞추어진다(1:26-28; 2:22). 인간 창조는 하나님의 계획의 완성점을 표시한다.

하나님의 지혜에 대한 깊은 인식은 우리가 하나님의 창조를 이해하는 데 있어서 얼마나 무능력한가를 겸손하게 인정하도록 이끈다. 유한한 자가 무한한 자를 파악할 수는 없다. 이러한 견해는 사람들이 과학과 성경의 논쟁에 있어서 하나님을 변호할 수 있으며 변호하여야 한다는 가정과 정면으로 대치된다.[4] 휴스턴Houston은 창조의 신비에 대해 정확하게 언급하고 있다.

(1975): 58-66.

4. 어거스틴은 창조에 대한 독단적인 접근에 반대하여 경고한 첫 번째 사람이었다. 그는 창세기의 용어를 인간 지성의 융통할 만한 형태로 적절히 간주했다(The City of God 11.30). 여전히 오늘날 우리는 유한이 무한을 모두 이해할 수 없다는 것을 겸손히 인정해야 한다. 기원의 이론, 세계와 인류의 고대성, 그리고 과학과 성경의 종합에 관한 관심은 중요하다. 하지만 창조에 관한 신학적인 의미와 과학적인 의미 사이에 어떤 구분도 주어지지 않는다면, 과학적 추구에서 크리스천의 기여는 제한이 있게 될 것이다. 창조 기사에 관한 성경의 해석은 창조를 가르치고 있는 구약성경에 대한 전체적인 해석 그리고 창조의 신비를 기꺼이 인정하는 것과 관련이 있다. 이것은 워필드가 그의 고전적인 에세이("On the Anti and the Unity of Human Race," *Biblical and Theological Studies* [Philadelphia: Presbyterian and Reformed Publishing Co., 1952], 238-61)에서 그랬던 것처럼, 필요하다면 신학적인 탐구를 기꺼이 제한하는 것을 요구한다. 워필드는 그 에세이에서 창세기 1-11장의 신학적인 관심은 고대성이 아니라 종족의 연합임을 설득력 있게 논증했다. 이것은 데이비스 영이 결론을 내린 것처럼, 과학과 기꺼이 대화하는 것을 필요로 한다. "우리의 대안은 성경의 모든 것들을 철저히 주해하는 것과 관련이 있다. 신격변설처럼 몇몇 선별된 본문에 기초한 과학적 이론을 내세울 수는 없다. 우리는 과학을 있는 그대로 인식해야 하며, 또 발견한 것을 미리 인식한 주형 속

어떤 무한의 시간들도 – 우주의 기원에 대한 가설로서의 대폭발설을 정당화하기 위해 전제된 200억 년의 시간일지라도 – 또 어떤 무한의 크기의 공간도 창조주의 측량할 수 없는 신비와 그의 영원성을 파악할 수 있도록 도와주지 못한다. 우리가 하나님을 창조주라고 말하고 그분을 안다고 말할 때, 우리는 무한하다는 개념의 과학적 자료도 증명할 수 없고 반증할 수도 없는 차원적 수준의 차이를 도입하고 있는 셈이다. 그것은 전적으로 다른 방법으로부터의 앎이다. 단순한 장엄함을 가지고 창세기 1장의 저자는 이 창조의 신비를 개괄하고 있다.[5]

창세기는 그 장엄한 시작으로서 위대하신 왕의 존전에서 느끼는 경외심을 불러일으킨다. 이 경외심은 겸손과 찬양 그리고 하나님에 대한 의존을 낳는다.

에 밀어 넣지 않는 자연스러운 방법으로 과학을 발전시켜야 한다. 그래도 확실히 문제는 여전히 남아 있지만, 이런 우리의 접근은 성경 즉, 하나님의 특별계시와 자연 즉 하나님의 일반계시에 모두 충실하게 된다. 하나님의 작품의 모든 것에 충실한 접근만이 지질학과 성경 사이의 관계에 대한 매력적인 영역에서의 어떤 문제들을 해결할 수 있는 참된 소망을 갖는다"(*Creation and the Flood: An Alternative to Flood Geology and Theistic Evolution* [Grand Rapids: Baker, 1977], 213). 하지만 이런 대화는 제임스 휴스톤이 말한 것처럼 과학적인 흐름을 맹종하여 일방적으로 따르는 것을 의미하지 않는다. "그러므로 창조는 가장 최근의 과학적인 이론들과 경쟁하는 가정이 될 수 없다. 하나님은 인간에게 과학을 발전시킴과 동시에 인식한 실제의 구조를 규제할 수 있는 지적인 능력을 주셨기 때문이다(*I Believe in the Creator* [Grand Rapids: Eerdmans, 1980, 47). Davis Young, *Christianity and the Origins of the Earth* (Grand Rapids: Zondervan, 1982)을 보라.

5. James M. Houston, *I Believe*, p. 57; 그러므로 또한 Berkhof, "하지만 이 마음의 걸림돌은 우리가 정복할 수 없는 어떤 것과 돌이킬 수 없는 단절, 존재의 불연속성, 무한의 유한으로의 이동과 같은 것들을 직면할 때 훨씬 더 커진다. 창조된 세계는 불완전한 세계, 곧 시간 속에서 발생하는 실제다. 이 세계는 완전하고 영원하신 하나님으로부터 출원한다.… 우리는 공간과 시간의 범주에서만 생각할 수 있다. 이는 하나님이 우리 존재의 근거이시라는 것이 무엇을 의미하는지를 우리가 모두 이해할 수는 없음을 함축한다. 우리는 이 신비를 관통할 수가 없다. 그 신비를 우리의 출발점으로만 만들 수 있을 뿐이다"(*CF*, pp. 152-53).

결론

"나는 창조주를 믿습니다"라는 이 신앙고백은 이스라엘에게 전 세계가 그 위대하신 왕의 손수 지으신 피조물이라는 신앙고백적 입장을 의미했다. 하나님의 말씀으로 이 창조 세계가 생겨났다. 창조주이신-하나님에 대한 신앙은 신들이나 신화적 관념의 속성을 띤 모든 힘에 도전하고 있다. 그러한 신앙은 위대하신 왕 이외의 어떤 존재나 기구에 대한 절대적인 충성을 비판하며, 사랑과 찬양, 경배의 응답을 불러 반응을 일으킨다. 그 위대하신 왕은 세계 그리고 특히 인간에게 영광, 능력, 지혜와 사랑을 부여하셨다. 이 위대하신 왕은 만유를 지으셨다. 그리고 그는 남자들과 여자들을 선택하여 그의 사랑에 응답하도록 부르셨다.

03

구속사의 전제로서의 창조

    문학적 형식들은 창조 기사의 풍부한 메시지를 드러내고 우리로 하여금 고대 이스라엘에게 그것이 갖는 정경적 기능을 음미하도록 도와준다. 한편 대칭과 부조화라는 문학적인 장치들은 위대한 왕의 장엄한 감독 하에 있는 균형, 질서 그리고 운동성에 대한 미학적 인식을 고양시킨다. 독자들은 그들 자신과 그들의 세계를 초월하여 만물을 그토록 장엄하게 창조하신 창조주 하나님께로 시선을 돌린다. 그들은 다음과 같이 질문한다. 사람이 무엇이길래 당신의 영광과 지혜와 능력 그리고 사랑을 그에게 베푸셨나이까? 또 사람이 무엇이길래 당신은 그가 누릴 만한 모든 것들을 지으셨나이까?

    한편, 정경적 상황 속에서 이스라엘에게 주신 하나님의 메시지는 사람들로부터 모종의 반응을 불러일으킨다. 창조에 대한 경외심을 가질 때 창조주께 예배를 드리게 된다. 창조 속에 내재되어 있는 질서는 하나님으로부터 비롯되었고 이것은 오직 야웨께서 질서 정연한 통치로 만유를 붙들고 계시기 때문에 가능한 것이다. 이러한 세계관은 세계를 불확정적인 장소로 보는 이교적이고 인본주의적인 세계관을 근본적으로 부정하고 있다. 더 나아가서 하나님은 이 세계를 사랑하시고 있다. 하나님께서 세계에 관심을 두시고 특히 인간에게 관심을 기울이신다는 사실은 인간으로 하여금 유일하신 천지의 창조주께 대한 헌신과 감사와 충성을 불러일으킨다. 그분께만 영광이 있을

지어다! 이 구속사적 접근은 세상을 통치하시는 하나님과 사람을 지으신 창조주와의 상호 관계를 강조함으로써 정경적 결론 위에서 구축되고 있다.

지상에서의 하나님의 통치

비록 창세기 1-2장에서 명시적으로 가르쳐지지는 않았지만 하나님의 통치 사상은 그 창조 기사를 이해하는 데 하나의 개념적인 접근을 제공하고 있다. 창조와 관련된 하나님 통치의 본질은 하나님께서 자유롭고 은혜롭게 창조된 우주에 개입하신다는 사실에서 매우 핵심적으로 드러난다. 하나님은 모든 피조 세계를 다스리는 왕이시다. 왜냐하면 창세기의 여러 기사들이 보여주고 있듯이 천지의 존재가 하나님께 의존하고 있는 것이지 하나님이 필요에 의해 존재하게 된 것이 아니다. 오히려 하나님께서는 자유 가운데서 창조하셨고 신실성, 질서 정연함 그리고 지혜로 통치하고 계시면서 그의 창조 세계 속에 계속하여 개입하고 계신다.[1]

통치의 언약

비록 언약이라는 말이 이런 의미로서는 성경 안에서 거의 쓰여진 경우가 없을지라도 하나님과 자연과의 관계성은 일종의 창조언약이라 불릴 수 있다. 예레미야가 하나님의 "주야의 약정과 천지의 규례"(렘 33:25)를 언급할 때에 그 "약정"$b^e r\hat{\imath}t$이란 용어는 "규례"(확정된 법칙들: $\d{h}uqq\hat{o}t$, 욥 38:33; 렘 31:35; $\d{h}uqq\hat{\imath}m$, 렘 31:36)와 병행을 이루고 있다. 예레미야서를 보면 하나님께서 하늘과 땅, 해, 달, 별 그리고 바다와 더불어 은혜롭고 자유스러운 관계

---

1. Thomas F. Torrance, *Divine and Contingent Order* (Oxford: Oxford University Press, 1981), 4를 보라. 샤마이 갈렌더(Shamai Galender)는 Justice and the Order of Creation (in Hebrew), *Beth Miqra* 97 (1984): 158-79 에서 창조가 하나님의 정의의 물질화라고 주장한다.

를 가지고 계시다는 사실이 낮과 밤, 계절, 바다의 밀물과 썰물의 규칙성 속에서 명백하게 나타난다. 그것은 하나님께서 자기 백성과 특별한 언약 관계를 맺고 계신다는 사실을 표상하여 주고 있다. 예레미야는 하나님께서는 피조물들과 언약을 지키시는 분이시기에, 약속을 신실히 지키겠노라고 맹세하신 언약의 자녀들(31:35-36; 33:25-26)과 다윗의 후손들을 더욱더 확실하게 권고하실 것이라고 논증한다(26절; 비교. 삼하 7:15).

창조에 대한 하나님의 관계성을 표현하기 위하여 나는 언약이라는 낱말을 사용하는 대신에 이스라엘 신학에 뿌리를 두고 있는 용어 중의 하나인 "통치"라는 단어를 선택한다. 시편 148편은 하나님의 왕적 통치를 반영하는 다양한 개념적 형상들을 사용하고 있다. 그것은 모든 피조물들에게 하나님을 찬양하도록 호소하고 있다. 하늘의 피조물들(천사, 천군, 해, 달, 별), 땅과 바다에 사는 피조물들(바다의 큰 물고기들, 과목, 백향목, 야생동물들, 가축, 작은 생물들, 나는 새, 나라들, 왕들, 통치자들, 남녀노소), 땅에 있는 무생물적 요소들(번개, 우박, 눈, 구름, 폭풍, 산맥, 언덕들) 모두에게 호소하고 있다. 이런 배경에서 시편 기자는 하나님의 통치를 표현하기 위하여 "명령" 또는 "확정된 법칙($ḥōq$: 6절)"이라는 표현을 사용하고 있다. 그 통치자는 존귀케 된 이름을 가지며 "그 영광이 천지에 뛰어나신 분"으로 그려지고 있는데 조심스럽게 신인동형론적으로 묘사되고 있다(13절). 즉 시편 기자는 예레미야와 비슷하게 그의 백성들에 대한 하나님의 언약적인 돌보심을 보여주기 위하여 신속한 관점 이동을 하고 있다. "저가 그 백성의 뿔을 높이셨으니 저는 모든 성도 곧 저를 친근히 하는 이스라엘 자손의 찬양거리로다 할렐루야"(14절). 예레미야와 시편 기자는 둘다 그의 창조 세계를 향한 하나님의 일반적이고 법칙적인 관심에 대한 언급에서 출발하여 이를 자기 백성에 대한 특별한 관심으로 확장시키고 있다.

통치의 본질

하나님의 통치가 갖는 특성은 질서에서 나타난다. 그가 창조 시에 확립하셨던 질서는 타락 후에도 유지되어 왔다(창 8:22). 피조 세계는 예측이 불가능한 세계가 아니며 여러 사건들이 무작정 충돌하는 난폭한 세계도 아니다. 과학적 탐구도 그의 창조 세계를 질서정연하게 통치하시는 창조주에 의해서만 가능하며 기대되어진다.[2] 왜냐하면 그분께서 자기의 피조물을 질서 가운데 통치하시기 때문이다.

하나님의 통치는 그의 절대적인 권능을 과시한다. 선지자 이사야는 창조 행위를 그의 통치 영역에 대한 하나님의 끊임없는 권능 행사의 한 표현으로 보여주고 있다. 그는 그의 백성의 구속자인 하나님을 하늘과 땅의 창조주로서 소개하고 있다(사 44:24). 하나님께서는 마술적인 주문들과 점성술과 이교도적인 신탁들을 폐하시나(25절), 선지자들이 선포한 자신의 말씀들을 확증하신다(26절). 하나님의 뜻하시는 바는 심지어 강물들을 기적적으로 마르게 하거나(27절) 페르시아의 고레스를 일으켜 세우는 일을 통해서라도 반드시 성취된다(28절). 이사야는 야웨를 명령 창조fiat creation에 의해 만유에 대한(45:5-6) 그의 절대주권을 보이시고 오는 모든 세대에게 "그만이 주이시고 다른 어떤 신도 없다"는 것을 과시하시는(6절) 유일한 하나님으로 선포했다. 그는 비판하고 조롱하는 자들에게 도전했고, 창조주를 진흙에 대해 완전한 주권을 가진 토기장이에 비유하고 있다.

> 질그릇 조각 중 한 조각 같은 자가 자기를 지으신 이와 더불어 다툴진대 화 있을진저 진흙이 토기장이에게 "너는 무엇을 만드느냐?" 말할 수 있겠느냐 (9절)

창조주의 절대적 권능은 세계와 특히 그의 자녀들을 위한(11-25절) 그의

---

[2]. 그러나 토렌스에 의하면, 그 질서는 고정적이고 미리 예정된 프로그래밍이 아니라 형태와 존재가 서로 개입되는 조건의 과정들로 인하여 역동적인 기능을 수행하는 것이며, 그로써 자연적 존재-관계 구조(the natural onto-relation structure)라는 표현으로만 이해될 수 있는 훨씬 더 풍성한 질서 형식들을 만드는 것이다 (*Divine and Contingent Order*, 110).

계획을 질서정연하고 시의적절하고 은혜로운 방법으로 계속 실행해 나가는 과정에서 명백하게 드러난다.

하나님의 통치의 특징은 신실하심에서도 나타난다. 이 사실은 하나님의 절대적인 권능은 독재자의 권능이 아니라 한 선하시고 은혜로운 통치자의 권능이라는 것을 보증해준다. 우주는 무에서 창조되었을 뿐만 아니라 창조된 우주가 그로부터 이탈해 다시 무로 전락해 가는 것을 허용치 않고 우주의 존재를 하나님의 영원한 신실성에다 의존케 하는 하나님의 끊임없는 개입으로 말미암아 그 피조물다운 본질을 지탱하고 있다. 그래서 본질적으로 불확정한 상태의 우주는 안정성을 부여받고 있다.

하나님의 지상 통치의 기독론적인 초점

창조 세계에 대한 하나님의 통치에는 기독론적 초점이 있다. 창조 세계는 거룩하게 봉헌된 것은 아니었다. 히브리인들의 분류 방식을 따르면 사물은 세속적이거나 거룩하거나, 정결하거나 부정하거나 중 하나에 속한다. 피조세계가 "좋았더라" 혹은 "심히 좋았더라"라는 말의 반복적 표현은 하나님께서 자신이 창조하신 우주에 대해 기쁨을 느끼셨음을 표현하는 것이다. 그러나 하나님께서 오직 안식일만을 거룩하게 구별하셨다! 창조 세계는 성별되어져야만 했다. 각각의 개별적인 반역 행위로 인하여(창 3-11장; 2부를 보라) 성별은 이제 더 이상 선택지 중의 하나가 아니었고 오히려 필요한 것이 되었다. 악의 세계 한가운데 사는 이스라엘은 하나님의 거룩한 백성이 되어 그의 존전에서 거룩하게 살도록 부르심을 받았다. 이스라엘 사람들에게 이 창조 기사는 종말론적인 중요성을 가지고 있었다. 그들은 언약 백성이라는 특수한 지위 때문에 하나님의 약속을 미리 맛보았으며, 약속의 땅에서 더 큰 회복을 누리기로 보증을 받은 자들이었다. 이러한 목적에서 메시아 시대에 있을 만유의 회복에 대한 하나님의 영감 아래서 선지자들은 예언하였던 것이다. 오직 둘째 아담이신 예수님만이 모든 피조물이 아직까지 신음하며 대망하는(롬 8:19-21) 위대한 구속의 시대를 여실 수 있고 여실 것이다.

성부 하나님께서는 자신의 계획 속에 성자 예수님을 우주적인 구속주로 참여시키신다(골 1장). 이 예수님이 만물을 회복하여 성부께 돌려드릴 것이다. 하나님께서 인류와 만물의 구속을 위하여 독생자를 아끼지 않으셨기 때문에 이 기독론적 관점은 질서, 권능, 신실하심 그리고 선하심과 날카롭게 대조되고 있다. 토랜스Torrance는 다음과 같이 기술하고 있다.

> 이방인들이, '세계가 하나님의 피조물일 뿐 아니라 그분의 사랑과 끊임없는 돌보심의 대상'이라는 사실을 깨달을 수 있게 된 것은 예수 그리스도 안에서 이 세상을 향하신 하나님의 크신 사랑의 운동에서 기인된 것이다.

비록 세상에는 혁명들과 자연 재해들로 가득차서 세상이 덧없는 곳으로 보일지 모르나 그리스도에 대한 믿음은 "하나님의 지혜와 사랑의 항구적 신실성에 대한 우리의 신뢰를 견실하게 붙들어 준다".[3]

창조 세계 속에서 분명하게 드러나는 하나님의 통치에 대한 하나님의 성경적인 가르침은 하나님의 구속사에의 간섭하심을 통해 나타남을 알 수 있다. 창조는 하나의 완성적 종료점telos, 즉 종말을 기대하고 있다. 자유로이 은혜 가운데서도 강한 능력으로 피조물을 다스리시는 하나님께서는 하나의 목표를 가지고 계신다. 그것은 당신의 독생자 예수 그리스도 안에서 새 창조를 이루고자 하시는 것이다(갈 6:15). 우리도 아직 새 창조에 대한 완전한 계시를 기다리고 있을지라도, 하나님께서는 일반적인 우리 피조물들 특히 그의 자녀들에 대한 그의 끊임없는 돌보심을 확신시켜 주신다. 그는 모든 피조물의 아버지이시지만, 특별히 당신 자녀의 아버지가 되신다. 우리의 주 예수님은 선인과 악인 모두에게 햇빛이 비치게 하시고 비가 내리게(마 5:45) 하시며 또한 공중의 새와 들의 백합화를 돌보시는 그 천부께서 당신의 자녀들의 필요도 알고 계신다(6:25-32)고 말씀하시면서 성부 하나님의 부성적

---

3. Ibid., 64-65, 68.

사랑을 표현하셨다.

창조주와 인간

하나님의 형상

피조물인 남자와 여자에게 초점을 두는 이유는 그들이 육체적으로 존재한다는 이유 때문이 아니라 그들이 하나님을 닮았다는 사실에 있다. 그들은 육체적 존재인 동시에 영적 존재이다(창 2:7; 말 2:15). 인간 속에 있는 하나님의 형상은 이 지상을 다스리고 당신 자신과 교제를 나누도록 하기 위하여 아무 공로 없이 선택된 피조물인 인간에게 왕이신 하나님께서 인간에게 주신 은사이다. 이 형상이라는 말 속에 포함된 의미는 창조주께 대한 책임성(창 1:28; 2:16-17의 계명들 속에 암시되어 있다), 인간의 존엄성(하나님의 왕되심과 위엄에서 비롯된 것이다), 그리고 창조주의 감찰하시는 눈 아래에서 통치할 수 있는 능력이다. 인간의 왕적인 존엄성은 창조주 및 피조 세계와의 관계 속에서 표현되어 있다. 인간의 왕적 위엄은 피조물을 다스리는 그의 통치능력과 또 땅에서 문명을 건설할 수 있는 그의 능력에 있고 이것은 경탄의 원인이 된다.

> 그를 하나님보다 조금 못하게 하시고 영화와 존귀로 관을 씌우셨나이다. 주의 손으로 만드신 것을 다스리게 하시고 만물을 그의 발 아래 두셨으니 곧 모든 소와 양과 들짐승이며 공중의 새와 바다의 물고기와 바닷길에 다니는 것이니이다 여호와 우리 주여 주의 이름이 온 땅에 어찌 그리 아름다운지요!
> (시 8:5-9)

인간은 의사소통 능력과 사물에 영향을 주고 능력을 드러내며 돌볼 수 있는 능력을 부여 받았다는 점에서 또한 하나님을 닮았다. 이와 같은 방법으로 그들은 창조주의 영광을 반사하고 있는 것이다. 육체와 영혼을 가진 총체적인 존재인 인간들은, 그들의 육체를 포함하는 전 존재로 하나님의 형상을 반영하고 있다.⁴ 그리고 인간은 남성과 여성으로 구성되어 있다. 이러한 구별 안에 교제, 동역 그리고 인간관계의 필요성이 있는 것이다. 남성과 여성은 연합 속에서 온전해짐을 경험할 수 있는 것이다.

> 아담이 가로되 "이는 내 뼈 중의 뼈요 살 중의 살이라
> 이것을 남자에게서 취하였은즉 '여자'라 부르리라" (창 2:23)

인간이 하나님의 형상을 지녔다는 사실은 구속사에 있어서 심원한 영향을 끼치는 결과들을 포함하고 있다. 하나님과 교제를 갖기 위해서는 하나님을 닮아야 하며 하나님의 나라와 조화를 이루는 삶을 살아야 한다. 하나님 앞에서의 개인적인 생애는 계약(둘 이상의 상대방 사이의 관계를 규정하는 전문 용어이다)의 한 표현이다.⁵ 하나님께서 그 관계성을 규정했고 한 개인의 행복과 의미는 그 계약적 관계성 안에 있다. '하나님의 언약적 위탁'에 관한 언어는 창세기 1-2장에 대한 가장 중요한 주석이 된다. 그는 창조를 나타내는 단어들 ("조성하시다", "만드시다", "창조하시다")을 사용하여 하나님의 창조 행위를 언급할 뿐만 아니라 이스라엘의 선택, 이스라엘에게 베푸신 은혜, 사랑 그리고 신실성을 의미하기 위하여 창조라는 용어를 사용하고 있다.⁶ 그러므로 창조를 나타내는 말들은 또한 계약적인 용어들이 되는 것이다.

---

4. Henry F. Lazenby, The Image of God: Masculine, Femine, or Neuter? *JETS* 30 (1987), 63-70을 보라.

5. 창조 언약에 대하여 더 연구하기 위해서는 O. Palmer Robertson, *CC*, 67-87을 보라; W. J. Dumbrell, *CaC* 참조.

6. 이사야 27:11; 43:7, 15, 21; 출애굽기 34:10; 시편 95도 보라; W. Foerster, *Ktizō*, *TDNT* 3: 1006-7.

인류의 희망

피조 세계와 특히 사람의 불완전함은 창조 이야기를 "지금은 어떠한가?"라는 질문으로 우리를 이끌어 간다. 창조 이야기는 아담과 그의 아내를 지으신 것이나 하나님께서 안식일에 안식하셨다는 사실로 끝나지 않았다. 창세기 1-2장에 나타나는 요소들은 미래에 펼쳐질 것들을 가리키고 있다. 창조 사건과 창조 목적 사이에는 역동적 긴장이 존재하는데 이 속에 인간의 가능성이라는 요인이 놓여 있다. 하나님께서 자신의 피조물을 성별시키지 않으셨다는 놀라운 사실 때문에 미래가 뚜렷하게 열려 있다. 세계가 '선하게'… 심지어 '심히 선하게' 창조되었다는 진술은 완벽성의 증거로 오인되었다. '선하다'는 것은 '완전하다'는 뜻이 아니라, '그 피조물의 목적에 적합하다'는 뜻이다. 즉 하나님과 인간 사이의 교제라는 목적에 적합하다는 뜻이다.[7]

에덴동산은 하나님께서 계획하셨던 세계, 즉 '회복된 세계'의 원형이라 할 수 있다. 그러므로 구속사는 에덴동산과 같은 수준의 새 땅이 되기 위해 시작된 것이 아니다. 즉 새로운 창조가 처음 것보다 더 나은 것이다. 왜냐하면 그것은 완전하고 거룩하며 성부 하나님과 주 예수 그리스도께서 그곳에 임재하신다는 특징 때문이다(계 21:22). 그곳은 고통과 죄, 죄의 가능성도 없는 세계이며 영광스러운 몸으로 변화된 구속 받은 자들의 세계이다. 바로 이 이유 때문에 우리는 그리스도를, 하나님의 창조 목적으로 간주해야 하는 것이다. 그는 벌코프Berkhof가 말하듯이 "하나님에 의해 궁극적으로 의도된 창조세계의 원형"이다.[8] 성육신에서 시작하여 부활에 이르는 그의 구속사역은 우연적인 사건도 아니요 예기치 않게 타락해 버린 피조계의 행로를 바로잡기 위해 급히 필요했던 것도 아니다. 그것은 하나님께서 세계를 창조하실 때 이미 충분히 고려한 것이었다. 그러므로 창조는 구속사의 전제이며 시작

---

7. H. Berkhof, *CF*, 170.

8. Ibid., 169.

이다.

  하나님께서는 아담과 하와에게 믿음과 순종을 요구하셨다. 현재의 상태에 만족하는 것은 잘못된 것이다. 하나님은 그들이 자신에게 충성할 것을 요구하셨으며 그들을 지으신 창조주께서 그의 정한 때에 그들에게 생명과 지식을 주실 것이라는 것을 신뢰하도록 요구하셨다. 선악을 알게 하는 나무와 생명나무는 종말론적 희망의 상징들이었다. 희망은 다음 사실을 고백하는 믿음의 표현이다. "창조는 하나의 약속으로서 더 나은 세계를 위해 의도된 것이었으며 영화된 그리스도의 형상을 따라 근본적으로 새로워진 인류에 초점을 두고, 그리고 이들을 위해 존재하는 세계를 만들기 위한 의도를 내포하고 있었다."[9] 구속사는 하나님께서 자신의 독생자를 통하여 그의 영광, 지혜 그리고 통치 안에서 함께 누릴 세상을 정결케 하며 준비시키는 과정이다.

> 그들이 새 노래를 불러 이르되 두루마리를 가지시고 그 인봉을 떼기에 합당하시도다 일찍이 죽임을 당하사 각 족속과 방언과 백성과 나라 가운데서 사람들을 피로 사서 하나님께 드리시고 그들로 우리 하나님 앞에서 나라와 제사장들을 삼으셨으니 그들이 땅에서 왕 노릇 하리로다 (계 5:9-10)

  그러므로 피조 세계는 인간과 적대관계에 있는 환경이 아니며, 인간은 우주의 고아가 아니다. 인간의 완성은 자아 성취 혹은 세상을 부정한다고 가능해지는 것도 아니다. 오직 창조주와 피조 세계와 조화를 이루며 삶으로써 인간의 완성은 이뤄진다. 그러므로 개개인의 의미는 하나님 앞에서 하나님의 계시와 조화를 이루면서 사는 데에 있는 것이다.[10]

---

9. Ibid., 170.

10. 휴스턴은 하나님의 임재하심 앞에서의 삶에 대한 성경의 가르침에 대하여 고무적이고 개혁적인 관점을 전개시켰다. 인간의 정체성은 인간이 일하는 인간(*homo faber*)으로 여겨지듯이 그의 직업에 있는 것이 아니라 그를 봉사하도록 천직으로 부르신 창조자-구

그래서 창조 이야기는 완성되지 않았다. 그것은 미래에 대하여 열려 있으며(즉, 종말론을 함축하고 있다) 인간을 포함한 피조 세계의 완성과 성화에 소망을 두고 있다는 특징을 지니고 있다. 그들은 거룩하다고 선포되어 질 것인가? 그들은 안식에 들어갈 것인가? 어떻게 그들은 그 금지에 반응할 것인가? 그들은 생명나무의 열매를 맛볼 수 있을 것인가? 진실로 태초의 메시지는 종말에 관한 메시지를 기대케 한다.[11]

속자 그분께 있는 것이다.…명상과 일, 묵상과 행위, 존재와 활동, 하나님과의 교제와 하나님께 대한 봉사…이것들이 인간의 창조 문화명령들이다 (*I Believe*, 162).

11. Claus Westermann, *Beginning and End in the Bible*, trans. Keith Crim (Philadelphia: Fortress, 1972), 37.

1부 결론

하나님의 역사하심 속에 보여지는 하나님의 관심들은 모든 피조물에까지 확장되고 있다. 위대하신 왕은 부재 중의 주인이 아니다. 그의 통치는 관대하심, 지혜, 사랑 그리고 신실하심에 의해 구별된다. 그는 이 세상을 그의 백성을 위하여 창조하셨고 준비하셨다. 구속-역사적인 관점에서 보면, 하나님께서는 새 땅에서 그분의 은혜로운 임재를 맛볼 당신의 백성을 위하여, 창조 세계를 만드셨다. 그러므로 창조 기사를 담은 장들은 메시아를 통하여 이루어질 구속이라는 영광스러운 희망과 하나님의 신실하심을 밝히 비추고 있다. 그는 만물이 거룩해지고 완전해질 때까지 당신의 사역을 계속하실 것이다. 창조와 하나님의 구속 사역의 영광스러운 종결 사이의 기간에 하나님의 자녀들은 끊임없는 그의 사랑의 은혜들과 그의 형상으로 창조된 사실들이 주는 은혜들을 향유해 왔다. 인생은 허무하지 않다. 하나님은 창조주시오, 구속주이시기 때문이다. 구속사의 흐름은 하나님의 임재가 완전히 계시되고 피조 세계가 완전해질 때까지 계속 세차게 흘러갈 것이다. 그래서 "조화 속의 창조"인 첫 시기는 다음과 같은 사실을 증거하고 있다.

1. 창조주의 영광, 지혜, 신실하심
2. 하나님의 완전성을 반영하는 피조 세계의 장엄함과 다양성
3. 하나님의 형상 즉, 영광과 지혜와 그리고 신실성 안에서 창조된 인간(남성과 여성)의 영화로움
4. 태양계의 주관 아래 있는 하늘과 하나님의 위임 통치자인 사람의 지배 아래 있는 땅의 질서 정연함과 조화

5. 하나님의 목적과 인간을 위해 존재하는 하나님의 창조 세계의 선함과 쾌적함
6. 세계를 운행하는 데 있어서 하나님의 말씀의 위치와 인간들 역시 하나님의 말씀에 질서정연하게 순종할 것이라는 기대
7. 사람들을 성별하기 위하여 안식일을 거룩하게 하신 주께서 갱신되고 거룩해진 새 인류들과 그의 안식을 나눌 계획을 세우셨기 때문에 각 개인들은 언젠가 이 피조 세계의 성화를 맛보고 즐길 수 있으리라는 희망. 이 희망은 예수 그리스도 안에 있는 하나님의 구속 계획안에 근거를 두고 있다

The Progress of Redemption

2부
소외 속의 창조

Part 2

서론

 창조의 계시는 이스라엘의 신앙 발전에 하나의 분수령과 같다. 창조 기사는 이방 세계에 혁명적이고 근본적으로 새로운 세계관을 제시하여 주었다. 창조 기사는 또 이스라엘에게 궁극적으로 서구 문화를 변화시킨 믿음의 방패를 제공하여 주었다. 구속주 하나님께서는 창조주 하나님이신 것이다. 만일 세계가 만물을 붙드시는 은혜로우신 창조주로부터 격리되어 있다면, 구속이 무슨 가치가 있겠는가?
 "전능하사 천지를 만드신 하나님 아버지를 내가 믿습니다."라는 신앙고백은 구약과 신약을 이어주는 연결점의 구실을 하고 있다. 창조주를 믿는 믿음은 하나님, 피조 세계, 인간, 역사, 하나님의 말씀, 우리 예수님의 십자가 위에서의 죽으심을 바라보는 완전히 새로운 관점을 열어준다. 이제까지 우리는 창조주 하나님을 믿기 위해서 다음 사항이 요청되고 있음을 보아왔다. (1) 성부, 성자, 성령이신 삼위일체 하나님께 전적으로 복종해야 한다. (2) 하나님의 주권(또는 통치)에 자신을 내맡겨야 한다. (3) 성별 시키시는 하나님의 말씀의 능력을 덧입음으로써 개인의 삶이 변화되어야 한다. (4) 위대하신 여호와께 찬양을 드리며 하나님 앞에서 기뻐하며 살아야 한다. (5) 하나님께서 개인에게 주신 잠재력을 발휘하여 문화 명령에 순종해야 한다. (6) 창조질서로서 제정된 가족 단위를 존중해야 한다. (7) 전 피조 세계가 영화되고 성별되기를 바라는 기대를 점차 키워가야 한다.

창조주이신 구속주를 믿는 믿음은 또한 우리의 경험 세계와 피조 세계가 연속성을 가지는 것도 사실이지만, 근본적으로 서로 다른 것이라고 고백하고 있다. 우리의 경험 세계는 소외, 질병, 죽음, 무의미, 억압, 혼돈, 파괴적인 여러 힘들로 가득차 있다. 창조 기사는 다음의 질문들을 제기하고 있다. 선하고 질서 있는 창조 세계에 무슨 일이 일어났는가? 왜 인간은 죄책감으로 괴로워해야 하는가? 우리는 왜 관계의 파괴, 질병, 죽음을 경험해야 하는가? 죄가 어떻게 세상에 들어 왔는가? 악의 근원은 무엇인가? 하나님께서는 왜 사탄과 죄가 들어오는 것을 용납하셨는가? 성경은 이와 같은 다급한 문제들에 대해 개별적으로 대답해 주려고 시도하지 않는다. 그 대신 죄의 본질인 창조주께 대항하는 인간의 반역의 어리석음을 확증하여 준다. 창조주께 대한 반역이 바로 죄의 본질이다. 우리가 알고 있는 세계는 창조의 "그림자"에 지나지 않는 것이다. "세계는 완성된 것이 아니며, 하나님의 사역이 종료된 것도 아니요, 완전 무결한 것도 아니다."[1] 허무한 데 굴복케 하시는 이는 바로 하나님 자신이다(롬 8:20). 이제 우리는 다음과 같은 불가사의한 명제 앞에 직면한다. 어떤 의미에서는 하나님께서 현재의 상태를 의도하셨다.

그러나 구속에서 창조로, 구속주에서 창조주로 야웨에서 엘로힘으로 다시 돌이켜 생각해 보면 우리는 인간의 반역이라는 불가피한 사실과 맞닥뜨리게 된다. 창조와 고대 이스라엘에게 알려진 국제적 상황의 사이에서 인류 역사의 한 비극적 사건이 발생하였던 것이다. 인간들은 속았다. 인간은 의도적으로 창조주께 반역하였고 또 반역 상태를 지속시키고 있었다. 이러한 반역은 점점 적대적인 태도를 심화시켜서 바벨의 대반역에서 그 절정을 이루었다. 창세기 2:4-11:26의 기사는 인간의 반역적인 본성을 개인적인 수준, 가정적 수준, 사회적 수준, 국가적 수준 등 모든 수준에서 생생하게 묘사해 주고 있다.

---

1. H. Berkhof, *CF*, 170.

창세기 2:4-11:26은 창조주께 대한 인간의 적의와 심판과 동시에 은혜로 임하는 하나님의 반응을 부단히 증거하고 있다. 이 시기는 인간이 점차 하나님께로부터 멀어지는 과정과 은혜와 관용과 용서하심 가운데 계속되고 하나님의 통치를 부각시키고 있다. 이 단락에 대한 우리의 연구에서 우리는 본문의 문학적, 정경적, 구속-역사적 차원을 종합하고자 한다. 이와 같은 세 가지 시각을 가지고 접근함으로써 우리는 (1) 창조질서가 조화의 상태에서 소외 상태로 바뀌는 과정과 (2) 악과 고통 그리고 소외가 현실화되기 시작하는 과정과 (3) 하나님의 은혜로운 통치가 현실적으로 나타나기 시작하는 과정을 설명할 수 있다.

비록 우리가 악의 실재에 직면하고 있다 할지라도 하나님의 신실하심은 이 세계가 더욱더 영화로운 세계로 바뀌리라는 소망의 근거가 된다.

04

아담에서 데라까지의 계보

우리는 본장에서 창세기 2:4-11:26의 문학적 구조 즉, 창조와 아브라함 사이에 있는 시간적인 간격을 연결시켜 주는 계보와 설화의 문학적 변이점들을 고찰할 것이며 아울러 이 단락과 인접 민족들의 서사시와의 관계를 살펴보게 될 것이다.

톨레도트(Toledot) 공식 구절

창세기는 구조적으로 열 차례 반복되는 "…의 계보가 이러하니라"('ēlleh tôlᵉdôt. 문자적으로는 "이것들은 …의 발생 기원이다". NIV에서는 "this is the account of"〈이것은 …의 기사다〉)라는 공식구절에 의해 결합되어 있다.[1] 창세기에서 이 공식 구절이 구조적으로 반복되고 있는 점으로 보아, 이 문구가 열 번이나 사용된 것은 우연이 아니다. 이 공식 구절은 창조 기사(창 1:1-2:3)를 애굽에서의 이스라엘에 있었던 기적과 연결시키는 교량 구실을 하나(출 1장). 이 각각의 공식 구절들의 출현은 애굽에 있는 이스라엘을 향한 하

---

1. 창세기 2:4; 5:1; 6:9; 10:1; 11:10; 11:27; 25:12, 19; 36:1; 37:2.

나님의 계시에 이르는 구속사적 연결고리를 형성하고 있다. 이 10개의 연결고리는 창세기가 편집자의 아무 수정도 없이 필사되는 고대 전승들의 단순한 수집물 이상임을 가리키고 있다.[2] 이 톨레도트 공식구절들은 과거를 상호 연관된 일련의 사건들의 체계로 파악하게 하는 구속-역사적인 접근의 단서를 제공한다(도표 4를 보라).

톨레도트 문구	성경 구절	내용
(태초에 하나님이)	(1:1–2:3)	(창 조)
1. 천지의 창조된 대략이 이러하니라	2:4-4:26	창조와 인간의 불순종
2. 아담 자손의 계보가 이러하니라	5:1-6:8	계보, 셋-노아
3. 노아의 사적은 이러하니라	6:9-9:29	인간의 부패; 홍수; 언약
4. 셈과 함과 야벳의 후예는 이러하니라	10:1-11:9	민족들의 계보(table); 바벨에서 인간들의 반란
5. 셈의 후예는 이러하니라	11:10-26	계보,셈-아브라함
6. 데라의 후예는 이러하니라	11:27-25:11	아브라함의 이야기
7. 아브라함의 아들 이스마엘의 후예는 이러하고	25:12-18	이스마엘의 계보
8. 아브라함의 아들 이삭의 후예는 이러하니라	25:19-35:29	이삭에서 야곱까지의 축복의 변천
9. 에서 곧 에돔의 대략이 이러하니라	36:1-37:1	에서의 계보
10. 야곱의 족보는 이러하니라	37:2-50:26	요셉; 애굽에서의 이스라엘

도표 4. 창세기의 톨레도트 구조

---

2. 이것들은 (누구)의 계보들이라는 문구는 책의 출판 처음에 있는 설명 부분이나 맺음말로 해석될 수 없다. P. J. Wiseman, *Creation Revealed in Six Days* (London: Marshall, Morgan & Scott, 1949), 46-53; D. J. Wiseman, ed., *Ancient Records and the Scripture of Genesis: A Case for Literary Unity* (Nashville: Nelson, 1985); R. K. Harrison (*Introduction to the Old Testament* [Grand Rapids: Eerdmans, 1969], 548-51) 과 몇몇 사람들이 따르는 주장으로, 그들은 그 기사들이 분리된 이야기들이며 각 이야기들은 책의 앞부분이나 그 내용들에 대한 간단한 표기로 끝난다고 주장함으로써 창세기의 고대성을 입증하려고 했다. 이러한 관점에서 모세는 토판을 사용했고, 고대 기록은 그 마지막 부분에 내용에 대한 개념을 표시했다고 주장했다. 그러나 이러한 주장은 실제로 창세기에서 사용된 용법과 일치하지 않는다. M. G. Kline, Genesis, in *New Bible Commentary* (Grand Rapids: Eerdmans, 1970), 80; W. H. Gispen, *Genesis* (Kampen: Kok, 1974), 1:95; D. S. DeWitt, The Generations of Genesis, *EQ* 48 (1976): 196-211을 보라.

"…의 계보가 이러하니라"는 구절은 아담에서 아브라함까지에서 다섯 번, 그리고 아브라함에서 '애굽의 이스라엘'까지에서 다섯 번 나타나서 대칭 구조를 형성하고 있다. 그러므로 아담에서 이스라엘까지의 연결고리가 두 개의 기간span으로 구성되어 있고, 각각의 기간은 다섯 개의 연결고리로 구성되어 있다(그림 4를 보라). 이와 같은 문학적 연결 장치는 창세기 11:27-50:26의 여러 기사와 계보들을 태초 시기의 여러 기사와 계보들(2:4-11:26)과 연결시켜 주고 있다. 이 부분의 각 장에서 나타나는 계시를 통하여 이스라엘은 그 근원을 찾아 아브라함, 데라, 셈, 노아, 셋 그리고 마침내 아담에게까지 거슬러 올라 갈 수 있었다. 이 계시는 이스라엘과 열방의 공통된 조상이 아담임을 보여주고 있다. 이스라엘도 하나님께서 아브라함을 선택하기 훨씬 전부터 열방들과 같이 은혜와 배반 그리고 반역사를 공유하고 있었다.

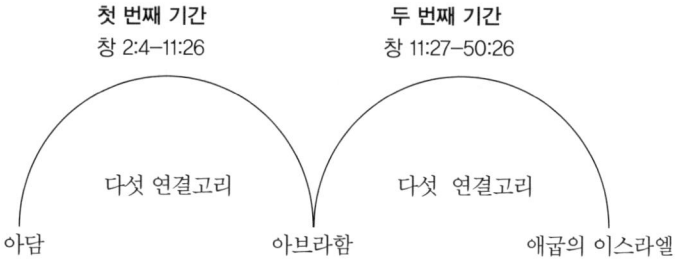

그림 4. 아담에서 '애굽의 이스라엘'까지의 문학적 연결 교량

창세기 2:4-11:26의 구조를 좀 더 자세히 살펴보면 재미있는 설화 및 족보상의 교체를 엿볼 수 있다. 아담과 하와의 창조, 에덴동산, 그 동산에서의 추방, 가인의 범죄, 성의 건축 이야기(2:4-4:26)는 가인의 계보(4:17-24)로 끝나고 있다. 5장의 아담의 계보는 창세기 11:10-26에 나타나는 셈의 계보와 대칭을 보이고 있다. 두 경우 모두 10세대로 구성되어 있고, 두 경우 모두 세 아들에 관한 이야기로 끝맺고 있는데, 그 세 아들 중 하나가 연결고리로 선택되어 있다(도표 5를 보라).

번호	아담으로부터	셈으로부터
1	셋(3)	아르박삿(10)
2	에노스(6)	가이난(눅 3:36)*
3	게난(9)	셀라(12)
4	마할랄렐(12)	에벨(14)
5	야렛(15)	벨렉(16)
6	에녹(18)	르우(18)
7	므두셀라(21)	스룩(20)
8	라멕(26)	나홀(22)
9	노아(29)	데라(24)
10	셈(32)	아브라함(26)
	함	나홀
	야벳	하란

*70인역과 눅 3:36을 보라. 이 이름이 마소라 사본에는 빠져 있음

도표 5. 창세기에 나타난 10세대의 계보들

    창세기 2:4-11:26의 중심은 긴 홍수 이야기와 홍수 이전과 이후의 사악함에도 불구하고 창조주께서 그의 피조 세계에 신실하실 것을 다짐하는 하나님의 확증을 포함하는 창조 세계와의 언약이다. 이 다섯 부분들은 도식적으로 결합되어 있다.³ 즉 이 기사들은 (1) 홍수 이전(가인과 인류)과 홍수 이후(가나안과 인류)의 인류의 죄악성, (2) 홍수 이전(가인의 저주 및 인류의 멸망)과 홍수 이후(가나안에 대한 저주 및 바벨에서의 사람들의 분산) 심판 가운데서의 하나님의 통치와 그리고 홍수 이전(아담과 하와를 위해(3:21))과 홍수 이후(노아 언약 및 하나님의 뜻에 따른 열국, 언어들, 경계들의 존속) 은혜 가운데서의 그 통치의 연속성과 (3) 홍수 이전(에녹과 노아)과 홍수 이후(노아, 셈

---

3. 홍수 기사를 핵심으로 보는 또 다른 구도에 대해서는, Walter Brueggemann, *Genesis* (Atlanta: John Knox, 1981), 23을 보라.

및 아브라함)에 개인들과 그들의 가족과 관계를 맺으시려는 하나님의 목적들을 선택적이고 대칭적인 방법으로 제시하고 있다.

독자들은 저자가 왜 각각 10세대를 포함하고 세 아들로 끝나는 두 족보(5장 및 11장)를 부각시켰는지를 이해함으로써 구속사에 대한 통찰력을 얻을 수 있다. 첫째로, 이 두 계보들은 (1) 아담과 아브라함 (2) 에덴동산과 가나안 (3) 옛 인류와 새 인류(이스라엘) 간의 연결고리를 형성한다. 둘째로, 이 두 계보는 개인 경건의 모범을 보여주고 있다. 에녹과 노아는 하나님과 동행하였으며(5:22, 24; 6:9) 라멕은 하나님께서 저주하신 땅에서 안위하시는 은혜를 베풀어 주시리라는 자신의 소망을 표현하였다(5:29). 셋째로, 이 계보는 축복의 갱신을 전개해 나간다. 즉 아담은 최초로 축복을 받은 것이다(1:28). 노아는 하나님의 피조물이 부패한 이후, 아담의 후예들에 의해 인류의 새 조상으로 선택되었다. 셈은 특별한 축복을 받았는데(9:26-27) 이는 데라의 아들 아브라함에게서 확증된다(12:2). 이와 같이 주께서는 은혜로써 인류를 붙드시고 아담 및 노아에게 주셨던 약속들을 아브라함과 더불어 갱신하셨다. 창세기 2:4-11:26에 나타난 여러 기사와 계보들을 결합시킴으로써 톨레도트 단원들은 하나님께서 아브라함에게 주실 약속의 기초석을 놓고 있다. 하나님의 구원의 은혜는 인간의 죄악되고 반역적인 본성 때문에 더욱 절실한 것이었다.

창세기 2:4-11:26의 중심 부분인 창세기 6:9-9:29은 이와 같은 관심사들을 드러내고 있다. 저자가 그 부분에서 인류의 죄성(6:11-12, 8:21)과 하나님의 은혜(노아와 그의 가족을 보호하심)와 인간들에 대한 하나님의 인내(9:8-17, 노아 언약 즉, 관용의 언약)와 인류에 대한 하나님의 은혜(1-3절, 7-17절) 그리고 하나님의 축복된 임재가 셈을 통하여 회복될 것이라는 약속을 기술하고 있다.[4]

---

4. 홍수 기사의 통일성에 대한 훌륭한 논지에 대해서는, G. J. Wenham 의 The Coherence of the Flood Narrative, *VT* 28 (1978): 336-48을 보라.

창조와 아브라함의 연결

우리가 이미 보았듯이, 톨레도트라는 공식 구절들은 10개의 독립적인 구성 요소들을 이용하여, 창조와 애굽의 이스라엘에 관한 이야기를 연결시키고 있다. 처음의 다섯 구성 요소들은 태초의 때에(2:4-11:26) 걸쳐있고 나중의 다섯 구성 요소들은 아브라함으로부터 이스라엘이 애굽에 도착하기까지의 이야기가 전개되는 기간에 걸쳐있다(11:27-50:26).

하나님께서 그의 피조 세계의 선함을 증거하고 또 그가 얼마나 인간들이 은혜로운 창조주에게 적극적으로 응답하기를 기대하고 있음을 암시하는 한 질서정연한 세계를 보여주는 창세기 1:1-2:3 부분과 혼돈과, 반란의 세계인 창세기 11:1-9을 비교해 보면 아브라함 이전의 세계가 얼마나 급격한 변화를 겪었는가를 알 수 있다. 창세기 9-11장은 한 단원을 형성한다. 이 부분은 하나님의 특별한 은총의 담당자인 아브라함의 출현을 위한 무대를 설정하고 있다. 아담과 하와의 타락 이야기(3장)는 열국의 분산(11:1-9)으로 이어지는 흐름의 시발점이다. 창세기 3장은 창세기 2:4-4:26(제1 톨레도트)의 문학적 통일성 안에서 배정되어 있는데 그러한 것으로서 이 부분은 전체적인 문화적 통일성이라는 문맥 안에서 가장 올바르게 읽혀진다. 창세기 2:4-11:26의 계보들과 이야기들은 창조 시 하나님께서 인간에 대해 개입하신 사실에서 출발하여(2:4-25) 바벨에서의 인간 반역 기사(11:1-9) 및 셈의 계보로 점층적인 전개를 보이고 있는데, 이 셈을 통하여 그 축복의 잠재적 요소들이 아브라함에게로 옮겨진다. 인간들의 세계(11:1-26)는 반역의 세계로써 창조 세계(1:1-26)와 대조를 이루고 있으나, 인간들의 세계 역시 여전히 하나님의 통치 가운데 있는 세계이다.

반역의 세계

처음(창조)과 끝(바벨탑)이 대조되고 있다는 사실은 창조 세계에 뭔가 근본적으로 잘못된 것이 일어났다는 것을 가리키고 있다. "우리가 사람을 만들자"(창 1:26)는 하나님의 말씀들이 "서로 말하되 자, …만들자 …굽자 … 쌓자 …우리의 이름을 내자"(창 11:3-4)라는 인간의 말들과 날카로운 대조를 이루고 있다. 시날 평지에 "하늘에 닿도록 높이 솟아오른 탑"(11:4)을 가진 인간의 도시와 에덴동산에 터를 잡아 이 땅에게까지 스스로를 낮춘 하나님의 나라는 선명하게 대조된다. 도시와 탑은 기력과 불멸을 향한 인간의 욕망을 상징하는데, 이는 '그 중앙에 영원한 축복과 생명을 상징하는 생명나무가 서 있는' 동산의 조화와는 도저히 비교될 수 없는 것이다. 게다가, 하나님과 교제 가운데 있던 인간 공동체(가족 단위, 2:20b-23)는 창조주께 대한 반역을 그 특징으로 하는 공동체로 바뀌어지고 있다. 남편과 아내의 관계인 창조적이며, 상호의존적이고 상호보완적인 연합("한몸")은 창세기 11:1에 나타나는 "하나"("하나의 구음" 및 "하나의 언어"로 번역되었음)라는 단어의 반복이 상징하고 있는 바대로, 인류의 외부적 연대 관계로 전환되었다. 질서와 조화의 세계가 혼란의 세계로 바뀌었다(9절). 바벨탑 이야기는 하나님의 통치에 대한 인간의 반역이 절정에 달하였음을 극적으로 묘사해 주고 있다. 비록 하나님께서는 자신의 통치권을 땅 위에 세우시고, 자신의 임재로 그 통치권을 영화롭게 하시려고 오셨으나 실상은 자기가 창조한 피조물들에 의해서 내어 쫓긴 바가 되었다.

시작(창 1-2장)과 끝(11:1-9)의 대조는 또한 하나님의 통치와 인간의 통치, 통일성과 다양성, 질서와 혼란, 축복과 심판을 강하게 대조시켜 주고 있다.[5] 인간은 자유와 왕적 권능 그리고 영광을 누리는 대신 긴장과 번민 그리고 소외로 가득 채워져 있다. 인간은 하나님과의 교제를 누리는 대신 하나님으로부터 달아나서 땅 위에서 그들 스스로의 자율적 왕국을 추구하였다. 창세기 1-11장은 죄가 세상에 들어오고 땅에 가득하게 된 것이 합리화될 수 없음에 대해 분명한 선을 그어주고 있다. 즉 개개인들에 대한 만연된 죄

---

5. Gary V. Smith 는 Structure and Purpose in Genesis 1-11, *JETS* 20 (1977): 307-19 에서 유사한 신학적 동기들로 결론을 내리면서, 양자택일적인 접근을 제안했다.

악의 영향들은 적당하게 설명되어져 버릴 수 없는 것이다. 원래 선하게 창조된 피조 세계는 완전해지지 못했다. 인간들은 하나님께 성별되지 못하였고 오히려 하나님으로부터 점점 멀어져만 갔다. 창세기 1-11장의 주제는 인류의 반역의 시초부터 하나님의 선한 피조 세계를 훼손시키고 더럽혀온 죄의 뿌리 깊은 심각성이다.[6]

하나님의 통제 아래 있는 세계

하나님의 통제 즉, 통치는 아담에서 아브라함으로 이어지는 축복의 전개 속에서 가장 명확하게 나타나 있다. 이 축복은 창세기 2:4-11:26에서 점진적으로 구체화 되어간다. 먼저 하나님께서는 아담과 하와를 축복하셨고 그리고 그들 속에서, 모든 인류를 축복하셨다(1:28과 9:1, 7 참조). 이 축복은 후손의 번성이라는 질서있는 과정과 관련된 명령으로서 다른 피조물들에 대한 축복과 근본적인 차이가 없다(1:22). 인간에 대한 축복이 다른 동물들에 대한 축복보다 더 큰 것이 있다면 인간이 그에게 부여된 하나님의 형상으로 인하여 동물들을 다스리게 된 점이다. 인간 역시 피조된 존재들과 공통점이 있으며, 죄가 세상에 들어온 이후일지라도 피조물에 대한 하나님의 축복은 여전히 피조물 위에 머무르고 있다.

번성의 축복은 모든 유기체적 생물에게 주어져 있다. 인간과 짐승은 그 발달 과정에 차이가 있지만, 이 축복은 모두에게 공통적이다. 번성의 능력으로 주어진 축복의 힘이란 곧 임신하고 해산하는 능력을 의미할 뿐만 아니라 임신과 출산 전체에 걸친 증식의 전 과정, 즉 배우자의 선택으로부터 자녀를 돌보고 교육하는 전 과정을 포함하여 이르는 말이다. 이것이 바로 인간과 짐승을 하나로 묶어주는 것이다. 인간이 생존하는 한, 그리고 이 공유적 속성이 바로 인간 창조 행위에 포함되어 있기 때문에, 이 축복은 철저하게 적극적인

---

6. William S. LaSor, David A. Hubbard, and Frederic W. Bush, *OTS*, 83.

그 어떤 것으로 간주되며 … 인간으로서의 인간의 진보를 촉진하는 어떤 것으로 간주된다. 이것이 그 축복이 의미하는 바이다.[7]

창세기 2:4-11:26의 전개는 인간들에 대한 하나님의 축복의 연속성(비록 그들이 반역을 자행하고 있을 때에도!)과 아울러 개인 및 그 가족에 대한 하나님의 축복이 구체화되어 가는 과정을 추적하고 있다. 타락은 심판과 저주를 초래하였으나, 하늘에 계신 성부께서는 그 가운데에서도 인간을 버리시지 않으셨다. 여러 기사들과 족보들에 걸쳐서 한 약속의 계열이, 아담에게 주신 하나님의 특별하신 축복을 아브라함에게 연결시키고 있다(창 12:3, 그림 5를 보라).

축복-선택된 자들에게	심판-일반 인류에게
아담과 하와	아담과 하와
셋	가인
노아	홍수
셈	가나안
데라	바벨 및 열국
아브라함	

그림 5. 창세기의 축복과 심판

하나님으로부터 오는 축복의 갱신은 하나님의 사역의 구속사적 연속성을 보여주고 있기 때문에 중요하다. 에덴의 드라마는 가인과 아벨 이야기로부터 인류의 타락과 홍수 설화로 이어지면서 에덴동산 밖에서 더 심화된다. 그 드라마는 바벨탑 기사에서 절정을 이루고 있다. 각각의 경우에서 하나님

---

7. Claus Westermann, *Creation*, trans. John J. Scullion, S. J. (London: SPCK, 1971), 49. 인류와 관련된 그러한 축복을 신학에서는 '일반 은총'이라고 부른다(C. Van Til, *Common Grace and the Gospel* [N.p.: Presbyterian & Reformed, 1973]을 보라).

께서는 그의 축복을 갱신하셔서 그 초점을 아담의 후손 중 한 사람에게 더욱 구체적으로 집중시킨다. 먼저, 하나님께서는 셋과 그 다음으로 노아 및 셈과 최후로는 데라 및 아브라함에게 그의 축복을 새롭게 하신다.

결론적으로, 창세기 2:4-11:26의 다섯 개의 톨레도트 단위들은 창조 기사를 아브라함의 선택 기사와 연결시켜 주고 있다. 연결 공식 문구로서 그것들의 의미는 다음과 같다.

1. 아담에서 아브라함까지의 인류의 발전을 추적한다.
2. 인류의 타락과 반역을 제시한다.
3. 모든 피조물에게 베푸시는 그의 은혜로서, 인류를 향한 하나님의 관심을 계시한다(9장).
4. 하나님의 특별 은총은 갱신되며 사람들과의 관계성의 발전 속에서 그 초점이 더욱 분명해짐을 입증한다.
5. 그러나 인류의 고대사를 복구시켜 볼 수 있게 하거나, 여러 계보에서 나타나는 인명과 숫자들의 누락에 대한 완전한 역사나 충분한 자료를 제시하고 있지는 않는다.[8]

메소포타미아 신화들과의 유사점들

이스라엘에 있어서 톨레도트 단락들은 역사적 자료들, 인명, 기사들, 계

---

8. 설화들이나 족보들은 완전한 인류 역사를 제공하는 것도 아니고, 인류의 고대성을 증명하기에 충분한 자료들을 주는 것도 아니다. 더군다나, 그 설화들이 원래 의도했던 것- 즉, 인류의 통일성과 결속성을 보여주려는 의도 이외의 어떠한 다른 방법으로도 이용되어서는 안 된다(B. B. Warfield, On the Antiquity and Unity of the Human Race, in *Biblical and Theological Studies* [Philadelphia: Presbyterian & Reformed, 1952], 238-61을 보라). James Barr, Why the World Was Created in 4004 주전: Archbishop Ussher and Biblical Chronology, *BJRL* 67 (1985): 575-608도 보라.

보들 및 인류의 발전에 관한 사항들을 묶어서 세계를 이해하도록 하여 주는 일관성 있는 틀을 제공하여 주고 있다. 수메르인들과 바빌로니아인들과 고대 근동에 있는 많은 문학적 자료와 유사한 문학적 자료들을 이용하여 신화적인 형식으로 세계를 설명하였다. 우리가 이미 살펴본 바와 같이 성경의 창조 기사는 이방 신들, 자연 및 인류의 창조와 인류의 존재 목적에 관한 당시의 이교적 통념을 반박하는 변증적 목적을 지니고 있었다. 고대 민족들은 낙원, 영웅들 및 대홍수에 관한 설화들을 전승시켜 왔었다. 창세기 2:4-11:26의 공헌은 이교적 정신에 대한 변증적 기능과 창조에서 아브라함을 부르시기까지의 여러 사건들에 대한 일관성 있는 설명을 제공하는 데 있다.

에덴동산, 생명나무, 선악을 알게 하는 나무 및 뱀에 대한 성경의 기사는 이교도의 마술 및 상징적 설명과는 완전히 다른 것이다. 창세기에서도 상징(이름을 가진 두 나무와 뱀)을 이용하고 있지만, 그 초점을 마술적이고 예측 불가능한 힘에 두지 않고 인간의 책임과 하나님에 대한 반응쪽으로 옮기기 위하여 그러한 상징들을 이식시켜 사용한다.[9]

가장 널리 알려진 근동의 신화는 바빌로니아의 홍수 이야기이다. 바빌로니아의 홍수 설화와 성경 기사는 많은 유사점을 지니고 있다. 즉 신의 판결, 영웅적 인물, 방주 건조에 관한 세부사항, 방주, 동물들, 새를 날려 보냄, 방주가 산에 머무름 그리고 희생물로 제사를 드림 등이다.[10] 한편 성경 기사는 신화적인 요소들에 대한 하나의 변증이다. 많은 신들 대신에 대홍수를 명하시는 한 분 하나님이 계신다. 그는 길가메쉬Gilgamesh가 희생을 드릴 때 "파리 떼처럼 들끓던" 바빌로니아의 신들과는 달리 음식물을 필요로 하시지 않으신다.[11] 더 중요한 것은 하나님께서 지면을 물로 쓸어버림으로써 모든 생명 있는 피조물들을 멸하실 작정을 하셨다는 사실이 창조 기사와 관계가 있

---

9. Nahum M. Sarna, *Understanding Genesis* (New York: Schocken, 1970), 24-28.

10. A. Heidel, *The Gilgamesh Epic and Old Testament Parallels* (Chicago: University of Chicago Press, 1963).

11. Sarna, *Understanding Genesis*, 55.

다는 점이다. 이것은 어떤 의미에서 인간과 동물들이 존재하지 않았던 창조 활동 중 처음 시기에로의 복귀를 뜻한다. 태초에는 "흑암이 깊음 위에 있었고, 하나님의 영은 수면 위에 운행하고 계셨다"(창 1:2) 대홍수가 있은 후, 하나님께서는 은혜롭게도 그의 축복(9:1, 7)을 갱신하시고 음식물들로 피조물들을 살게 하실 것이라는 언약(8:22)과 다시는 홍수의 물로써 모든 생물을 멸하시지 않으시겠다는 약속을 새롭게 하셨다. 성경의 홍수 이야기는 인간의 타락을 그 배경으로 하고 있으며 하나님의 왕적 본성과 공의 및 은혜를 생생하게 나타내어 주고 있다. 인간들은 그들을 지으신 창조주 – 왕의 은혜로 하루 하루를 살아가는 존재이기 때문에 어떤 변명도 내세울 수가 없는 것이다.

결론

주께서는 톨레도트 구조를 통하여 이스라엘에게 인류의 단일성과 인류의 반역적 본질 및 민족들과 언어들이 생기게 된 경위를 계시해 주셨다. 주께서는 또 인류에 대하여 자신의 신실하심을 보여주시기 위한 도구로 노아와 아브라함을 선택하시게 된 배경을 계시하셨다. 이와 같이 문학적 소재들(여러 계보와 기사들)은 이스라엘과 인류의 선사시대를 연결시켜 주고 있다. 여러 계보들은 이스라엘과 아담을 연결시킨다. 여러 기사들은 이스라엘의 선사 시대와 열국 중의 한 나라로서의 이스라엘에 대한 정경적 관심사들 사이의 연결 고리를 보여주면서 인류에 대한 하나님의 주권뿐만 아니라 하나님 자신까지 거스리고 있는 인간의 모습을 집약적으로 묘사하고 있다. 이제 '열국 중의 한 나라로서의 이스라엘에 대한 정경적 관심사들'에 관심을 돌려 보기로 하자.

05

이스라엘과 열방들

창세기 2:4-11:26로부터 이스라엘은 그들이 알고 있던 세상의 모습이 야웨의 통치 능력의 부족이나 지혜의 결핍에서 기인한 것이 아님을 알게 되었다. 하나님은 범죄하고 분노하며 투쟁과 마술적 주문들과 질병으로 땅을 신음하게 하는 이교적 신화에 나오는 이방신들과 같지 않다. 이에 대해 야웨께서는 인간을 실망시키지 않았다. 오히려 인간이 하나님을 실망시켰다. 즉, 세상이 지금의 모습처럼 된 것은 인간의 실패 때문에 나타난 결과이다.

이스라엘은 야웨께서 열방들의 주권자라는 계시도 소유하고 있다. 이스라엘 백성들은 10가지 재앙들과 특히 홍해를 통과하게 하신 사건 속에서 애굽의 바로를 주관하시는 하나님의 주권을 목격한 바 있다(7:14-14:31). 이스라엘 사람들은 애굽과 같은 거대한 나라들이 어떻게 생성되었는지 열방들이 왜 야웨의 뜻을 거역하였는지와 통치자이신 하나님께서는 자신의 뜻을 거스르는 그 나라들을 왜 멸망시키시지 않으셨는지, 왜 가나안 땅이 그들의 기업으로 선택되었는지 그리고 이스라엘은 열방들과 어떤 관계를 지니고 있었는지, 정치적, 지리적 및 언어적 배경을 지니고 있는 민족주의가 왜 일어났는시 등등의 질문을 갖고 있었다. 창세기 2:4-11:26은 이러한 문제들에 대해 답하고 있다. 야웨께서 자기의 피조물을 버리신 적은 한 번도 없었다. 그의 심판조차 버리심의 표현이 아니라 여러 가지 징계의 형태인 것이다. 그뿐 아니라 그러한 하나님의 징계에는 온 세계와 인류 전체를 위한 하나님의 목적이 있다. 그러므로 창세기 2:4-11:26을 정경적인 관점에서 읽어보면 (1) 열방 중에서 이스라엘의 선택과 (2) 회복의 시작과 (3) 종교와 대립되는 계시의 위치와 (4) 세속적인 지혜와 하나님 지혜의 대조에 대해 배울 수 있다.

이스라엘의 선택

하나님의 말씀은 이스라엘이 광야에 있을 때 임하였다. 이스라엘 민족은 애굽으로부터 구속되는 상황 속에서 야웨의 이름과 족장들에게 베푸셨던 하나님의 약속에 관한 계시를 처음 받게 되었다. 하나님께서는 광야에서 이스라엘 민족에게 그는 창조주이시며 그의 왕권은 보편적인 왕권임을 계시하셨다. 주께서는 모든 나라를 다스리시지만 모든 나라 중에서 절대주권적인 은혜와 자유 속에서 이스라엘을 선택하셔서 자신의 친백성으로 삼고자 하셨다.

> 내가 애굽 사람에게 어떻게 행하였음과 내가 어떻게 독수리 날개로 너희를 업어 내게로 인도하였음을 너희가 보았느니라 세계가 다 내게 속하였나니 너희가 내 말을 잘 듣고 내 언약을 지키면 너희는 모든 민족 중에서 내 소유가 되겠고 너희가 내게 대하여 제사장 나라가 되며 거룩한 백성이 되리라 (출 19:4-6)

하나님께서 열방을 버리신 것은 아니었다. 오히려 이스라엘이라는 나라를 통하여 자신이 구속 사역을 진행시켜 가시기로 계획하셨다. 창세기 2:4-11:26에서 볼 수 있는 바와 같이 인간의 반역적인 본성이 너무나 현저하기 때문에 새로운 시작이 필요하게 되었던 것이다. 하나님께서 이스라엘을 "자기 백성"으로 선택하심은 이스라엘의 인구가 방대하였기 때문이거나 그들에게 무슨 의로움이 있어서가 아니었다. 그것은 하나님의 은혜와 사랑과 신실하심의 표현이었다.

> 여호와께서 너희를 기뻐하시고 너희를 택하심은 너희가 다른 민족보다 수효가 많기 때문이 아니라 너희는 오히려 모든 민족 중에 가장 적으니라 여호와께서 다만 너희를 사랑하심으로 말미암아, 또는 너희의 조상들에게 하신 맹세를 지키려 하심으로 말미암아 자기의 전능의 손으로 너희를 인도하여 내시되 너희를 그 종 되었던 집에서 애굽 왕 바로의 손에서 속량하셨나니 (신 7:7-8 ; 신 9:5-6도 보라)

하나님의 여러 가지 사역 내용에 해당하는 약속, 언약, 축복, 출애굽 사건, 하나님의 말씀을 주신 일, 가나안 정복 등은 모두 새 하늘과 새 땅 회복 계획에 대한 그림자의 구실을 하고 있다. 하나님께서 이스라엘에서 행하신 모든 일은 하나님께서 모든 나라를 위해 계획하신 구원의 축소판이다. 이스라엘 및 가나안 땅은 하나님께서 아브라함 이전에 열방들에 대해 가지셨던 관심과 오순절 이후 모든 나라들로부터 택한 자들을 구속하시는 메시아 예수를 통해 나타난 하나님이 사랑을 연결시키는 다리 역할을 하고 있다.

하나님의 축복이 열방들에 머물고 있다는 것은 명백한 사실이다. 하나님께서는 파괴적인 심판의 홍수로부터 노아와 그 아들들을 보존하시는 은혜를 베푸셨다. 홍수 기사에는 하나님께서 열국의 계보를 예상하시는 가운데 노아의 가족을 보존하셨다는 여섯 번의 독립적인 지적이 등장한다.[1] 열방들도 또한 그들의 족보를 노아와 노아의 아들들에게까지 확장된 하나님의 은혜와 축복에까지 거슬러 추적할 수 있었다. 뿐만 아니라, 하나님께서는 노아와 그의 아들들에게 스스로 복 주실 것을 선언하셨다. 땅에 충만해질 뿐만 아니라 출산과 족보 상의 확장 과정은 하나님의 뜻 안에서 하나님의 축복으로 이루어졌다(창 9:1, 18-19).

---

1. 창세기 6:18; 7:7, 13, 23; 8:16, 18.

열국들의 목록(창 10장)의 목적은 모든 나라들에 대한 완전한 목록을 제시하고자 함이 아니며 어떤 국가가 성립된 당시 시대의 역사적 정보를 제공하고자 함도 아니고, 더구나 특정 나라들을 따로 내세워 그 뛰어남을 보이고자 함도 아니다. 그 대신 그 목록은 열국의 통일성과 다양성을 개략적으로 그려 보이고 있다. 인류의 급작스런 증가는 하나님께서 자신의 뜻에 따라 축복하셨음을 나타내고 있다. 하나님께서 열국이 생겨나기를 의도하셨던 것이다! 그 관련 구절들(5절, 20절, 31절)은 모두 하나의 결론에 이르고 있다. 즉 지리적, 정치적, 언어적 다양성이 있다는 것이 죄악된 것은 아니라는 것이다. 하나님께서는 태초부터 이를 의도하셨다(1:28). 후손의 번성과 이주, 땅 위의 인구의 충만, 문명의 발흥은 하나님의 축복의 자연스러운 표현들이다. 열국의 목록에는 어떤 지역이나 인종, 또는 정치적 실체가 원래부터 우월하다는 논평이나 언급이 전혀 없다. 셈의 계보에 상대적으로 더 관심을 쏟고 있는 이유도 이스라엘과 셈의 관계를 좀 더 상세히 언급하려는 정경적 목적 때문이다. 이러한 이유 때문에 셈의 족보가 이 부분의 마지막을 장식하고 있으며(21-31절), 11:10-26절에서도 다른 형태로 되풀이 되고 있다.

창세기 10장과 역대상 1:1-27을 비교해 보면 열국의 목록이 이스라엘에게 정경적인 중요성을 가지고 있다는 주장이 옳음을 알 수 있다. 모든 나라들 중에서 오직 이스라엘만이 선택받았다. 그러나 이스라엘이 선택되고 복을 받은 사실이 다른 나라들을 하나님께서 완전히 무시하신 것으로 오해되어서는 안 된다. 유대인 주석학자인 카수토Cassuto는 그 목록에 70개국이 포함되어 있다고 주장한다. 70이라는 숫자(7×10)는 우연히 나타난 것이 아니다. 왜냐하면 저자가 숫자들과 의미심장한 반복을 즐겨 사용하고 있기 때문이다. 이러한 사실로부터 카수토는 70개 민족의 출현은 열방들에 대한 하나님의 축복의 결과로서 후손들이 번성했음을 입증하고 있다고 결론을 내리고 있다.[2] 이 숫자는 애굽에 내려간 야곱의 가족 70인과 같다(출 1:5). 열국에

---

2. Umberto Cassuto, *A Commentary on the Book of Genesis* (Jerusalem: Magnes, 1964),

대한 축복은 이스라엘에 대한 하나님의 특별하신 축복과 유사하다. 신명기는 이러한 관점을 확증해주고 있으며 더 나아가 이스라엘이 선택을 받음으로 해서 특권적인 지위를 지니게 되었다는 진리를 이끌어 내고 있다.

> 옛날을 기억하라 역대의 연대를 생각하라 네 아버지에게 물으라
> 　그가 네게 설명할 것이요 네 어른들에게 물으라 그들이 네게
> 말하리로다 지극히 높으신 자가 민족들에게 기업을 주실 때에,
> 　인종을 나누실 때에 이스라엘 자손의 수효대로 백성들의
> 경계를 정하셨도다 여호와의 분깃은 자기 백성이라
> 　야곱은 그가 택하신 기업이로다 (신 32:7-9)

이스라엘이 선택되고 특권을 가지게 된 것은 열방들에게도 적극적인 의미를 지닌다. 하나님께서는 이스라엘을 통하여 열방들에게까지 축복을 확장하시려고 의도하셨기 때문이다(창 12:3). 따라서 하나님께서 이스라엘에 개입하신 목적은 인류를 그를 위하여 구속하시려는 데에 있었다. 열국 목록은 우리에게 (1) 하나님께서는 열국을 창조하셨을 뿐 아니라 또 그 열국을 축복하셨는가 하는 것과 (2) 이스라엘이 선택된 이유는 은혜를 입었기 때문이라는 것과 (3) 이스라엘의 사명은 열방들과 무관한 것이 아니라 깊은 관련이 있다는 것과 (4) 하나님께서는 이스라엘을 통치하실 뿐 아니라 열국도 다스리신다는 것을 가르쳐 주고 있다.

2:175-80. 니므롯 이야기(10:8-12)가 삽입된 기사라는 점에 주의하며, 만일 포함되어 있다면 그 숫자는 72로 늘어날 것이다. Daniel Grossberg, Number Harmony and Life Spans in the Bible, *Semitics* 9 (1984): 49-57을 보라.

회복의 시작

이스라엘의 출애굽은 하나님의 은총, 임재, 축복의 회복을 의미한다! 출애굽 사건은 아담이 에덴동산에서 추방된 사건과 대조를 이룬다. 아담이 추방되었다는 것은 하나님의 앞에서부터의 추방을 의미하며 이로써 아담은 하나님의 직접적이고 풍부한 은총과 축복에서 추방되었다. 아담과 하와는 소외된 상태로 살도록 저주받은 것이다. 하지만 출애굽은 구체적인 하나님의 화해 행위이다.

창세기 초반부에 해당하는 각 장들은, 비록 에덴동산에서의 아담과 하와의 반역과 뒤이은 에덴으로부터의 추방에도 불구하고 하나님께서 한 민족을 자신을 위하여 갱신하셔서 그들에게 새로운 "동산"인 가나안을 준비하셨다는 기쁜 소식을 이스라엘에게 알려주고 있다. 창세기 1-11장은 구속 사역의 배경을 이루고 있다. 이스라엘이 만약 그들의 뿌리를 알지 못하였다면 하나님께서 그들 속에서 그리고 그들을 통하여 행하신 일들의 가치를 제대로 알 수 없었을 것이다.

이스라엘은 아담 및 노아의 후손으로서 열방들과 동일한 유산을 공유하였다. 아담 안에서 그들은 피조된 존재라는 사실과 인간에게 특별히 부여하신 하나님의 형상을 공유하였다. 노아 안에서 모든 생물에게 베푸신 하나님의 일반적 은혜를 공유하였다. 셈 안에서 그들은 바벨에서의 인류의 반역에 가담하였다. 이스라엘은 열방들과 동질성을 지니고 있고 하나님의 심판 아래 있는 세상에 참여하고 있음에도 불구하고 아브라함 안에서 약속의 상속자들이 되었다. 주께서는 그들을 자신과 화목시키시는 은혜를 베푸셨다. 하나님께서는 자유로우신 뜻에 따라 그들을 사랑하셨고 약속의 땅 가나안에서 자신의 축복을 그들에게 회복시켜 주시기로 약속하셨다. 하나님께서는 아담을 동산에 두셨다가(2:8) 그를 쫓아내셨다(3:24). 그러나 하나님은 자유로우신 뜻에 따라 비옥하고 풍부한 결실을 맺으며 자연 자원이 풍부하여 에덴동산을 상기시켜 주는 가나안 땅에 이스라엘을 두셨다.

네 하나님 여호와께서 너를 아름다운 땅에 이르게 하시나니 그 곳은 골짜기든지 산지든지 시내와 분천과 샘이 흐르고 밀과 보리의 소산지요 포도와 무화과와 석류와 감람나무와 꿀의 소산지라 네가 먹을 것에 모자람이 없고 네게 아무 부족함이 없는 땅이며 그 땅의 돌은 철이요 산에서는 동을 캘 것이라 네가 먹어서 배부르고 네 하나님 여호와께서 옥토를 네게 주셨음으로 말미암아 그를 찬송하리라 (신 8:7-10)

이스라엘 민족은 또 셈을 향한 노아의 축복을 상속한 자들이었다. 노아는 야웨께서 셈의 장막에 거하실 것을 예언하였던 것이다.

셈의 하나님, 여호와를 찬송하리로다! 가나안은 셈의 종이 되고 하나님이 야벳을 창대하게 하사, 그가 (MT:하나님) 셈의 장막에 거하게 하시고 가나안은 그의 종이 되게 하시기를 원하노라 (창 9:26-27) [3]

하나님께서는 이스라엘을 향하여 자신의 영광스러운 임재를 계시하셨다. 하나님께서는 아담을 에덴에서 쫓아내신 후 사람들이 그 앞에 가까이 오지 못하게 하셨으며 에덴의 입구에 그룹들을 두셔서 다시는 그곳에 들어갈 수 없음을 극적인 상징으로서 보여주셨다(창 3:24). 그러나 야웨께서 이스라엘 중에 거하기 위하여 오셨을 때에는 이스라엘로 하여금 금으로 그룹을 만들어 언약궤 위에 두게 하셔서 "셈의 장막에" 자신이 임재하심을 그리고 대제사장의 사역을 통하여 자기의 영광에 접근할 수 있음을 상징하도록 하셨다.

하나님의 임재는 성육신하신 그리스도 안에서 완전히 드러났다. 지금 그리스도께서 믿는 자 각 사람 안에서 영광의 영과 더불어 거하고 계시는 것

---

3. 영어 성경 NIV에는 야벳은 셈의 장막에 거하리라로 되어 있으며, 다른 사람들(예를 들면, Walter Kaiser, TOTT, 82)은 그를 여호와로 이해하고 있다. 구속사의 목표는 이땅 위의 하나님의 임재를 유지하는 것이며, 이스라엘은 성막의 형태에서 그것을 경험했다.

이다. 성령께서는 우리의 마음속에서 모든 하나님의 자녀들을 위하여 새 하늘과 새 땅 즉, 큰 영광의 새 예루살렘이 예비되어 있음을 증거하고 계신다. 그리고 삼위일체 되신 하나님께서 새롭게 된 인류 가운데 거하시게 될 것이다(계 21:3).

하나님의 계시

야웨께서는 자신의 말씀을 이스라엘에게 주시고 그 말씀으로써 이스라엘과 세계를 통치하려 하셨다. 피조 세계는 말씀에 의해 존재하게 되었고 피조 세계 속에는 하나님의 영광과 설계가 내재되어 있다. 구속의 말씀으로 주께서는 이스라엘을 땅 위에 흩어진 민족들로부터 선택하셨다. 하나님의 말씀은 심판이나 저주의 말씀이 아니라(창 3-11장) 경고와 격려 그리고 약속의 말씀이다. 그분의 말씀은 확실히 최초로 아담에게 주어진 "네가 임의로 … 하되 …"(2:16-17)라는 계명을 갱신해 가는 내용이다. 생명과 가족을 누리는 자유와 식물을 누리고 먹는 자유와 피조된 존재의 모든 선한 산물을 향유할 수 있는 자유는 예외사항들("…하되") 즉, 하나님의 명령과 금지사항 안에서 진정한 의미를 가진다.

아담은 하나님의 계명에 불순종하였으므로 자유와 생명을 완전하게 누릴 수 없게 되었다. 아담과 그 후손은 자율과 자기만족의 노예가 되었기 때문에 창조주를 반역하게 되었고 이로 인해 저주에 묶인 바 되었다. 그렇기 때문에 뱀과 아담, 하와, 가인 및 인류 일반에게 주신 하나님의 말씀 속에는 심판과 저주가 포함되지 않을 수 없었던 것이다. "이를 행함으로 살라"라는 말씀에서 "네가 이를 행하였으므로 내가 네게 심판(저주)을 내리노라"라는 말씀으로 변경되었다.

그러나 하나님께서는 이와 같은 심판의 맥락 속에서도, 모든 생명에게 은혜의 말씀을 주셨다. 이는 전통적으로 노아 언약이라고 불리워 온 관용의 언약에 나타나 있다. 그리하여 이스라엘은 비록 하나님의 말씀이, 구속적 은혜를 가져오는 말씀으로 이스라엘에 임하였지만 온 세상이 그의 오래 참으시는 은혜의 말씀으로 유지되며 그의 진노에 의해 소멸되지 않고 있다는 사실을 알게 되었다.

> 여호와여 주의 말씀이 영원히 하늘에 굳게 섰사오며 주의 성실하심은 대대에 이르나이다 주께서 땅을 세우셨으므로 땅이 항상 있사오니 천지가 주의 규례들대로 오늘까지 있음은 만물이 주의 종이 된 까닭이니이다 주의 법이 나의 즐거움이 되지 아니하였더면 내가 내 고난 중에 멸망하였으리이다 내가 주의 법도들을 영원히 잊지 아니하오니 주께서 이것들 때문에 나를 살게 하심이니이다 (시 119:89-93)

세상의 지혜와 하늘의 지혜

이스라엘에게 하나님의 지혜는 이론적인 개념이 아니었다. 이스라엘 사람들은 아담과 하와가 선악을 알게 하는 나무의 실과를 따먹음으로써 하나님께 불순종하였음을 알았다. 그들은 인간이 크신 왕께 도덕의식과 책임성을 지녔다는 것을 알았다. 그들은 계시를 통하여 하나님의 지혜는 애굽 사람들의 지혜와 다르다는 사실을 알게 되었다. 그들은 하나님 없이 인생의 의미를 찾는 데 익숙해 있었다. 주께서는 어떻게 사람들이 질서있게 행동함으로 인생의 균형과 조화 그리고 성공을 맛볼 수 있는지를 계시를 통해 가르쳐 주셨다. 성경의 지혜는 애굽의 지혜와는 달리 경건과 관련되어 있는 지혜이다. 그것은 삶의 방식인 것이다. 개인과 하나님, 이웃, 피조 세계와의 관계를 포함하는 삶의 방식이다. 또 그것은 개인의 종교적, 문화적, 사회적 참여에 대한 지침을 제공하는 삶의 방식이기도 하다.

창세기 1-11장을 통하여 이스라엘은 하나님의 지혜가 그 자신의 신성감을 획득하기 위하여 광범위한 지식을 추구하는 열방들의 지혜와 다르다는 것을 알게 된다. 또한 열방들은 신적인 것과 인간적인 것이 세상 안에서와 인간들의 경험 안에서 한데 어우러진다는 신화적인 개념들 안에 갇혀 하나님과 동떨어진 삶을 추구하고 있다. 하나님의 아들들과 사람의 딸들 사이의 비극적인 결혼에 대한 언급(6:1-4; 6장을 보라)은, 하나님께서 하나님의 형상을 지닌 자들과 세속의 형상을 지닌 자들 사이를 구분 짓는 경계를 설정하셨음을 끊임없이 상기시켜 주고 있다. 인간은 신이 아니다. 왕들도 신이 아니다. 초인도 없으며 초월적 인종은 결코 존재하지 않을 것이다! 뿐만 아니라 인간의 지혜에는 세속주의 및 인본주의의 정신이 배여 있다. "자, …하자"라는 반복적 표현들과 의도된 목표 ("이름을 내고")를 가진 바벨탑 이야기는 이스라엘에게 열방들이 참되신 창조주이신 통치자께로부터 동떨어진 삶을 살고 있음을 상기시켜 주고 있다. 열방들의 경우도 여전히 하나님의 형상을 반영하고 있다. 그러나 그들은 문명과 하나님으로부터의 독립과 거짓 종교를 통하여 스스로의 목표들을 추구하고 있는 것이다.

하나님께서는 자기 백성들이 그들 마음속에 인본주의적 자율의 정신을 지니고 있는 것을 원하지 않으신다. 하나님께서는 이스라엘이 지혜롭기를 원하신다. 하나님께서는 누구를 기뻐하시겠는가? 누가 현명한 사람인가? 그의 이름을 부르며(창 4:26) 에녹과 노아처럼 그와 동행하며(5:22, 24; 6:9), 그가 보시기에 흠 없는(의로운) 사람들이 그런 사람들이다. 그런 사람들을 하나님께서 기뻐하시는 것이다. 그들이 지혜로운 사람들이다. 그들은 또 아무도 빼앗아 갈 수 없는 보상을 받는다. 하나님께서는 에녹을 취하여 올리셨다(5:24). 하나님께서는 노아를 기뻐하시고 그를 통하여 인류를 새롭게 하시려는 결정을 하셨다. 인간적인 반역의 길은 심판을 초래하지만, 경건한 지혜는 창조주께 대하여 응답하고자 하는 마음에서 우러나온 것이기 때문에 격려를 받게 된다. 이스라엘은 이 같은 차이 즉, 선과 악, 인간의 방법과 하나님의 방법, 열방들의 방법과 야웨의 방법 사이에 있는 차이를 알아야만 하였다.

그의 백성이 즐겁게 나오게 하시며 그의 택한 자는 노래하며 나오게 하시고 여러 나라의 땅을 그들에게 주시며 민족들이 수고한 것을 소유로 가지게 하셨으니 - 이는 그들이 그의 율례를 지키고 그의 율법을 따르게 하려 하심이로다 할렐루야 (시 105:43-45)

결론

창세기 2:4-11:26의 정경적인 기능은 이스라엘로 하여금 매우 다양한 언어, 영토, 문화권으로 흩어져 있는 열방들을 통치하시는 하나님을 이해하는 데 필요한 배경 지식을 제공하는 데 있다. 인류는 인간적 존재로서 느끼는 죄책감, 정죄 그리고 번뇌를 누구나 같이 경험한다. 주께서는 인간의 범죄 가능성을 여러 가지의 방법으로 억제하셨다. 즉, 인간을 에덴동산에서 추방하심으로써, 그룹들을 통하여 자기의 존전에 나아오지 못하게 하심으로써, 수명을 단축시킴으로써, 언어를 다르게 하시고 다른 국가들을 세우시고 지리적 한계를 설정하심으로써 나타나는 현상을 통하여 집단적인 범죄의 가능성을 분산시키고 인간의 범죄 가능성을 제지하셨다.

인간이 창조주이신 왕 앞에서 죄를 범하고 배반하고 반역을 일삼는데도 불구하고 주께서는 자기 피조물을 음식물로써, 후손 번성의 능력을 베푸심으로써 보호하심으로써, 복 주시는 가운데 여전히 변함없이 그들에게 신실하셨다. 그뿐 아니라 구속 이야기는 이스라엘이 누린 하나님의 임재, 그룹에 의한 보호, 하나님과의 교제의 갱신, 하나님의 계시 앞으로 나아가게 된 일 등 여러 가지 특권에 관한 기사를 담고 있다. 더 나아가서 이스라엘에게 있어서 에덴동산을 생각나게 하였고 하나님의 특별한 축복들 아래 주어신 특권들과 구속주 하나님에 대한 그들의 독특한 책임감을 생각나게 하였다. 하나님의 새로운 백성으로서 이스라엘은 구속사의 진전 과정 속에서 새로운 시대를 열고 있다.

06

인간의 반역과
땅에 대한 하나님의 통치

창세기 2:41-11:26의 기사들과 족보들은 인간의 창조주에 대한 반역의 침투 과정을 추적한다. 주께서는 점점 심해지는 반역에 심판과 은혜로 반응한다. 그분은 아담과 하와, 가인 그리고 홍수 세대를 심판하시고 인류를 온 땅에 흩으신다. 그분은 또한 아담과 하와를 생명나무로부터 쫓아내시고 인간 수명을 단축시키시고 인간들의 악한 단결의 힘을 분쇄시키시고 타락 중에 있는 인간들을 축복하심으로써 은혜를 베푸셨다. 이 장에서 우리는 (1) 인간의 반역에도 불구한 하나님 아버지의 권념 (2) 하나님으로부터 소외된 인간의 삶, 그리고 (3) 공동체와 개인의 책임을 고찰할 것이다.

하나님 아버지의 권념과 자녀들의 반역

창세기 앞부분 장들의 뚜렷한 주제는 죄의 침투력이다. 에덴동산 안에도 밖에도 (창 3:1-4:24) 홍수 이전과 이후에도 (3:1-11:9) 모든 분야에 죄가 만연해 있다. 성경은 악의 근원에 대해 설명하지 않지만, 인간 세상에 그것이 들어왔다는 것을 분명히 묘사하고 있다. 죄는 종종 "표적을 빗나가는" 것으로 부정적 형태로 정의되지만 성경적 언어에서는 죄는 하나님의 통치에 반대한 행위, "반역"*peša*을 내포한다. 에덴동산에서의 첫 날부터 하나님이 땅에 인간을 흩으실 때까지 인간의 역사는 끊임없이 하나님의 통치에 대한 반항의 경향을 보여 왔다.

 욕심으로 잉태된 것(3:6)이 죄와 죄책으로 발전했고(6-8절) 타락으로 성장하여 (6:5, 11, 12) 창조자 통치자에 대한 전면적인 반역으로 무르익었다. 동산에서 그분은 "네가 어디 있느냐?"(3:9) "누가 너의 벗었음을 알렸느냐? 내가 네게 먹지 말라 명한 그 나무 열매를 먹었느냐?"(11절) "네가 어찌하여 이렇게 하였느냐?"(13절)라고 의아하게 물으신다. 가인의 죄에 대한 하나님의 반응은 놀라움의 표현처럼 보인다. "네 아우 아벨이 어디 있느냐?" "네가 무엇을 하였느냐?"(4:9-10) 이 표현들은 그의 피조물들에 대한 그의 관심을 나타내는 것들이다. 홍수 기사에서도 마찬가지로 피조물들에 대한 하나님의 관심은 슬픔으로 변한다. 아버지가 아들을 잃고 슬퍼하시는 것처럼 그는 인간의 타락을 슬퍼하신다. 인간들은 가슴 깊이 고통하시는 창조주 아버지로부터 멀어져 버렸다!(6:6) 하나님은 인간들의 멀어짐에 깊이 충격을 받았고 이 위기를 인격적인 방법으로 처리하신다.[1] 끝으로 바벨탑 이야기는 인간들에게 가장 좋은 것을 결정하시는 자비로운 하나님을 보여 준다. 어린 자녀의 오만함에 격분한 아버지와 달리 하나님은 이 상황을 자상함과 단호함으로 다루신다.

 피조물에 대한 하나님의 부성적 관심과 사랑은 이 세상 죄악의 힘을 제한하심에 의해서도 입증된다. 3장, 6장, 11장에서 그는 (1) 인간과 악 사이에 적개심을 불어넣으시고(3:15) (2) 인간들이 피조물적 삶으로 굴러 떨어지게 하시고 (16, 19절) (3) 인간의 육체적 존재에 자연적인 종말을 제정하셨고(19절하) (4) 아담과 하와가 다른 범죄를 저지르는 것을 막기 위해 에덴

---

1. 창세기 6:6에서 하나님의 근심(pain)이란 단어(히, *'eṣeb*)는 아담과 하와의 수고(painful toil) 에 사용된 단어(3:16-17; 히, *'iṣṣābôn*)와 유사하다. Brueggemann은 그 본문이 하나님께서 결정적으로 고통과 상함으로 충격을 받으심과 그의 피조물의 상태를 나타내는 것이라 보았다. 그는 하나님께서 이 세상과 함께 겪을 운명 안으로 들어 오시는 것 (*Genesis*, 78)이라고 보았다.

동산에서 쫓아내시고 (5) 인간의 수명을 120년으로 제한하시고(6:3) (6) 책임과 정의와 복수의 법을 제정하시고(5-6절) (7) 언어를 혼잡케 하셔서 인간의 단결을 깨뜨리셨다.

죄의 침투에도 불구하고 하나님은 인간과 그 세계를 돌보신다. 그는 그의 사랑의 대상으로서의 인간을 위해 이 세상에 한 장소를 남겨 두셨다. 이런 주제들은 창세기 3-11장에서 (1) 인간의 욕망과 죄와 죄책 (2) 인간의 타락 (3) 인간의 반역이라는 세 영역에서 전개된다.[2]

인간의 욕망, 죄, 죄책(창 3장)

인간은 다른 모든 피조물보다 뛰어난 영광을 부여받았다. 인간은 하나님의 형상대로 창조되었으므로 그들은 이 세계에서 하나님의 영광을 반영한다. 그들은 이 세계를 다스릴 능력인 왕권을 부여받았지만 이 왕권은 하나님으로부터 유래된 것이다. 그래서 땅을 다스리는 데 있어서 개인들은 창조주에게 순종해야 할 뿐만 아니라 피조세계에 대해 실질적 지배권을 가져야 한다는 것을 깨닫게 된다.

인간들이 하나님의 형상으로 창조된 동시에 하나님처럼 되고자 원할 정도로 자유로웠다는 점에 위기가 있었다. "선악을 아는 하나님처럼 되는" 그런 지식을 획득하려는 욕망은 그들로 하여금 하나님의 뜻에 순종하지도 않고 지혜로워질 수 있다고 믿게 하였다. 선악과 열매를 따먹음으로써 그 남

---

2. 데이비스 영은 타락과 홍수를 묘사하는 설화들을 과학적으로 읽는 것에 대하여 주의를 기울여야 한다고 말한다. 그는 창조에 대한 죄의 결과에 관심을 가지면서, 이렇게 주장한다. 그 저주가 뱀에게는 퇴화를, 인간에게는 수고와 슬픔과 고민스러운 노동과 죽음을 가져오는 것 이외의 결과를 성경에서 찾을 수 없다. 동물들 간의 구조적인 변화와 죽음, 열역학 법칙 같은 자연 법칙의 급격한 변화와 같은 생각은 영원한 성경의 관점에서 순수하게 남아 있어야 한다 (*Creation and the Flood : An Alternative to Flood Geology and Theistic Evolution* [Grand Rapids: Baker, 1977], 168). 홍수 이론에 대한 보편적 경향 (이에 대해서는 John C. Whitcomb and Henry M. Morris, *The Genesis Flood: The Biblical Record and Its Scientific Implications* [Philadelphia: Presbyterian & Reformed, 1961]을 보라)에 대한 대답으로 영(Young)은 과학적인 설명을 곁들이는 주의 깊은 주석적 접근 방법의 편에서, 대격변 홍수 이론에 대하여 설득력 있게 반대하고 있다.

자와 여자는 자기들의 계획을 시행할 지혜와 힘과 함께 완전한 지식을 얻는 다고 생각했다.

열매를 따먹자마자, 아담과 하와는 자신들의 벗었음을 알게 되었고 자기들을 가릴 나뭇잎을 황급히 찾게 되었다. 하나님의 음성을 듣고 나무 뒤에 숨은 행동과 더불어 이 가리는 행동은 그들의 하나님에 대한 두려움과 소외를 나타낸다. 주께서 자기 자녀들에게 공포와 고뇌와 불안과 하나님의 축복과 삶 자체의 불확실성을 경험토록 허용하시는 역사의 한 새로운 단계가 이 소외에 의해서 시작되었다. 소외는 하나님, 노동, 가족생활, 사회 등 인간 실존의 모든 국면에 영향을 미쳤다.

인간이 악에 의해서 완전히 장악되지는 않으므로 이 소외는 완전한 것은 아니다. 하나님께서는 은혜와 주권으로 인간과 악, 사탄, 악마적 힘 사이에 적개심을 불러일으켰다. 이 적대 관계는 인간들이 하나님과 그의 뜻을 계속해서 추구하도록 하는 충분한 책임성을 부여했다. 그럼으로써 하나님은 이 세상에 대한 그의 통치를 포기하지 않으셨고 자기 계획에 따라 그 통치를 새롭게 주장하셨다.

하나님께서는 인간들이 소외와 번뇌의 상태로 굴러 떨어지는 것을 분명하게 막으시는 모습을 보이신다. 그들의 자율적 사고, 하나님으로부터의 소외와 고뇌의 감정은 그들로 하여금 생명나무 실과를 따먹도록 충동질할 수도 있었다(3:22). 만약 인간이 고뇌의 상태에서 영생한다면 소외 또한 완전하고 영원할 것이다. 하나님은 인간들을 에덴동산에서 쫓아내심으로써 아담과 하와가 무제한적 자유를 행사하는 것을 막으신다. 하나님의 이 행동은 생명과 가족과 자녀와 문화와 노동과 재창조의 축복을 인간들에게 주시기 때문에 은혜를 베푸시는 행동이다.[3]

---

3. G. Vos는 그것을 '최소한의 은혜'라고 부르며, 그것이 계속 이어지고 있다는 주장에 찬성하고 있다. 적어도 어느 정도의 하나님의 간섭이 없다면, 세계 질서는 붕괴되었을 것이다. (*BT*, 56); Author H. Lewis, Jehovah's International Love, *JETS* 15 (1972): 87-92도 보라.

인간의 타락(창 4:1-16, 6:1, 9:17)

아담과 하와는 죄와 심판을 함께 경험하였지만, 가인은 혼자 죄짓고 하나님의 심판도 혼자 받았다. 죄는 부모로부터 자녀에게 유전됐다. 가인의 죄는 질투와 증오심과 살인이다(창 4:3-8; 참고. 히 11:3; 요일 3:12-15). 그의 이야기는 우리에게 질투와 증오심의 위험에 대해 경고하기 위해 쓰여진 것이 아니다. 오히려 그것은 아담의 죄 안에 있는 인류의 연대성을 보여준다(롬 5:12-21 참조). 즉 죄는 다음 세대로 유전되었다. 게다가 그 이야기는 가인과 그의 형제 및 그의 하나님 사이의 소외를 나타낸다. 브루그만Brueggemann은 "가인에게 갈등을 일으키는 대상은 자기 형제와 하나님 둘 다이다"고 말한다.[4] 가인은 자기 자신의 유익을 위해 하나님께 불순종함으로써 그 갈등을 해소한다. 이리하여 세속주의 정신이 탄생한다. 하나님의 면전에서로부터의 가인의 도피는(16절) 사실상 하나님 없는 삶의 선언이다. 비록 그의 자녀들은 대단한 문화를 이루지만 가인의 이야기는 라멕의 노래에서 표현된 바와 같은 증오심과 원한과 복수의 표현으로 끝을 맺고 있다.

> 아다와 씰라여 내 목소리를 들으라 라멕의 아내들이여 내 말을 들으라 나의 상처로 말미암아 내가 사람을 죽였고 나의 상함으로 말미암아 소년을 죽였도다 가인을 위하여는 벌이 칠 배일진대 라멕을 위하여는 벌이 칠십칠 배이리로다 (창 4:23-24)

인본주의와 세속주의 정신은 필연적으로 타락을 낳는다(롬 1:18-32). 그럼에도 불구하고 세속적 정신에도 신화와 영성의 흔적 또는 책임감이 없지 않다. 그러나 그 종교는 하나님 또는 신들을 예배한다는 구실 아래 보다 큰 자아실현을 이루어 보려는 인간적 노력에 지나지 않는다.

---

4. Brueggemann, *Genesis*, 61.

인간의 부패에 대한 더 심화된 배경은 "하나님의 아들들"과 "사람의 딸들"의 성관계에 대한 짤막한 암시에 나타난다(창 6:1-4). 거룩한 것과 인간적인 것의 뒤섞임은 하나님의 뜻에 어긋나는 것이다. 하나님의 아들들은 셋의 경건한 후손이나 왕들이 아니라 천사들의 가장 낮은 계급이다. 그들은 '하늘의' 존재로서 지상의 존재가 아니다.[5] 인간의 딸들은 인간이고 땅의 존재이다. 여기서 암시된 오류는 신성에 이르고자 하는 시도이다. 인간은 다시, 초인적 인류를 형성하고자 하는 계획으로써 '하나님처럼' 되고자 했다. 홍수의 형태로 나타난 하나님의 심판은 초인적 인류의 가능성을 쓸어버렸다. 타락한 천사들은 심판을 위해 가두어졌고(벧후 2:4; 유 6) 인간의 수명은 120년으로 짧아졌다. 하나님의 심판으로 인간은 육체 혹은 필멸적 존재가 되었다(창 6:3). 그러므로 그분의 생명의 영은 영원히 사람과 함께하지 않을 것이다. 인간은 인간이요 생명의 주관자가 아니다. 그의 수명은 하나님의 명령에 달려 있게 된다.

인간 타락의 또 다른 요약은 6:5-7에 나타난다. "그의 마음으로 생각하는 모든 계획이 항상 악할 뿐이다"(5절). 인간 마음의 완악함이 하나님의 슬픔과 고통과 예리하게 대조된다. "여호와께서 땅에 사람 지으셨음을 한탄하셨고 그의 가슴은 고통으로 가득찼다"(6절). 저자는 이렇게 인간들의 길과 슬퍼하시는 하늘 아버지의 사랑을 대조시킨다. 결국 인간은 하나님께서 여전히 사랑하시는 하나님의 피조물이다. 고통 중에서 아버지는 생명을 건지기 위해 생명을 제거하기로 결심하신다(7-8절).

인류에 대한 하나님의 사랑은 노아와 그 가족을 위해 방주에 피난처를 만들어 주심에서 드러난다. 방주는 피조물을 위한 하나님의 계속적인 계획의 상징이 된다. 그는 심지어 노아와 그의 아들들에게 축복을 갱신하신다(창 9:1, 7). 모든 생명에 대한 신실성을 드러내는 마지막 행동으로서, 하나님은

---

[5] 6:1-4에 대한 관점들, 문제들, 가능한 해석들에 대하여 더 연구하려면 Willem A. Van-Gemeren, *The Sons of God in Genesis* 6:1-4 (an Exemple of Evangelical Demythologization?), *WTJ* 43 (1980): 320-48을 보라.

그의 축복의 계속성을 보장하는 살아 있는 피조물과의 한 언약을 맺으셨다. 그러므로 홍수 설화(6:9-9:17)는 하나님의 심판과 하나님의 사랑, 생명의 저주와 생명의 축복, 한 시대의 종말과 새 시대의 시작 등의 균형 잡힌 관점을 내포하고 있다.[6] 이 새 시대는 인간의 연약함과 생명 세계에 대한 그분의 권념과 그의 언약에 대한 하나님의 기억에 의해 특징 지어진 시대이다.

> 하나님이 노아와 그와 함께 방주에 있는 모든 들짐승과 가축을 기억하사 (8:1a)

> 내가 나와 너희와 및 육체를 가진 모든 생물 사이의 내 언약을 기억하리니 다시는 물이 모든 육체를 멸하는 홍수가 되지 아니할지라 무지개가 구름 사이에 있으리니 내가 보고 나 하나님과 모든 육체를 가진 땅의 모든 생물 사이의 영원한 언약을 기억하리라 (창 9:15-16)

하나님은 언약의 증거로 무지개를 주셨다. 그것은 하나님이 자기 피조물을 "권고하시는" 증거요. 피조물의 안전 보장의 증거이다. 그것은 하나님께서 창조의 목적을 포기하지 않으신다는 증거이다.[7] 무지개는 인류를 정화하고 땅을 새롭게 하셨을 때에 하나님의 은혜를 옛 창조에서 새 창조로 확장한다(벧후 3:10 13; 계 21:1-3). 무지개의 상징은 이사야에 의해 하나님의 구속의 상징으로 적절하게 발전되고 있다. 하나님이 노아 언약에 충실하실진대 주의 구속하신 인류에게는 얼마나 더 신실하시랴!

> 이는 내게 노아의 홍수와 같도다 내가 다시는 노아의 홍수로 땅 위에 범람하

---

6. Vos는 이렇게 본다. "인류는 이어지도록 보존되고 있다. 하나님께서는 그러한 파멸 속에서도, 그가 자신과 동일하게 창조하셨던 인류에 대한 그의 원래 목적을 이루실 수 있으시다" (*BT*, 62).

7. Dumbrell이 창세기 1, 2장과 노아 언약을 연결시키는 것은 주석적으로 옳다(*CaC*, 20-33). Michael V. Fox, The Sign of the Covenant, *Revue Biblique* 81 (1974): 557-96도 보라.

지 못하게 하리라 맹세한 것 같이 내가 네게 노하지 아니하며 너를 책망하지
아니하기로 맹세하였노니 산들이 떠나며 언덕들은 옮겨질지라도 나의 자비
는 네게서 떠나지 아니하며 나의 화평의 언약은 흔들리지 아니하리라 너를
긍휼히 여기시는 여호와께서 말씀하셨느니라 (사 54:9-10)

인간의 반역(창 11:1-9)

인류 가족에게 축복을 갱신하신 하나님의 은혜는 죄에 대한 허가장이 아
닌데도 인간은 계속해서 죄를 지었다. 홍수 이전과 같이 인간의 마음이 부
패해서 "사람의 마음이 계획하는 바가 어려서부터 악하였다"(창 8:21). 하나
님은 일찍이 사탄과 인류 사이에 적대감을 불어 넣으심으로써(3:15), 그의
축복에 인간 실존의 고뇌를 섞으심으로써, 인간을 에덴동산에서 쫓아내심
으로써(23-24절). 인간 수명을 120년으로 단축시킴으로써(6:3), 율법과 정의
와 지배체제를 확립 하심으로써(9:5-6), 인간의 죄와 죄의 경향성을 제한하
셨다.

이러한 제한들과 인간 사회에 대한 하나님의 축복에도 불구하고(9:1,7)
인간은 하나님 없는 문명을 발전시켜 나갔다. 바벨탑은 창조자요 통치자요
만물의 보존자이신 하나님에 대한 반항정신의 상징이다. "우리가 하자"는
표현의 반복과, '하늘에' 닿고자 하는 의도와, 이름을 내고자 하는 목표, '온
지면에 흩어짐'(창 11:4)을 면하자는 동기들은 하나님의 계획을 방해하고자
하는 인간의 치밀한 계획뿐만 아니라 하늘과 땅에 대한 하나님의 주권 찬탈
계획을 극적으로 부각시키고 있다. '성'과 '대'는 하나님을 인간과의 싸움에
끌어내리고자 하는 큰 계획의 한 부분이다. 인간은 뻔뻔스럽게 하나님께 결
투로 도전하고 승리를 확신한다.

하나님의 심판은 언어의 혼잡이라는 다른 형태의 제한으로 온다. 언어의
혼잡은 그 자체로는 저주가 아니지만, 하나님과 분리된 채 자기 운명을 완
전히 통제하고자 하는 인간의 욕망을 통제하는 수단으로 하나님이 마련하

신 것이다.[8] 하나님은 인간의 하나된 반역정신을 흩으셨다. 그 정신은 아직도 남아서 다양한 정치적, 경제적 프로그램으로 재현되지만 그것은 제한되어 있다.

바벨과 바벨론은 성경에서 자기 신뢰적, 제국주의적 세속주의 즉 창조주에 대한 책임성 없는 통치의 상징이다. 세속주의 정신은 다신교적 이방 종교와는 공존할 수 있으나 창조주 하나님의 절대 주권과는 공존할 수 없다. 인본주의와 세속주의적 야망에서 이 정신을 보았다(10:7-11; 14:4-6; 47:5-7, 10). 사도 요한은 로마제국과 모든 나라들이 큰 성 바벨론을 따르는 것으로 말하고 있다. 민족들과 왕들과 상인들의 유혹자 바벨론은 망할 것이다(계 18장).

하나님으로부터 소외된 인간의 삶

창세기 1:28-29의 하나님의 축복은 인간의 지상적 삶의 모든 영역에 미치며 창조주와 피조물의 지속적인 관계성을 전제로 하고 있다. 축복은 언제나 그의 피조물에 대한 하나님의 기쁨과 임재와 관련되어 있다. 주를 기쁘시게 하는 자는 누구든지 '축복받았다'고 불려진다(시 1:1).

이 관계성의 붕괴는 인간을 하나님의 존전에서 소외시킨다. 아담과 하와가 그를 반역했을 때 그들은 왕이신 하나님의 면전에서 죄책과 두려움으로 숨었다(창 3:8-10). 그 관계성은 파괴되었다. 하나님은 더 이상 자기 피조물을 신뢰할 수 없고 따라서 인간은 창조주와 교제할 가치가 없다는 것을 극적으로 표현하기 위해 인간을 에덴동산에서 쫓아내셨다. 인간이 하나님으로부터 소외된 이후로 그들의 삶은 고뇌와 희망으로 특징지어졌다.

---

8. 오순절날 열방의 대표들은 그들의 언어로 메시아에 대하여 듣는다(행 2:5-12). 요한은 하나님을 찬양하는 다양한 모습에 대하여, 각 나라와 족속과 백성과 방언에서…보좌 앞과 어린 양 앞에 서서(계 7:9) 있는 구속 받은 자들의 총회로 묘사한다.

고뇌

죄와 함께 사망이 이 세상 안에 들어왔다(롬 5:12). 하나님의 정죄와 심판은 신속했고 그의 축복의 모든 요소에 영향을 미쳤다. 그러나 그의 심판은 그의 저주와는 구별되어야 한다. 하나님의 심판은 죄의 모든 잠재력이 발현되는 것을 막는 보이지 않는 방패처럼 이 세상을 덮고 있다. 이 심판은 인간 가족과 자연 모두를 제한하므로, 이제 모든 피조물이 탄식한다(롬 8:22). 그러나 저주는 구속이 허용되지 않는 최종적 판결이다. 저주받은 자, 즉 사탄은 이 세상과 오는 세상에서 하나님의 존전으로부터 영원히 분리될 운명에 놓여 있다.[9]

죄의 권능과 죽음의 고통은 이제 피조된 실존과 깊이 연루되어 있다. 유혹의 이야기와 하나님의 심판은 이 세상이 원래 선하다는 것을 문학적 형태로 설명한다. 그것은 창조와 타락을 구별하고 있다. 이 세상이 원래 선하다는 것을 문학적 형태로 설명한다. 인간적 차원에서의 죄의 도입으로, 하나님께서는 인간을 심판하셨고 사탄과 땅을 저주하셨다. 인간에 대한 심판이 하나님의 축복에 어떻게 영향을 미쳤는가?

첫째로, 하나님은 사탄과 동일시되는 뱀을 저주하셨다(롬 16:20). 사탄을 창조 세계로부터 완전히 제거하는 것이 하나님의 궁극적인 계획이다(계 20:10). 사탄에 대한 저주는 사탄이 아직도 창조주의 주권 아래 규정되는 책임적인 존재임을 의미하므로 기쁜 소식이다. 그는 하나님께 대한 복종의 비유로서 '흙을 먹어야' 한다.[10] 복음의 다른 측면은 사탄과 인간 사이의 적개심의 선언이다. 인간은 범죄했으나 그들도 역시 희생자들이다.[11] 비록 그들이 악한 자에게 유혹 받았으나 악에 의해 정복당하지는 않을 것이다.

둘째로, 인간에 대한 심판은 그들이 받은 축복의 향유에는 직접적으로

---

9. 내가 쓸어 버리리라(창 6:7)는 문구는 '내가 저주한다'와 같은 것이다. 그러나 이 땅에 대한 하나님의 저주(3:17)는 그의 백성 때문에 거두실 것이다.

10. Kaiser, *TOTT*, 78.

11. Berkhof, *CF*, 200.

영향을 미치지만, 축복 그 자체에는 영향을 미치지 않는다. 그들의 범죄는 가족 구조와 육체적 생존 수단과 땅의 통치권에 영향을 미쳤다.

우선 남편과 아내의 관계가 변화했다. 남녀관계에 있어서 하나님의 형상의 상호보완적인 표현은 여전히 존재하지만 그것은 변질되었다. 가족의 연대는 남편에 대한 여자의 '사모'와 가족의 복지에 대한 남편의 책임적 역할에 의해 보존된다. 하나님께서 본래 남자와 여자에게 동일하게 주셨던 통치권(1:28)을 여자로부터 빼앗지 않으셨다면, 남자의 "통치"(창 3:16)가 독재와 지배로 변질되지 않았을 것이다.[12]

그 다음으로 가정은 자녀들이 양육되는 하나님이 세우신 기관이다(창 5:23). 마찬가지로 후손들도 하나님의 형상을 함께 소유하게 되었다. 아이들에게 희망이 있다(3:15). 그러나 그 희망은 공포와 고뇌와 부끄러움이 섞인 축복이다. 공포는 출산과 잉태와 양육의 불확실성으로부터 기인한다. 결과를 예측할 수 없는 까닭에 고뇌가 생긴다. 아무도 출산 과정과 환경과 자손의 개인적 특수성을 통제할 수 없었기 때문이다. 아이를 낳지 못하는 불임은 부끄러움이 생겨난다. 창세기의 여성들은 모두 여성으로서의 '고통'에 너무나 익숙한 자들이었다. 하와는 가인의 손에 아벨(허무, 수증기)을 잃었다. 사라, 리브가, 라헬은 불임의 고통을 겪었다. 리브가의 자녀로 인한 좌절(27:46)은 창세기 3:16의 훌륭한 주석이다.

셋째로는 가족의 필요를 채우는 데에 고통스런 경험이 수반된다. 의로운 심판관의 판결에 의하여 노동은 고역이 된다(3:17-19). 가시와 엉겅퀴는 인간 실존의 삭막함과 자연의 도전에 대응하는 인간의 연약성을 상징한다. 땅에 대한 지배는 쉽지 않다. 그것은 땀을 흘려야 하는 노동과 관련되어 있다. 그러나 땀 흘린 대가만큼의 수확량을 거두지 못한다. 인간의 실존에는 끊임

---

12. 유사한 관점으로는 다음을 참조하라. Carol L. Meyers, Gender Roles and Genesis 3:16 Revisited, *The Word of the Lord Shall Go Forth*, ed. Carol L. Meyers and M. O'Connor (Winona Lake: Eisenbrauns, 1983), 337-54. 그리고 Susan T. Foh, What Is the Woman's Desire? *WTJ*, (1974-75): 376-83도 보라.

없이 죽음과 실패의 그림자가 드리워져서 삶이 더욱 불확실해진다. 인간들이 처음 선악과를 따먹을 때에는 확실성과 삶에 대한 절대적 지배를 원해서 따먹었지만 그것이 실현되는 대신 그들의 세계가 허무하게 무너지는 것으로 끝맺고 말았다.

그렇지만 하나님의 축복은 생의 불확실성과 인간의 타락된 본성에도 불구하고 제거되지 않는다. 가정, 양식, 문화적 표현들은 여전히 하나님의 통치의 영역 안에 있다. 선한 통치자로서 그는 그의 피조계를 돌보신다. 그러므로 타락 후에 하나님이 사람들에게 계절의 규칙성으로 식물을 공급하고(8:22) 가정을 축복하고(9:1, 7) 동물들과의 관계에서 인간을 돕겠다는(2절) 약속을 갱신하신 것은 매우 중요하다. 우리의 존재는 인류에게 내린 하나님의 축복의 표현이다.

희망

인생의 고뇌에도 불구하고 하나님은 희망이라는 특별한 은총을 주신다. 그는 인류를 끝까지 참아 주실 것을 약속하시면서 의미 없는 반복처럼 보이는 인간 존재에 끝이 있다는 희망을 주신다.

첫째로 하나님은 인간과 사탄과의 싸움에 관련하여 희망을 주신다. 씨에 대한 첫 약속(창 3:15)은 종종 원시복음 또는 복음에 대한 첫 언급이라고 불리어 왔다. 그렇지만 이 해석은 매우 부적절하다. 사탄과 인간은 싸우도록 링에 올리어져 있고 하나님은 악의 권세와 인류 사이에 영원한 적개심을 고취시키심으로써 일종의 심판장으로서 그들을 주재하신다. 양쪽 모두 다 적의 움직임에 맞추어 자기를 방어해야 한다. 인간은 서 있으므로 뱀의 머리를 밟을 능력이 있으나 동시에 자기 발꿈치를 조심해야 한다. 그 사망의 뱀은 언제든지 인간을 공격해서 사망의 독을 그의 발꿈치로 넣을 수 있는 것이다.

창세기 3:15을 문맥에 맞추어 해석한다면, 마치 메시아(예수님)의 승리가 구속사의 시작부터 계시된 것처럼 너무 낙관적으로 읽혀질 수 없다. 도리어 그 씨는 집합적이고 '그가 부술 것이다'의 인칭대명사는 다시 그 씨를 가리키는 것으로 보아야 한다.[13] 나는 다음 번역을 제안한다.

> 나는 너와 여자 사이에 너의 씨와 여자의 씨 사이에 적개심을 넣으리라 그들은 너의 머리를 부술 것이요 너는 그들의 발꿈치를 상하게 하리라

인간은 두 전선, 즉 자연과의 투쟁과 영적 세력과 투쟁이라는 양방향의 싸움을 인식해야 한다. 따라서 땅을 정복하라는 명령 속에는 악의 정복도 포함되는 것으로 확대되었다. 악화되어가는 조건에도 불구하고, 인간의 책임은 증대되었다. 이 본문은 경과와 희망을 둘 다 포함한다. 즉 구원이 인간에 의존한다면 그는 패배하리라는 경고와, 아담과 하와의 후손이 어느날 승리하리라는 희망이 있는 것이다.

이 희망과 책임이라는 두 요소는 가인에게 다 모아졌는데, 하와는 가인의 이름에 대해 "여호와의 도우심으로 내가 득남하였다"(4:1)로 말한다. 하와는 자신의 희망을 가인에게 걸었다. 그렇지만 가인의 시기심으로 하나님께서는 마치 짐승처럼 '문 앞에 엎드리는' 죄를 다스리라고 그에게 경고하셨다(7절). 가인의 범죄와 심판과 쫓겨남 이후에 하와는 셋에게 희망을 걸었는데 이번에는 '하나님이 내게 가인이 죽인 아벨 대신에 다른 씨를 주셨다'라고 말했다(25절). 셋의 족보는 에녹과 특히 라멕에서 희망의 증거를 보여준다. 이 라멕의 말과 가인의 후손 라멕의 보복적인 말(23, 24절)은 얼마나 선명한 대조를 이루는가! 앞의 라멕은 자기 아들을 노아라고 부르며 "여호와께서 땅을 저주하시므로 수고롭게 일하는 우리를 이 아들이 안위하리라"는 소망을 표현하였다(5:29). 노아를 통해 최종적인 승리가 온 것은 아니지

---

13. 더욱이 번역은 히브리어 시제의 까다로움을 나타내야 한다. 상하게 하다(crush)와 상하게 하다(strike)의 미완료형은 형태상 may, could, should로 번역될 수 있다. 결국 번역의 난점은 동사 šûp의 어원과 의미에 있다. NIV 영역본은 한 어원의 단어를 두 동사로 나누고 있는 반면, 시적인 효과를 위해서 이 희귀한 동사를 선택하면서 head와 heel의 대조를 강조하는 것으로 여겨진다. Vos의 BT 55를 보라.

만 하나님은 그를 통해 한 새 일을 시작하셨다. 관용의 언약에서 하나님은 인간에 대한 사랑의 표현으로(9:1, 7) 땅 위에 생명을 유지하시고 그의 축복을 새롭게 하실 것을 약속하셨다.

희망의 초점은 셈에게 맞추어진다. 노아가 셈에게 한 축복에서 그는 야웨께서 셈의 장막에 거하시리라는 희망을 표현한다! 이렇게 창세기 2-11장의 희망과 축복의 구속사적 전개는 서서히 일어나는 것이다. 그것은 아담과 하와에서 시작하여 셋으로부터 노아에 이르는 계보를 따라와 셈에 대한 축복으로 끝을 맺는데, 셈의 족보는 이 장들을 마감하고 약속의 상속자인 아브라함에게 연결된다(11:26).

창세기 3:15에 따르면 희망은 아담의 후손으로부터 와야 한다. 예수님은 아담, 노아, 셈 그리고 아브라함의 후손이므로 완전한 인간이며(눅 3:33-37을 보라) 동시에 그는 하나님이시다! 그는 땅에 계실 때에 왕적 영광을 드러낸 신인, 하늘의 용사이시다(요 1:14). 그는 땅에 계실 때에 사탄과 싸워서 승리하셨다(골 2:15; 히 2:14; 요일 3:8). 그러므로 인류의 희망은, 악의 왕국을 깨어 부수고 창조세계를 회복하시며 그의 승리와 영광을 구속된 인류와 나눌 유일한 분이신 예수 그리스도에게 있다. 우리는 사탄을 두려워할 필요가 없다. 땅과 인간의 왕국에 대한 그의 지배는 망할 것이기 때문이다(마 16:18; 계 12:10-12을 보라).

둘째로, 인간의 희망은 하나님의 인류 구속 계획을 밝히심에서 드러나듯이 하나님의 인내에서 비롯된다. 하나님의 창조 행위는 하나님께서 인류를 궁극적으로 책임져 주실 것을 의미한다. 그는 우리의 연약함을 아시지만(8:21) 모든 피조물을 향한 그의 약속을 상기시키는 언약의 맹세를 하신다(9:16). 그 언약의 증거는 무지개로써, 하나님이 피조물에게 주시는 모든 축복과 은혜의 상징이다. 구름과 비와 햇빛의 결합을 통해 무지개는 하나님이 피조세계를 붙드신다는 것을 말해 준다. 보스Vos가 썼듯이 "무지개는 구름 가운데 햇빛에 의해 생성되는데, 이는 성경의 상징법에서 하나님의 은혜를 나타낸다."¹⁴ 더딘 것처럼 보이는 심판에 대한 베드로의 언급은 하나님이 땅과 하늘을 완전히 새롭게 하시리라는 약속을 이루시기 전에 모든 인간에게 회개의 기회를 주시기를 원하신다는 것을 상기시켜 준다.

공동체와 개인

죄와 죄책이 들어오면서 변화가 일어났다. 창조주 앞에서의 인간의 책임은 아담과 하와에게서와 마찬가지로 계속된다. 모든 사람은 하나님 앞에서 인생의 총결산 보고를 하고 그들의 행위대로 심판을 받는다(행 17:31; 계 20:13). 하나님은 에덴동산에서, 홍수 심판에서 그리고 바벨탑 사건에서 인류 전체를 심판하셨다. 의로운 자들과 불의한 자들을 막론하고(마 5:45) 인류 전체에 대한 하나님의 축복은 하나님이 인류를 전체로 다루신다는 것의 표현이다. 그러나 통합적인 연대성은 또한 통합적인 죄책과 벌을 의미하기도 한다. 이 사상은 하나님 앞에서의 인류의 보편적 정죄라는 바울의 교리적 근거를 형성한다.

> 그런즉 한 범죄로 많은 사람이 정죄에 이른 것 같이 한 의로운 행위로 말미암아 많은 사람이 의롭다 하심을 받아 생명에 이르렀느니라 한 사람이 순종하지 아니함으로 많은 사람이 죄인 된 것 같이 한 사람이 순종하심으로 많은 사람이 의인이 되리라 (롬 5:18-19)

한편 개인들이 필연적으로 죄에 빠져 정죄 받고 죽게 된 것은 아니다. 비록 창세기 2-11장은 인류의 연대성을 분명히 가르치지만 개인의 책임도 또한 강조한다. 가인이 아벨을 죽인 이야기는 개인의 책임성을 극적으로 표현

---

14. Ibid., 67.

한다. 하나님은 은혜롭게도 그의 감정에 사로잡히지 말고 그의 개인적인 책임을 지라고 경고하신다. 그는 그의 죄의 경향을 다스리고 의를 행하는 것을 배워야 한다. "네가 선을 행하면 어찌 낯을 들지 못하겠느냐 선을 행치 아니하면 죄가 문에 엎드려 있느니라 죄가 너를 원하나 너는 죄를 다스릴지니라"(4:7), 가인은 그 살인을 정당화하거나 자기 부모를 원망함으로써 자기를 변명할 수 없었다. 그는 개인적으로 하나님께 죄를 지었음을 알았고 하나님의 심판에 굴복했다. 그가 취한 행동의 경로는 그의 자손들, 특히 보복자 라멕에게 영향을 끼쳤다(23-24절).

아담에서 노아까지의 족보는 고무적인 전개를 보여 준다. 자율과 자기 정당화로 특징지어지는 가인의 족보와 뚜렷이 대조되어 "그 때에 사람들이 비로소 여호와의 이름을 불렀다"(4:26)라는 요약이 있다. 에녹은 하나님과 동행하였고 노아도 그러했다. 즉 그들의 마음은 하나님과 교통하였고 순전함과 의로움으로 특징지어졌다(17:1을 보라).

아담, 가인 그리고 노아의 경우를 볼 때, 하나님이 개인을 뽑아내시지만 그 개인들을 그들의 가족이라는 맥락 안에서 다룬다는 사실이 명백하다. 하나님께서는 개인에게 은혜를 주실 때에 가족이라는 제도를 무시하지 않으신다. 노아의 가족의 경우에 하나님의 은혜는 노아의 아내와 자녀들과 며느리들에게까지 확장되었다. 노아의 술취함과 가나안에 대한 저주 사건은 저주와 축복이 인간의 반응의 방식과 관련된다는 것을 심도 있게 보여 준다. 그러나 이 경우에 구속사적 중요성은 한 단계 더 깊은 것을 건드린다. 가나안에 대한 저주는 그의 자손들에 대한 통합적인 표현으로 되어 있고(9:25) 셈에 대한 축복은 구원의 전개에 있어 그의 계보가 특별히 중요한 역할을 담당할 것을 내다보고 있다. 창세기 기자는 아브라함에서 셈까지 거슬러 올라가서 그 약속을 연결시킨다.

그러므로 인간 공동체의 연대성과 개인 사이에 그리고 가족이 연대성과 그 가족의 개개 구성원의 책임 사이에 긴장이 유지된다. 부모를 통해서 특별한 특권이 자녀에게로 올 수 있으나 그러나 그 특별한 은혜는 조상의 하나님과 동행하는 자에게만 주어진다!

창세기 2:4-11:26에 나타나는 하나님의 계시는 인간들로 하여금 그의 규례들, 즉 창조주에 대한 예배, 결혼과 가정의 유지, 노동과 문화 창조, 개인적 순전함, 증오와 살인의 금지, 피가 있는 고기와 목매어 죽인 짐승의 고기를 먹는 것의 금지 등(전반적으로 창 9장; 행 15:29 참조)과 같은 것을 지키도록 요구한다.[15] 근본적으로 하나님은 인간들이 땅에 대한 책임적 통치자의 지위에 입각하여 창조주께, 가족에게, 동료 인간들에게 그리고 생명 일반에게 순전함으로 반응하기를 기대하신다. 생명은 진실로 하나님께서 맡기신 거룩한 위탁물이다. 하나님 앞에서의 개인의 책임성은 인간을 창조주께로 다시 헌신하도록 부르는 근거이다. 그들이 자신이 아담과 그의 죄에 대해 동일시됨에 대해 하나님을 원망함으로써 자기를 변명할 수 없다.[16] 왜냐하면 개인들은 자기 자신의 행위에 대해 책임지기 때문이다. 그러나 어떤 개인이 회개하고 하나님 앞에서 살아간다는 의식을 가지고 있다면 하나님께서는 그와 그의 씨(즉, 가족)를 은혜로 대우하신다! 아브라함과 그의 자손을 선택하실 때에 하나님은 여전히 당신의 축복의 대상인 인류에 대한 당신의 사랑을 잊지 않으신다. 바로 그렇기 때문에 야웨 하나님께서는 "땅의 모든 족속이 너를 인하여 복을 받으리라"(창 12:3)는 약속으로 아브라함과 열방을 의도적으로 연결시키시는 것이다.

---

15. 창세기 2-11장은 고대 유대 전승이 적어도 노아의 법들과, 창세기 9장과 위의 나열 속에서 노아에게 주어진 기본적 윤리 지침들을 열방들도 지키기를 기대했다는 사실을 지지하는 것으로 나타난다. 사도 바울은 이방인들이 불의로 진리를 막는(롬 1:18) 것보다 자연 속에 나타난 하나님의 계시에 응답하기를 바라는 그의 기대를 통하여 이 교훈이 신빙성이 있음을 보여 준다. 예루살렘 총회도 이러한 근본적인 규칙들을 지지한 것으로 되어 있다(행 15장).

16. John Murray, *The Imputation of Adam's Sin* (Grand Rapids: Eerdmans, 1959).

2부 결론

　내가 소외Alienation 안에 있는 창조라고 부르는 시기는 아담에서 아브라함까지이다. 그 시기는 인간의 첫 번째 시기와 마지막 시기(조화로운 창조 세계와 새 예루살렘) 사이에 있는 인간 세계를 설명한다. 이 세계는 고뇌와 소외와 창조주에 대한 반역으로 특징지어진다. 그러나 하나님은 분노하시기는 커녕 인간의 죄를 슬퍼하셨다. 그는 자기의 피조 세계를 계속해서 통치하시며 아버지처럼 자기의 피조물들을 계속 돌보신다. 비록 인간의 죄성이 증가하여 가족 구조와 문화의 발달과 세계 전반에 영향을 미치지만, 하나님께서는 여전히 신실하시다. 그는 사탄과 인류 사이에 적개심을 두심으로써, 또 첫 사람들을 에덴동산에서 내보내심으로써, 또 인간의 수명을 단축시키심으로써, 또 인류의 연대성을 붕괴시키심으로써, 반역의 매 단계에서 인간 악의 잠재력을 억제하셨다. 출산과 양육, 인간관계와 질병, 생계유지와 죽음이라는 인간 실존의 고뇌들이 종족적, 정치적, 종교적, 언어적 배경과 상관없이 모든 인류에게 찾아왔다. 그러나 인류의 희망은 에녹과 노아가 동행했던 하나님께 있다. 노아 언약에서 그는 그의 피조물들을 은혜로 다루실 것과 땅에 ('셈의 장막에') 다시 거하실 것을 약속하셨다. 그리고 그가 특별한 방법으로 함께 거하시게 될 그 민족을 축복하시고 보존하실 것을 약속하셨다. 이 목적을 위해 그는 개인들에게 '당세의 의인'이었던 노아처럼 살면서 그에게 신실한 것을 기대하신다.

　문학적, 정경적, 구속사적 핵심은 다음과 같은 일곱 가지 전망으로써 이스라엘과 우리의 세계를 바라볼 창을 제공해준다.

1. 인간은 반역하였으며 하나님의 통치에 대항하여 반란을 일으켰다.
2. 인간은 계속 고뇌와 희망 사이에 산다.
3. 열방들은 창조주에 대한 반란의 상태에 살지만 하나님은 악의 힘을 제한하셨다.
4. 하나님은 은혜와 심판으로 모든 민족을 다스리신다.
5. 인류에 대한 하나님의 관심은 그의 자녀를 회개에 이르게 하려는 슬픈 아버지의 관심이다. 책임은 개인들에게 있다.
6. 인류에 대한 특별한 축복은 아브라함의 조상인 셋에게 초점을 맞추고 있다.
7. 선민으로서의 이스라엘의 특별한 지위는 하나님의 값없는 은혜의 산물이다. 그로써, 이스라엘은 창조주 구속주에 대한 책임성을 조건으로 가나안에서 하나님의 영광스러운 임재와 축복을 경험하도록 초대되었다.

The Progress of Redemption

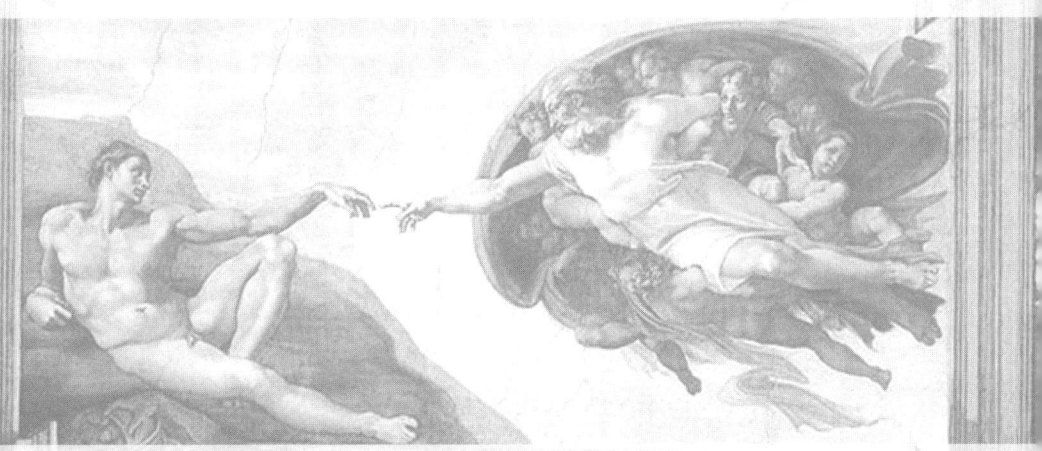

3부
선택과 약속

Part 3

서론

하나님의 은혜에 응답하는 일에 있어서의 인간들의 실패는 인류를 철저히 타락한 것으로 그리는 태초의 역사 서론(창 1-11장)의 주제이다. 그의 창조 세계를 성화시키고 영화롭게 하려는 하나님의 계획은 그들의 창조주 왕에 대항하는 인류의 반역에 의해 순간적으로는 좌절되어 온 것처럼 보였다(11:1-9). 그러나 하나님의 은혜는 인류를 또 다른 창조적인 행위 즉, 언어를 혼잡케 하는 수단을 통해 열국으로 나누는 그 사건 속에서도 철저히 비쳐 나온다. 각 개인들은 여전히 타락해 있으나 그들의 반역적 성격은 더 이들이 죄악된 연대성을 통하여 하나님을 대적할 수 없도록 억제되어 왔다. 심지어 반역의 상태에 있어서도 사람들은 여전히 하나님의 형상대로 지음 받은 인간성 속에 머물고 있고 그분의 값없는 은혜의 대상이요 그분의 깨어있는 시선 아래에서 살고 있다.

구속사의 세 번째 시기는 데라의 기사로부터 시작되고(11:27) 족장들의 후속적인 이야기들로 계속된다. 이 이야기는 이스라엘이 왜 열국 중에서 처음으로 하나님의 백성으로 선택되었는가를 설명해준다. 하나님의 아브라함과 이스라엘의 선택과 하나님의 새 백성으로서의 형성은 구속사에 있어서 중요한 발전을 의미한다. 다른 시기들과 마찬가지로 이 시기는 일련의 구속사적 전개의 한 단계에 불과한데 그 각각의 시기들은 독립적이면서 또한 연합하여 하나의 장엄한 경륜을 계시해준다.

　이 시기의 전개들은 구속사의 후속적인 각각의 시기에 대하여 근본적인 중요성을 갖는다. 주요한 공헌은 하나님의 특별한 구속적인(혹은 회복시키는) 은혜의 계시에 있다. 그의 특별한 은혜는 아담으로부터 아브라함에 이르는 그의 구속 행위가 그의 은혜의 표현이었듯이, 새삼 새로운 것은 아니다. 새로운 것은 언약적 국면이다. 아브라함과 그 언약의 상속자들인 그의 후손들을 통하여 주께서는 그들의 하나님이 되고, 그들을 그의 백성으로 삼겠다고 친히 약속하신다. 이 시기는 처음으로 하나님의 백성이라는 성경적 주제의 명확한 전개를 증거하고 있다. 이 3부에서 우리는 구속사의 진전에 있어서 다음과 같은 중요한 발전들을 고찰하게 될 것이다.

1. 하나님께서 아브라함과 그의 후손들을 통하여 인류를 새롭게 하시는 일에 전적으로 헌신하신다.
2. 하나님께서 대가 없이 후손들과 하나님의 축복과 땅과 다른 열방들에 관하여 아브라함에게 친히 약속을 베풀어주신다.
3. 하나님의 경륜은 다른 민족들과 왕들과 땅들도 포함한다. 왜냐하면 그들도 아브라함의 하나님에 의해 축복받게 될 것이기 때문이다.
4. 하나님의 신앙 학교는 시험들과 시련들 중에서 오래 참을 것을 요구한다.
5. 하나님의 약속과 언약들은 아브라함, 이삭 그리고 야곱으로부터 이스라엘의 지파들에 이르기까지 가족이라는 제도를 통하여 전달된다.
6. 하나님의 희망의 학교에서는 모든 믿는 자의 조상이 된 아브라함과 이스라엘의 아버지격인 야곱과 같은 탁월한 졸업생들이 배출되었다. 왜냐하면 그들은 약속의 성취를 기다리면서 오직 야웨만 끈질기게 의뢰했기 때문이다.
7. 하나님의 약속들과 언약들은 열방들의 희망인 예수 그리스도라는 한 지점으로 흘러 들어온다.

　창세기 12-50장에 대한 연구에서 나는 성경 본문의 다양한 문학적, 정경적, 구속-역사적 차원들을 종합하기 위하여 노력하게 될 것이다. 우리는 다시 이 삼중적 접근들이 얼마나 우리로 하여금 성경 기자의 의도들을 보다 더 잘 이해하게 하며, 이스라엘 민족과 예수 그리스도의 교회를 위한 족장사의 의도를 얼마나 더 잘 이해하도록 돕고 있는가를 깨닫게 될 것이다.

07

소외된 세계 안에서의 약속

족장 기사들과 족보들이 아담으로부터 아브라함에 이르는 인류 태초의 시기보다 더 정교한 취급을 받는 것은 이해할 만하다. 하나님께서는 이스라엘에게 그들이 창세기의 족보 구조에 의해 열방들과 어떤 관계가 있는지와 또한 족장들에게 주어진 약속들에 의해 그들이 어떻게 규정되고 있는지를 계시하셨다.

족보(Toledot)공식 구절

족보 공식 구절(이것은 …의 대략이니라)은 창조로부터 애굽에 있는 이스라엘에로의 움직임(2:4-50:26)을 보여 주는 이정표의 기능을 한다. 그 이야기는 10개의 구조적 단락으로 나눠진다. 창조로부터 데라에 이르는 다섯 단락(2:4-11:26)과 데라에서 이스라엘로 이어지는 다섯 단락들(11:27-50:26)로 구분된다. 족장 기사들에는 다섯 개의 표제들이 있는데, 데라(아브라함의 이야기를 포함, 11:27-25:11), 이스마엘(25:12-18), 이삭(25:19-35:29), 에서(36:1-37:1 참조 36:1, 9) 그리고 야곱(37:2-50:26)의 족보 이야기들이 그것들이다.

길이

그 족보 기사들의 길이의 비교에서 나타나는 차이점은 가장 주목할 만한 특징이다. 첫 번째 기사(데라)와 마지막 기사(야곱)는 각각 14장씩에 걸쳐 있고, 중간 부분(이삭의 기사)은 약 10장 길이로 되어 있다. 그러나 이스마엘과 에서의 기사는 각각 오직 7절과 1장 정도에 그친 간략한 족보 이상이 아니다. 기사 자료의 대부분은 아브라함, 이삭, 야곱 그리고 요셉의 생애들에 할애되어 있다. 이스마엘과 에서는 언약들과 약속들의 상속자가 아니기 때문에 도외시 되고 있다(그림 6을 보라).

대칭

전체적인 관계로 보면 데라와 야곱의 기사들은 그것들이 족장 역사의 시작과 끝으로 기능하고 있기 때문에 이삭의 기사보다 길다. 그래서 첫 족장인 아브라함의 이야기는 이스라엘 12지파의 아버지인 야곱의 이야기와 균형을 이룬다. 이삭의 기사는 대응적 기사가 없다. 그러나 중심 이야기로서 그것은 충분한 주목을 받아야 한다. 그 안에서 우리는 아브라함으로부터 시작하여 이삭을 거쳐 야곱에게 이르는 하나님의 축복의 전수 과정을 배운다. 그러므로 족장 역사의 중심에서 일어나는 일은 하나님의 구속 계획의 전진을 위한 중심축 역할을 한다.

데라/아브라함	(11:27-25:11)
이스마엘	(25:12-18)
이삭	(25:19-35:29)
에서	(36:1-37:1)
야곱	(37:2-50:26)

그림 6. 창세기의 족장 족보 기사들

족보 공식 구절과 그것들이 만들어 내는 문학적 구조는 더 나아가서 선택 주제의 관점에 있어서 구속의 진행을 특별히 부각시키고 있다. 족장들의 각각의 연속적인 족보 안에는 어떤 아들이 약속의 상속자가 되며, 축복을 받게 될 것인가에 대한 질문이 제기되고 있다. 그러므로 창세기 12-50장의 전체적인 문학적 진행은 독자를 아브라함의 선택으로부터 모든 이스라엘의 아버지인 야곱의 선택으로 이끌어 간다. 우리가 족장들 자신에게 할당된 자료의 분량을 고려해볼 때는 대칭이라는 문학적 특성이 중요하게 된다.

아브라함과 야곱

이삭은 아브라함과 야곱 사이에 끼여 있는 과도기적 인물인 반면에 구조적인 전개는 아브라함과 야곱에게 집중되어 있다. 먼저 아브라함 이야기의 강조점은 그의 우르와 하란에서부터 가나안으로의 이주, 하나님의 부르심, 거룩한 약속들, 신앙생활에서의 시험들, 언약, 사라와 하갈 사이의 경쟁, 이삭의 출생, 약속의 땅에서의 그의 투쟁들에 있다. 그 초점은 약속들과 언약과 시험들을 받는 모든 성도들을 대표하는 믿음의 조상으로서의 아브라함에게 맞춰져 있다.

야곱의 이야기는 또한 그가 그의 조상의 땅인 가나안 땅으로 돌아왔고, 벧엘에서 하나님의 약속들을 받았고, 신앙의 성장 과정 즉, 그의 아내들의 다툼과 그의 아들들의 출생과 그의 아들들(세겜에서의 시므온과 레위, 요셉과 그 형제들)로 인한 개인적인 번뇌 등에서 극심한 시련을 겪었다는 사실에서 하나의 내적인 대칭을 이루고 있음을 보여준다. 여기서 초점은 지파들의 아버지로서의 야곱의 위치에 맞춰져 있다. 그는 약속들과 언약과 족장의 축복들을 받은 모든 이스라엘을 대표한다.

위기들

족장 이야기들은 하나님의 약속과 관련된 일련의 위기들을 펼쳐 보여준다. 하나님의 말씀과 신앙의 도전 사이에 있는 상호작용이 창세기 구조적 전개의 초점이 되고 있다. 이 위기와 대처하면서 약속들은 확증되고, 약간의 수정을 겪고 족장들은 믿음의 영웅들로 변형되어 간다. 그래서 그 구조적 전개는 약속들과 족장 개인들의 개인적인 갈등들, 번뇌 및 시험들을 집중적으로 조명하고 있다.

족장들의 약속들

만일 우리가 족보 공식 구절을 창세기의 골격 구조라고 기술한다면 우리는 확실히 족장들에게 주신 하나님의 약속들을 순환체계라고 규정해야 할 것이다. 그 붉은 줄이 족장들의 뒤이은 역사를 거쳐 전진하고 있다.[1] 족장들에게 주신 약속들이 창세기의 주제(적어도 주요한 동기)라거나 혹은 모세 오경 전체의 주제라고 말해도 새삼 새로운 것을 말하는 것은 아니다. 보수주의 학자들이나 비평적 학자들이 공히 창세기 연구에 있어서 족장 약속들의 중심성을 지적했다.[2]

그러면 그 약속들은 무엇이며 그것들은 족장 기사들 중 어디에서 발견되는가? 약속의 네 가지 기본적인 영역은 (1) 씨 혹은 후손 (2) 땅 즉, 가나안 땅 (3) 족장들에게 주신 축복, 특히 보호와 인도 과정에서의 하나님의 동행하심 (4) 그리고 족장들을 통한 열방에 주어진 축복(도표 6을 보라) 등이다.

---

1. W. Zimmerli, 재인용 in D. J. A. Clines, *The Theme of the Pentateuch*, *JSOTup* 10 (1978), 77-78.

2. 확장된 참고 자료로는 다음을 보라. Claus Westermann, Promises to the Patriarchs, trans. Keith Crim, *IDBSup*, 693; William G. Dever and Malcolm Clark, The Patriarchal Traditions, in *IJH*, 70-148. 월터 카이저는 약속 개념을 중심으로 그의 구약 신학 전체를 구성했다.(*TOTT*); Thomas E. McComisky (*CP*) 는 언약들의 구조적인 발전에서 약속의 요소들을 관통하여 분석했다.

그 약속들의 결정적으로 중요한 국면은 창세기 전체 문맥 안에서 차지하는 그것들의 위치다. 족장들에게 주신 하나님의 약속 사건의 빈번한 발생은 족보의 구조적 중요성에 관한 나의 앞선 주장들을 충분히 지지해주고 있다. 이스마엘과 에서는 추방되지만 이삭과 야곱은 이 약속들에 참여한다.[3]

도표 6에서 분명해지는 그 약속의 또 다른 국면은 오직 네 구절 안에서만(창 12:1-3, 7; 22:17, 18; 26:3-4; 28:13-15) 모든 약속들이 동시에 주어지고 있다는 사실이다. 각 족장은 사중적인 하나님의 약속을 받았다. 그 약속들은 아브라함과 야곱에게 가장 빈번하게 확증되어졌다.

그 약속들의 또 다른 일반적인 특징은 언어와 어휘에 나타나는 반복에 있다. 약속들에 대한 많은 진술들은 그것들이 약속들을 포함하는 선행 구절들 안에서 발견되어지는 말들과 구절들을 반복하고 있다는 점에서 정확하게는 재확증으로 불릴 수 있다. 네 가지 약속들의 용어에 대해 간단한 연구만 해봐도 어휘상의 유사성과 차이들을 발견하게 될 것이다.

약속	족 장 들			
	아브라함	이삭	야곱	
후손	12:2a; 17:5-6 3:16 18:18 15:5 22:17	26:4(24)	(28:3) 28:14 35:11 (48:4)	
땅	12:7 17:8 13:15, 17 22:17 15:18-21	26:3	(28:4) 28:13	35:12 (48:4)
개인적인 축복	12:2b 22:17 (15:1) 17:7 이하	26:3	(28:3) 28:15 35:11	(48:3)
열방들에 대한 축복	12:3 22:18 18:18	26:4	28:14	

도표 6. 창세기 족장들의 약속들

---

3. 두 경우에서 이스마엘은 씨에 대한 약속의 대상이다(창 16:10; 17:20). 그러나 (족장들처럼) 그는 결코 이 말을 자신의 것으로 받지 않는다. 그는 땅이나 축복에 대한 약속은 어떠한 형태로도 받지 않는다. 매우 자주 나타나는 약속들은 아브라함과 야곱의 중요성을 강조한다.

후손의 약속

네 가지 약속들 중 가장 빈번한 것은 한 후손에 대한 약속이다. "내가 너로 큰 민족을 만들어 주겠다"(창 12:2)는 아브라함에게 주신 하나님의 첫 약속이다. 한 후손에 대한 각각의 약속은 그 후손들이 무엇처럼 될 것인가와 (예. 땅의 티끌처럼, 13:16; 28:14) 혹은 무엇이 될 것인가(예. 여러 족속의 공동체 28:3) 중 그 하나를 기술하고 있다. 때때로 주께서는 족장들 자신에게 초점을 맞추고, 때로는 그 후손들에게 초점을 맞춘다. 각각의 경우에 하나님의 언어 사용은 그 후손에 대한 약속과 족장들에 대한 그의 무조건적인 선택의 웅대한 성격을 알려주는 강력한 수단으로 만들어 준다.

우리는 주께서 그 약속의 웅대함을 강조하기 위하여, 족장들 각각에게 직유법을(티끌같이, 별처럼, 바다 모래같이) 사용하고 있음을 주목한다. 둘째로 "내가 하리라"I will make(48:4)와 "생육하고 번성하라"be fruitful and increase(35:11)라는 말을 번갈아 사용함을 볼 때 아담과(1:28) 노아에게(9:1, 7) 주어진 원래의 명령이 언약 공동체 안에서도 여전히 유효하며 그 성취는 하나님의 약속에 의해 보증되고 있음을 보여주는 것이다. 셋째로 약속의 목표는 아브라함이 한 아들을 얻는 것과 심지어 이스라엘을 형성하는 것도 뛰어넘어 열방과 열국들을 포함하는 데까지 나아간다. 아브라함과 그의 후손들을 통하여 주께서는 "온 족속의 공동체"(28:3, 48:4)를 그 자신에게로 구속하실 계획을 세우시는 것이다.

땅의 약속

땅에 대한 약속은 창세기 안에서 적어도 12회 발생하는 것으로 두 번째로 빈번하게 반복되는 약속이다. 비록 땅 약속의 용어에 있어서 큰 변이는 있을지라도 그 형식은 비교적 일정하다. 그것은 두 부분으로 구성되어 있다. 땅의 상속자들과 땅의 경계를 구체적으로 확정해주는 것이 그것이다(예. 내가 너와 네 후손에게 네가 거류하는 이 땅 곧 가나안 온 땅을 주어 영원한 기업이 되게 하리라[17:8]).

땅 약속의 초점은 네게브로부터 유프라테스에 이르기까지 확장되는 요단강 서쪽 끝까지의 땅, 즉 가나안의 후손들에 의해 점유되고 있는 땅(창 10:15-19)이다. 후손들이 증가할수록, 그들은 모든 방면에서의 경계선을 확장하도록 기대되었다. 아브라함과 그의 후손들을 축복하지 않는 자들에 대한 하나님의 저주의 표현으로서, 가나안 족속의 땅들과 도시들은 빼앗기게 될 것이다(22:17, 24:60 참조).

언약적 구조 안에서 병합되어 있는 땅 약속은 구체적으로 명시되지 않는다. 땅 약속의 관련성은 족장들의 상황들로부터 엄청나게 멀리 떨어져 있다. 그 땅이 그의 원주민들을 토해 내어 이스라엘에게 주어지기 전에(15:13-16) 주께서는 아브라함에게 일찍이 그의 후손들이 먼저 압제를 겪어야 할 것임을 경고했었다. 족장들 자신은 세겜, 헤브론, 브엘세바 그리고 네게브 사막을 중심지로 삼아 유프라테스와 이집트 사이의 지역 사이를 오가는 반 유목적 유랑자들인 것으로 묘사되고 있다.

창세기의 마지막 말들은 이집트에서의 요셉의 죽음에 대한 간단한 언급으로 족장 이야기를 끝맺는다. 독자들은 그 땅 약속이 어떻게 성취될 것인지 의아해 하면서 창세기 읽기를 끝내게 된다. 후손의 약속이 발전의 징조들을 보여 주는데 반해, 땅 약속은 전혀 실현될 가망이 보이지 않은 채 창세기는 황급히 끝난다.

족장들에게 주신 축복의 약속

이 약속은 족장들과 맺은 하나님의 관계성에 대한 다양한 표현들을 위한 하나의 잡동사니 보따리처럼 보일지 모르나 축복에 관련된 언어의 다양성에도 불구하고 거기에는 틀림없이 단일한 주제가 있다. 주께서는 족장들과 함께하시겠다고 줄곧 약속해 오셨고, 이 끊임없는 관계성은 축복(12:2b; 22:17; 26:3; 28:3)과 임재(26:3; 28:15; 31:3; 46:4; 48:21)와 보호(15:1; 26:24; 28:15) 혹은 언약(15:18; 17:7)의 관점에서 표현될 수 있다.

다시 한 번, 그 약속들의 무조건적인 특성은 명백하게 드러났다. 야웨께서 아브라함과 맺은 언약(창 15장)의 성취는 하나님의 절대 주권적 말씀에만 근거하고 있다. 그 언약이 할례 표시로 확증되어 졌을 때(17:10-14) 아브라함은 믿음과 순종으로 복종해야 했다. 야웨의 절대 주권적 보호와 임재는 또한 하나의 신앙의 응답을 요구하고 있다.[4]

임재와 보호의 주제들은 밀접하게 결합되어 있다. 만일 이 위대하신 언약의 하나님이 족장들과 함께 동행하면 그때 그의 임재는 그들의 삶 속에서 명백하게 드러날 수밖에 없다. 아마 족장들에 대한 하나님의 동행하심에 대한 가장 웅변적인 증거는 그랄의 아비멜렉과 그의 군대장관 비골에 의해 주어졌다. 그들은 아브라함에게 말했다. "네가 무슨 일을 하든지 하나님이 너와 함께 계시도다"(21:22). 나중에 유사한 상황에서 그들은 이삭에게 이렇게 말했다. "여호와께서 너와 함께 계심을 우리가 분명히 보았다"(26:28). 하나님의 택한 백성을 위협하는 자들이 그들과 동행하시는 하나님의 임재를 알아차릴 때 그의 권능의 실재와 그의 약속의 신실성을 부인할 수가 없었던 것이다.

열방들에게 준 축복의 약속

족장들과 그들의 후손은 열방을 향한 하나님의 축복의 통로로 예정되었다. 이 중재적 신분은 하나님께서 그들에게 주신 축복들의 한 결과로서 발생한 것이다. 아브라함에게 주신 첫 약속에서 축복의 언어는 족장들로부터 땅의 모든 족속들에게로 이동하고 있음(창 12:2-3)을 가리키고 있다. NIV성경은 원래 히브리어 원본의 목적절의 뜻을 애매모호하게 하고 있다. "나는 지상의 모든 족속이 너를 통하여 축복 받도록 하기 위하여 너를 축복하는

---

4. 베스터만은 하나님께서 자신의 임재를 확인시키시는 여러 경우들에서, 여행 중에 그와 함께 하실 것을 약속하신다고 본다. 그것은 가라든가(창 46:1-3), 머무르라든가(26:1-3), 다시 돌아오라든가(31:3) 하는 명령의 일부로 주어진다는 것이다(*The Promises to the Fathers: Studies on the Patriarchal Narratives*, trans. David E. Green [Philadelphia: Fortress, 1980], 141).

자를 축복하고, 너를 저주하는 자를 저주할 것이다."⁵ ("하기 위하여"가 빠져 있음-옮긴이)

열국의 도표(10장)와 바벨탑(11:1-9)이야기는 실로 구원을 요청하는 많은 나라들을 그리고 있다. 그러나 우리는 족장들에게 주어진 축복을 과소평가하지 않도록 조심해야 한다. 하나님의 축복은 먼저는 아브라함과 그의 가족들에게 주어졌고, 이차적으로 열방들에게 주어졌다. 비록, 축복의 두 가지 형태의 약속들(족장들과 열방들에게 주어진 축복) 사이에 밀접한 관련성이 있음에도 불구하고 열방들에 대한 축복은 네 가지 주요한 약속의 영역 중에서 가장 드물게 나타난다(12:3, 18:18, 22:18, 26:4, 28:14).

열방들에 대한 축복은 하나님께서 아브라함에게 소돔과 고모라의 다가올 멸망을 미리 알려주는 이유를 언급하는 창세기 18:18에서 뿐만 아니라 네 가지 약속 모두를 포함하고 있는 구절들에게 나타난다. 비록 이 약속이 하나님의 족장 선택의 온전한 한 부분이긴 하지만 창세기는 이방인의 구원을 위해 충분하게 발전된 구원론을 명료하게 밝혀 주지 않는다. 실상, 족장 기사 어디에서도 열방에 대한 축복의 정확한 성격이 규정된 곳은 없다.

요약

이제까지 우리는 족보 공식 구절과 하나님의 약속과 선택의 내적인 운동이 둘다 창세기 1-11장에서 전개된 구속사 위에서 구축되고 있음을 살펴보았다. 족보 구조는 태고사에서 시작된 하나님의 초점을 아담으로부터 셋, 노아, 셈, 데라, 아브라함, 이삭 그리고 야곱으로 좁히는 과정을 집중적으로 조명하고 있다. 그 약속들은 그의 피조 세계, 특히 타락한 인류에 대한 하나님의 계속되는 관심을 표현한다. 주께서 셋, 노아, 셈에게 새로운 출발들을 제공했듯이 그는 아브라함의 선택된 가계를 통하여 흩어진 열방들을 위한 그의 구속 계획을 성취해 가신다. 하나님께서 그분 자신만을 위한 한 백성을

---

5. Vos(*BT*, 89-93) 나 Kaiser(*TOTT*, 87)도 이러한 진전을 지적한다.

독점하고자 하는 의도를 갖고 계시며 족장들에 대한 그의 부르심은 구속사의 새로운 단계를 열어가고 있다.

개별적인 족장들

족장들의 역사에 대한 문학적 접근은 하나님의 위대한 목적을 매우 선명하게 나타내 보여준다. 각 족장들에 관한 기사 속에 나타나는 문학적 특징들은 여러 면에서 선택과 약속의 주제들을 반영하고 있다. 우리는 창세기 기자가 전개하고 있는 각각의 주제들과 개요에 초점을 맞춤으로써 창세기 12-50장에 나타난 아브라함, 이삭, 야곱 그리고 그의 후손들의 삶들을 살펴보게 될 것이다.[6]

주제들: 연속성과 불연속성

<u>연속성</u>
족장 기사의 한 공통된 요소는 하나님이 주신 약속들이다. 아브라함, 이삭, 야곱은 그들의 생애에서 적어도 한 번씩은 야웨께서 후손, 땅, 개인적인 축복 그리고 열방들에 대한 축복에 대한 은혜로운 약속들을 말씀하시는 것을 들었다(22:17-18, 26:3-4, 28:13-15). 그들은 또한 언약도 받았다(17:7, 19).
두 번째 공통적 요소는 아브라함, 이삭, 야곱 모두는 그들 앞에 정착해 있는 민족들 사이에서 방황하면서 가나안 땅에서 나그네로 살았다는 것이

---

6. 족장들 개개인의 역사성과 관련되는 역사적, 고고학적, 비평적 주제들을 다룬 탁월한 작품은 A. R. Millard and D. J. Wiseman, eds., *Essays on the Patriarchal Narratives* (Leicester: InterVarsity, 1980) 이다. 톨레도트 구조는 개인들이 아니라 가족들에 초점을 맞춘다는 사실에 주의하라. 예를 들면, 데라의 후예(11:27-25:11)는 데라 이후부터 이름들이 나온다. 왜냐하면, 중심 인물인 아브라함을 데라의 손자인 롯과 함께 다루고, 아브라함의 아들 이삭이 데라의 증손녀와 결혼하는 것을 다루어야 하기 때문이다.

다. 이 정착하지 않는 삶은 그들의 야웨에 대한 관계성에 반영되었다. 창세기는 조직화된 족장들의 종교에 대해서는 전혀 언급하지 않는다. 그 대신 기사는 족장들이 장막을 치는 곳에서나(12:8; 13:4, 18; 26:25; 33:20) 혹은 하나님의 말씀을 듣는 곳에서(12:7; 22:9; 35:1, 3, 7 그리고 28:18, 22도 찾아보라) 주께 단을 쌓았다는 것을 말해줄 뿐이다.

연속성에 세 번째 측면은 족장 모두가 그들의 가정생활에 관련하여 비슷한 문제들에 직면했다는 것이다. 그들의 아내들 즉, 사라(11:30; 15:2, 3; 16:1), 리브가(25:21) 그리고 라헬과 레아는(29:31; 30:9, 17, 22) 모두 약속의 자녀들을 낳기 전에 잉태치 못함을 경험했다. 아브라함과 이삭은 각각 25년과 20년을 아들을 낳기 위해 기다려야 했다. 그뿐만 아니라 아브라함과 이삭은 그들의 아내들을 취하려 했던 이방 왕들과의 관계에서 비슷한 경험을 했다. 사라는 바로(12:10-20)와 아비멜렉(20장)과의 관계에서 그리고 리브가는 아비멜렉(26:1-11)과의 관계에서, 자신들을 취하려는 이방 왕들의 위협에 직면했다. 반면에 이삭과 야곱은 모두 가나안인이 아니라 족장들의 가족 출신인 여자들과 결혼했다(24:3, 4; 28:2). 또한 세 족장 모두는 그들의 아들들 사이에서 강한 경쟁 관계를 목격했다. 아브라함은 결국 이스마엘은 이삭의 유업을 결코 나눠 가질 수 없다는 것을 알았던 사라의 소원대로 이스마엘을 이삭으로부터 내보냈다(21:8-21). 태어나기 전이나 태어난 후의 야곱과 에서의 갈등은 성경 기사에 잘 기록되어 있다(25:22-26, 29-34; 27:1-45). 그리고 선택된 가족의 애굽 이주 사건을 촉진시켰던 것도 요셉을 향한 야곱의 큰 아들들의 질투였다(37:4, 11, 18).

마지막으로, 족장들이 고대 근동지방의 적대적인 환경 속에서 살았기 때문에 그들은 하나님과의 소외 상태에서의 창조의 부정적 효과를 반영하는 각각 다른 위기들에 직면해야 했다. 그들의 자녀 출산을 둘러싼 어려움 외에도 그들은 자연 재해, 호전적인 행동들 그리고 질투들에 직면했다. 아브라함과 이삭, 야곱은 모두 심각한 가뭄과 기근을 겪었다(12:10; 26:1; 41:56; 42:2). 아브라함은 롯을 사로잡아 갔던 왕들과 싸웠고, 이삭도 마찬가지로

(26장) 그랄 왕인 아비멜렉과 협정을 맺었다(21:22-34). 이삭에 대한 하나님의 풍성한 축복 때문에 이삭을 향한 블레셋인들의 시기가 너무나 커서 이삭은 그들로부터 떠나와야만 했다. 족장들은 계속적으로 축복과 소외의 긴장 속에서 살았다. 언약 백성이 다른 민족들과 함께 살 수 없다는 것은 분명하다. 구약의 역사는 하나님의 백성이 증오, 시기, 빈정댐, 전쟁 그리고 다른 호전적인 행동들을 불러일으키게 됨을 보여준다. 세겜 사람들과의 관계에서의 야곱은 원만한 협상이 아니라 원주민들의 죽음을 경험하는 것으로 끝났다(34:25-26). 다른 민족들에게 복이 되는 대신에 야곱은 "가나안 족속과 브리스 족속에게 악취"(30절)가 되었다.

불연속성

세 족장들의 인생 경험으로부터 몇 가지 유사성들을 살펴볼 수 있다 할지라도 하나님이 그들 각자를 다루시는 방법에 있어서의 차이점은 현저하다. 우리는 이미 아브라함(12-23장)과 야곱(27-35장)의 인생 이야기에 할애된 분량에 비해 이삭(24-26장)의 인생에 주어진 분량이 얼마나 적은지를 주목해 보았다. 이삭에 관한 전기적인 정보의 부족은 그가 그 약속들을 오직 한 번밖에 받지 못했다는 사실과 연결된다(창 26:3-4). 더욱이 아브라함(12:3, 7; 13:14, 17; 15장; 17:1-22; 18장; 22:1-18)과 야곱(28:13-15; 31:11-13; 32:1, 24, 29; 35:1-13; 46:2-4)에 비교해 보았을 때 이삭에게는 전체적으로 하나님의 현현이나 계시가 희박함을 명백하게 볼 수 있다. 세 족장 모두 약속들의 대상에 관련된 어려움들을 만났지만(그들은 태어날 아들들을 기다렸다. 그들은 가나안 땅에 우거했다. 그들은 주위의 민족들과 싸웠다) 이러한 문제들에 대처하는 그들의 방법은 달랐다.

아브라함의 신앙 투쟁은 주로 하나님을 향한 것이었다. 즉 왜 야웨가 아들에 관한 그의 약속을 지키시지 않으려 하는가 하는 것이다. 그 반면에 이삭의 아들에 대한 기다림은 그가 비록 아브라함과 비슷하게 긴 기간을 기다려야했음에도 불구하고 단 한 절에 기록되어 있다(25:21; 아브라함의 25년 동안의 기다림은 무려 열 장에 걸쳐 기록되어 있음과 비교해보라). 야곱과 아브라함은 능동적인 성격으로 묘사되어 있으나 이삭은 어디서나 수동적인 것으로 나타난다. 이스마엘이 조롱을 받을 때에나(21:8-10) 모리아 산에서 거의 번제로 바쳐질 뻔했을 때나(22장) 그의 아내를 선택하는 일에서나(24장) 그의 아들들 사이에 있는 갈등을 해결하는 데 있어서나(25:22-34; 여기서 하나님은 이삭이 아니라 리브가에게 말씀하신다!) 그리고 야곱과 에서에 대한 그의 축복에서(27장) 이삭은 항상 수동적이었던 것이다. 아비멜렉과의 관계(26장)를 제외하면 이삭의 생애에 일어난 대부분의 중요한 사건들은 그에게 있어서는 단순히 발생한 것에 불과했다. 이러한 이삭과 뚜렷이 대조되는 인물은 그의 아들 야곱인데, 그는 자신의 인생이 무엇을 원하는지와 그것을 얻기 위한 투쟁이 무엇인지를 아는 사람이다. 장자 상속권과 축복(25:29-34; 27:1-29), 그의 아내들, 특히 라헬(29:16-30), 라반의 양떼들(30:25-43) 그리고 그와 씨름한 '사람'으로부터의 축복(32:22-32)등이 바로 그가 원하던 것들이었다.

목적

창세기 기자는 그 이야기 전개에서 이러한 유사성과 차별성을 단순히 그 이야기에 대한 독자의 흥미를 유지시키기 위해서 강조한 것이 아니었다. 족장들에 대한 사실들 중 일부는 배제하면서 다른 일부의 사실들을 포함시킨 이유는 전적으로 책 전체의 톨레도트 구조를 유지하기 위한 것이다. 저자는 그의 청중들이 이삭과의 비교를 통해 아브라함과 야곱의 상대적인 중요성을 알기를 원한 것이다(신앙, 복종과 함께 그들의 투쟁을). 또 한편, 그 문학적 형태들은 아브라함('믿음의 조상')에서 야곱('이스라엘 지파들의 조상') - 이삭은 과도적인 역할을 하고 있다- 에 이르는 약속의 역사를 나타내 보이는 데 중요한 요인으로 판명된다. 아브라함과 야곱 모두 소외, 고통, 번민, 악 그리고 죽음의 상태에 있는 세상을 경험했다. 약속의 조상들은 시험을 경험했고 그것을 참아냈다! 소외와 약속 사이의 긴장 속에서 그들은 믿음, 사랑 그리고 소망을 키워갔다. 족장들은 이스라엘에게 이 세상과 오는 세상, 하나님의 왕국과 악의 왕국 사이에 있는 긴장을 경험하는 믿음의 길에 대한 모델이 되었다.

구성: 대칭과 진전

이삭이 아브라함과 야곱 사이의 중간적 요소로 놓여있는 족장 설화들의 전체적 균형과 대칭은 족장들의 개인적 전기들에서도 표현되어 있다. 다시 말하면, 저자는 이야기의 구성을 단지 몇 가지 사실들만을 언급함으로써 전체적인 결론으로 이끌어 간다. 특히 아브라함과 야곱에 관련되는 기사들에서 그 대칭적인 문학적인 표현이 독자들이 중심적 주제들을 확인하고 하나님의 구속 계획의 진전에 집중하도록 도와준다.

아브라함

아브라함에 대한 기사의 주요한 부분은 사라를 통해 하나님이 그에게 한 아들을 주실 것을 기다리는 동안의 생애를 다룬다. 이 주제에 할당된 열 장에 걸친 기록은 25년의 기간에 해당되는 것으로, 후손, 땅 그리고 언약의 약속들의 각각에 관련되는 사건들을 기록한다(그림 7을 보라). 사건들의 취사선택을 통해 저자는 독자에게 긴장감을 더해 준다. 사라가 약속된 아들의 어머니가 될 것인가? 혹은 바로의 아내가 될 것인가(12장)? 롯이 약속된 땅의 일부를 차지하게 될 것인가(13장)? 아브라함이 항상 다른 민족들과 대립적인 관계성 속에서 살 것인가(14장)? 언약적 축복이 과연 실현될 것인가(15장)? 비록 12-16장(12:4과 16:16을 참고)에 걸친 11년 동안이, 17-21장에서 소요된 오직 1년에 의하여 균형이 이루어진다할지라도, 16장 이전과 이후의 사건들은 서로 대칭적이다.

A. 진술된 약속들(창 12:1-9)

　　　　B. 사라와 이집트에서(씨)(12:10-20)
　　　　　C. 롯과 그 땅(소돔으로)(13장)
　　　　　　D. 아브라함과 열방(14장)
　　　　　　　E. 언약 시작(15장)
　　　　　　　　F. 하갈, 이스마엘, 아브라함(16장)
　　　　　　　E´. 언약-확인(17장)
　　　　　　D´. 아브라함과 열방(18장)
　　　　　C´. 롯과 소돔과 고모라(19장)
　　　　B´. 사라와 그랄에서(씨)(20장)
　　　A´. 성취된 아들에 대한 약속(21장)

그림 7. 아브라함 기사의 구조

　　이 구조는 16장에서 아브라함이 그 자신의 노력으로 아들에 대한 약속을 성취시키려고 시도함으로써 그의 믿음이 최저 상태로 떨어졌음을 나타내 보여준다. 13년 동안의 기다림이 이스마엘 출생 뒤에도 계속되었다(저자가 이 긴 기다림을 어떻게 16:16과 17:1의 두 절 안에서 응축시키는지 주목해 보라). 그러나 언약의 갱신과 할례의 표징(17장)과 함께 아브라함의 기다림은 끝이 난다. 그는 이삭의 출생이 있기 전까지는(21장) 17-20장에서 12-15장에서 겪은 사건과 기본적으로 동일한 사건과 문제들에 부딪친다. 21-22장은 창세기 기자가 그의 자료들을 신중하게 선택했다는 사실에 대한 보다 더 깊은 증거를 준다. 이삭의 어린 시절로부터 저자가 기록하는 유일한 삽화는 -그 두 사건의 사이에는 분명히 7년이라는 비약이 있음에도 불구하고- 이스마엘에게 조롱당한 사건과 이삭의 번제 이야기뿐이다. 그러므로 그 구성 속에 나타나는 사건에 대한 저자의 사건 배열과 구성상의 진전은 믿음 안에서 야웨와 씨름한 족장 아브라함을 표현하는 데 사용되고 있다.

　　야곱

족장 기사 속에 있는 다른 두 단원들인 야곱의 여행기(28:10-35:15; 이삭의 톨레도트에 속함)와 요셉과 그의 형제 이야기(37-50장; 야곱의 톨레도트에 속함)는 구성 전개상의 대칭과 진전을 예시해 준다. 야곱의 하란으로의 여행은 벧엘에서 그에게 하나님이 두 번 나타난 이야기들 사이에 배치된 채로 대칭적 구조를 보여주고 있다(28:10-22; 35:1-15). 두 경우 모두에 있어, 야웨께서는 그의 여행 전체를 통해 처음부터 끝까지 야곱과 함께 계신다는 것을 보여주시면서 야곱에게 족장 약속을 재확인하셨다. 하나님은 "벧엘의 하나님"이시다(그림 8을 보라).

벧엘 : 처음 나타나심(창 28:10-22)
   1. 벧엘을 떠남 : 라반을 대함(29-31장)
      밧단 아람에 도착함(29:1-14)
         라반의 속임수 : 결혼(29:15-30)
            자녀들 : 씨의 약속(29:31-30:24)
         라반의 속임수 : 양떼(30:25-43)
      밧단아람을 떠남(31장)
   2. 벧엘로 돌아감 : 에서를 대함(32-33장)
      준비(32:1-21)
         하나님과 씨름 : 축복의 약속(32:22-32)
      만남(33장)
   3. 벧엘에 가까이 옴 : 세겜을 대함(34장)
      디나가 더럽혀짐(34:1-5)
         조약 : 땅과 민족들(34:6-24)
      세겜 족속을 살해함(34:25-31)
벧엘 : 두 번째 나타나심(창 35:1-15)

그림 8. 야곱 기사의 구조

두 현현 사건 사이에, 야곱의 세 가지 투쟁 기사가 있는데 그것은 각각 약속들의 한 요소들과 관계된 것이다. 중심 단락에서 야곱의 인격이 가장 엄격하게 검증되는 것은 그가 하나님과 씨름할 때이다. 자아, 탁월성, 재산 그리고 그의 속임수에 대한 관심은 하나님과의 씨름에서 사라져 간다. 하나님께 내던져진 채 그는 하나님이 누구인지 알기를 요구했다(32:29). 하나님에 의해 축복받은 야곱은 하나님이 브니엘(혹은 '하나님의 얼굴'; 31절)에 함께 계셨다는 것을 알았다. 야곱은 변화된 사람이 되었다.

세겜에서 야곱이 머물게 됨으로 벧엘로부터 떠남과 돌아옴이라는 하나의 균형잡힌 흐름이 깨지는 것처럼 보인다. 야곱은 그의 조상들의 땅으로 돌아갈 것을 명령받았으며(31:3, 28:15 참조) 세겜에 정착하는 동안 아브라함의 발자취를 따라 행한다(12:6-7). 그의 조부인 아브라함처럼 그는 세겜에 왔으나, 하나님은 그가 아브라함에게 하셨던 방식으로 세겜에서 그의 약속을 확증하시지는 않았다. 아브라함처럼 야곱은 세겜을 떠나왔지만 아브라함과는 달리 벧엘에서 약속의 확증을 받는다(35:1-15). 야곱이 최초의 약속 장소로 돌아온 것은 그의 신앙 여정의 종결 단계임을 표시한다. 그는 시험을 당했으며 또한 참아내었다. 그도 역시 신앙의 한 영웅이며 언약의 자손이다!

요셉

요셉과 그의 형제들에 관한 이야기에서 나타나는 문학적 전개는 그들의 가나안에서 애굽으로의 지리적인 이동을 반영한다(그림 9를 보라).[7] 후속적인 단계를 위해 필요한 조건을 확립하기 위해 시간 간격을 두면서 저자는 이러한 전진을 질서정연한 모양으로 펼쳐 보인다. 예를 들면, 39-41장은 요셉이 꿈 해석의 두 삽화를 통해 그의 친족들을 제어하고 상황을 주관하는 권력의 자리에 앉게 된다. 그 형제들의 여정은 실제로 음모와 긴장을 야기하는 두 개의 여행과 관계된다. 여러 번 감정에 충동되었던 요셉이 언제 그

---

7. 요셉 설화에 대한 문학 비평적 논의에 대하여는, Hans-Christoph Schmitt, Die Hintergründe der neuesten Pentateuchkritik und der literasche Befund der Josefsgeschichte, Gen. 37-50, *Zeitschrift für die alttestamentliche Wissenschaft* 97 (1985): 161-89.

자신의 정체를 드러낼 것인가?(42:24; 43:30, 31; 45:1-2) 도난당한 소유물로 인해 붙잡힌 것으로 보이는 시므온(42:24) 베냐민(44:12)은 어떻게 될 것인가? 베냐민이 그의 형들과 함께 두 번째 여행을 떠나야 한다는 사실을 야곱이 받아들일 것인가(42:20, 38)?

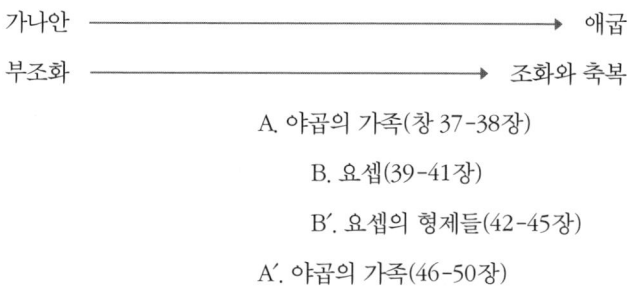

그림 9. 요셉과 그의 형제들의 기사

이 이야기의 시작하는 장과 끝장들(37-38장; 46-50장)은 문제 해결의 주제들을 포함하며 서로 균형을 이룬다. 형제들의 미움과 질투에 의해 명백화된 가족적인 불화는 이야기의 끝에 나오는 요셉과 그 형제들과의 화해로 균형을 이룬다(45:15, 50:18-20). 그들의 개인적인 믿음과 성격 안에서 함께 뒤섞여 있는 것처럼 보이는(르우벤과 유다를 제외하고, 37:21-29) 야곱의 아들들은 그들에게 합당한 축복들(49:28)을 받는 그 이야기의 끝에서 개별적으로 조명되고 있다. 전체 설화는 그 가족이 기근에서 살아남고 애굽에 도착하는 것을 가능케 하시는 하나님의 섭리라는 명백한 주제에 의해 지배된다. 요셉은 두 번에 걸쳐 "당신들은 나를 해하려 하였으나 하나님은 그것을 선으로 바꾸사 오늘과 같이 많은 백성의 생명을 구원하게 하시려 하셨습니다."(50:20; 45:5-7을 보라)라고 말했다.

결론

각 족장의 선택적인 생애는 성경해석에 있어서 문학적 분석의 중요성을 명백하게 보여준다. 이 이야기들은 선택과 약속의 중심성을 확증해 줄 뿐만 아니라 시험들과 투쟁의 한 가운데서 살아 있는 신앙의 본질을 깊이 탐구해 간다. 족장 설화들은 독자들로 하여금 하나님의 구속 계획에 있어서 구별되지만 상호 관련성 있는 두 차원들을 볼 수 있게 해준다. 물론 거기에는 족장 계보에 관한 하나님의 초점 좁히기라는 일반적인 그림이 있다. 즉 하나님은 줄곧 그의 백성이 애굽으로 가는 길에서 어려운 경험을 겪게 될 것이라는 것을 확실하게 말씀하셨다. 그러나 이러한 구속사의 일반적인 전진 속에서 독자는 그가 부르시고 후손, 땅, 축복 그리고 땅의 열방들에 대한 그의 목적들 안에서 한 지위를 약속해주신 각 사람들과 함께하시는 하나님의 동행의 드라마 속으로 휩쓸려 들어가게 된다.

톨레도트 구조는 대칭과 위기 상황을 통해 아브라함에서부터 애굽의 이스라엘에게까지 이어지는 약속의 발전을 펼쳐 보인다. 문학적 자료들은 족장들의 기쁨과 고통들이 교차하는 단면을 제공한다. 한편으로 그들은 약속과 언약들을 받았고 주께서는 아브라함, 이삭 그리고 야곱에게 직접 말씀해 주심으로써 약속 전승의 연속성을 확신케 해주셨다. 이 세 사람 중에서 아브라함은 믿음의 조상으로서, 야곱은 지파들의 조상으로서 탁월한 지위를 얻었다. 이삭은 하나의 과도기적인 인물로 남는다. 또 다른 한편 족장들은 하나님으로부터 소외된 이 세상의 고통들-무자함, 분쟁들, 전쟁, 이기적인 계획, 타락 그리고 기근을 경험했다. 그들은 이 소외된 세상의 실제적인 거주자들이었을 뿐만 아니라 또한 나그네들이었다. 그러므로 바로 그런 신분 때문에 그들은 제한된 권리를 가졌으며 그것은 때때로 그들에게 부가적인 긴장을 더해 주었다. 주께서는 그들에게 그의 약속의 말씀들을 위탁했고 언약을 통해 그들과 그들의 가족이 후손, 땅 그리고 축복에 관한 약속들의 상속자가 된다는 것을 확증하셨다. 그들은 하나님의 축복을 모든 민족들에게 회복시키는 도구였을 뿐 아니라 하나님의 축복의 대상들이었다. 위기와 시험 중에서의 그들의 믿음, 사랑 그리고 소망은 축복과 소외가 공존하는 현실의 세상에 그 약속을 실현해 간다.

08

조상들의 하나님은
약속의 하나님이시다

우리는 앞서 창세기 1-11장이 이스라엘 백성들의 초기 역사 동안 그들의 구속자 야웨를 우주의 창조주 하나님이요, 그의 주권적인 의지로 흩으셨던 열방들의 왕으로서 인정하도록 어떻게 그들을 가르쳤는지를 살펴보았다. 이스라엘은 다른 민족들과 오랜 기간의 공통 역사를 가지고 있으며 그들의 특권들은 족장들에게 주신 하나님의 주권적인 은혜 때문이었다는 것을 알아야만 했다(창 12-50장).

하나의 민족으로서 이스라엘 사람들은 그들의 기원에 대해 알기를 원했다. 즉 어떻게 그들이 데라의 씨족이라는 초라한 시작에서 하나의 중다한 민족이 되어 나올 수 있었던가? 어떤 남자와 여자들이 그들의 조상들이었으며 그들은 어떤 투쟁들을 거쳤는가? 아브라함 언약에 따른 약속들은 무엇이었는가? 야웨는 어떻게 그들의 조상의 하나님-아브라함, 이삭, 야곱의 하나님이 되셨는가? 그들이 애굽에 오게 된 것은 우연인가 아니면 하나님의 의도에 의해서였던가? 창세기 12-50장의 문학적 분석을 통해 우리는 이 족장 기사가 이스라엘이 야웨를 그들의 조상 아브라함과 이삭, 야곱을 선택하신 하나님으로 인식하는데 어떤 도움을 주었는가를 살펴보았다. 족장들의 개별적인 기사들 안에 있는 대칭과 진전뿐만 아니라 창세기 12-50장의 보다 큰 이야기들 안에 있는 구조들까지도 이스마엘과 에서 대신 이삭과 야곱을 선택하시는 하나님의 섭리에 초점을 맞추고 있다. 그리고 37-50장에 나오는 요셉과 그의 형제들의 이야기는 그들의 조상들이 어떻게 애굽에 오게 되었는지를 보여 주는 그들의 전 역사의 한 부분으로 이해되어졌을 것이다.

족장들에게 주어진 놀랍고도 기적적인 약속들은 이스라엘 민족을 위대한 희망으로 고취시켰을 것이다. 즉 하나님께서 그들을 그들 자신의 땅으로 인도하시길 원하셨다는 것이다. 족장들의 기사는 그 유아기 상태의 민족에게 땅과 열방들을 새롭게 하고 영광스러운 재창조를 완성하여 그의 원래 목적을 성취하시려는 야웨의 장엄한 계획 속에서 그들이 어떻게 하나의 위치를 차지하게 되었는지를 말해주고 있다. 족장들의 역사는 이스라엘에게 (1) 야웨는 조상들의 하나님이셨다는 것과 (2) 그들이 다른 민족들과 하나의 독특한 관계를 가졌다는 것 그리고 (3) 하나님의 계시는 그의 백성들로부터의 합당한 반응을 요구하셨다는 것을 가르쳐 주셨다.

야웨는 조상들의 하나님이시다

애굽에서의 이스라엘의 노예생활의 마지막 40년간은 적어도 두 가지 면에서 하나의 의미 있는 기간이다. 첫째, 야웨가 그의 백성을 위한 구원자 모세를 주권적인 섭리 가운데서 살리시고 준비해 주셨다는 것이다(출 2장). 둘째, -아마 구속사의 전체적인 흐름을 위해서는 이것이 더욱 중요할 것이다- 주 하나님이 그의 백성에 대한 자기 계시에 있어서 새로운 단계를 시작하셨다는 것이다. 출애굽에 나타난 위대한 구원 역사의 맥락에서 야곱의 후손들은 그들의 구원의 하나님이 조상들의 하나님이시라는 것을 깨닫기 시작했다.[1]

---

1. F. G. Smith, Observations on the use of the Names and Titles of God in Genesis, *EQ* 40 (1968): 103; W. F. Albright, The Name Shaddai and Abram, *JBL* 54 (1935): 173-204; G. J. Wenham, The Religion of the Patriarchs, *Essays on the Patriarchal Narratives*, ed. D. J.

출애굽기의 처음 몇 장들에서 야웨가 족장들의 하나님이라는 사실 확인이 모세에게 주신 두 가지의 개별적인 말씀들 속에 분명히 나타났다(3-4, 6장). 적어도 여섯 번 이상 야웨는 그 자신을 조상들의 하나님으로, 즉 아브라함의 하나님, 이삭의 하나님 그리고 야곱의 하나님으로서 나타내셨다(출 3:6, 15-16; 4:5; 6:3, 8). 출애굽과 시내 산에서의 율법 수여 기간 동안에 하나님은 그의 이름에 대한 새로운 계시를 주셨을 뿐 아니라(출 3:13-15; 6:2-4) 그 자신을 족장들의 하나님과 정확히 일치시킴으로 말미암아 그들의 조상들에 대한 이스라엘의 전승들을 새로운 상황에 배치하셨다(도표 7을 보라). 하나님이 이전에 족장들과 맺으신 언약은 아래에서처럼 야웨라는 이름과 직접적으로 관련된다.

> 하나님이 모세에게 말씀하여 이르시되 나는 여호와이니라 내가 아브라함과 이삭과 야곱에게 전능의 하나님으로 나타났으나 나의 이름을 여호와로는 그들에게 알리지 아니하였고 가나안 땅 곧 그들이 거류하는 땅을 그들에게 주기로 그들과 언약하였더니 이제 애굽 사람이 종으로 삼은 이스라엘 자손의 신음 소리를 내가 듣고 나의 언약을 기억하노라 (출 6:2-5)

이름	강조점	행하시는 일들
엘로힘	창조주- 통치자	열방들을 통치하시며 이스라엘을 다스리심
엘 샤다이	조상들의 하나님	언약의 약속들을 주심
야웨	언약 - 구속자	자기 이름과 율법을 계시하심; 자기 소유인 이스라엘을 거룩하게 하심

도표 7. 주의 이름들

Wiseman (Leicester: InterVarsity, 1980), 157-88.

이 단락은 야웨의 계시에 대해 적어도 세 가지 중요한 사실을 말해준다. 첫째로, 비록 족장들이 야웨의 이름을 알고 사용했다 할지라도, 하나님에 대한 그들의 관계는 엘샤다이('전능하신 하나님') 라는 이름을 통해 더 잘 이해될 수 있었다.² 이 문제에 대한 균형 잡힌 연구에서 차일즈는 출애굽기 6:3에서의 강조점은 분명히 하나님의 성품에 대한 계시에 있다고 말한다. 즉 '야웨'라는 이름이 족장들의 약속들을 확증한다는 것이다.³ 동시에 이 거룩한 이름을 사용함으로써 하나님은 새로운 시대가 시작되고 있다는 사실을 분명히 말씀하고자 노력하고 있는 것이다. 그는 이제 이스라엘의 구원자-하나님으로 알려진 것이다. 둘째로, 출애굽 기간 동안 모세를 이스라엘의 지도자로 세우시고, 그가 창조자-하나님이요 그의 백성과 함께하시는 이스라엘의 구원자-하나님이심을 보여 주심으로써, 하나님은 자신을 새로운 방법으로 계시하시려고 한다. 마지막으로, 이 두 가지 진리에 근거하여 애굽으로부터의 이스라엘의 임박한 구원(출 6:6-8을 보라)이 족장 언약의 논리적인 - 실로 필연적인- 결과로 보여진다.

이렇게 해서 창세기 12-50장은 이스라엘에게, 그들의 하나님이신 야웨가 그의 백성인 이스라엘과 맺으신 언약을 지키실 것이라고 오래전에 약속하셨었다는 것을 가르쳐 주었다. 네 가지 족장 약속들과 아브라함 언약과의 밀접한 관계성은 창세기 15장과 17장에 드러난다. 창세기 15장에서는 언약이 야웨에 의해서 세워지는데 17장(14년 후에)에서는 할례의 표시에 의해 확증된다. 그러나 두 장 모두에서 약속들은 전체적인 언약의 한 부분들을 형성하고 있다(창 15:5-6, 18-21; 17:2, 6-8을 보라). 만약 우리가 '언약'이라는 단어를 '은혜와 약속의 주권적 집행'으로 이해한다면, 후손, 땅, 개인

---

2. 출애굽기 6:3의 의도에 대하여 주석가들이 오랫 동안 토론해 왔다. 만일 그것이 족장들이 그 이름을 전혀 몰랐다는 의미라면, 우리는 족장들이 그 이름을 말하는 곳이나(예. 창 14:22; 26:22; 32:9) 하나님 스스로 나는 여호와니라(15:7; 28:13)라고 말씀하시는 곳의 본문을 어떻게 해야 하는가?

3. Brevard S. Childs, *The Book of Exodus*, OTL, 112-14.

적 축복, 그리고 열방들이 받을 축복의 약속들은 언약 체결을 통해 구원 계획을 진행해 가시는 하나님께서 그의 백성들을 위하여 하실 일의 핵심이다.[4] 이 언약이 족장들의 후손들을 포함하기 때문에(특히 노예로서 고통당할 사람들(창 15:13-14)) 우리는 출애굽기 6:3-8의 메시지를 더욱 분명히 이해할 수 있다. 언약을 체결하시는 조상들의 하나님은 애굽의 학대, 탈출, 시내 산에서의 계시, 그리고 가나안 정복을 통하여 이제 언약을 지키시는 이스라엘의 하나님으로 계시되었다.

그러므로 이러한 관점에서 볼 때 족장 약속들은 완전히 새로운 의미를 가진다. 우리가 보다 광범위한 정경적 맥락 안에서 창세기 12-50장을 볼 때에서야 그 약속들의 성취의 정확한 본질은 명료해진다. 그러나 창세기에서 "족장들을 확신시키는 하나님의 말씀들은 이제 아브라함에서부터 여호수아에게까지 확장되는 예언과 성취의 종말론적인 유형 안에 놓여 있다. 그 약속들은 다가오는 출애굽 사건에는 단지 하나의 서곡으로 기능하나 먼 미래에까지 연장된다."[5]

이 소위 종말론적인 구조는 독자들에게 약속과 성취 사이에 있는 하나의 긴장으로써 느껴진다. 땅에 대한 약속은 명백한 약속 불이행의 대표적인 예이다. 족장들의 계속적인 이동성 때문에 "족장들의 이야기는 약속의 땅 안에서와 거의 같은 빈도로 약속의 땅 밖에서 일어난다." 그리고 "책의 마지막에는 (약속의 상속자들은) 확고하게 그 땅 밖에 있으며 애굽에 정착한다." 그 이야기들은 또한 클라인즈가 언급했듯이 '부분적 성취와 부분적 불이해'라는 것을 통하여 긴장을 발생시킨다.[6] 후손에 대한 약속은 야곱의 후손들에게 큰 희망을 제공했다. 야곱의 가족이 적어도 70명으로 헤아려지는 창세기

---

4. John Murray, *The Covenant of Grace* (London: Tyndale, 1954), 31. 언약에 대한 이 정의는 O. Palmer Robertson 에 의해 확장되고 있는데, 그는 언약을 '피로써 맺어진 주권적으로 사역된 결속'이라고 정의했다(*CC*, 4).

5. Childs, *IOTS*, 151.

6. D. J. A. Clines, *The Theme of the Pentateuch*, *JSOTSup* 10 (1978), 46.

의 마지막 부분에는(46:26-27) 분명히 희망을 주는 암시가 나타나 있다. 그러나 출애굽기에 이르러서야 그 후손에 대한 약속이 보다 큰 규모로 성취되고 있음을 볼 수 있다. "이스라엘 자손은 생육하고 불어나 번성하고 매우 강하여 온 땅에 가득하게 되었더라(출 1:7)."

창세기 12-50장이 오경이라는 보다 큰 전체의 한 부분으로 여겨질 때, 우리는 야웨가 이 족장들에 대한 그의 약속들을 어떻게 성취해가고 계신지 보게 된다. 이스라엘의 백성들이 모압 평지에 가나안 정복을 기다리면서 머물고 있을 때, 그들은 약속의 효력과 그 조상들의 하나님, 야웨의 정직성을 의심의 여지없이 인정하게 되었을 것이다. 이러한 이유 때문에 모세는 약속된 땅에 들어가기 전에 백성들에게 언약을 갱신하라고 요청한다.

> 네 하나님 여호와의 언약에 참여하며 또 네 하나님 여호와께서 오늘 네게 하시는 맹세에 참여하여 여호와께서 네게 말씀하신 대로 또 네 조상 아브라함과 이삭과 야곱에게 맹세하신 대로 오늘 너를 세워 자기 백성을 삼으시고 그는 친히 네 하나님이 되시려 함이니라 (신 29:12-13)

이스라엘과 열방들

이스라엘 백성들은 모세의 지도력과 가르침 아래에서, 그들 자신의 정체성을 이해하기 위해서 뿐만 아니라 그들 주위에 있는 민족들과 맺어야 할 관계성이 어떠한 것인지 알기 위해서 창세기 12-50장을 보았을 것이다. 주께서 그들에게 "세계가 다 내게 속하였나니 너희가 내 말을 잘 듣고 내 언약을 지키면 너희는 모든 민족 중에서 내 소유가 되겠고 너희가 내게 대하여 제사장 나라가 되며 거룩한 백성이 되리라"(출 19:5, 6)라고 말씀하셨다. 족장들의 이야기를 대략적으로 읽어보더라도 하나님의 구속 계획의 중심적 초점이 아브라함의 후손들 안에 맞춰져 있음을 알 수 있다. 열방들을 향한 하나님의 목적이 무엇이든 간에 (창 11:1-9에 나타난 바벨탑 사건의 빛에서 볼 때) 이스라엘에 대한 그의 관계성과 무관하게 이루어지지는 않을 것이다. 구속사의 성패는 야웨의 이스라엘 구원에 달려 있다.

위기들과 분리

그러나 열방들은 족장들의 역사의 무대로부터 완전히 사라지지는 않는다. 아브라함, 이삭 그리고 야곱은 열방들 틈에 살고 그 사이를 옮겨 다닌다. 즉 가나안 족속들이 그 땅에 살고 있었다(창 12:6). 열방들의 땅이 아브라함의 후손에게 약속된다(15:19-21; 22:17). 그래서 아브라함은 열방과 싸워야만 한다(창 14장). 그는 애굽과 관계를 맺는다(12:10-20). 아브라함과 이삭 둘 다 팔레스틴 땅에서 열방의 시기심을 불러일으킨다(20장; 26:1-31). 아브라함은 소돔과 고모라를 위해 탄원한다(18:16-33). 야곱은 세겜 족속들과 투쟁을 경험한다(34장). 실로 창세기의 1/4 이상이(37-50장) 애굽을 배경으로 쓰여진다.

족장들의 생애의 고대 근동 배경에 대한 이러한 사실들은 모세와 여호수아 시대의 이스라엘에게는 그렇게 놀랄 만한 것이 아니었을 것이다. 그들은 애굽의 노예살이, 형제 나라인 에돔을 통과하는 길을 찾는 것(민 20:14-21), 아말렉, 아모리 그리고 바산(민 21:21-35)같은 열방들과 싸우는 것, 모압에 의해 미혹받는 것(민 25장)이 어떤 것인지를 알았다. 열방에 대한 이스라엘의 미묘한 관계성은 부분적으로는 열방들로 하여금 이스라엘을 시기케 했던 하나님의 축복의 결과였다(특히, 창 26장에서 그랄의 아비멜렉과 이삭의 이야기를 보라). 이스라엘은 소외된 이 세상에서 열방과 공존할 수 없다. 창세기에 나타난 고대 이스라엘의 역사는 이스라엘에게 열방들은 하나님의 심판 아래 있다는 것을 가르쳐준다. 이스라엘이 수백 년 동안 애굽에서 약속을 기다려야만 했던 것에서 보이듯이 하나님은 다른 민족들에 대해서도 오래 참으신다. 그들의 고난은 아브라함에게 계시되었듯이 그의 후손들이 "아모리 족속의 죄악이 관영"할 때에야 가나안 땅을 소유하도록 하신 하나님의 의도와 완전히 맞물려 있다.

아모리 족속과 가나안 족속의 사악성 때문에 이스라엘은 약속된 땅의 원 거주자들과 친밀한 관계를 갖지 말라고 경고를 받았다. 이스라엘이 그들과 협정을 맺으면 그들은 이스라엘에게 "올무"가 될 것이다(출 34:12). 그 바로 다음 구절은 우상숭배가 궁극적인 위험이었음을 설명해 준다. 이러한 이유들 때문에 열방은 그 땅에서 축출되어야만 했으며, 이것은 이스라엘이 약속된 땅에 평화롭게 거주할 수 있도록 보장해주기 위한 것이었다. 유다에 대한 야곱의 축복은 열방들에 대한 이스라엘의 미래의 통치 태도와 일치한다. 그는 유다에게 "네 손이 네 원수의 목을 잡을 것이요. 그에게 모든 백성이 복종하리로다(창 49:8, 10)"라고 말했다.

축복

열방으로부터의 이스라엘의 분리(그리고 열방들에 대한 적대감)에 대해 지금까지 살펴본 모든 것은 모든 민족들에 대한 하나님의 계획을 담고 있는 보다 더 큰 그림의 한 면에 불과하다. 지상의 민족들과 나라들을 위한 하나님의 은혜로운 목적들을 보여 주는 많은 암시들은 족장 약속들 특히 아브라함의 후손을 통해 열방들이 복을 받으리라는 그 약속에서 새롭게 조명된다. 족장 시대의 처음부터 야웨는 이스라엘이 열방에 대해 사명을 가지게 되리라는 것을 분명히 하셨다. "너를 통하여 지상의 모든 족속이 축복을 받을 것이다(창 12:3)." 아브라함과 그의 후손들은 열방이 하나님의 축복을 받는 도구가 되리라는 약속을 받았다.

오경의 상당한 부분이 열방에 대하여 전적으로 부정적인 태도를 보여주고 있다 하더라도, 이스라엘이 그 땅에 세워진 후에는 이방 민족들에게 개방적이어야 한다는 암시들이 있다. 이스라엘 백성들 중에 사는 이방인들은 부당하게 대우받아서는 안 되며 오히려 하나의 이스라엘 사람처럼 사랑받아야 했는데, 그것은 이스라엘 백성 스스로가 한 때 애굽에서 이방인이었기 때문이다(레 19:33-34). 더 나아가, 만약 이방인이 할례를 행하며 그는 이스라엘 사람과 마찬가지로 유월절 식사에 참여할 수 있었다(출 12:48-49). 이스라엘 신앙 공동체에 연합하는 어느 누구에게든지 야웨의 축복은 확장되어질 것이었다(룻의 이야기를 보라). 이러한 이방인들에 대한 관용의 태도 이면에는 하나님의 심판에 직면한 소돔과 고모라의 철저히 죄악된 이방인들을 위해 기도하는 아브라함의 연민이 있었다(창 18:16-33). 땅과 그 위에 있는 온 열방들의 회복은 노예살이와 죄로부터 친히 구원받은 이스라엘 민족과 함께 그를 통하여 시작될 것이었다.

계시와 응답

그의 백성과 야웨의 관계성의 또 다른 중요한 측면은 하나님의 행위에 있어서의 자유로우심과 은혜스러움이다. 하나님의 아브라함에 대한 부르심뿐만 아니라 애굽의 노예살이로부터 이스라엘을 불러내시는 야웨의 부르심은 부르심의 대상 속에 내재한 어떤 특별한 성질에 의존하지 않았다. 모세가 이스라엘 백성에게 말했던 것처럼

> 여호와께서 너희를 기뻐하시고 너희를 택하심은 너희가 다른 민족보다 수효가 많기 때문이 아니니라 너희는 오히려 모든 민족 중에 가장 적으니라 여호와께서 다만 너희를 사랑하심으로 말미암아, 또는 너희의 조상들에게 하신 맹세를 지키려 하심으로 말미암아 자기의 권능의 손으로 너희를 인도하여 내시되 너희를 그 종 되었던 집에서 애굽 왕 바로의 손에서 속량하셨나니 (신 7:7-8)

야곱은 "유리한 아람 사람으로서 소수의 사람을 거느리고 애굽에 내려가서 거기 우거한 자"(신 26:5)에 불과했다. 족장 기사는 이스라엘로 하여금 그들의 조상들이 그들의 고향으로부터 하나님이 보여 주실 한 땅으로 부르심을 받았다는 것을 명확히 볼 수 있도록 해주었다(창 12:1). 이러한 하나님

의 자유로운 선택은 홀로 그 자신을 위하여 거룩한 백성을 만드시려는 은혜로운 뜻을 표현해준다. 족장들과의 관계를 시작할 때 야웨는 말씀(예. 창 12:1)과 하나님의 현현(예. 18:1), 야웨의 사자(22:11-18), 혹은 이상(15:1)을 통해 그 자신을 계시하셨다.

가족

모세 시대의 이스라엘 사람들은 야웨가 족장들의 가족을 다루셨던 것처럼 확실하게 출애굽 당시의 이스라엘에게 그 자신을 계시하셨다는 것을 인식하고 있었을 것이다. 약속에 대한 가장 초기의 표현들로부터 언약의 확증(창 17장)에 이르기까지 야웨는 아브라함의 가족 안에서 그리고 그것을 통하여 일하시려 계획하셨다. 언약의 표징으로 어린 남아들에게 행하여졌던 할례는 야웨가 온 가문이 전체 단위로서 그를 따르기를 바라셨다는 증거이다. 그리고 아브라함과 야곱의 믿음과 삶의 경험들이 이삭의 그것들보다 더 강조되었다하더라도 이삭이 언약에 충분히 참여했다는 사실에는 의심의 여지가 없다.

개별적인 응답성

그럼에도 불구하고 가족과 민족이라는 보다 큰 구조들 내에서 야웨에 대한 개인적 응답은 매우 중요한 필수적 요소였다. 아버지로서 아브라함은 그의 자녀들과 권속들에게 "의와 공도를 행함으로써 그를 따라 여호와의 도를 지키라"고 명령할 의무가 있었는데, 그렇게 함으로써 야웨는 아브라함에게 약속하신 것을 이루실 것이다(창 18-19장). 단순히 가족 전체 혹은 그들이 속한 민족 전체가 한 장소에서 나와서 다른 곳으로 들어가라는 하나님의 부르심을 받았다고 해서 가족 구성원들은 개개인의 신앙과 순종의 요구로부터 면제되지는 않는다.

결론

창세기는 이스라엘의 '뿌리들'로서 기능한다. 그들은 다양한 족보들, 약속된 기사들과 축복들로부터 야웨가 그들을 포함한 모든 민족들 위에 계시며, 그들은 하나님의 선택을 통해 다른 민족들로부터 따로 분리되었다는 사실을 배운다. 그들의 특권은 족장들에게 하신 하나님의 약속에 근거한다. 가장 중요한 약속은 아브라함의 가족과 아브라함의 하나님 안에서 피난처를 찾으려하는 모든 족속들, 민족들 그리고 왕국들을 축복하고 보호하기 위한 야웨 자신의 전적인 헌신이었다. 특권의 향유는 출생에 의한 것이었으나, 언약적 축복의 계속적인 향유는 아브라함의 하나님에 대한 마음에서 우러나는 응답에 의해서만 주어졌다. 이처럼 믿음의 승리뿐 아니라 믿음의 학교에서의 발전도 이스라엘로 하여금 야웨의 선하심에 대해 합당한 응답을 형성토록 하는 데 기여했다.

09

약속, 은혜 그리고 신실하심

성장하고 투쟁하는 이스라엘 민족은 약속된 땅을 소유하려고 싸웠을 때 족장 설화들로부터 희망과 도전을 동시에 느꼈을 것이다. 그러나 이 정경적 접근이 창세기 12-50장을 이해하는 유일한 관점은 아니다. 족장 설화들은 구속의 전체 역사 안에서 하나의 중요한 위치를 차지한다. (1) 하나님의 선택과 약속 그리고 (2) 족장들의 믿음과 순종이라는 이중적인 주제는 창세기 12-50장에 대한 하나의 구속-역사적 해석을 부각시키고 있다.

하나님의 선택과 약속

아브라함과 족장들에 대한 야웨의 부르심은 그의 값없는 은혜에서 비롯된다. 데라의 가족 그리고 그의 아들 아브라함의 가족이 하나님에 의해 그의 목적을 위해 따로 분리되었다. 창세기 11:10-26의 셈에서 데라로 전이되는 족보는 하나님의 초점 좁히기를 보여 준다. 아브라함으로부터 구약성경 전체에 걸쳐서 하나님은 아브라함의 후손과 함께 일하신다. 이 이스라엘 민족은 구속 계획의 초점이 된다. 즉 그들은 땅 위의 모든 민족들이 받게 될 축복의 도구들이다.

그러나 족장들에 대한 하나님의 선택에 관한 이 일반적인 조망은 구속의 전 역사 안에서 창세기 12-50장의 정확한 기능을 정당하게 평가하지 못한다. 만약에 족장 설화들과 그것들 안에 포함된 약속들이 성경으로부터 삭제된다면 그 구속 계획은 현재와 다르게 읽혀질 것인가? 성경에서 보다 뒤에 나오는 어떤 요소들은 족장들의 역사의 사건들, 계시 그리고 메시지와 분리되어서는 설명 불가능하게 되는 것일까?

특별히 아브라함, 이삭, 야곱에게 주신 야웨의 은혜로운 약속들은 구속사의 바로 그 시발점이라는 하나의 진술이 구속사 안에서 창세기 12-50장의 역할을 잘 요약해준다. 다른 말로 하면, 창세기 12-50장에서 네 가지 영역의 약속을 말씀하신 후에 야웨는 시종일관 그의 말씀을 성취하는 데 온 힘을 쏟고 계신다. 그는 그 약속이 충만하게 성취될 때까지는 만족하지 않을 것이다. 우리는 또한 그 언약적 약속들은 진정한 의미에서 구속 계획 그 자체라고도 말할 수 있을 것이다. 우리가 그 약속들의 뒤이은 확장을 배제하지 않는 한 창세기의 그 약속들이 구속 계획의 중심을 포함하고 있다. 그것들은 우리에게 하나님의 방향과 목적을 말해준다. 즉 그것들은 구원사가 나아가고 있는 목적지를 가르쳐 준다.

후손

네 가지 영역의 약속들 각각은 약속의 진술로부터 그것의 점진적인 성취를 거쳐 완전한 성취에 이르기까지의 움직임을 보여준다. 창세기 12:2에서 후손에 대한 약속은 전적으로 새롭고 지금까지 보이지 않았던 어떤 것으로 나타나지는 않는다. 창세기 3:15에서 하나님은 악과의 끊임없는 투쟁 속에 있는 인류 공동체에 대한 소망을 피력하셨었다. 구속 계획의 보다 큰 맥락 안에서, 아브라함에게 주신 후손 약속은 무엇보다 인류 일반에게 두신 하나님의 뜻을 새롭게 하는 역할을 한다. 야웨는 한 가족과 더불어 시작함으로써 인류에 대한 그의 계획을 성취하려고 노력하신다.[1] 그러나 이 가족이 구속의 목표를 성취하기 위해서는 번성하여 하나의 큰 민족이 되어야 했다.

땅

가나안 정복 때까지는 성취가 지연되었던 땅에 대한 약속은 모세에 의해 신명기 설교에서 반복적으로 언급된다(예. 1:8, 21, 25, 35-36; 2:31; 3:18, 20). 그러나 이후의 이스라엘 역사는 이스라엘의 국경을 창세기 15:18-21에서 언급된 지경까지 확장시켰던 다윗과 솔로몬의 통치기간 동안에 보다 더 광범위하게 성취되었음을 보여주었다. "솔로몬이 하수에서부터 블레셋 사람의 땅에 이르기까지와 애굽 지경에 미치기까지의 모든 나라를 다스렸다"(왕상 4:21).

축복과 하나님의 임재

축복과 하나님의 임재에 대한 약속은 야웨가 그의 영광스러운 임재를 위한 성막을 지으라고 명령할 때 새롭게 표현된다(출 25-27장). 성막이 완성되었을 때 야웨는 에덴동산 이후로는 인간과 함께하지 않았던 그러한 방식으로 그의 백성들과 함께하시기 위해 오신다. "그 후에 구름이 회막에 덮이고 여호와의 영광이 성막에 충만하매 모세가 회막에 들어갈 수 없었으니 이는 구름이 회막 위에 덮이고 여호와의 영광이 성막에 충만하였기" 때문이다(출 40:34-35).

솔로몬의 성전이 완성되었을 때도 거의 유사한 일이 일어났다(왕상 8:10-11). 주께서는 이제 그가 아브라함과 모세에게 주신 언약들을 확증하셨을 때 임재하시겠다고 약속하셨던 것처럼 그의 백성과 함께 계셨다(창 17:7-8; 출 34:10).

---

1. A. Van Seters, God and Family: From Sociology to Covenant Theology, *Themelios* 5 (1980): 4-7.

열방

열방에 대한 축복의 약속은 그 성취의 가시적인 증거에 관한 한 가장 불확실한 약속이었다. 그럼에도 불구하고 이스라엘과 열방 사이의 미묘한 관계성은 결국에는 라합, 룻, 다윗과 두로왕 히람과의 교제(왕상 5:1) 그리고 솔로몬의 국제적인 유대(왕상 4:34, 10:1-13) 등을 포함하게 되었다.

약속들과 점진적인 성취

출애굽 시기와 가나안 정복(제4시기, 거룩한 나라) 그리고 다윗과 솔로몬 시대(제6시기, 왕국)는 원래의 약속들이 성취되어 가는 과정에서 가장 중요한 진전을 보여주었다. 그러나 일반적으로, 이스라엘은 실패했고, 불신앙 때문에 가장 근본적인 것에서부터 하나님의 의도에서 벗어났다. 결국 그 민족은 포로로 추방되었다. 죄로 인한 이스라엘과 유다의 몰락은 - 예루살렘과 성전의 파괴, 그리고 주전 722년과 586년에 각각 일어난 앗수르와 바벨론으로 추방 - 네 가지 약속들 모두를 불확실하게 만들었다. 야웨가 그의 무조건적이고도 영원한 언약적 약속들을 파기하셨는가?

이 질문이 제기되었을 때, 어떤 사람들은 이스라엘 백성이 불순종했기 때문에 야웨가 "그 편에서의 언약의 약속을 지킬 의무"가 더 이상 없었다고 대답한다. 그러한 견해는 개인적 응답의 중요성에 대한 오해를 포함하고 있다. 야웨의 은혜를 죄악되게 거부한 사람들은 언약에 참여할 그들의 권리를 박탈당할 것이다. 그러나 야웨의 말씀은 영원히 살아 있을 것이다(사 40:8과 그 맥락을 찾아보라). 포로로부터의 귀환은 약속의 역사 안에서 하나의 새로운 시대를 표시하게 될 것이다. 유다는 더 이상 큰 민족이 아니다. 그들의 땅은 황무지였다. 하나님의 임재의 상징인 성전은 폐허가 되었고 그들은 다른 민족들의 통치와 이웃나라들의 침략의 위협 아래 놓여 있었다(에스라와 느헤미야서를 보라). 그럼에도 불구하고 야웨는 오래전에 모세를 통하여 추방 이후에 약속들이 새롭게 될 것이라고 약속해주셨다.

> 네 쫓겨간 자들이 하늘 가에 있을지라도 네 하나님 여호와께서 거기서 너를 모으실 것이며 거기서부터 너를 이끄실 것이라 네 하나님 여호와께서 너를 네 조상들이 차지한 땅으로 돌아오게 하사 네게 다시 그것을 차지하게 하실 것이며 여호와께서 또 네게 선을 행하사 너를 네 조상들보다 더 번성하게 하실 것이며 네 하나님 여호와께서 네 마음과 네 자손의 마음에 할례를 베푸사 너로 마음을 다하며 뜻을 다하여 네 하나님 여호와를 사랑하게 하사 너로 생명을 얻게 하실 것이며 (신 30:4-6)

모든 약속들은 오직 주의 정하신 때에 성취되기 시작할 것이다. 포로 이후에 건설된 성전은 그 이전의 성전에 비하면 작고 초라하지만 주께서는 그들에게 "이 성전의 나중 영광이 이전 영광보다 크리라"(학 2:9)고 확신시켜 주셨다.

신약과 구약시대의 중간기인 400년 동안의 예언의 침묵기는 많은 이스라엘 사람들로 하여금 야웨가 그들을 잊어버렸다고 믿도록 만들었다. 그러나 신약성경은 메시아 초림의 때가 가까왔다 혹은 "때가 차매"(갈 4:4)라고 선포한다. 예수님의 초림 이후에 살면서 그의 재림을 기다리는 모든 사람에게 베드로는 "주의 약속은 어떤 이의 더디다고 생각하는 것 같이 더딘 것이 아니다"(벧후 3:9)고 말한다. 통찰력있는 전망을 주기 위해서 베드로는 "주께서 하루가 천 년 같고 천 년이 하루같다"(8절)고 설명한다. 야웨가 아브라함에게 아들 한 명을 줄 때처럼, 그는 그의 완전한 때에 그 자신의 지혜를 따라 그의 모든 언약적 약속들을 성취하실 것이다. 예수 그리스도의 강림하심과 그의 사역, 죽음 그리고 부활하심으로 족장들의 약속은 그것의 가장 중요한 핵심에 이른다. 모든 약속들이 예수 그리스도 안에서, 또한 그를 통하여 성취될 뿐 아니라 그 안에서 모든 진정한 신자들이 약속의 수혜자들이 된다. 다시 말하면, 예수의 생애와 사역은 구속사의 중심에 있는 하나의 렌즈와 같다.

사도 바울이 말했듯이 "하나님의 약속은 얼마든지 그리스도 안에서 '예'

가 된다"(고후 1:20). 이 약속들의 상속자는 이제 더 이상 유대인만이 아니다. 유대인과 이방인 사이를 갈라놓았던 분리의 담이 그리스도에 의해 무너졌다(엡 2:14). 진정으로 "그리스도의 것이면 곧 아브라함의 자손이요 약속대로 유업을 이을 자"(갈 3:29)가 될 것이다. 그리스도 강림 이후에 우리는 즉각적으로 우리의 언어를 단수에서 복수로, "하나의 위대한 민족"과 "가나안 땅"의 표현으로부터 "각 족속과 방언과 백성과 나라"(계 5:9)의 표현으로 바꿔야 한다. 그리스도의 지상 명령(마 28:18-19)에 대한 복종은 땅 위의 모든 족속들이 축복받게 되는 수단이 될 것이다.

더 나아가, 그리스도를 통하여 사람들은 그 전에는 결코 한 번도 실현된 적이 없었던 방식으로 하나님의 임재를 느끼게 될 것이다. 그는 우리 가운데 얼마동안 사셨을(요 1:14) 뿐 아니라, 항상 우리와 함께 계신다(마 28:20). 그는 교회 위에 내려오셔서(행 2장) 지금 그리스도를 믿는 자들의 마음속에 내주하시는 성령(요 14:17)을 통하여 그의 계속적인 임재를 유지하신다. 그러나 "하나님이 우리와 함께 계신다"는 약속에 대한 이 놀라운 성취가 최종적인 것은 아니다. 왜냐하면 어느 날엔가 모든 하나님의 백성들이 그와 함께 거하며 그도 그들과 함께 영원히 거하게 될 것이기 때문이다.

> 내가 들으니 보좌에서 큰 음성이 나서 이르되 보라 하나님의 장막이 사람들과 함께 있으매 하나님이 그들과 함께 계시리니 그들은 하나님의 백성이 되고 하나님은 친히 그들과 함께 계셔서 모든 눈물을 그 눈에서 닦아 주시니 다시는 사망이 없고 애통하는 것이나 곡하는 것이나 아픈 것이 다시 있지 아니하리니 처음 것들이 다 지나갔음이러라 (계 21:3-4)

족장들의 신앙과 순종

비록 창세기 12-50장이 하나님의 선택과 약속에 그 우선권을 두고 있다

할지라도 아브라함, 이삭 그리고 야곱의 신앙과 순종에 대한 계속적인 강조를 배제하지는 않는다. '신앙'과 '순종'의 개념은 너무 날카롭게 대조되어서는 안 된다. 오히려 그것들은 하나님 앞에서 영위되는 삶에 대한 총체적인 접근의 두 양상으로서 서로 구별되어져야 한다. 아마 이런 종류의 응답성에 대한 보다 적절한 용어는 살아있는 신앙이 될지도 모른다. 그러한 신앙은 야웨를 기쁘게 한다. 세 족장 모두 그들의 생애 동안 살아있는 신앙을 분명히 보여줬다. 그러나 문학적 분석을 통해 살펴본 것처럼, 아브라함과 야곱의 능동적인 모습은 보다 수동적인 이삭에 비해 두드러지게 나타나고 있는 것이 사실이다.[2]

아브라함과 야곱에 관한 문학적 연구는 성경기자가 독자들에게 신앙의 역동성에 대한 인상을 주기 위해 그들의 생애에서 일어난 중요한 사건들을 편집하려고 애썼다는 것을 보여주었다. 기사의 대부분은 그들의 물질적 필요를 공급하기 위한 투쟁에 할애되고 있다. 양자 모두 그들의 신앙적인 삶에서 구별되는 세 시기를 경험한다. 신비와 경외감을 내포하는 야웨와의 초기 만남, 살아있는 신앙의 연습을 위해 발생한 사건이나 투쟁 그리고 하나의 오랜 기다림이 그것이다. 게다가 그들 각자의 순례 여정에 있어서 그들 모두는 야웨가 네 가지 약속 모두를 말씀하시는 것을 들었다(창 12:2-3, 7; 28:13-15). 그리고 그들이 찾던 것을 발견한 후에 야웨는 그들에게 그 약속을 재확인해 주셨다(22:17-18; 35:11-12).

각자는 그 약속들 중 단지 하나에만 관련된 것처럼 보였다. 아브라함에게는 후손, 혹은 좀 더 정확히 말하자면 한 아들이며, 야곱에게는 야웨의 임재와 보호의 축복이 그것이다. 액면 그대로 볼 때 이 사람들이 다른 약속들

---

2. Vos는 이삭의 수동적인 모습이 가운데 있는 족장으로서의 그의 역할을 반영한다고 즐겨 지적한다. 중간 단계는 수난과 자아 포기의 단계이므로 그것은 수동적인 양상을 띤다(*BT*, 106). D. Kidner 도 동의한다. 이삭도 역시 그의 행함으로가 아닌, 그가 당한 고난으로 자신의 모습을 간략히 나타내고 있다. 여기에서 그는 비록 자신의 본연의 모습이라 할지라도 특출나지 않은 것으로 보인다. 그는 선택된 '씨'를 위한 하나님의 방식: 희생당하는 종이 되는 것을 보여 준다(*Genesis: An Introduction and Commentary, TOTC*, 143).

에 대한 관심이 부족했기 때문에 이기적이고 세상적이었던 것처럼 보일 수도 있다. 야웨를 향한 아브라함의 불평은(창 15:2-3) 단지 그의 재산이 그의 종, 다메섹의 엘리에셀에게 돌아가는 것을 원하지 않았기 때문이었는가? 야곱의 맹세는 단순히 벧엘의 하나님을 낯선 땅에서 그의 생명을 지키시도록 붙잡아 두기 위한 하나의 수단에 불과한 것이었는가? 그와는 반대로 실상 이 두 약속들은 각각의 상황에서 그 족장들에게 가장 중요한 것으로 적절하게 인식된 것이다. 아브라함은 매우 늙었고 그의 아내는 수태할 나이가 지났다(18:11). 모든 약속들은 사라가 아들을 낳는 것에 달려 있다. 만약 야웨께서 그(야곱)를 지켜주시고 그의 고향으로 안전하게 보내주시지 않는다면 그에게 있어서 중요한 의미를 지니는 약속은 하나도 없게 될 것이다. 야웨와의 동행 초기에 그들은 오직 야웨에 대한 살아있는 신앙을 표현하기 시작하고 있었던 것이다.

보다 넓은 구속사적 관점에서 보면 신약성경은 아브라함의 신앙을 그 자체로 하나의 범주 속에 놓았다는 것을 보여준다. 그것은 살아있는 믿음에 대한 최고의 실례인데, 그 믿음이 없이는 "하나님을 기쁘시게 할 수 없다"(히 11:6). 예수님은 그 당시의 유대인들에게 만약 그들이 아브라함의 자손이면 "아브라함이 행한 일들을 할 것"이라고 말씀하셨다(요 8:39; "行"이라는 단어 안에 함축되어 있는, 행위로 표현된 신앙에 대한 강조를 주목해 보라). 바울의 로마서 4장 전체는 창세기 15:6 "아브라함이 여호와를 믿으니 여호와께서 이를 그의 의로 여기셨느니라"는 말씀에 대한 하나의 주석이다. 바울이 의롭게 하는 믿음에 의해 가능하게 된 하나님과 죄악된 백성 사이의 관계성에 대해 초점을 맞추고 있는 듯이 보이는 반면 야고보는 칭의의 증거로써 의로운 일들을 행하는, 살아있는 믿음의 지속적이고 역동적인 특성을 강조한다(약 2:21-24).[3] 살아있는 믿음은 아브라함으로 하여금 야웨께서 그를

---

3. 이 어려운 해석학적 주제에 관한 탁월한 글을 팔머 로버트슨(O. Palmer Robertson)이 썼다. Genesis 15:6: New Covenant Exposions of an Old Covenant Text, *WTJ* 42 (1980): 259-89. 야고보서 2:14-26 에서의 대조는 행함이 없는 믿음과 믿음이 없는 행함 사이의 문제이

위해 예비해두신 영원한 본향을 소망하도록 했다(히 11:13-16). 그리고 그가 참아낸 몇 가지 투쟁들은 (히 11:8-12, 창 12-20장을 보라) "하나님이 능히 죽은 자 가운데서 다시 살리실 줄로 생각했기" 때문에(히 11:19) 기꺼이 이삭을 바칠 수 있을 정도로 그의 믿음을 성장시켰다. 그가 야웨께 두었던 최초의 믿음은(창 15:6) "그가 행한 것으로 온전케 된"(약 2:22) 것이다.

아브라함이 예수 그리스도의 조상이기 때문에, 그리스도에 대한 믿음이 있는 사람들은 약속들(갈 3:29), 언약(행 3:25) 그리고 축복들(갈 3:14)의 상속자들이 된다. 아브라함에 의해 예시된 살아있는 믿음의 본질은 이제 모든 남녀가 그것을 통해 하나님으로부터 오는 새 생명을 얻을 수 있는 통로가 되었다. 사도 바울이 깨달았듯이, 진정 하나님이 홀로 한 새로운 인류를 준비하시는 통로는 예수를 믿는 믿음뿐이다.

> 그런즉 믿음으로 말미암은 자들은 아브라함의 자손인 줄 알지어다 또 하나님이 이방을 믿음으로 말미암아 의로 정하실 것을 성경이 미리 알고 먼저 아브라함에게 복음을 전하되 모든 이방인이 너로 말미암아 복을 받으리라 하였느니라 그러므로 믿음으로 말미암은 자는 믿음이 있는 아브라함과 함께 복을 받느니라 (갈 3:7-9)

바울은 이방인들에게 설교할 때 하나님의 위대한 목적을 보다 깊이 있게 지적하고 있다.

> 그러므로 이제부터 너희는 외인도 아니요 나그네도 아니요 오직 성도들과 동일한 시민이요 하나님의 권속이라 너희는 사도들과 선지자들의 터 위에 세우심을 입은 자라 그리스도 예수께서 친히 모퉁잇돌이 되셨느니라 그의

며 믿음과 행함 사이의 문제가 아니다 (James B. Adamson, *The Epistle of James*, NICNT, 132).

안에서 건물마다 서로 연결하여 주 안에서 성전이 되어 가고 너희도 성령 안에서 하나님이 거하실 처소가 되기 위하여 그리스도 예수 안에서 함께 지어져 가느니라 (엡 2:19-22)

하나님의 약속에 대한 족장들의 소망은 교회의 소망으로 계속된다. 바벨에서 인류는 모든 민족을 연합시키기 위해 하늘에까지 닿는 신전을 건축하려고 했다. 그러나 하나님은 그와는 정반대로 그들을 흩어버리셨다. 그러나 이 희망이 상실된 혼란한 가운데서 하나님은 온 땅에 구속을 가져오게 된 가족을 선택하고 계셨다. 이제 아브라함의 후손들은 하나님의 약속과 목적의 성취 속에서 그것과 함께 지어져 가고 있다. 한 거룩한 백성은 더 이상 하나의 꿈이 아니라 끊임없이 전진해 가는 하나의 현실이다. 하나님의 약속과 구속사의 목적지는 지상에 하나님의 왕국을 건설하는 것이다. 둠브렐 Dumbrell과 함께 우리는 창세기 12:1-3을 창세기 3-11장에 대한 하나님의 응답으로 볼 수 있을 것이다.[4]

---

4. Dumbrell, *CaC*, 78.

3부 결론

선택과 약속의 기간은 적어도 일곱 가지 면에서 하나님의 특별한 은혜를 새롭게 등장시킨다.

첫째는, 아브라함과 그의 후손을 선택함에 있어서이다. 주께서는 인간과 그 자신 사이의 관계를 새롭게 하심으로써 땅과 하늘의 회복을 시작하셨다.

둘째는, 그 자신을 위한 한 백성을 확보하시는 수단으로써의 은혜와 약속의 주권적인 집행인 아브라함과의 언약에서이다.

셋째는, 4중적 약속 -그의 백성의 번성, 땅을 선물로 주심, 축복과 보호에 내포된 야웨의 임재, 열방에 대한 이스라엘이 축복의 도구가 됨- 에서다.

넷째는, 시간과 공간 안에서의 구속의 점진성에서다. 이 시기에서부터 시작하여 야웨는 그 약속들을 그의 목적과 때에 맞춰 이루어 가신다. 약속 성취의 점진성은 구속사를 구성하고 있지만, 성취에 대한 자각은 그 시작과 끝을 알 수 없는, 인간의 능력에 의해 제한된다. 하나님의 구원 계획에 대한 우리의 지식보다 더 중요한 것은 이생의 삶에서 그 구원을 기뻐하고 그의 모든 약속의 위대한 실현을 고대하는 것이다.

다섯째는, 우리를 메시아 시대와 새 하늘, 새 땅의 계시로 인도하는 발전들의 순서에서이다. 아브라함과의 언약은 하나님의 모든 언약적 관계들-모세, 다윗 그리고 그리스도 안에서의 새 언약-에 대한 기초가 된다. 성경의 계시는 네 가지의 종말론적 목표들을 확증한다. (1) 모든 민족, 언어, 종족, 지역들로 구성된 하나님의 백성 (2) 하늘과 땅(즉, 우주)의 재창조 (3) 그의 백성에 대한 축복과 보호 속에 나타나는 하나님의 지상에의 임재 그리고 (4) 축복에 대한 아브라함과의 언약 안에 모든 민족이 포함됨과 동시에 아브라함의 하나님을 사랑하고 복종하지 않는 모든 사람들의 제외됨이다.

여섯째는, 하나님의 언약적인 관계성과 약속의 관계성의 계속성에서이다. 아브라함과의 언약의 약속들은 구속사의 점진성 안에서 하나의 계속성과 성장을 나타내 보여준다. 아브라함의 하나님은 열방에 대한 그의 은혜를 아브라함 안에서 그리고 그를 통하여 회복하시려고 계획하신 창조자-왕이시라는 것이 분명해진다. 이 목적을 위해 그는 가장 작은 단위로서 그 가족과 함께 시작하시고 믿는 가족을 통해 한 새롭고 왕적인 인류를 그 자신을 위해 예비하시려고 계획하신다. 그의 아들의 강림에서 그는 축복(한 새로운 땅, 즉 유대인과 이방인으로 구성된 하나의 거룩한 백성)과 심판을 친히 떠맡으실 것을 확증한다.

마지막으로, 믿음의 삶에서다. 축복에의 길은 완전한 제자됨과 이 세상의 방법과 체제들에 대한 하나의 철저한 부정을 요구한다. 믿는 각 사람들은 그들을 고통 속에 있는 피조물의 제한성으로부터 해방시켜주시고, 그의 임재에 대한 약속으로 그의 자녀들을 완전히 자유케 하실 것을 약속해 주신 하나님 때문에 자유로운 자들이다.

The Progress of Redemption

4부
거룩한 나라

Part 4

서론

　구약은 이스라엘의 역사에 있어서 하나님의 약속이 성취되는 것에 많은 관심을 쏟고 있다. 출애굽기에서 여호수아서까지 다섯 권의 위대한 책들은 이스라엘의 형성기인 출애굽과 가나안 정복의 다양한 단계들 안에서의 구속사적 전개들을 해석한다. 구약 계시의 본질과 율법, 하나님의 약속들의 성취, 언약적 지위, 그리고 특히 우리 주님과 사도들의 사역을 이해하기 위해서 우리는 출애굽기, 레위기, 민수기, 신명기와 여호수아서에 주의 깊은 관심을 기울여야만 한다. 이 성경 안의 책들은 족장들에게 베푸신 약속들을 신실하게 성취하고 한 나라로서의 이스라엘에게 아브라함 언약을 확증하는 하나님을 묘사한다.

　이 책들의 중심은 모세와 여호수아이다. 모세는 백성을 애굽 땅에서 약속의 땅으로 인도하라는 고유한 사명을 받았고, 모세의 갑옷을 들던 자, 여호수아는 이 사명을 성취한 특권을 받았다. 구속사에서 이 위대한 인물들을 통해 야웨는 당신의 백성인 이스라엘 민족을 가나안으로 인도해 들임으로써 당신의 약속을 성취하기 시작하셨다.

　모세는 독특한 하나님의 '종'인데, 그로 말미암아 하나님은 이스라엘을 당신의 백성으로 구성하셨다. 확실히 아브라함은 믿는 자들의 '아버지'이다. 그러나 모세를 통해 야웨는 당신의 언약과 율법을 중재하였다. 모세에게 임한 하나님의 계시는 족장들에게 주어진 것보다 못한 것이 아니었다. 사실 그것은 더 심오하고, 더욱 포괄적이며 더욱 빈번한 것이었다. 모세를 통해 하나님은 당신의 백성을 돌보시는 아버지, 이스라엘의 왕 그리고 열방의 통치자로서의 거룩한 성품을 더욱 명확히 드러내셨다. 모세를 통해 하나님은 그의 영화롭고 거룩한 현존을 드러내셨다.

이 시기는 또한 모세 언약의 체결을 증거한다. 모세 언약은 하나님이 율법의 제정을 통해 한 백성을 당신 앞에 성화되도록 하는 은혜와 약속의 집행이다. 이 단계에서 하나님은 율법의 제정으로 백성들을 하나로 묶고 그들을 신앙의 성숙으로 이끌어감으로써 당신 백성들을 어린아이를 대하듯 세밀히 보살피신다.

모세 시대의 특징은 하나님이 그의 백성과 나눈 친교적 성격이다. 하나님은 성막 안에서 그들의 진 안에서 그리고 신정적 직분 안에서 그들과 함께 있었다. 그러나 하나님은 그의 은혜를 모세, 제사장들과 지도자들을 통해 중재하셨다. 율법과 규례들을 통해 하나님은 이스라엘에게 죄의 심각함과 그들 가운데 계신 당신의 존전에 대해 어떻게 적절하게 응답할 것인가를 가르쳤다. 희생제도, 거룩과 성결의 규정들과 성막은 하나님의 현존과 하나님 백성으로서 이스라엘의 성화의 상징으로서 제공되었다. 이스라엘은 지정된 제도와 성직자들을 통해 그 자신이 은혜로 구원받았으며 하나님의 자비와 용서를 필요로 한다는 것을 알았다. 이스라엘이 그의 바라는 바대로 살도록 확신을 주기 위해 하나님은 언약의 (혹은 신정적) 직분들-제사장, 레위인, 선지자, 왕, 재판관, 장로-을 세우셨다. 비록 모세의 통치가 율법, 제도와 상징화에 의해 특징지어진 시대라고 할지라도 우리는 이 시기 동안 하나님의 현존과 그의 복음(은혜)의 실제성을 강조해야만 한다. 확실히 이 시기는 그의 약속의 성취에 있어서 중요한 단계를 점하고 있는 것이다! 모세와 여호수아가 이끌던 거룩한 나라로서의 이스라엘 시대는 우리에게 다음과 같은 점들을 가르쳐 준다.

1. 야웨, 왕 그리고 거룩한 전사인 하나님에 대한 충만한 계시
2. 하나님의 종이며, 모세 언약의 중재자로서의 모세의 위치
3. 왕 같은 제사장이며 거룩한 나라로서 이스라엘의 성화
4. 이스라엘에서 하나님의 왕권 확립
5. 이스라엘의 불신앙에 대한 하나님의 은혜와 인내
6. 약속의 은혜로운 성취와 이스라엘과 맺은 언약의 확증
7. 그리고 더욱 큰 축복의 종말론적 희망

구속사에서 이 시기는 과거와 이어져 있다. 야웨는 이스라엘 사람들이 각각 믿음으로 그에게 나오기를 계속 요구하셨다. 그는 아브라함이 순전한 믿음의 행보를 보였던 것처럼 그들로부터 성숙을 기대했다(창 17:1, 26:5). 그는 아낌없이 전적으로 그들을 사랑했다. 특히 이 시기에 그는 큰 이적과 기사들과 출애굽 안에서, 그리고 광야에서의 이스라엘의 돌보심 속에서, 약속한 땅으로의 놀라운 인도에서 그 사랑의 깊이를 보여주었다.

그러나 이스라엘의 응답은 미숙했다. 그들이 바야흐로 가나안에 들어갈 즈음 하나님은 그들에게 실망을 표했다. "오! 다만 그들이 항상 이같은 마음을 품어 나를 경외하며 내 모든 명령을 지켜서 그들과 그 자손이 영원히 복받기를 원하건만!"(신 5:29). 모세는 또한 신명기에 포함된 그의 마지막 연설에서 백성들에게 하나님께 귀 기울이고 하나님을 사랑하는 마음을 갖도록 간청한다. "너는 마음을 다하고 뜻을 다하고 힘을 다하여 네 하나님 여호와를 사랑하라"(신 6:5).

만일 우리가 대속의 성격과 필요성, 아버지의 속성(예수님이 그의 가르침에서 확증한), 그리고 하나님 백성의 성격과 특권을 이해하려면 우리는 여기에서 시작해야 한다. 다시 말해서, 우리가 율법을 이해하지 않으면 복음을 이해하기란 불가능하다.

10

약속과 성취의 문학적 기록

출애굽기

출애굽기의 문학 구조는 창세기의 문학 구조처럼 명료하지 않다. 이 책에는 문학적 핵심, 아치형을 이루는 주제들, 그리고 설화 자료들과 법률 자료들 사이의 명확한 경계가 결여되어 있다. 대부분의 비평학자들은 출애굽기를 다양한 전승들, 신학적 성찰 및 오랜 기간의 정교한 편집들의 산물로서 생겨나 마침내 많은 모순들과 문제점을 내포한 채 완성되었다고 파악한다.

다양한 주제들의 결합은 복잡하지만 웅장한 구도에 도움을 준다. 기사 부분은 연대기적 구성으로 배치되어 있으나 그들 사이의 관계는 항상 명확한 것은 아니다. 더욱이 기사들은 법률 자료 덩어리에 의해 중단되고 있다 (출 21-23; 25-31; 35:1-3). 이 책은 문학적인 전진의 인상은 주는데, 기사들은 전체적으로 구조적 통일성이 적으며 포괄적인 문학적 구성이 없다. 그러나 각 부분들은 출애굽기의 문학적인 전개에 기여한다. 그 문학적인 다양성에서조차도 이 책은 각 부분들을 합쳐 놓은 것보다도 "훨씬 전체적인 조화감을"[1] 표현하고 있다. 문학적 단위와 자료들에 있는 이 다양성에도 불구하

---

1. Childs, *IOTS*, 176.

고 이 책은 대칭성을 보인다.

그 중심(C, C′)에 언약 백성으로서 이스라엘의 성별(19:1-24:18)이 있고 이스라엘의 한 가운데 하나님의 영화롭고 거룩한 현존의 계시가 있다(그림 10을 보라).

   A. 왕적 능력(1-13)
      B. 왕의 준비물과 이스라엘의 안심(14-18)
         C. 언약 : 하나님의 소유로서의 이스라엘의 성별(19-24)
         C′. 성막을 위한 계획(25-31)
      B′. 이스라엘의 우상 숭배, 용서, 언약 재개 그리고 왕의 임재(32-34)
   A′. 왕의 영광(35-40)

그림 10. 출애굽기에 있는 하나님의 임재

시내 산(C, C′)에서 이스라엘은 하나님의 계시에 두려움으로 반응하고 모세가 그들의 중재자가 되어줄 것을 요구했다(출 20:18-20; 신 5:4-5). 모세는 하나님의 율법을 이스라엘에게 줌으로써 이 중재자의 역량을 발휘했다(출 20:22-23:19). 그의 중재 사역의 내용은 하나님의 현존, 보호 그리고 신실성에 대한 약속들(23:20-33)이며, 시내 언약의 확증(24장)이다. 또한 그 율법은 성막 제사에 관련된 계시(25-27장; 31:1-11)이며, 아론적 제사장직(28-30장)이며, 모세 언약의 징표로서의 안식일(31:12-17)이며, 증거의 돌판들(31:18)이다. 모세의 중재자적 사명은 공적으로 인정되었다. 이전에 광야에서 그의 영광을 나타내셨던(16:10) 주께서 모세가 산을 올랐을 때(24:15-18), 또 특히 금송아지를 만든 이스라엘의 배교 후 그 영광을 드러내셨다. 금송아지 기사는 중재자의 중요성을 아주 뚜렷하게 제시하는데 그 중재자는 지금까지 반역적 성향(34:9을 보라)을 보여 온 백성을 대신하여 세 번씩이나 중재한다(32:11-14, 30-35; 34:8-10).

모세의 중재 사역의 수용은 그분의 영광을 보기 원하는 모세의 요구에 하나님이 응답하심으로써 확증된다(33:17-18). 모세는 하나님의 영광을 볼 뿐만 아니라 이스라엘 대신 야웨의 언약적 신실함에 대한 장엄한 계시(34:6-7)와 두 번째 돌판을 받는다(27-28절). 온 이스라엘은 이제 율법을 준 사람일 뿐 아니라 백성들을 위한 조정자인 진정한 중재자가 그들에게 있다는 것을 안다. 그를 통한 신적인 언약은 그 얼굴의 찬란함으로 드러났던 것이다!(29-35절; 또 고후 3:13-16을 보라)

자료의 처음과 마지막 부분(A, A′)은 하나님의 신실하심과 이스라엘의 불성실을 묘사한다. 첫 부분에서(1-13장) 야웨는 그들을 번성시키고(1:7, 12, 20), 모세를 높이고(2장), 그들의 탄식을 듣고(2:23-25; 참고 1:8-22), 그들과 함께 있겠다고 약속을 하시고 (3:7-17; 6:1-8), 애굽에 열 가지 재앙으로 영화로운 능력을 보이시고, 애굽에서 그의 백성을 보호하시고(8-12장), 애굽으로부터 그들을 구출하시고(12:31-13:16) 그리고 영광의 구름으로 그 현존의 상징을 볼 수 있도록 제공하심으로써(3:20-22) 그 백성들에게 신실함으로 보여주신다.

마지막 부분(35-40장)은 언약에 동의한(24장) 직후, 금송아지 우상숭배에서 증명된 이스라엘의 되풀이되는 반역행위들에도 불구하고 하나님이 신실하시다는 것을 드러낸다. 야웨는 그의 거룩하고 영광스러운 현존이 죄짓는 백성 가운데 있게 될 것을 증명한다. 모세는 비록 '목이 곧은 백성'(34:9)일지라도 이스라엘로부터 하나님의 현존이 떠나지 않기를 기도한다. 야웨는 성막이 완성되는 때 그의 현존의 훌륭한 증명으로 그 기도에 답하신다. 그는 그의 영광으로 성막을 가득 채우고(40:35) 여행 중인 이스라엘과 함께 머문다(36-38절; 또한 민 9:15-23을 보라; 10:34-36). 출애굽의 시작과는 대조적으로(1-13장) 야웨는 더욱 분명하게 현존하신다. 그의 위대한 은혜, 사랑 그리고 충실함으로 그는 실제로 그의 백성 중에 거하신다.

출애굽의 문학적 구조는 또한 신성한 계시의 필요성을 독자들에게 각인시킨다. 이스라엘의 본성은 다른 민족들의 그것과 다르지 않았다. 일반적으로 민족들의 대표인 바로가 강퍅하다면 이스라엘도 그렇다. 출애굽기의 중심 부분(B, B′)은 야웨의 거룩함(19:23)과 영광(24:17)의 현현, 십계명(20:1-17)과 도덕법, 시민법 그리고 의식법(21:1-23:19, 25:1-31:17)의 계시, 그리고 이스라엘의 불평과 강퍅함에 관한 기사들 사이에 있는 그의 현존의 약속들을 시내 산에다 위치시키고 있다. 그 이스라엘 스스로는 하나님을 경외하는 나라로 성장할 수도 없었고 하려고 하지도 않았을 것이다.[2] 문학적 구조는 또한 야웨의 은혜와 인내를 보여준다. 그는 땅 위에 그의 왕국을 세우기 위해 거룩한 나라, 왕 같은 제사장을 갖기를 원하였다(19:4-6). 대신 그는 이스라엘의 요구에 자신을 낮추어, 모세를 그의 종으로 영화롭게 함으로써 그를 통해 그의 왕적인 율법을 중재하도록 했다. 현재의 문학적 순서에서는 그가 임재할 성막의 건축과 제사장직에 관한 지침들은 금송아지로 인한 이스라엘의 범죄 기사 앞에 있다. 그의 백성들을 용서한 후에도 야웨는 그의 계획을 바꾸지 않는다. 이스라엘의 배교에 뒤따라 나오는 성막 설치에 관한 상세한 묘사는 야웨의 은혜와 인내를 보여주는 뚜렷한 증거이다. 그는 그의 백성의 연약함을 알면서도 아직 그들 가운데 거하기를 계획하신다.

결론적으로 현재의 구조는 시내 산에서의 반역 이전이나 이후에도 이스라엘에게 하나님의 변함없는 현존을 확인시킨다(23:20-23, 33:12-16). 성막을 가득 채운 영광의 구름은 비록 이스라엘 백성이 본래 악하고 배반을 잘 한다고 알려졌을지라도 그들과 맺은 언약은 확실하다는 결정적인 증거였다. 야웨의 사랑, 용서 그리고 인내는 그들의 죄와 회복의 결핍을 극복했던 것이다.

---

2. 이스라엘이 하나님의 뜻을 알게 되기 위해서는 (하나님의) 자기 계시의 행위가 반드시 필요했다. 이스라엘은 스스로 그것을 발견할 수 없었다 (Ibid., 174). Dale Ralph Davis, Rebellion, Presence, and Covenant: A Study in Exodus 32-34, *WTJ* 44 (1982): 71-87도 보라.

레위기

레위기의 율법은 언약의 중재자인 모세를 언급하는 서문과 결론의 틀 안에서 짜여져 있다. 제사장 법과 규정들을 잇는 문학적 틀과 공식 구절들은 제사장, 제사, 희생 제도의 중재자로서 모세의 권위를 세워준다. 레위기의 다양한 문학적 구분은 모두 모세와 관련되어 있다.

그런데 왜 이스라엘은 모세에게 귀를 기울여야만 하는가? 첫째, 모세는 하나님이 그의 언약 백성들에게 당신의 뜻을 계시하는 데 사용되는 하나님께서 친히 임명한 종이다. 둘째, 모세를 통해 하나님은 이스라엘에 야웨의 거룩함을 상기시킬 뿐만 아니라, 이스라엘이 거룩한 공동체가 되도록 자극하기 위하여 거룩함에 관련된 규정들을 주었다. 제물과 희생(1-7장), 제사장 제도와 성소 제막식(8-10장), 부정한 것에 관한 율법(11-16장), 그리고 거룩함에 관한 율법(17-26장)들은 하나님의 거룩함을 인식하게 하고 이스라엘의 마땅한 응답을 요구한다. "나는 너희의 하나님이 되려고 너희를 애굽 땅에서 인도하여 낸 여호와라"(11:45).

특히 거룩함에 관한 율법에서, 하나님은 그들에게 이집트에서 그들을 구속한 것(22:32-33), 열방 중에서 그들을 택한 것(20:26), 그리고 언약으로 그들을 성별한 것(20:7-8, 특히 제사장들(21:8, 15, 23; 22:9, 16))을 상기시킨다. 사실 거룩함에 관한 율법에서(예를 들면, 18:5-6, 21) 반복되는 '나는 야웨이다'라는 구절은 그의 언약적 관계 '나는 야웨 너의 하나님이다'(예를 들면, 9:2-4, 10)와 그들 가운데 있는 그의 현존 '나 야웨는 거룩하다'(예를 들면, 19:2; 20:26)의 축약적 표현이다. 거룩한 백성이 되라는 계명은 언약 관계에 뿌리를 두고 있는데 거기에서 이스라엘은 야웨의 은혜로 성별되었다. "너희는 스스로 깨끗하게 하여 거룩할지어다 나는 너희의 하나님 여호와이니라 너희는 내 규례를 지켜 행하라 나는 너희를 거룩하게 하는 여호와이니라"(20:7, 8).

그 문학적 짜임새의 효과는 하나님의 거룩함이 제의를 초월하여 공동체에 그리고 각 개인에게까지도 미치는 것을 보여주는 것이다. 희생에 관한 율법, 부정한 것에 대한 율법, 그리고 사적, 공적, 제사장적 거룩함에 관한 율법은 거룩함과 성결을 통합하는 전반적인 효과를 가지고 있다. 비록 하나님은 그의 성막에 계실지라도 자기 백성들에게 그들의 제사행위와 의식에서 공동체적 삶에서 개인적 삶에서 거룩하고 성결한 백성이 되기를 요구한다. 부정한 것과 거룩함에 관한 율법은 백성들에게 끊임없이 거룩하게 확정된 구별을 상기시킨다. 이스라엘은 제사, 식사, 개인관계 그리고 일 등 모든 삶의 영역에서 그들의 언약자 하나님에게 응답하는 것을 알아야 했다.[3] 그 규정들은 모세에 의해 중재된, 복종되어져야 할 하나님의 율법이다. 야웨는 이스라엘을 거룩한 나라로 다루시는데 아론의 후손 중 제사장들처럼 그들은 거룩한 뜻을 따라 사는 것을 배워야만 했다. 그러므로 이 율법들에 대한 윤리적, 문화적, 사회학적인 혹은 의학적 정당화를 찾기 위한 어떤 시도도 그것들의 일차적인 의도와는 맞지 않는다.

민수기

민수기는 깨끗하고 거룩한 백성에 대한 하나님의 관심을 증거하는 다면적 복합 그림을 나타낸다. 이 책은 진을 치는 것(1-4장), 제사와 희생(7, 15, 28장), 잔치와 축제(9:1-14; 28-29장), 제사장의 몫(18장), 제사장, 레위인 그리고 백성의 관계(9:1-14; 17-18장) 그리고 성결 규정(5-6, 19장)에 대한 규정들을 포함하고 있다. 거룩함에 대한 하나님의 관심은 유월절을 지키지 않은 자(9:13), 불평하는 집단(11:1-3, 33-34; 21:4-9), 미리암(12:10-15), 이스

---

3. 하나님께 구별된 거룩한 백성의 지위는 하나님과 이스라엘의 관계를 조절할 뿐 아니라 인간관계의 영역에까지 확장된다(Childs, *IOTS*, 185). J. Millgrom(밀그롬)은 윤리와 제의와의 융합을 인식하고 있다. 그러나 레위기는 단순히 제사들의 모음집만은 아니다. 반대로 윤리적인 요소들이 융합되어 있으며, 제의를 가르침으로써 모든 제의적인 행위 뒤의 윤리적 근거를 추구하게 하고 있다(Leviticus, *IDBSup*, 541).

라엘의 반란(14장), 안식일을 어기는 자(15:32-36), 고라, 다단, 아비람의 반란(16장) 그리고 바알브올에 우상숭배하는 것(25장)에 대한 그의 심판과 분노의 표현으로 증명된다. 하나님은 그분의 거룩한 나라 안에서 거룩한 분으로 인식되어야 한다. 그의 거룩함을 모독하고 공격하는 자는 누구든지 그의 분노를 피할 수 없을 것이다. 모세와 아론조차도 그의 거룩함을 무시했을 때 벌을 받았다. "여호와께서 모세와 아론에게 이르시되 너희가 나를 믿지 아니하고 이스라엘 자손의 목전에서 내 거룩함을 나타내지 아니한 고로 너희는 이 회중을 내가 그들에게 준 땅으로 인도하여 들이지 못하리라 하시니라"(20:12).

첫 번째와 두 번째 인구조사의 맥락(1, 26장)은 야웨의 선하심을 확증한다.[4] 이스라엘의 모든 수준의 반란의 역사에도 불구하고, 야웨는 여전히 그의 약속을 지킨다. 시내 산에서 이스라엘 남자는 적어도 20세 이상인 사람이 603,550명이었다(1:46). 비록 이집트를 떠났던 기성세대가 광야에서 이미 죽었다고 해도 40년 끝에는 601,730명이 있었다(26:51). 야웨의 제사 규정에 관한 기록(거룩과 성결, 레위인과 제사장, 제사와 희생, 거룩한 날, 그리고 맹세; 3:1-9을 보라; 15:18-19; 28-30장), 성막 주변 이스라엘 진과 지파 별 땅 분배의 틀(27:32; 33:50-56; 34-36장), 그리고 시내 산에서 모압 평지로의 이동(10:11-14:45; 20:14-21; 35; 33:1-49) 등과 이스라엘이 반역한 이야기들을 적절히 혼합함으로써 기자는 하나님의 은혜, 오래 참으심, 신실하심을 증명하고 있다. 비록 그 백성이 반역할지라도 그들의 하나님은 여전히 신실하시다. 이 책은 언약을 지키는 데 있어서 하나님의 은혜와 신실함을 찬양함으로써 중요한 신학적 기능을 하고 있다. 이 특성은 아람의 점술사 발람 위에 역사한 그의 주권에서 가장 분명해진다. 야웨는 발람의 저주를 축복으로 바꾸었고, 그럼으로써 아브라함에게 한 약속들을 각각 확증하셨다(23-24장).

성막 건축에 의해, 그 자신의 현존에 의해 그리고 거룩함, 성결, 잔치, 축

---

4. G. Mendenhall, The Census Lists of Numbers 1 and 26, *JBL* 77(1958): 52-66.

제에 관한 규정들과 희생 제사에 의해, 야웨는 이스라엘에게 야웨와의 관계 회복은 항상 손쉽게 이뤄질 수 있음을 확신시켜 주었다.[5] 땅의 경계, 레위인의 마을과 도피성 그리고 상속 규정(34-36장)들조차도 그 땅에서 거룩함과 성결에 대한 하나님의 관심을 표현한다. 성막 주변의 지파별 진영 배치가 하나님의 명령에 의해 결정되었던 것처럼(2-3장), 또한 야웨는 지파들의 상속도 특별히 결정한다. 도피성은 무고하게 피를 흘린 자를 보호한다. 그것들은 하나님이 광야 진영에서 했던 것처럼 하나님이 이스라엘에게 그 땅을 깨끗하게 지킬 것을 요구하고 그들 가운데 계속 거하실 것이라는 근거에서 정의를 보존한다.

> 너희는 너희가 거주하는 땅을 더럽히지 말라 피는 땅을 더럽히나니 피 흘림을 받은 땅은 그 피를 흘리게 한 자의 피가 아니면 속함을 받을 수 없느니라 너희는 너희가 거주하는 땅 곧 내가 거주하는 땅을 더럽히지 말라 나 여호와는 이스라엘 자손 중에 있음이니라 (35:33-34)

신명기

모세 오경 다섯 번째 책도, 그 책의 한 가지 핵심적인 초점은 그다지 중요하지 않는 설화적 모습도 갖고 있다.[6] 현재 형태의 신명기는 이스라엘 역

---

5. 나는 다음과 같은 차일즈의 결론에 전적으로 동의한다. 다양한 주제들과 복잡한 문학적 발전에도 불구하고 민수기는 자기 백성에 대한 하나님의 뜻에 관하여 통일성 있는 제의적 해석을 유지하고 있으며, 그 해석은 거룩한 것과 속된 것 사이의 날카로운 대조를 보이는 것이다 (*IOTS*, 199).

6. N.Lohfink는 다른 작은 설화 단위들을 구별하면서, 설교들을 함께 모으는 방법으로써 '해설이 그 책에 덧붙여졌다'고 결론짓고 있다(Deuteronomy, *IDBSup*, 229). 차일즈는 신명기의 다양한 부분들이 현재의 형태에서 어떤 기능을 하고 있는가를 물음으로써 그의 문학적 분석에서 주된 돌파구를 형성하고 있다(*IOTS*, 213-21). 신명기 전체의 신학과 그 신학의 독특한 기여에 대하여는, J. G. McConville, *Law and Theology in Deuteronomy*, *JSOTSup* 33 (1984)

사의 계획적인 해석이나 법전, 이상적인 투사나 또는 언약 확증서가 아니다. 신명기를 전체적으로 읽어보면 우리는 하나님의 은혜로 다음 세대에까지 확장된 언약과 약속의 연속성으로 말미암아 곧 약속의 땅에 들어가게 될 이스라엘에게 모세가 다음 세대를 위해 야웨 하나님께 믿음과 순종으로 응답하라고 촉구하는 메시지가 설교의 형식으로 제시되어 있음을 발견한다.[7] 신명기의 큰 다섯 단락들은 이런 통찰력 있는 관점을 지지해준다.

1-4장에서는 이스라엘이 약속의 땅에 들어가 약속된 축복을 누리기 위해 새로운 세대가 야웨 하나님께 견고하게 붙어있도록 가르칠 목적으로 이스라엘의 과거가 회상된다(4:4-8). 애굽에서 나온 세대는 반역과 불순종으로 멸망하였다(1:34-35; 2:14-15). 이제 새 세대가 그 땅에 들어가려는 시점에 있으므로 모세는 그들에게 그 사건이 언약 백성에게 무슨 의미가 있는 것인지를 설명한다(1:5이하). 시내 산 계시와 시내 산 언약은 이스라엘의 불순종에 의해 무효화된 것이 아니었다. 주께서는 신실하시므로 그는 자기 백성이 그 땅에서 멸망하지 않도록 자기에게 대한 충성을 기대하신다(4:25-28). 그러나 이스라엘이 배교하고 심판받을 때에라도 그들이 온 마음과 성품으로 그에게 돌이킨다면 희망은 있다(29절). 왜냐하면 언약의 하나님은 용서하시는 분이시기 때문이시다. "네 하나님 여호와는 자비하신 하나님이심이라 그가 너를 버리지 아니하시며 너를 멸하지 아니하시며 네 열조에게 맹세하신 언약을 잊지 아니하시리라"(31절).

5-11장은 십계명을 반복하고(5:6-21), 율법에 대한 충성을 강력하게 요

을 보라. 나는 신명기가 조약 형태에 따라 구성되지 않았을 것이라고 주장하는 니콜슨(Ernest W. Nicholson)의 견해에 동의한다(God and his People. Covenant Theology in the Old Testament [Oxford: Clarendon, 1986], 71-82). 이러한 접근 방법의 예로는, Meredith G. Kline, *Treaty of the Great King; The Covenant Structure of Deuteronomy: Studies and Commentary* (Grand Rapids: Eerdmans, 1963).

7. 신명기의 연대에 관한 고든 웬함(Gordon Wenham)의 중요한 공헌인, The Date of Deuteronomy: Linch-pin of Old Testament Criticism, *Themelios* 10 (1985): 15-20; 11 (1985): 15-18을 보라.

구함과(6:4-5) 율법을 마음에 새기도록 호소함으로써 언약의 의무를 새 세대에게 확장한다. 이 장 언약의 계속성은 그 명령을 지키는 자가 온 마음으로 헌신할 것을 기대하시는 하나님의 기대로 인해 또한 이스라엘에게 그 자손들을 가르치도록 권고한다(6-9절). 각각의 세대가 시내 산에서 모세를 통해 주어지고 그 언약 안에 들어있는 계시를 자기 것으로 받아야 한다(5:22-33). 언약의 계속성은 그 명령을 지키는 자가 온 마음으로 헌신할 것을 기대하시는 하나님의 기대를 내포하고 있다. "다만 그들이 항상 이같은 마음을 품어 나를 경외하며 나의 모든 명령을 지켜서 그들과 그 자손이 영원히 복받기를 원하노라"(29절)

12-26장은 이제 곧 그 땅에 들어갈 새로운 세대에게 꽉 짜여진 체계는 아니지만 복합적인 율법을 제시하고 있다. 출애굽기, 레위기, 민수기의 율법과 여기에 나오는 율법 사이의 차이는 시대 변화에 맞추어 적용함으로 생긴 해석상의 차이로 보아야 한다. 모세는 하나님의 율법을 새로운 상황, 즉 이스라엘이 장막 체제에서 나와서(참고. 민 2-3장) 약속된 땅에서 지파별 거주지에 거주하는 상황에 맞추어 적용하고 있다. 이 땅은 하나님의 선물이요(신 11:11-12) 순종하고 사랑하는 백성(13-15), 축복의 수혜자들(22-32)에 대한 위탁물이다. 새로운 상황은 성막이 중심에 있던 것처럼(12장) 중앙에 있는 예배처와 왕제도(17:14-20)와 모세같은 선지자의 사역(18:14-22)을 예상하고 있다. 이 단락은 지난 세대와 연속적인 이스라엘의 언약적 지위를 확증함으로 마무리된다.

> 오늘 네 하나님 여호와께서 이 규례와 법도를 행하라고 네게 명령하시나니 그런즉 너는 마음을 다하고 뜻을 다하여 지켜 행하라 네가 오늘 여호와를 네 하나님으로 인정하고 또 그 도를 행하고 그의 규례와 명령과 법도를 지키며 그의 소리를 들으라 여호와께서도 네게 말씀하신 대로 오늘 너를 그의 보배로운 백성이 되게 하시고 그의 모든 명령을 지키라 확언하셨느니라 그런즉 여호와께서 너를 그 지으신 모든 민족 위에 뛰어나게 하사 찬송과 명예와 영

광을 삼으시고 그가 말씀하신 대로 너를 네 하나님 여호와의 성민이 되게 하시리라 (26:16-19).

다음 단락 27-30장은 1-26장에서 제시된 바와 같은 역사의 교훈과 언약과 하나님의 계시에 대한 응답을 요구한다. 새 세대는 하나님의 언약적 기대와 그의 은혜의 증거에 이제 응답해야 한다. 모세는 에발 산에서의 언약 갱신을 계획하는데(27:1-8) 그때에는 이스라엘이 언약의 저주와 축복, 불순종과 충성을 다시 기억하게 될 것이다(27:9-28:68). 그런 다음에 그는 그들이 애굽과 광야에서 또 요단 건너편 땅의 정복에서 하나님께서 이스라엘을 구속하신 그 능하신 행동뿐만 아니라 아브라함 언약의 성취를 누린다는 사실에 근거하여 하나님께 즉각적인 응답을 할 것을 요구한다(2-8절). 그들이 조상의 악행을 그대로 답습한다면 그들은 하나님의 '맹렬한 분노'를 경험하게 될 것이다. 언약적 관계 안에서 야웨께서 순종하는 자에게 생명을, 그 언약을 거부하는 자에게는 '죽음' 또는 언약적 교제로부터의 축출을 내리신다(30:11-20). 모든 세대는 다음 세대에 책임이 있다.

내가 오늘 하늘과 땅을 불러 너희에게 증거를 삼노라 내가 생명과 사망과 복과 저주를 네 앞에 두었은즉 너와 네 자손이 살기 위하여 생명을 택하고 네 하나님 여호와를 사랑하고 그의 말씀을 청종하며 또 그를 의지하라 그는 네 생명이시요 네 장수이시니 여호와께서 네 조상 아브라함과 이삭과 야곱에게 주리라고 맹세하신 땅에 네가 거주하리라 (30:19-20; 29:19-20도 보라)

마지막으로, 31-34장은 이스라엘의 새로운 상황을 투사한다. 모세의 후계자 여호수아는 하나님의 종으로 공식적으로 인정되는데, 그를 통해 모세의 직분이 계속될 것이다(31:1-8, 23). 모세는 레위인들에게 신명기 형태의 율법을 매 칠년 초막절에 낭독하고(9-13절), 그것을 하나님의 궤 곁에 보관하도록 지시한다(26절). 신명기는 새 세대에 대한 언약 갱신의 기록이다(9

절; 29:1 참조). 모세는 더 나아가 모든 오고 가는 세대가 언약적 충성을 새롭게 할 것과 '반역하고 목이 곧은' 인간이 인본주의적 자율 정신으로부터 자기를 지킬 것을 엄중히 훈계한다(31:27). 모세의 노래는 언약적 불충성에 대한 영원한 경고와 언제나 그의 언약에 신실하신 하나님께 신실하라는 권고의 기능을 한다(32장). 이스라엘을 향한 하나님의 목적은 열방이 자기 백성과 함께 기뻐할 때에 성취될 것이다(43절). 지파들에 대한 모세의 축복을 통해 하나님은 온 이스라엘에게 그가 그들을 사랑하시고 통치하시고 축복하시고 그의 택하신 백성으로 삼으셨다는 것을 확신시키신다.

이스라엘이여 너는 행복한 사람이로다
　　여호와의 구원을 너 같이 얻은 백성이 누구냐
그는 너를 돕는 방패시요 네 영광의 칼이시로다
　　네 대적이 네게 복종하리니 네가 그들의 높은 곳을 밟으리로다 (33:29)

하나님께서 자기 종 모세를 통해 자기 백성에게 신실하셨던 것처럼 (34:10-12) 그는 여호수아를 통해서도 그들과 함께 하실 것이다(9절).

여호수아

여호수아서는 이른바 신명기적 관점에 의하여 신명기와 밀접히 관련되어 있다.[8] 신명기와 여호수아서 사이에 있는 문학적 관련성은 지도력의 연속성, 언약, 하나님의 임재, 언약 공동체, 언약적 규범들(순종과 불순종; 축복

---

8. Gordon J. Wenham, The Deuteronomic Theology of the Book of Joshua, *JBL* 90 (1971): 141-42를 보라. Robert G. Boling, Levitical History and the Role of Joshua, in *The Word of the Lord Shall Go Forth: Essays in Honor of David Noel Freedman*, ed. Carol L. Meyers and M. O'Connor (Winona Lake: Eisenbrauns, 1983), 241-61.

과 저주) 그리고 약속들의 성취라는 관점에서 볼 때 명백해진다. 여호수아서는 신명기의 다양한 동기들을 함께 끌어모으며 모세 오경의 약속들과 희망을 실재화한다. 여호수아의 정복의 단계는 모세 시대의 종료와 여호수아 후세대의 시작으로 기능한다. 주제들과 설화들의 상호교직적 구조와 지파들 간의 영토 분배에 관한 세부 기술 등은 신명기와 여호수아서 간의 문학적 관련성을 예시한다. 새로운 상황으로부터 발생되는 불연속성들(여호수아의 지도력, 가나안 땅에의 도착, 모세의 율법에 대해 어떤 새로운 계시도 추가되지 않은 상황 등)은 연속성들(하나님의 동행, 그분 말씀의 성취, 모세의 율법, 언약적 축복과 충성)에 의해 별로 부각되지 않는다. 본서는 모세 시대와 여호수아 이후 시대 사이에 영역이 확정된 다섯 개의 주요한 구획들을 포함한다(그림 11을 보라).

여호수아서는 지도력의 연속성을 묘사한다. 신명기가 끝날 무렵, 모세는 자신으로부터 여호수아에게로의 지도력의 이양을 포함하여 새로운 상황에 대비하여 이스라엘을 준비시킨다. 여호수아는 땅에 관련된 약속들을 (신 31:7-8) 성취시키는 도구로써 군사적 지도력을 위임받는다. 여호수아는 이스라엘이 기록된 율법(19:22, 24-29; 32:46-47)에 복종하는 조건 하에서는 야웨의 동행하심에 대한 확신을 받는다. 여호수아는 모든 이스라엘의 면전에서 안수 받음으로써, '지혜의 영'인 모세의 영을 받는다(34:9, 참조. 민 27:18-23). 여호수아서는 모세의 영으로 이스라엘을 지도하신 주에 의해 임명된 지도자로서 주께서 함께 하신 여호수아를 부각시킨다(참조. 수 1:1-9). 모세처럼 그는 이스라엘을 물로 통과하여 인도하고(3-4장, 참조. 출 14-15장) 이스라엘을 유월절 준수 가운데 인도하고(5:10-12, 참조. 출 12:1-28), 에발 산에서 언약을 갱신하도록 이스라엘을 불러 세운다(8:30-35, 신 27-28장). 제사장과 레위인들에 대한 권위를 행사한다(4:10, 17, 참조. 신 29-30장). 하나님의 강력하신 행위와 이스라엘의 영원한 위탁을 생각나게 하는 '증거들'을 남겨둔다(4:19-24; 24:26-27, 참조. 신 29-30장). 그는 또한 이스라엘이 보는 앞에서 존귀하게 된다. "그날에 여호와께서 모든 이스라엘의 목전에서 여호수아를 크게 하시매 그의 생존한 날 동안에 백성이 두려워하기를 모세를 두려워하던 것 같이 하였더라"(수 4:14, 참조. 신 34:9).

    모세 시대(1:1)
        여호수아의 임명(수 1:2-9)
            여호수아의 지도력(1:10-5:12)
                가나안 정복(5:13-12:24)
            땅의 분배(13-22장)
        여호수아의 고별 설교(23:1-24:28)
    새 시대(24:29-33)

그림 11. 여호수아서의 문학적 구조

순종과 불순종에 관련된 축복과 저주는 정복 시기 동안에 효력을 드러내고 있다. 만일 이스라엘이 스스로 야웨의 언약에 신실함을 입증하기만 하면, 주께서는 이스라엘을 승리 가운데로 이끄시고, 그의 승리적인 임재와 동행, 보호를 계속 베푸시겠다고 약속하신다(10:14; 23;10-11, 참조. 신 3:22, 12:29). 또 다른 한편, 아간의 범죄로 인한 그들의 아이성에서의 패배는 한 개인의 죄가 전체 이스라엘에게 어떻게 하나님의 저주를 초래하는가를 잘 증명하고 있다(7장, 참조. 신 28:25). 여호수아는 이스라엘이 계속하여 하나님의 축복을 누리도록 하기 위하여(23:6-7; 24:14) 신실하게 남아있도록 이스라엘에게 도전하고 있다. 이 호소는 앞 세대에게 알려진 하나님의 강력한 구원 행위(예. 출애굽기에 기록된 구원 행위들) 뿐만 아니라 여호수아 세대를 향한 하나님의 신실하심 위에 근거하고 있다. 그는 아브라함에게 주어지고 모세를 통하여 이스라엘에게 새롭게 된 땅에 관한 약속(23:14)을 성취하셨다. 그러나 하나님께서는 그의 선물들을 나누어 주심에 있어서 절대주권을 가진 분이시다. 그래서 그는 그들이 그를 대항하여 범죄한 때에는 그 땅과 그 백성과의 관계를 끊어버릴 수도 있다.

> 너희의 하나님 여호와께서 너희에게 말씀하신 모든 선한 말씀이 너희에게 임한 것 같이 여호와께서 모든 불길한 말씀도 너희에게 임하게 하사 너희의 하나님 여호와께서 너희에게 주신 이 아름다운 땅에서 너희를 멸절하기까지 하실 것이라 만일 너희가 너희의 하나님 여호와께서 너희에게 명령하신 언약을 범하고 가서 다른 신들을 섬겨 그들에게 절하면 여호와의 진노가 너희에게 미치리니 너희에게 주신 아름다운 땅에서 너희가 속히 멸망하리라 하니라 (23:15-16)

출애굽과 광야에서의 사랑의 증거들처럼 약속의 땅 성취도 이스라엘의 응답에 의해 조건 지어진 것은 아니다(수 21:43-45, 참조. 신 7:7-9, 32:1-14). 또 다른 한편 약속의 땅 성취는 하나님의 언약적 성실에 조건 지어져 있다. 은혜와 상급의 긴장은 신명기로 다시 되돌아가게 되는 주제이며, 여호수아서의 문학적 구조 형성에 가장 잘 반영되어 있다. 처음 열두 장은 가나안 족속에 대한 이스라엘 군대의 신속한 동원과 우리가 다음과 같은 요약적 진술에서 읽는 바와 같이 이스라엘의 넉넉한 승리를 묘사하고 있다. "이와 같이 여호수아가 여호와께서 모세에게 말씀하신 대로 그 온 땅을 점령하여, 이스라엘 지파의 구분에 따라 기업으로 주매 그 땅이 전쟁으로부터 안식을 누렸더라"(수 11:23)

다음 단락(13-24장)은 비록 어떤 구절들은 완전 정복을 가정하고 있을지라도(21:43-45), 여전히 정복되어야 할 땅이 남아있다는 것을(13:2-7, 18:2, 23:4) 일반적으로 전제하고 있다. 명백하게 그 단락의 강조점은 모세와 여호수아 간의 연속성과 정복 과정의 기적적 성격에 주어져 있다. 하나님의 약속들의 성취에 대한 감격으로 인하여, 그 기사는 애굽과 광야에서의 하나님의 선하심을 회상하고 있다. 그 땅은 그 이상이 일반적으로 어떻게 현실이 되었는가에 대한 고려 없이 이상적인 구획선에 따라 배분되었다. 그 실현은 정복의 계속성(17:18)과 땅을 주신 야웨에 대한 신실성에 의존하고 있다 (23:4).

그래서 여호수아서는 우리를 이상화된 현실을 뛰어넘어 완전하고 궁극적인 성취에 대한 희망으로 인도한다. 그 약속의 실현은 하나님의 말씀의 점진적 성취의 한 실현이다. 정복의 지도자들이 살아있는 한, 이스라엘은 신실하게 남아 있었다(24:31). 여호수아와 대제사장 엘르아살의 매장과 더불어 새 시대의 여명이 이스라엘에게 밝아왔다.

결론

출애굽기에서부터 여호수아서에 걸쳐 이르는 책들은 족장들과 맺은 언약들의 성취에 대한 하나님의 단호함과, 야웨의 완전성과 행위들, 이스라엘의 초기 역사의 중요한 순간들(출애굽, 시내 산 율법 수여, 정복)과 야웨의 은혜에 대한 이스라엘의 신앙적 응답의 실패와 하나님의 백성으로서의 이스라엘에게 수여된 영광에 대한 전망점을 제공해준다. 주께서는 이스라엘을 신앙과 순종, 거룩과 정결의 학교에서 교육시킬 때에 이스라엘에게 오래참음으로 대하셨다. 만일 그 백성이 믿음과 절대적 충성으로 응답한다면 모세와 여호수아가 증거했던 축복들이 그 백성에게 아낌없이 쏟아부어질 것이다. 반대로 그들이 반역하면 그분의 저주와 심판이 그들을 사로잡을 것이다.

11

야웨의 계시와
이스라엘의 성별

애굽으로부터의 이스라엘의 구속, 하나님의 계시, 그의 인도 그리고 가나안 정복의 이야기는 하나님 백성으로서 이스라엘의 민족적인 연대성을 형성해 주었다. 개별적인 이스라엘 사람들은 정경의 기록을 통해서 전체로서의 민족의 뿌리들 안에 자신들의 근원을 찾고 있다. 즉 하나님의 은혜, 약속, 계시, 언약 그리고 기업의 상속에 근거를 두고 있다. 출애굽기에서 여호수아서까지의 성경적인 계시는 가르치고, 권면하고, 선포하기 위하여 기록되어 있다. 이 장에서 나는 이 책들에 있는 다양한 자료들을 이해하는 길로서 정경적인 접근을 따르고자 한다. 이와 같은 탐구의 방법에서 우리는 이스라엘의 성격, 하나님의 성품, 모세에게 주어진 계시와 하나님의 임재와 모세와 맺은 언약 그리고 인격적인 위탁의 문제에 주어진 강조점을 고찰할 것이다.

이스라엘의 성격

출애굽기에서 여호수아서까지 정경의 책들은 고대 이스라엘의 각 세대에게 그들은 아무 값없이 언약들과 약속들과 축복된 하나님의 임재의 상속자가 되는 특권을 받았다는 것을 증거하는 하나님의 증인으로 기능을 하였다. 이 축복들은 태어나면서부터 얻은 것이 아니고 이스라엘의 반역적인 조상들 때문에 빼앗긴 것도 아니었다(신 7:7-9; 9:5-6). 이 약속이 그들의 것이 된 것은 야웨께서 아브라함과 맺은 언약 때문이요, 그의 사랑의 인내와 그들과 화해하고자 하는 그의 너그러우심 때문이었다. 그러나 심지어 그들이 번영을 누릴 때까지도 약속과 언약의 축복들은 그들이 아브라함의 후손이라는 덕분에 자동적으로 그들의 것이 된 것은 아니었다. 주께서는 믿음과 회개와 화해와 그분에게로의 헌신을 요구하셨다. 이스라엘은 특권을 가졌을 뿐 아니라 책임을 가졌다. 이스라엘은 받을 만한 자격이 있는 것이 아니었고 은혜 위에 은혜를 받은 것이었다. 이스라엘에 대한 정경적 묘사는 이 특권과 책임 간의 긴장들로 가득차 있다.

하나님의 아들로서의 이스라엘

이스라엘에 대한 하나님의 사랑의 정경적인 묘사는 아버지가 그 아들을 돌보는 것과 같은 것이었다.[1] 그는 그의 '장자'로서 이스라엘을 애굽 사람들 앞에서 존귀케 하셨다(출 4:22). 그는 그들을 '독수리 날개'로 애굽에서 인도하여 그에게 이끄셨다(출 19:4). 유모와 같이 그는 그들이 필요를 채워주시지만(신 32:10-14) 아버지로서의 훈련으로 그들을 가르치셨다(8:1-5). 이 목적을 위해서 그는 광야에서 역경들을 보내심으로써 그들을 시험하셨다. 이 역경들을 통해서 이스라엘로 하여금 그와 성숙한 관계성을 맺고자 한 것이다. 그러나 이스라엘은 후견인 아래 있는 어린 아이로서만 그와 관계를 가질 수 있었다(참조. 갈 4:1-3). 이 사실은 왜 하나님의 영광스러운 왕적 능력의 시위에 의해 애굽에서 구원받고 아들로서 입양된(신 26:18; 롬 9:4을 보라)

---

1. 여호와께서는 애굽에 있는 이스라엘의 부르짖음에 응답하시며(출 2:24; 3:7) 그들에게 아버지로서의 사랑과 긍휼하심을 보여 주신다(19:4; 신 4:20). 그러나 그분께서는 또한 진노하심이 맹렬하여 불평하는 자들과 거역하는 자들, 그리고 스스로 자기만족을 취하는 자들을 멸하셨다. 이스라엘은 하나님의 오래 참으심 때문에 살았지만 그분의 진노하심으로 심판을 받기도 했다(출 33:3; 민 11:10). 그러나 반역적이고 목이 곧은 백성인 이스라엘의 모든 결점들에도 불구하고 그들은 아직 하나님의 백성이다(출 33:13).

이스라엘이 영적 성숙을 가르치는 하나님의 학교에서의 교훈보다도 가끔 애굽에서의 물질적인 문화의 유익들을 더 좋아했는가를 설명해준다.

하나님의 백성으로서의 이스라엘

조상들에게 주신 하나님의 약속의 성취로서 이스라엘은 하나님의 백성이 되었다(창 17:7; 출 6:7-8; 신 26:18). 하나님은 이스라엘을 당신 자신을 섬기도록 부르셨지만(출 4:22-23), 그 백성들은 애굽을 섬기기를 더 좋아했다. 그들은 하나님이 어떻게 강퍅한 바로를 심판하는가를 보았다. 그러나 그들은 하나님을 사랑하고 그의 계명을 지키는 마음을 가지려고 노력하지 않았다(신 5:29; 29:3-4). 하나님께서 그들 가운데서 무슨 일을 해 오셨는가를 이해할 마음도 혹은 그분의 계명들을 지킬 마음도 가지려고 애쓰지 않았다.

하나님의 백성으로서 그들은 거룩한 삶을 살도록 해주는 율법들을 지킴으로써, 하나님을 아는 지식을 성찰함으로써 그리고 하나님의 지상통치권을 세움으로써, 이방 나라들 가운데서 하나님 나라로서의 구별을 반영해야 했다(신 26:18-19). 약속의 땅에 들어간 새로운 세대는 하나님의 백성으로서의 그의 지위가 광야에서 멸망받은 세대들의 충성 때문이 아니라는 것을 알았다. 오히려 하나님의 계시의 선물들과 언약 그리고 그의 사랑은 조상에 대한 하나님의 신실함 때문에 그들의 것이 되었다(7:7-9). 하나님의 약속들은 그들의 하나님에 대한 그들의 충성을 새롭게 한 모든 사람에게 항상 적용된다. "네 하나님 여호와께서 네 마음과 네 자손의 마음에 할례를 베푸사 너로 마음을 다하며 뜻을 다하여 네 하나님 여호와를 사랑하게 하사 너로 생명을 얻게 하실 것이며"(30:6)

거룩하고 영광스러운 나라로서의 이스라엘

주께서는 족장들에게 준 그의 약속의 말씀의 성취로써 그들이 그의 백성이 되게 하겠다고 이스라엘에게 약속하셨다. 하나님의 백성으로서 그들은 주께 구별되어져야만 했다. 이스라엘을 구별하는 행위(즉, 성결)는 특별히 중요했다. 그것은 곧 이스라엘의 거룩한 하나님이 세계 모든 나라로부터 이 나라를 그 자신을 위해서 구별시켰다는 뜻이다(출 19:5). 그 성결한 나라에는 주 외에 다른 왕이 없고 주께는 이스라엘 외에 다른 백성이 없다(신 26:17-18). 이스라엘은 위대한 왕의 '소중한 재산'(sᵉgullâ; 참조. 19:5)이 되었다. 히브리어로 세굴라는 개인적 사용을 위해서 구별된 개인의 특별재산을 의미하는 아카드어 Sikiltū에서 파생되었다. 구약에서 세굴라의 용례로부터 우리는 이스라엘이 하나님의 사랑과 헌신의 대상이며, 또한 그의 선택된 백성이요, 언약적 충성이 요구된 백성이요, 그의 특권적인 지위와 관련된 큰 상급과 영예의 약속이 주어진 백성이라는 것을 알 수가 있다(출 19:5; 신 7:6; 14:2; 26:18; 시 135:4; 말 3:17). 세굴라의 의미는 '제사장 나라'와 '거룩한 백성'(출 19:6)이라는 두 개의 병행 구절에서 더 자세히 묘사되었다. '왕국'과 '나라'라는 말들도 '제사장'과 '거룩'이 병행을 이루듯이 병행을 이룬다. 이와 같이 주께서는 이스라엘을 그를 위해 성별된 나라로 취하겠다고 약속하시고 그에게로 구별시키시며 땅 위에서 임한 하나님 나라의 가시적 표현으로써 위대한 왕을 섬기는 특권을 주셨다.[2]

열방들의 찬양 대상으로서의 이스라엘

이스라엘을 그의 아들, 그의 백성, 그의 거룩한 나라 그리고 그의 왕적 통치의 대상으로 선택한 것은 열방들 가운데 하나님의 이름을 높이기 위한 목적이었다. 그는 하늘에서 천사들이 그의 원하는 대로 순종하는 것처럼 땅

---

2. W. L. Moran, A Kingdom of Priests, in *The Bible in Current Catholic Thought*, ed. J. L. McKenzie (New York: Herder & Herder, 1962), 7-20. 또 다른 접근 방법에 대하여는, E. Fiorenza, *Priester für Gott* (Münster: Aschendorff, 1972)을 보라. 엘리어트(J. H. Elliott)는 신구약을 연결시키는 연구에서 이 본문에 관하여 이렇게 설명한다. 제사장직의 기능이 아니라 제사장직의 속성이 여기에서 강조되고 있다 (*The Elect and the Holy* [Leiden: Brill, 1966], 56). 둠브렐은 주석하기를, 하나님의 왕권 신학은 여기에서 가장 두드러지게 나타난다. 그러나 왕권과 언약은…상호보완적인데, 왜냐하면 언약의 전제 조건은 하나님의 통치인 반면 이스라엘 안에서 그리고 이스라엘을 통한 언약은 국가 정치에서의 하나님의 왕권의 시행령이기 때문이다 (*CaC*, 90).

위에서 하나의 충성스럽고, 책임 있고 사랑스러운 백성을 세우기를 원하셨다. 주께서는 그의 율법에 순종하는 조건으로써 그들에게 축복을 약속하셨지만, 그들은 그들의 의에 대한 상급으로써 그 약속의 상속자가 될 수 있다고 주장할 수 없었다(신 9:5).

야웨와 그의 백성과의 밀접한 관계성은 열방에게 큰 두려움을 주었고(출 15:13-16) 질투심을 일으켰다(신 4:6-8). 그 언약 백성은 하나님의 '찬양과 명예와 열방들 위에 드높은 영광'이 되도록 예정되었다(26:19). 그의 백성으로서 그들은 모든 열방을 통치하도록 예정되어 있었다. "오늘 내가 너희에게 명령하는 바 너희가 너희 아브라함의 명령을 진심으로 지키면 주께서는 너희를 머리가 되게 하고 꼬리가 되지 않게 하시며 너희를 오직 위에만 있게 하고 아래에 있게 하지는 않으실 것이다"(28:13 표준새번역).

하나님의 성품과 모세에게 주신 계시

족장 시대에는 주께서 그 자신을 직접적으로 족장들에게 나타내셨다. 그는 아브라함에게 언약적 약속들을 확증해 주셨다. 주와 족장들과의 인격적인 관계가 매우 밀접한 반면에 그분은 그들에게 대체로, 하나님El 혹은 전능의 하나님El Shaddai으로 알려졌다. "내가 아브라함과 이삭과 야곱에게 전능의 하나님으로 나타났으나 나의 이름을 야웨Yahweh로는 그들에게 알리지 아니하였다"(출 6:3). 족장들에게 하나님은 창조주 하나님(창 14:22), 방패(15:1), 벧엘의 하나님(31:13), 이삭의 두려워할 자(31:53), 즉 약속의 근원이시다. 모세와 여호수아의 시대에는 하나님은 그의 이름과 권능의 행위와 인격적인 속성의 측면에서 그 자신을 좀 더 충분히 드러내신다.

언약적 이름 야웨

하나님은 그의 이름을 모세에게 드러내셨다. 야웨라는 그 이름의 의미는 애굽으로부터 이스라엘을 구속하는 문맥 속에서 발견된다.³ 주께서 모세를 이스라엘에게 그의 선지자가 되도록 부르셨을 때(출 3:10-12), 그는 그의 신적인 임재를 떨기나무의 불꽃의 상징으로써 확신시켜 주셨고, 이스라엘 백성을 약속의 땅으로 이끌기 전에 시내 산에서 하나님을 만나도록 출애굽 시키기 위하여 모세를 사용하는 그의 목적을 확신시켜 주셨다.

나는 스스로 있는 자 : 야웨

모세가 이스라엘 백성에게 자신을 파송한 하나님의 이름을 알림으로써 그의 사명을 확신시켜 주시도록 하나님께 요청했을 때 주께서는 "나는 스스로 있는 자"('ehyeh ªšer 'ehyeh [출 3:13-14])라고 대답하셨다. 우리는 이 이름에 관하여 약간 관찰해 볼 수 있다. 첫째로 이 구절은 추상적이며 철학적인 의미(존재 혹은 스스로 존재한 자 같은 어떤 것의 의미)로 이해되어서는 안 된다. 둘째로, 히브리어 구절 '스스로 있는 자'란 두 가지 동사 *hyh*의 반복을 포함하고 있는데, 이 동사와 하나님의 이름 야웨 *hyh, hwh*도 같은 어원을 가지고 있다. 셋째, 하나님의 대답에는 약간 모호성이 있다. 그의 이름은 명백하게 주어졌지만 그 이름의 의미는 모호하다. 넷째로, 어떤 의미가 그 문맥으로부터 추론되어질 수 있다. 야웨는 그가 모세와 함께 하겠다고 약속한

---

3. J. Gerald Janzen, What's in a Name? Yahweh in Exodus 3 and the Wider Biblical Context, *Interpretation* 33 (1979): 227-39. 그 이름의 정확한 발음에 관하여는 계속 논쟁이 있어 왔다. 바벨론 포로 이전에는 그 이름이 성경의 문헌이나 성경이 아닌 자료들에서나 자유롭게 사용되었다. 그러나 포로 이후에 유대인들은 주(Lord) (*Adonai*), 하늘, 그리고 그 장소와 같은 대용어를 소개함으로써 부지중에 제3계명을 어기는 일이 없도록 관심을 기울였다. 예수 시대의 유대인들도 계속 이것을 실천했으며 예수께서도 그들의 관습에 순응하셨다. 기독교가 유대교에서 분리되어 나오자 더 이상 옛 관습을 이행할 필요가 없게 되었다. 종교개혁 시대에는 히브리어 본문의 네 글자 표기(YHWH)에 익숙해지도록 다시 소개되었으나, 불행하게도 아도나이(Adonai)의 모음이 YHWH와 함께 읽혀져서 결국 여호와(*Jehovah*)가 되었다. 현대의 학자들은 정확한 모음 표기에 대하여 합의하고 있지는 않지만, 이제는 Yahweh의 사용이 자리를 잘 잡고 있으므로, YHWH를 Yahweh(야웨)로 번역하는 것도 합당하다(W. VanGemeren, Tetragrammaton, EDT, 1079-80을 보라).

것처럼(출 3:12) 그의 백성과 함께 계시는 'ehyeh 하나님이시다.[4] 더 나아가 동사 hyh의 역할은 야웨를 조상들의 하나님과 동일시한다(15절). 완료형보다는 미완료형 시제로 사용함으로써 하나님을 과거와 현재와 미래의 하나님으로 나타낸다. 즉 "나는 앞으로도 변함없는 그 하나님으로 있을 것이다"라는 의미도 된다. 그분은 족장들의 하나님이요 이스라엘의 하나님이요, 그들이 영원히 의뢰할 바로 그 하나님이시다. 그는 족장들에게 주신 약속을 성취시키기 위하여 야곱의 자손들을 사랑하사 그들을 돌보시고 그들을 보호하신다(출 6:6-8; 그리고 2:24-25과 비교).[5] 주의 이름은 그의 약속을 반드시 성취시킬 것이라는 구체적인 확증이며 강철같이 변함없는 증거다. 그의 자기 계시를 통해 그는 그의 백성을 구속하기 위해서 전적으로 투신하시겠다는 강한 확증으로써 "나는 스스로 있는 자"라고 모세에게 선언했다. 그는 그의 백성을 위해서 존재하신다!

'스스로 있는 자' I am who I am라는 자기 계시는 또한 그의 구속사에 개입하심에 있어서 하나님의 자유를 보증한다. 외견상 동어 반복 표현인 '스스로 있는 자'는 또한 '나는 언제든지 그 모습 그대로 있게 될 것이다'로 해석될 수 있다.[6] 야웨는 그의 백성에게 주신 그의 약속을 어떻게 언제 성취시킬 것인가 하는 것은 감추신다. 다른 말로 한다면 야웨는 그의 약속들을 성취시키는 진행에 있어서 자유로우시다고 선언하신다. 시간과 공간이 그를 제약할 수 없다. 그의 백성도 그를 제한할 수 없다. 더 나아가서 누구도 어떻게 혹은 언제 그가 그의 백성을 완전히 구속할 것인가를 예언할 수 없다(행 1:7을 비교할 것).

---

4. Charles D. Isbell, The Divine Name as a Symbol of Presence in Israelite Tradition, *Hebrew Annual Review* 2 (1978): 101-18; Charles R. Gianotti, The Meaning of the Divine Name YHWH, *BibSac* 142 (1985): 38-51.

5. F. M. Cross, Yahweh and the God of the Patriarchs, *Harvard Theological Review* 55 (1962): 225-59, 그의 *Canaanite Myth and Hebrew Epic* (Cambridge: Harvard University Press, 1973), 3-75 에는 더 발전된 내용이 있다.

6. 유사한 구조로서는 출애굽기 33:19: "나는 은혜 줄 자에게 은혜를 주고 긍휼히 여길 자에게 긍휼을 베푸느니라"를 보라. Th. C. Vriezen, 'ehje 'ašher, *Festschrift für Alfred Bertholet*, ed. Baumgartner, Eissfeldt, Elliger, Rost (Tübingen: Mohr, 1950), 498-512를 보라.

나는 야웨이다

하나님이 자신을 밝히는 다른 방법은 "나는 여호와로라"라는 구절이다 (출 6:2). 히브리어 본문에서 이 말은 오직 두 개의 단어 "나, 야웨"ⁿî Yahweh 로 구성되었다. "나는 야웨이다" 정체성은 구약성경에서 매우 중요한다. 그것은 하나님의 독특한 신실하심을 의미한다. 그것으로 그는 그의 언약과 그 약속들의 성취 의무에 그 자신을 묶는다. 그 삼중적인 반복은 (1) 애굽으로부터의 구원(출 6:6) (2) 언약 백성으로서의 성별(7절) 그리고 (3) 땅의 기업 (8절)에 대한 하나님의 약속을 수행하는 능력과 그에 대한 신실성을 가졌다는 것을 보증하는 하나님의 서명날인으로 사용된다. 그의 약속들을 성취시키는 데 있어서 야웨의 각각의 독립적인 행위들은 그가 신실하여 그들을 구원할 수 있다는 확신을 그의 백성에게 고취시키고자 의도된 것이다.[7] 거룩한 역사 즉 구속의 역사는 모든 시대의 하나님의 백성들이 그가 야웨라는 것을 알도록 해주는 한 이야기를 말한다.[8]

영어에 있어서 '야웨'

야웨라는 이름은 구약성경의 헬라어 번역본인 칠십인 역의 관행에 따라서 일반적으로 영어로는 주Lord라고 번역되어 대문자로 쓰여진다(대조적으로 '나의 주'라는 의미의 아도나이라는 말은 번역하는 데 있어서 '주'the Lord라고 쓴다). 구약에서 '주'the Lord라는 말은 칭호가 아니라 하나님과 그 백성 사이의 관계를 지시한 것이요 언약백성이 그들의 기도, 찬양, 대화 그리고 거룩한 서원을 하는 데 있어서 그들의 입술로 부를 수 있는 하나의 이름이다. 구약의 하나님은 하나의 이름을 가졌는데 그 이름은 야웨다!

야웨는 오직 조상들만의 하나님이 아니요 이스라엘의 하나님이다. 그는

---

7. W. Zimmerli, *Ezekiel* 1, trans. R. E. Clements(Philadelphia: Fortress, 1979), 37-38.

8. J. Goldingay, That you may know that Yahweh is God : A Study in the Relationship Between Theology and Historical Truth in the Old Testament, *TB* 23 (1972): 58-93.

천대까지 이스라엘과 함께 하겠다고 약속하셨다. 그는 이스라엘을 양자 삼음으로 그들의 아버지가 되신다. 하나님을 경외하는 각각의 이스라엘 사람은 하나님과의 부자관계의 특권을 누린다. 영어 성경을 읽는 사람은 그가 '주'the Lord(대문자로 쓰여 있을 때) 대신 야웨라는 말로 바꾸어 읽는다면 하나님의 고대 언약백성과 야웨 사이에 존재한 친밀하고도 인격적인 교제의 정신을 더 깊이 이해할 수 있을 것이다.

하나님의 능하신 행위들

야웨의 능하신 행위들과 품성의 계시를 통하여 야웨의 왕권이 이스라엘에 입증되어졌다. 그 능하신 행위들 자체가 계시를 담고 있다. 하나님의 자기 계시에 비추어 볼 때, 그 능하신 행위들은 시편 111에서 보여지듯이 그의 성품 또한 드러낸다.

> 여호와께서 행하시는 일들이 크시오니 이를 즐거워하는 자들이 다 기리는도다 그의 행하시는 일이 존귀하고 엄위하며 그의 의가 영원히 서 있도다 그의 기적을 사람이 기억하게 하셨으니 여호와는 은혜로우시고 자비로우시도다
> (시 111:2-4)

모세의 사역을 요약하면서 익명의 저자는 하나님의 도구로서의 모세에 관하여 다음과 같이 쓰고 있다. "여호와께서 그를 애굽 땅에 보내사 모든 이적과 기사와 모든 큰 권능과 위엄을 행하게 하시매 온 이스라엘 목전에서 그것을 행한 자더라"(신 34:11-12). 주께서 모세에게 권위를 주사 이 이적들과(출 4:21), 표징들(7:3)과 심판(7:4)을 베풀게 하셨다. 이것들을 통해서 애굽 사람들은 이스라엘 하나님 야웨가 애굽을 심판하시는 데 절대주권을 가지신 분이시며 그의 자신의 백성을 구원하는 은혜의 하나님이란 것을 깨닫게 하고자 한 것이다(5절). 이와 같은 야웨의 왕적인 능력(3:19; 4:21; 6:1, 6; 7:3-5)의 시위에 거스려 대항하는 바로의 마음을 강퍅케 하는 과정 안에서,

또 그 과정을 통하여 야웨는 더 큰 능력을 드러내고자 계획하셨다. 그는 애굽에 이적과 심판으로써 열 가지 재앙을 보냈을 뿐 아니라 이스라엘을 '강한 손'(예. 출 3:19; 6:1)과 '편 팔'(예. 출 6:6; 신 5:15)로 구원하셨다.

그의 권능의 행위들은 열방들에게 강한 메시지를 전했다. 그들 역시 이스라엘의 하나님을 두려워해야 했고 이스라엘에게 도움을 주고 지원해 줌으로써 그와 협조해야만 했다. 모세는 힘 있고 시적인 표현으로 구속받은 백성들에 대한 그의 사랑의 증거로써 야웨의 영광스러운 행위를 찬양했지만(출 15:11-13) 야웨의 영광스러운 행위는 열방들을 두렵게 하였다.

> 여러 나라가 듣고 떨며 블레셋 주민이 두려움에 잡히며 에돔 두령들이 놀라고 모압 영웅이 떨림에 잡히며 가나안 주민이 다 낙담하나이다 놀람과 두려움이 그들에게 임하매 주의 팔이 크므로 그들이 돌 같이 침묵하였사오니 여호와여 주의 백성이 통과하기까지 곧 주께서 사신 백성이 통과하기까지였나이다 (출 15:14-16)

하나님의 행위는 야웨를 이스라엘 가운데 그의 지상 왕국을 세우시려고 단호하게 결심한 용사로서의 하나님으로 계시한다. 이스라엘에 대한 주의 계시와 그의 능력있는 행위의 과시는 이스라엘 가운데 있는 하나님 나라의 포괄적인 틀 안에서만 가장 잘 이해될 수 있다. 야웨는 그들을 보호하고 그들의 번영을 확보해 줌으로써 그의 백성에 대한 책임을 스스로 떠맡으신다. 그의 역할은 멘덴홀Mendenhall이 결론을 내린 것처럼, 고대 근동의 왕들의 행위와 일치한다.

야웨는 함무라비 법전의 서문에 묘사된 대로 왕의 고전적인 기능을 전적으로 행사하는 분이었다. 내적으로 율법을 제정하는 것, 전쟁을 수행하는 것 그리고 다양한 백성들의 경제적인 번영 확보는 여기에서 이미 왕의 세 가지

주요한 기능이었다.[9]

위대한 왕은 백성을 보호하고 그 백성의 원수를 파멸시키기 위하여 싸운다. 그는 홍해를 건널 때 그의 왕권을 세웠다(출 15:18). 그때 그는 이스라엘을 신원했고 애굽사람들에 대한 앙갚음을 해 주셨다. 모세는 이 사건을 그의 백성을 위해 싸우시는 하나님의 전쟁으로 인식하였다.

여호와는 용사시니 여호와는 그의 이름이시로다
(출 15:3; 참조. 계 15:3, 4)

야웨는 원수로부터 그의 백성을 구원하고 진노 가운데 원수에게 복수하며 의와 공평으로 통치하는 거룩한 용사이시다.[10] 분명히 출애굽과 가나안 정복전쟁은 창조자-구속주의 통치를 드러낸다(시 136). 그는 득의양양하게 그의 백성을 애굽으로부터 이끌어 내셨고 광야에서 그들을 보호하시고 약속의 땅에 대한 정복전쟁의 승리를 이스라엘에게 확신시켰다. 그는 더 나아가 그 땅에서 그들을 위해서 계속 싸울 것을 이스라엘에게 약속하였다(수 23:5). 야웨는 이스라엘을 통해서 땅 위에 그의 통치권을 다시 세우며 그들의 신적인 용사요, 그들의 구원자요, 보호자가 될 것을 보증하셨다. 신약이 예수님의 사역을 구약적인 개념으로 확증하고 있다는 것은 주목할 만한 일이다. 예수님은 성도들을 구원하시고 성도의 원수들을 보복하심으로써 그

---

9. George E. Mendenhall, The Tenth Generation. *The Origins of the Biblical Tradition* (Baltimore: Johns Hopkins, 1973), 29.

10. '거룩한 전쟁'이라는 주제는 그 기본을 이루는 von Rad의 작품(*Der heilige Krieg im alten Israel* [Göttingen: Vandenhoeck und Ruprecht, 1969]) 이래 지금까지 조심스럽게 연구되어 왔다. P. D. Miller, Jr., El the Warrior, *Harvard Theological Review* 60 (1967), 411-31; idem, *The Divine Warrior in Early Israel* (Cambridge: Harvard University, 1973)을 보라. 또, Tremper Longman III, Psalm 98: A Divine Warrior Victory Song, *JETS*, 27 (1984), 167-74.

의 왕국의 통치 안에 있는 모든 피조물에 대한 그의 주권을 세울 신적인 용사이시다(살후 1:7-10; 계 19:11-20:6과 비교).[11]

하나님의 품성

하나님은 모세에게 그의 품성을 드러내셨다. 그의 영광의 계시에서 주께서는 언약의 하나님으로서의 그의 품성을 명백히 드러내셨다. 금송아지를 만들어 반역한 이스라엘의 행위를 대하면서 하나님은 그의 헌신과 사랑과 용서의 깊이가 어느 정도인가를 선언하셨다. 그는 역동적이고 영원한 그의 이름의 의미를 설명하셨다.

> 여호와께서 그의 앞으로 지나시며 선포하시되 여호와라 여호와라 자비롭고 은혜롭고 노하기를 더디하고 인자와 진실이 많은 하나님이라 인자를 천대까지 베풀며 악과 과실과 죄를 용서하리라 그러나 벌을 면제하지는 아니하고 아버지의 악행을 자손 삼사 대까지 보응하리라 (출 34:6-7)

하나님은 이렇게 모세에게 그의 율법뿐만 아니라 그의 왕으로서의 은혜와 영광을 드러내셨다.

그의 이름과 능하신 행위들과 더불어서, 하나님은 그의 왕권의 일곱 가지의 속성을 드러내셨다. 우리는 이 각각의 속성을 고립시킬 수 없다는 것을 알아야만 한다. 오히려 그들은 서로 함께 결합되어 하나님의 성품의 균형잡힌 특성을 드러낸다. 거룩함에 대한 강조는 죄를 용서하시고자 그가 항상 준비하고 계심을 앎으로써 균형이 잡힌다. 그의 영광에 대한 두려움으로 지배당하기 쉽지만 또한 그는 동정과 은혜가 풍성하신 분이란 것을 알아야 한다. 그는 질투하는 분이지만 사랑과 신실성이 풍성하시다. 그는 죄를 미워

---

11. Tremper Longman, III, The Divine Warrior: the New Testament Use of an Old Testament Motif, *WTJ*, 44 (1982), 290-307.

하지만 또한 인내하신다.¹² 이스라엘은 그들이 언약 파기의 상황에서 그의 성품에 대한 계시를 받았다. 하나님의 동정, 은혜, 사랑, 신실하심, 인내 그리고 용서하심은 얼마나 위대한가!

거룩함

야웨는 '거룩'하시다. 곧 '구별'되었다. 하나님의 거룩하심은 그가 창조하신 모든 피조물로부터 그를 구별시킨다. 그는 피조물과 다르다. 그러나 하나님의 거룩하심은 그의 피조물에게까지 미치게 된다. 그래서 창조주는 그의 피조물과 특히 그의 백성이 성별(즉, 거룩하게 됨) 되기까지는 쉬지 않으신다. 창조 시 그는 오직 안식일을 거룩하게 하셨다. 그러나 시내 산에서 그는 이스라엘을 거룩한 나라가 되게 하셨다(출 19:6).

'거룩함'은 적극적인 개념이다. 야웨에게로의 구별인 것이다. 거룩하시고 질투하시는 하나님은 백성들 사이에 그의 '성소'(*miqdāš*: 직역하면 '거룩한 장소') 세우시기를 기뻐하셨다. 비록 이스라엘이 시내 산에서의 계시 전후에 하나님께 죄를 범했지만, 그들은 '하나님의 성소'가 되었다!(출 15:17; 시 114:2) 그래서 주께서는 이스라엘 안에서 거룩하고 새롭게 된 피조물의 회복을 시작했다. 그는 그의 거룩한 현존에 접근하고 거룩한 안식일을 즐기며, 그리고 오직 그분의 것이 되도록 그들에게 초대장을 보낸다. 그러나 그 언약의 초청장은 하나님의 절대주권적인 입장에서 발행되어 주어졌다. 이스라엘은 결코 하나님의 거룩하심과 그들의 성결을 당연한 것으로 여길 수 없었다. 그의 거룩하심 안에서, 야웨는 그의 사랑과 용서와 심판을 베풂에 있어서 자유로우시다(호 11:9과 비교). 그는 하나님이시요 인간이 아니시다!

---

12. 하나님께 신실하게 나아간다는 것과 하나님의 위엄을 경외하는 이 두 요소의 공존이 성경에 나타나는 종교의 전체적 특색이다(Vos, *BT*, 167).

영광

이스라엘의 하나님은 그의 행위들로써 그의 영광을 보여주신다. 그는 홍해에서 애굽 사람들을 멸망시킴으로써 그의 영광을 드러내셨다(출 15:1, 11). 그의 영광스러운 임재는 광야에 있는 이스라엘에게 구름 가운데 나타났다(13:21-22). 그리고 그 백성에게 만나와 메추라기를 은혜롭게 제공하셨을 때(출 16:13), 모세가 시내 산에 올라 왔을 때(출 24:16-18), 그리고 산에서 돌아온 모세가 하나님의 빛나는 영광을 반영했을 때(출 34:30-35) 그의 영광스러운 임재는 분명히 나타났다. 위대한 왕과 관련된 모든 것은 그의 영광을 반영한다.

애굽에서 버림받음을 경험했고(출 1장) 영광의 구름으로 내려오심과 회막 안에서 야웨의 영광스럽고 왕적인 임재를 목격했던(출 40:34-35) 백성인 이스라엘 가운데 거하시기 위하여 자신을 낮추신 야웨의 강림에 더 큰 경이가 있다. 출애굽기 시작과 끝은 얼마나 큰 대조를 이루는가! 그보다 더 놀라운 것은 각각의 행동-10가지 재앙, 출애굽, 홍해도강, 만나, 물, 승리, 언약체결-이 그의 영광을 드러낸다는 것이다. 야웨는 이스라엘의 영광스러운 왕이시다.[13]

하나님의 영광은 그의 은폐된 것을 드러내는 것에 국한된 것이 아니다. 이 계시는 행위들과 언어 계시와 그의 완전성들로 구성되었다(출 33:18-6, 7을 비교). 경건한 사람들은 하나님의 은폐된 것의 계시에 경외심과 찬양으로 반응하고, 그의 영광의 어떤 것을 볼 때 감사하며, 그의 장엄함의 영광에 대한 경외심으로 압도된다. 그러나 자기만족적인 사람들은 하나님의 영광의 신비를 보통의 인간적인 표현형식과 상상의 형식으로 축소시킨다. 그들은 주께 돌려 드려야 할 영광을 빼앗아 버린다(말 1:6 그리고 11, 14을 비교).

---

13. J. G. McConville, God's Name and God's Glory, *TB*, 30 (1979), 149-63.

동정

하나님은 동정과 은혜로 가득차 있다. 비록 그는 영광으로 충만해 있고 그의 백성 위에 초월해 계시지만 억압받고, 가난하고, 마음 상한 자들을 돌아보시어 긍휼을 베푸신다. 불쌍히 여기사 그는 값없이 그들을 구속하시고, 먹이시고 치료하시며 더 이상 수치와 박탈감을 느끼지 않도록 하기 위하여 그들을 높이신다(시 113:5-8). 이스라엘은 광야에서 육신적으로나 영적으로 결핍했고 주께서는 이 모든 것을 채워 주셨다. 비록 그들이 책임을 다하지 못했을 때도 그는 그들에게 은혜 위에 은혜를 베푸셨다.

오래 참으심

주께서는 또한 오래 참으시는 분으로서 그의 백성들을 무한히 참으신다. 그는 그의 자녀들의 연약함을 이해하는 '아버지'와 같다. 그는 그의 자녀들의 영적인 성장을 기다리면서 오래 참는다. 그리고 그들이 방황할 때 그분은 방황하는 자녀가 집으로 돌아오도록 손짓하는 아버지와 같다(눅 15:20; 벧후 3:8-9 비교). 그의 인내는 경건한 사람들(시 103:8, 13-16 비교), 미래의 세대들(103:8-18) 그리고 모든 그의 피조물(시 145:8-9; 욘 4:2, 11)에까지 미친다.

사랑과 신실함

'사랑'$hesed$과 '신실성'(^{e}met, 출 34:6)의 두 가지 특성은 그의 백성에 대한 계속적 권념을 확증해 준다. 주께서는 시편 기자와 같이 그들이 "나의 평생에 선하심과 인자하심이 정녕 나를 따르리니"(시 23:6)라고 고백하도록 그들에게 선을 베풂으로써 이스라엘에 대한 사랑을 표현하신다. '신실하심'이란 말 대신 '진리'KJV, NKJV라는 말로 번역하면 하나님의 속성들의 통일성을 정당하게 평가하는 데 실패한다. '진리'와 '사랑'은 한 단일한 속성의 두 측면이다. 하나님의 사랑은 신실하시다$truth$. 즉 오래 지속된다는 것이다. 그의 신실성은 역동적인 언약 관계성의 근거이다(시 25:10; 61:7; 86:15; 89:1과 비교).

용서

주께서는 고대 근동의 통치자들과 같지 않다. 그들은 그의 백성들의 반역적인 행위를 용서하지 않는다. 야웨는 비록 그분이 위대한 왕이요 그의 백성들 가운데 거하지만 언약 관계를 파기한 백성을 용서하신다. 이스라엘은 개인적 차원과 민족적 차원에서 참된 용서를 경험했다(민 14:20; 시 32; 103 비교). 제사장직과 희생 제사 제도에 의해 예표된 그의 아들의 죽으심을 내다보면서 하나님은 화해와 용서의 과정을 먼저 열어주심으로써 그 관계성을 은혜스럽게 회복하신다(시 103:3, 10-12; 미 7:18-19). 그가 요구하는 모든 것은 '참으로' 회개하는 영이다(시 32:5).

질투

하나님께서 질투를 적극적으로 표현하는 것은 사소한 인간적 경쟁심에서 나오는 의미와 완전히 구별된다. 그것은 야웨만이 하나님임을 의미한다. 즉 "여호와는 질투라 이름하는 질투의 하나님이니라"라는 것을 의미한다(출 34:14). 그는 그의 왕적 권위를 훼손하고, 언약 조항들을 위반하며, 그의 영광을 얕보며, 그의 백성으로부터의 충성심을 약화시키는 어떤 행위도 용납하지 않으신다. 하나님은 그의 백성들이 그와의 특별한 관계에 참여한 자들이므로 그들에 대해 질투하신다. 만약에 어떤 개인이 그의 하나님 되심을 손상시킨다면 그는 그 범법자를 징계하시고 심판하시고 제거시킨다. 왜냐하면 그는 '소멸하는 불'이시기 때문이다(히 12:29).

하나님의 임재와 모세 언약

모세 언약에서 구현된 시내 산에서의 하나님 계시는 야웨의 계시다. 비록 모세의 이름이 이 언약과 연결되어 있지만, 정경적인 증거는 하나님의 개입과 주도권과 이스라엘과 함께 거하시기로 하신 야웨의 낮추심을 강조한다. 비록 백성이 두려워 떨며 야웨께 반응하고 그 주께 반역하지만 그는 이스라엘에게 그의 영광과 완전하심을 끈질기고 집요하게 계시하신다. 위대한 왕이신 그는 그의 왕적인 계획을 쉽게 바꾸지 않으신다. 오경의 증거는 그의 백성들과 함께 거하며, 그의 율법을 계시하며 그리고 그의 임재로써 언약적 삶의 모든 영역을 성결케 함으로써 -축제들, 절기들, 제물들과 희생 제사들, 안식일 그리고 그들의 가족적인 삶, 일, 즐거움, 언약 안에 있는 마을들과 도시들을 포함해서- 성소 가까이 있을 때나 멀리 있을 때, 그의 언약 백성들에 대한 하나님의 인내와 사랑의 위대하심을 밝히 드러낸다. 그는 이스라엘에게 은혜를 풍성하게 베푸셨고 그의 영광을 드러내셨다. 즉 그것은 이스라엘 안에 머문 그분의 왕권의 임재와 축복, 보호, 약속, 용서 그리고 양자 삼음을 통해 보여주신 가까이 계신 하나님의 임재에 대한 확신이며 그리고 그 자신에게로 백성들을 성별시킨 것이다(롬 9:4, 5를 보라).

하나님의 임재

하나님의 임재라는 그 영광스러운 진리는 이스라엘에게 계시되었으며, 심지어 반역적이며 죄악된 백성으로서 그들의 본래적 성향을 드러낸 후에도 그러했다. 이스라엘은 다른 어떤 나라와 다름이 없었다. 다만 그들이 구별된 나라라는 것은 주께서 그들의 조상 아브라함을 부르시고 아브라함, 이삭, 야곱의 후손들에게까지 그들의 하나님이 되시기를 그 자신이 은혜로 약속하셨다는 것이다. 출애굽기, 레위기, 민수기, 신명기 그리고 여호수아서가 정경으로 형성될 때 이스라엘의 각 세대는 그들 가운데 하나님을 모실만한 가치가 없는 백성이라는 사실에 부딪혔다. 셈의 후손들 가운데 하나님이 임재하시겠다는 셈에게 주신 약속(창 9:26-17)은 이스라엘에게서 성취되었다. 그러나 그들은 다른 어떤 나라와는 달리 하나님의 임재의 은혜를 받을 만한 자격이 있는 것은 아니었다.

주께서는 처음에 이스라엘을 '구름기둥'과 '불기둥'(출 13:21)으로 시내 산까지 인도하셨다. 거기에서 그는 그들에게 십계명을 주실 때 그의 거룩하심을 그들에게 각인시키기 위하여 그의 경외심을 일으키는 임재를 드러내셨다. 그들이 언약을 체결한 후에야 비로소 그들은 산꼭대기 위에 나타난 그의 영광스러운 임재를 희미하게 보았을 뿐이다(24:17).

이와 같은 책들의 정경으로서의 형성은 비록 야웨께서 그들의 완고한 마음을 잘 아셨지만 그의 대가 없는 은혜의 표현으로써 그들 가운데 거하시기로 결정하셨다는 것을 이스라엘 각 세대가 기억하도록 하였다. 이 목적을 위하여서 출애굽기, 레위기, 민수기에서 모든 율법의 계시는 애굽으로부터의 이스라엘의 구속과 약속의 땅으로의 이주의 문맥 안에서 기록되었다. 만약에 이스라엘이 계속적인 그의 임재의 축복과 선물들을 누리기 원한다면 그들은 언약에 기록된 말씀과 하나님의 율법을 경청해야만 한다(도표 8을 보라).

책	하나님의 행위
출애굽기	하나님께서 이스라엘을 이집트에서부터 구원하신다. 그분께서 모세 언약을 주시고 이스라엘을 구별하신다.
레위기	하나님께서 그 백성을 열방들에게서 구별되고 거룩해지도록 가르치신다.
민수기	하나님께서 심판과 은혜로써 자신의 거룩함을 보여주신다.
신명기	이스라엘의 불성실, 불순종과 반역의 전과에도 불구하고 하나님께서 새로운 세대를 위해 새로운 기회를 주신다.
여호수아	하나님께서 계속 여호수아와 함께 계시며 그 백성을 약속의 땅으로 인도하신다.

도표 8. 족장들에게 하신 약속들에 대한 하나님의 신실성

언약, 율법 그리고 성막 예배는 오직 그들이 그의 백성들 가운데 계신 야웨의 임재라는 중심 주제와 관련될 때만이 중요성을 가진다. 그러므로 출애굽기의 문학적인 구조에 있어서, 언약의 계시, 하나님의 임재 그리고 안식일은 이스라엘의 반역이 맥락에 위치해 있다는 것을 아는 것은 중요하다.

하나님께서 언약을 맺으실 백성, 그가 함께 거하시며 안식을 주신 그 백성들은 죄인들이다. 야웨께서는 은혜로 말미암아 이스라엘 가운데 계셨고 은혜로 말미암아 그와 교제함으로써 이스라엘을 붙드셨다. 출애굽기에 있어서 복음은 야웨가 그의 백성과 만나서 교제하기를 원하신다는 확증이다(출 25:8-9; 29:42-46). 성막을 어떻게 세울 것인가와 안식일에 대한 계시(25-31장, 35-40장)는 이스라엘의 우상숭배에 의해서 요청된(32-34장) 언약갱신 기사를 괄호 안에 묶는다.

하나님의 임재와 그의 계시, 교제 그리고 거룩함의 중심적 상징으로써 성막은 더욱 큰 중요성을 증거한다. 위대한 왕으로서 이 야웨는 땅 위에 그의 왕국을 세우셨다. 회막은 땅 위에 있는 그의 왕권의 발등상이라고 불릴 수 있다. 왜냐하면 그것은 거룩한 용사의 영광과 거룩함을 반영하기 때문이다(민 10:35-36; 시 132:8). 더 구체적으로는 언약궤(민 10:33)는 그의 임재, 언약 그리고 그의 왕권의 독특한 상징이다. 법궤 위에 있는 그룹은 위대한 왕의 존전으로 들어가는 입구를 지키는 일을 하는 천사를 대표한다. 거룩한 용사는 그 백성들을 지키시고, 은혜로써 그들을 위해 쓸 것을 공급하시고, 그들에게 평화를 수여하시기 위하여 그들 가운데 계신다(6:24-26). 그를 사랑하는 모든 사람은 두려워 할 필요가 없다. 왜냐하면 그는 그들을 축복하고 그들의 기도에 응답하시기 때문이다(왕상 8:6-11, 23-30을 보라). 시은좌 혹은 '속죄소'에서 이루어진 속죄(레 16:14; 히 9:5)는 매년 속죄일(레 16장)에 거룩한 용사이신 하나님이 그들의 죄를 용서하시고 구원과 축복과 보호하심으로 그들을 다스리신다는 것을 하나님의 백성으로 하여금 확신하게 하는 것이다. 언약적 선물들의 상징은 법궤였다(출 25:22).

하나님의 임재 그 자체는 또한 율법들을 필요로 한다. 이 세상의 왕이 조약의 정서를 즐기듯이 야웨도 예배와 개인적이고도 사회적인 삶에 있어서 그의 백성들에게 기대되는 올바른 도리를 계시하셨다. 성소 가까이 있든지 멀리 있든지 간에 모든 삶의 영역은 그의 거룩한 시선의 자세한 감찰 아래 있다. 이와 같이 하나님을 이해할 때 거룩함과 정결함에 대한 광범위한 규례들과 제물들과 희생 제사의 의식을 공식적으로 정해진 제사장과 레위인의 기능에 대한 규례들과 모든 수준에서의 이스라엘의 구별된 삶의 방식과 관계된 법령들을 이해할 수 있게 된다.

모세 언약과 율법

하나님은 모세에게 그 자신과 그의 신적인 의지 그리고 직접적인 방법으로 그의 기사들을 계시하셨다(신 34:10-12). 모세는 이스라엘 역사상 어떤 선지자, 제사장, 왕 혹은 지도자보다도 가장 위대했다. '제사장' 아론과 '여선지' 미리암이 모세의 특별한 지위에 대해 도전했을 때, 야웨께서 '나의 종 모세'라고 말했다. "그는 내 온 집에 충성함이라 그와는 내가 대면하여 명백히 말하고"(민 12:6-8)라고 그는 말씀하셨다. 모세는 하나님의 성품들을 깊이 묵상했고 그의 직무는 여호수아에게 계승되었다. 여호수아는 모세의 율법과 사명과 선지자적 지도력에 철저하게 순종했다. 모세의 겉옷은 확실히 여호수아에게 입혀졌다. 지도력 계승은 역시 이스라엘에게 있어서 하나님과의 중재자 사역의 계승이었다. 이스라엘이 모세 인도 아래 있었던 것처럼 여호수아의 지도력 아래 잘 따랐다.

언약의 약속들은 아브라함과 맺어졌고 왕권의 약속은 다윗에게 처음 주어졌다. 모세는 하나님이 시내 산 언약, 혹은 모세 언약으로 알려진 이스라엘과 맺은 언약의 중보자로서 알려졌다. 모세 언약은 하나님의 은혜와 약속의 신적인 집행이 특별한 백성, 곧 이스라엘에게 적용되었음을 의미한다. 불행하게도 사회에 만연하고 심지어 그리스도인의 모임에서 조차도 만연한 율법에 대한 부정적인 견해는 모세의 중요성을 과소평가한다. 정경적 관점에서 볼 때 모세는 하나님의 백성에게 하나님의 성품을 가르치는 '하나님의 종'이다. 모세를 통한 하나님의 계시는 하나님의 아들 예수가 오심으로 말미암아 부적절하게 된 것은 아니다(히 3:5-6을 보라).

하나님의 임재는 모세 언약과 밀접하게 관계가 있다.[14] 이 언약 하에서 야웨께서는 그의 왕적인 율법의 구속력으로 그의 백성을 그 자신에게로 성별시킨다. 부정적인 측면에서는, 언약의 집행은 야웨가 그의 자녀들을 율법의 강제 규정을 통해서 묶어 두는 것처럼 속박을 의미한다.[15] 그는 그들의 마음이 강퍅하고 그의 은혜에 대한 반응이 둔하기 때문에(신 5:29) 그들을 어린 아이들 혹은 종으로 취급하신다(갈 4:1-7, 21-31을 보라). 불신하는 이스라엘 백성에게 있어서 율법은 짐이 되고 그들을 정죄하는 기능을 한다. 긍정적인 측면에서 율법은 경건한 이스라엘 사람들에게는 중보자 예수 안에서 제공된 구원을 볼 수 있도록 인도하는 은혜의 수단이다. 그들은 하나님의 뜻의 각각의 표현을 즐거워한다(시 1:2). 율법의 세세한 규칙들은 그의 자녀들로 하여금 하나님의 임재 가운데 겸손하게 동행하며 의와 공의를 사랑하며 사랑과 충성을 추구하는 것이 무엇인가를 가르쳐주는 아버지의 방법으로 사용된다(미 6:8). 율법을 제정함으로써 야웨께서는 그와 교제 가운데 살고 있는 사람들에게 그의 약속을 성취시키며 그의 은혜를 보장하기 위한 의도로 개인과 지파들을 함께 묶어 한 나라로 만드신다.

그러므로 모세 언약은 아브라함 언약보다 결코 열등한 것이 아니다. 중요한 차이는 아브라함의 언약은 개인적이고 혹은 부족적 차원의 약속인데 반하여 모세의 언약은 국가적인 성격을 갖는다는 것과 약속의 보증되는 방

---

14. M. G. 클라인은 모세 언약을 하나님의 은혜와 약속의 관계에 있어서 하나의 삽입부로 다루고 있으며(*The Structure of Biblical Authority* [Grand Rapids: Eerdmans, 1972], 94-110), Mark Karlberg도 그렇게 하고 있다(Reformed Interpretation of the Mosaic Covenant, *WTJ* 43 [1980-81]: 1-57). 완전히 은혜적인 요소들에 대한 관점에 대해서는 Murray, *Covenant of Grace*를 보라.

15. 약성 또는 언약의 형식 부분에 관한 연구를 위해서는, George E. Mendenhall, Covenant Forms in Israelite Tradition, *Biblical Archeologist* 17 (1954): 50-70, 요약되어 있는 곳은, LaSor, Hubbard, and Bush, *OTS*, 145; K. A. Kitchen, The Bible in Its World: The Bible and Archeology Today (Downers Grove: InterVarsity, 1977), 79-85. 율법에 대한 연구를 위해서는, A. Alt, The Origins of Israelite Law, in *Essays in Old Testament History and Religion* (Oxford, Blackwell, 1966); D. Daube, Studies in Biblical Law (Cambridge, Cambridge University Press, 1947)을 보라.

식이 다르다는 데 있다. 최근 맥코미스키가 이 문제에 대해서 우리에게 큰 공헌을 했는데 거기에서 우리는 새 언약의 큰 유익과 모세 언약의 정당한 평가 사이에 정교한 균형을 발견한다.

> 율법은 약속이 아니다. 그것은 약속의 언약과 구별되는 언약이다. 그것은 약속의 말이 유지될 수 있는 조건을 세운다. 약속은 하나님의 뜻에 대한 영원한 표현이다. 율법은 모세의 시대에 하나님의 백성에게 순종해야 할 조건들을 규정한 일시적인 틀이다.[16]

백성들은 믿음으로 반응하도록 요구되었지만 또한 그들은 율법의 성별에 의해 한 나라로 결속되었다. 구약의 율법은 복음에 반대되는 것이 아니다. 오히려 그 복음은 하나님이 그의 백성을 사랑하시고, 돌보시고, 또한 그들로부터 마땅한 반응을 기대하시고 계시다는 기쁜 소식이다.[17] 야웨께서는 그의 임재, 보호, 축복, 용서 그리고 은혜의 기쁜 소식을 이스라엘에게 선포하셨다. 백성들의 영적인 미성숙 때문에 야웨는 그의 율법들과 법도들과 규례들을 줌으로써 그와 그들과의 교제 그리고 그들의 개인적인, 사회적인 삶을 규정했다. 율법은 개인, 가족, 국가를 전체적으로 취급한다. 주께서는 율법에 의해서 약속을 보증하고 보존하신다. 그의 율법의 계시를 통해서 경건한 사람은 하나님이 에녹, 노아, 아브라함으로부터 요구한 것과 다름없는 것, 곧 완전함을 그와 함께 동행하는 자들로부터 기대하신다는 것을 알게 된다. '완전함'*Tāmîm*(창 17:1)의 의미는 시편 15:2, 24:4, 이사야 35:15, 미가 6:8에서 더 잘 정의되듯이 '순전성'을 의미한다. 하나님과 다른 사람에 대한 이와 같은 태도는 예수께서 그를 따르는 자들로부터 기대했던 것과 똑같다(마 5:3-10).

---

16. T. McComisky, *CP*, 73. 율법과 은혜, 구약과 신약 사이의 관계에 대하여 탁월하게 다룬 부분 pp. 94-137을 보라.

17. John Murray, *Principles of Conduct* (Grand Rapids: Eerdmans, 1957), 181-201.

즉 하나님을 위해서 거룩함, 공의, 의, 사랑과 평화를 추구하는 것이다.

율법과 모세

하나님은 모세에게 그의 율법을 계시하셨다. 율법의 모든 부분은 모세 언약의 중보자인 모세를 통해서 이스라엘에게 왔는데, 이것들은 하나님의 제정에 의하여(출 19:3, 9) 백성의 뜻에 의하여(출 20:19) 이스라엘의 중재자로서의 그의 특별한 관계에 의하여(출 32-34) 그리고 그에게 허락하신 영광(출 34:29-35)에 의해서였다. 토라Torah는 모든 율법을 모세와 연관시킨다.[18] 율법의 권위는 율법의 수여자로서, 하나님의 대변자로서 하나님과 이스라엘의 중보자로서 모세의 지위에 기인한다. 그는 하나님의 율법을 받고, 기록하고 가르치고, 적용하고 상세히 설명했다. 그는 하나님의 백성들로 하여금 믿고 야웨께 헌신하고 그 마음의 중심에 새기도록 사랑과 인내심을 가지고 반복적으로 호소했다(신명기 비교). 그는 율법주의, 위선, 경건주의의 위험을 잘 알았다. 그의 관심은 이스라엘이 마음의 할례(신 30:6)를 통해서 하나님의 은혜와 사랑을 알게 되는 것이요, 그 은혜의 반응으로 그들이 그의 계명을 지키는 것(30:10)이었다. '율법'은 목적이 아니고 하나님의 백성을 거룩한 백성으로 함께 묶는 수단이었다. 외적인 율법을 통해서 그들은 그들 가운데 하나님의 거룩한 임재를 맛보는 특권을 가진 거룩한 백성으로서의 독특한 책임감을 가질 수 있었으며, 죄가 무엇이며 용서를 위해서 야웨께 돌아간다는 것이 무엇인가를 이해할 수 있었다. 율법은 하나님의 선물이었고(롬 9:4) 그의 임재 안에서 그의 자녀들이 행할 것을 교육하는 적극적인 수단이었다(레 26:11-13; 그리고 딤후 3:16-17과 비교). 물론 하나님은 그의 백성을 성별하셨기 때문에 율법의 감독 하에서도 은혜는 있었다.[19]

---

18. Childs, *IOTS*, 32-35.

19. Gordon Wenham, Grace and Law in the Old Testament, *Law, Morality and the Bible*, Bruce Kaye and Gordon Wenham, eds. (Downers Grove: InterVarsity, 1978), 3-23; Norbert Lohfink, Law and Grace, *The Christian Meaning of the Old Testament*, trans. R.

법으로서의 율법

구약의 '율법'은 복합적인 현상이다. 세 가지 범주인 도덕법, 의식법, 시민법으로 나누는 전통적인 구분은 율법들의 미묘하게 뒤얽힌 관계성을 정당하게 평가하지 못한다. 왜냐하면 율법은 많은 다른 수준에서 기능하고 있기 때문이다.[20] 정언적apodictic 율법과 결의론적casuistic('경우'의 법) 율법 사이의 구분은 문학적인 형태에 따라서 성경의 율법들을 분류하는 데 유익하다. 정언적 -즉, 반드시 진실이라는 의미- 율법은 옳고 그른 것의 절대적인 원리를 제공한다. 그것들은 십계명에서처럼 긍정적인 명령과 부정적인 명령("너는 하지 말라")의 형식을 가진다.[21] 그것들은 또한 일반화된 명령("누구든지"), 저주 공식("저주를 받으리라"), 혹은 사형의 확정("그는 반드시 죽을지니라")에서도 나타난다. 언약의 책(출 20:22-23:33)과 성결 법전(레 18-20장)을 연구해 보면 정언적 율법은 개인적, 가정적, 공동체적, 제의적 삶의 부분 등 이스라엘 사람들의 삶의 모든 부분에 영향을 미친다. 집에 있든지, 일할 때든지, 전쟁에서 싸울 때든지, 잠잘 때든지 혹은 쉴 때든지 정언적 율법의 규정을 받는다.[22] 하나님이 관심은 그 자신을 닮도록 하는 것이다. 삶의 모든 영역에서 거룩함, 순결함, 의, 공의 그리고 사랑을 닮아가는 것이다.

결의론적 율법은 판례법들이 정언적 율법에서 나와서 하나님의 법의적

A. Wilson (London: Burns and Oates, 1968).

20. 이 주제에 관한 최근의 연구에 대해서는, Gordon Wenham, Law and Legal System in the Old Testament, in *Law, Morality*, and the Bible, 24-52; Walter C. Kaiser, Jr., *Toward Old Testament Ethics* (Grand Rapids: Zondervan, 1983); Christopher J. H. Wright, *An Eye for an Eye: The Place of Old Testament Ethics Today* (Downers Grove: InterVarsity, 1983); Dale Patrick, *Old Testament Law* (Atlanta: John Knox, 1985).

21. Kaiser, *Ethics*, 81-95; idem, Decalogue, *Baker's Dictionary of Christian Ethics*, ed. C. F. H. Henry (Grand Rapids: Baker, 1973), 165-67; J. J. Stamm, M. E. Andrew, *The Ten Commandments in Recent Research* (Naperville: Allenson, 1967).

22. Kaiser, *Ethics*, 96-137. 나는 카이저의 일반적인 접근 방법을 알고 있다. 그는 '삶의 방법으로서의 거룩함'(139-51)이라는 장으로부터 시작하여 삶의 다양한 영역들: 가정과 사회, 생명의 존중, 결혼과 성, 건강과 재산, 진실, 그리고 특히 동기와 마음에로 나아간다(*Ethics*, 152-244).

용을 강화시키는 것처럼 야웨가 삶의 모든 것에 관심을 찾고 있다는 결론을 강화한다. 판례 율법은 "만약if … 그러면" 혹은 "할 때when 그러면" 형식을 갖는다. 그것들은 개인과 공동체의 삶에 있어서, 도덕적, 제의적, 일반 생활의 영역과 관계가 있다. 이스라엘의 삶은 경건한 자가 하나님의 영광을 위한 삶을 살도록 돕는 은혜의 수단으로 하나님의 율법에 의해 질서가 잡히게 되어있다. 야웨께서는 이스라엘에게 개인적이고 사회적인 윤리의 근본 근거(정언적 율법)와 이와 같은 율법의 실제적 적용방법(결의론적 율법)과 새로운 상황에 적용하는 참조점을 제공하셨다. 이와 같은 참조점은 재판관들과 제사장들로 하여금 율법을 해석하고 다양한 상황에 적용하는 데 도움을 주었다. 재판상의 의견들을 판례별로 체계를 세워줌으로써, 하나님의 율법은 계속해서 그 시대에 맞게 적용될 수 있다. 그러나 시간이 갈수록 인간의 전통은 억압적인 경향으로 흐를 수 있었다. 이것은 예수님의 가르침의 맥락에서 찾아볼 수 있다. 랍비들이 전통(구전율법), 율법주의 그리고 하나님을 위해서가 아니라 법 자체를 위해 법을 지키는 것(마 5:19, 20 참조)은 유대인들로 하여금 율법 안에서 하나님의 영적이며 교육적인 의도들을 보지 못하게 하였다. 그것은 내적인 기쁨보다 외적인 짐이 되었다(신 30:11-14; 마 11:28-29 참조).

언약을 기억나게 하는 것들

하나님의 백성은 그들 스스로 그들의 언약적 지위를 계속적으로 기억하게 하는 가시적인 표지들을 가졌다.[23] 그들은 집의 문설주에 표시를 했다(신 6:9). 그들은 그들이 언약 백성이라는 것을 표시하기 위하여 그들의 옷 가장자리에 술을 만들어 달게 했다(22:12). 그들은 길에서 걸을 때나 집에서 쉴 때나 그들 각자는 그들이 하나님의 백성이라는 것을 기억해야 했다(6:6-7).

---

23. Bernard S. Jackson, The Ceremonial and the Judicial: *Biblical Law as Sign and Symbol*, *JSOT* 30 (1984): 25-50.

명절과 절기

이스라엘은 열방과 같기도 했고 다르기도 했다. 기뻐하고 잔치를 벌이는 특별한 절기를 즐기는 것은 열방과 같을 수도 있었다. 그러나 이스라엘의 절기는 언제나 야웨 앞에서 즐겨지는 것이었다. 하나님은 친히 그의 백성들로 하여금 마술이나 이방인들의 부도덕한 일을 금함으로 다른 나라들과 구별되도록 가르쳤다.[24]

야웨께서는 모든 지파들이 그들 자신의 지역이나 회막 주위에서 지켜야 할 연중 절기를 명시하셨다(출 23:14-17; 34:18-23; 레 23; 신 16:1-17). 이스라엘의 '절기들'mōʿēd은 매주 안식일, 월삭, 1년에 한 번씩 지키는 절기들(감사절과 속죄일) 그리고 세 가지 순례 '절기'(무교절, 칠칠절, 초막절) 등이다.

명절과 절기의 구조를 통해서 이스라엘 백성은 그들의 구속의 역사를 전승시켰다. 그들은 애굽으로부터 탈출, 광야에서 일어난 기적, 율법과 언약을 통한 계시 그리고 가나안 정복의 이야기들을 그의 자자손손에게 계승해서 전해주었다. 절기를 지킴으로써 그들은 하나님의 백성이 되었다는 의식과 축복받은 백성이라는 의식을 발전시켰다.

> 너의 가운데 모든 남자는 일 년에 세 번 곧 무교절과 칠칠절과 초막절에 네 하나님 여호와께서 택하신 곳에서 여호와를 뵈옵되 빈손으로 여호와를 뵈옵지 말고 각 사람이 네 하나님 여호와께서 주신 복을 따라 그 힘대로 드릴지니라 (신 16:16-17)

그 백성들은 부족적 혈통에 관계없이 아브라함, 이삭, 야곱의 유리방황과의 관련성을 고백함으로써 그들의 역사와 선택은 은혜로 된 것이란 것을 더 깊이 인식하게 되었다.

---

24. W. VanGemeren, Feasts and Festivals, OT, *EDT*, 409-12; Childs, *OTTCC*, 162-63.

희생 제사와 제물

제사 의식과 제물은(출 20:24-26; 레 1:1-7:21; 17장; 19:5-8; 민 15:22-29; 신 12장) 거룩한 백성으로서의 이스라엘의 계속된 지위를 보증한다. 그들은 하나님의 임재는 은혜의 표지요 능력과 의에 대한 보답이 아니었다는 것을 결코 잊을 수 없었다(신 8:17-18; 9:4-6). 제사 제도를 통해서 야웨께서는 의미를 찾고자 그에게 도움을 청한 모든 사람들에게 특권들이 값없이 주어진 것이요, 그는 그들로부터 거룩함과 의를 기대하며 어떤 범법자도 죽음의 형벌을 면치 못한다는 것을 그의 백성들에게 가르치셨다. 이 제도를 통해서 야웨께서는 그들의 죄가 속죄되고(화목되고) 용서된다는 것을 그의 백성들에게 가르치셨다.[25] 피를 흘림으로써-우리 주 예수 그리스도의 피를 기대하면서-죄에 대한 용서가 발생한다(히 9:22). 왜냐하면 주께서는 은혜롭고 용서하시는 하나님이시기 때문이다. 궁극적으로 백성들은 용서받기 위하여 하나님께 호소해야 했으며 기계적으로 외적인 요구 조건을 충족시킴으로 용서를 기대할 수 없었다(사 1:11-17; 미 7:18-20). 제사 제도를 통해서 야웨께서는 그의 구속과 보호와 공급하심에 대한 감사함으로 그에게 그들의 헌신을 표현하도록 그의 백성들을 가르쳤다. 그는 언약의 하나님이 기뻐하시는 공동체적인 의식 준수들과 표현들을 통하여 그들이 한 언약 백성이 되었다는 것을 가르쳤다. 이 다양한 목적을 표현하기 위하여 우리는 세 가지 종류의 제물과 제사를 구별한다[26](도표 9를 보라).

바울은 우리 자신을 하나님께 산 제물로 드리라고 권면하며(롬 12:1-2),

---

25. 제사의 위치와 상징적인 가치에 대한 Vos의 논문은 아직도 상당히 적합한 내용이다 (*BT*, 172-90). 또한, H. Gese, *Essaye on Biblical Theology*, trans. Keith Crim (Minneapolis: Augsburg, 1981), 81-95; B. A. Levine, *In the Presence of the Lord: A Study of Cult and Some Cultic Terms in Ancient Israel* (Leiden: Brill, 1974).

26. 제사의 범위들과 경우들에 대해 더 광범위하게 다룬 것을 보려면, N. H. Snaith, Sacrifices in the Old Testament, *VT* 7 (1957): 308-17; A. F. Rainey, The Order of Sacrifices in Old Testament Ritual Texts, *Biblica* 51 (1970): 485-98; Willem A. VanGemeren, Offerings and Sacrifices in Biblical Times, *EDT*, 788-92를 보라.

히브리서는 그리스도인 공동체에게 그 이름을 증거하는 입술의 열매요 하나님이 기뻐하시는 제사로써 선을 행하며 다른 사람에게 나눠주는 제사인 (13:15-16) '찬미의 제사'를 하나님께 드리라고 요구한다. 교제의 제사에 드리는 제물은 주의 만찬과 그리스도인의 애찬(교제의 만찬)에서 표현된다. 세 가지 종류의 제사와 제물의 구분은 우리 주 예수에 의해서 이루어진 속죄 때까지 분명하게 존재했다. 그의 속죄는 최후의 화목제물이다(히 10:1-14; 롬 3:25). 비록 구약의 제사 제도가 없어졌지만 구약시대의 헌신과 교제의 제사의 현대적 동물들은 여전히 적용된다.

구분	제사 유형	기능
화해 (Propitiatory)	속죄제, 속건제	우리 주님의 속죄를 예시한다
헌신 (Dedicatory)	번제, 소제, 전제	충성, 감사, 헌신의 마음을 표현한다
공동 (Communal)	화목제, 낙헌제 회운제, 감사제	공동의 기쁨, 축하, 감사, 인자하심을 알린다

도표 9. 제물들과 희생 제사들

거룩함과 정결함

또 다른 규례들은 거룩함과 정결함의 범주를 명시했다. 일상생활에 있어서 경건한 이스라엘 사람들은 어떤 사물이 거룩한가 혹은 속된가, 정결한가, 더럽혀졌는가를 평가함으로써 하나님과 그들의 관계성을 끊임없이 생각해야 했다. 야웨께서는 그들을 그에게로 성별시키고 가나안 사람들의 행실로부터 그들을 구별하기 위하여 불결하게 하는 것에 대한 율법(레 11-16장)과 거룩하게 하는 율법(17-27장)을 그들에게 계시하셨다. 먹는 것, 결혼, 질병과 죽음을 취급하는 것 등에 있어서 이스라엘의 습관은 하나님의 계시에 근거하고 있다. 이 거룩함과 정결함의 율법은 경건한 유대인들에게 있어서 지켜지는 동안에 인간의 유전 때문에 그 수와 강도에 있어서 점차 확대되고 강화되었다. 우리 주님께서는 짐스러운 유전의 성격을 부인하고 율법의 참 정신을 옹호하셨다. 그는 사람들이 무엇을 먹는 것과 어떻게 먹는가하는 태도보다는 그들의 생각과 언어와 행위로써 그들 자신을 더럽힌다고 가르쳤다(마 15:1-20). 비슷하게 바울도 인간의 습관을 버리고, 거룩함과 순결함의 원리를 옹호했다(고전 10:27-31; 갈; 골 2:8-23).

거룩함과 정결함의 원리는 우리 주님께서 성육신되시기 전에 이스라엘로 하여금 그들이 정결한 것을 더럽혔을 때 그들을 성결케 하도록 하는 데 도움을 주었다. 그들은 온 세상을 '거룩한 것'과 '속된 것'으로 구별했다. 사람(즉 레위인, 제사장, 나실인) 혹은 물건(제물, 그릇)은 야웨께 성결케 된 후에만이 거룩했다. 거룩한 것도 그것을 '속된' 방법으로 다시 사용하면 더럽혀질 수 있고 부정한 사람이나 물건에 접촉함으로 더러워질 수 있었다. 한편 부정한 것은 정결케 하는 의식을 통해서 깨끗해질 수 있다(그림 12를 보라).

거룩함과 정결케 하는 규례를 통해서 야웨께서는 이스라엘로 하여금 그들이 하나님의 임재를 의식하면서 어떻게 살아야 할 것인가를 끊임없이 삼가며 살도록 가르치셨다. 그는 거룩하시기 때문에 그의 뜻에 일치하지 않는 어떤 것도 용납하지 않으셨다. 어떤 규례는 처음 보기에 이상하게 보이지만, 야웨께서는 그것을 통해서 그의 백성을 이방 나라와 구별케 하고, 이유를 따지지 않고 하나님의 말씀을 경청하며, 그들의 마음을 살펴보도록 가르치신 것이다. 문제는 그들에게 하나님이 얼마나 많이 혹은 적게 요구하느냐 하는 데 있는 것이 아니고 그들이 하나님을 들을 마음을 가졌느냐이다(신 5:29).[27] 응답하는 마음은 야웨를 경외함으로 시작해서(잠 1:7) 겸손한 가운데 그 자체를 나타낸다(미 6:8). 하나님은 외형적인 순종을 기뻐하지 않으시고 그에게 온전히 헌신된 마음을 가진 자녀들을 기뻐하신다(신 6:5; 시 51:17). 이와 같은 내적 동기는 역시 '마음의 할례'로 알려져 있다(신 30:6).

---

27. W. Kaiser, *Ethics*, 235-44.

언약의 표지로서의 안식일

아브라함 언약의 상징은 할례였다. 그런데 그 의식은 새로운 방식으로 행해졌다(레 12:3; 그리고 출 4:24-26; 수 5:1-9을 보라). 모세 시대의 새로움은 다른 언약적 상징인 곧 안식일을 요구했다. 십계명에서 이스라엘은 안식을 지키라는 명령을 받았다(출 20:8-11; 신 5:12-15). 안식일의 계명은 언약 정신을 구현하며 혹은 전체 언약을 포괄한다. 안식일은 하나님의 언약의 영원한 표징이다. 안식일은 "나와 너희 사이에 너희 대대의 표징이니 나는 너희를 거룩하게 하는 여호와인 줄 너희가 알게 하려 함이라"(출 31:13).

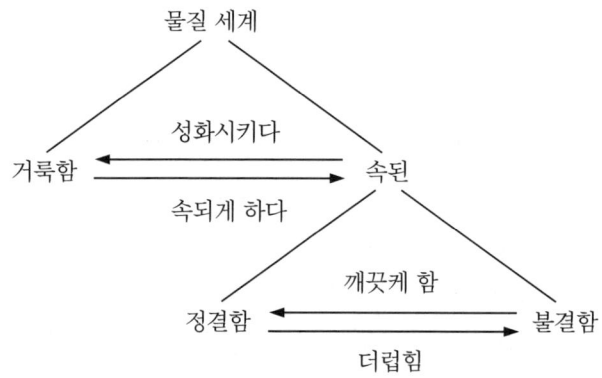

그림 12. 거룩함과 정결함의 구별

십계명에서 다른 계명들은 하나님에 대한 우리 예배와 다른 사람과 우리의 관계에 관련된 것인데 유독 안식일 계명만이 야웨와 그의 백성과의 관계에 초점을 두고 있다. 안식일에 쉼으로써, 이스라엘은 하나님과 함께 쉬도록 초청을 받았다(출 31:17; 창 2:1-3). 그렇게 함으로써 그들은 그의 거룩한 형상과 일치되었다. 창조 시 안식일을 그에게로 거룩하게 구별하셨던 하나님은 이스라엘을 거룩하게 하심으로 거룩한 날이요, 거룩하신 하나님께서 그의 거룩한 백성과 함께하는 날이다(출 31:13). 차일즈는 언약, 성막 그리고 안식일의 정경적인 상호 관계로부터(출 20-31장) 안식일은 성막으로 상징된 언약 관계와 하나님의 임재의 표징이라고 결론을 내린다.[28] 이스라엘 사람들은 성막 혹은 성전으로부터 멀리 떨어져 있을 수도 있었다. 그러나 안식일을 지킴으로써 그들은 하나님의 통치와, 그들과 그의 관계 그리고 축복과 보호 가운데서 그의 임재의 징표를 가지게 되었다.[29]

안식일은 언약 관계의 표징으로써 성례전적 가치를 가지고 있다. 즉 그것은 만유의 회복을 우리에게 확신시킨다.[30] 안식일을 지키는 사람은 회복의 약속이 궁극적으로 가져다 줄 안식을 미리 누리는 것이다. 안식일은 제6일에 2배의 만나를 공급받음으로 제7일에는 만나를 거두러 나가지 않고 야웨의 식량을 받을 수 있는 데서 아름답게 예증된다(출 16:22-26). 그러므로 누구나 안식일의 계명이 하나님의 백성으로 하여금 어떻게 그를 믿도록 요구하는지를 쉽게 알 수 있다. 자기 자신의 일에만 몰두한 사람은 하나님께서 신실하게 공급하신다는 것을 의심한다. 이사야 선지자는 믿지 않는 자의 태도와 행실을 책망하고 이스라엘에게 "안식일을 즐거운 날이라 일컬으라"(사 58:13; 또 3-5절을 보라)고 권면했다.

성막

성막은 거룩한 용사이신 위대한 왕의 임재의 중심 상징이다. 그는 축복과 보호 가운데 임재하신다. 그는 이스라엘 가운데 그의 왕권을 세우셨고, 성막은 그의 천상 궁전의 조그마한 모형으로써 그의 지상 '궁전'의 상징이었다(히 9:24과 비교). 광야 성막 주위에 이스라엘 각 족속이 장막을 친 것은 하나님의 통치가 이스라엘에 확장되고 있다는 것을 나타냈다(출 19:6; 25:8;

---

28. Brevard S. Childs, *The Book of Exodus*, OTL, 541-42; idem, *OTCC*, 70-2; J. Siker-Gieseler, The Theology of the Sabbath in the Old Testament: A Canonical Approach, *StBib* 11 (1981): 5-20.

29. Matitiahu Tsevat, *The Basic Meaning of the Biblical Sabbath* ZAW 84 (1972), 447-59.

30. 안식일은 상징적이고 모형적인 방법으로써 역사의 이러한 종말론적 구조의 원리를 사람의 마음에 명심하게 해 준다(Vos, *BT*, 156).

29:45-46; 레 26:11-13; 그리고 시 114:2과 비교).

성막은 이스라엘 가운데 임하신 하나님의 거룩하고 영광스러운 통치를 대표하였다.[31] 성막의 여러 부분들 역시, 그의 왕적인 임재와 언약관계 그리고 이 관계를 유지하기 위한 그의 권념을 상징한다. 지성소(출 26:31-33; 그리고 히 9:3-5과 비교)는 사방 5피트이며 휘장(출 26:31-33)에 의하여 성소와 분리되었다. 그 안에는 이스라엘에 대한 하나님의 통치의 상징으로써 언약의 법궤가 있었다. 그것은 하늘에 있는 그의 보좌의 발등상이었다. 보좌와 발등상의 표상은 하나님의 우주적인 지배와 그의 백성에 대한 특별한 통치를 상징적으로 표현한다(대상 28:2; 시 99:5; 132:7-8; 그리고 66:1; 마 5:35과 비교). 법궤 위의 그룹은 하늘에 있는 하나님의 왕좌 주위에서 수종들며 하나님의 거룩하심을 지키는 천사들을 나타낸다(겔 10:15-19; 그리고 창 3:24과 비교). 그들은 하나님을 자원하는 마음으로 섬기고 하나님을 대항하여 범죄한 자들로부터 그의 왕적인 영광을 보호한다. 그러나 속죄소 kappōret(NIV '속죄소' 출 25:17-22, 히 9:5) 위에 그들이 위치해 있다는 것은 위대한 왕이신 하나님께서 그의 백성을 기꺼이 용서하시겠다는 것을 확신시켜 준다. 속죄소 안에 있거나 그것과 관련된 물건들, 즉 율법의 두 돌판(출 25:16, 21, 40:20, 신 10:1-5), 만나를 담은 항아리(출 6:33, 34, 히 9:4) 그리고 아론의 싹난 지팡이(민 17:10, 히 9:4) 등은 그의 백성을 책임지시는 하나님의 언약적 헌신을 상징한다. 지성소의 의미는 그의 백성들 가운데 행사되는 야웨의 현재적 왕권과 하나님과 사람(출 25:22, 30:36)의 만남의 장소와 하나님의 속죄(레 16장)와 야웨와 이스라엘과의 언약 관계의 표지로써의 법궤에 있다. 이스라엘 가운데 하나님의 임재의 특권을 강조하기 위하여 일년에 한 번 있는 대속죄일에 이스라엘의 속죄를 위하여 대제사장 아론의 직계 후계자가 지성소에 들

---

31. 성막에 대하여 가장 세밀하게 그림으로 나타낸 책들 중의 하나가, Moshe Levine 의 *The Tabernacle, Its Structure and Utensils* (New York: Socino, 1969)이다. 또한, F. M. Cross, The Tabernacle, *The Biblical Archeologist* 10 (1947): 45-68; A. Rothkoff, The Tabernacle, *Encyclopaedia Judaica* 15:679-88.

어오는 것을 허락하였다(레 16장, 히 9:7-10과 비교).

성소에 들어오는 것은 제사장들에게만 허용되었다. 그들은 천사들이 하나님의 천상의 수종자들인 것처럼 하나님의 지상 성소의 수종자들이다. 제사장들은 분향단(출 30:1-10, 37:25-28)에 거룩한 향을 피웠다(출 30:34-38). 그들은 주 앞에서의 이스라엘의 친교와 이스라엘 각 지파들을 언제든지 축복하기 위한 그의 준비의 상징으로써 떡상 위에 진설병(출 25:23-30, 37:10-16)을 진설했다. 그리고 거룩한 기름으로(출 27:20, 21) 등대(출 25:31-40, 37:17-24, 40:24) 위에 백성들을 계속 지키고 계시다는 것을 상징하는 불을 계속 켜놓았다. 성막 바깥 뜰에서는 제사장들과 레위인들이 이스라엘을 대신해서 주를 섬겼다. 그 바깥 뜰에서 가장 두드러진 것은 속죄, 헌신, 교제의 목적으로 제사장들이 제사와 헌물을 드린 번제단이었다(출 38:1-8). 회막의 입구에는 물두멍 혹은 대야(출 30:17-21, 38:8, 40:29-32)를 두었는데, 거기에 담긴 물은 제사장들이 성막에 들어갈 때 제의적인 목욕을 위해 사용하였다.

개인적인 헌신

족장들의 육신적인 후손들인 이스라엘은 약속들과 언약들을 받았다. 그 약속들과 언약들에 의해서 열두 지파들은 야웨와 특별한 관계를 가진 한 나라를 이루게 되었다. 야웨는 그들의 하나님이 되고 그들은 그의 백성이 되었다. 이러한 관계성은 가끔 언약관계라고 불리운다. 이와 같은 관계성 속에서 이스라엘은 그의 '세굴라' 혹은 '특별한 소유', '그의 백성'^{am}, 그리고 그의 '기업'$^{nah^ulâ}$(비교. 신 9:26, 29; 왕상 8:51; 시 94:5)으로 알려졌다.

각 지파는 가나안 땅에서의 지리적인 혹은 역사상 성취한 더 나은 발전들에 상관없이 다른 지파와 하나의 공통적인 전통을 함께 가졌다. 비록 지리적으로 가나안에 사는 자와 요단강 동편에 사는 지파가 서로 분리 주의를 자극했을지라도, 또 지파 간 서로의 차이점들에도 불구하고 그들은 어느 지파에 속해 있는가를 항상 기억하도록 장려되었지만 그들의 역사와 전통 그리고 그들을 함께 묶어주는 하나님의 계시된 율법, 곧 거룩한 헌법 안에는 공통적 기반이 있었다.

이 목적을 위해서 또한 성경의 여러 책들이 주어졌다. 성경의 책들은 애굽 땅에서 모든 지파들의 공통적인 경험을 그려주고 있다(출 1-12장). 모든 지파들은 애굽에서 유월절을 지켰고 그 후로 계속 그 예식을 지키도록 명령 받았다(12:1-30, 43-50). 모든 지파들은 홍해를 건넜고 광야에서 하나님으로부터 만나를 공급받았다. 그들 모두는 시내 산에서 언약과 하나님의 율법을 받았으며, 하나님과 모세를 함께 대적했으며 광야생활을 경험했으며 또한 가나안 땅 정복에도 함께 참여했다.

시편 105편은 그들이 애굽으로부터 약속의 땅까지 여행하는 데 있어서 하나님의 은혜를 함께 받은 공통적인 은혜의 역사들을 찬양했다.

> 그의 종 아브라함의 후손 곧 택하신 야곱의 자손 너희는 그가 행하신 기적과 그의 이적과 그의 입의 판단을 기억할지어다 (5-6)

시편 106에서 시편 기자는 출애굽과 가나안 정복에서 하나님의 사랑을 기억한다. 그는 그들을 대신하여 모든 지파들이 본성적으로 죄인이요 주 하나님을 반역한 역사에 참여했음을 고백한다.

> 우리가 우리의 조상들처럼 범죄하여 사악을 행하며 악을 지었나이다 우리의 조상들이 애굽에 있을 때 주의 기이한 일들을 깨닫지 못하며 주의 크신 인자를 기억하지 아니하고 바다 곧 홍해에서 거역하였나이다 그러나 여호와께서는 자기의 이름을 위하여 그들을 구원하셨으니 그의 큰 권능을 만인이 알게 하려 하심이로다 (6-8)

하나님의 심판에 대한 표현, 언약적 심판들의 위협들 그리고 주의 거룩한 분노에 대한 가르침은 모든 세대의 이스라엘에게 하나님께서 각 개인과 각 세대가 책임 있는 당사자들이라고 간주하고 계신다는 사실을 생각나게 한다. 각각의 이스라엘 사람은 하나님의 백성 전체와 하나이다. 아간의 죄는 이스라엘에게 수치와 패배와 죽음을 가져왔다(수 22:20). 만약 이스라엘이 그의 반역을 고집한다면 모든 성경적인 증거는 전 이스라엘이 추방당하고 열방에 흩어지게 될 것이라는 것이다. 그러나 그들의 비참한 역사로부터 이스라엘의 지파들과 종족들과 가족들과 개인들은 그들의 구속주 야웨께 완전히 헌신하고 그에게로 성별되며 열방에 빛이 되도록 부르심을 받았다. 이 목적을 위하여 모세의 율법은 이스라엘 백성 개개인들에게 하나님의 은혜로운 부르심에 반응하도록 요구했다. 용서, 언약관계 그리고 축복은 저절로 주어진 것이 아니라 주께 충성을 요구하였다. 하나님은 오늘날보다도 구약의 백성들에게 더 적은 것을 기대하지 않았다. 성도란 마음에 할례를 받은 자 혹은 '새로 태어난 자'이다.[32] 주께서는 아비가 그 자녀들의 필요를 제공하듯이 그의 은혜와 호의로 그들을 유지시켜 주었다. 모세 언약은 연대성의 표현이지만 시내 산에서 우상 숭배 후 언약을 새롭게 함으로써, 주께서는 그에게 순종하는 자에게만 은혜로 살게 하시고 비록 이스라엘일지라도 죄인들은 멸망한다는 것을 명백히 하셨다(출 33:19; 34:5-6). 모세와 여호수아는 개인들과 그들의 가족들에게 하나님 나라의 멍에를 멜 것을 호소했다 (신 26:16-19; 30:11-20; 수 23-24장).

이스라엘에게 있어서 세 가지의 윤리적 기초가 있다. 첫째, 그들 가운데 임재하신 위대한 왕께서 신앙과 충성을 요구하신 것이다. 그는 이스라엘을 그의 소유로 선택하시고 구원, 보호, 옹호 그리고 축복의 행위로써 그의 사랑을 나타내 보이셨다. 둘째, 야웨를 위한 성별의 요구는 시내 산 계시로부터 윤리를 이끌어내고 있다. 윤리는 단순히 공동체의 유익을 위한 것이 아니었다. 그러나 그것은 왕 같은 제사장으로서의 이스라엘을 열방과 구별시

---

32. Arthur H. Lewis, The New Birth Under the Old Covenant, *EQ* 56 (1984): 35-44.

켰다. 그들은 위대한 왕을 섬기도록 부르심을 받았다. 셋째, 종말론적인 전망이 윤리의 영역으로 들어왔다. 경건한 삶은 하나님 중심이요 성육신적이며 또한 내세 지향적이다. 말하자면 윤리적인 삶이 땅에서의 하나님의 통치를 보다 명백히 촉진한다. 더 나아가서 하나님을 위하여 사는 사람들은 현세와 오는 세상에서 그들의 보상을 받는다. 그들은 약속들의 후사들이며 후사들로서 그들은 하나님 나라를 위하여 그들 자신들과 그들의 개인적인 권리와 자연적인 야심을 기꺼이 희생해야만 한다.

결론

출애굽기로부터 여호수아서까지 이 다섯 권의 정경으로써의 기능은 다양하다. 창세기부터 신명기까지의 율법서의 위치는 포로생활부터 시작해서 계속해서 유대주의 안에서 확고부동해졌다. 그러나 그 전에도 경건한 사람들은 이 성경의 책들로부터 하나님의 백성으로서 그들의 정체성을 이끌어냈다. 그들에게 있어서 율법서는 하나님의 종 모세를 통해서 말씀되어진 하나님의 말씀이었다. 하나님의 말씀에서 주께서는 그들을 그의 백성으로서 거룩한 제사장으로서 그들의 헌신과 열방 위에 뛰어난 그들의 지위를 확증해 주셨다. 그는 이스라엘에게 그의 이름 '야웨'의 의미와 구속의 행동 그리고 그의 완전함(거룩, 영광, 동정, 오래참음, 사랑, 신실함, 용서, 질투하심)을 계시하셨다. 주께서는 거룩한 율법으로 그 백성을 성별시키고 언약으로 그 자신을 그들에게 위탁하고 절기와 제물과 제사의 율법 그리고 거룩함과 정결케 하는 규례들에 의해 축복된 언약 관계를 유지시키심으로써 그들 가운데 기꺼이 거하셨다. 성막은 그의 임재의 가시적 상징이었다. 안식일은 그들의 거룩함, 부르심 그리고 그들의 하나님과 교제를 누리는 특권의 영적인 상징 (혹은 성례전)이었다. 이와 같은 많은 선물들을 배경으로 해서 주께서는 헌신을 기대하셨다.

12

하나님의 나라와
그의 약속

출애굽기부터 여호수아서까지 성경의 계시는 다음과 같은 기쁜 소식을 알도록 하기 위하여 이스라엘의 각각의 새로운 세대에게 주신 말씀이다.

1. 이스라엘에 대한 주의 사랑
2. 이스라엘 가운데 거하시기로 한 그분의 결정
3. 야웨는 왕이요 심판자요 구원자라는 것을 계시함으로써 그의 이름, 그의 품성들 그리고 그의 능하신 행위들의 계시와 의미
4. 모세 언약의 규정들의 특권과 의무
5. 하나님의 '종' 모세와 그를 통해서 나타난 하나님의 계시에 대한 주의 깊은 관심을 둘 필요(말 4:4을 보라)
6. 이스라엘 안에 그의 왕국을 세우심
7. 그리고 이스라엘의 헌신과 사랑의 깊이에 조건 지워지는 그의 축복

그 문학적인 구조와 정경적인 문맥은 하나님의 은혜의 중요성, 언약백성으로서의 이스라엘의 지위, 하나님의 임재, 모세의 위치 그리고 이스라엘의 예배 중앙화의 중요성을 명료하게 설명해준다. 이 시대의 구속사적인 의미는 (1) 이스라엘 가운데 하나님의 왕권을 세운 것과 (2) 그의 왕권을 유지시

키고 보호하는 수단으로써 신정체제의 사역자들을 세운 것 그리고 (3) 약속들의 성취에 있다.

이스라엘 가운데 세워진 하나님의 왕국

처음부터 주의 목적은 이스라엘을 그 자신의 백성으로 삼는 것이었다(출 6:7).[1] '백성'이란 말은 점차로 한 선택된 나라라는 의미를 가지게 되었는데, 그들에게 주께서 왕적 위엄과 거룩함으로 특징지어지는 그 자신의 나라가 되는 특권을 주셨다(출 19:5-6). 주께서는 이스라엘 백성을 그의 나라로 선택하셨다. 세계 모든 열방들로부터 그는 이스라엘을 그의 신정국가로 선택하시고 이스라엘에게 양자의 직분을 주고, 그에게 그의 영광을 계시하며, 그들에게 언약들, 성전 예배와 약속들을 허락했다(롬 9:4).

이스라엘을 한 나라로 만드시겠다는 약속의 성취와 하나님과의 독특한 관계는 야웨께 대한 그들의 반응 여부에 의해 달라지는 조건적인 것이 아니었다. 시내 산에서의 하나님의 계시 전이나 언약 체결 후나 그 어느 쪽이라도 그들은 진심으로 야웨를 사랑할 마음이 없는 철저하게 완악하고 반역적인 백성이라는 것을 스스로 입증했다. 하나님의 계시, 애굽으로부터의 구속, 시내 산에서의 계시, 언약 체결 그리고 성막에 임한 영광스러운 하나님의 임재는 은혜 받을 만한 자격이 없는 백성에게 쏟아진 하나님의 사랑과 은혜를 증거하고 있다. 그들의 반응에 상관없이 땅 위에 이스라엘을 통하여 그의 왕국을 세우시겠다는 것이 명백한 하나님의 계획이었다. 그러나 주께서는 언약적 계약 속에서 그의 백성이 감정적인 반응이 아닌 의지적인 헌신

---

1. George E. Mendenhall, Early Israel as the Kingdom of Yahweh: Thesis and Methods, in *The Tenth Generation: The Origins of the Biblical Tradition* (Baltimore: Johns Hopkins University Press, 1973), 1-31.

혹은 충성의 표현인 사랑 안에서(신 6:5) 응답해 주기를 기대하셨다.[2]

신정통치의 사역자들

언약의 목적은 이스라엘에 대한 야웨의 통치권을 집행하는 이스라엘을 그의 백성으로서 성별시키는 것이었다. 처음으로 이스라엘은 열두 지파로 나누어져 있었다. 각 지파는 장로들과 백부장, 천부장에 의해 행사되는 부족 지도력을 유지하고 있었다.[3] 부족 지도력은 이스라엘이 애굽에 있을 때 발전된 오래된 제도였다. 그러나 그들은 하나님의 백성으로 구성되어야 했기 때문에 하나님께서 제정하신 지도력을 요청하게 되었다.

첫째로, 신정주의적 지도력의 필요성은 이스라엘의 반역적 경향의 증거들이 발견된 직후 분명해졌다(출 14-18장). 모세는 이스라엘을 애굽에서 인도하여 약속의 땅으로 인도해야 할 특별한 사명을 부여받은 하나님의 대리자였다. 모세의 장인 이드로는 지도력의 짐이 모세에게 너무 무거운 것을 알게 되었다. 그때 모세는 백성을 통괄하는 민족의 영도자였을 뿐만 아니라, 모든 종류의 재판의 짐도 담당하고 있었던 것이다. 그 자신이 모든 송사를 듣고 판결을 내렸던 것이다. 모세의 조력자로서 재판관들을 세우라는 이드로의 충고는 일반은총 가운데 나온 통찰력이었다. 모세는 이드로의 충고를 듣고 큰 도움을 받았다(출 18:24).

둘째, 이 지도자적 직분은 백성의 불평과 원망의 역사 때문에 필수적이 되었다. 이스라엘 백성이 시내 산을 떠난 후(민 10:11-13), 모세는 그 백성을 인도한다는 것이 너무 어려운 것을 느끼고 지도자의 직분을 면하기 위해서 죽여달라고 하나님께 간청했다. 야웨는 이 기도의 응답으로 70인의 장로를 세워

---

2. '충실함'으로서의 '인자(ḥesed)'에 대해서는, 둠브렐의 *CaC*, 124를 보라.

3. J. L. McKenzie, The Elders in the Old Testament, *Analecta Biblica* 10 (1959): 388-406.

주셨다(11:16). 그 장로들은 모세를 올바로 도울 수 있도록 하기 위하여 모세의 영을 받았다(25절). 회막 안에 있지 않은 두 장로가 예언을 했을 때, 모세는 모든 이스라엘 사람이 선지자가 되기를 희망한다고 말했다(29절). 그는 신정정치의 목표는 모든 하나님의 백성들 가운데 하나님의 영이 임재하는 것이라는 것을 깨달았다. 이 하나님의 영이 함께 하면 원망의 여지가 없어진다.

마지막으로 모세와 여호수아가 죽자 영적 지도력의 공백을 가져왔다. 모세가 죽은 후에 신정정치의 지도력이 점차 분산되기 시작했다. 모세는 재판관, 군사 지도자, 예배 의식의 지도자, 언약의 중보자 그리고 선지자로서 이스라엘을 섬겼다. 그러나 우리가 앞에서 살펴본 대로 그가 살아서 사역을 감당한 때에도 그의 지도력을 다른 사람과 분담해야만 했다. 언약의 중보자로서의 그의 사역은 제사장들과 백성을 재판할 때에 함께 감당했던 장로들에게 인계되었다. 여호수아는 모세가 살아 있을 때는 군사적 지도력을 인수했고 모세로부터 직접 위임을 받아 이스라엘을 다스리는 카리스마적인 지도자가 되었다(민 27:15-23; 신 31:1-8, 14, 23; 34:9; 수 4:14 참조). 하나님은 여호수아를 통해서 이스라엘에게 말씀하셨다(수 1장을 보라). 그러나 그가 죽자 주의 말씀이 '희귀'하게 되었다(삿 2:7; 6:13; 삼상 3:1).[4]

신정통치의 사역자들의 목표는 하나님의 백성들로 하여금 그들의 창조주 구속주인 주와 동족 이스라엘인이 조화를 이루며 사는 것을 배우게 하는 것이었다. 그들이 그들의 하나님과 언약 백성들과 조화를 이루며 살고 있는 한 그들은 언약의 이상인 '하나님의 백성'임을 드러낸 것이다.

제사장과 레위인

아론의 자손만이 제사장으로 봉사했다(레 9장). 그러나 전체 레위인 지파는 야웨를 섬기는데 헌신하였다.[5] 그들은 회막에서 아론계 제사장들을 도

---

4. D. J. McCarthy, The Theology of Leadship in Joshua 1-9, *Biblica* 52 (1971): 165-75.

5. Childs, *OTTCC*, 145-53; M. Greenberg, A New Approach to the History of the Israelite

왔다. 아론의 제사장직은 하나님께서 제정하신 기관인데 이 아론의 제사장직을 통하여 하나님께서는 그의 백성에게 축복과 용서를 베푸셨다. 고라, 다단, 아비람 그리고 250명의 이스라엘 지도자들이 아론의 제사장직에 도전했다. 그들은 모든 이스라엘이 거룩한데 아론과 그 자손에게만 제사장직이 한정될 필요가 없다고 주장했다(민 16장). 아론의 지팡이에 싹이 돋게 하는 사건을 통해서 하나님께서는 아들과 그 자손들에게만 제사장직을 제한하는 그의 의지를 분명히 밝혔다(민 17장). 레위의 가계는 제사장들의 사역을 돕기 위해 그들에게 주어진 하나님의 선물이다(민 8:19; 18:6). 마찬가지로 모세의 사역도 대제사장 아론에 의해 분담되었다. 야웨께서는 분명히 아론의 자손들에게만 제사장 직분을 감당하도록 의도하셨다. 왜냐하면 주께서 언약으로 이 직분을 확정했기 때문이다. 아론의 손자 비느하스는 이스라엘 백성이 부도덕과 우상숭배에 빠졌을 때 야웨께 대한 충성심을 보였다. 그 보상으로 하나님은 언약으로 제사장의 직분을 확정했다(민 25:11-13). 말라기 선지자는 하나님이 제사장직과 함께 맺은 평화의 언약에 대해서 잘 알고 있었다. 그리하여 포로생활 이후 제사장들에게 하나님께서 그들과 맺은 언약에 충성하도록 도전했다(말 2:4-8).

선지자

모세오경은 또한 하나님이 새로운 세대에 그의 뜻을 계시하는 통로가 될 한 부류의 사람들을 미리 내다보고 있다. 선지자들도 또한 하나님의 계시를 받을 때 모세의 발자취를 따랐다. 모세가 직접적인 계시로 야웨의 말씀을 받았을 때, 선지자들은 환상들과 꿈들을 통해서 간접적으로 야웨의 말씀을 받았다(민 12:6-8). 선지자 제도의 표준들은 모세에게 주어진 계시의 진정성을 구체화시킨다. 즉 선지자들은 모세에게 계시된 말씀에 대한 충성심의 유무에 의하여 판단되었다(신 13:1-3).

Priesthood, *Journal of the American Oriental Society* 70 (1950): 41-47.

선지자는 이스라엘의 형제 중 하나여야만 했다(신 18:15). 바른 선지자는 그의 계시를 요술이나 마술에 의해서 받지 않았고(9-12절) 야웨로부터 받았다. 그의 말씀은 그 예언의 성취에 의하여 참된 예언인 것으로 증명되었다(15-22). 선지자가 말할 때 그것은 마치 하나님 자신이 말한 것과 같은 것으로 인정되었다. 언약의 중보자로서의 모세의 기능은 이렇게 해서 계속되었다. 이스라엘의 역사에 있어서 선지자의 역할은 언약의 중보자에서 엘리야 이후로는 언약을 파기한 이스라엘을 탄핵하는 고발자로 옮겨지게 되었다.

왕

이스라엘의 왕정 제도는 모세오경에서 오직 한 구절에만 암시되어 있는데, 신명기 17장에서 모세는 신정체제적 왕정의 성격에 대해서 자세히 묘사하고 있다. 왕은 이스라엘 사람 중에서 야웨에 의해서 세워져야하며 어떤 이방의 왕과 같아서는 안 되었다. 그는 야웨의 율법에 예민해야 되며 그것을 즐거워해야 한다(19-20절). 그는 자기를 위해서 물질적 소유를 많이 갖지 말아야 하며 혹은 자기를 위해서 권세를 많이 갖지 말아야 했다(16-17절). 왕의 마음은 항상 야웨와 바른 관계에 있어야 하며, 그렇지 않으면 모세가 했던 것처럼 그의 백성을 언약적 축복으로 인도할 수 없다. 만약 그가 하나님의 종이라면 그는 또한 하나님의 백성의 종인 셈이다. 이스라엘의 왕정은 이방나라의 전제적, 독재적 절대 군주들과는 근본적으로 다르다.[6] 신정통치의 개념은 왕을 포함해서 모든 지도자들이 백성의 유익과 번영을 위해서 종의 역할로 봉사하는 것을 전제한다.

---

6. K. W. Whitelam, *The Just King: Monarchical Judicial Authority in Ancient Israel*, JSOTSup 12 (Sheffield: *JSOT* Press, 1979).

약속과 성취

야웨가 이스라엘에게 자신을 아브라함, 이삭 그리고 야곱의 하나님으로 (출 3:15-16) 계시했다는 것은 원래 아브라함에게 네 가지 약속을 충실하게 지킬 것을 함축하는 것이었다.

후손

출애굽 할 즈음에는 이미 이스라엘은 크게 번성하였다. 약속의 땅에 들어가기 직전에 모세는 그들의 수가 하늘의 별만큼이나 번성한 것을 보았다(예. 신 1:10; 10:22). 그는 번성케 해주시기를 기도함으로써 주께서 그들을 천배나 더 축복했다(1:11). 열두 지파 중에서 레위, 유다 그리고 에브라임과 므낫세 지파는 일찍이 탁월한 지위에 올랐다. 레위 지파의 탁월함은 그들을 성전 봉사의 직분으로 선택하신 하나님의 선택과 레위 가계인 아론의 후손들을 제사장으로 임명하신 것에서 기인한다. 제사장과 레위인의 사역은 성막의 유지, 제사 그리고 하나님의 율법을 읽고 지키는 것과 관련된 것이다. 레위인들은 하나님의 거룩하심, 영광, 은혜, 용서를 기억나게 하는 사람들이었고 모세의 율법 안에 구현된 하나님의 거룩한 요구들을 생각나게 하는 사람들이었다. 유다의 중요한 역할은 가나안 땅은 좋은 땅이요 야웨께서 도우시면 정복될 수 있는 땅이라는 갈렙의 보고에 의해 고양되었다(민 13:30; 14:5-9, 24). 그 땅의 분배를 열거하는 데 있어서 유다의 지위는 갈렙이 헤브론을 정복한 것과 관련되어 가장 탁월해졌다(수 14:6-15:63).

에브라임과 므낫세의 중요성은 충성스러운 정탐꾼 여호수아로 인해서이나(민 14:9, 38). 에브라임 지파에 속한 여호수아는 처음부터 야웨와 모세에게 충성스러운 자로 남아 있었다(출 17:9-13). 그의 지파는 므낫세 지파와 함께 그 땅의 주요한 지역을 기업으로 받았다. 유다, 에브라임과 므낫세 지파들의 영토들은(수 15-17장) 가나안의 유용한 땅의 거의 반을 차지한다! 이 초기에 일어난 사건들의 중요성은 후대의 경쟁적인 두 왕국인 유다와 에브라임 므낫세 지역을 중심지로 삼은 이스라엘의 분열에서 드러난다. 성경은 이렇게 해서 지파들 사이에 있었던 경쟁 및 적대관계에 대한 약간의 설명을 제공해준다. 모세와 여호수아의 카리스마적인 지도력 때문에 간신히 그 지파들 간의 연합은 유지될 수 있었다. 지파들은 쉽게 격노했고(예를 들면, 수 22장을 보라), 그들 자신의 삶의 기준에 너무 많은 관심을 보였다. 이와 같은 태도는 르우벤, 갓과 므낫세 반 지파로 하여금 요단강 건너편을 포함하여 그들의 기업을 확장시켜달라고 요구하게 했고 요셉 지파는(에브라임 므낫세를 포함한) 여호수아에게 더 많은 땅을 달라고 주장했다(수 17:14-18).

전체적으로 하나님의 백성의 영적인 형편은 연약했다. 탐욕, 이기심, 인색함, 부도덕, 부정, 우상숭배, 증오, 불일치, 분열, 파쟁심, 쾌락 탐닉주의가 하나님의 백성들을 드러내는 단어였다. 그들은 완악했고 목이 곧았으며, 강퍅하게 된 마음을 가진 민족이었다. 시내 산에서의 첫 번째 인구조사와(민 1장), 약속의 땅에 들어가기 직전에 실시된 인구조사(26장)에서 밝히 드러난 것처럼 비록 그들의 인구가 크게 불어났을지라도 아직도 번성하리라는 그 약속은 아브라함과 자손들의 영적인 상태가 '믿는 자들의 조상'과 같이 될 것을 보증하지는 못했다. 이 기간은 육체적으로 아브라함 자손이라는 할례의 표시(수 5:1-9을 보라) 그 자체가 하나님에 대한 영적 민감성 즉 신령한 마음의 할례의 증거를 보증하지는 못한다는 진리를 명백히 보여준다.

그럼에도 불구하고 그 약속들은 다시 계시됐고 아브라함의 자손들에게 성취되었다. 하나님의 은혜는 모세와 여호수아의 지도력 하에서 오래 참으심 가운데 그의 백성들을 다루시는 데서 분명히 드러난다. 후손에 대한 약속을 포함한 그 약속들은 여전히 '너와 너의 후손'에게 주어졌다. 이러한 이유 때문에 공동체적 가르침과 거장의 가르침은 중요하다. 그러나 선지자들은 믿음과 사랑과 충성으로 하나님께 진실되게 순종하는 자만이 그의 '소유된 백성'에 속한다는 사실을 아주 분명하게 밝혔다(사 65:13-16; 말 3:16-18을 보라). 모세는 육신의 자녀와 영적인 백성을 육체의 할례와 마음의 할례를 구분하는 개념의 근거로 제시했다.

땅

땅에 대한 약속이 족장들에게 주어졌다(신 1:7-8을 보라).[7] 광야에서 38년을 보낸 후 이스라엘 백성이 그 땅을 향하여 나아갔을 때, 그들은 그 땅의 남쪽으로 들어가는 것을 거부당했다. 그들은 사해의 남쪽 트랜스요르단으로 진행하여 요단을 건너 동쪽으로부터 가나안 땅에 들어가야만 했다. 이 우회로의 결과로 그들은 헤스본 왕 시혼과 바산 왕 옥의 대항에 직면하게 되었다(민 21:21-35; 또한 신 3:1; 29:7; 시 135:11; 136:19-20을 보라). 그들은 또한 미디안에게도 복수했다(민 31장). 이와 같은 활동은 약속된 땅을 르우벤, 갓, 므낫세 반 지파들이 정착하도록 허용된(32장) 트랜스요르단까지 확장시키는 결과를 초래하였다. 이 추가적인 땅은 혼합된 축복이었다. 왜냐하면 트랜스요르단에 정착한 지파들은 이스라엘의 나머지 지파들로부터 다소 격리되어 있었기 때문이었다. 그 후에 전개된 이스라엘의 역사는 길르앗 출신인 위대한 선지자 엘리야를 제외하고는 그쪽 지파들은 아브라함의 영적인 번영에 공헌하지 못했음을 밝히 보여준다.

가나안 땅은 여호수아의 영도 아래 획득되었다. 원주민들은 이스라엘에게 대항했지만 야웨를 크게 두려워하고 있었다(수 2:11, 24; 6:27; 10:1-2). 그들은 이스라엘을 대적하여 싸우러 나왔지만(11:20을 보라) 야웨께서 그 땅을 그의 백성의 손에 붙이셨다. 왜냐하면 그분께서 그들을 위하여 싸우셨기 때문이다(10:42). 여호수아는 "여호와께서 모세에게 이르신 말씀대로"(11:23) 원주민들을 쫓아내고 그 땅을 정복했다. 다시 모세를 통한 야웨의 명령에 따라 그는 그 땅을 제비뽑아 각 지파의 기업으로 분배했다(14:2). 여호수아 사역이 끝날 즈음에는 땅에 대한 하나님의 약속은 성취된 것으로 말해지고 있는데, 그 이유는 이스라엘이 사방의 대적으로부터 안식을 누렸고 새로운

---

7. W. Brueggemann, *The Land: The Place as Gift, Promise, and Challenge in Biblical Faith* (Philadelphia: Fortress, 1977).

에덴동산인 약속의 땅에서 곡식의 첫 열매를 수확했기 때문이다.[8]

여호와께서 이스라엘의 조상들에게 맹세하사 주리라 하신 온 땅을 이와 같이 이스라엘에게 다 주셨으므로 그들이 그것을 차지하여 거기에 거주하였으니 여호와께서 그들의 주위에 안식을 주셨으되 그 조상들에게 맹세하신 대로 하셨으므로 그들의 모든 원수들 중에 그들과 맞선 자가 하나도 없었으니 이는 여호와께서 그들의 모든 원수들을 그들의 손에 넘겨 주셨음이니라 여호와께서 이스라엘 족속에게 말씀하신 선한 말씀이 하나도 남음이 없이 다 응하였더라 (21:43-45)

그러나 약속은 아직도 약속으로 남아 있었다.[9] 아직도 점령해야 할 땅이 많이 남아 있었다. 더 나아가 영원한 안식에 대한 약속의 성취 여부는 그들이 얼마나 언약에 충성하는가에 달려있었다. 만약 이스라엘이 그 언약에 충성하지 않는다면 야웨께서는 그들을 고통과 포로 생활과 열국 중에 흩으실 것을 미리 경고하셨다(신 4:25-28; 28:64-68; 수 23:12-16; 24:20). 땅 약속의 성취를 누리는 것은 이스라엘이 이전에 지속적인 방법으로 전혀 체험해 보지 못했던 더 큰 성취의 표지이다. "그러므로 내가 노하여 맹세하기를 그들은 내 안식에 들어오지 못하리라 하였도다"(시 95:11, 참조. 히 4:3-11).

---

8. 둠브렐은 신명기 26장에 나오는 가나안의 비옥함에 대한 비전이 에덴이라는 주제(motif)로의 회복을 반영한다고 결론짓고 있다. 그러한 설명으로 묘사되는 것은 에덴을 되찾고 낙원을 회복한다는 인상을 거의 피할 수 없게 한다(*CaC*, 120).

9. 가나안 정복에 있어서 정복한 세계와 사사들의 세계 사이의 차이점들에서 야기되는 문제들에 대하여는, Y. Kaufmann, *The Biblical Account of the Conquest of Palestine*, trans. M. Dagut (Jerusalem: Magnes, 1953); A. Alt, The Settlement of the Israelites in Palestine, in *Essays on Old Testament History and Religion*, trans. R. A. Wilson (Oxford, 1966), 135-69; M. Weippert, *The Settlement of the Israelite Tribes in Palestine* (Naperville: Allenson, 1971), 21를 보라.

하나님의 임재와 보호

축복된 하나님의 임재는 애굽, 광야 그리고 약속의 땅에서 그 백성과 함께 하였다. 성막의 지성소 안에 있는 언약궤는 하나님의 임재의 상징이었다. 광야 여행 중에 야웨의 임재는 구름과 불기둥으로 분명히 볼 수 있었다. 성막을 세움과 동시에 법궤는 그의 언약의 상징임과 동시에 그의 백성에 대한 하나님의 통치의 상징이 되었다.[10] 가나안 정복 당시 법궤는 길갈에 있었고, 거기에서 나중에 실로에 옮겨졌다. 야웨 임재의 모든 증거들을 갖고, 그 백성은 아직도 그 법궤가 안치될 장소로써 하나님께서 한 장소를 선택하실 것이라는 그의 약속의 성취를 기다리고 있었다. 그 장소는 독특한 하나님의 통치 장소요 그의 예배의 중심지임을 의미하는 것이었다.[11]

야웨는 여러 가지 방법으로 그 백성 가운데 그의 임재를 통하여 그 백성을 축복하셨다. 열 가지 재앙 중에도 그들을 살려주심으로, 출애굽과 홍해를 건너게 하심으로, 영광의 구름 가운데서, 먹을 것과 마실 것을 제공하고, 아말렉으로부터 승리케 하심으로, 시내 산에서 신의 현현으로, 그가 계시는 성소와 그의 언약 안에서, 이스라엘이 규칙적으로 그의 임재를 기억하고 그의 사죄를 확신하도록 하는 성막 제사장직, 제물과 제사 제도를 세우심으로, 절기들과 명절들을 지키게 함으로써, 그의 뜻에 대한 세세한 표현으로써 율법을 주심으로, 땅을 주심으로 그리고 이스라엘로 하여금 그의 원수들을 이기게 하심으로써 야웨는 그의 임재를 통해 이스라엘을 축복하셨던 것이다. 참으로 축복, 임재, 보호에 대한 하나님의 말씀은 이 기간에 성취되었다.

하나님의 임재는 또한 다른 면을 갖고 있다. 곧 저주와 심판이다. 그는

---

10. W. Kaiser, *TOTT*, 129-30; M. H. Woudstra, *The Ark of the Covenant from Conquest to Kingship* (Philadelphia: Presbyterian & Reformed, 1965)를 보라.

11. Kaiser, *TOTT*, 133-34를 보라. 다윗과 솔로몬의 시대는 이러한 약속들의 중대한 성취를 나타낸다. 그럼에도 불구하고 선지자들은 더 큰 실현에 대한 소망을 전개한다. 예수 그리스도 안에서 하나님의 영광과 임재와 충만하심이 더 놀라운 방법으로 계시되었다. 아직도 우리의 소망은 성막이나 성전이 없는 새 예루살렘이다. 왜냐하면 그때에는 삼위일체되신 하나님께서 새 백성들 가운데 거하실 것이기 때문이다(계 21:3).

애굽사람들에게 그의 심판을 보여주었고(재앙과 홍해바다의 수장에서), 아말렉, 시혼과 옥, 가나안 왕들에게는 그의 심판을 보여주었다. 그러나 또한 이스라엘에게도 그의 진노를 드러내셨다. 시내 산에서의 계시 후 그는 죄를 반드시 벌한다는 것을 분명히 하셨다. 그는 소멸하는 불이시다(출 24:17; 신 4:24; 히 12:29). 그는 재앙들과(출 32:34-35; 민 11:33; 14:37; 16:46-50; 25:9), 불과(11:1-3; 16:35), 지진과(16:31-34), 뱀들로(21:4-6) 반역하는 이스라엘 사람들을 '소멸'하셨다. 그는 그의 백성 가운데서 그의 거룩하심과 영광을 훼손하는 어떤 위반도 용납하지 않는 질투하시는 하나님이시다.

오직 야웨의 언약에 충실하는 것만이 모든 이스라엘을 소멸시키는 것을 막았다. 그는 그 족장들과 맺은 약속 때문에(출 32:3; 참조. 수 7:9) 그 자신을 위하여 그들 가운데 계속 현존하시고, 거하시며 그들을 인도하시고 보호하시고 축복하셨다. 그분은 당신이 거룩한 이름을 지키시는데 열심이신 하나님이시나 또한 인내하시고 사랑하시고 용서하시는 하나님이시다(출 34:6-7; 민 14:17-19). 율법은 한 민족으로서 이스라엘이 하나님 앞에서 어떻게 살아야 할 것인가를 가르쳐주는 하나님이 정하신 도구이다. 실제적으로 거룩함, 정결, 공평, 의, 사랑 그리고 평화에 대한 개념들을 심화시키는 율법을 통하여 그는 이스라엘이 당신의 성품을 닮아가도록 가르치셨다. 그러나 그의 축복은 단순한 율법주의에 근거하지 않는다. 그는 외적인 형식이 아닌, 내적인 충성을 기대하셨다. 또한 하나님에 대한 충성은 그의 계시에 대한 충성까지도 포함한다. 그에 대한 헌신은 순종과 성화와 분리될 수 없다. 그는 그와 그의 뜻에 일치하여 사는 사람들에게 풍족한 축복을 약속하셨고(레 26:1-13; 신 28:1-14), 불순종하는 자에게는 벌주시겠다고 경고하셨다(레 26:14-39; 신 27:15-16, 28:15-68). 그러나 그는 항상 회개하면 용서와 회복을 베푸셨다(레 26:40-45; 신 4:30-31).

열방들에 대한 축복

이 기간 동안의 역사적인 맥락은 왜 언약적 축복들 가운데 열방을 포함하는 것에 대하여 거의 언급되지 않는 이유를 이해하는 데 도움을 준다. 첫째, 이 기간에 있어서의 중요한 관심은 이스라엘의 민족적 존재, 즉 애굽으로부터의 그의 구속, 한 민족으로서의 성별, 신정국가로서의 지위 등이다. 둘째, 이스라엘은 무감각하고 불순종하고 철저히 반역적인 것으로 보였다. 이스라엘은 아직 열방의 빛으로 섬길 수 없다. 그 민족은 하나님의 자기 계시의 빛과 열방들에게 주신 하나님의 말씀들을(롬 3:2) 받으나 아직 그 특권을 감당하기에는 너무나 초라한 청지기였다. 셋째, 모세와 여호수아는 이스라엘에게 주어진 은혜에 순종하도록 도전한다. 그 은혜에 순종하면 열방들은 하나님에 의해서 허락된 그의 지혜(신 4:6), 하나님의 임재(7절) 그리고 이스라엘에게 수여된 하나님의 영광(26:19)을 보게 될 것이다. 그의 백성으로 하여금 '제사장 나라'가 되게 하는 것이 실로 하나님의 계획이었다(출 9:6). 넷째, 출애굽과 가나안 정복의 역사적인 맥락은 왜 그 초점이 이스라엘에 있는가를 또한 설명해준다. 이스라엘은 성별의 교훈을 배웠다. 애굽의 생활 방식을 계속 따라서도 안 되고 가나안의 관습 역시 마찬가지였다. 열방들의 음란한 관습들을 따르지 말라는 강조는 이스라엘의 거룩함과 순결의 중요성을 강화해준다. 하나님은 그의 왕국을 열방에까지 확장시킬 수 있도록 그의 백성들이 그들의 마음을 깨끗하게 하기를 기대하셨다. 이 기간에 이방인이 언약에 포함된 하나의 분명한 예는 기생 라합이다. 그녀는 이스라엘 하나님을 믿었고(수 2:8-13), 그녀의 가족과 함께 구원을 받았다. 그녀는 언약 공동체에 온전히 연합되었다. 즉 그녀는 결혼을 통하여 유다 지파에 들어왔고 그것을 통하여 보아스의 어머니가 되었으며 다윗과 우리 주님의 조상이 되었다(룻 4:21; 마 1:5).

모세는 열방들이 이스라엘과 함께 즐거워할 대의명분을 갖게 될 것을 내다보았다(신 32:43; 70인역과 사해사본을 보라). 사도 바울은 하나님의 긍휼로 이방인들이 교회로 들어옴으로써 이 약속이 성취되었다고 설명한다(롬 15:9-10). 이 약속은 또한 처음에 모세와 이스라엘에게 주어졌지만 예수 그리스도 안에서 성취된 것 중의 하나이다. 발람이 이스라엘로부터 '별'과 '홀'이 나와 열방을 통치하고 굴복시킬 것을 선언했지만(민 24:17) 모세는 공공연히 언젠가 이방인들도 언약적 특권들을 누리게 될 것을 예언했다.

4부 결론

　이스라엘을 '거룩한 나라'가 되도록 부르신 사건의 의미는 모세로부터 영광 가운데 오실 그리스도까지 구속사의 근거가 된다. 비록 현재의 세계가 하나님으로부터 분리되었다는 것을 반영할지라도, 그리스도인들은 하나님의 구속의 행위와 계시의 역사 가운데 깊은 뿌리를 내리고 있다. 그들은 아브라함에게 자신을 위탁하신 하나님의 구속사의 상속자들이다. 예수 그리스도 안에서 확증된 하나님의 왕권은 처음에는 이스라엘에게 허락되었다. 왕국의 현존에 대한 신약의 강조점은 출애굽, 시내 산 계시 그리고 가나안 정복에서 하나님의 구원 행위들로 되돌아간다. 하나님의 종으로서 모세와 여호수아와 하나님의 아들 예수님은 인간의 세계 속으로 침투해 올 하나님 나라를 언급하고 있다. 게다가 '하나님의 백성', '회중'(qāhāl, ekklēsia)이라는 호칭들과 신구약에서 비슷한 용어들을 사용하는 것은 하나님의 백성으로서 예수 그리스도의 교회의 계속성을 증거한다. 교회의 사역자들은 기능상 구약의 신정체제의 사역자들을 계승하고 있다. 주께서는 그의 자녀들을 정결하고 거룩하게 지키며 그들의 필요에 봉사하도록 임명하신 사람을 기쁘게 사용하셔서 공의, 정의, 평화와 사랑이라는 왕국 규범들을 유지하신다. 비록 이스라엘을 다루시는 주의 방식이 이스라엘이 율법에 의한 지도 아래에 있다는 사실에 근거하고 있었을지라도 예수님의 오심과 성령의 사역 이후에도 그의 나라를 세우시려는 그의 목표는 동일하게 남아있다. 그는 살아계신 하나님의 자녀라는 특권적인 지위를 기꺼이 받아들이기를 원하는 거룩하고 더럽혀지지 않는 한 백성을 원하시는 것이다.

구속사의 전개를 통해서 주께서는 그의 약속을 성취시킴으로 그의 신실성을 증명하신다. 그는 그의 자녀들이 이 세상과 오는 세상의 긴장 가운데 살면서 큰 기대를 가지고 그를 바라보기를 기대하신다. 그는 어제도 오늘도 그리고 영원히 신실하시다. 모세와 여호수아 아래서의 이스라엘의 체험 등은 그리스도 예수 안에서 확증된 새 시대의 영광을 미리 맛보는 것이었다. 안식의 실현, 땅의 갱신 그리고 유대인과 이방인들이 함께 누리는 하나님 백성의 축복을 기대하면서 우리도 역시 위대하신 우리 주님의 선물들을 미리 누리고 있는 것이다.

몇 가지 점에서 '거룩한 나라'로서의 이스라엘 시대는 뒤이은 구속사의 흐름에 있어서 중요한 관련성을 가지고 있다.

1. 주께서는 야웨라는 이름과 구원과 심판의 행위(거룩한 용사로 행동하심) 그리고 그의 완전하심 가운데서 자신을 계시하셨다(출 34:5-6).
2. 그분은 땅 위에서 이스라엘 가운데 그의 왕국을 세우셨고, 이스라엘에게 그의 왕적 영광을 계시하셨고, 그리고 이스라엘의 성막 안에 그의 왕적 거처를 확정하셨다.
3. 주께서는 이스라엘을 그의 백성으로서 성별시켰다. 그 근거 위에서 그는 그들을 드러내놓고 그의 백성으로 영접하였고, 그들을 거룩하게 했고, 미래의 구속사를 이스라엘과 연관해서 규정했다.
4. 주께서는 언약 관계의 인을 치셨다. 그 언약은 하나님의 절대주권적인 은혜와 약속의 집행이며 이 언약 안에서 율법을 주심으로 그의 백성을 그에게로 성별시켰다. 그리고 모세의 중보를 통해서 언약적 축복들과 언약의 의무조항들을 주셨다.
5. 주께서는 이스라엘의 반역의 역사에 대해 은혜와 용서로 대하심으로써 이스라엘에 대한 그의 오래 참으심을 보여주셨다(시 78을 보라).

6. 주께서는 족장들에게 주신 약속들의 성취의 과정인 출애굽과 가나안 정복에 있어서 주권적이면서 자유롭게 행하셨다.

7. 주께서는 모세를 통해서 약속들의 보다 더 위대한 성취와 축복들과 안식을 반복적으로 증거하셨다(히 3:5을 보라). 그는 그의 왕국의 목적들에 충성과 헌신을 기대하신다. 그러나 그의 목적의 완성은 개인적인 인간의 반응에 의존하지 않는다. 그분은 그의 왕국 새 하늘과 새 땅을 그의 정하신 때에 그의 성도들을 위해서 반드시 세우실 것이다!

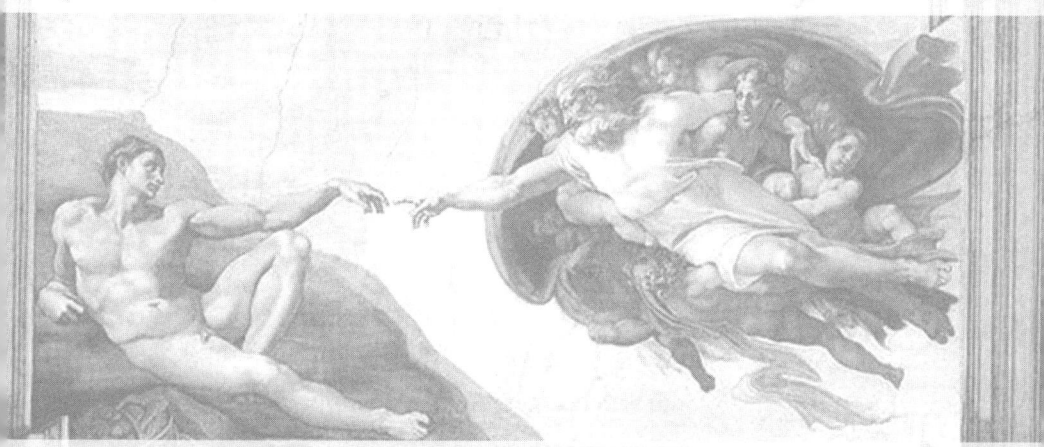

5부
열방들과 같은 한 나라

Part 5

서론

　여호수아와 그 시대의 지도자들이 죽은 후에 이스라엘은 하나님으로부터 직접적인 음성을 듣지 못했다. 모세와 여호수아에 의해서 전해진 경고의 음성은 계속해서 메아리쳤지만 그것은 더 이상 민족의 마음에 영향을 끼치지 못했다. 점증하는 무관심의 시기가 시작되었고, 그 결과 이스라엘은 가나안 사람들과 잡혼을 하게 되었고 그들의 신들을 섬기게 되었다. '거룩한 나라'는 이방 문화에의 동화와 혼합주의에 의해 위험에 처하게 되었다. 하나님이 섭리 가운데, 그들은 열방들과 동화되어 버렸기 때문에 오랫동안 평화와 번영을 누릴 수 없었다. 왜냐하면 주께서 그들을 전쟁과 고난으로 괴롭게 하셨기 때문이다. 그들이 우호관계를 맺고자 했던 주위의 나라들이 그들의 원수가 되었을 때 이스라엘 지파들은 그들이 그들 자신을 방어할 수 없다는 것을 알았다. 그들은 특히 새롭게 정착한 블레셋의 침입에 취약하였다. 이스라엘 지파들 사이에서도 서로 싸움이 있었다. 하나님의 기대에 합당하게 살기를 거부함으로써 거룩한 나라로서 이스라엘의 종교적, 사회적, 정치적 그리고 도덕적인 구별은 폐지되어가고 있었다.

　이 기간은 또한 하나님의 징계의 표현들에 의해 특징지어진다. 이스라엘은 하나님의 진노로 소멸되어야 마땅했지만 그 진노에 의해 완전히 소멸되지는 않았다. 주께서는 그렇게 하실 권리가 있었지만 언약을 파기하지는 않으셨다. 이스라엘이 이방 종교에 빠짐으로 하나님을 격동케 했을 때 하나님은 주위 나라들 즉 모압, 암몬, 미디안, 아말렉, 가나안 그리고 블레셋의 공격과 침입으로 그들을 괴롭게 하셨다. 이렇게 해서 그는 백성들에게 역경을 보내셨지만 그들을 멸망시키지는 않으셨다. 아버지다운 관심에서 그분은 그들을 그에게 돌이키기 위해서 이스라엘로 하여금 그 나라들과 불편한 관계를 갖게 하셨다. 그들이 그에게 부르짖을 때, 고통 가운데 있는 아이의 울음을 듣는 아버지와 같이 그분은 그들의 부르짖음을 들으셨다.

그러므로 다섯 번째 시기는 받을 자격이 없는 이스라엘에게 베푸신 야웨의 은총에 의해 특징지어진다. 이스라엘이 파멸되기까지 고통을 주기보다는 사사의 직분을 가진 구원자를 그들에게 계속 보내셨다. 사사들은 때로 지역적이고, 카리스마적인 지도자들이었는데 그들의 첫째 의무는 위협적인 상황을 타개하는 것이요 이차적으로 백성을 인도하고 다스리는 것이었다.

그러나 사사들은 모세와 여호수아의 카리스마적인 지도력을 다만 희미하게 반영할 뿐이었다. 이스라엘 역사상 사사 시대에는 거의 진보가 없었다. 이스라엘은 끊임없이 위기에 부딪혔다. 이 위기들로부터 왕정체제가 발전되어 나왔고, 이것은 이스라엘의 마지막 사사요 가장 위대한 사사였던 사무엘과 관련되어 있다. 그는 그 현실 상황을 있는 그대로 받아들였다. 백성들은 모세의 율법에(신 17:14-20) 제시된 대로 신정주의 왕 -하나님의 법에 대한 충성심과 이스라엘의 독특한 언약적 상황에 대한 관심이 그 특징- 에 통치되기를 구하지 않았다. 오히려 이스라엘은 왕정 개념에 있어서는 주변 나라의 왕정풍습을 본받았다. 그들은 열방들의 왕과 같은 왕을 원했다. 구약에서 가장 위대한 지도자 중의 한 사람인 사무엘의 면전에서 그 지파들은 다시 한번 반역 정신을 드러냈다. 사무엘 시대의 이스라엘은 모세 시대의 이스라엘처럼 목이 곧았다.

이스라엘의 첫 번째 왕은 사울이었다. 비록 그는 사무엘에 의해서 기름부음을 받았지만 백성들의 의사에 따라 뽑은 왕이었다. 그는 크고 잘 생기고 유능한 전쟁 용사였다. 그는 지파들을 단결시켰다. 그러나 그의 권력이 강화되었을 때 그는 하나님의 율법을 버렸고 나이 든 사무엘을 무시했다. 사울을 통해서 주께서는 이교 사상이 어떤 것인가를 가르쳤다. 그것은 잔인하고 권력추구적이며 독재적인 것이었다. 그것은 땅 위에 임한 하나님의 왕권을 반영한 것도 아니요 언약 관계를 존중하지도 않는다. 그러나 하나님의 은혜는 다시 사무엘의 사역을 통해서 드러난다. 왜냐하면 그를 통해서 다윗이 기름 부음을 받았기 때문이다. 비록 이스라엘의 역사는 진전이 없고 위기로 전락한 것처럼 보였지만, 주께서는 그의 백성의 문제들을 장악하고 계셨다. 사울의 통치는 하나님의 마음에 합한 사람 다윗에 의해 빛을 잃었다.

이 시기의 중요성은 다음의 요소들에 있다.

1. 신정주의적 이상에 합당하게 살지 못하는 이스라엘의 무능력
2. 구속사에 있어 의미있는 진전 결여
3. 이스라엘의 믿음과 순종의 부족으로 하나님의 약속들의 성취가 제한됨
4. 사사들-구원자들을 보내심으로써, 수백 년 동안 그의 백성을 지탱해주신 하나님의 인내와 은혜
5. 하나님께서 모세와 여호수아 시대에 그가 했었던 것처럼 자신의 임재를 드러내시면서 그의 백성을 섬기는데 도구가 되었던 사무엘의 선지자적 사역
6. 이스라엘 역사에 있어서 하나님의 절대 주권
7. 그리고 하나님의 기름부음 받은 다윗에 초점을 둔 종말론적인 희망

이 기간의 문학적인, 정경적인 그리고 구속사적인 측면들을 간단히 살펴보면 우리는 야웨의 인내와 은혜가 언젠가 그의 백성을 하나님께서 친히 다스리실 것이라는 희망을 살아있게 해왔다는 주장을 지지하게 된다. 사무엘의 통치 안에서 너울거리던 신정통치의 깜박이는 불꽃은 사울의 전제적 체제 아래서는 거의 꺼졌으나, 다윗이 사울의 손에서 피하여 살아남아 있는 동안에 다시 회복되었다.

13

거의 진전이 없는 한 이야기

사사기, 룻기 그리고 사무엘상은 우리에게 이 기간에 대한 성경적 통찰을 제공해준다. 비록 이 책들은 역사적으로 믿을 만하지만 역사적인 관심만을 위한 자료만 전해주는 것은 아니다. 이것들은 신학적인 메시지를 가진 문학적 저작물이다. 여기서 우리의 관심은 특별한 신학적인 관심을 반영하는 각각의 책들이 가진 문학적인 구조에 관한 것이다.[1]

사사기

사사기는 두 개의 도입부를 가진 하나의 서론(1:1-3:16)과 사사들의 이야기(3:7-16:31)와 그리고 두 가지 이야기들로 된 결론(17-21장)으로 구성된 문학 저작물이다.

---

1. 대부분의 비평학자들은 문헌 자료들이 일반적으로 신명기학파적 관점에서 편집된 전승들에 의존한 결과라는데 동의한다. 예로써, C. A. Simpson, *Composition of the Book of Judges* (Oxford: Blackwell, 1975)을 보라. 신명기적 역사로도 알려져 있는 이러한 책들의 배경에 있는 신학에 대한 간략한 서술이, W. Kaiser, *TOTT*, 122-24에 있다.

서문

서문의 첫째 서론은 가나안 정복 이야기와 사사기를 연결시키는 기능을 하는 반면 두 번째 서론은 사무엘 시대의 상황을 좀 더 언급하고 있다. 두 개의 도입부들은 여호수아(23-24장)의 두 개의 마지막 설교와 관련된 것처럼 보이고 결론의 마지막 구절은 사무엘 시대의 왕정 도입을 예기하고 있다.[2]

사사기에 의해 취급되는 그 긴 기간은 야웨에 의해 세워진 많은 사사들에도 불구하고 어떤 중요한 일도 일어나지 않았다는 메시지를 강조하고 있다. 정치적 관점의 서론(1:1-2:5)은 여호수아와 그 후의 시대 -각 지파가 여호수아에 의해 분배된 영토에서 정착하던 때- 를 회상한다. 그들은 하나님의 약속의 성취를 맛보았으나, 완전한 성취를 맛보지는 못했다. 모든 지파들이 가나안의 영토들을 성공적으로 정복할 수 있었던 것은 아니었다. 기껏해야 그들은 가나안 원주민들에게 강제노동을 요구할 수 있었을 뿐이었다(1:28, 30, 33, 35; 수 17:13을 보라). 이스라엘의 정치적 취약함은 커다란 사회적, 종교적인 함축을 갖고 있었다. 즉 이스라엘은 가나안 사람들을 사회적으로 동등하게 대하기 시작했다. 그들은 가나안 사람들의 우상 숭배를 포함하여 그들의 삶의 방식들을 채택하였던 것이다(삿 2:1-3).

신학적 관점의 서론(2:6-3:6)에서 저자는 첫 도입부에서 제기된 문제에 대해서 다른 관점으로 접근한다. 그는 이스라엘이 잡혼과 이방의 제의관습을 채택함으로써 반복해서 야웨를 떠났다는 것을 보여주고 있다. 비록 그들이 크게 범죄했을지라도 주께서는 사사의 형식으로 구원자를 보냄으로써 오래 참으심과 자비를 나타내셨다(2:28). 그러나 이스라엘은 오랫동안 주의 말씀을 듣지도 않았고 사사들에 대해서도 큰 주의를 기울이지 않았다. 오히려 "그들이 열조의 행한 길을 속히 치우쳐 떠나서 그와 같이 행치 아니하였다"(17절) 그들이 언약에 대한 충성심을 회복하기를 거절했기 때문에(19절), 주께서는 그들이 누릴 언약적 약속들의 성취를 제한하셨다. 그럼에도 그들

---

2. E. O'Doherty, The Literary Problem of Judges 1.1-3.6. *CBQ* 18 (1956): 1-7.

을 멸하고, 땅을 황폐케 하고, 열방들 중에 흩으시는 대신에 야웨께서는 자비의 길을 선택하셨다. 하나님은 잔존한 원주민들(가나안 사람들)을 그 땅에 살도록 허용하시고 그들과의 갈등 가운데서 이스라엘을 훈련시키셨다(21-23). 이 긴장이 사사기의 배경을 제공한다.

결언

결론 혹은 종결부분(17-21장)은 이스라엘이 얼마나 깊이 타락했는가를 밝히 드러내고 있다. 미가의 이야기들, 제의 장소, 그리고 단 지파의 이주(17-18장)는 이스라엘 내부의 정치적인 문제들과 그 백성의 종교적인 부패를 예증하고 있다.

종결 단락은 이스라엘에 왕이 없었다는 반복된 후렴구로 결합되어 있다(17:6; 18:1; 19:1; 21:25). 네 번의 반복은 종결 단락의 두 이야기 안에 각각 두 번씩 반복되면서 대칭을 이루고 있다. 그 의도는 사사들의 열등한 지도력을 밝히 드러내고자 하는 것이다. 그들은 매우 위대했지만, 이스라엘의 영적, 사회적, 도덕적 그리고 정치적 난국을 해결하는데 지속적인 공헌을 할 수는 없었다. 그래서 저자는 그 기간에 대해서 이렇게 주석을 달고 동시에 하나님께서 제정하신 왕정에 대한 해석의 이론적 근거를 정립하고 있다.

서문과 종결 단락은 공히 이 사사 시대를 이스라엘 역사상 구속사의 진전이 거의 없는 것이 특징인 시대로 제시하고 있다. 단 지파의 북쪽으로의 이주는 가나안 사람들의 땅을 정복하지 못한 지파들의 무능력을 단적으로 보여주고 있다.[3] 그 당시의 사회적, 도덕적 그리고 종교적 문제들은 미가의 제의와 첩을 가진 레위인의 이야기들 속에서 극적으로 묘사되어 있다. 그러나 하나의 분명한 정치적 변동이 눈에 띈다. 하나님 백성으로서의 이스라엘의 통일성이 흔들리게 되었다는 것이다. 단 지파가 지정된 기업을 지킬 수 없었을

---

3. M. Weinfeld, The Period of the Conquest and of the Judges as Seen by the Earlier and the Later Sources, *VT* 17 (1967): 93-113; G. E. Wright, The Literary and Historical Problem of Joshua 10 and Judges 1, *JNES* 5 (1946): 105-14.

때, 다른 지파들은 어디에 있었는가? 왜 베냐민 지파는 이스라엘의 다른 지파들과 어리석게도 위험한 전쟁을 벌였는가? 사사기의 마지막 두 구절은 이 사사 시대에 대한 하나의 주석을 제시하는데, 그것은 각 지파들 간의 독립주의를 증거하고 또 한편, 지파들을 연합시키고 하나님의 나라를 확장시키기 위한 하나의 영구적인 지도력의 필요성도 증거하고 있다. "그 때에 이스라엘 자손이 그 곳에서 각기 자기의 지파, 자기의 가족에게로 돌아갔으니 곧 각기 그 곳에서 나와서 자기의 기업으로 돌아갔더라 그 때에 이스라엘에 왕이 없으므로 사람이 각기 자기의 소견에 옳은 대로 행하였더라"(21:24-25)

사사기의 순환 고리들

두 번째 서론은(2:6-3:6) 우리에게 사사기의 이야기들에서 계속 나타나는 순환구조에 대해 준비시킨다. 이스라엘의 불순종-원수들의 침략을 통해 하나님께서 이스라엘을 괴롭게 하심-야웨께 구원을 호소하는 이스라엘의 부르짖음-한 사사의 임명-구원-그리고 짧은 안식-이스라엘의 새로운 불순종의 시작의 순환 고리가 바로 그것이다. 순환구조는 이 시기의 이스라엘의 역사적 무의미성을 강조한다. 이스라엘이 끊임없는 위기를 맞이하는 한 거기에는 어떤 의도나 어떤 구속사적 진전도 있을 수 없었다.[4]

위기 한가운데서 야웨는 한 사사를 세우신다. 이 현상에 대한 문학적인 단서는 다음 구절에 의해 주어진다. "여호와의 신이 그에게 임하였다"(3:10, 또한 6:34; 11:29; 13:25; 14:6, 19; 15:4을 보라). 모세와 여호수아에게 머물렀던 하나님의 영은 또한 그의 백성들에 대한 그의 계속적인 권념의 표현으로 사사들에게 임하였다. 그러나 사사들의 사역은 세대 간의 연속성이 없었다. 게다가 사사들은 일부 지역들 혹은 일부 지파들을 다스렸지 결코 모든 지파들

---

4. 또 다른 배경 자료들에 대해서는, A. Malamat, The Period of the Judges, *A History of the Jewish People*, ed. B. Mazar (New Brunswick, N.J.: Rutgers University Press, 1971), 3:129-63; A. D. H. Mayes, *Israel in the Period of the Judges* (Naperville: Allenson, 1974); E. Robertson, The Period of the Judges, *BJRL* 30 (1946): 91-114를 보라.

에게 확고부동한 지도력을 행사하지는 못한 것으로 보인다. 본질적으로 그들은 한 지파 안에서의 지도자들이었다. "사사"라는 말은 서문에서 꼭 한 번 나오는 (2:16-19) 반면에 그 사사 지도자들에 대한 보통의 칭호는 '구원자'(예. 3:9, 15)였다. 사사들의 이야기들이 갖는 대표적, 선택적 성격은 간단한 언급들과 보다 긴 기사들이 교대로 나오고 있다는 데서 나타난다. 짧게 언급된 6명의 소사사와 그들의 업적이 보다 자세하고 길게 기록된 6명의 대사사가 있었다. 소사사들과 대사사들의 이야기들이 함께 짜여져 있어서 독립적인 이야기들을 갖고도 하나의 모직물을 만들어 내고 있다. 삼손 때까지 계속 대사사의 출현 빈도 감소는 소사사의 숫적 증가와 상응하고 있다[5](그림 13을 보라).

	대사사	소사사
1	옷니엘	-
2	에훗	-
3	-	삼갈
4	드보라	-
5	기드온	-
6	-	돌라
7	-	야일
8	입다	-
9	-	입산
10	-	엘론
11	압돈	-
12	삼손	-

그림 13. 열두 사사들

사사들은 전 민족적인 지지를 끌어 모을 수 없었던 지파의 지도자들이

---

5. Norman K. Gottwald, *HB*, 255-60을 보라. 대사사들은 옷니엘, 에훗, 드보라(바락), 기드온, 입다, 삼손이며, 소사사들은 삼갈, 돌라, 야일, 입산, 엘론, 압돈이다.

었다. 가장 위대한 사사들마저도 네 지파에서 여섯 지파까지의 힘만을 모을 수 있었다. 예를 들면, 기드온은 반 유목민인 미디안과 아말렉의 침입으로 짓밟힌 므낫세 지파 출신이었다.[6] 그의 군대는 아셀, 므낫세, 스불론 그리고 납달리로부터 왔다(6:35). 에브라임 사람들이 이 전쟁 소식을 듣고 자신들을 그 전쟁에 참여시켜주지 않았다고 기드온을 신랄하게 비판했다. 기드온은 지혜롭게 민족 간의 전쟁을 피했다. 지파들의 상호 관계는 분명하게 상당한 긴장이 있었다. 전쟁의 참여도와 혹 무관심은 누가 사사가 되었는가 어느 지파가 외국의 침입을 받았느냐에 달려 있었다. 서문과 종결 단락과 설화들 그리고 사사들과 직접적으로 관계된 간단한 언급들 이외에도 사사기는 몇 개의 문학적인 걸작품을 담고 있다. 드보라의 찬가(5장), 요담의 우화(9:7-15) 그리고 삼손의 이야기(13-16장)가 바로 그것이다.[7]

룻기

룻기는 사사 시대의 중간에 배치되어 있다(1:1). 엘리멜렉, 나오미 그리고 두 아들 말론과 기룐은 베들레헴 지방에 기근이 생겨 고향을 떠나지 않으면 안 되었다. 분명히 원수들의 공격 이외에도 다른 언약적 저주들이 그 땅의 거민들에게 퍼부어졌다. 그 가정은 베들레헴에서 모압 평야로 이민

---

6. A. MalaMat, The War of Gideon and Midian: A Military Approach, *Palestine Exploration Quarterly* 85 (1953): 61-65. 차일즈는 삼손이 사사들의 치하에서 그 민족의 비극의 요소들인 약속과 성취, 이상과 현실, 자유와 노예 상태 사이의 긴장을 자신의 몸으로 나타내고 있다고 본다 (*OTTCC*, 115).

7. 드보라의 노래에 대하여 연구한 자료들이 많다. 예로써, J. Blenkinsopp, Ballad Style and Psalm Style in the Song of Deborah: A Discussion, *Biblica* 42 (1961): 61-76; G. Gerleman, The Song of Deborah in the Light of Stylistics, *VT* 1 (1951): 168-80; A. Globe, The Literary Structure and Unity of the Song of Deborah, *JBL* 93 (1974): 493-512. 또, J. Blenkinsopp, Structure and Style in Judges 13-16, *JBL* 82 (1963): 65-76; 그리고 J. L. Crenshaw, *Samson: A Secret Betrayed*, A Vow Ignored (Atlanta: Knox, 1978)도 보라.

해 왔는데 거기에서 말론과 기룐은 모압 여자 룻과 오르바와 결혼했다.[8] 그 이야기는 재빨리 룻과 시어머니 나오미와 이스라엘의 하나님에 대한 그녀의 충성심에 초점을 맞추고 있다. 그 책의 문학적 기교는 자명하게 나타난다. 저자는 충성과 사랑과 배려하는 마음으로 가득찬 이 모압 여인의 성격을 부드럽게 그리고 있다. 보아스는 독특한 품행을 보이는 룻이 "현숙한 여인"(3:11)이거나 혹은 지혜롭다(잠 31:10을 보라)는 것을 발견한다. 이 기간에 저질러진 이스라엘의 배교 묘사와 얼마나 큰 대조인가? 주께서는 이방 여인을 통해서 이스라엘 사람들을 잠잠케 하셨다! 그녀는 하나님과 그 언약백성에게 자신을 내맡겼던 것이다.

그러나 룻의 이야기는 룻과 보아스와의 결혼을 중심으로 하는 하나의 문학적 걸작 이상이다. 사사기의 설화들에는 어떤 구속의 진전이 결여되어 있는 반면에 여기에는 비록 그것이 엘리멜렉, 나오미 혹은 룻에 의해 계획된 것은 아니었을지라도 분명한 진전이 있었다. 보아스까지도 하나님의 역사하심에 복종한다. 주께서는 평범한 이스라엘 사람들과 이스라엘에 머무는 한 나그네의 일상적인 생활 가운데서 역사하신다.[9] 룻과 보아스를 통해서 그는 이스라엘에 신정통치의 지도력을 새롭게 하려고 계획하셨다. 다윗 왕조를 통하여 하나님의 영광스러운 계획들과 약속들은 성취될 것이다. 이 책의 끝에 나오는 족보는 그 문학적 저작의 중요성을 부각시키고 있다. 그 족보는 유다가 다말에게 낳은 아들 베레스(창 38:29)에서부터 다윗 왕(룻 4:18-21, 마 1:2-16과 비교) 때까지의 기간을 포괄하고 있다.

---

8. 베들레헴에 관한 세 가지 이야기 the Bethlehem trilogy (삿 17-18장; 룻기)에 대하여는, Eugene H. Merrill, The Book of Ruth: Narrative and Shared Themes, *Bibliotheca Sacra* 142 (1985): 130-41를 보라. 또, Leif Hongisto, Literary Structure and Theology in the Book of Ruth, *Andrews Univ. Sem. Stud.* 23 (1985): 19-28를 보라.

9. 차일즈는 "역사와 구속사는 결국 모든 우연성을 주관하시는 하나님이시라는 신학적 관점에서 볼 때에야 쉽게 서로 합쳐서 흐를 수 있다"고 본다 (*IOTS*, 567-68).

사무엘서

사무엘상은 룻기와 똑같은 신학적인 전망을 갖고 있다. 비록 그것은 히브리어 성경에서 사무엘서로 알려진 총서의 일부이지만 70인역과 영어 성경에서는 두 책으로 나눠진다. 그러나 그 문학적 구조는 사무엘서 전체의 통일성을 보여준다.[10] 우리의 목적상 우리는 사무엘서를 한 권으로 다룰 것이며, 이러한 우리의 처우가 이미 다윗 왕정의 더 영광스러운 시대를 기대한다는 것을 충분히 깨닫게 될 것이다.

사사 시대의 무정부주의와 구속사적 진전의 부재와는 대조적으로 사무엘서는 이스라엘 역사에 있어서 참다운 발전을 보여주고 있다. 사무엘서의 초점은 평범한 사람들의 일상적인 상황 속에서 역사하시고 그의 구속 계획을 이루어 가시는 하나님에게 맞춰져 있다. 문학적인 구조는 이스라엘의 반석이며(2:2) 거룩한 자이신 야웨를 찬양하는 한나의 노래 가운데 포함되어 있는 기본적인 주제를 발전시킨다. 그분은 그의 모든 활동들에서 절대 주권을 가지시며 자유하시다. 그는 용사들의 활들을 꺾으시며 낮추기도 하시고 높이기도 하시며 왕에게 힘을 주시며 자기의 기름부음 받은 자의 뿔을 높이신다 (4, 7, 10절). 사무엘서 전체의 편집자는 매우 예민한 방법으로 하나님의 활동 내용을 펼쳐나갔다. 주께서는 전쟁을 그치시고 실로의 성소를 파괴하시고 사무엘을 그의 제사장으로 세우신 후, 권세를 부리는 사울을 폐위시키고 다윗을 세우셨다. 이 책의 구조가 분별하기 어렵다는 비판적인 주장이 있으나 그것은 구속사의 신학적 해석을 제대로 이해하지 못한 것이다.[11]

사무엘서의 서두에 나오는 한나의 노래와 함께 사무엘서의 끝에 나오는 사무엘하 21-24장은 수사학적인 포괄법으로 기능한다. 이 한나의 노래와

---

10. John A. Martin, The Structure of 1 and 2 Samuel, *Bibliotheca Sacra* 141 (1984): 28-42.
11. Childs, *IOTS*, 271-78을 보라. LaSor, Hubbard, and Bush 는 설명한다. 사사기나 특히 열왕기서들과는 대조적으로, (사무엘의) 편집적인 틀은 거의 알아볼 수 없다.…마지막 저자는 자신의 견해를 거의 삽입시키지 않았다(*OTS*, 228-29).

사무엘하 21-24장 안에 포함된 주제들은 '인간의 역사가 하나님의 의도들을 펼쳐나가는 것'이며 '하나님께서는 그의 기름부은 왕(메시아)을 통하여 땅 위에 그의 왕국을 세우시려고 계획하신다'는 것이다. 다윗의 두 시편(삼하 22장 〈시 18〉과 23:1-7)은 한나의 노래를 그대로 반영하고 있다. 그녀는 거룩하고 의로우시며, 자기 백성을 사랑하사 그의 기름부은 왕을 세우실 주님의 권능과 힘을 찬양했다. 다윗 또한 하나님의 권능과 힘을 찬양하고 있다. 주님은 그의 기름부은 왕 즉, "다윗과 그의 후손들에게 영원히" 승리를 주시는(51절) 반석이시다(삼하 22:2, 47). 사무엘하 23:1-7에서 다윗은 자기에게 구속사의 완성을 보증하는 영원한 언약을 베풀어 주신 야웨께 감사하고 있다.

> 하나님이 나와 더불어 영원한 언약을 세우사 만사에 구비하고 견고하게 하셨으니 (5절)

보다 더 광범위한 구조적인 주제 안에서 편집자는 세 인물, 즉 사무엘(한나의 아들), 사울(이스라엘의 초대왕), 다윗(룻의 증손자)을 통하여 이루어진 구속사의 성취를 기록하고 있다. 다윗이 왕위에 오를 때까지 이 세 인물들의 이야기는 명백한 중첩을 이루며 진행되어 간다. 다윗의 왕권을 빼앗으려는 시도들이 있었으나(압살롬과 세바에 의한 모반) 그들은 완전히 실패했다 (그림 14를 보라).

서론(삼상 1-2장)
    엘리와 사무엘(삼상 3-8장)
        사무엘과 사울(삼상 9:1-16:13)
            사울과 다윗(삼상 16:14-31:13)
                다윗(삼하 1-20장)
결론(삼하 21-24장)

그림 14. 사무엘서의 문학적 구조

사무엘

세례 요한처럼 사무엘도 새로운 시대의 문턱에 서 있다. 그는 사울 왕권의 몰락의 시작을 목격했고 다윗에게 기름을 부었다. 그는 하나님의 비극적인 도구였다. 그 시대의 동시대인들에게 버림받았으며 하나님의 명령으로 사울의 왕권을 찬탈했다는 이유로 사울에게는 미움을 받았다. 사무엘상은 사무엘의 출생(1:1-2:11), 실로의 대제사장인 엘리 가문의 몰락(2:12-4:22), 법궤의 빼앗김과 되찾음(5-6장)에서 하나님의 주권적인 사역을 전개하고 있다. 사사요 제사장이요, 선지자인 사무엘을 통하여 주께서는 이스라엘에게 블레셋으로부터 승리를 얻게 하셨고 아모리 사람들과는 평화를 누리도록 하셨다(7:13-14).

사무엘과 사울

다음 단원에서는 (삼상 9-16장) 왕정의 발흥을 다루고 있다. 복잡한 전개 가운데 두 개의 독립적인 층이 나타난다. 한 관점에 따르면, 왕정은 하나님의 뜻을 거역하는 것이다. 사무엘은 왕의 권력에 대한 부정적인 묘사에서 이런 정서를 대표한다(8:11-18). 또 한편으로, 편집자는 왕정체제를 하나님의 백성들에게 평화와 승리 그리고 번영을 가져다주는 하나님의 도구로서 묘사한다(9:1-10:16; 11장). 이 두 층들은 사울과 다윗의 불협화음을 둘러싼 이야기들 속에서 한층 더 부각된다. 사무엘이 모세(신 29-32장)와 여호수아(수 23-24장)의 정신으로 이스라엘에게 언약에 충실하도록 권고하는 고별 설교를 마친 후(12장) 사무엘은 공개적으로 사울을 반대했고, 마침내 사울이 하나님의 뜻에 민감하지 못하다는 것을 밝히 증거했다. 선지자 사무엘은 더 이상 사울에게 함께하지 않겠다고 선언한다. 사무엘이 사울과 함께 있다는 것은 하나님께서 사울과 함께 있다는 것을 의미했다. 사무엘과 사울의 결별은 이스라엘을 통치하는 왕권으로부터 사울 왕조의 축출을 확증짓는 것이었다(삼상 15:26, 28).

사울과 다윗

다윗에게 기름을 부음으로써 하나님의 사역은 더 분명한 초점 안에 들어온다(삼상 16장). 사울이 살아있는 한, 이 두 사람은 왕국의 갈등을 상징했다. 그러나 이 갈등 안에서 그리고 이 갈등을 통하여 하나님께서 원하셨던 왕권이 명확해졌는데, 이것은 그의 백성들에게 축복을 가져다줄 그의 수단이었다.[12] 다윗은 하나님께서 뽑으신 왕인데, 사울은 백성들이 뽑은 왕이다. 다윗은 하나님의 왕국을 대표하고, 사울은 인본주의적 왕국을 대표했다.

다윗

사울왕이 죽고 사울 왕조의 지지자들과 다윗의 지지자들 간의 내전이 끝난 후(삼상 31장-삼하 4장) 다윗은 온 이스라엘을 다스리는 왕이 되었다. 그는 예루살렘을 점령하고 그곳으로 법궤를 가져왔다(삼하 6). 이와 같은 사건들의 신속한 전개는 모든 이스라엘 지파들의 안녕과 예루살렘에서 하나님을 예배하는 것에 대한 다윗의 관심을 잘 예시해준다.

주께서는 다윗이 그의 원수들을 이길 수 있도록 함으로써(삼하 8-10장) 다윗을 풍성하게 축복하셨는데 그보다 더 큰 축복은 그에게 영원한 왕조를 약속하신 것이다(7:5-16). 다윗의 성공은 다윗의 개인의 실패에 의해 상쇄되었다. 밧세바와의 간음과 그녀의 남편 우리아를 살해한 사건을 인하여 주께서는 다윗을 저주하셨다(11장). 다윗은 축복과 저주를 동시에 받은 사람이다. 그 저주는 그의 가정에 죽음과 불화를 가져왔고 급기야는 내전을 초래했다(12-20장). 혈과 육을 가진 현실의 한 인간으로 다윗을 묘사함으로써 그 문학적인 진행은 독자들을 희망으로 이끌어간다. 구속의 진전이 없던 사울왕의 통치와는 달리 다윗의 통치시대에는 구속사적 진전이 있었다. 마지막 단원(21-24장)은 하나님께서 언약으로 맺은 다윗의 후손들을 통하여 하나

---

12. S. Abramsky, Saul and David - the Pursued: The Significance of the Stories of David and Saul's Meeting for Understanding the Beginning of Israelite Mornachy (in Hebrew), *Bet Mikra* 100 (1984): 48-68.

님의 임재의 보다 더 위대한 표현으로서의 한 왕국이 영광 가운데서 세워질 것이라는 희망을 품게 한다.

결론

이 시기를 다루는 문학적인 자료들은 이스라엘의 영적 무감각과 이방 문화에의 동화를 압축적으로 제시해준다. 이 기간 동안에 구속사적 역동성이 부족한 것은 하나님의 구원 능력의 결핍으로 말미암은 것이 아니었다. 그분은 또 다른 구원자인 사사들을 일으키시기 전에 그의 백성들이 그토록 많은 고통을 겪는 것을 참으시면서도 신실하셨다. 그의 백성들은 반역의 길을 선택했고, 주께서는 언약의 일부인 그의 축복들을 보류하셨으며 저주를 내리셨다.

사사기에서 저자는 대부분의 지파들을 모두 참여시킬 뿐만 아니라, 다양한 침략들과 환란들을 실증하기 위하여 사사 시대의 어두운 날들을 대표하는 사건들을 선택했다. 어떤 지파도 전쟁들과 압제와 침략의 고통을 면제받지 못했다. 게다가 어떤 지파도 수위권을 주장할 수 없었는데, 그것은 사사들이 몇 지파들만을 대표했기 때문이다. 이 모든 사건들의 전개 과정은 이스라엘을 신정통치의 이상으로 되돌이킬 수 있는 탁월한 지도자의 부재에서 기인했던 이스라엘의 통일성의 결여를 명백히 입증하고 있다.

순환적 구조들, 사사들, 지파들 간의 다툼들, 원수들, 끊임없이 야웨로부터 이탈하는 이스라엘의 배교 등은 이 시기의 이스라엘의 역사를 명백한 구속사의 진전이 없는 시기로 만들고 있다. 이스라엘의 지파들은 영구적인 승리를 거두지도 못했고, 그 땅의 유산을 충분히 누리지도 못했다. 하나님께서는 그들과 함께 계셨지만 그분의 작업은 무대 뒤편에서 이뤄지고 있었다. 때로 그는 천사(2:1-5), 선지자(6:7-10), 혹은 거룩한 심판의 설교(10:6-16)를 통하여 이스라엘의 반역적 경향을 그들에게 상기시켰다. 그러한 메시지는 극히 사소한 개혁을 일으켰을 뿐, 대체적으로 이스라엘은 영적으로 무감각했으며, 따라서 열방들 중의 한 나라로 전락해 버렸다. 이스라엘은 열방들의 부러움의 대상도 아니었고, 신정국가다운 나라도 아니었다. 그러나 이스라엘의 숱한 결점에도 불구하고 저자는 그의 백성들을 주권적으로 징계하시고 그 죄와 벌의 악순환의 고리로부터 이끌어 새 시대로 향하게 하시는 야웨의 변함없는 신실성을 그리고 있다.

이 새로운 시대에는 선지자적 직분(사무엘)과 왕의 직분(사울과 다윗)이 시작된다. 이 기간동안 이 직분들은 한층 더 진전된 전개들을 위하여 무대를 설정하는 방식으로 규정된다. 그러나 새 시대는 위기 가운데서 시작된다.[13] 사울의 사역과 신정국가의 이상에 대한 사울의 무감각은 하나님의 선지자와 제사장인 사무엘과 사울왕 사이에 건널 수 없는 강을 만들었다. 게다가 다윗을 죽이려는 사울의 다윗 추적은 구속사의 미래를 위협했다. 사울은 두 위대한 인물인 사무엘과 다윗 사이에 끼어있는 과도기적인 인물이며 고독한 자였다. 사무엘과 다윗은 이스라엘에게 과거의 지도자들인 모세와 여호수아를 생각나게 하는 인물들이었을 뿐만 아니라 땅 위에 세워질 하나님 나라의 보다 위대한 실재들을 미리 맛보게 해주었다. 사울 왕국과는 달리 하나님의 왕국은 인간이 힘이 아니라 하나님의 영에 의해 세워진다.

---

13. 사울의 권세의 흥왕에 대한 연구로는, J. M. Miller, Saul's Rise to Power: Some Observations Concerning I Sam. 9:1-10:16; 10:26-11:15 and 13:2-14:46, *CBQ* 36 (1974): 157-74; J. Blenkinsopp, The Quest of the Historical Saul, in *No Famine in the Land: Festschrift for John L. McKenzie*, ed. J. W. Flanagan and A. W. Robinson (Missoula: Scholars, 1975), 75-99를 보라.

14

이스라엘 역사로부터 얻는 교훈들

사사기, 룻기 그리고 사무엘서는 아마 초기 왕국시대에 저작되었을 것이다. 그것들은 이스라엘에게 혼합주의, 이교주의, 독재주의에 대한 부정적 교훈들을 가르치는 권계적인 기능을 가졌다. 그 책들을 정경으로 받아들인 이스라엘 또한 그 자신의 역사를 하나님의 통찰력 있는 관점으로 바라보고, 복음 선포적 메시지로 이해하는 데 도움을 얻었다. 이 책들은 모든 시대에 하나님의 백성들에게 설교할 만한 자료를 포함하고 있다. 그 문학적 아름다움은 경건한 사람들로 하여금 울음, 기쁨, 웃음, 하나님에 대한 신뢰 그리고 무엇보다도 역사 속에서의 하나님의 활동의 신비에 대한 깊은 깨달음을 경험할 수 있게 한다. 끝으로 이 정경적인 책들은 교육적인 기능을 제공한다. 그것들은 이스라엘에게 무엇이 일어났는가, 그 약속들은 왜 성취되지 못했는가 그리고 왜 왕정이 필요했는지를 가르쳤다.

교육적인 기능

사사기의 말씀을 처음으로 들었던 하나님의 백성들은 이미 새로운 시대에 살고 있었다. 그들은 가나안 정복과 그 땅에 대한 완전한 권리를 보증하는 위대한 약속에 대하여 들었었다. 그들은 모세와 여호수아 시대의 하나님의 큰 기사에 대하여 들었었다. 그러나 그들은 시내 산에서 하나님의 현현 혹은 애굽으로부터의 구원 혹은 가나안 정복 때의 하나님의 주권적인 사역을 목격하지는 못했었다. 그들은 주의 천사에게 다음과 같이 말한 기드온과 가깝게 느낄 수는 있었다.

> 기드온이 그에게 대답하되 오 나의 주여 여호와께서 우리와 함께 계시면 어찌하여 이 모든 일이 우리에게 일어났나이까 또 우리 조상들이 일찍이 우리에게 이르기를 여호와께서 우리를 애굽에서 올라오게 하신 것이 아니냐 한 그 모든 이적이 어디 있나이까 이제 여호와께서 우리를 버리사 미디안의 손에 우리를 넘겨 주셨나이다 하니 (삿 6:13)

그들은 모두 전통을 계승하는 데 불리한 점을 느꼈던 새 이스라엘의 구성원들이었다. 상당한 정도로 그들은 "여호와를 알지 못했으며, 여호와께서 이스라엘에게 행하신 일도 알지 못하였다"(삿 2:10). 이때는 역시 "여호와의 말씀이 희귀하여 이상이 흔히 보이지 않았다"(삼상 3:1). 대신 그들은 여러 가지 제한들에 의해 특징지어지는 새로운 종류의 세계를 경험했다. 그들은 실로 가나안 영토 안에 싸여있는 고립된 민족이었다. 이스라엘은 원수의 공격들과 압제로부터 고통을 당했다. 바락과 드보라의 싸움 후에 가나안 사람들은 더 이상 큰 세력으로 간주되지 않았으나(삿 4-5장) 블레셋의 위험이 더욱 커져가고 있었다. 블레셋은 가나안 정복과 똑같은 시기 혹은 직후에 가나안 해안으로 이주해왔다. 이스라엘은 가나안 도시들과 촌락들을 그들의 지파 영토 내에 그대로 가진 채로 동쪽에는 모압과 암몬, 서쪽에는 블레셋에 의해 둘러 싸여 있었다.

그들은 또한 그들 가운데 있는 가나안 사람들의 영향을 받았다. 이방인과의 결혼과 문화적, 종교적인 동화를 통해서 이스라엘의 예배와 신정국가적 표현의 순결성은 상실되었다.[1] 수백 년 동안의 타락과 배교는 이스라엘의 신앙과 생활에 큰 흉터를 남겨 놓았다. 조상들의 전통들은 잘못된 교훈을 받은 세대들에 의해 변질되었다. 레위인, 제사장 그리고 백성들은 파괴적인 이방 문화와의 동화력을 피하지 못했다.

마지막으로 그 새로운 세대는 율법서와 가나안 정복 기록으로부터 그들은 누구이며 하나님의 계획에 무슨 일이 일어났었는가에 대하여 더 심화된 가르침을 필요로 하고 있었다. 이 목적을 위하여 사사기는 특히 이스라엘의 과거 세계와 현재의 역사적 상황과 관련시켜 설명해 줌으로써 그 간격을 채우고 있다.

가나안에 있는 이방인 영토들의 존재

가나안은 '약속된 땅'이란 구절과 연관된 기대에 부합하는 땅이 아니었다. 여호수아는 정복해야 할 많은 땅을 남겨 놓았다(수 15:1-5; 삿 1장과 비교). 예루살렘은 다윗이 다스릴 때까지 여부스 사람의 도시였다. 가나안 사람들의 존재 외에 이스라엘은 남쪽 해안평지들에 정착했었던 블레셋이란 새로운 백성의 저항에 부딪혔다. 평야, 골짜기, 국제적인 도로들 그리고 많은 요새화된 도시들이 이스라엘이 아닌 사람들의 손에 있었다. 반면 언약백성들은 산지를 점령했을 뿐 보다 비옥한 골짜기와 평야를 정복하거나 지키는데 성공하지 못했다. 외국인들의 영토들이 이스라엘에게 심각한 어려움을 야기시켰다. 블레셋은 엘리 시대에 성막이 있었던 실로를 파괴했다(삼상 1:3; 렘 7:12-15, 26:6과 비교). 그들은 제련 기술을 독점했고, 그 결과 이스라엘의 전쟁 무기와 심지어 농기구들의 제작까지도 통제했다(삼상 13:19-21). 그들의 권세는 단 지파가 새로운 영토로 이주할 수밖에 없을 정도로 컸다(삿 18장 참조). 경건한 이스라엘 사람들에 의해서 제기된 자연스러운 질문

---

1. 가나안 족속의 신학과 제의의 실행에 대한 배경을 위해서는, Elmer B. Smick, Israel's Struggle with the Religions of Canaan, in *Through Christ's Word*, ed. W. Robert Godfrey and Jesse L. Boyd, III (Phillipsburg: Presbyterian & Reformed, 1985), 108-18을 보라.

은 "족장들에게 주신 하나님의 약속은 어떻게 된 것인가?" 그리고 "왜 모세와 여호수아의 사명이 실패했는가?" 등이었다. 이 질문들 밑에는 더 근본적인 질문이 놓여있다. "야웨는 그 약속들을 신실하게 지키시는가?" 사사기는 그 땅에 이스라엘이 아닌 사람들이 현재까지 남아있는 것은 하나님의 신실성의 부족이나 무능력 때문이 아니라는 것을 설명해준다. 대신에 이스라엘이 그 자신의 상황에 대하여 완전히 책임을 져야 한다는 것이다. 그들의 계속적인 배교 때문에 주께서는 그들이 원수로부터 안식을 누리지 못할 것이라고 선언하셨다(삿 2:20-3:4; 95:11; 참조. 히 4:3-11). 이스라엘 내부 사이사이에 거주하는 이방족속들의 존재를 통해서 주께서는 그 백성의 신실성을 시험하셨던 것이다(삿 2:22, 23; 수 23:13과 비교).

이스라엘의 연대성의 붕괴

여호수아가 죽은 후에 이스라엘 지파들의 연대성은 하나의 환상이 되고 말았다. 점차 관계성이 악화됨으로 북쪽과 남쪽 지파 사람들 사이와 요단강 양편 사람들 사이에는 긴장이 일어났다. 예를 들면, 드보라는 도움을 구한 그녀의 요청에 응답하지 않았던 요단강 건너편 지파와 단과 아셀의 외딴지역 사람들을 책망했다(삿 5:15-17). 기드온은 미디안과의 전쟁에서 에브라임 사람들이 그들을 부르지 않았다고 그를 비난했을 때 간신히 내전을 피했다(8:1). 입다는 에브라임 사람들과의 내전에 휘말려 들어갔다(삿 12:1-6).

삼손과 단 지파의 이야기는 블레셋에 대항하는 한 외로운 선구자의 고립적인 작전을 그리고 있다(13:1-16:31).[2] 그 승리들은 큰 성공으로 장식되지 못했다. 어쩔 수 없이 결국 그들의 본거지를 다른 지역으로 옮기지 않을 수 없었기 때문이다(18장). 차일즈는 삼손이 "사사들의 통치 하에서 겪는 이스라엘의 비극을 구성하는 약속과 성취, 이상과 현실, 자유와 노예근성 간의

---

2. J. L. Crenshaw, *Samson: A Secret Betrayed*, A Vow Ignored (Atlanta: Knox, 1978).

긴장을 의인화했다"고 정확히 지적했다.³

레위인과 그 첩에 관한 이야기는 도덕적 정치적 부패를 부각시키고 있다. 기브아 사람들은 윤간의 죄를 범했다. 그러나 베냐민 사람들은 그 범죄자들을 보호했고 동족 지파 사람들의 분노를 샀는데, 그 결과 내전이 일어났다(삿 20). 그 전쟁으로 인하여 베냐민 지파의 학살이 대규모여서 그 지파가 사라질 위험에까지 이르렀다(21:17). 분명히 이스라엘의 통일성은 지역적, 정치적인 갈등뿐만 아니라 지리적인 격리로부터도 큰 손실을 겪었다. 정복과 정착 시기의 지파들의 연합과 사사 시대의 불일치의 대조는 사사기 시작과 끝을 비교할 때 명백해진다. 처음에 전 지파는 유다의 지도력 하에서 가나안 사람과 대항해서 싸웠다(1:1, 2). 그 책의 결론에서 그들은 역시 유다의 지도력 아래서 그 자신들의 한 혈족지파인 베냐민 지파와 더불어 싸웠다(20:18).

제의 장소들의 증가

각 지파 간의 질시뿐만 아니라 잡혼과 혼합주의로 인해 변질된 문화는 지금까지의 모세의 율법보다 더 크게 이스라엘의 삶의 방식에 영향을 주었다. 각 도시가 각각 제물과 제사를 야웨 혹은 다른 이방신에게 드리는 '산당' 혹은 바마bamah를 가지고 있는 것을 자랑할 수 있을 만큼 제의 장소들의 숫자는 증가했다. 이 산당 예배는 가끔 야웨 신앙과 이교 신앙을 뒤섞는 혼합주의를 초래하였다. 특별한 제의적 중요성이 세겜과 벧엘에 주어졌는데 그 이유는 이 도시들이 족장들의 삶에 중요한 곳이었기 때문이다. 다른 도시는 위대한 인물과의 관련성과(오브라에 있는 기드온의 에봇, 삿 8:17-18), 혹은 명성(미가의 에봇과 우상들, 삿 17-18)에 의하여 그 중요성을 인정받았다.

단 지파에게 빼앗긴 미가의 우상들과 처음에는 미가에 의해서 나중에는 단 지파에 의해서 제사장으로 세움 받은 한 레위인의 이야기는 이스라엘의

---

3. *OTCC*, 115.

왜곡된 종교적 가치들에 대한 쓰라린 해설이다. 우상숭배와 불법적인 제사장직은 실로의 예배 중심지와 분리되어서 발전해 갔다(삿 18:30-31과 비교). 사무엘은 종교적 유산을 잃어버린 이스라엘의 세계에 등장했다.[4] 엘리 아들들의 음탕한 행위 때문에 참된 하나님의 예배가 수난을 당하였을 뿐만 아니라, 또한 법궤가 블레셋에 빼앗겼으므로 실로는 무너지게 되었다(삼상 4-6; 시 78:60-61; 렘 7:12-15; 12:6-7; 26:6).[5] 사무엘이 이스라엘을 다스리고 있는 동안에 그는 그의 고향 라마에 단을 세웠는데 백성들이 그곳의 산당에 모여 희생 제사를 드렸다(삼상 7:17; 9:12). 사무엘은 백성들을 인도하여 길갈(10:8; 11:14-15)과 베들레헴(16:4)에서 희생 제사들과 제물을 드렸다. 비록 다윗이 언약궤를 예루살렘에 옮겨 놓은 후에도 백성들은 지방 성소들에서 야웨를 계속 예배했다.

왕에 대한 필요성

사사기는 왕권에 대한 이론적인 근거를 제공한다. 무정부주의 상태, 지파 간의 관계성 악화, 예배 장소들의 확산, 그리고 부도덕성은 중앙집권적인 지도력을 요구했다. 사사들은 하나님의 중요한 도구였다. '사사'들을 보냄으로써 야웨는 이스라엘 지파를 외국의 침입으로 인한 완전한 멸망으로부터 지키셨다. 그러나 사사들은 전 민족적인 지도자가 아니었다. 기껏해야 그들은 소수의 지파로부터 지지를 이끌어 낼 뿐이었다. 다만 사무엘만이 가까스로 전 민족적인 지도자가 되었다. 왜냐하면 그는 "단과 브엘세바"(삼상 7:15; 3:20과 비교)까지 모든 지파를 다스렸기 때문이다.

사사기는 왕정의 필요성뿐만 아니라 그것에 내재된 위험성도 설명한다.

---

4. W. F. Albright, Reconstructing Samuel's Role in History, *Archeology, Historical Analogy, and Early Biblical Tradition* (Baton Rouge: Louisiana State University, 1966), 42-65.

5. A. F. Campbell, *The Ark Narrative (1 Sam. 4-6; 2 Sam. 6): A Form-Critical and Traditio-Historical Study*, SBL Dissertation 16 (Missoula: Scholars Press, 1975); P. D. Miller and J. J. M. Roberts, *The Hand of the Lord: A Reassessment of the "Ark Narrative" of Samuel* (Baltimore: John Hopkins, 1977).

한편 이스라엘은 자기중심적이고 자유방임적인 방향으로 흘러갔다. "그때에 이스라엘에 왕이 없으므로 사람이 각각 그 소견에 옳은 대로 행하였더라"(21:25; 비교 17:6; 18:1; 19:1).[6] 이스라엘은 통일성을 가져오고 완전한 무정부주의의 가능성을 줄이기 위하여 왕이 필요했다. 독립과 연합의 필요성의 긴장 안에서 왕정의 이론적 근거와 인본주의적 왕정에 내재한 위험에 관한 경고를 함께 제공한다. 이스라엘에게 필요했던 것은 하나님의 율법에 예민하고, 하나님의 예배를 장려하고, 각 지파의 연합을 가져오며, 그리고 이스라엘에게 원수로부터의 안식을 가져다주는 중앙집권적이고도 영속적인 정부였다. 사무엘은 이와 같은 형태의 지도력을 제공했지만 영원히 계속될 수는 없었다. 이상적인 것은 세습적인 왕권이었지만 기드온과 그의 아들 아비멜렉의 이야기는 한 가족에게 통치권을 맡기는 위험에 대한 뼈아픈 각성제였다.[7] 기드온은 왕권을 거절했다.[8] 그러나 그의 아들 아베멜렉은 세겜 사람들에게 그를 왕으로 세워 지도력을 갖게 해달라고 요청했다. 경쟁자가 될 자들을 스스로 제거하기 위하여, 그는 도망간 요담을 제외한 그 칠십 명의 형제들을 처형했다. 요담은 우화를 통해 독재적인 왕권에 내재한 위험을 그 백성들에게 말했다(삿 9:7-15). 자신의 뜻대로만 살아가던 아비멜렉이 망대에서 천 명의 남녀를 죽이자 그의 왕정에 대한 시도는 재빨리 반감을 얻게 되었다(22-49). 결국 그는 데베스 망대를 불사르려 하다가 죽었다(50-55절). '세습적'인 왕권을 향한 이 비극적인 실험은 끝이 났다.

아비멜렉 이야기를 통해서 이스라엘은 왕정이 하나님으로부터의 보증

---

6. W. J. Dumbrell, In those days there was no King in Israel; every man did what was right in his own eyes. The Purpose of the Book of Judges Reconsidered, *JSOT* 25 (1983): 23-33; R. G. Boling, In those days there was no King in Israel, *A Light unto my Path: Old Testament Studies in Honor of Jacob M. Myers* (Philadelphia: Temple University, 1974), 33-48.

7. 이 시대에 대한 연구를 위해서는, H. Haag, *Gideon-Jerubbaal-Abimelek*, ZAW 79 (1967), 305-14를 참조하라.

8. B. Linders, Gideon and Kingship, *Journal of Theological Studies* 16 (1965): 315-26.

된 축복이 아니라는 것을 배웠다. 한편으로 그들은 지파 연합의 상징으로서 왕이 필요했고 또 다른 한편으로 왕은 억압적이며 하나님의 율법을 무시할 수도 있었다. 다음에 계속된 이스라엘의 이야기는 각 세대에게 왕정 제도가 얼마나 믿을 수 없는 것인가를 입증했다.

교훈적인 기능

하나님의 말씀은 권고적 혹은 교훈적 기능을 갖고 있다. 사사기와 사무엘서는 이스라엘과 하나님의 모든 백성들에게 중요한 교훈들을 담고 있다. 이 책들을 읽은 경건한 이스라엘 사람들은 그 조상들의 배교와 부도덕에 두려워해 왔을 것이다. 비록 왕을 세우지 않는 하나님의 직접적인 통치의 경험을 그들이 좋아했을지라도 그들은 이스라엘의 역사로부터 하나님의 세우신 왕권은 그 민족을 위해서 선하다는 것을 배워야했다. 누가 통치자가 되든 상관없이 그 왕 제도를 지지함으로써 그 특별한 때에 그 특별한 왕을 세우신 주권적인 하나님에 대한 신뢰를 표현하였다(삼상 24:6을 보라). 만일 하나님께서 왕을 세우지 않으셨더라면 무정부 상태, 원수의 세력으로부터의 억압, 그리고 종교적 도덕적인 악화가 더욱 극심해졌을 것이다.

이 책들은 경건한 사람들에게 지파에게 바치는 충성심을 지나치게 강조하지 말도록 경고하였다. 사사들은 모든 지파들과 지역들로부터 나왔다. 비록 어떤 지파들은 정경적 해석상 더 중요하기도 했지만, 더 넓은 범위에서 선발(선택) 기준은 어떤 지파의 소속 여부가 아니었다. 드보라, 바락 그리고 기드온은 북쪽과 동쪽으로부터 온 침입들로 야기된 이스라엘의 곤경을 대표했다. 입다는 요단강 건너편 출신으로서 유다 지파와 베냐민 지파와 함께 에브라임의 산간 지방에 침입해 온 아모리 사람과 싸웠다(삿 10:9). 단 지파에 속한 삼손은 그들의 남서쪽 인근 부족인 블레셋에 대항한 그의 작은 지파의 곤경을 극적으로 잘 묘사해 준다. 하나님의 백성은 지파적인 교만과 고립주의를 버려야 함을 배워야 했다.

지파적 지역적 구분들에 대한 관심은 또한 보다 더 깊은 관심과 관련되어 있다. 보김에 나타난 야웨의 천사 기사들(삿 2:1-5), 서문(2:6-3:6), 이스라엘의 우상숭배에 대한 반복적인 묘사들, 선지자의 말씀들(6:7-10), 배교한 백성들을 치시는 야웨의 말씀(10:11-16), 그리고 회개에 대한 간헐적인 표현(2:4-5, 10:16)들은 하나님의 백성에게 권고적인 기능으로 말했다. 하나님의 참으심과 자비의 표현들 속에서, 그들은 하나님의 관심은 언약에의 충성이라는 것을 배웠다. 전쟁과 기능의 형태로 오는 모든 이스라엘의 고통들은 그의 백성의 불순종을 치시는 하나님의 저주로부터 왔다.

신정국가의 왕은 하나님의 율법에 더욱 민감해야 했다. 하나님의 백성의 번영은 그의 지도력에 달려있다. 그는 선지자를 통한 하나님의 말씀에 민감해야 하며 결정적으로 하나님의 백성의 연합에 중요한 중심축 역할을 할 수 있는 예배를 세우고 북돋우는데 깨어 있어야 했다. 사울 이야기는 야웨에 대한 충성의 중요성을 극적으로 잘 그려주고 있다. 모든 지파들의 지지를 받을 수 있었다는 사실에도 불구하고 사울은 반복적으로 야웨께 불순종했다. 야웨께 충성됨이 없는 지파들의 연합은 신정왕국을 세우지 못했다. 그러므로 그의 왕국은 그의 가문으로부터 떠나갔다.

> 사무엘이 이르되 여호와께서 번제와 다른 제사를 그의 목소리를 청종하는 것을 좋아하심 같이 좋아하시겠나이까 순종이 제사보다 낫고 듣는 것이 숫양의 기름보다 나으니 이는 거역하는 것은 점치는 죄와 같고 완고한 것은 사신 우상에게 절하는 죄와 같음이라 왕이 여호와의 말씀을 버렸으므로 여호와께서도 왕을 버려 왕이 되지 못하게 하셨나이다 하니 (삼상 15:22-23)

이스라엘에게 한 그의 고별 설교에서(삼상 12장) 사무엘은 그의 상황을 매우 잘 요약한다. 경건한 지도자(1-5절)로서 그는 그들로 하여금 그들의 과거를 기억하도록 상기시켜준다. 그들의 죄에도 불구하고 이스라엘은 소멸

당하지 않았고 하나님의 사랑의 증거를 반복적으로 경험했다. 사사 시대에는 "여호수아께서 너희와 너희 열조에게 행하신 모든 일"(7)로 가득찼다. 그러나 하나님의 참으심은 계속적으로 악을 행한 것에 대한 변명이 될 수 없다. 사무엘은 그와 같은 완고함 때문에 백성과 왕이 함께 멸망할 것이라고 미리 경고했다. "만일 너희가 여전히 악을 행하면 너희와 너희 왕이 다 멸망하리라"(25).

복음 선포적인 기능

이 기간의 기쁜 소식은 하나님이시다! 사사 시대의 변화와 이스라엘의 반역 정신의 표현에도 불구하고 야웨께서는 그 백성들의 필요를 채워주셨고, 언약에 충성하도록 그들에게 권면했고, 이스라엘에게 왕 제도를 허락하셨고 그리고 사무엘의 선지자적 사역을 통해서 그의 말씀을 풍성하게 주셨다. 하나님은 그 시대에 군사적인 도전들을 적절하게 대응할 사사들을 세우셨다. 그는 전에 모세와 여호수아의 사역을 지도했던 그의 영을 이와 같은 신정국가의 지도자들에게 보내셨다(삿 3:10; 11:29; 13:25; 14:6, 19; 15:4).

동시에 야웨께서는 새로운 시대를 위하여 이스라엘을 준비시켰다. 사무엘의 사역은 개인적인 신정국가의 지도력의 시기로부터, 왕, 선지자, 제사장 그리고 레위인들과 같은 신정국가의 지도자들에 대한 명백히 규정된 기대들을 가진 완숙된 왕국 시대로의 전환을 의미있게 하였다. 이 직분들은 어느 한 부류의 지배적인 관심들과 관련되어 있지만 또한 그것들로부터 독립적이다. 각각의 직분자는 하나님 나라를 이루어 가는데 있어서 하나의 위치를 차지하고 있으며 그의 행동에 대해 하나님께 개인적으로 책임진다. 구속사를 통해서 언약의 재래적인 집행과 새로운 집행 아래에서의 각 직분이 어떻게 발전되어 왔는가를 찾아볼 수 있다.

왕 제도가 그 중에서 가장 중심된 의미를 가지고 있다. 사사기는 모세/

여호수아('거룩한 나라로서'에서 이스라엘)와 다윗/솔로몬('왕국으로서'의 이스라엘) 사이에 끼어있는 기간의 무정부주의와 무의미에 비해서 왕 제도의 유익을 깨닫도록 이스라엘을 준비시킨다. 사사들이 반복되는 동안 주께서는 다윗과 그 왕조의 길을 준비시켰다. 조그만 책인 룻기는 그의 은혜를 증거해준다. 나오미가 경험한 기근, 이민, 사랑하는 자의 죽음으로 인한 비극적인 상황은 룻과 보아스 사이에 발전된 낭만적 사랑에 의해서 기쁨으로 변한다. 그러나 로맨스는 그 자체로 끝나지 않았다. 유대인과 모압 사람과의 결혼을 통해서 새로운 가정이 탄생되었고 그를 통해서 다윗이 탄생했다. 사사 시대의 평범한 사람들의 삶의 상황이 하나님의 절대주권과 은혜에 의해 새로운 시대, 곧 다윗 왕조의 시대로 변혁되었다.[9]

위대한 기대들

마지막으로 그 시대의 하나님의 백성은 위대한 기대들을 가진 채 새로운 시대를 바라볼 이유를 갖게 되었다. 그들이 다윗 왕조의 초기에 살았기 때문에 그들은 안도의 한숨을 쉬면서 그 변화를 맞이하였다. 사사 시대가 끝났고 그들은 모든 지파의 연합을 가져오고, 이스라엘에게 원수들로부터의 영원한 승리를 안겨주고, 통일된 정부를 세우며 야웨 예배를 촉진시키고 그리고 하나님에 대한 경외심을 증진시킬 기름부음을 받은 하나님의 종에게 새로운 희망을 걸게 되었다. 사무엘 시대의 이스라엘 사람들은 사무엘서의 사역을 통하여 새로운 시대의 표징을 경험했다. 이제 다윗은 한나가 그녀의 기도에서 말했던(삼상 2:1-10) 땅 끝까지 하나님의 의로우신 통치를 이룰 하나님의 도구가 될 것인가? 다윗의 시대는 하나님의 사람이 일찍이 예언한 대로 야

---

9. J. H. Grønbaek, *Die Geschichte vom Aufstieg Davids (1 Sam. 15 - 2 Sam. 5): Tradition and Komposition* (Copenhagen: Muksgaard, 1971); A. Weiser, Die Legitimation des Königs David, *VT* 16 (1966): 325-54.

웨의 말씀을 실현시킬 것인가? "내가 나를 위하여 충실한 제사장을 일으키리니 그 사람은 내 마음, 내 뜻대로 행할 것이라 내가 그를 위하여 견고한 집을 세우리니 그가 나의 기름 부음을 받은 자 앞에서 영구히 행하리라"(35). 야웨의 기름부음 받은 자인 다윗을 살려주는 많은 방법들은 그 하나님의 사람이 예언한 것을 실현시킬 것인가에 대한 대답에 긍정적인 답을 해 주는 조용한 증거였다. 믿음의 눈은 그의 왕국을 세우시는 하나님을 향하게 된다.

결론

사사기와 사울의 이야기들은 축복이 야웨께 대한 응답과 얼마나 관계가 깊은가를 각성시켜 주는 이야기들로 사용되었다. 하나님은 그의 백성이 이 세상의 좋은 조건과 구조에 대해서 어떻게 반응해야 할 것인지 혹은 어떻게 하나님께 응답할 것인가를 결정하지 않으면 안 되는 구체적인 상황 가운데 두신다. 자기를 섬기는 데만 관심이 있는 이스라엘은 만약 그들이 야웨께만 의지했더라면 얻게 될 축복을 소홀히 여겼다. 삼손은 배교적인 이스라엘의 모델이었다. 그는 야웨의 영이 임했을 때는 능력이 많았지만, 자기 자신 스스로는 무능력했다. 이스라엘은 지파 간에 서로 대적하고, 부도덕이 팽배하며, 많은 이방종교들을 가짐으로써 스스로를 파멸시켰다. 사사기 마지막을 보면 부도덕, 피흘림 그리고 적개심이 얼마나 비극적인가를 회상시켜 준다. 그럼에도 불구하고 야웨께서 임재하사 구원을 베푸시고, 사사들을 세우시고, 사무엘에게 그의 말씀을 주시고, 다윗을 선택하여 그의 종으로 삼으셨다. 이 기간의 마지막은 사울의 죽음으로 끝난다. 기브아에서 사울과 그의 가족의 몰락으로 야웨께서 여러 세대 동안 준비하신 새로운 시대의 실현을 열게 되었다. 이새의 아들, 오벳의 손자 모압, 여인 룻의 증손 다윗! 그의 왕국은 야웨의 것이다!

15

하나님의 신실성과
이스라엘의 무반응

구속사에 있어서 이 시기의 중요성은 하나님의 행위들에 있다. 이 행위들은 앞선 시기의 그것들과 달랐다. 과거의 그는 이스라엘 목전에서 기사를 행하셨지만 이스라엘은 그의 영광의 계시에 책임적인 반응을 보이지 못했다. 이 시기에는 그가 그에 대한 이스라엘의 반응을 시험하신다. 정경적인 책들인 사사기, 룻기, 사무엘서는 사사 시대의 이스라엘의 고난을 하나님께 대해 책임적인 반응을 보이는데 실패한데서 비롯된다고 돌리고 있다. 그 고난들(전쟁, 외국인에게 점령 당함, 기근)은 이스라엘이 이방 종교에 빠졌기 때문에 기인한 것이었다. 하나님의 행하심은 아버지다운 징계와 관심의 표현들이었다. 그는 고난을 보내시고 또 구원하신다. 처음에는 그들의 무책임에 귀를 막으시고, 다음에는 그들의 부르짖음을 들으신다. 사울 왕의 독재적 통치 아래 이스라엘을 버려둠으로써 그들이 다윗 왕의 은혜로운 통치를 준비하게 하신다. 하나님의 행하심은 징계 차원의 조처들이었고 점차적으로 이스라엘을 그에게로 이끌어 가고 있다.

그 이면에는 야웨께서 새로운 시대를 위해 그의 백성을 준비시키고 있다. 그 당시는 고립주의, 배교, 무의미함에 의해 특징지어진다. 사무엘과 같은 위대한 자도 의미 있는 변화를 가져오는데 영향을 끼칠 수 없었다. 그러나 그는 새로운 시대, 곧 다윗의 왕국을 위한 선구자였다. 실제로 사무엘은 하나님의 계획이 실현되고 있는 것을 거의 몰랐다. 그가 죽을 때쯤 되어서는 사울에게 밀려나 있었고, 오직 그는 사울의 손에서 고통을 받고 있는 다윗에 대해서만 알고 있었다. 신정통치와 특별히 이스라엘의 왕정의 미래는 인간의 관점에서 보면 불확실했다.[1] 그러나 하나님께서는 보다 완전한 계시 -메시아 예수의 왕권을 준비하기 위한 다윗 왕조를 세우려는 그의 계획- 로 이스라엘을 인도하기 위하여 수백 년간 일하고 계셨다. 이 기간 동안의 구속사적인 주제들은 절대주권적인 하나님의 역사, 그 백성들의 필요들, 그리고 하나님 나라의 도래에 대한 희망에 초점을 맞추고 있다.

하나님의 절대주권적인 역사

사사기의 두 번째 서문의(2:6-3:6) 선지자적 품격의 저자는 이스라엘 역사 안에서 임하시는 하나님의 손길을 보았다. 하나님은 그들의 불순종의 결과로 원수를 보내사 이스라엘을 압제했다. 신명기에서 세워진 그 모형은 이스라엘 역사상에서 실체화되었다. 번영과 고난은 그냥 우연히 발생하지 않는다. 그것들은 각각 하나님의 상급과 심판을 증거한다. 그것들은 그의 자녀들을 그에게 이끌기 위해서 야웨로부터 오는 격려와 훈련의 형식들이다. 이 목적을 위하여 그는 두 가지 기본적인 전달의 수단, 그의 말씀과 그의 행하심들을 사용하신다.

하나님의 말씀

하나님은 보김에서의 천사(삿 2:1-5), 선지자(6:7-10)와 무명의 사자(10:11-14) 그리고 특별히 위대한 선지자 사무엘(삼상 3:19-4:1a; 12장)을 통

---

1. Terence E. Fretheim, Divine Foreknowledge, Divine Constancy, and the Rejection of Saul's Kingship, *CBQ* 47 (1985): 595-602.

해서 이스라엘에게 그의 말씀을 보내셨다. 사무엘은 백성의 불충성을 고발하는 *rib*(고소) 형태로 알려진 법률적이고도 선지자적인 공식을 사용한다. 고소의 본질적 내용은 (1) 이스라엘을 향한 하나님의 신실한 행위를 기억나게 하는 것들과 (2) 그들에 대한 정죄의 선언, 그리고 (3) 하나님의 말씀대로 따르지 않을 때 임할 엄중한 심판의 경고 등으로 구성되어 있었다. 사무엘의 고별 설교(삼상 12:6-25)는 사사 시대를 하나님의 관점에서 종합하고 있다. 과거는 비참한 실패였지만 이제는 회개할 때다. "너희는 여호와께서 너희를 위하여 행하신 그 큰 일을 생각하여 오직 그를 경외하며 너희의 마음을 다하여 진실히 섬기라. 만일 너희가 여전히 악을 행하면 너희와 너희 왕이 다 멸망하리라"(24, 25절).

사사 시대에는 하나님의 말씀이 희귀했다(삼상 3:1). 이스라엘은 모세의 계시에 대해 응답하는 법을 배워야 했다. 새로운 계시가 자주 나타나지 않는다는 것은 모세를 통해서 준 그의 율법('교훈')의 종결을 확증해준다(삿 3:4을 보라). 오직 이스라엘이 시종일관 하나님께 책임적인 반응을 나타내지 못했을 때 하나님은 그에 대한 살아있는 증인으로 사무엘을 보내셨다. 계시를 새롭게 하기 위해서는 이스라엘의 민족적인 양심을 뒤흔들었어야 했는데 사무엘의 사역은 별로 영향을 미친 것 같지 않았다(삼상 12:24-25을 보라).

하나님의 행하심

하나님의 역사는 사사 시대의 특징인 순환적인 반복 속에 아주 분명했다. 이스라엘을 괴롭힌 원수들은 그의 공의의 도구였고 그것을 통해서 이스라엘로 하여금 그에게 호소하도록 가르쳤다. 이스라엘이 배우는 속도는 매우 느렸지만 하나님은 참으시고 그들을 불쌍히 여기셨다. 그가 가나안 땅에 남겨놓은 이방 나라들은 이스라엘을 정화시키기 위함이었다. 여호수아는 이스라엘에게 미리 이방 나라들이 "너희에게 올무가 되며 덫이 되며 너희의 옆구리에 채찍이 되며 너희의 눈에 가시"(수 23:13; 비교. 삿 2:3)가 될 것이라고 경고했다. 이스라엘이 이방 나라, 특히 블레셋의 군사적, 문화적인 압력에 굴복했을 때 하나님은 그들에게 기근과 전쟁에 처하게 하시고 군사력과 외국인에 의해 정복당하게 하셨다. 그러나 그는 그들에게 사사들을 보내셨다. 사무엘은 사사, 제사장, 선지자의 세 가지 직분을 동시에 감당했다. 사무엘을 통해서 하나님은 이스라엘을 위로하고 권면하고, 그들에게 블레셋으로부터의 승리를 가져다 주었다(삼상 7:14).

세습 왕국을 요구하는 압력이 드세어지자 주께서는 이스라엘에게 또 하나의 다른 교훈을 주셨다. 그것은 사울의 독재적인 통치였다. 사울이 사무엘의 그늘 아래에 있는 동안 그는 이스라엘에게 승리를 안겨주었다. 그러나 그가 다윗의 그늘 아래 있을 때는 비참하게 실패했다. '온 이스라엘과 유다'가 사랑한 다윗(삼상 18:16)을 제거하기 위하여 그는 질투로 불붙어 있었다. 다윗에게 기름을 부은 것은 구속사에 매우 중요한 것이었다. 그것은 영광스러운 다윗의 통치를 기대하게 하는 것이었다. 다윗은 하나님의 은혜로 다윗 왕조의 창시자가 되었다. 그러나 기름부음 사건은 다윗이 의롭기 때문에 일어난 것은 아니다. 다윗의 마음이 하나님께 합한 자라는 것은 다윗의 의를 공로라고 말하는 것이 아니다(삼상 13:14, 16:7을 보라). 오히려 중요한 점은 수 세대에 걸친 하나님의 신비로운 역사하심 속에 있다. 다윗은 이새의 아들이요, 오벳의 손자요, 또한 룻과 보아스의 증손이다. 룻기가 쓰여진 목적 중의 하나는 다윗과 궁극적으로는 메시아가 오게 될 가정을 세우는 데 있어서 하나님의 절대주권적인 사역을 어렴풋이 살펴보도록 하는 데 있었다. 주께서 절대 주권적으로 에브라임을 지도자로 세우는 것을 거절하고 유다에게 호의를 베푸셨다(시 78:67-72). 다윗은 유다지파의 도시인 베들레헴 출신이고 많은 이스라엘 사람보다도 더 큰 믿음이 있었고 야웨와 언약백성에게 더 큰 충성을 가졌었던 모압 여인의 증손자였다. 이스라엘은 하나님의 영이 머물렀던 한 이방인 개종자의 증손자인 다윗에게서 이상적인 목자-왕을 발견했다.

이스라엘의 반응

회개가 전 민족적인 차원에서 일어났을 때 그것은 매우 드물었지만 고귀한 것이었다. 보김에서 그들은 크게 울었고 야웨께 제사를 드렸다(삿 2:4-5). 암몬 족속이 압제에 의해 길르앗과 유다와 베냐민과 에브라임의 일부지역이 점령당하자 이스라엘은 그들이 야웨께 범죄했었다는 것을 깨닫고 그들의 우상을 버리고 주를 섬겼다(10:15-16). 사무엘이 잠시 동안 민족적인 부흥을 일으켰을 때, 그들은 야웨께 그들의 죄를 고백했다. 마지막으로 사무엘의 고별 메시지를 듣고 우박과 비의 징조를 보고, 그들은 사무엘에게 그들을 위해서 기도해달라고 요청했다(삼상 12:19).

우리는 야웨의 백성이 심지어 죄를 범하고 큰 곤경에 처하는 성경의 역사 안에서도 하나님의 목적들이 성취되고 있다는 것을 확증할 수 있다. 그러나 이스라엘의 의식의 수준에서는 거의 진전과 방향 정립이 없는 것처럼 보인다. 의미 없는 것처럼 보이는 것은 퇴보와 진보가 섞여있기 때문이다(그림 15를 보라).

이스라엘은 언약적 특권을 사용하는 데는 퇴보를 경험했다. 즉 야웨의 축복과 보호를 받지 못한 것이다. 하나님의 자녀로서 영광스러운 자유를 누리는 대신에 이스라엘은 지파 간의 분열, 억압, 결핍을 맛보았고 간간히 하나님이 세우신 사사들의 통치로 위안을 받았다. 그 백성들은 그들이 부도덕과 우상숭배를 자행하면서도 마땅히 야웨께서 그들에게 축복과 보호를 주실 의무가 있는 것으로 생각했는지도 모른다. 이런 맥락에서 주께서는 그의 축복과 보호를 자기 마음대로 주시기도 하시고 거두시기도 하시는 분이란 것을 드러내셨다.

진보

- 야웨의 말씀과 행하심 때문에 오는 진보
- 그 약속의 성취와 회복에 대한 하나님의 수단으로써 다윗 왕권 안에서의 소망

퇴보

- 이스라엘의 죄 때문에 오는 쇠퇴
- 외국인의 침입과 통치뿐 아니라 성막과 법궤를 잃은 절망

그림 15. 다윗 통치 전의 진보와 퇴보

하나님의 자유의 상징은 하나님의 은혜로운 왕권의 표시인 언약궤였다. 잠시 동안 실로는 모세가 말했던 예배의 중심 장소인 것처럼 보였다(신 12:5). 제사장 엘리의 시대에 성막이 실로에 세워졌고 성막 안에 법궤가 있었다. 그러나 엘리와 그의 아들들은 여호와의 거룩하고 영광스러운 임재를 멸시했다. 그 결과 제사장의 가정에 심판을 초래했다(삼상 2:12-27, 29-34; 3:11-12). 백성들 역시 블레셋과의 싸움에서 언약궤를 주술적인 상징으로 사용함으로써 하나님의 임재를 멸시했다. 야웨는 블레셋에게 법궤를 빼앗기도록 허락하심으로 그가 주신 축복을 얼마든지 거두실 수 있다는 자유를 분명히 보여주셨다(삼상 4:1, 17, 22). 이가봇('영광이 떠났다')이란 이름은 법궤를 빼앗긴 사건의 의미를 강조하고 있다. 왜냐면 법궤가 떠나자 야웨의 영광이 떠났기 때문이다(4:19-22). 실로가 파괴되고 법궤를 빼앗기고 그리고 성막이 황폐하게 된 후(시 78:60과 렘 7:12, 14 비교) 이스라엘은 야웨 예배를 위한 중심 장소를 갖지 못했다. 심지어 법궤가 다시 이스라엘에 돌아온 후에도, 그것은 기럇여아림에 남아 있었다(삼상 7:2). 다윗 때에야 그것을 예루살렘으로 가져왔다(삼하 6:3-17).

블레셋과의 계속적인 전쟁 가운데, 이스라엘은 군사력 -강력한 군왕의 통치 아래 중앙집권화된 정부의 상징인- 이 해결책이라고 생각했다. 미스

바에서 사무엘의 지도력 하에서 이룩한 승리(삼상 7:11)와 사무엘의 남은 생애 동안 뒤이은 블레셋의 약화는(7:13) 야웨가 한 경건한 지도자를 통해서 그의 축복과 보호를 베푸신다는 것을 생각나게 해준다. 이스라엘은 신정통치에 호의적인 선택된 왕권과 군사적 영도에 의한(현실정치) 계속적인 지배를 원했다. 비록 이스라엘의 초대왕 사울이 길르앗 야베스에서 암몬을 쳐부수고(11장) 그의 아들 요나단이 블레셋으로부터 일시적인 안식을 가져왔다 할지라도(14장) 사무엘서의 저자는 사울의 왕권 하에서의 군사적인 상황을 이렇게 요약한다. "사울이 사는 날 동안 블레셋 사람과 큰 싸움이 있었으므로"(삼상 14:52).

한편 이스라엘은 그들이 새로운 시대로 가는 길을 닦으면서 사무엘과 사울의 통치 하에서 진보를 경험했다. 그들은 지파들 가운데 연합을 가져오는 촉매 작용을 하였다. 이스라엘이 새롭게 단결된 모습을 '온 이스라엘'(삼상 3:20; 4:1; 7:3, 5, 6) 혹은 '이스라엘의 모든 장소'(8:4)라는 표현에서 찾아볼 수 있다. 각 지파가 연합을 이루게 된 것은 그들이 각자 독자적으로는 살 수 없다는 것을 깨닫게 되었기 때문이다. 그들은 한 왕적 존재가 원수세력과의 정치적인 갈등이 생길 때 각 지파의 연합을 강화할 수 있을 것이라고 믿었다. 그들은 열방과 같이 왕을 원했다(삼상 8:20). 그들이 요구한 왕으로 사울을 맞이했다. 그는 현실주의 정치real politik, 곧 군사적 힘과 행정적 기술, 그리고 정치적인 기술의 상징이었다. 그러나 그의 정권은 대 실패로 끝났다.

그와 대조해서 다윗은 신정정치의 상징이었다. 사무엘서는 신정왕국의 상징은 한 경건한 왕에게 달려 있다는 사실을 훌륭한 솜씨로 그려주고 있다. 다윗은 주를 의지했고, 야웨의 거룩하심과 영광을 사모했고, 주의 임재와 통치를 사모했고 그리고 모든 지파로부터 인정을 받았다. "온 이스라엘과 유다는 다윗을 사랑했다"(삼상 18:16a). 다윗에 대한 사울의 모든 음모에도 불구하고, 다윗은 그에게 나라를 주실 주를 온전히 믿었다(삼상 16-31장). 이스라엘의 미래는 하나님의 마음에 합한 왕 다윗에게 달렸고 그의 왕권 하에서 이스라엘은 원수로부터 안식을 얻을 수 있었다. 오직 다윗 왕권의 출현과 더불어 이스라엘은 언약적 특권을 회복할 수 있는 희망을 갖게 되었다.

하나님의 약속들과 백성들의 필요들

사사 시대는 구속 역사상 최악의 상태에 있었다. 이스라엘은 하나님의 심판의 칼날 가까이에서 위험스럽게 살고 있었다. 그 앞선 시대는 모세와 여호수아의 사역 하에서 약속들의 성취에 의해 특정 지워졌지만, 그 이후 이스라엘은 방향을 잃고 여러 가지 경험들 가운데 표류하고 있었다. 하나님은 이스라엘에게 모든 민족 위에 뛰어나게 하시겠다고 약속했지만(신 26:19; 28:13) 그 대신 그들은 종종 열방에 지배당했다(45절).

땅과 이스라엘

배교는 모든 삶의 영역에 영향을 끼쳤다. 가장 현저한 영향은 약속이 이루어지지 않은 것이다. 이스라엘의 땅의 경계는 그의 힘에 따라 계속적으로 변경되었다. 사사 시대 초기에는 여호와의 도움으로 원주민을 몰아낼 수 있다는 잠재적인 희망이 있었다(삿 1장). 그런데 이방 나라를 남도록 허용하신 하나님의 명령에 의해(2:3, 21-3:4), 공존을 받아들여야 했고 열방들과 같은 한 나라가 될 것인지 법을 지킴으로 주께 충성을 보여주게 될 것인지 그 시대의 도전에 적절히 대응해야만 했다 이 시기로부터 계속해서, 이스라엘은 하나님의 명령에 의해 약속의 땅에서 거의 안식을 누리지 못하게 된다(시 95:11). 일찍이 사무엘은 이스라엘에게 경고하기를 주께 응답하지 않을 때 그 땅에서 그들이 추방당하게 될 것이라 하였다(삼상 12:24-25).

하나님의 축복들

이스라엘의 고통은 더 큰 곤경들을 예견해 주었다. 그러나 하나님의 동정적인 행동은 그들에 대한 그의 사랑을 드러냈다. 전쟁, 기근 그리고 고난은 그 백성이 주께 축복을 받지 못했다는 구체적인 표현이었다. 그러나 은혜스럽게도 하나님께서는 그들이 완전히 멸망하지 않도록 그들을 보존했다. 그는 그 자신의 백성에게 그의 사랑과 자비가 부족하다고 비난하지 못하도록 그들에게 끝까지 신실하였다. 사무엘이 말한대로 "여호와께서는 너희를 자기 백성으로 삼으신 것을 기뻐하셨으므로 여호와께서 그의 크신 이름을 위해서라도 자기 백성을 버리지 아니하실 것이다"(삼상 12:22).

광야에서의 이스라엘과 그들의 땅 정복에 대한 영감된 시적인 해석은 하나님의 능하신 구원의 역사들에 대한 그들의 영적 무감각의 상태를 드러낸다(시 87). 그들을 위해서 그가 행하면 행할수록 그들은 더욱더 반역했다. 에브라임은 야곱과 모세의 축복에 따라서(창 48:15-20; 49:22-26; 신 33:13-17) 인구와 땅에 있어서는 큰 축복을 받았다(수 16-17). 그러나 그의 독존적이고 호전적인 태도는 야웨를 격노케 하여, 그 결과 그의 수위권이 유다에게 주어졌다(시 78:67-68). 각 개인, 각 종족, 각 지파는 하나님의 축복을 누리기 원한다면 주께 충성해야 한다. 그렇지 않으면 그 축복들이 제한되거나 다른 지파에게 주어질 수도 있었다.

열방들에 대한 축복

이스라엘은 자기 자신의 문제에 너무 집착되어 열방의 빛이 되지 못했다. 이스라엘이 완고함에도 불구하고, 하나님은 절대주권적으로 엘리멜렉으로 하여금 그 가족을 데리고 모압 땅에 가게 하셨다. 룻의 이야기는 열방들에 임한 하나님의 은혜의 장엄함에 대한 예화이다. 그가 전에 라합에게 하셨던 것처럼 그는 룻을 언약공동체로 들어오게 하셨다. 이 여인들은 언약에 참여하여 아브라함의 아들과 딸이 된 많은 사람들의 모범들이다. 룻의 이야기는 또한 하나님께서 그의 자유로우신 뜻대로 이방인에게도 그의 축복을 확장한다는 것을 그의 언약 백성들에게 계속적으로 경고해주고 있다. 그는 그 자신의 백성들이 어떻든 상관없이 그의 뜻을 이루신다.

사무엘과 미래에 대한 희망

정경적인 책들은 또한 경건한 사람에게 희망을 준다. 그 희망은 인내와 자비 가운데 보여지는 하나님의 돌보심에 초점이 맞춰져있다. 비록 하나님께서 모세와 여호수아에게 사사를 통한 구원의 수단들을 약속하지 않았을지라도 그들에게 사사들을 보냈다. 그는 또한 그들에게 그의 말씀을 보내셨다. 특히 사무엘의 사역을 통해서 말씀을 보내셨다. 하나님은 사무엘에게 출애굽과 가나안 정복 시에 주어졌던 지도력을 주었다. 사무엘은 왕에게 목회적인 사역을 했던 야웨의 선지자였다. 그는 구약의 선지자직의 효시였다. 구약의 선지자들을 통해서 하나님은 그의 백성과 함께하심을 계시했고, 환상과 꿈으로 그의 말씀을 주셨고, 기적으로 그의 능력을 드러내셨고 모세의 계시로 그의 백성이 돌아오도록 권면하셨고, 그들이 반역할 때 그의 백성을 책망하셨고, 율법을 선포하셨고 그리고 왕이 그의 백성을 잘못 인도할 때 그를 바로 잡아주셨다. 선지자는 하나님의 대변자였고 사무엘은 이 직분을 차지한 최초의 사람이었다(행 3:24).

사무엘은 또한 왕정 수립과 직접적으로 관련되어 있다. 비록 그것을 그는 반대했지만 그는 하나님의 사자였다. 그는 다윗을 통한 하나님의 의로운 통치를 바라봤으며 또한 먼저 이스라엘에게 하나님의 축복들이 전해지고 그 다음에는 그 축복들이 열방에까지 미칠 것을 바라보았다. 구속사에 있어서 그의 위치는 세례 요한과 같았다. 두 사람 다 구속사에 있어서 새로운 시대를 선언하는 사자로서 중요했다. 그러나 각각은 희미한 그림자였다. 사무엘은 다윗이 오자 사라졌고 요한은 예수님이 오시자 왜소해졌다.

새로운 시대

새로운 시대는 하나의 노래, 무명의 선지자, 그리고 어린 소년 사무엘에게 임한 하나님의 말씀에서 어렴풋이 살펴볼 수 있다.

한나의 노래

한나의 노래는(삼상 2:1-10) 사무엘서의 두 책들을 설명하는 해석적 틀을 제공한다. 그 책들은 사무엘의 사역으로부터 시작해서 하나님께서 그와 그 자손과 맺은 언약에 충실해 주실 것을 기대하는 다윗 왕의 기대로 절정을 이룬다. 한나의 노래는 (1) 이스라엘의 반석이신 하나님에 대한 확신 (2) 이스라엘의 원수들에 대한 야웨 승리에 대한 희망 (3) 그의 백성들의 미래를 회복시킬 것에 대한 희망 (4) 땅 위에 세우실 그의 왕국에 대한 희망 (5) 야웨의 기름 부으심을 받은 자(메시아)에 대한 암시를 표현하고 있다. 이와 같은 희망의 표현들을 구약시대의 하나님의 자녀들과 신약시대의 하나님의 자녀들을 연합시킨다. 다가올 구속에 대한 희망의 초점은 다윗에서 솔로몬으로, 솔로몬에서 히스기야, 요시야, 스룹바벨로 그리고 궁극적으로는 승리와 영광 가운데 있는 예수 그리스도에게로 옮겨가는 구속사의 진행에 따라 변한다. 마리아의 찬가는 예수가 하나님의 자비의 궁극적인 표현으로써 희망의 초점임을 확증하며 그 예수를 통해서 하나님이 그 조상들과 맺은 언약을 지키신다는(눅 1:46-55) 사실을 확증하고 있는 것이다.

익명의 선지자

어떤 무명의 선지자가 엘리의 세습적 제사장직의 종말을 예언했다(삼상 2:30-36). 엘리, 홉니 그리고 비느하스의 죽음으로 이 말씀의 성취가 이루어지기 시작했는데 궁극적으로는 엘리의 후손인 아비아달을 솔로몬이 제사장직에서 파면시킴으로 이 말씀이 성취되었다(왕상 2:27). 그 선지자는 하나님이 그 자신을 위하여 '내 마음 내 뜻대로 행할 충실한 제사장'을 세우실 새로운 시대를 예언했는데, 그는 그의 기름부음 받은 자 앞에서 영구히 제사장직을 수행할 자이다(삼상 2:35). 충실한 제사장과 충실한 왕의 결합은 다윗과 솔로몬 그리고 사독의 제사장직을 세우는 시대에 최초의 초점이 맞춰져 있다. 엘리는 아론의 후손이요 세습적으로 아론의 제사장직을 이어 받았다. 그는 실로 회막에서 섬겼다. 그러나 야웨께서 예루살렘에 중심 성소를 세우기를 기뻐하사 실로의 회막을 버리셨다(시 78:60; 렘 7:12, 14). 주께서 에브라임 산지에 있는 실로를 버린 것은 요셉 지파의 중요성을 버리고 유다지파에게 은혜를 베푸는 것을 의미했다.

> 또 요셉의 장막을 버리시며 에브라임 지파를 택하지 아니하시고 오직 유다 지파와 그가 사랑하시는 시온 산을 택하시며 그의 성소를 산의 높음 같이, 영원히 두신 땅 같이 지으셨도다 또 그의 종 다윗을 택하시되 양의 우리에서 취하시며 (시 78:67-70)

그 예언적 말씀은 솔로몬 시대에 성취되기를 기다리고 있다. 다윗을 통해서 하나님은 그 나라의 종교생활의 중심으로써 예루살렘을 세우셨다. 언약궤가 블레셋에게 빼앗겼지만 그 언약궤는 그들에게 고통을 주었다. 그리고 그것은 블레셋의 한 지역에서 다른 지역으로 옮기게 되었다(삼상 5). 그래서 결국 그것은 다시 이스라엘로 돌아오게 되었다(6:1-7:1). 다윗이 12지파의 왕으로 등극한 초기에 그것을 예루살렘에 가져왔는데(삼하 6) 솔로몬이 성전을 지을 때까지 거기에 머물러 있었다(삼하 7:11-13; 대상 22:2-26:32; 28:1-29:20).

솔로몬을 통해서 야웨께서는 익명의 선지자를 통해 주신 그의 말씀을 성취했다. 솔로몬은 엘리의 자손 아비아달을 파면시키고 사독을 제사장으로 임명했다(왕상 2:26-27, 35; 대상 29:22; 겔 40:46; 44:15; 48:11). 솔로몬 시대에 언약 성취의 절정에 다다랐다. 예루살렘에 성전이 세워지고, 사독의 제사장직이 주어졌고, 그리고 다윗 왕조의 기름부음 받은 왕권이 이스라엘의 모든 지파를 통치했기 때문이다.

분명히 익명의 선지자는 다윗의 시대를 가리켰고 솔로몬 시대를 넘어서 우리 주 예수님의 시대를 가리켰다. 왕직과 제사장직 간의 밀접한 협력을 예언했었던(슥 4장) 스가랴의 예언의 성취에서 예수님의 사역 안에서 발견되는 신정통치의 두 직분인 제사장직과 왕직의 결합을 더욱 깊이 이해할 수 있다.

사무엘에게 주신 하나님의 말씀

마지막으로 야웨께서는 밤에 환상 가운데 이와 같은 변화를 경고했다(삼상 3장). 사무엘은 엘리와 그의 가족이 죽는다는 것이 무엇을 의미하는지 명확히 알지 못했다. 이 사건 후 그는 사사로, 선지자로 그리고 제사장으로 이스라엘을 섬기도록 특별히 선택을 받았다는 것을 알았다. 비록 그는 제사장 가문은 아니었지만 하나님이 세우신 지도력의 부재로 이스라엘을 섬기기 위하여 야웨께 선택되었다. 이 야웨의 종을 통해 하나님은 충성스러운 사람들에게, 그들의 소망을 사사 시대와 왕국 시대를 넘어서는 새로운 시대, 즉 새로운 왕권과 백성들에게 임한, 보다 더 위대한 하나님의 임재의 축복에 두도록 인도하였다. 사도 베드로는 예루살렘에 있는 군중들에게 이렇게 말했다.

> 또한 사무엘 때부터 이어 말한 모든 선지자도 이 때를 가리켜 말하였느니라 너희는 선지자들의 자손이요 또 하나님이 너희 조상과 더불어 세우신 언약의 자손이라 아브라함에게 이르시기를 땅 위의 모든 족속이 너의 씨로 말미암아 복을 받으리라 하셨으니 하나님이 그 종을 세워 복 주시려고 너희에게 먼저 보내사 너희로 하여금 돌이켜 각각 그 악함을 버리게 하셨느니라 (행 3:24-26)

5부 결론

이스라엘의 언약적 응답성의 부족함에도 불구하고 하나님의 신실성은 여러 가지 방법으로 표현되었다. 그는 많은 구원의 역사를 이루셨으며, 사무엘을 통하여 말씀을 보내셨고 그리고 다윗을 통해서 그의 왕권을 세우시기 위하여 조용히 일하셨다. 하나님의 주권적인 은혜의 사역은 이스라엘이 그 사건 후 수년이 지난 후에야 그 진가를 알 수 있게 되었다. 시대를 막론하고 하나님의 백성들은 그저 무의미해 보이는 이 시대에도 하나님께서 여전히 주권자이심을 배울 수 있다. 성화의 과정을 통해서 하나님께서는 새 시대 - 메시아적 왕이 그의 백성들을 연합과 축복으로 인도할- 를 위해 그의 백성들을 준비시키고 계셨다. 그러나 그 기간 자체로는 아무 진전이 없었다. 이스라엘은 단조롭게 지냈다.

심지어 가장 열악한 상황 가운데서도 야웨께서는 그의 백성들이 하나님 자신만을 열심히 사모하고 어떤 형태의 우상숭배도 제거할 것을 기대하고 계신다. 이스라엘은 우상숭배가 문화적으로 수용되었기 때문에 끝까지 우상을 숭배하였다. 그래서 그 우상숭배가 인생의 성공을 확고하게 해주는 것처럼 보였다. 사무엘은 언약적 충성심을 정의하면서 "너희가 만일 여호와를 경외하여 그를 섬기며 그의 목소리를 듣고 여호와의 명령을 거역하지 아니하며 또 너희와 너희를 다스리는 왕이 너희의 하나님 여호와를 따르면 좋겠지마는"(삼상 12:14)라고 말했다.

사무엘은 선지자 직분의 선구자로서 중요한 인물이었다. 그는 야웨께 얼굴과 얼굴을 맞대어 말씀하였던 모세와 정형화된 언약 기소자의 역할을 시작한 엘리야 사이의 과도기적인 인물이었다. 사무엘은 그 시대의 백성들에게 그들이 걸어간 행동 노선을 인하여 임박한 위험이 있을 것이라고 경고했다.

하나님의 의도들은 그대로 남아 있다. 이스라엘의 반응과 상관없이 이방인을 포함해서 한 백성을 그 자신에만 독점적으로 귀속되는 공동체로 세우시겠다는 약속들을 성취시키려고 계획하셨다. 룻은 모든 이방인을 격려하는 역할을 맡고 있으며 하나님의 보편적 구속사를 늘 각성시키고 있다. 하나님을 바라는 희망은 주께서 모든 원수를 이기실 것과 그가 그의 자녀들을 신원하고 그의 왕국을 영원히 세우실 것이라는 확신에 의해 지탱되고 있다.

'열방과 같은 한 나라'로서의 이스라엘은 언약적 축복들을 누린 시간이 얼마나 짧으며 어떻게 주께서 아버지와 같이 징계했는가를 뼈저리게 느꼈다. 이 기간의 부정적인 그리고 긍정적인 특징들은 다음과 같이 요약할 수 있다.

1. 이스라엘은 신정통치의 이상을 유지하는 데 비참하게 실패했다.
2. 이스라엘의 지도자들은 지역적인 그리고 일시적인 관심사들을 뛰어넘어서 바라볼 만한 능력이 없었다. 각 지파들은 지파 간의 다툼과 전쟁에 끊임없이 말려들었다.
3. 그 백성들은 그들의 불충성 때문에 큰 고통을 당하고 그들의 행위의 결과에 대해서 후회는 했지만, 회개하지는 않았다.
4. 대소 사사들이 침략군과 점령군에 의해 야기된 억압과 고생으로부터 그 지파를 이끌어 내었지만, 이스라엘의 역사는 정처 없이 흘러갔다.
5. 그럼에도 불구하고 주께서는 백성 가운데 임재하사 사사들을 세우시고 이방 나라로 하여금 그 백성을 지배하지 못하게 하고 왕정을 위하여 그 백성을 준비시키시고 그 백성을 훈련시키고 그리고 야웨의 기름부음 받은 자 다윗에게 안수하셨다.

6. 주께서는 사무엘을 첫 선지자로 세우시고 그를 통해서 땅 위에 임할 그의 왕국의 더 큰 계시를 준비하도록 하기 위하여 그 백성을 지키시고 연단하였다.
7. 주께서는 그의 왕과 그가 세우신 제사장직과 그의 예언적 말씀을 통하여 그의 백성에게 안식을 주고자 계획하셨기 때문에 여전히 희망의 대상이었다. 신정통치는 위협을 받았지만 야웨는 신실하셨다!

The Progress of Redemption

6부
왕이 다스리는 나라

Part 6

서론

'왕국'으로서의 이스라엘의 역사적 기간은 구속사에 있어서 매우 중요한 발전을 이룬 때이다. 앞선 시기들에서 하나님께서는 아브라함에게 주신 약속들을 신실하게 지키셨다. 여러 나라들과 여러 왕들이 아브라함으로부터 나왔다. 그를 통해서 주께서는 땅을 새롭게 하고 자신을 위해서 한 백성을 형성하시기 시작하셨다. 이 새롭게 하시는 역사는 이스라엘이 열방들 가운데 그의 거룩한 나라가 될 것이라는 하나님의 약속 안에서 모세와 여호수아 시대에 전개되었다. 이스라엘은 야웨의 백성으로서 성별 되었고 야웨께서 그들 가운데 거하심으로 그들은 거룩하게 되었다. 더욱이 그는 거룩한 땅을 약속의 땅으로 그들에게 주셨던 것이다(출 15:17).

그러나 거기에는 커다란 한계들이 있었다. 땅은 부분적으로 정복되었고, 그 백성은 본성적으로 반역적이었고 무책임하였다. 그들 역시 이방 나라들과 같이 되어버렸다. 주께서 이방 나라들을 압제자들로 일으켰던 사사 시대는 구속사의 진전에 있어서는 저조한 시기였다. 위대한 지도자들이 많이 일어났음에도 불구하고 사무엘 때까지는 어느 누구도 신정통치적 지도력 하에서 그 나라를 통일시킬 수 없었다. 심지어 사무엘이 제사장, 선지자 그리고 사사로서 이스라엘을 통일하고 그들을 이끌었을 때도 사사들의 지도력 하에서 보낸 앞선 세대의 오류는 사무엘이 바로잡기에 너무나 컸다. 그의 아들들이 그를 계승할 자질이 없음을 보고 백성들은 열방과 같은 왕을 사모하면서 보다 위대하고 보다 영속적인 지도자를 찾았다. 이러한 상황 하에서 전 민족을 다스리는 왕정 제도가 세워지게 되었다.

주께서는 이와 같은 백성들의 마음을 아시고 그들이 요구하였던 유형의 왕-독재적이고 자기 중심적인 폭군으로 변해버렸던 왕-을 그들에게 주셨다. 사울왕은 행정적 개혁에 의해 지파들을 능력있게 통일할 수 있었으나 그는 주로 그 자신과 그 아들들의 지위를 유지하는데 관심을 가졌다. 그의 왕권은 빼앗기고 하나님의 선택된 종 다윗에게 주어졌다. 그를 통해서 주께서는 이스라엘에게 신정주의적인 왕권의 선물들을 회복했다.

다윗은 메시아의 모습을 가진 하나님의 마음에 합한 사람이었다. 다윗의 성품은 사무엘서를 우리가 읽을 때 찾아볼 수 있는데 그를 통해서 하나님께서 땅에 보내실 메시아가 어떤 분인가를 알 수 있다. 다윗과 솔로몬의 시대는 하나님의 약속하신 것이 이루어진 위대한 성취의 기간이었다. 하나님은 영원히 다윗의 보좌에 앉게 될 왕들이 있을 것이라고 약속하셨을 뿐만 아니라 아브라함과 모세의 언약들의 공통 요소들도 성취하셨다. 모세 언약은 하나님이 예배 받으실 '한 장소'에 대해서만 언급하였다. 그 약속은 다윗이 예루살렘을 예배처소로 선택한 것에서 구체화되었다. 다윗과 솔로몬의 시대는 평화, 공의, 의 그리고 하나님의 임재의 시대가 충만한 시대였다. 그 앞선 시대와는 달리 이스라엘은 꼬리가 되지 않고 이제 머리가 되었다(신 28:13, 44). 아브라함 언약에서는 주께서 그의 백성을 축복하고, 그 땅에서 그들과 그 가족들을 번영시키고, 아브라함의 이름을 창대케 하고, 아브라함과 그 자손을 통하여 열방을 축복하시겠다고 약속하셨다. 그 약속이 이 시대에 실현되었다. 뿐만 아니라, 주께서는 다윗과 언약을 맺음으로써 아브라함과 모세와 맺은 언약들의 약속들을 영구히 지키시겠다고 약속하셨다. 다윗 언약은 다윗 왕조의 지속적인 왕권을 통하여 언약들과 그 언약들 안에 내재한 약속들의 영구성을 확증했다.

이 시대를 연구함으로 후에 메시아 시대를 묘사하는 데 사용된 선지자적

은유들의 배경을 이해하는데 도움을 얻는다. 이 시대 후에 나온 성경의 저자들은 다윗과 솔로몬 시대를 메시아 시대의 영광들을 묘사해 주는 모형으로서 뒤돌아보곤 했다. 예수 그리스도의 오심 이후 시대인 우리의 입장에서 보면 다윗은 단지 참된 메시아의 희미한 그림자처럼 보일 것이다. 만약 우리가 선지자들이 영광스러운 메시아 시대를 투사하는 과정에서 과거를 돌아보는 것에 대하여 놀란다면, 우리는 그들이 아직 하나님의 아들의 영광스러움을 보지 못했다는 것을 기억해야만 한다. 메시아 시대의 충만함이 아직 미래에 나타날 것으로 남아있기 때문에 메시아 시대의 영광을 묘사하기 위하여 우리도 역시 구약의 역사화된 언어를 사용해야만 한다. 다윗과 솔로몬 시대에 대한 성찰은 우리가 그와 같은 언어를 이해하는 데 도움을 준다. 다윗과 솔로몬 치하의 왕국의 형상은 앞으로 실현될 보다 더 위대하고 보다 더 영속적인 약속의 성취를 가리키고 있다. 주 예수여 오시옵소서!

우리는 이 시간에 일어난 몇 가지 중요한 발전들을 목격할 수 있다.

1. 아브라함 언약에서 보증된 약속들의 보다 더 위대한 성취
2. 하나님이 선택하실 그 장소 즉, 종교와 행정의 중심으로 선택된 예루살렘에서 그의 백성 가운데 하나님께서 임재하실 것이라는 약속의 성취
3. 하나님과 모세 언약과 이스라엘 지파들을 섬긴 다윗의 목자적 신정통치의 지도력 안에서 신정통치적(모세와 여호수아를 회상시킴) 지도력의 회복
4. 땅 위에 임한 하나님 나라의 표현으로써 다윗 언약의 확정
5. 다윗과 솔로몬의 삶과 사역들 안에서 명백한 지혜의 등극
6. 다윗과 솔로몬에 대한 하나님의 밀접한 관계, 찬란한 시대의 영광스러움, 공평과 정의의 옹호, 언약적 축복인 평화와 번영의 향유, 목자적 지도력, 신정국가적 이상들의 성취(이것은 나중에 하나님의 임재, 지혜, 평화 그리고 번영으로 특징지어진 메시아 왕국을 그려주는 예언적 투사의 기초를 형성해 줌) 그리고 다윗과 솔로몬의 개인적인 실패들에 의해 지워지지 않으며 오히려 더 크고 더 영원한 성취에 의해 특징지어질 또 다른 시대에 대한 기대

16

야웨는
이스라엘의 반석이시다

'왕국'으로서의 이스라엘 시대에 관한 기록들은 그것이 개별적이든 집합적이든 간에 다윗과 솔로몬의 위대함을 증거해주고 있다. 이것들의 문학적 재료들은 다양한 역사적 맥락들 가운데서 나온 것이고 또한 공동체의 서로 다른 필요들을 말해주고 있지만 그 다양성과 정경적인 기능에도 불구하고 '야웨는 이스라엘의 반석'이라는 한 가지 통일된 주제가 있음이 분명하다. 이스라엘은 바로 야웨 때문에 아브라함과 모세의 계약들의 성취에 대한 보다 더 큰 자각을 맛볼 수 있었다. 다윗 계약에서 다윗에게 주어진 약속을 인하여서 그 백성은 야웨께서 그 시대의 은택들을 신실하게 회복시키리라는 희망을 가질 수 있었다.

제왕 시편들(시편 2; 18; 20; 21; 45; 72; 89; 101; 110; 132) 및 다윗적 메시아에 관한 예언적인 묘사와 아울러 동시에 사무엘서, 열왕기서, 역대기서 등에 대한 연구는 그 전체적인 조망을 하는 데 도움을 줄 것이다. 이렇게 거창한 그림은 정경적인 기능과 하나님 중심적 관점, 종말론적 차원을 정당하게 평가하는 데 필요하다. 정경적 저작들이 선택적이라는 것은 분명하다. 그 서술들이 우리에게 이 시대의 역사 전체를 제시해 주지는 못한다. 역사가는 갓월드Gottwald가 말한 "협소한 서사적 토대"를 슬퍼할지 모른다. 그렇지만 하나님의 성령이 이러한 문헌 자료의 다양성 속에서 인간의 역사 가운데 그

목적을 충실히 이루어 가시는 하나님을 증거하고 계신다.[1]

사무엘서: 하나님의 사람 다윗

사무엘서는 이미 앞 장에서 소개한 바 있다. 그 문학적 구조는 세 명의 주요 등장인물 곧 사무엘과 사울, 다윗 가운데 나타난 '이스라엘의 반석'이신 하나님의 역사하심에 대한 우리의 관심을 열어준다.

한나의 노래와 다윗의 시편들

사무엘서는 서두에 나오는 한나의 기도(삼상 2:1-10)와 끝부분 다윗의 시(삼하 22:1-23:7; 이 책 13장을 보라)에 나타난 주제들에 의해 연결되어 있다. 이 책에 담겨 있는 자료들은 한나의 기도 주제들인 (1) 주께서 적들로부터 이스라엘을 구원하심(1절) (2) 주의 기름부음 받은 왕의 도움(10절) 그리고 (3) 그에 따른 번영과 영광, 백성의 보호(1절, 4-5절, 8-9절)를 전개시키려는 편집자의 관심을 보여준다.

편집자는 사무엘하의 마지막 장들에서 다윗의 시들을 이용하여 한나의 기도가 다윗에게서 성취되고 있음을 지적하고 있다. 다윗은 그의 첫째 시(삼하 22:2-51[시편 18편])에서 주님에 대한 믿음을 '나의 반석'(삼하 22:2-3)으로 표현하고 있다. 그는 주님의 이름으로 적들에게 승리하였음을 고백하고 있다(35-46절). 그는 신실성, 순전, 마음의 청결, 겸손(26-28절) 등과 같은 특별한 자질들을 가진 기름 부음 받은 자(메시아)이다. 야웨는 자비롭게도 다윗에게 승리와 그 왕조의 영속성을 허락하셨다.

여호와께서 그의 왕에게 큰 구원을 주시며 기름 부음 받은 자에게 인자를 베

---

1. N. Gottwald, *HB*, 319.

푸심이여 영원하도록 다윗과 그 후손에게로다 (51절)

또 다른 시(삼하 23:1-7)에서 편집자는 하나님의 영의 임재(2절), 하나님을 경외함(3절), 공의(3절), 축복(4절), 영속성(5절), 악의 부재(6-7절) 등과 같은 다윗 정권의 자질들을 확증하고 있다. 다윗의 통치는 사사와 사울 시대의 암흑기에 비하여 볼 때 "아침 비"과 같고 "비 후의 밝음"(4절) 같았다. 이 두 시는 독자로 하여금 처음과 끝을 문학적으로 연결시키게 해준다. 그토록 오래 기다린 메시아는 이스라엘의 목자요 하나님의 사람인 다윗이다!

경건하고 인내심 있고 지혜롭고 공의로우며 겸손한 그리고 하나님께 합당한 마음의 소유자인 다윗에 관한 묘사가 사무엘서 전체에 걸쳐 전개되고 있다.[2] 사무엘서에는 주연 두 명(사무엘과 다윗)과 조연 한 명(사울)등 세 명의 등장 인물이 나타난다. 그 각각의 인물은 한나의 노래에 나타난 기대들인 곧 구원, 평화, 번영의 시대를 여는 주님의 주권적 통치에 대한 각자가 기여한 공헌이란 측면에서 연구되고 있다.

사무엘과 나단

사무엘은 커다란 기여(삼상 7:13-15)를 하였지만 나이의 제약(8:1)을 받았다. 사무엘의 고별사(12장)는 이스라엘의 과거와 그 문제점들을 요약해주고 포로 추방이라는 심각한 경고로 끝을 맺고 있다. 사울이 왕으로서 불순종한 것은 하나님이 그를 거절하였다는 것을 의미하였다(13:13-14). 그렇지만 사무엘이 다윗에게 기름부은 것(16장)에서 분명히 나타나듯이 이스라엘은 버림받지 않았다. 그러나 왕정과 이스라엘은 위기에 처해 있었다(12:25을 보라). 그러나 하나님의 은혜로, 사무엘이 고별사에서 한 경고는 주께서 그 은혜로 이스라엘이나 왕 제도를 종식시키지 않으리라 하신 나단을 통해 다윗에게 주어진 하나님의 약속에서 보완되고 있다.

---

2. Walter Brueggemann, David and His Theologian, *CBQ* 30 (1968): 156-81.

다윗 언약은 새로운 시대의 여명을 알리는 메시아적인 희망을 제공해준다. 주님께서는 다윗과 그 후손들에게 (1) 양떼의 목자로서 이스라엘에 대한 영원한 통치와 (2) 성전으로 상징화된 바 하나님의 함께하심 (3) 백성에 대한 축복과 안식 (4) 다윗이 후손에 대한 계약적인 충성과 사랑 (5) 충성스럽지 못한 다윗의 후손들을 징계하는 데서 나타난 부자관계를 보장하는 계약으로 다윗에게 은총을 베푸셨다(삼하 7:5-16).

이야기들

책 속의 이야기들은 기도(노래)와 담화들, 애가들을 중심으로 구성된다. 이러한 문학적 짜임새는 사무엘을 대선지자요 제사장이요 사사로서, 다윗을 진실하고 신실하며 지혜로운 하나님의 사람으로서 강조하고 있는 반면 (시 78:72) 사울은 왜소화시키고 있다.[3] 비록 사울은 다윗을 질투하여 유다 전역에 걸쳐 그를 추적하였을지라도, 다윗은 결코 사악한 사울을 복수하려는 시험에 빠져들지 않았다. 그는 오래 참음으로 주를 기다렸다. 더욱이 사울과 요나단의 죽음을 맞이하여 부른 애가(삼하 1:19-27)는 다윗이 사울을 진심으로 사랑하였음을 보여준다. 이 애가는 사무엘서의 구조에 있어서 하나의 중심축 역할을 하고 있다.

다윗은 이스보셋 및 그의 군사령관 아브넬의 새로운 지도력 사이에 내분이 일어났을 때 화해를 추구하고자 하였지 결코 아브넬과 이스보셋을 잔인하게 살해하려 하지 않았다(삼하 3:6-4:12). 백성들은 그것이 주의 뜻임을 알았으므로(5:2) 다윗에게 모든 지파를 다스리는 왕이 되어달라고 요청했고, 왕국은 주의 뜻에 의해 그의 손에 들어갔다.

8장부터 20장까지의 이야기들은 우리에게 두 가지 상이한 다윗의 모습 곧 축복받은 다윗과 심판 받은 다윗을 제시해주고 있다[4](그림 16을 보라). 축

---

3. David M. Gunn, *The Story of King David: Genre and Interpretation*, JSOTup 6 (1978).

4. 사무엘하 9-20장; 열왕기상 1, 2장도 역시 계승 기사로 알려져 있다. 그러나 우리는 이 장들을

복받은 다윗은 이스라엘을 승리와 안식으로 인도하였다. 그렇지만 다윗은 또한 가족의 죽음, 불안, 내전과 같은 징계를 통하여 하나님의 심판을 경험하였다.

마지막 네 장들은 삽화들과 시들을 통하여 다윗 시대를 요약하고 있다. 네 가지 주요 주제들은 (1) 사울 가족에 대한 다윗의 행동 (2) 적들에 대한 다윗의 승리 (3) 다윗의 경건한 인품들과 경건한 지도력 (4) 다윗의 죄와 심판에 대한 반응, 화해에 대한 관심 등이다.

사무엘서는 아라우나의 타작 마당에서 드리는 다윗의 제사로 끝을 맺고 있다. 그 문학적 구조는 다윗을 주께 기름부음 받고 이스라엘에 안식을 가져다준 자로 부각시켰고 예루살렘을 선택받은 수도로 드러내었다. 그러나 거기에는 성전도 없었고 중앙 제단도 없었다. 다윗이 많은 것을 이룩하였었지만 약속들의 완전한 성취는 다윗 당대에서 실현되지는 않았다. 그러므로 책의 말미에서 편집자는 다윗을 넘어 중앙 제단과 성전의 새로운 시대를 바라보도록 초청하고, 메시아적인 왕을 통해 하나님 임재에 대한 더 위대한 자각으로 인도하고 있다.

심판 하의 다윗으로 고려하기로 했다. 계승 기사들에 대한 자료들로는, J. W. Flanagan, Court History or Succession Document? A Study of 2 Sam. 9-20 and 1 Kings 1-2, *JBL* 91 (1972): 172-81; D. M. Gunn, David and Gift of the Kingdom (2 Sam. 2-4, 9-20, 1 Kgs. 1-2), *Semeia*, 3 (1975): 14-45; idem, Traditional Composition in the Succession Narrative, *VT* 26 (1976): 214-29; R. N. Whybray, *The Succession Narrative: A Study of II Sam. 9-20; I Kings 1 and 2*. (London: SCM, 1968). 비평주의에 대하여는, Childs, *IOTS*, 275-78을 참조하라.

축복	저주
언약궤와 성전에 대한 관심 (삼하 6-7장)	간음과 살인 (11:1-12:23)
요나단의 가족에 대한 신실함 (9장)	가정의 불화 (13-14장)
군사적 승리들 (8:1-4; 10장; 12:26-31)	압살롬의 반역(15-19장)과 세바의 반역(20:1-22)
12 지파들을 다스림 (8:15-18)	
솔로몬의 출생 (12:24-25)	

그림 16. 축복받은 다윗과 저주받은 다윗(삼하)

역대기서 : 하나님의 임재

역대기서는 바빌론 유수 얼마 후에 기록되었다. 역대기서가 에스라, 느헤미야와 함께 3부작에 속하는지 아니면 독립된 기록인지의 문제와 마찬가지로 그 정확한 연대도 논란이 되고 있다.[5] 그 문학적 구조에 있어 역대기서는 이스라엘 민족을 아담과 노아(대상 1:1-27), 아브라함(28-54절)을 통하여 열방들과 연결시키고 이스라엘 사람들을 야곱 혹은 이스라엘의 후손들로서(2:1-9:1) 연결시키기 위하여 족보를 사용하고 있다. 유다와 다윗의 족보(2-4장)와 성전에서 찬양하는 자들을 포함한 레위 지파의 족보(6장)에 현저한 관심을 기울이고 있다.

역대기서의 관점은 바빌론 포로 이후의 관점이다. 저자는 포로에서 돌아

---

5. William J. Dumbrell 은 역대기가 서로 다른 판이라는 입장이다(The Purpose of the Books of Chronicles, JETS 27 [1984]: 266).

와 땅, 특히 예루살렘에 재정착하려는 열두 지파의 남은 자들("유다 지파와 베냐민 지파, 그리고 에브라임과 므낫세 지파")을 한데 묶어 제시하고 있다(대상 9:1-3). 그는 유다와 신정통치의 수호자로서의 다윗 왕조에 관하여 그리고 하나님의 왕국과 성전에 관하여 특별한 강조점을 두고 유다와 이스라엘에 관한 기록들을 배열하고 있다. 이런 이유로 하여 저자는 사울 통치를 그의 족보에 관한 기록(8장)과 그의 죽음에 관한 간단한 보고(10장) 정도로 지나치고, 반면에 다윗과 솔로몬의 업적에 관하여는 28개 장(대상 11장-대하 9장)에 달하여 기록하고 있다![6]

다윗과 솔로몬의 시대는 역대기서 저자들에게 하나의 모형을 제공해주었다. 저자는 성전과 신정통치적 이상에 대한 투신을 통하여 하나님 왕국의 수립을 목격할 수 있으리라던 당대인들의 희망을 점화시키기 위하여 "그 시대가 대표했던 다윗과 솔로몬의 성전 중심의 사회 그리고 하나님 통치"를 되돌아보고 있다.[7] 역대기서의 문학적 구조는 과거의 사건을 바빌론 유수 이후 공동체의 실존적 필요에 연결시키고 있다. 예를 들어, 트랜스요르단에 정착한 지파들에 관한 계보가 간단한 것은 그들이 배교하리라는 예언적인 비난을 받고 있었고 디글랏 빌레셀(불)에 의해 추방되었으며 회복된 공동체에 동참하지 못하였기 때문에(대상 5:26) 그 회복된 공동체에서 그들이 차지할 몫이 더 이상 없었던 탓일 것이다. 또 한편 재조직된 이스라엘 왕국을 구성하고 있던 지파들의 계보들은 보다 광범위하고 또 이스라엘의 남은 자들이 유다와 레위 지파의 남은 자들과 예루살렘에서 함께 살았다(9:1-34)는 보다 긍정적인 어조로 끝을 맺고 있다. 마지막 27개 장은 예루살렘의 함락과, 성전의 파괴, 바빌론으로의 성전 기구 이전 때까지의 다윗 왕조의 전

---

6. Raymond B. Dillard, The Literary Structure of the Chrolicler's Solomon Narrative, *JSOT* 30 (1984): 85-93.

7. Dumbrell, Purpose of Chronicles, 266; R. L. Braun, Solomonic Apologetic in Chronicles, *JBL* 92 (1973): 503-16; G. Goldingay, The Chronicler as a Theologian, *Biblical Theology Bulletin* 5 (1975): 99-126.

개, 성전, 예루살렘을 추적하고 있다.

열왕기서 : 약속의 성취

사무엘서의 최종 편집과 역대기서 사이에는 유다의 바빌론 유수 동안 기록된 열왕기서라는 위대한 저작물이 있다. 열왕기서 또한 많은 자료들을 사용하였고 막대한 자료 덩어리로부터 그 문학적인 주요 의도와 발전에 기여한 것들만 선택하였다. 이 자료들은 다윗 말기(B.C. 975 년경)부터 포로 중 감옥에서의 여호와긴의 석방(B.C. 561년경)에 이르기까지의 기간을 기록하고 있다. 이 자료는 세 가지 주요 덩어리들 곧 솔로몬의 왕위 계승과 그의 왕국(왕상 1-11장), 이스라엘 포로까지의 유다와 이스라엘 왕국들(왕상 12장-왕하 17장), 그리고 그 포로까지의 유다 왕국(왕하 18-25장)으로 구성되어 있다.[8]

열왕기서는 다윗 통치의 메시아적인 기조를 펼친다. 이 통치는 하나님의 약속에 근거한 것이고 신정적 통치에 대한 다윗 후손과 지파들의 반응에 달려있는 것이 아니다. 한편으로 열왕기서는 말씀에 의하여 이스라엘과 유다가 축복받기도 하고 심판받기도 하는 하나님의 공의를 그리고 있다. 다른 한편으로는 야웨는 사랑이 많으시고 자비로우시며 용서하시는 분이시라는 중요한 복음 선포적 메시지 혹은 좋은 소식의 선포를 담고 있다. 야웨는 그의 백성이 완전히 소멸되기를 원치 않으시지만 그 백성을 자신에게로 돌아오게 하기 위한 징계의 일종으로써 심판을 사용하신다. 저주와는 달리 심판에는 아직 화해와 용서의 가능성이 여전히 존재한다. 이런 이유로 저자는 마지막에 여호야긴 석방 부분을 덧붙였다. 주께서 감옥에서 여호야긴 왕을 끌어내

---

8. B. Porten, The Structure and Theme of the Solomon Narrative (1 Kings 3-11), *Hebrew Union College Annual* 38 (1967): 93-128; J. Liver, The Book of the Acts of Solomon, *Biblica* 48 (1967): 75-101.

시고 심지어 유배 중에서조차 왕의 위엄을 누리게 하셨다(왕하 25:27-30)

솔로몬

솔로몬 시대는 평화와 국제적 명성, 그리고 무엇보다도 예루살렘 성전 내의 하나님의 임재에 대한 다윗의 열망들을 구체화시켰다(왕상 1-2장). 솔로몬은 일단 그의 권력을 확고히 한 뒤 계속하여 그의 아버지가 그에게 세워준 통치 형태를 유지하였다. 편집자는 독자에게 백성들의 복지에 관심을 쏟는 왕을 제시해 주고 있다. 솔로몬은 현명한 통치(3장)와 지혜로운 행정(4장)을 좋아하였다. 그는 성전과 자신의 왕궁 건축을 준비하고 그 계획을 조심스럽게 실행해 나갔다(5:1-8:9). 그는 이스라엘로 하여금 하나님의 임재와 축복을 위하여 기도하게 하고(8:23-53) 주께 충성할 것을 요구하였으며(61절) 주께 제물을 바치게 하였다(63절). 주의 영광이 성전에 가득하기 때문에 주께서 임재하신다는 것이 온 백성에게는 분명하였다(10절).

다윗과 솔로몬의 통치 유형은 순전함과 하나님 경외, 지혜, 정의, 의로움, 하나님 백성을 보살피는 자세 등에 대한 그들의 관심에 나타나 있듯이 바로 주의 임재에 의해 왕위에 오른 것이었다. 주께서는 솔로몬과 그의 모든 후손에게 다음의 사항 이외에 아무것도 기대하지 않는다고 경고하셨다.

> 네가 만일 네 아버지 다윗이 행함 같이 마음을 온전히 하고 바르게 하여 내 앞에서 행하며 내가 네게 명령한 대로 온갖 일에 순종하여 내 법도와 율례를 지키면 내가 네 아버지 다윗에게 말하기를 이스라엘의 왕위에 오를 사람이 네게서 끊어지지 아니하리라 한 대로 네 이스라엘의 왕위를 영원히 견고하게 하려니와 (왕상 9:4-5)

분열과 통일

사울 치하에서의 통일 왕국의 위태로운 시작은 솔로몬 아래에서도 똑같이 유감스러운 상태로 끝나고 말았다. 솔로몬은 여러 아내들이 들여온 우상 때문에 혼합주의자가 되었다(왕상 11장). 주께서 대적을 일으키셨으나(14-40절) 솔로몬은 그 아버지 다윗이 회개했던 것과 같이 회개하지 않았다. 그는 심지어 아히야가 북부 지파들을 통치하도록 임명한 여로보암을 죽이려고까지 하였다(26-49절). 솔로몬의 마음이 하나님 앞에서 나뉘어 있었기 때문에 그가 죽었을 때 하나님께서도 그 왕정을 북왕국과 남왕국으로 분열시키셨다. 이때로부터 왕국 내에는 거의 구속사상의 진전이 없었다. 몇몇 위대한 왕들과 북왕국의 선지자 엘리야와 엘리사, 남왕국의 이사야를 제외하고는 분열 왕국 시기는 하나님 백성의 역사에 있어 또 하나의 암흑기였다.

열왕기서의 문학적 구조는 비록 남과 북으로 갈리어 있지만 두 왕국의 사건들을 동시에 분석함으로 하나님 백성의 통일성을 붙들려고 하였다. 그러나 분열은 역으로 예배의 통일성과 예루살렘과 다윗 왕조에 대한 충성심에 영향을 미쳤다.

결론

주께서는 다윗 왕조에 그의 통치권을 수립하심으로써 그가 이스라엘의 왕이심을 보여주셨다. 이 '왕국'시대에 하나님의 통치가 영광스럽게 나타났다. 한나는 이스라엘의 반석이 그의 비천한 백성을 기억하셔서 한 지도자를 세워 그를 통하여 하나님의 백성이 다시 한번 계약적인 축복을 맛볼 수 있게 해 달라고 기도하였다. 이 기도는 다윗 및 그의 후손과의 약속에서 응답되고 있었다. 주께서는 다윗을 그의 메시아 혹은 기름 부음 받은 자로 임명하심으로 그의 아들 메시아를 준비하시기를 기뻐하셨다. 그에게 승리를 주고 지상에 하나님의 왕국을 수립해 줄 하늘에 계신 아버지를 의지하는 다윗에게 주님은 다름 아닌 '이스라엘의 반석'이셨다.

그럼에도 불구하고 다윗과 솔로몬은 각각 그 자신의 약점을 지닌 사람들이었다. 위대한 왕이신 하나님에 대한 다윗 왕조의 왕의 충성 여하에 따라 하나님의 백성은 번성하기도 하고 괴로움을 당하기도 하였다. 사사 시대와 마찬가지로 이스라엘의 고통이 주께서 구원하실 능력이 없으심에 기인한 것이 아니었다. 고통은 다윗 왕조의 왕의 연약함에서 비롯되었고 그의 죄로 말미암아 이스라엘은 하나님의 저주 아래 놓이게 되었던 것이다. 다윗은 그 가족의 분열을 겪었고 단지 그가 하나님의 은혜를 입었기 때문에 열두 지파 전체의 왕국을 유지할 수 있었다. 솔로몬의 지위는 다윗 시대에 왕국이 굳건히 되었기에 더욱 강화되었다. 그러나 솔로몬 또한 왕국의 평화를 넘보는 위협들을 견디어 내야만 하였다. 다윗과 솔로몬이 아무리 위대하다고 할지라도 하나님의 왕국과 그의 약속의 성취, 이스라엘의 기쁨은 주께 달려 있었다는 것이 명백해진다. 하나님은 이스라엘의 반석이시다. 왕국 분열 및 백성의 분열과 유배 속에서조차도 주께서는 그 백성에게 그의 말씀이 진리라는 희망을 굳게 해주셨다. 주께서는 자신이 직접 족장들과 시내 산에서는 이스라엘과 그리고 다윗과 계약을 맺으셨다. 정치적 흥망성쇠나 다윗 왕조의 왕의 연약함, 이스라엘의 반응에 상관없이 주님께서는 여전히 신실하시다!

17

다윗과 솔로몬의 통치에 나타난 하나님의 임재

하나님의 마음에 합한 사람 : 다윗

다윗은 분명히 주께서 임명하신 사람이었다. 사무엘이 다윗에게 기름부으러 갈 때 그는 외모에 있어 사울과 다르지 않은 전사형의 사람을 찾고 있었다. 그러나 하나님은 사무엘에게 주께서 중심을 보시기 때문에 외모를 보지 말라고 경고하셨다(삼상 16:7). 다윗은 하나님을 사랑하는 마음을 가진 자로 알려졌다(13:14). 하나님께서는 수년 동안 사울의 추적을 받게 한 뒤 다윗을 유다의 왕으로 그리고 결국에는 온 이스라엘의 왕으로 세우셨다. "다윗이 여호와께서 자기를 세우사 이스라엘 왕을 삼으신 것과 그 백성 이스라엘을 위하여 그 나라를 높이신 것을 아니라"(삼하 5:12).

다윗은 또한 백성과 지도자들의 지지를 받았다. 그들은 또한 다윗을 하나님이 왕으로 보내신 사람으로 알았다(대상 12:18, 38). 더욱이 주께서는 다윗의 이름을 열방들 사이에 유명하게 하셨다. 주께서는 나단을 통하여 다윗에게 "네가 어디로 가든지 내가 너와 함께 있어 네 모든 대적을 네 앞에서 멸하였은즉 세상에서 존귀한 자들의 이름 같은 이름을 네게 만들어 주리라"(17:8)고 말씀하셨다.

하나님이 주신 위대함이 다윗을 교만하게 만들 수도 있었지만 그는 주님께 겸손한 자로 남아 있었다. 전쟁들, 내전(삼하 15:26)에서 원수들의 저주를 받거나(16:10-12) 혹은 주께 질책을 받을 때도(24:14) 다윗은 주께서 명하시는 것은 무엇이나 기꺼이 받아들였다. 헷 사람 우리야의 경우를 제외하고는 그는 더 이상 그의 행동거지를 합리화하지 않았다. 그는 모사나 어떤 음모를 꾸미지 않았으나 그의 생애에 주의 뜻이 이루어지리라 믿었다. 노년에 그는 "내 생명을 모든 환난에서 구하신 여호께서 살아 계심을 두고 맹세하노라"(왕상 1:29)고 진실하게 말할 수 있었다. 다윗은 진실로 주 앞에서 겸손히 행한 하나님의 마음에 합한 사람이었다.

그가 하나님의 사람이었기에 다윗은 그의 40년 통치 기간 동안에 많은 것을 이룩할 수가 있었다. 그는 신정통치의 모형을 남겼다.¹ 그는 이스라엘 백성의 목자였다(삼하 5:2; 대상 11:2). 그 신정적 왕은 그 백성을 평화와 번영의 시대로 인도하였다. 그는 백성을 보호하였고 백성이 야웨의 율법을 따르도록 감독하였다(신 17:18-20을 보라). 주의 부목자undershepherd로서의 다윗의 지도력은 개인주의적인 것도 전제적인 것도 아니었다. 권위를 위임하고 동료 사역자들에게 의존함으로써 다윗의 신정적 통치는 온 이스라엘에게 유익을 끼쳤다.

다윗 통치의 특징들은 선지자들이 찬양하고 메시아 왕에게서 기대한 것들, 곧 사랑, 정의, 의로움, 지혜, 하나님의 성령의 임재 등이다. 다윗은 특별히 그의 사랑으로 유명하고, 솔로몬은 그의 지혜로 유명하다. 둘 다 진정 하나님의 성령이 충만하였고 공평과 의를 추구하였다. 또한 종종 그들의 약점들이 우리 마음에 생각이 나고 이들의 훌륭한 인격에 음영을 던지곤 한다. 만일 우리가 다윗과 솔로몬을 용서함에 있어 하나님과 같이 되기를 배운다면 그들의 강한 인격의 강점을 보다 가깝게 평가해 줄 수 있을 것이다.

---

1. Moshe Weinfeld, The King as the Servant of the People, *Journal of Jewish Studies* 33 (1982): 189-94.

하나님의 사랑과 인간의 사랑

다윗은 특별히 하나님을 사랑하고 다른 사람을 사랑하는데 뛰어나게 헌신된 사람이었다. 사랑이 언제나 충성과 결합되어 있듯이 사랑이라는 히브리 단어(hesed)는 "충성"이라고 번역하는 것이 낫다. 사랑은 변함이 없다. 다윗이 어떤 사람이나 가족과 관계를 맺을 때 그는 자신이 받은 처우에 관계없이 여전히 충성하였다.

사울과 그의 가족에 대한 다윗의 충성은 사울과 요나단의 죽음 앞에서 보인 그의 진실한 슬픔에 의해 입증되었다. 그는 사울이 주의 기름부음 받은 자였고 요나단이 그의 언약의 친구였기에 그렇게 슬퍼하였다(삼하 1:19-27; 삼상 20장). 그는 이스보셋이 잔인하게도 살해되었을 때도(삼하 4:8-12) 아브넬이 요압에 의해 죽임을 당했을 때도(3:22-30) 진심어린 애도를 나타냈다. 그는 요나단의 아들 므비보셋에게 사울 가문의 소유를 나눠주고 왕의 상에서 먹을 특권을 줌으로써 요나단에 대한 그의 충성을 구체적으로 표시하였다(9장). 또한 나중에 사울과 요나단의 뼈를 예를 갖추어 장사 지내줌으로 사울 가문과의 우정을 확인하였다(21:13-14).

공평과 의

다윗은 또한 공평과 의를 지닌 사람이었다. 그는 사울이 그를 추적하여 박해하였을 때조차도 계속하여 그를 공경하였다(삼상 24:6, 10; 26:9, 11, 23). 이러한 하나님의 기름부음 받은 자에 대한 공경이 사울의 죽음을 알린 자에 대해 공정한 처벌을 하게끔 하였다(삼하 1:16). 그는 또한 잠자는 도중에 죽임을 당한 이스보셋의 죽음에 대한 원수를 갚아주었다(4:12).

공평을 이루고자 하는 다윗의 열망은 특히 그가 솔로몬에게 자신의 재위 기간에 악을 저질렀던 사람들을 처벌하도록 요구하는 데서 분명히 나타났다. 그는 무고한 아브넬과 아마사의 피를 흘렸다 하여 요압이 죽어야 한다는 것을 분명히 하였다(왕상 2:5-6). 다윗이 자비를 베푼 적이 있던 시므이도 죽어야 했다(8-9절). 이들 두 사람 다 솔로몬 통치의 수립과 안전에 위협적인 요소였다. 다윗은 이처럼 그의 시대에 정의롭다는 명성을 얻게 되었다. "다윗이 온 이스라엘을 다스려 모든 백성에게 정의와 공의를 행할새"(대상 18:14).

지혜

다윗은 백성을 다루고, 그리고 광활한 그의 왕국을 다스리는 방식에 있어 하나님이 주신 지혜를 드러내었다. 그는 그의 지도력으로 백성을 감동시켰다(삼상 22:2; 삼하 5:1-3). 성경은 다윗의 지혜에 대해서 그것이 너무나 분명한 까닭에 명확하게 말하고 있지는 않다. 그가 지혜를 존중한 예로써 솔로몬이 아직 어렸을 때 그에게 하나님의 백성을 통치할 지혜를 주시라고 다윗이 기도한 것을 들 수 있다. "여호와께서 네게 지혜와 총명을 주사 너로 이스라엘을 다스리게 하시고 너의 하나님 여호와의 율법을 지키게 하시기를 더욱 원하노라"(대상 22:12).

하나님의 임재

다윗의 통치는 특히 하나님의 임재에 의해 특징지어졌다. 주님은 다윗의 모든 일을 성취하는 데 함께 하셨다. 다윗 통치 직전의 길보아 산에서의 이스라엘의 패배는 다윗이 즉위할 즈음에는 승리와 그리고 궁극적으로는 평화와 기쁨으로 변화될 것이었다. 그의 재위 40년은 이스라엘에게는 더할 나위 없이 좋은 기간이었고 백성들은 그 축복들을 기억하였다. 시편 78편을 보면 주께서 다윗 왕조를 택하심으로써 유다에게 호의를 베푸셨고, 기꺼이 예루살렘에 거하심으로 그 백성에게 호의를 베풀었다는 사실이 분명히 나타난다(66-72절). 다윗의 하나님은 다윗이 죽은 뒤조차도 기꺼이 그의 백성들 사이에 거하셨다. 하나님은 모세와 여호수아, 사무엘과 함께 계셨듯이 다윗과 함께 계셨다. "만군의 여호와께서 함께 계시니 다윗이 점점 강성하여 가니라"(대상 11:9). 다윗이 솔로몬을 왕으로 삼았을 때 솔로몬의 새 군대 장관 브나야는 다윗의 아들에게 비슷한 열망을 표현하였다. "여호와께서 내

주 왕과 함께 계심 같이 솔로몬과 함께 계셔서 그의 왕위를 내 주 다윗왕의 위보다 더 크게 하시기를!"(왕상 1:37)

신정통치적 관심

모든 각각의 위대한 신정통치의 지도자 사역의 마지막 특징은 하나님의 백성에 대한 명령이다. 모세(신명기)와 여호수아(수 24장), 사무엘(삼상 12장)처럼 다윗은 이스라엘과 솔로몬에게 야웨께 충성하도록 권고하였다. 다윗이 야웨를 송축한 뒤(대상 29:10-13) 그는 온 회중을 불러 그와 함께 주를 송축하게 하였다.(20절) 그리고 솔로몬에게 말하였다.

> 내 아들 솔로몬아 너는 네 아버지의 하나님을 알고 온전한 마음과 기쁜 뜻으로 섬길지어다 여호와께서는 모든 마음을 감찰하사 모든 의도를 아시나니 네가 만일 그를 찾으면 만날 것이요 만일 네가 그를 버리면 그가 너를 영원히 버리시리라 (대상 28:9)

그는 모세가 여호수아에게 부탁한 것과 같은 비슷한 말로 솔로몬을 격려하였다. "너는 강하고 담대하게 이 일을 행하고 두려워하지 말며 놀라지 말라 네가 여호와의 성전 공사의 모든 일을 마치기까지 여호와 하나님 나의 하나님이 너와 함께 계시사 네게서 떠나지 아니하시고 너를 버리지 아니하시리라"(20절)

역대기서 기자는 다윗에게 모세 시대로의 -그것을 넘어선 발전뿐만 아니라- 회귀가 있음을 우리에게 상기시켜 준다. 다윗의 시대는 모세와 여호수아 시대의 되풀이다. 모세와 여호수아를 통하여 약속의 땅에서 평화와 번영을 누렸다. 그렇지만 다윗의 시대는 또한 죄와 불완전으로 망쳐진 시대였다. 다윗-솔로몬의 시대에 하나님의 모든 약속들이 실현된 것은 아니었다. 다윗 계열의 왕들은 이래저래 신정적 이상에 완전히 복종하는 데는 실패하고 말았다.

솔로몬: 영화의 흥망성쇠

밧세바에게서 난 다윗의 아들 솔로몬은 "여호와의 사랑을 입은"을 의미하는 여디디야로 알려졌고(삼하 12:24-25), 그것은 주께서 진정으로 솔로몬을 사랑하였다는 것을 의미하였다. 다윗이 이루기 원했던 성전 건축을 완수하기 위하여 하나님께서 솔로몬을 부르셨다. 솔로몬의 인생 말기에 이스라엘 백성은 거의 80년 동안이나 평화와 번영을 누렸다.[2] 모세와 맺은 언약이 완전히 성취되는 것처럼 보였고 이스라엘과 족장들에 대한 하나님의 약속들 모두가 실현된 것처럼 보였다. 주께 충실하지 못한 솔로몬의 실패를 제외하고는 그러한 추측은 아마 사실일 것이다. 그런데 솔로몬의 아들 대에 이르러 왕국은 나뉘어졌고 이스라엘과 유다의 포로 추방으로 이어지는 새로운 시대가 시작되었다. 단지 포로 이후에야 아브라함과 이삭, 야곱 그리고 이스라엘 백성과의 하나님의 계약이 갱신될 것이었다. 우리가 솔로몬의 주요 통치를 고려할 때 그의 주님과의 관계와 그의 업적들, 지혜 그리고 그의 통치 기간 중의 몇 가지 주요 쟁점들을 살필 것이다.

하나님의 임재

왕위 계승 이야기(삼하 15장-왕상 2장)에 따르면 솔로몬을 사랑한 주께서 불가능한 상황에서 솔로몬을 왕으로 세우셨다. 압살롬이 왕위를 요구하였고, 얼마 지나지 않아 세바는 왕국을 분할하려 하였다. 다윗의 말년에는 아도니야가 아비아달과 요압, 그 외에도 많은 백성의 지도자들의 지원을 받아 반란을 일으켰다. 섭리적인 사태의 전환을 통하여 비로소 솔로몬은 다윗의 왕위를 계승하였다(왕상 1장). 말년에야 다윗은 백성들과 지도자들이 솔로몬을 왕으로 인정하고 있다는 것을 알았다(48절; 대상 29:23). 다윗으로부

---

2. H. Tadmor, United Monarchy, *A History of the Jewish People*, ed. H. H. Ben-Sasson (Cambridge: Harvard University Press, 1976), 101-4.

터 솔로몬으로의 왕권 계승을 하나님께서 축복하셨다. 솔로몬의 왕권이 수립되었다. 그는 자신의 통치 말기까지 정치적인 문제에 시달리지 않았다. 그의 통치의 대부분은 하나님의 축복에 의해 특징지어졌다.

> 여호와께서 솔로몬을 모든 이스라엘의 목전에서 심히 크게 하시고 또 왕의 위엄을 그에게 주사 그전 이스라엘 모든 왕보다 뛰어나게 하셨더라 (대상 29:25)

> 다윗의 아들 솔로몬의 왕위가 견고하여 가며 그의 하나님 여호와께서 그와 함께 하사 심히 창대하게 하시니라 (대하 1:1)

솔로몬의 왕위로 말미암아 야웨 자신의 이름이 창대케 되었고 이스라엘의 찬양이 열방에 알려졌다.

솔로몬이 야웨와 그 행하신 것을 깊이 이해하였음을 엿볼 수 있는 대목은 성전 봉헌 시 그가 드린 기도이다(왕상 8:22-53). 이 아름다운 기도는 하나님이 그의 백성의 기도를 들으시다는 관심에 조명을 비추면서, 이스라엘과 야웨의 관계에 그 초점을 맞추고 있다. 솔로몬은 야웨가 얼마나 위대하신 분이며(23, 27절), 그가 다윗에게 약속하신 모든 것(24-25)을 알고 있었다. 왕의 특별한 소망은 그것이 민족의 죄와 관련이 있든 아니면 대적과의 갈등, 가뭄, 기근, 유배와 관련이 있든 필요시에 하나님께서 이스라엘의 기도를 들어주시는 것이었다(30-52절). 솔로몬은 심지어 성전에 오는 이방인의 기도도 야웨께서 들어주시기를 구하였다. 솔로몬은 야웨께서 그들을 부르셨기 때문에 야웨가 그의 백성과 함께 계시며 그들의 필요에 관심을 갖고 계신다고 굳게 믿었다.

그렇지만 솔로몬은 그의 아버지 다윗이 하나님께 보인 것과 똑같은 사랑을 나타내지는 않았다. 솔로몬은 "여호와를 사랑"하였지만 그는 또한 "산당에서 제사하며 분향하였고"(왕상 3:3) 나중에는 우상을 숭배하기까지 하였다(11:1-8). 솔로몬의 하나님에 대한 사랑은 하나님께 대한 전적인 충성의 결핍으로 훼손되고 말았다. 다윗과는 달리 솔로몬의 마음은 나뉘어 있었다. 그는 야웨를 섬겼지만 아내들도 사랑하였던 것이다. "솔로몬의 나이가 많을 때에 그의 여인들이 그의 마음을 돌려 다른 신들을 따르게 하였으므로 왕의 마음이 그의 아버지 다윗의 마음과 같지 아니하여 그의 하나님 여호와 앞에 온전하지 못하였다"(4절) 하나님께서는 솔로몬에게 그의 훌륭한 지혜(3:5-13)와 또 그가 다윗의 아들임(9:1-9)을 들어 구속사에 특별한 위치를 점하고 있다는 것을 확신시켜 주었다. 이스라엘이 땅에서 끊어지지 않도록 다른 신들을 좇지 말라고 하나님께서는 분명하게 솔로몬에게 경고하셨다(9:6-7). 그러나 솔로몬은 불순종하였고 "여호와께서 일찍이 두 번이나 그에게 나타나셨으나 솔로몬이 마음을 돌려 이스라엘의 하나님 여호와를 떠나므로 여호와께서 그에게 진노하시니라"(11:9)

솔로몬의 명성

그의 통치의 이러한 슬픈 종국에도 불구하고 솔로몬은 왕국 초기에 누린 안정을 통하여 자신을 위할 뿐만 아니라 하나님과 백성을 위하여도 많은 업적을 이룩할 수 있었다. 그가 다윗으로부터 물려받은 모든 잠재적인 어려움들은 그의 왕위가 처음부터 안전하도록 도모하는 방식으로 처리되었다(왕상 2:12; 46절 참고). 솔로몬은 중앙집권적 통치가 가능하도록 그의 왕국을 열두 행정 구역으로 나누고, 행정관을 임명하여 그들에게 왕가를 위한 세금을 징수할 권한을 부여하였다(4:1-19, 27-28). 그는 이스라엘 전역에 걸쳐 예루살렘 성벽과 왕의 도시 하솔, 므깃도, 게셀뿐만 아니라 아래 벧호론과 바알랏들에 있는 다드몰 등과 같은 요새들을 건축하였다(9:15-19).

이러한 내치 이외에 솔로몬은 원방의 나라들과 우호관계를 맺어 나갔다. 그는 배를 건조하여 페니키아 출신 선원들을 고용함으로써 이스라엘 경제를 성장시켜 나갔다(왕상 9:26-28; 10:11, 22). 배는 솔로몬 왕국에 금과 은, 목재, 상아, 심지어는 진귀한 짐승 등을 실어 나름으로 커다란 부를 가져다 주었다. 솔로몬은 또한 대상을 통한 무역 관계(10:15)를 진전시켜 나갔다. 그는 예루살렘을 고대 근동의 주요 상업 도시로 만들었다. 솔로몬을 만나보기 위하여 예루살렘에 온 열방의 왕들은 솔로몬 왕국을 존경하며 부러워하였다(4:34; 10:24).

솔로몬 업적의 극치는 "여호와의 이름을 위한 전"(왕상 5:3)의 건축이었다. 열왕기서 기자는 그 계획 및 건축을 상세히 보도함으로써(5-6장; 7:13-51) 하나님의 집의 영광을 드러내고 있다.[3] 그 구체적인 규모와 배열에 있어 성막과 다른 점이 있긴 하지만 성전은 성막과 같이 그의 백성 가운데의 야웨의 임재와 그의 백성에 대한 다스리심을 상징하도록 지어졌다. 거기에는 그룹들로 둘러싸인 언약궤가 있고 희생 제물이 드려진다. 심지어는 야긴("그가 세우다")과 보아스("그 안에 힘이 있다"; 7:21)라는 두 청동 기둥의 이름조차 하나님의 계약적 신실성을 가리키고 있다.[4] 그 막대한 비용은 성경기자에 의해 의문시되거나 비판되지 않고 있다. 그에게 있어 성전은 하나님의 아름다움과 영광의 신학을 드러내는 것이다.

솔로몬의 지혜

광범한 국내적인 발전과 외국과의 동맹관계 및 무역관계는 솔로몬이 가진 지혜의 깊이를 보여주는 것이었다. 주께서 솔로몬에게 그가 원하는 모든 것을 허락해 주시고자 할 때 솔로몬은 하나님의 백성을 올바르게 통치할 지혜를 구하였다(왕상 3:5-9). 우리는 흔히 솔로몬의 지혜를 그가 두 여인의 소송에서 단 한 번 사용한 것으로 생각한다(16-28절). 그러나 그 사건을 기록

---

3. 성전, 제사장직, 언약궤에 대하여 자세히 연구하려면, Menahem Haran, *Temples and Temple-Service in Ancient Israel* (Oxford: Clarendon, 1978)을 보라. 또, idem, The Ark and the cherubim, *Israel Exploration Journal* 9 (1959): 8.

4. 마이어스(Carol L. Meyers)는 그 기둥들이 종교적인 기능과 정치적인 기능 모두를 수행한다고 결론짓는다. 그것들은 눈에 보임으로써 관료들과 방문하는 사자들에게 정치적인 상징으로서, 다윗 왕조가 이스라엘의 통치 지역과 인접 지역들에서 하나님의 뜻을 수행하고 있다는 인상을 주었다(Jachin and Boas in Religious and Political Perspective, *CBQ* 45 [1983]: 167-78).

한 목적은 솔로몬의 통치 지혜를 보여주고 확증하는 데 있었다. "온 이스라엘이 왕이 심리하여 판결함을 듣고 왕을 두려워하였으니 이는 하나님의 지혜가 그의 속에 있어 판결함을 봄이더라"(28절).

그의 지혜에 관한 다른 표현들은 잠언 삼천과 노래 천 다섯편이었다(왕상 4:32). 그는 성경에 나오는 시편(예를 들어, 72편)과 잠언(1-29장)의 저작에도 기여하였고, 아가서는 그가 저술하였을 가능성이 높다. 그는 또한 전도서 기자에게 분명한 영감을 주었다.[5] 그는 (식물과 새, 짐승을 포함하는) 모든 자연에 관하여 지혜롭게 말할 수 있었다. 당대의 세계에 관한 그의 지식은 당대의 그 누구보다도 뛰어났다(왕상 4:30-31). 그의 지혜는 이스라엘 외부인들에 의해서도 인정되었다(5:7; 10:8).

솔로몬과 약속

솔로몬의 통치의 출발은 순탄하였다. 그는 웅장한 성전을 지었다. 그렇지만 시간이 흐름에 따라 영예와 부, 지혜가 그를 타락시켜 나갔다. 솔로몬의 통치는 자기 영광과 우상을 포함한 이방 문화에 대한 사랑으로 얼룩졌다. 그는 야웨에 대한 다윗의 절대적인 헌신을 본받지 못하였다. 그는 이스라엘과 장차 올 세대를 위하여 계속 충성하라는 다윗의 경고를 미리 받은 바 있었다.

> 네 하나님 여호와의 명령을 지켜 그 길로 행하여 그 법률과 계명과 율례와 증거를 모세의 율법에 기록된 대로 지키라 그리하면 네가 무엇을 하든지 어디로 가든지 형통할지라 여호와께서 내 일에 대하여 말씀하시기를 만일 네

---

5. R. B. Y. Scott, Solomon and Beginnings of Wisdom in Israel, *VTSup* 3 (1955): 262-79를 보라. W. 카이저는 언어에 있어서의 내적, 외적 증거의 관점에서 볼 때, 솔로몬이 저자라는 주장은 타당하다고 결론짓는다 (*Ecclesiastes: Total Life* [Chicago: Moody, 1979], 25-29). 그러나 솔로몬이 임명한 편집자-저자라고 주장하는 M. Eaton의 작품을 참조하라 (*Ecclesiastes: An Introduction and Commentary* [Downers Grove: InterVarsity, 1983], 23).

자손들이 그들의 길을 삼가 마음을 다하고 성품을 다하여 진실히 내 앞에서 행하면 이스라엘 왕위에 오를 사람이 네게서 끊어지지 아니하리라 하신 말씀을 확실히 이루게 하시리라 (왕상 2:3-4)

야웨께서는 또한 솔로몬에게 신정적 지도자로서의 왕은 그에 의해 계약 공동체가 축복을 받거나 아니면 저주를 받는 수단이 된다는 사실을 상기시켜 주셨다.

네가 지금 이 성전을 건축하니 네가 만일 내 법도를 따르며 내 율례를 행하며 내 모든 계명을 지켜 그대로 행하면 내가 네 아버지 다윗에게 한 말을 네게 확실히 이룰 것이요 내가 또한 이스라엘 자손 가운데에 거하며 내 백성 이스라엘을 버리지 아니하리라 하셨더라 (6:12-13; 또한 3:14; 9:6-9을 보라)

솔로몬이 많은 언약 아래에서 은혜들을 누린 반면, 하나님께서 이스라엘 사람들로 하여금 결혼하지 못하게 한 민족의 여인들과 결혼을 하였기에, 그는 그 계약 관계의 충만한 혜택을 가져올 수 없었다(신 7장; 왕상 11:1-2). 그 결과 솔로몬은 우상 숭배에 빠졌고 야웨를 온전히 좇지 못하였다(4-8절). 이러한 불순종 탓으로 야웨는 솔로몬의 통치 말기에 그에게 환난을 주었다. 야웨는 에돔인 하닷과 시리아인 레손, 에브라임인 여로보암과 같은 대적을 일으켰다. 그뿐 아니라 야웨에게서는 다윗 집으로부터 물려 받은 왕국의 대부분을 찢어 그것을 다른 이에게 줄 것이라고 솔로몬에게 말씀하셨다(11-13절). 야웨께서 그래도 솔로몬의 아들들에게 신실한 것은 단지 예루살렘과 다윗 때문이었다(13절). 그렇지만 하나님의 목적은 이스라엘과 유다 온 족속들을 재통합하는 것이었고, 그들은 "다윗의 한 후손"아래 모으는 것이었다(39절).

결론

　다윗과 솔로몬은 지상에 하나님의 왕국을 수립하기 위해 야웨께 선택되었다. 다윗은 이스라엘에 대한 통치를 유지하기 위한 사울의 투쟁이나 그의 아들 이스보셋의 반대를 거치면서 사울로부터 그 왕국을 이어 받았다. 다윗은 하나님의 때에 공적인 선포에 의해 이스라엘 온 족속을 다스리는 왕위에 오른 하나님의 사람이었다. 솔로몬도 이와 비슷하게 주요 장애물들을 극복해야만 했다. 첫째로, 그는 다윗의 장자가 아니었기에 왕위를 놓고 대적과 싸워야 했다. 둘째로, 그는 이방인과 결혼한 적이 있고, 간음과 살인을 통하여서 다윗의 아내가 된 밧세바의 아들이었다. 이러한 약점에도 불구하고 정경적 관점은 그를 하나님의 사람으로 제시하고 있다. 다윗과 솔로몬은 둘 다 그들의 종주인 야웨께 충성으로 반응하였다. 그 왕국은 평화와 공평, 의와 지혜 가운데 수립되었다. 그들의 통치의 성격과 왕국 백성으로서의 이스라엘이 받은 은혜는 하나님의 백성에게 장치의 세대에 이스라엘 열두 지파가 한 왕 아래 통일되어 하나님의 임재와 축복과 보호하심을 누리던 때와 같이 야웨께서 다시 다윗 왕조를 세우실(미 4:8을 보라)것이라는 희망을 주었다.

　그렇지만 이 기간은 다윗과 솔로몬의 죄로 얼룩져있다. 이 위대한 사람들은 하나님의 왕국을 건설하는 데, 예루살렘을 하나님의 도성('시온')으로 세우는 데, 하나님의 목자로서 하나님의 백성을 안전과 번영으로 인도하는 데 신정적 관심을 쏟았다. 그러나 그들은 애통하게도 죄를 범하였다. 성경 기사의 정경적 기능은 최악의 시대에도 신실한 사람은 야웨께서 그의 왕국을 다시 수립하시거나 혹은 그의 왕국을 지상에 더욱 분명하게 세우실 것이라는 소망으로 지탱되고 있다는 것이다. 야웨께서 다윗과 솔로몬에게 자비로우셨고 용서를 베푸셨기에 그의 왕국의 영광과 실제는 훌륭한 사람들일지라도 사람들의 연약성에 달려 있는 것이 아니라 하나님 자신에게 달려있다. 그는 이스라엘의 반석이시다!

18

다윗과의 언약

다윗에 대한 하나님의 확실한 긍휼들

다윗과 솔로몬의 시대에 시내 산 언약은 의미 있는 발전을 가져왔다.[1] 이것들 가운데 가장 돋보이는 것 중의 하나는 야웨께서 하나님 지상 통치의 신정국가적 표현으로써 다윗 왕조를 선택하신 것이었다. 모세와 여호수아, 사무엘이 그들의 상속자를 갖지 못한 반면, 다윗은 상속자를 가질 것이라는 하나님의 맹세의 보증을 받았다. 다윗 언약의 또 다른 독특한 특징은 모세 언약이 의무적인 강조인데 반하여 그 언약이 약속의 성격을 띠고 있다는 점이다. 지상에서의 이스라엘과 하나님 통치의 계속성은 약속에 의해 보장되는 것이지 야웨께 대한 이스라엘의 충성에만 달려 있지는 않다.

비록 "언약"이라는 단어가 사무엘하 7장에 가시적으로는 나타나 있지는 않지만 하나님의 약속의 말씀은 다윗에 대한 하나님의 헌신이나 혹은 헤세

---

1. 더 많은 연구를 위해서는, W. Kaiser, *TOTT*, 149-64; T. McComiskey, *CP*, 21-25; O. Palmer Robertson, *CC*, 229-69를 보라. 아브라함 언약과 다윗 언약의 비교를 위해서는, R. E. Clements, *Abraham and David: Genesis XV and Its Meaning for Israelite Tradition* (Naperville: Allensen, 1967), 47-60을 보라.

드(ḥesed, "충성")로 보증되고 있다.² 다윗과 그의 후손, 그 백성에 대한 하나님의 사랑과 충성의 표현은 이처럼 그가 다윗과 맺은 한 언약의 표현들이었다. 다윗은 하나님의 약속을 하나의 언약으로 분명히 이해하였다.

> 내 집이 하나님 앞에 이같지 아니하냐
> 하나님이 나와 더불어 영원한 언약을 세우사
> 만사에 구비하고 견고하게 하셨으니
> 나의 모든 구원과 나의 모든 소원을
> 어찌 이루지 아니하시랴 (삼하 23:5)

그 언약의 구조는 왕이 충성된 종에게 권리를 부여한 근동의 "왕의 하사"royal grant와 비슷하다.³ 수 세기가 지난 후에 시편 기자는 메시아 시대를 도래케 함으로써 다윗에 대한 그의 사랑(충성)을 계속 보여 달라고 하나님께 요구하고 있다.

> 주여 주의 성실하심으로 다윗에게 맹세하신
> 그 전의 인자하심이 어디 있나이까? (시 89:49)

이사야도 다윗에 대한 언약적 충성의 표현으로써 이스라엘에 대한 하나님의 사랑이 갱신될 것을 예견하고 있다.

---

2. D. J. McCarthy, II Samuel 7 and the Structure of the Deuteronomic History, *JBL* 84 (1965): 131-38; J. L. McKenzie, Dynastic Oracle: II Sam. 7, *Theological Studies* 8 (1947): 187-218; H. Gese, Der Davidsbund und die Zionserwählung, *Zeitschrift für Theologie und Kirche* 61 (1964): 10-26.

3. T. N. D. Mettinger, The Last Words of David: A Study in Structure and Meaning in II Samuel 23:1-7, *SEA* 4-42 (1976-77): 147-56; S. Mowinckel, Die letzten Wörter Davids, II Sam. 23:1-7, *Zeitschrift für die alttestamentliche Wissenschaft* 45 (1927): 30-58; H. N. Richardson, The Last Words of David: Some Notes on II Sam. 23:1-7, *JBL* 90 (1971): 257-66. Moshe Weinfeld, Covenant, Davidic, *IDBSup*, 190을 보라.

너희는 귀를 기울이고 내게로 나아와
  들으라 그리하면 너희의 영혼이 살리라
내가 너희를 위하여 영원한 언약을 맺으리니
  곧 다윗에게 허락한 확실한 은혜이니라 (사 55:3)

우리는 여기서 다윗과의 언약의 네 가지 측면 곧 (1) 하나님의 약속들 (2) 하나님의 목적들 (3) 성취 그리고 (4) 종말론적인 차원들을 살펴볼 것이다.

하나님의 약속들

다윗에 대한 하나님의 약속은 5중적이었다. 첫째, 주께서는 다윗의 후계자를 일으키셔서 그 위를 영원하게 하시리라고 약속하셨다. 이러한 신정의 세습 왕조적 표현은 모세 이후의 구속사에 있어 가장 중요한 발전이었다. 사사 시대는 지도력의 계속성에 대한 필요성을 드러내 주었다. 백성을 통합할 지도자가 없었기 때문에 백성들은 각자 제 길로 갔고, 지파들은 서로서로 분리되는 경향이 있었다(삿 21:25). 모든 지파의 목자로서의 신정적 왕의 목적은 백성들을 통합하는 것이다(삼하 7:8).

둘째, 하나님께서 다윗의 후손들의 아버지가 되시기로 약속하신다. 아버지와 아들의 친밀한 관계가 주와 기름부음 받은 통치자와의 관계로 특징지어진다(삼하 7:14). 메시아 통치 동안에는 하나님의 임재하심이 너무도 분명하여 백성들은 하나님이 그들의 왕과 함께 계신다는 것을 알게 될 것이다. 하나님의 임재하심 때문에 주의 축복 또한 그 백성 전반에 미치게 될 것이다. 왕의 위대함은 하나님이 그와 함께 하신다는 표현이었다(대상 11:9를 보라).

셋째, 모세와 같이 다윗 왕조의 왕은 하나님 예배를 강조할 것이다. 제사장으로서 모세의 봉직하에 성막이 세워지고, 제사장직과 레위 직분의 체계가 제도화되고 희생 제사가 시작되었다. 이와 마찬가지로 다윗과 솔로몬도 주의 예배에 관심을 가졌다. 다윗은 (하나님의 계획상 그의 사명은 평화를 이룩하는 것이었기 때문에) 성전을 짓는 것이 허락되지 않았지만 하나님께서는 그의 아들 솔로몬이 그 계획을 이룰 것이라며 다윗을 확신시켰다(삼하 7:12-13).

넷째, 주께서는 다윗과 그 후계자들에게 영원히 신실하실 것을 약속하셨다. 우리가 보았듯이 "충성"이라는 히브리 말은 헤세드 혹은 행동의 신실성(NKJV에서는 삼하 7:15에 "자비"로 번역된)이다. 인자나 충성을 거두지 않으리라는 하나님의 약속은 다윗의 위를 영원히 견고하게 하리라는 하나님의 보증이었다(16절). 다윗 자신이 목자의 노래에서 충성과 선함을 연결시켰다.

> 내 평생에 선하심과 인자하심이
>   반드시 나를 따르리니
> 내가 여호와의 집에 영원히 살리로다 (시 23:6)

야웨의 선하심과 인자하심은 다윗과 그 후손에 대한 하나님의 언약적 신실성을 타나내는 것이었다.

다섯째, 하나님은 그 이름을 두실 장소로 예루살렘을 택하셨다(삼하 7:13).[4] 다윗은 예루살렘을 점령하여 수도로 삼고 그곳에 언약궤를 가져왔다. 그는 야웨가 예루살렘에 거하시기를 원하셨다(대상 23:25을 보라). 비록 지상의 성전이 하늘보다 더 큰 하나님을 모실 수는 없지만(대하 6:18), 야웨께서는 그의 백성을 축복하기 위하여 그의 백성 사이에 기꺼이 거하신다. 더욱이 명확히 언급되지는 않았지만 우주적인 통치에 관한 약속이 암시되어 있다(시 2편; 132편을 보라). 그 약속에 관련된 여러 구절들의 해석은 하나님께서 다윗 가계를 이 땅에서 그의 왕국을 세울 도구로 삼으셨음을 확증해 주고 있다.[5]

---

4. M. Noth, Jerusalem and the Israelite Tradition, in *The Laws in the Pentateuch, and Other Studies* (Philadelphia: Fortress, 1967), 132-44; Jon D. Levenson, *Sinai and Zion: An Entry into the Jewish Bible* (Minneapolis: Winston, 1985); J. J. M. Robert, Zion in the Theology of the Davidic- Solomonic Empire, in Studies in *the Period of David and Solomon*, ed. T. Ishida (Winona Lake: Eisenbraun, 1982), 93-108.

5. 비평적인 연구이기는 하지만 조명을 주는 작품으로는, Heinz Kruse, David's Covenant, *VT*

하나님의 의도들

다윗 왕조에 신실하심으로 하나님께서는 그가 원래 시내 산 언약에서 세운 목적들을 성취하시기로 계획하셨다. 하나님의 목적은 (1) 그의 백성을 이루고 (2) 그의 왕권을 세우고 (3) 그의 백성을 높이는 것 등 3중적이다.

하나님은 약속의 땅에 그의 백성을 심기를 원하셨다. 이스라엘 백성이 그 땅에 들어갔음에도 불구하고 그들은 토착 주민과 이방 열국들에 의해 끊임없이 괴로움을 당하였다. 하나님은 그의 백성을 시험하고 그들로 하여금 주의 자비하심에 의지하도록 하기 위하여 이 열국들을 쫓아내지 아니하셨다(삿 2:20-23). 그렇지만 다윗 때에 야웨께서는 원주민의 힘을 약화시키고, 주위 열국들을 정복함으로써 그의 언약적 신실성을 새롭게 하셨다(왕상 4:21; 9:20-21).

하나님은 또한 신정적 왕의 대리통치를 통하여 그의 왕권을 현존시키기를 원하셨다. 하나님은 아브라함과 모세, 사무엘, 여호수아 그리고 다윗과 함께 하셨다. 그는 또한 솔로몬과 그의 후손들이 그의 말씀을 준행할 경우 백성과 함께 거하시기로 약속하셨다(왕상 6:12-13). 하나님의 약속에 근거하여 솔로몬은 야웨께서 백성의 죄를 기꺼이 용서해주시고 비를 주심으로 번성케 하시며 그들이 그로부터 떠날지라도 언약적 사랑을 새롭게 해달라고 기도하였다(8장). 하나님의 통치는 또한 평화와 공평, 의의 실현을 의미하고, 하나님의 지혜의 현시를 의미한 것이다.

하나님의 세 번째 목적은 그가 그 통치자를 높였듯이 그 백성을 높이는 것이었다. 하나님이 열방들의 왕들 중에 다윗과 솔로몬을 높인 것은 하나님의 전 백성들에게 직접적인 영향을 미쳤다(대상 14:2). 주를 두려워함이 열방들에 퍼졌다. "다윗의 명성이 온 세상에 퍼졌고 여호와께서 모든 이방 민족으로 그를 두려워하게 하셨더라"(17절). 열방들은 예루살렘으로 그들의 선

---

35 (1985): 139-64를 보라. 구속사의 진전 과정과의 관계에 대하여는, W. C. Kaiser, Jr., The Davidic Promise and the Inclusion of the Gentiles (Amos 9:9-15 and Acts 15:13-18): A Test Passage for Theological System, *JETS* 20 (1977): 97-111을 보라.

물을 싸들고 와(대하 9:9-11) 왕과 협력하기 위하여 기꺼이 동맹을 맺었다.

성취

솔로몬 시대에 하나님의 다윗에 대한 약속과 백성을 위한 목적들의 상당 부분이 실현된다. 하나님께서는 솔로몬을 세우심으로써 다윗의 위를 더욱 견고케 하셨다(왕상 1:48; 2:12, 46). 솔로몬이 성전을 건축하였는데 그 영광이 열방들 가운데 퍼졌다.[6] 성전을 봉헌할 때 하나님께서는 그의 영광을 그의 임재의 가시적인 증거로 나타내 보이시기를 기뻐하셨다. "제사장이 그 구름으로 말미암아 능히 서서 섬기지 못하였느니 이는 여호와의 영광이 여호와의 성전에 가득함이었더라"(8:11) 야웨께서 성전을 발 딛는 단으로 삼으셨을 때 솔로몬은 주께서 다윗에 대한 그의 약속을 성취하셨다고 확신하였다. "주께서 주의 종 내 아버지 다윗에게 하신 말씀을 지키사 주의 입으로 말씀하신 것을 손으로 이루심이 오늘과 같으니이다"(24절, 또한 20절과 대하 6:10을 보라).

솔로몬의 통치는 백성들에게 평안과 기쁨을 주었다. 백성들은 성전이 봉헌될 때 하나님의 언약적인 신실하심이 그들에게 나타났기 때문에 기뻐하였다(왕상 8:66). 솔로몬은 그 언약에 충실함으로 야웨의 축복에 반응하라고 하였다. 그렇게 할 때 주께서는 그의 백성과 계속 함께 계실 것이다.

> 여호와를 찬송할지로다 그가 말씀하신 대로 그의 백성 이스라엘에게 태평을 주셨으니 그 종 모세를 통하여 무릇 말씀하신 그 모든 좋은 약속이 하나도 이루어지지 아니함이 없도다 우리 하나님 여호와께서 우리 조상들과 함께 계시던 것 같이 우리와 함께 계시옵고 우리를 떠나지 마시오며 버리지 마시옵고 우리의 마음을 주께로 향하여 그의 모든 길로 행하게 하시오며 우리 조상들에게 명령하신 계명과 법도와 율례를 지키게 하시기를 원하오며 (56–58절)

---

6. Haran, *Temples and Temple-Service*; C. J. Davey, Temples of the Levant and the Buildings of Solomon, *TB* 31 (1980): 107–46.

이스라엘 백성은 자신들을 단순히 모세에게 주신 하나님 약속들의 상속자로만 보지 않았다. 솔로몬 시대에 또한 족장에게 주신 약속들의 보다 더 심화된 실현이 있었다(표 17을 보라).

> 유다와 이스라엘의 인구가 바닷가의 모래 같이 많게 되매 먹고 마시며 즐거워하였으며 … 솔로몬이 사는 동안에 유다와 이스라엘이 단에서부터 브엘세바에 이르기까지 각기 포도나무 아래와 무화과나무 아래에서 평안히 살았더라 (왕상 4:20, 25; 참고. 창 22:17; 32:12)

더욱이 땅의 경계는 하나님께서 아브라함에게 약속하신 대로 정확히 바로 그대로였다(왕상 4:21; 참고. 창 15:18). 마지막으로 열국들은 하나님 왕국의 위대함이 솔로몬에게서 성취된 것으로 인식하였다(왕상 10:6-10, 23-24; 참고. 창 12:2).[7]

종말론적인 차원

다윗과 솔로몬 시대를 넘어서서 바라볼 때 우리는 다윗 언약의 종말론적인 차원을 고려해야만 한다. 솔로몬에 관한 이야기들에서 열왕기서와 역대기서 기자는 약속들의 성취와 언약적 충성에 대한 도전 모두를 강조하고 있다. 하나님은 솔로몬에게 그 언약에 충실할 것을 요구하셨지만(왕상 6:12; 9:4) 솔로몬은 불순종하였고 그로 말미암아 백성들에게 하나님의 심판이 임하였다. 솔로몬의 사후 그 왕국은 이스라엘과 유다로 나뉘어졌고 그 둘 다 결국에는 (각각 B.C. 722년과 B.C 586년) 포로가 되었다. 이와 같이 솔로몬의 죽음은 그 백성에게 베푸신 하나님의 메시아적인 축복 시대의 종말이었다.

---

7. A. Malamat, Aspecs of the Foreign Policies of David and Solomon, *JNES* 22 (1963): 1-17.

예수 그리스도의 메시아적 통치 : 예수는 모든 만물과 그의 교회, 구속받은 자들의 공동체 위의 주님이시다. 그는 그의 백성에게 언약들의 모든 유익들: 은혜, 약속, 용서, 보호하시고 축복하시는 임재를 시행하신다. 그는 구원과 보복에 있어서 충만한 통치적 권위를 받으셨다.

다윗 언약 : 여호와께서 그의 메시아적 왕을 통하여 한 백성을 자신에게 성별하심으로써 은혜와 약속을 주권적으로 시행하심. 그의 제후국을 통하여 그의 백성을 복주시고 보호하시는 하나님의 통치.

모세 언약 : 은혜와 약속을 주권적으로 시행하시며 그로 말미암아 여호와께서 거룩한 율법 조항들에 의해 이스라엘을 자신에게로 성별하심. 이 땅 위에서 그의 나라로 그 자신에게 성별된 그의 백성을 축복하시고 지키시기 위해 그의 율법을 통한 하나님의 통치; 여호와께서 그의 백성 가운데 왕으로서 영광스럽게 임재하심; 죄의 용서; 영광의 주와 함께 교제함.

아브라함 언약 : 은혜와 약속의 주권적 집행. 창조와 구속에 관한 4중적 약속; 여호와는 언약 공동체의 아버지이시다.

창조 언약 : 주권적 집행. 여호와는 창조주-왕-아버지이시다. 그는 피조물을 인내와 축복으로 다스리신다.

그림 17. 야웨 언약들의 진전

이 시점으로부터 계속 충성된 남은 자들은 하나님이 그와 함께 계시고, 그로 말미암아 그 백성에게 평화와 공평, 의, 지혜를 확장시키실 다윗 가문의 한 메시아를 갈망하였다. 다윗과 솔로몬의 뒤를 이은 왕 중에서 소수만이 하나님의 이러한 도전에 긍정적으로 반응하였다. 그러한 왕들은 그 백성들 가운데 하나님의 왕국을 도래케 하는 데 도움을 주었던 것이다. 불행하게도 이 기간은 유다 역사에 있어 사막의 오아시스와 같았다. 포로로 잡혀간 후에도 충성된 자들은 다윗에 대한 하나님의 맹세에 기초를 둔 약속들의 성취를 계속 갈망하였다.

그 하나님의 백성들은 구약성경의 초점이 바로 예수에게 맞춰져 있는 것을 보았다. 예수가 그 메시아다! 그가 메시아 왕국의 복음이다(막 1:1). 그의 가르침과 삶, 기적, 고난과 부활을 통하여 하나님의 성령은 예수가 그토록 오래 기다린 메시아임을 증거하신다. 그러나 모든 기대와 약속들의 완전한 성취는 이 시점에 오기까지 아직 지체되어 왔다. 약속들이 회복의 시대를 여는 정해진 수단으로써 예수에게 초점을 맞추고 있는 반면, 소망은 예수가 온 땅을 다스리실 때를 기다리고 있다. 그의 통치는 하나님의 임재와 공평, 의, 충성, 지혜로 특징지워질 것이다. 그러나 그의 통치는 그것이 죄나 아버지께 대한 충성의 결여로 손상되지 않는다는 점에서 다윗과 솔로몬의 통치와는 다르다. 더욱이 그의 통치는 영원 영원할 것이다! 오소서, 주 예수여, 오소서!

다윗 언약과 모세 언약

다윗과 모세 언약 사이에는 연속적인 요소와 불연속적인 요소들이 있다. 연속성은 언약 백성의 축복과 신정적 왕 제도, 성전 예배 확립, 예루살렘의 중심성에서 가장 분명하게 나타난다.

하나님께서 이스라엘을 애굽에서 구출해 내실 때 그는 그를 위하여 축복받은 언약의 백성이 될 한 민족을 구하셨다. 다윗은 그가 기도할 때 이러한 목적을 깨달았다.

> 땅의 어느 한 나라가 주의 백성 이스라엘과 같으리이까 하나님이 자기 백성을 구속하시려고 나가사 크고 두려운 일로 말미암아 이름을 얻으시고 애굽에서 구속하신 자기 백성 앞에서 모든 민족을 쫓아내셨사오며 (대상 17:21)

실로 그 하나님의 백성은 출애굽과 시내 산에서 언약을 받은 체험 속에서 결속되어 있었다. 그들은 또한 하나님께서 아브라함에게 주신 약속에 의해서도 결속되어 있었다. 그래서 다윗 왕조 아래에서의 이스라엘은 아브라함 및 모세 언약 모두의 상속자였다. 우리는 위에서 후손과 땅, 축복에 관한 족장 약속들, 그리고 열국에 대한 축복이 어떻게 다윗과 솔로몬 시대에 성취되고 있는가를 보았다. 통일 왕국으로서의 이스라엘은 과거로부터의 상속의식, 조상들과의 연속성을 가지고 있었다.

언약 집행들 간의 연속성에 관한 또 다른 심화된 사례는 신정통치 지도력의 이상이다. 모세 때에 하나님께서는 신정적 사역자들을 제정하셨다. 모세가 하나님과 백성 사이의 중재자의 우두머리이긴 하였지만, 주께서는 또한 신정적 지도력을 계속 발휘하시기 위하여 제사장들과 레위인들, 선지자들을 선택하셨다. 그러나 여기서 특히 중요한 것은 모세가 하나님에 의해 택함 받은 한 왕에 의하여 그 백성들이 다스림 받을 때를 예견하였다는 사실이다(신 17:15). 이 왕은 주의 말씀에 불순종한 사울과는 달리 율법에 순종해야 했다. 야웨께서는 다윗에게서 신명기 17:16-20의 요구를 충족시킬 왕조를 여셨다. 모세와 여호수아의 죽음 이후 하나님의 백성 사이에는 확고한 신정적 지도력이 결여되어 있었다. 여호수아와 사무엘이 위대하긴 하였지만 그들이 모세가 남긴 공백을 메울 수는 없었다(34:10). 그러나 다윗과 솔로몬은 모세의 위대한 지도력의 전통을 이어받을 수 있었다.

이들의 공헌은 모세가 세운 기초 위에 지은 건물로 볼 수 있다. 모세가 이스라엘을 가나안 지경으로 인도한 반면, 다윗과 솔로몬은 대적으로부터 평화와 안식을 가져다주었다. 이 안식은 앞선 언약의 성취로 보였다. "여호와를 찬송할지로다 그가 말씀하신 대로 그의 백성 이스라엘에게 태평을 주셨으니 그 종 모세를 통하여 무릇 말씀하신 그 모든 좋은 약속이 하나도 이루어지지 아니함이 없도다"(왕상 8:56; 참조. 신 12:10) 다윗과 솔로몬 하의 이스라엘은 열국에 높임을 받는 황금시대를 경험하였다. 그들의 영광은 모세 언약에 언급된 첫 번째 순종의 축복이었다. "네가 네 하나님 여호와의 말씀을 삼가 듣고 내가 오늘 네게 명령하는 그의 모든 명령을 지켜 행하면 네 하나님 여호와께서 너를 세계 모든 민족 위에 뛰어나게 하실 것이라"(신 28:1).

야웨의 예배에 있어 다윗과 솔로몬이 이룬 발전은 적어도 그 목적에 있어서는 시내 산 언약의 성막 예배와 상당한 연속성을 지니고 있다. 레위지파는 제사장을 도와 성막을 관리해야 한다고 모세는 명령하였고 많은 레위인들이 이러한 기능으로 계속 야웨를 섬겨왔다(대상 23:2-26:32). 그러나 다윗은 원래 모세의 율법에서 가르친 바 없는 다른 기능들로 레위인들을 나누었다. 음악가와 합창단원, 문지기와 곳간지기 등이 있었다(9:17-23; 25:6-7; 26:1-19). 그뿐 아니라 레위인들은 재판관과 성전 기능공, 사무 감독관으로 섬기기도 하였다(23:4, 28).

이러한 기본적으로 연속적인 언약 집행들(백성과 지도력, 예배와 관련된)의 측면과 더불어 다윗 언약에는 또한 몇 가지 새로운 발전이 있었다. 가장 명백한 것은 왕조 개념이다. 모세가 왕이 순종함으로 "이스라엘 중에서 그의 자손이 왕위에 있는 날이 장구하리라"(신 17:20)고 가르칠 때 그가 이런 사상의 암시를 주었을지 모른다. 그러나 그런 암시와는 별도로 사무엘 이전의 성경 기자들은 하나님의 구속 계획에 필수적인 역할을 할 왕이 있는 왕국을 기대하지 않고 있다. 그럼에도 불구하고 선왕들의 계통을 세우고자 하는 야웨의 목적은 지상에 그의 왕국을 세우는 하나의 수단을 제공하는 것이었다. 다윗 언약은 다윗과 같은 왕의 영광스럽고도 우주적인 통치를 바라보고 있다.

불연속의 두 번째 형태는 사독을 대제사장으로 임명한 데서 나타났다. 다윗의 생애 동안에는 엘리의 제사장 가문이 계속되었지만 '그 하나님의 사람'(삼상 2:30-36)의 예언에 따라 그 가문에 대한 하나님의 심판이 반드시 올

예정이었다. 솔로몬은 즉위하자 곧 엘리의 자손 아비아달은 파직되었고 그 하나님의 말씀은 성취되었다(왕상 2:27). 사독 가문에 "내가 나를 위하여 충실한 제사장을 일으키리니 그 사람은 내 마음, 내 뜻대로 행할 것이라 내가 그를 위하여 견고한 집을 세우리니 그가 나의 기름 부음을 받은 자 앞에서 영구히 행하리라"(삼상 2:35)는 그 예언이 응하였다.

레위 지파의 역할 증대와 같은 다윗과 솔로몬에 의해 일어난 어떤 변화는 성전 예배라는 새로운 영광의 견지에서 보면 필요한 것이었다. 이러한 조치들이 시내 산 언약의 정신과 불일치한 것이 아니기 때문에 주께서 그러한 변화들을 축복하셨다. 불연속은 또한 백성들을 낙원의 축복으로 인도하기로 약속한 통로가 된 다윗 왕조를 선택한 데서도 나타난다. 이러한 다양한 변화 속에서 그리고 그 변화를 통하여, 하나님께서는 점진적으로 그의 백성을 그의 목적하신 바대로 이끌어 가셨다. 다윗과 솔로몬의 통치 기간에 야웨께서는 과거의 약속들을 보다 더 완전하고 위대하게 성취시키고, 현재의 황금시대보다 훨씬 더 영광스러울 미래를 희망하도록 촉구하는 데 그의 구속 계획의 초점을 두고 있다.

6부 결론

이 시기는 약속과 선택의 시대(아브라함 언약) 및 모세의 영도 아래에 하나님 백성으로서의 이스라엘 구성(모세 언약)과 직접적인 관계가 있다. 다윗에게 베푸신 영원한 통치의 확증(다윗 언약)은 하나님 왕국의 지상 수립과 이스라엘에게 베푼 약속들의 실현, 하나님의 축복 등의 향유를 보증해 주었다.

하나님의 약속이 전적으로 인간의 반응에 달려 있지 않음은 명백한 사실이다. 야웨가 그의 구원 계획을 역사 가운데 이루어 가시지만, 인간의 제도들과 지도자들을 선택하신다. 만일 한 백성을 충만한 축복 가운데로 회복시키려는 계획이 모세와 사무엘, 다윗 같은 사람들에게 달려 있다면 그 백성은 결코 도래할 왕국에 대한 확실한 희망을 가진 채 살 수 없었을 것이다.

다윗 언약은 주의 백성들에게 그 날개 안식처를 발견하는 열방들과 이스라엘에게 야웨가 그의 임재하심과 축복들을 베푸실 책임을 지시겠다고 약속하셨다는 사실을 보증해준다. 그러나 야웨나 혹은 그가 택한 메시아 밖에서는 구원이 없음은 또한 확실하다. 하나님이 임명한 왕을 거절한다는 것은 다윗과 같은 왕을 그의 아들로 입양하신 야웨를 거절하는 것을 의미한다. 이처럼 야웨께서는 그의 아들이신 메시아의 도래를 위하여 이스라엘을 준비하셨다. 아들-메시아를 받아들이는 것이 야웨에 대한 충성을 의미하는 반면, 메시아를 거절하는 것은 배교의 표시이다.

구약의 경륜 안에서 주께서는 그의 왕국을 시온에 세우셨다. 다윗은 그 도시를 정복했었고 주께서 그것을 축복하셨으며 솔로몬은 그 안에 주의 성전을 건축할 허락을 받았었다. 예루살렘은 하나님의 도성이라는 상징적 의미가 있다. 예루살렘을 거절하는 것은 야웨를 부인하는 것과 같은 의미로 간주되었다. 예루살렘에 대한 충성은 시온에 거하시는 주께 대한 충성의 표시였다(시 126-9). 예루살렘이 부패(예를 들어, 사 1장을 보라)하자 하나님의 사람들은 지도층의 부도덕성과 성전 내의 우상 제의들을 넘어서서 주만을 바라보았다. 그가 그들의 희망이었다. 그들에게는 지리적인 예루살렘이 연약하긴 하지만 "하나님의 도성"인 시온의 징표였다(시 46편). 선지자들은 이러한 메시지를 분명히 이해하였다. 예를 들어, 이사야는 하나님의 백성들에게, 하나님의 통치권이 예루살렘에만 국한되지 않고(사 66:1-2) 그의 모든 피조물에게로 펼쳐 있다는 사실을 인정하도록 요청하였다. 하나님의 메시아 예수님이 오셔서 천부께서는 "영과 진리로"(요 4:24) 예배하는 자를 찾으신다는 사실과 예배의 장소는 부차적인 것이라는 사실을 더욱 명확히 하였다.

이스라엘의 왕국시대는 황금기로써 그 하나님의 백성들이 주께서 아브라함과 모세(시내)언약을 다윗 언약에서 어떻게 이루셨는가를 되새기며 되돌아보는 시기였다. 다윗 언약은 주께서 메시아적인 왕을 통하여 한 백성을 그에게 성별시키시고, 그의 통치 하에 백성들에게 왕의 영광이 나눠지는 은혜와 언약의 주권적인 집행이다. 이 기간에 대한 개관은 다음과 같은 중심 사항들을 포함하고 있다.

1. 아브라함 언약의 성취: 인구 폭발과 땅의 향유, 하나님의 축복과 보호의 경험, 하나님의 임재, 이스라엘을 통한 열방의 축복.
2. 지혜롭고 의로운 다윗과 솔로몬의 통치에 나타난 모세 언약의 성취, 이것에 의하여 하나님의 백성들이 열방들 사이에 번성하며 영광을 얻었다.
3. 다윗 언약 속에서 아버지 아브라함과 모세 언약의 발전. 다윗 언약에 의해 야웨께서 두 언약의 은총들이 메시아적 왕 안에서 그리고 메시아적 왕을 통하여 실현될 것을 선언하셨다.

4. 이스라엘에 보다 영구적인 형태 곧 솔로몬의 성전에 하나님의 왕국을 수립하심. 그에 의해 야웨께서 다윗 언약의 성취를 보증하셨다(시 132편을 보라).
5. 다윗과 솔로몬에게 나타난 신정적 왕의 목자 역할의 모형. 이것은 안식과 평화, 풍성한 공급들, 영광, 언약선물의 향유를 보증해 주었고, 메시아적 통치자로부터 지혜와 공평, 의, 사랑, 신실성의 예증을 요구하였다(사 11:1-9을 보라).
6. 개인적인 언약 위반으로 인한 이스라엘의 모형적인 왕들이 하나님 축복을 확보하는 데 실패: 다윗은 가정의 문제들과 한 민족으로서의 이스라엘의 연대성을 파괴하려는 왕국의 내분에 시달렸으며 솔로몬이 죽자 북부 지파들이 유다로부터 공식적으로 이탈하였다.
7. "이스라엘 영광"의 비영구성: 이 영광이 다윗 후손에 달려 있기에 이스라엘은 역병과 심판, 내외의 혼란들에 직면하였다. 그 황금시대는 이렇게 해서 다윗과 솔로몬 시대보다 훨씬 더 영광스러울 메시아 왕국을 예언한 선지자들에게 메시아 시대의 한 개념적인 모델을 제공해주었다.

The Progress of Redemption

7부
분열된 나라

Part 7

서론

영광스러운 다윗과 솔로몬 왕국의 뒤를 이어 주전 931년에 이스라엘 역사상 최악의 사태인 왕국 분열이 있었다. 그 "영광의 시대"는 족장들에 대한 모든 약속들이 실현되는 것을 보려는 커다란 기대감으로 시작되었다. 이스라엘이 "큰 민족"(창 12:2)이 되었을 뿐만 아니라 그들은 또한 "대적의 도시들"(22:17)을 소유하기 시작하였다. 그 시대의 위대한 영광은 시바의 여왕(왕상 10장)을 포함한 모든 민족의 이목(왕상 4:34)을 끌었다. 분명히 아브라함의 씨를 통하여 열방이 축복을 받고 있었다(창 12:3). 그러나 이 시대가 결코 하나님 왕국의 궁극적인 실현은 아니었다. 그것은 곧 끝날 것이었다. 뒤이은 시대는 이스라엘과 유다로 분열된 왕국으로 시작하여 족장 시대 이래의 전체 구속사의 흐름 가운데 최악의 상태인 포로생활로 끝이 났다. 포로생활은 이스라엘과 유다의 사악함에 대한 야웨의 심판의 표지이다. 그에 대해 야웨는 그의 종 선지자들을 통하여 반복하여 경고했었다.

분열 왕국 시대는 주제들과 발전들, 관점들의 혼합 상태를 제시하고 있다. 그래서 그림 전체를 올바로 이해하기 위해서는 다양성에 대한 감수성이 요청된다. 이 시대를 이해하는 데는 세 가지 접근법이 필요하다. 첫째로 성전, 토라, 다윗 왕조, 예언 사역의 상호 관계에 대한 주의가 필요하다. 둘째로 이스라엘의 분리로부터 예루살렘의 몰락의 시대 (곧, B.C. 931년부터 B.C.

586년까지)에는 이스라엘의 순종과 불순종, 야웨의 인내와 심판 사이의 갈등이 전개된다. 셋째로, 이스라엘과 유다의 발전에 관한 선지자적인 통찰은 이스라엘과 유다의 저주와 그에 따른 심판을 (1) 열두 지파의 남은 자 (2) 고토에로의 그 백성의 회복 (3) 다윗 왕조(메시아 왕국)의 회복 (4) 언약의 회복 (5) 신정왕국의 회복 그리고 (6) 이방인들도 축복의 수혜자에 포함시키는 것 등에 대한 소망뿐만 아니라 주의 날의 표현으로 이스라엘과 유다에 대한 저주와 그 결과로써의 심판을 동시에 부각시키고 있다. 열왕기서와 역대기서, 그리고 포로 이전의 선지자들은 이 시기의 중요성을 증거하고 있다. 비록 이스라엘과 유다가 포로로 끝나고 하나님으로부터의 소외도 경험했지만 왕국의 역사가 단순한 실패의 역사는 아니다. 그것은 자신을 위하여 백성-"남은자"-을 성결하게 하는 하나님의 사역을 표현하는 셈도 된다. 그러나 그렇게 하면서도 야웨께서는 북왕국을 포함한 그 백성 전체에 대한 관심을 보여준다. 그들 또한 그의 백성들이다. 이 시대는 하나님의 백성과 그의 은총이 새롭게 될 것을 내다보고 있다. 한편으로 분열왕국의 시대는 포로생활이라는 하나님의 최후 심판 때 반역적인 이스라엘의 역사를 정점으로 인도한다. 이 시대는 다른 한편으로 선지자들에게 주신 하나님의 약속들에 초점을 둔 새로운 희망을 불러일으킨다. 회복의 시대에 하나님은 새 백성 가운데서 다윗과 같은 왕이 영원히 통치하고 하나님의 성령에 의해 풍성한 축복을 받고 회복이 되는 자신의 왕국을 재수립하실 것이다.

19

문학적 관점들

열왕기서

두 권으로 나눠진 영어판 열왕기서들은 원래 한 권으로 되어 있었다. 그 자료는 세 가지 개별적인 주제들을 중심으로 구성되어 있는데, 즉 솔로몬 시대(왕상 1-11장), 이스라엘과 유다 왕국의 분열로부터 시작하여 주전 722년 북쪽 이스라엘이 포로되기까지의 이야기(왕상 12장-왕하 17장), 그리고 바벨론 포로 및 주전 561년 여호야긴이 포로에서 풀려나기까지의 유다 왕국에 관한 이야기(왕하 18-25)이다. 저자는 다윗의 죽음으로부터 여호야긴이 풀려나오기까지의 이스라엘과 유다에서 있었던 신정통치에 관한 이야기를 묘사하는데 있어서 다양한 문학적 자료들을 사용하였다. 이러한 문학적 자료들의 구성은 연대기적 고증, 문학적 전승들, 예언적 설화 그리고 편집자의 비평들이 결합된 것임을 반영하고 있다. 북왕국의 왕들에 대한 연대기적 기록은 다음과 같은 사실상의 준 공식구절을 따르고 있다. "Y의 아들 X는 이스라엘 왕이 되었으며 Z년 동안 이스라엘을 다스렸다. X의 통치기간 동안 있었던 다른 사건들은 이스라엘의 역대지략에 기록되지 아니하였느냐? X는 열조들과 함께 자매 L에 장사되었다." 남왕국의 왕들에 대한 연대기는 약간 다르다. "X의 통치 N년 째 해에, Y가 유다의 왕이 되었으며 그는 예루살렘에서 M년 간 치리하였다. 그의 모친의 이름은 Z였다. Y의 통치 기간 동안의 다른 사건들은 유다의 역대지략에 기록되지 아니하였느냐? 그리고 Y가 열조들과 함께 자매 다윗성에 매장되었다. 그리고 그의 아들 Y1가 그를 이어 왕이 되었다"[1] (도표 10을 보라).

저자는 그 왕국의 종교적, 도덕적 분위기에 관한 약간의 신학적 진술을 덧붙였다. 북왕국 왕들에 대한 논평은 대체로 다음의 형태를 띤다. "그는 주께서 보시기에 악을 행하여, 열조의 길과 자신의 죄 가운데 행하였으며, 이로 인하여 이스라엘을 범죄케 하였다"(왕상 15:26, 34; 22:52; 왕하 13:2, 11; 14:24; 15:9, 18, 24, 28). 남왕국의 경우에는 다윗과의 비교가 긍정적으로 혹은 부정적으로 이루어지는 경우가 많았다. 예컨대, "그는 그의 아버지가 이미 행한 모든 죄를 행하고 그의 마음이 그의 조상 다윗의 마음 같지 아니하여 그의 하나님 여호와 앞에 온전하지 못하였다"(왕상 15:3).

이스라엘		유다	
여로보암 1세	931-910	르호보암	931-913
		아비야 / 아비얌	913-911
나답	910-909	아사	911-870
바아사	906-886		
엘라	886-885		
시므리	885		
오므리	885-874		
아합	874-853	여호사밧	872-848
아하시야	853-852		
		여호람 / 요람	853-841
요람 / 여호람	852-841	아하시야	841
예후	841-814	아달랴	841-835
		요아스(Joash) / 여호아스	835-796

---

1. Norman K. Gottwald 는 비평적 입장에서, 그 연대기가 자료를 수집하여 독단적으로 발췌한 것이라고 주장한다 (*HB*, 338).

이스라엘		유다	
여호아하스 /요아스(Joahaz)	814-798		
여호아스 / 요아스(Joash)	798-782	아마샤	796-767
여로보암 I2세	793-753		
		아사랴 / 웃시야	790-740
사가랴	753		
살룸	752		
므나헴	752-742		
브가야	752-732	요담	750-732
베가	742-740		
호세아	732-722	아하스	735-715

자료 : E.R. 틸레(Thiele), *A Chronology of the Hebrew Kings* (히브리 열왕의 역대기)(Grand Rapids: Zondervan, 1977) - 여기에서 수정을 가한 것임. 다른 연대기적 순서나 참고 목록을 비교하려면 헤이스(Hayes)와 밀러(Miller)의 *IJH*, 682-83 과; 차일즈(Childs)의 *IOTS*, 284-85 를 보라.

도표 10. 이스라엘과 유다의 열왕들. 주전 931-715년

예언적 설화들은 예측할 수 없는 양상으로 등장한다. 상황에 따라서 선지자들은 왕에 대하여 지지하는 역할을 행하거나 비판적인 입장에 서거나 하는 둘 중의 하나였다. 그들은 하나님의 말씀을 주로 북이스라엘 왕국의 왕들과 연관시켰다(도표 11을 보라).

선지자	이스라엘 왕	유다 왕	본문
아히야	여로보암 1세	-	왕상 11:26-40; 14:1-18
스마야	-	르호보암	왕상 12:22-24
무 명	여로보암 1세	-	왕상 13장
하나니	-	아사	대하 16:7
예 후	바아사	-	왕상 16:1-4
엘리야	아합, 아하시야	-	왕상 17:1-왕하 2:12
무 명	아합	-	왕상 20:13-43
미가야	아합	-	왕상 22:1-36

선지자	이스라엘 왕	유다 왕	본문
엘리사	요람, 예후, 여호아하스, 요아스	-	왕상 19:19-21, 왕하 2:1-8:15, 13:14-21
요 나	여로보암 2세	-	왕하 14:25-27
이사야	-	히스기야	왕하 18:17-20:21

도표 11. 이스라엘과 유다의 선지자들(열왕기서)

문학 자료들의 다양성, 일관성의 결여, 그리고 외견상 문학 전승들의 짜깁기처럼 보이는 것은 열왕기서의 신학적 관심들로부터 비롯된다. 왕국의 분열 이후에 저자는 이스라엘과 유다를 번갈아가며 저술하고 있다. 그는 예언적 전승들을 포함하고 있으나 정치적으로 중요한 공헌을 한 열왕의 치적들에 대하여는 관심을 조금도 보이지 않기도 했다(예컨대, 오므리, 아합 그리고 여로보암 2세).

열왕기 저자는 신명기적 관점 즉, 신명기의 신학적 공헌에 대한 관심을 반영하고 있다. 그러한 신명기의 강조점들은 야웨에 대한 충성, 중앙 성소에 대한 헌신(예. 신 5:32-33; 8:10-11, 18), 그리고 순종 또는 불순종에 따른 축복 또는 저주의 관계들(6:2-3, 18, 24; 7:12-8:9)을 포함하고 있다. 그러한 신명기적 관점을 사용함으로써 저자는 인간의 죄와 하나님의 자비 사이의 긴장을 다윗 언약과 관련하여 자아내고 있다.[2] 다윗은 모든 유다 왕들의 모범이 되었고 하나님께서는 다윗과 같은 또 다른 한 왕을 통하여 모든 이스라엘과의 언약을 새롭게 하시리라는 희망이 아직도 남아 있었다.[3] 열왕기서는 다윗 언약의 신학적 중요성에 대한 심오한 주석을 제공해준다. 적어도 보다

---

2. G. Van Groningen, Joshua-II Kings: *Deuteronomistic? Priestly? Or Prophetic Writing? JETS* 12 (1969): 3-26.

3. Childs, *IOTS*, 293; G. von Rad, *Old Testament Theology*, 2 vols. (New York: Harper & Row, 1962, 1965), 1:344-47을 보라.

더 나은 시대에 대한 희망의 초점이 다윗과 같은 한 왕에 맞춰져 있는 한 유다와 이스라엘 역사의 흥망성쇠는 하나님의 약속들의 성취에 대한 희망을 가질 수 있게 해 준다. 비록 이러한 희망들은 유다가 바벨론 포로로 끌려갔을 때 부서졌지만, 열왕기서는 여호야긴이 감옥에서 석방되어 왕으로서 대우 받았다는, 외견상 그리 중요하지 않아 보이는 진술로 끝냄으로써 새 시대가 도래 할 가능성을 남겨 놓고 있다.

그 문학적 구조는 또한 이스라엘의 배교와 회개와 용서의 필요성에 대한 편집자의 관심을 설명하고 있다. 솔로몬의 기도와 축복, 그리고 이에 대한 하나님의 응답(왕상 8:22-9:9)을 포함시킨 것은 민족의 흥망성쇠에 대해 왕과 백성 모두에게 책임이 있음을 시사하고 있다. 솔로몬은 예컨대, "이에 세상 만민에게 여호와께서만 하나님이시고 그 외에는 없는 줄을 알게 하시기를 원하노라. 그런즉 너의 마음을 우리 하나님 여호와께 온전히 바쳐 완전하게 하여 오늘과 같이 그의 법도를 행하며 그의 계명을 지킬지어다"(8:60-61)와 같이 이스라엘을 위해 축복기도를 하고 있다.

비록 영적 실패와 영적 무책임이 전쟁, 기근, 질병 그리고 종국적으로 유수와 성전 훼파를 초래하였을지라도(왕상 8:33-40; 9:6-9), 용서와 고토에로의 복귀에 대한 소망이 여전히 남아 있었다(8:34, 50-51). 열왕기서에 사용된 저작 자료들의 선택에서 하나님의 심판의 다면적minifoldness 측면이 명백히 나타나 있다. 그러나 그러한 포로생활이라는 현실에도 불구하고, 솔로몬의 기도는 경건한 자들에게 미래에 대한 소망을 가지도록 이끌었다.

> 그들이 사로잡혀 간 땅에서 스스로 깨닫고 그 사로잡은 자의 땅에서 돌이켜 주께 간구하기를 우리가 범죄하여 반역을 행하며 악을 지었나이다 하며 자기를 사로잡아 간 적국의 땅에서 온 마음과 온 뜻으로 주께 돌아와서 주께서 그들의 조상들에게 주신 땅 곧 주께서 택하신 성읍과 내가 주의 이름을 위하여 건축한 성전 있는 쪽을 향하여 주께 기도하거든 주는 계신 곳 하늘에서 그들의 기도와 간구를 들으시고 그들의 일을 돌아보시오며 주께 범죄한 백

성을 용서하시며 주께 범한 그 모든 허물을 사하시고 그들을 사로잡아 간 자 앞에서 그들로 불쌍히 여김을 얻게 하사 그 사람들로 그들을 불쌍히 여기게 하옵소서 그들은 주께서 철 풀무 같은 애굽에서 인도하여 내신 주의 백성, 주의 소유가 됨이니이다 (왕상 8:47-51)

이 기도에 함축된 메시지는 희망과 참된 회개를 표현하기 위한 프로그램을 제공하고 있다. 이 기도는 사무엘의 설교(삼상 12장)와 나단의 약속의 말씀(삼하 7:5-16)이 사무엘서에서 그랬던 것과 같이 열왕기서에서 하나의 표지와 같이 기능한다. 따라서 성전 훼파는 언약 관계의 종결을 의미하는 것이 아니다.[4] 왜냐하면 주의 처소는 하늘에 있기 때문이다. 솔로몬의 기도는 하나님의 은혜로운 교제에 대한 희망을 이스라엘과 유다를 넘어서 이방인에게까지 확장하고 있다. 바벨론 포로와 그 이후 시기의 경건한 사람들은 이와 같은 격려를 받음으로써 하나님을 자신들에게 제한시키지 아니하고, 하늘에 거하시며 기도에 응답하시는 분이라고 거침없이 말할 수 있게 되었다(왕상 8:41-43 참조). 스바 여왕(10장), 페니키아의 사렙다 과부(17:7-24), 그리고 아람 사람인 나아만(왕하 5장)에 대한 이야기들이 하나님께서 스스로를 이방인의 하나님으로도 계시하고 계신 바와 같이, 열왕기서의 보편적 적용 가능성을 뒷받침해주고 있다.

결론적으로 편집자는 다양한 문학적 측면들 – 예언적 전승들, 문서 연대기들, 솔로몬의 이야기 그리고 그의 기도 – 을 열왕기 속에 엮어 넣음으로써, 언약적 신실성, 이스라엘의 범죄, 심판과 저주, 하나님의 인내하심과 자비, 이스라엘과 유다와 거시적으로는 온 세계에 대한 하나님의 통치, 언약의 백성들과 이방인들에 대한 하나님의 은총, 그리고 회복과 메시아 시대에 대한 희망을 강조하면서 이스라엘과 유다의 역사에 대한 강력한 선지자적인 해

---

4. 왜냐하면, 열왕기의 저자는 하나님의 임재를 성전이나 그 땅에 제한시키지 않기 때문에, 새로워진 축복의 가능성은 미래의 세대들의 소망으로 남아 있다(차일즈, *IOTS*, 294).

석을 제시하고 있다.

역대기서

역대기서는 바벨론 포로 이후에 저술되었다.[5] 저자는 바벨론 포로 이후의 이스라엘의 근원을 추적하고자 아담에서 시작하여 고레스의 조서에 이르기까지의 수많은 상이한 자료들을 이용하였다. 그는 모세오경, 전기 선지서(여호수아, 사무엘 그리고 열왕기) 및 기타 선지자들의 저작물과 같은 성경적 저작물들에 대한 해박함을 보여주고 있다. 또한 그는 부가적인 자료들도 사용하고 있음이 틀림없다. 자료들에 대한 개인의 관찰 내용에 상관없이 문서 기록은 하나의 특별한 문학적 의도에 사용된다는 것은 명백해진다. 저자는 바벨론 포로 이후에 대한 독특한 관점을 적용함으로써 여호수아서에서 열왕기하에 이르는 내용들을 베끼는 그 이상의 무엇을 하고 있다. 수백 년이라는 시간에 의해 그들의 선조들로부터 격리된 신앙공동체의 실존적인 요청에 따라 현재는 과거와 어떻게 연관되며 그것을 통하여 바벨론 포로 이후 남은 자들이 어떻게 그들의 역사로부터 긍정적이거나 부정적인 교훈을 배울 수 있게 되었는가를 보여주는 구속의 역사에 대한 재서술이 필요하게 되었다.[6]

역대기의 저술 목적에 관하여는 견해가 일치되지 않는다. 왜냐하면 결론들은 그 책의 재료들의 해석과 그 책의 저술 연대 결정에 따라 달라지고 있기 때문이다. 이 목적들을 위해서 우리는 역대기서의 문학적 재료들과, 역

---

5. 정확한 연대에는 많은 논란이 있으며, 주장들은 주전 520- 주전 250까지 다양하다. 저자는 포로 이후의 공동체에 대하여 분명히 익숙한 것으로 나타나며 그들에게 유익한 방향으로 기록하고 있다(J. M. Myers, *I Chronicles*, AB, lxxxvii-lxxxix를 보라).

6. N. D. Freedman, The Chronicler's Purpose, *CBQ* 23 (1961): 436-42; Sara Japhat, The Historical Reliability of Chronicles, *JSOT* 33 (1985): 83-107.

대기 저자가 그것들을 사용한 방법을 살펴보고 그 다음에 그의 저작 의도의 몇 가지 측면을 살펴볼 것이다.

문학적 자료들

이미 살펴본 바와 같이 역대기의 저자는 유다와 레위 지파, 이스라엘의 남은 자들 그리고 다윗 왕조에 강조점을 두면서 아담에서부터 바벨론 포로 이후의 공동체에 이르는 광범위한 족보를 제시하고 있다. 초기 군주제의 역사에 대한 저자의 관심은 사무엘과 사울에 있는 것이 아니라 오히려 다윗과 솔로몬에 있는데(대상 11-대하 9장), 이것은 남왕국의 발전 윤곽에서 명백히 나타나고 있는 초점인 것이다. 르호보암에서 고레스의 조서에 이르기까지의 유다 열왕에 대한 이야기에 스물일곱 개의 장(대하 10-36장)이 할애되고 있으나 북왕국의 역사는 사실상 제외되어 있다.[7]

역대기서 저자는 이스라엘 역사에 대해서, 사무엘과 열왕기에서 제시된 것과는 상이한 도식적 해석을 제시하고 있다. 그는 이러한 저술들(사무엘서 및 열왕기서)에 친숙해 있다. 역대기 자료의 절반 이상이 이러한 책들과 평행을 이루고 있다. 나머지의 절반은 조화, 보충, 예표 및 이스라엘 역사의 해석에 의한 역사적 도식화를 반영하고 있다. 이러한 목적을 위해 선지서와 자료들 뿐만 아니라 그 수집 가능한 연대기들과 문헌자료들도 함께 사용하고 있다. 역대기의 저자는 포로 이후 공동체에게 하나님의 백성인 그들의 존재를 해석해 주는 틀을 제공하려는 신학적 관심을 가지고, 과거의 사건들을 현재의 주요 관심사에 연결시키는 여러 가지의 방법을 적용하고 있다. 이러한 방법들은 '설교적' 또는 '주석적'이라 불릴 수 있지만, 그렇다고 해서 우리는 역대기의 저자가 열등한 역사 서술을 하였다고 생각해서는 안 된다.

---

7. R. R. Wilson, *Geneology and History in the Biblical World* (New Haven: Yale University Press, 1977); R. Braun, Solomonic Apologetic in Chronicles, *JBL* 92 (1973): 503-16; H. G. A. Williamson, The Accession of Solomon in the Books of Chronicles, *VT* 26 (1976): 351-61.

그의 목적은 구속사적 자각을 부여하고자 하는 데 있었다.[8] 문헌자료를 사용함에 있어서 역대기서 저자는 그 책이 허용하는 가장 광범한 경계 속에서 머무르고 있다. 결국, 그는 이스라엘 역사를 성찰하는 글을 썼지, 역사를 위한 역사를 기술한 것이 아니었다.

문헌자료를 사용함에 있어서, 그는 모세의 율법에 대해 대단한 존중을 보이고 있다. 예컨대, 솔로몬의 기도에서 그는 "내 앞에서 행하라"(왕상 8:25)를 "내 앞에서 율법대로 행하라"(대하 6:16)로 대체하고 있다. 제사장들 및 레위 족속들의 사역과 참여는 긴장들을 축소시키고 가능한 질문들을 해결하는 율법과 일치를 이루며 좀 더 명확히 도입되고 있다. 이러한 목적을 위해서 역대기서 저자는 예루살렘으로 언약궤를 옮기고, 그리고 법궤 앞에서 노래하고 나팔 부는 자로서, 성전 문지기로서 봉사함에 있어서 레위인들과 제사장들이 갖는 역할을 구체화하고 있다(대상 15:1-28). 히스기야와 요시야 시대의 유월절 기념에 관하여 율법과 조화를 이루며 율법의 전통에 연속성을 갖고 있는 것으로 상세히 언급되고 있다.

선지자들의 설교를 포함시켰다는 사실은 선지자들의 사역에 대한 관심이 있었음을 나타내준다.[9] 왕들의 설교들과 기도들을 포함시킨 것은 율법에 대해 엄격한 준수와 그리고 예배의 순수성에 대한 관심에 의해 증명된 바처럼 또한 주께 대한 충성에 대한 관심을 보여준다(예. 대상 16:7-35; 28:2-10, 20-21).[10] 마지막으로, 이스라엘의 예배와 충성스런 행위들의 어떤 순간들은 위대한 구속사가 성취된 시대들인 말하자면 모세, 여호수아 및 다윗의 시대

---

8. P. R. Ackroyd, History and Theology in the Writings of the Chronicler, Concordia Theological Monthly 38 (1967): 501-15; id. The Theology of the Chronicler, *Lexington Theological Quarterly* 8 (1973): 101-16; id. The Chronicler as Exegete, *JSOT* 2 (1977): 2-32; E. W. Barnes, The Midrashic Element in Chronicles, *Expositor* 5 (1896): 426-39.

9. 아사랴(대하 15:2-7), 하나니(16:7-9), 야하시엘(20:15-17), 엘리야(21:12-15), 몇몇 무명의 선지자들(25:7-9, 15-16), 그리고 오뎃(28:9-11)을 다루는 내용에 주의하라.

10. Richard Pratt, Royal Prayers and the Chronicler's Message (Ph.D. diss., Harvard University, 1987).

들과 연속성을 갖고 있는 것으로 영화롭게 해석되었다. 그 몇 가지의 예를 제시하자면, 솔로몬에 대한 다윗의 설교들(22:11-13; 수 1:9 참조), 솔로몬 성전에서 구름으로 가득찬 영광(대하 5:13, 14 참조. 출 40:34-35), 자발적인 헌물들(대하 24:8-14; 출 35:20-36:7 참조) 및 충성된 왕들에 관한 묘사를 들 수 있다.

저작 의도

역대기 저자는 기존의 자료들(사무엘서 및 열왕기, 연대기 그리고 선지서들)을 독창적으로 사용하고 있다. 그의 저술 목적은 이스라엘 역사를 쓰고자 하는 것이 아니고 포로 이후 공동체를 그들의 과거와 연결시키려는 데에 있는 것이다. 이는 그가 살던 당대에 대한 주석으로서의 이스라엘의 과거에 대한 영감 있는 성찰과 같다.[11] 그의 주된 관심사는 아론계 제사직의 우선권, 보조요원으로서의 레위 지파의 봉사 그리고 다윗 왕조에서 나타나는 이스라엘 예배의 연속성을 보이고자 하는 데 있다. 이 목적을 위해서 그는 율법과 선지서들에서 계시된 하나님의 말씀의 권위에 대해 강하게 의식하고 있음을 보여주고 있다. 포로 이후 공동체의 구성원들은 율법과 예언의 유산에 대한 상속자들이며 따라서 그들이 포로시대의 세대들과 같이 멸망하지 않기 위해서, 하나님의 말씀에 신중히 주의를 기울여야 했던 것이다(대하 36:15-20).

또한 역대기서 저자는 하나님의 심판 혹은 축복과 이에 대한 인간의 책임과의 연계성을 한층 더 지적하고 있다. 개개인들은 하나님을 찾아야만 하고(대하 15:2), 하나님의 율법에 따라 행하여야 하며(6:16), 선지자들을 통해서 주신 말씀을 믿어야 한다(20:20). 유다 열왕들의 승리 또는 패배는 그들의 주께 대한 충성심을 반영하고 있다(예컨대, 13:15-18; 17:10; 20:22-25). 이러한 관점은 율법, 전기 선지서들 및 선지서들의 정경적 위치를 차지하고

---

11. J. M. Myers, The Kerygma of the Chronicler, *Interpretation* 20 (1966): 259-73.

있다. 포로 이후 이스라엘은 하나님의 말씀에 따라 사는 것을 배워야 했다 (말 4:4를 보라).

결론

역대기서는 분열 왕국 시대에 대한 하나의 문학적 공헌임과 동시에 포로기 이후의 관심에 대한 하나의 주석이다. 반면에 포로 시대의 이스라엘과 유다를 위해 쓰여졌던 열왕기에서는 기록된 문헌자료들에 대한 더 세밀한 사용을 반영하고 있다. 역대기서는 역사성을 띠고 있지만 포로 시대의 잿더미로부터 신정국가를 재건하기 위한 역사의 교훈들을 담고 있다. 역대기 저자는 이스라엘의 역사에 대한 교훈적인 관심뿐만 아니라 왕정과 성전제도, 제사장과 레위 족속의 체제의 계속성에 대한 열망을 나타낸다. 그의 열망은 그들 앞에서 예언의 말씀의 위대한 성취를 바라는 "제2의" 이스라엘이 하나님의 계시된 말씀에 세밀한 주의를 기울이게 하는 것이다.[12]

---

12. R. Braun, The Message of Chronicles: Rally Round the Temple, *Concordia Theological Monthly* 42 (1971): 502-13; H. G. M. Williamson, Eschatology in Chronicles, *TB* 28 (1977): 115-54.

20

이스라엘과 예언 사역

왕국의 분리 / 분열

정경적 관점에서 볼 때 솔로몬이 죽은 후(B.C. 931년) 왕국 분열은 하나의 역사적 현실이 되었다. 포로 기간과 포로 후의 이스라엘과 유대인은 그러한 분열을 초래한 모든 원인들을 성찰해 볼 필요성을 느끼지 않았다. 이스라엘의 성경의 각 책들과 전승들은 그러한 분열을 초래했을지도 모를 모든 정치적, 사회학적, 경제적 또는 신학적 요인들을 광범위하게 재구성해 보는 것을 허용하지 않는다. 유다의 관점에서 보면, 그 분열이란 유다로부터 북쪽 지파들이 분열되어 나간 것에 지나지 않았다(사 7:17).[1]

그러나 설화들 및 선지자들의 설교들은 그러한 분열이 솔로몬의 우상숭배에 대한 하나님의 심판으로써 하나님의 뜻이었음을 명백히 밝히고 있다(왕상 11:1-13). 솔로몬은 이미 아람과 에돔에서의 반란에 의해 그리고 여로보암에 의해 조성된 정치적 전복의 위협을 경험한 바 있다(14-40절). 심지어 그렇게까지 해서라도 주께서 솔로몬에게는 다윗 제국의 해체라는 불행을

---

1. Wayne A. Brindle, The Causes of the Division of Israel's Kingdom, *Bibliotheca Sacra* 141 (1984): 223-33; J. H. Hayes and J. M. Miller, *IJH*, 385.

면하게 해 주었다.

여로보암 1세에게 이스라엘의 분열이 하나님의 뜻이라고 선포하였던 아히야는 이러한 분열이 영구적이지는 않을 것임을 또한 명백히 하였다. 하나님의 백성들은 야웨께서 언젠가 그러한 분열을 종식시키고 두 왕국이 하나의 민족으로 재통합시키실 것을 알아야 했다. "내가 이로 말미암아 다윗의 자손을 괴롭게 할 것이나 영원히 하지는 아니하리라"(왕상 11:39) '괴롭게 하다'는 단어는 징계 혹은 낮추심을 통해서 자기의 백성을 정화시키려는 목적을 가지고 계신 것으로 보여 진다. 이런 목적은 명시적으로 언급되어 있지는 않다 할지라도, 솔로몬의 실패와 왕국의 분열 이야기의 문학적 맥락은 포로 이후 백성들에게 솔로몬의 범죄와 왕국의 분열 간에는 어떤 관련이 있으며 자신의 뜻으로 왕국을 나누었던 주께서 지파들을 재결합시킬 권능을 가지고 계심을 지적하고 있다. 르호보암이 유대 왕으로 즉위한 직후, 북쪽 지파들은 새로운 지도력의 성격을 시험하는 기회를 구하였다. 그리고 그 새 정권이 그들의 요구에 책임있게 반응하지 않는 것이 명백하게 되자, 그들은 세바와 다윗 시대부터 계속된 해묵은 분열 요구의 함성을 되풀이 했다.

> 우리가 다윗과 무슨 관계가 있느냐 이새의 아들에게서 받을 유산이 없도다 이스라엘아 너희의 장막으로 돌아가라 다윗이여 이제 너는 네 집이나 돌아보라 하고 이스라엘이 그 장막으로 돌아가니라 (왕상 12:16, 삼하 20:1 참조)

왕국의 분열은 주전 931년에 하나의 현실이 되었다. 이때로부터 포로기까지, 두 왕국은 분리된 채로 존속되었다. 북쪽의 정치적 중심지는 세겜, 마하나임 및 디르사로부터 사마리아로 옮겨졌는데 이곳에 오므리가 수도를 세웠다. 사마리아는 문화적 종교적 혁신의 초점이 되었다. 선지자들에게 있어서, '사마리아'는 열방들의 문화가 수용되는 외국식의 생활방식을 상징했다. 사마리아는 쉽게 페니키아, 아람 및 기타 주위의 제국들의 문화에 자신의 문화를 적응시켰다. 사마리아의 지도자들은 정치적 동맹관계들과 무역 관계를 조장했다. 사마리아는 일반 평민을 대표하지 않았다. 오히려, 사마리아는 북쪽지파들의 귀족 정치의 정치적, 문화적, 재정적 중심지였다.

한편, '예루살렘'은 하나님의 성전이 자리 잡고 다윗의 왕위가 확립된 것을 의미했다.[2] 예루살렘은 국제적인 동맹관계 영향권으로 보다 고립되어 있었으나 야웨에게만 신실하게 믿음을 지킬 만큼 충분히 고립된 것은 아니었다. 예루살렘의 정책적 특징은 보수주의였다(도표 18을 보라).

사마리아	예루살렘
10지파 9왕조들, 모두 악한 왕들	2지파 1왕조(다윗의 집) 선한 왕 및 악한 왕들
예루살렘 성전과 결연관계를 맺지 않음	솔로몬 성전이 위치함
예배 중심지가 벧엘과 단에 있음	처음의 예배중심지가 보존됨
제의적 달력이 변화됨	원래의 제의적 달력 보존
광범위한 문화 적응	보수주의

도표 18. 사마리아와 예루살렘의 비교

예루살렘과 다윗 왕조로부터 북이스라엘의 정치적 결별은 야웨 신앙으로부터 이탈한 종교적 모험을 초래하였다. 야웨께서는 예루살렘과 솔로몬 성전과 관련되어 있었다. 북왕국의 종교적 부패들의 광범위한 반복은 예루살렘으로부터의 분리에서 연원된 것으로 생각되어질 수 있다. 예루살렘 성전, 다윗 왕과 같은 통치자는 하나님의 뜻에 의해서 함께 묶어졌다. 이 셋 중의 하나 혹은 다른 하나에 대한 거부는 야웨 그 자신에 대한 거부를 의미했다. 그러나

---

2. 예루살렘의 신학적 기능에 대하여는, R. de Vaux, Jerusalem and the Prophets, in *Interpreting the Prophetic Tradition*, ed. H. M. Orlinsky (Cincinnati: Hebrew Union College, 1969), 296; G. Fohrer, Zion-Jerusalem in the Old Testament, *TDNT* 7 (1971): 293-319; Donald E. Gowan, *Eschatology in the Old Testament* (Philadelphia: Fortress, 1986).

포로 이후 공동체는 북쪽 지파들의 독립적 지위가 영구히 지속되지 않았다는 것을 알게 되었다. 유다의 남은 자들과 더불어 이스라엘의 남은 자들은 포로 이후의 제 2성전에서 드려진 야웨 예배로 복귀했다(대상 9:3).

종교적 혁신 조치들은 북왕국을 몰락시켰다. 정경적 전승들은 이스라엘의 포로 추방에 대한 책임을 이스라엘의 첫 왕인 여로보암 1세에게 전가시킨다(예. 왕상 15:34를 보라). 여로보암은 이스라엘의 평민들 중에서 그 자신을 위한 제사장을 성별하고, 그 왕국의 국경 두 곳에다 예배 장소를 설립했고 제의 달력을 바꾸었다.³ 여로보암은 만일 이스라엘 사람이 그들의 번제와 희생을 드리기 위해 예루살렘으로 올라갈 경우, 그들이 분리의 종식을 희망할지도 모르는 사실을 두려워하여 종교적 혁신조치들을 단행하였음이 분명하다(12:26-27).

그러한 종교적 변화들은 백성들에게 강요되었을 것이고, 종교적 박해를 야기했을지도 모른다. 많은 사람들이 유다로 떠났다. 역대기는 포로 이후 공동체에게 레위 지파와 하나님을 경외하는 이스라엘 사람들이 오래전에 유다와 연합하였음을 상기시켜주고 있다.

> 이스라엘 모든 지파 중에 마음을 굳게 하여 이스라엘의 하나님 여호와를 찾는 자들이 레위 사람들을 따라 예루살렘에 이르러 그들의 조상들의 하나님 여호와께 제사하고자 한지라 그러므로 삼 년 동안 유다 나라를 도와 솔로몬의 아들 르호보암을 강성하게 하였으니 이는 무리가 삼 년 동안을 다윗과 솔로몬의 길로 행하였음이더라 (대하 11:16-17)

이러한 국경을 뛰어넘는 예배는 북왕국의 종교적 배경을 이해하는데 중요하다. 그렇게 많은 수의 경건한 레위인과 이스라엘인이 유다로 떠남으로

---

3. J. Debus, *Die Sünde Jeroboams: Studien zur Darstellung Jeroboams und der Geschichte des Nordreichs in der deuteronomistischen Geschichtsschreibung*, FRLANT 93 (1967).

인해서 그 10지파의 도덕적 양심과 종교적 관심의 수준이 엄청나게 하락했음이 틀림없다. 이러한 요인은 왜 이스라엘 전체가 우상숭배에 빠지게 되었나를 아주 깊게 설명해 주고 있다.

이스라엘: 열방 중의 한 왕국

주전 722년의 이스라엘 멸망 이후의 세대들과 북이스라엘 역사의 자료들은 정경적 상황 즉, 이러한 책들을 하나님의 말씀으로써 받아들인 사람들의 요구에 의해 결정된 선택 기준에 따라 편집되었다. 이러한 선택기준에서 우리는 다음 네 가지의 중요 주제를 관찰할 수 있다. (1) 북이스라엘 왕과 백성들의 불의 (2) 언약과 기자들에 대한 하나님의 필연적 심판 (3) 선지자적 말씀의 위력 그리고 (4) 하나님의 긍휼이 그것이다.

왕들과 백성들의 불의

북왕국은 여러 가지 면들에서 남왕국과 달랐다. 210년 이상의 정치적 존속 기간 동안에는 북왕국은 아홉 개의 왕조 교체를 겪었다. 그 아홉 개의 왕조는 모두 초대 왕조의 첫 왕인 여로보암의 죄를 따라 악하다는 특징을 갖고 있다. 성경 기자는 북의 19왕 중의 15왕에 대해, 예컨대, 다음과 같이 평하고 있다. 그들은 "여로보암의 길로 행하며 이스라엘에게 죄를 범하게 한 그 죄 중에 행하였더라"(왕상 16:19). 이들 왕조 중에서 오므리 왕조와 예후 왕조가 열왕기에서 특히 두드러진다.

오므리는 이스라엘을 고대 근동의 지도에 올려 놓았다. 오므리가 이스라엘의 수도를 디르사에서 사마리아로 옮긴 것은 하나의 문화적 정치적 방향 재정립을 상징한 것이다. 그는 이스라엘에 대해 상당한 힘을 가진 나라로 만들었다. 그의 아들 아합도 마찬가지로 바알 신앙을 이스라엘의 공식 종교

로써 채택함으로써 국제적인 인물로 그의 위치를 강화시켰다.⁴

예후의 왕권은 하나님께서 그를 오므리 왕조를 종식시키는 데 사용하셨다는 점에서 중요하다.⁵ 첫 네 왕조가 각각 기껏해야 45년을 넘지 못하였는데 반해, 다섯 번째 왕조인 예후 왕가는 90년간이나 통치하는 축복을 받았다. 그 왕조의 긴 존속 기간은 바알 숭배를 제거한 예후에 대한 하나님의 은혜의 표시로 여겨진다(왕하 10:30).

이스라엘의 모든 왕들은 다윗 왕의 모범에 훨씬 미치지 못하였다. 그들은 백성을 하나님과 교제하도록 이끌거나 신정국가의 이상을 발전시키려고 애쓰지 않았다. 그 왕들은 대신에 대부분 음모와 반역에 의해 왕권에 오른 정치적 기회주의자들이었다. 그들 자신들은 귀족적인 지도자에 의해 둘러싸여 사마리아로부터 국가의 정치적 상황을 통제할 수 있었다.

이스라엘의 불의의 역사 가운데 가장 중요한 점은 여로보암이 예루살렘에서 이탈한 예배를 도입하였다는 것과 아합이 바알 숭배를 공식적으로 제정하였다는 점이다. 후자는 예후가 바알 선지자들을 죽이기까지 약 30년간 이스라엘을 손에 쥐고 있었다(왕하 10:18-28). 그 당시의 야웨 신앙과 이방 종교가 섞여서 이루어진 혼합주의는 바알 숭배보다 더 유행하게 되었고 더 파괴적 성격을 띠게 되었다.⁶ 심지어 이스라엘에서 바알을 훼파하였던 예후조차도 "이스라엘에게 범죄하게 한 느밧의 아들 여로보암의 죄 곧 벧엘과 단에 있는 금송아지를 섬기는 죄에서는 떠나지 아니하였다"(29)고 말씀하고 있다. 그러나 이스라엘의 멸망의 이유들에 대한 저자의 요약은 이러한 예후에 대한 평가보다 더 호소력이 있다. 그 백성이 타락하게 된 여러 가지 수많은 방식들을 서술한 후에 그는 다음과 같은 결론을 맺었다.

---

4. C. F. Whitely, The Deuteronomic Presentation of the House of Omri, *VT* 2 (1952): 137-52.

5. J. M. Miller, The Fall of the House of Ahab, *VT* 17 (1967): 307-24.

6. Y. Kaufmann, *The Religion of Israel*, trans. Moshe Greenberg (New York: Schocken, 1972), 60-149.

이스라엘을 다윗의 집에서 찢어 나누시매 그들이 느밧의 아들 여로보암을 왕으로 삼았더니 여로보암이 이스라엘을 몰아 여호와를 떠나고 큰 죄를 범하게 하매 이스라엘 자손이 여로보암이 행한 모든 죄를 따라 행하여 거기서 떠나지 아니하므로 (왕하 17:21-22)

야웨의 필연적인 심판

이스라엘의 불의한 행동은 그들에게 임한 약속과 실제적인 심판들로부터 분리하기는 어렵다. 이스라엘의 죄악된 습관들 속에 상이한 단계들이 존재하였던 것처럼, 하나님의 심판의 이행에도 역시 상이한 기간들이 있었다.

최초의 심판 언급은 여로보암 1세가 금송아지에 대한 숭배를 시작한 후 그의 통치 때에 있었다. 그의 우상 숭배가 너무도 심각했기 때문에 야웨께서는 벧엘 제단에 대한 예언의 말씀으로 "제단아, 제단아! 여화와께서 이와 같이 말씀하시기를 다윗의 집에 요시아라 이름하는 아들을 낳으리니 저가 네 위에 분향하는 산당 제사장을 네 위에서 제물을 바칠 것이요 또 사람의 뼈를 네 위에서 사르리라"(왕상 13:2)고 하셨는데 이 예언은 포로기와 그리고 그 이후까지, 북왕국의 역사 전체에 그늘을 드리웠고, 마침내 그것은 유다왕국의 말기에 성취되었다.

이스라엘의 모든 날 동안 이스라엘을 따라다닌 또 하나의 예언은 아히야의 예언이었다. 그는 여로보암에게 순종하기만 하면 그의 왕권을 이루어 주시리라는 야웨의 약속을 상기시켰다(왕상 14:7-8). 여로보암의 독재적 통치는 그 자신과 이스라엘에 대한 하나님의 심판을 초래했다. 그의 아들은 죽게 될 것이었고 여로보암 왕조는 단절될 것이고, 이스라엘은 결국 유브라데스 저 너머로 망명가게 될 것이었다(10-15절). 이야기가 전개됨에 따라 저자는 이러한 예언이 낱낱이 성취되는 것을 주목하고 있다(왕상 14:17-18; 15:29-30; 왕하 17:21-22). 이 예언들 중에서 가장 긴 기간에 걸쳐 성취된 포로사건에 대한 예언은 예언의 선포와 성취기간이 200년간의 간격을 이루고 있다.

선지자 엘리야는 이스라엘에 대하여 네 가지의 정죄를 가하였다. 즉 그 백성은 언약을 버렸고, 제단을 훼파하였고, 선지자들을 죽였고, 그리고 자신의 생명까지도 없애려고 하였다는 것이다(왕상 19:10, 14). 이러한 비난들은 아합 정권 동안의 북왕국에 행한 악행에 대한 적나라한 해설을 제공한다. 주께서는 아람의 침략자로서 하사엘을, 새 왕조의 우두머리로서 예후 그리고 새 선지자로서 엘리사를 일으키시라는 예언을 엘리야에게 확신시킴으로써 북이스라엘의 악행에 대응하셨다(15-16절). 외부적 압력, 내부적 변화, 선지자들의 사역을 통하여 하나님께서는 그 백성을 책망하시고 심판하시며 정결케 하시고자 하셨을 뿐 아니라 이렇게 해서 경건한 이스라엘 사람들의 남은 자를 남겨 놓으시려 하신 것이다(15-18절).

왕국이 분리된 시대에 예언 운동은 두 가지 양상으로 전개되었다. 첫째는, 엘리야의 사역과 함께 선지자가 하나님께서 임명하신 언약 준수 여부를 고발하는 언약의 검사가 되었다는 점이다. 예언의 말씀들에 대한 저술, 편집, 수집 및 체계적 구성은 이스라엘의 예언 운동에 있어서 뚜렷한 발전인 고전적 예언 운동의 시초가 되었다. 이들 후자 선지자들 중에서 아모스와 호세아는 실로 북이스라엘의 황금기였던 여로보암 2세 통치기간(B.C. 790-750) 동안 북왕국에 그들의 예언적 초점을 두었다. 야웨께서는 그들이 범죄하였음에도 불구하고 은혜를 베푸셨다. 즉 이스라엘의 경제적 번영은 이스라엘 백성들이 회개했기 때문이 아니라, 오로지 그들이 멸망하지 않도록 하기 위한 하나님의 배려에서 기인한 것이었다(왕하 14:26-27). 호세아는 이스라엘이 불순종하였음과 야웨께 충성되지 못하였음을 지적하였다.

> 이스라엘 자손들아 여호와의 말씀을 들으라 여호와께서 이 땅 주민과 논쟁하시나니 이 땅에는 진실도 없고 인애도 없고 하나님을 아는 지식도 없고 오직 저주와 속임과 살인과 도둑질과 간음뿐이요 포악하여 피가 피를 뒤이음이라 (호 4:1-2)

특히 호세아는 제사장들과 왕실 지도자들의 쌓인 죄를 지적하고 있다

(5:1-7). 이스라엘이 선지자들을 거절한 것처럼(9:7-8) 이와 같이 하나님께서도 또한

> 그들이 듣지 아니하므로 내 하나님이 그들을 버리시리니 그들이 여러 나라 가운데에 떠도는 자가 되리라 (17절)

아모스는 불공평, 부도덕 및 우상숭배의 죄를 규명해내고 있으며(암 2:6-8) 이스라엘에 임한 심판의 확실성을 선포하고 있다. 야웨의 말씀에 따르면

> 내가 이스라엘의 모든 죄를 보응하는 날에 벧엘의 제단들을 벌하여 그 제단의 뿔들을 꺾어 땅에 떨어뜨리고 겨울 궁과 여름 궁을 치리니 상아 궁들이 파괴되며 큰 궁들이 무너지리라 여호와의 말씀이니라 (3:14-15, 9:4 참조)

비록 그렇다 할지라도, 호세아와 아모스는 남은 자들이 포로의 형벌에서 돌아올 것이며 하나님의 은혜로 새롭게 되리라는 희망을 끝까지 붙들고 있었다(호 14:4-5; 암 9:11-12).

엘리야와 엘리사의 예언 사역

엘리야와 엘리사에 관한 이야기는 모두 열왕기에서만 나타나고, 역대기의 병행 역사기록에는 나타나지 않고 있는데, 그 주된 이유는 역대기가 유다에 초점을 두고 있기 때문이다.[7] 열왕기가 구속사 속에서 예언적 말씀의 역할을 발전시키고 있는데 반해, 역대기는 제사장직에 관심을 두고 있다. 이러한 이유 때문에 히브리 원문 정경은 열왕기를 '전기 선지서들' 속에 포함시키고 있으며 역대기를 '성문서' 중의 마지막 책으로 배치하였다. 열왕기

---

[7] 이 시기에 대한 문헌은 방대하다; R. P. Carroll, The Elijah-Elisha Sagas, *VT* 19 (1969): 400-415; J. M. Miller, The Elisha-Cycle and the Accounts of the Omride Wars, *JBL* 85 (1966): 441-54; H. H. Rowley, Elijah on Mount Carmel, *BJRL* 43 (1960-61): 190-219.

의 정경적 관점은 선지자들의 사역 속에서 나타나는 구속사에 그 초점을 두고 있다. 이 엘리야가 등장하기 훨씬 이전부터(왕상 17장) 유명 무명의 선지자들이 이스라엘과 유다 역사에서 결정적으로 중요한 역할을 하고 있었다. 하나님의 말씀은 아히야와 익명의 '하나님의 사람'을 통해 여로보암에게(11:29-39; 13:1-9; 14:2-18), 스마야를 통해 르호보암에게(12:22-24), 그리고 예후를 통해 바아사(16:1-4)에게 임하였다. 선지자들의 이름들을 밝히는 것과 예언 내용들이 누구의 것인지 밝히는 것보다 훨씬 중요한 것은 어떻게 이러한 예언들 하나하나가 하나님께서 말씀하신 바대로 정확히 성취되었는가를 보여주는 편집자의 세심한 관심이다(왕상 14:17-18; 15:29-30; 22:18, 38; 왕하 9:36; 10:10, 17; 17:21-23).

그러나 디셉사람 엘리야는 선지자 중에서도 독특한 선지자다. 엘리야의 사역을 통하여 야웨께서는 바알 숭배, 오므리 왕조 그리고 이스라엘에 대한 심판을 선포하고, 그 자신을 위하여 의로운 남은 자들을 세우시기를 계속하신다. 엘리야와 동시대의 선지자들도 있었지만(왕상 18:4; 20:13-14, 28; 22:8-28), 예언 운동의 선구자 가운데 한 사람의 역할을 하였다. 엘리사는 그의 스승인 엘리야의 사역과 밀접한 관계를 가지고 있으며, 그를 다정하게 아버지라고 불렀다(왕하 2:12).

엘리야는 구속사에서 독특한 위치를 차지하고 있다. 엘리야는 비록 어떤 선지서도 남기지 아니하였으나, 구약의 가장 위대한 선지자 중의 한 사람이며 모세와 사무엘에 버금가는 특별한 위치에 있다. 구약성경의 예언 운동은 엘리야의 사역을 계승하여 발전하였던 것이다. 구속사에서 그가 갖는 위치가 너무나 중요하기 때문에 말라기는 엘리야가 다시 오리라고 예언하였다(말 4:5-6). 천사 가브리엘은 사가랴에게 그의 아들이 주님 앞에서 '엘리야의 심령과 능력으로' 섬기게 되리라고 하였다(눅 1:17). 예수께서는 친히 세례 요한을 엘리야로 인정해 주셨다(마 11:14; 막 9:13). 더욱이 변화산 상에서 율법과 선지자를 대표하여 예수님과 말씀을 나누었던 사람은 다름 아닌 모세와 함께한 엘리야였다(마 17:3-13).

엘리야가 다시 새롭게 된 백성을 하나님께 인도했던 것과 같이 세례 요한도 우리 주 예수의 길과 말세의 새로운 인류의 시작을 준비하였다. 예수께서 지적하신 바와 같이(눅 4:25-27) 그 남은 자들은 유대인과 이방인으로 구성되는데 엘리야는 사렙다 과부에 대한 사역을 하기 위하여 그의 도움을 바라는 많은 이스라엘 사람을 제쳐두었기 때문이다. 마지막으로 엘리야는 주께서 큰 일들을 이루시도록 믿음을 바쳤던 경건한 사람의 위대한 본으로서 남아 있다. 그리스도인들에게 있어서 엘리야는 뜨겁게 기도하는 일을 격려하도록 하나님이 보내신 사자이다(약 5:17).

아벨므홀라 사밧의 아들 엘리사는 이스라엘에 대한 하나님의 자비를 나타내는 도구였다. 그는 엘리야에 의해 기름부음을 받았으며(왕상 19:16, 19-21), 다가오는 심판에서 핵심적 역할을 수행하였다(17절). 성경은 우리에게 엘리사의 생애에 대해서는 거의 말하고 있지 않으나 엘리야와의 연속성은 엘리사의 승천 전후의 사건들을 상세히 설명해 주는 열왕기의 기자에게 중요하였다. 엘리사는 선지자 엘리야의 영감의 '갑절'이나 상속받으려는 엘리사의 소원에 대한 하나님의 응답으로써, 엘리야의 겉옷을 받게 된다(왕하 2:9, 13).

엘리사는 엘리야의 영을 받으며 엘리야와 같은 방법으로 물을 나누는 권세를 받게 된다. 이는 이러한 두 가지의 역사를 목격한 선지자의 생도들에게 엘리야를 계승했다는 표지가 되는 것이다. 그리하여 그들은 '엘리야의 영감이 엘리사의 위에 머물고 있다'라고 말할 수 있게 되고, 계속적으로 순종함으로써 그들의 말씀의 신실성과 그 선지자에 대한 그들의 존경을 확고하게 하였다(왕하 2:15).

엘리야와 엘리사는 분열 왕국시대의 두 거성이었다. 이 한 쌍의 선지자들은 흔히 모세와 여호수아와 비유된다. 모세와 엘리야는 시내 산에 있었다. 전자는 언약 중재자로서 그리고 후자는 언약 기소자로서, 여호수아와 엘리사는 둘 다 위대한 인물의 후계자였으며, 둘 다 요단강을 기적적으로 가름으로써 권위를 공인받았으며 둘 다 지도자적 권위를 유지하였다.

하나님의 긍휼

비록 하나님께서는 아히야, 엘리야, 엘리사, 아모스 그리고 호세아 같은 사람들의 예언의 말씀을 통하여 심판을 선포하였지만 그의 백성들에게 큰 긍휼을 보이셨다. 첫째로 하나님의 긍휼은 그의 인내하심을 통하여 나타나고 있다. 이스라엘의 분열 초기부터, 하나님의 심판은 아히야에 의해 명백히 선포되었다(왕상 14:11-16). 비록 북왕국의 종교적, 정치적 생활이 타락하여 아히야에 의해 선포된 바와 같이 하나님의 심판이 초래되었지만, 주께서는 북왕국을 즉시 멸망시키지 않으셨다. 아히야는 북왕국의 멸망이 있기 약 200년 전에 그것을 선포하였다. 그 동안 주께서는 사악의 잔이 다 차기까지 계속 북왕국에 대하여 참으셨다. 왕조들이 흥망하였지만, 악은 더욱 퍼졌다. 이스라엘의 경건한 자들은 여로보암, 바아사, 오므리, 예후 그리고 다른 왕조를 종식시키신 주께 감사드렸다. 각 왕조가 종식될 때마다 다음 시대는 더 좋아질 것이라는 희망이 간절하였다. 종국에 가서는 한 왕조도 주께 받아들여질 만한 것이 없었다. 마지막으로 그는 아홉 번째 왕조 때에 포로와 멸망의 심판을 이행하셨다.

둘째로, 하나님의 긍휼은 번영과 축복 속에 나타났다. 오므리 왕조 때에 이스라엘은 번영하였다. 1세기 후에, 여로보암 2세의 치하에서 이스라엘은 황금기를 누렸다. 이스라엘에 대한 하나님의 불쾌하심의 표현으로, 아람의 하사엘이 이스라엘의 무릎을 꿇리는데 거의 성공하였으나, 주의 긍휼로 이스라엘은 지탱되었다. 그는 이스라엘이 더 의롭게 되었기 때문이 아니라, 순전히 긍휼히 여기는 마음에서 이스라엘의 고통을 번영으로 덜어주었다(왕하 14:26-27).

셋째, 하나님의 긍휼은 예언 사역에서도 나타났다. 선지자들은 희망의 상징이었으며, 남은 자들이 인내하도록 격려하였다. 주께서는 엘리야와 엘리사 같은 선지자들을 통하여 놀라운 능력으로 그의 백성을 먹이시고, 고치시고, 죽은 자들을 살리심으로 다시 새롭게 하시사 그의 은혜를 베푸셨다. 그들은 눈에 보이는 표적으로써 주는 여호와시며, 출애굽의 하나님이시라는 것을 목격하였다. 엘리야(왕하 13:18-19)와 요나(14:25)를 통하여 주신 그의 말씀을 성취하기 위해 거룩한 용사이신 하나님의 구원이 주어졌다.

넷째, 하나님의 긍휼은 심판을 통하여 그리고 심판을 넘어서 확대되었다. 이와 같은 모든 자비를 보이심에도 불구하고, 하나님의 백성에 대한 심판은 여전하였다. 마침내 주전 722년에 살만에셀 5세와 사르곤 2세의 군대가 그 땅을 황폐케 하고 그 민족을 포로로 끌고 감으로써 축적된 그 심판의 무게가 가중되었다. 북왕국의 포로로 인해 언약은 무기한 보류되었다. 그 민족은 저주받았고 열국 중에서 살게 되었다. 그러나 사르곤 2세는 소수의 남은 자들을 두었다. 바로 이 소수의 남은 자들이 나중에 유다에 재연합될 자들이었으며, 이리하여 한 하나님의 통치 아래에 12지파의 남은 자들이 한 나라를 창출하게 될 예정이었다. 하나님께서는 선지자 엘리야에게 약속하셨던 것 같이 북왕국의 남은 자들에 대해서도 여전히 관심을 가지고 계셨다(왕상 19:18).

정경적 기사는 10지파의 남은 자들이 포로 이전에 유다에 통합되었으며 그리하여 그 언약 공동체에 병합되었음을 강조하고 있다. 유다의 경건한 왕인 히스기야와 요시야는 북이스라엘에게도 목자였으며, 12지파 모두에게 관심을 쏟았다. 역대기서는 히스기야를 대부분 국민들이 포로로 잡혀간 이후에도 약속의 땅에 살고 있던 이스라엘의 남은 자들에게 커다란 관심을 가진 존재로 묘사하고 있다. 그의 통치는 성전 정화 후에(대하 29장), 그는 이스라엘 사람들에게 예루살렘의 성대한 유월절 행사에 동참하도록 요청하였다는 점에서 다윗 왕적인 이상을 견지하고 있다(30:11). 단에서 브엘세바까지 주께서 다시 은혜를 베풀어 주시도록 백성들을 회개하도록 요청하는 하나의 포고문이 선포되었던 것이다.

> 이스라엘 자손들아 너희는 아브라함과 이삭과 이스라엘의 하나님 여호와께로 돌아오라 그리하면 그가 너희 남은 자 곧 앗수르 왕의 손에서 벗어난 자에게로 돌아오시리라 너희 조상들과 너희 형제 같이 하지 말라 그들은 그의

조상들의 하나님 여호와께 범죄하였으므로 여호와께서 멸망하도록 버려 두신 것을 너희가 똑똑히 보는 바니라 그런즉 너희 조상들 같이 목을 곧게 하지 말고 여호와께 돌아와 영원히 거룩하게 하신 전에 들어가서 너희 하나님 여호와를 섬겨 그의 진노가 너희에게서 떠나게 하라 (6-8절)

히스기야는 남은 자들에 대한 하나님의 긍휼에 대해 말할 때, 하나님의 약속을 신뢰하고 있었다.

너희가 만일 여호와께 돌아오면 너희 형제들과 너희 자녀가 사로잡은 자들에게서 자비를 입어 다시 이 땅으로 돌아오리라 너희 하나님 여호와는 은혜로우시고 자비하신지라 너희가 그에게로 돌아오면 그의 얼굴을 너희에게서 돌이키지 아니하시리라 하였더라 (9절)

이스라엘의 남은 자들은 긍정적인 반응을 보이지는 않았다. 에브라임과 므낫세 지방 사람들은 보발군들을 조롱하였다(대하 30:10). 그러나 아셀과 므낫세와 스불론 출신의 몇 사람이 예루살렘으로 왔다. 소수의 이스라엘의 남은 자들이 유다 백성들과 함께 14일간의 유월절을 기념하는 큰 행사에 같이 참여하였다. 이 행사는 너무도 거대했었고 솔로몬 시대 이후 그와 같은 행사는 없었다(26절). 하나님의 백성이 예루살렘에 모여서 제사장들의 축복을 받았을 때(27절), 이스라엘 사람들은 크게 감동되어 유다 사람들과 연합하여 유다, 베냐민, 에브라임 및 므낫세의 우상들을 훼파하는데 동참하였다 (31:1). 그때에 그들은 언약 백성에 의한 그 땅 정복을 계속 수행하기 위하여 자신이 살던 성읍들로 돌아갔었다. 요시야 시대에 있었던 남북 재연합은 더욱 큰 사건이었다. 히스기야처럼 요시야도 이스라엘 백성들을 그에게 초대하여 유월절 기념식에 참여시키고자 하였다. 이때가 분열왕국 역사의 정점이었는데, 그때의 의식은 다윗과 솔로몬의 가르침에 따라 세밀하게 지켜졌다. 또한 12지파의 대표들이 예루살렘에 있었다. 백성의 연합과 그들의 요시야 왕과 주에 대한 복종은 그들에게 다윗과 솔로몬의 시대를 상기시켰다 (대하 35:4-5). 이 유월절 준수는 선지자 사무엘 시대 이후 가장 큰 행사였다 (18-19절).

결론

비록 정경적 기사가 북왕국의 210년 역사에 대해 부정적으로 논평하고 있지만, 초기와 말기에는 약간의 빛이 있었다. 이스라엘의 역사 초기에(B.C. 930년) 레위인들과 북쪽 지파 중의 경건한 남은 자들이 야웨를 섬기는 일에 있어서 유다와 연합하였다. 주전 722년 사마리아 멸망 이후 12지파의 남은 자들이 유다에 합하여 야웨를 섬겼다. 이스라엘의 남은 자들이 유다로 귀환함으로써, 12지파가 예루살렘에서 야웨를 섬기는 일과 다윗의 집에 복종하는 동참하였다. 그러나 이렇게 야웨를 믿고, 다윗의 왕조께 충성하고, 성전을 거룩하게 여겼던 개개인들은 아직 하나의 국가를 구성하지는 못하였다. 이스라엘과 유다의 남은 자들은 아직 전쟁과 포로생활이라는 연단의 불길을 통과하여야 했다.

그러나 예언의 말씀은 그들에게 주께서 그들을 포로에서 그 땅으로 되돌아오게 하사 하나의 국가를 이루실 것과, 주께서 남은 자들과 맺을 그의 언약 아래에서 그의 다스림과 보호를 누릴 것이라고 확신시켜 주었다. 하나님의 심판, 정화 그리고 남은 자들에 대한 그의 은총의 회복에 대한 확신은 엘리야와 엘리사의 사역 안에 있다. 시내 산에서 엘리야가 주께 대해 불평을 한 이후, 선지자들은 심판과 변혁을 예언하였다. 그들은 한편으로는 경건하지 못한 자들에게 그들이 받을 무서운 하나님의 심판의 날을 경고하는 한편, 경건한 남은 백성들을 하나님의 왕국의 소망으로 보존하였다. 선지자는 하나님께서 가지고 계신 이런 목적들이 계속 진행되고 있다는 상징이 되어 왔으며, 이것은 특히 신정통치의 빛이 희미할 때 더욱 그러하였다. 구속사 전체를 통하여 선지자들의 말씀은 하나님의 왕국이 의롭게 건설되기를 기다리는 경건한 사람들을 지탱하여 주었다(말 4:5-6을 보라).

21

유다와 다윗의 집

유다 왕국

구속사적인 관점에서 보면, 유다는 북쪽 지파들의 분열 시 이스라엘이 이룬 것보다도 더 많은 진전을 이루었다. 유다는 예루살렘에 하나님의 성전을 갖고 있었다. 다윗 왕조에 대한 약속들을 지니고 있었다. 비록 르호보암이 북쪽 지파들의 지도층에 대하여 어리석게 행동하였는지는 몰라도, 그는 다윗의 계통에 속한다는 특권을 누렸고 따라서 하나님의 약속을 상속하는 자가 되었다(왕상 11:35-38을 보라). 게다가 다윗 왕과 같은 통치 아래서 언젠가 12지파들이 다시 연합하게 되리라는 희망은 살아 있었다(39절).

다윗 왕조의 특권적 지위뿐만 아니라, 남왕국은 이스라엘과 유다에 있는 경건한 자들에게 특별한 매력을 제공하였다. 결국 예루살렘은 야웨께서 택한 성읍이었다. 성전은 하나님의 임재를 상징하였다. 레위 지파와 10지파로부터 온 경건한 백성들의 유입으로 유다의 지위는 더욱 강화되었다.

유다의 또 다른 이점은 지리적 고립이었다. 정치적 군사적인 측면에서 보면, 유다는 중요한 큰 도로에서 격리되어 있었고, 당당하고 요새화된 성읍들에 의해 자체의 방위력을 갖추고 있었다. 이러한 군사 요새들이 산악 국가인 그 나라로 이르는 진입로를 지키고 있었다. 유다의 고립된 위치는 언어, 문화, 정치 및 경제 발전들에 관하여 보수주의를 갖게 되는 이유를 설명하는 데 도움을 줄 수 있을 것이다.

이러한 장점들에도 불구하고 유다는 우상숭배, 시험들 그리고 언약에 대한 배반에서 벗어나지 못하였다. 유다의 역사를 보면 북왕국의 역사와 유사한 지속적인 배교는 없었지만 열렬한 종교적인 열심을 가졌다가도 종종 우상숭배와 배교로 떨어지는 의미 없는 변덕을 보이며 그 후에야 야훼께 대한 보다 위대한 헌신으로 돌아왔다. 왕은 정치적, 경제적 및 종교적 지도자로서의 목자 역할로 두드러지기에 다윗과 같은 왕의 통치 성격은 열왕기와 역대기서에 신중하게 평가되고 있다. 이 책들에서는 평범한 백성들이나 역사 자체에 대한 단순한 호기심을 채우는 사건들에 대한 언급은 거의 없다. 열왕기서와 역대기서의 편집자들은 유다의 이야기를 재현하는 데 각자의 독특한 관심을 지니고 있었다.

열왕기서의 저자는 순종과 축복 그리고 불순종과 저주의 관계에 관심을 갖고 있다. 몇몇 왕들은 하나님을 사랑하고 하나님의 성전을 돌본 유다의 좋은 목자였다. 그러나 유다를 패배와 경제 난국으로 몰아간 왕들은 우상숭배를 한 자들이었고 독재적 통치를 하던 사람들이었다. 심판에 의해서 하나님은 자기 백성을 악에서 구원하여 또 다른 왕에게 신정적인 통치를 위임하셨다.

그러나 저자는 또한 하나님의 자비가 얼마나 컸던가를 부각시키고 있다. 비록 유다가 종종 언약 파기의 죄를 범할지라도 야훼께서는 유다에 대해서 신실하셨다. 이러한 야훼의 신실하심 때문에 유다는 이스라엘과 동시에 소멸되지 않았다. 이스라엘의 패망과 유다의 포로 사이에 지속된 136년간은 유다의 의로움 때문이 아니었다. 성경은 우리들에게 하나님께서 그 자신의 목적을 위하여 유다를 아끼셨음을 명백히 가르쳐 주고 있다. 비록 유다 백성들이 중대한 죄에 빠졌지만, 하나님께서는 유다 백성들과 함께 하시겠다고 약속하셨다(사 8:6-10을 보라).

더욱이, 목자의 중요한 직분을 수행한 그 다윗과 같은 왕에 초점을 둔 희망이 남아 있었다. 다윗과 같은 왕은 그의 선조인 다윗과 비교되었을 뿐 만 아니라, 마치 다윗과 솔로몬이 왕국시대를 도입한 것과 같이 각 세대는 그를 평화와 번영의 시대를 열 수 있는 능력을 가진 존재로 생각하였다. 희망은 오직 하나님의 은혜 때문에 가능하였고 그 하나님의 은혜로 하나님께서는 조상의 죄악들을 기꺼이 용서하시고자 하셨고, 그 자손과의 언약을 갱신하고자 하셨다. 다윗 계통의 왕들에 대한 하나님의 은혜와 용서는 지상의 어떤 다윗 왕조의 왕들보다도 야웨께서 희망의 대상이 되심을 보여주고 있다. 그에게는 용서와 은혜가 있다.

역대기서의 저자는 다른 관심들을 갖고 있다. 열왕기서에 묘사된 흔한 특색 없는 왕들에 비하면 역대기서 기자의 다윗 계통의 왕들의 묘사는 생동감이 있다. 열왕기서는 여전히 포로사건으로 인한 파괴들에 너무 근접하게 영향을 받고 있으며, 이스라엘의 멸망을 묘사함으로써 유다의 멸망을 본질적으로 설명하고 있다. 이스라엘 멸망 이후의 유다의 존속기간들은(왕하 18-25) 히스기야에 대한 앗시리아의 위협(18-19장), 히스기야의 병, 바벨론에서 온 사절단(20장; 사 26-39장 참조)에 초점을 맞추고 있다. 므낫세의 오랜 통치는 요시야 시대의 율법과 언약의 갱신에 대한 보다 긴 성찰에 비하면 간단히 취급되고 있다(왕하 21). 그 마지막 장들은 바벨론의 침략과 포로사건 전과 그리고 그 진행 동안의 유다의 마지막 날들을 전개하고 있다(24-25). 다윗 계통 왕과 토라(율법)의 관계는 역대기서의 편집자에게는 중요한 것이었다. 선한 왕들이란 토라의 대중적 교육을 장려하고 성전의 안녕에 관심을 보이는 왕들이었다.

이렇게 다양해진 관심사들은 분열 이후 초대 유다 왕이었던 르호보암에 대한 정경적 평가들을 비교해봄으로써 가장 명료해질 수 있다. 열왕기서의 설화는 대체적으로 짧다(왕상 14:21-31). 르호보암의 행적들로서는 그 즉위시의 연령, 통치기간, 모친의 이름, 유다의 열왕들의 역대지략에 기록된 "그의 재위 기간에 일어난 기타 사건"에 대한 언급과 다윗 성읍에 그가 장사되기까지의 내용이 기록되어 있다(21, 29-31절). 이러한 자료와는 별도로, 저자는 유다 백성들 사이에 점증하고 있는 우상 숭배에 대한 책임을 추궁하고 있다(22-24절). 그는 인과관계를 끌어들이지 않고 예루살렘 성전에서 보물들을 탈취해 간 시삭Pharaoh Shishak의 침입을 언급하고 있다(25-26).

그는 르호보암이 "주께서 그의 이름을 두시려고 택하신 성"(21절)인 예루살렘에서 통치하였음을 밝히고 있다. 유다의 지위가 약화되었다는 것은 솔로몬의 금방패들을 시삭에게 빼앗기고 구리로 만든 방패로 대신하였다는 데서 예증되고 있다(26-28절; 10:17 참조).

그러나 역대기서 저자의 르호보암에 대한 관심은 퍽 다르다. 그 기사도 훨씬 많을 뿐만 아니라 그 취급 방법도 그가 어떻게 유다의 다른 열왕을 평가하였는가를 대표적으로 잘 보여준다. 첫째, 르호보암은 선지자 스마야에 의해 주어진 하나님의 말씀을 적극적으로 수용한다(대하 11:2-4). 둘째, 르호보암은 유다의 방어용 성읍들을 요새화함으로써 예루살렘의 안전을 보장하고 있다(5-12절). 셋째, 르호보암은 예루살렘 성전에 대해 관심을 보이고 있다. 그는 그의 다윗과 솔로몬과의 연속성을 표명하면서, 레위인들과 북쪽 지파에서 온 경건한 남은 자들을 환영함으로써 야웨 예배를 장려하고 있다(13-17절). 넷째, 유다에 그의 지도자들을 세움으로써 다윗 왕조의 지위를 높이고 있다(18-23절). 다섯째, 역대기서는 유다의 배교와 군사적 패배를 인과 관계로 연결시키고 있다(12:1-5). 여섯째, 역대기서 기자는 야웨의 율법과 선지자들에 대한 반응의 중요성을 가르쳐 주고 있다. 그는 백성과 왕이 반역으로부터 회개하였을 때, 그들이 완전히는 파괴되지 않았다는 것을 설명해주고 있다(6-7, 12절). "여화와께서 그들이 스스로 겸비함을 보신지라 여화와의 말씀이 스마야에게 임하여 이르시되 그들이 스스로 겸비하였으니 내가 멸하지 아니하고 저희를 조금 구원하여 나의 노를 시삭의 손을 통하여 예루살렘에 쏟지 아니하리라"(7절) 라는 스마야의 예언을 통해 야웨께서 설명하신 것처럼 하나님의 긍휼은 명백히 드러났다.

이상적인 왕 다윗

비록 열왕기서와 역대기서가 다른 강조점을 지니고 있기는 하나 이 책들의 정경적, 구속사적 주제들은 고도로 상호 보완적이며 다음의 네 가지 요소를 포함하고 있다. (1) 다윗적 이상의 중요성 (2) 신정정치의 이상에 대한 왕의 반응 (3) 성전에 대한 왕의 지원 (4) 12지파들의 통일성

다윗적인 이상

다윗적 이상은 유다의 왕들이 다윗의 가계에 속하기 때문에 유다 왕국에서는 특별한 중요성을 지니는 것이 틀림없다. 그는 유다 왕들에게 단순히 모범인 것만이 아니고 그들의 조상이었다. 다윗의 왕으로서의 품위는 그 왕들이 도달해야 할 목표였으며, 그는 그들의 평가되는 기준이었다. 다윗적인 왕의 마음은 야웨께 충성심이 있어야 했다. "아사가 그의 조상 다윗 같이 여호와 보시기에 정직하게 행하여"(왕상 15:11). 다윗적 이상은 언약에 대한 충성심과 하나님의 백성에게까지 확대된 유익들에 관한 것이었다. 그러한 목적을 얼마나 달성하였느냐 못하였느냐에 의해 한 왕이 선한가 혹은 악한가가 판정되었다.

왕은 야웨의 백성들의 목자요 물질적으로나 영적으로 그들의 번영을 위해 애써야만 했다. 남왕국의 열왕들의 대다수가 이 기준에 훨씬 못 미쳤지만, 소수의 왕들은 선한 왕으로 인정받았다. 백성들을 의로운 길로 인도한 남왕국의 선한 왕의 대표적인 본보기는 히스기야와 요시야였다. 이 둘은 다윗에 비유되었는가 하면(왕하 18:3, 22:2) 둘 다 특히 악한 왕들(아하스와 므낫세)의 뒤를 이어 왕이 된 왕들이었다.

왕들은 다윗의 길을 따랐을 때는 선하였다. 즉 그들이 (1) 예루살렘을 지키려 하고 유다를 강화시키려는 열망을 지녔을 때(대하 26:9-15) (2) 하나님의 백성들을 경제적, 법률적 조처들을 통하여 백성들에게 은혜를 끼치기 위하여 다윗 언약을 옹호하였을 때(대하 19:8-10) (3) 예루살렘 성전에 대한

헌신(왕하 18:4, 대하 13:10-12; 24:13; 29:1-31:21)을 통하여 하나님의 율법 안에서 백성들을 양육함으로써 백성들의 복지에 대한 영적 관심을 가졌을 때(대하 19:10; 23:18 참조) (4) 선지자들을 통하여 주신 하나님의 말씀을 수용하였을 때(대하 12:5-8; 20:14-17; 34:23-32; 사 36-39장) 그리고 가능하면 언제라도 12지파를 재통일하려는 열망을 가졌을 때는(대하 30:5) 선한 왕들로 판정되었던 것이다.

신정정치의 이상에 대한 반응

유다의 선한 왕들은 자기의 백성들을 보호하고 그들을 영적 개혁으로 인도하였다. 또한 그들은 야웨께 대한 반응성 여부로 평가되었다. 소위 신정정치의 이상은 야웨 및 신정정치의 사역자들인 제사장, 레위인 그리고 선지자들과 왕의 올바른 관계를 중심으로 발전한다. 왕은 하나님의 통치(신정)라는 이상에 대한 그의 충성심(혹은 반응의 결여), 그 백성의 충성심 그리고 다른 언약적 사역자들의 충성에 의해 평가된다. 신정정치 이상에 대한 관심은 성전과 제사장직, 12지파 전체 그리고 예언 사역에 대한 왕과의 관계에 보다 더 초점을 두고 있다.

성전, 제사장 및 레위인들의 지위

선한 왕들은 성전 제의의 안팎에서 예배를 담당하는 제사장과 레위인들의 발전을 장려했다. 다윗은 법궤를 예루살렘으로 옮겼는가 하면 성전 건축을 계획하고 있었다는 점에서 하나의 모범이 되었다. 모세가 레위인들로 하여금 언약궤뿐만 아니라 기구들과 기명을 운반하는 자들을 지시한 데 반하여(민 4:1-33), 다윗은 제사장들과 레위인들에게 새로운 임무를 부여하여 이를 제도화하였는데 그것은 바로 문지기(대상 9:22-27; 15:23-24)와 특히 헤만, 아삽, 에단 및 그 후손들과 같은 찬송하는 자들과 음악하는 자들(6:31-47; 15:16), 그리고 성소의 기구와 진설병의 준비, 소제 및 향을 맡은 자들(6:49-53; 9:28-32)로서의 임무들이다.

역대기서는 모세/다윗과 포로 이후 상황 사이의 연속성과 비연속성을 유다의 열왕 시대를 통하여 추적하고 있다. 성전과 제사장 그리고 레위인 제도에 대한 배려는 승리, 번영 그리고 평화라는 하나님의 축복의 증거에 의해 보상받고 있었지만 성전에 대한 충성심의 결여는 암살, 질병, 전쟁 및 반역과 연결되었으며 이는 종국에 가서 포로 사건에서 그 정점을 이루었다. 왕, 성전, 제사장직이 조화의 관계를 이루었을 때 하나님께서는 그 백성들에게 축복을 내리셨다.

12지파의 종교적 통일

북쪽 지파들이 분리되어 나감에 따라, 민족 전체가 한 성전에서 예배를 드릴 수 있는 가능성은 없어졌다. 여로보암 1세는 북쪽 지파들이 단과 벧엘을 중심으로 한 그들 고유의 예배제도, 제사장직, 제의적 달력을 가질 것을 착안했다. 심지어 남왕국의 선한 왕들도 동시대의 북왕국의 종교제도를 변형시키는 데는 아무런 영향도 미칠 수가 없었다. 그러나 사마리아의 멸망으로 새 시대의 징조가 나타났다. 북쪽 지파들은 포로로 잡혀가게 되고 얼마의 남은 자들은 앗시리아의 총독 아래의 땅에 남게 되었다.

히스기야는 그가 전 이스라엘을 지배하는 왕으로서의 대권을 주장하는 것으로 이 사태에 반응하였다. 비록 그가 북쪽 지파들의 영토를 정치적으로 재점령하지 못했다 해도, 그의 아들의 이름을 북쪽 지파의 이름을 따서 "므낫세"라고 지음으로써 북왕국 사람들의 마음을 얻고자 하는 대범한 시도를 하였다. 더욱이 그는 브엘세바에서 단에 이르기까지의 모든 백성을 유월절 행사에 초청하였다(대하 30:5). 그 행사의 결과 기쁨이 너무도 컸기 때문에 백성들이 "이스라엘 왕 다윗의 아들 솔로몬의 시대를 기억하게 되었다"(26절). 히스기야의 종교적 열정에 매료된 예배자들은 유다와 이스라엘의 우상숭배 장소들을 분쇄하였다(31:1). 이스라엘 사람들이 "각각 그 본성 기업으로" 되돌아가자(1절), 히스기야는 다윗적인 통치자와 야웨의 율법으로 돌이키는 회복 역사를 성취하였다.

히스기야의 종교개혁은 종교와 민족주의를 묶는 운동이었을 뿐만 아니라 이전에 다윗 왕조가 통치하던 때의 이스라엘 직역을 병합시키기 위한 길을 마련하려는 영토적, 종교적 대기획이었다고 볼 수 있다.[1]

요시야도 히스기야의 뒤를 따랐다. 앗시리아 제국이 분열될 무렵, 그는 영토의 대다수를 되찾고자 했다(대하 34:6-7).[2] 그는 북쪽 지파의 남은 자들을 유월절 행사에 초대함으로써 그들에게 야웨께 충성하고 왕인 자신에게 충성하도록 호소하였다. 사무엘 시대 이후로 그와 같은 유월절이 지켜진 적이 없었다(35:1-19).

유다와 이스라엘의 남은 자들에 대한 하나님의 새롭게 하시고자 하는 회복의 역사는 포로사건 이전부터 시작되었다. 요시아 당대의 선지자였던 예레미야를 보면 이스라엘과 유다의 남은 자들에 대한 미래의 영광, 회복 및 언약 갱신의 강조에 초점을 두었다. 그에게 있어서 다윗 왕의 계속성(렘 33:14-18), 땅(32:1-33:13), 제사장직(33:19-22), 12지파(33:23-26) 및 언약 갱신(31:31-37)은 모든 아브라함의 후손에게 속한 것이었다(33:25-26). 사무엘, 다윗 그리고 솔로몬이 민족적 관심과 이에 이어지는 히스기야와 요시야에 의해 시작된 이 역사야말로 포로 이후에까지 연장될 것이었다.

결론

남왕국의 희망은 다윗 왕조에 있었다. 유다는 그 역사가 우상 숭배와 배교의 사례들로 편만해 있었기 때문에 상당기간 계속된 그 국가적 존속(B.C.

---

1. Hayes and Miller, *IJH*, 444; cf. E. Nicholson, The Centralization of the Cult in Deuteronomy, VT 13 (1963): 380-89.

2. Hayes and Miller, *IJH*, 467; F. M. Cross and D. N. Freedman, Josiah's Revolt Against Assyria, JNES 12 (1953): 56-68.

931-586년)이 단지 유다 자신의 의로움 때문이었다고 할 수 없다. 그 대신 다윗과 맺은 하나님의 언약은 유다로 하여금 야웨의 신실하심을 확실히 느끼게 하였다. 주께서는 은혜롭게도 주께 대한 다윗의 충성심과 그 백성에 대한 다윗 왕의 목자적 관심을 다소간 모방했던 경건한 왕들을 일으키셨다.

유다의 선한 왕들은 예루살렘을 방어하고, 경제적 발전을 장려하고 영적 지도력을 발휘함으로써 백성을 돌보았다. 그들은 성전의 지도자들과 협력적 관계를 가졌으며, 성전, 제사장 및 레위인들의 필요를 공급하였으며, 모세와 다윗 때부터 실행해 내려온 예배 형식을 따랐다. 더욱이, 비록 왕국이 분리되고 북쪽 지파들이 약 200년간의 우상숭배에 의해 더럽혀졌어도 히스기야와 요시야 같은 경건한 왕들은 북쪽의 경건한 자들을 포용하여 예배의 통일성을 기하려는 많은 노력을 경주하였다.

22

예언 운동

 북이스라엘의 열왕들과 같이 유다의 왕들도 하나님의 사자들로부터 직접적인 반대를 받기도 하고 격려를 받기도 하였다. 열왕기서가 선지자들과 북왕국의 왕들과의 관계에 관심을 보이는 반면에 역대기서는 남왕국에서 활동한 하나님의 선지자들에게 집중하고 있다. 하나님의 말씀은 하나님의 의도를 설명하였다. 예컨대 하나님의 사람 스마야는 르호보암에게 이스라엘의 분리가 주께서 하신 일임을 설명하였다(대하 11:2-4). 아사 왕에 대한 오뎃의 아들 아사랴의 경고는 각 세대의 하나님의 백성에 대한 하나님의 도전이었다. 즉 "아사와 및 유다와 베냐민의 무리들아 내 말을 들으라 너희가 여호와와 함께 하면 여호와께서 너희와 함께 하실지라 너희가 만일 그를 찾으면 그가 너희와 만나게 되시려니와 너희가 만일 그를 버리면 그도 너희를 버리시리라"(대하 15:2; 참조. 사 55:6; 약 4:8).

 벤하닷에 의해 엄하게 징수된 공물을 바치기 위해, 아사는 성전의 보물들을 다 소비하게 되었다 '선견자' 하나니(대하 16:7-9)는 아사가 주를 의지하기보다는 바아사에 대항하기 위하여 아람의 벤하닷과 정치적 동맹을 맺는 행위를 힐책하였다. 이와 유사하게 '선견자' 예후와 도다와후의 아들 엘리에셀은 여호사밧과 오므리의 집(아합과 아하시야) 사이에 맺은 동맹에 대해 책망하였다.

여호야다의 아들 스가랴는 요아스의 우상숭배를 반대한 선지자요 제사장이었다. 요아스는 그를 돌로 쳐서 죽였는데(대하 24:21), 그로 인해 그는 나중에 그의 심복들에게 암살당했다(25절). 아마샤 왕은 그가 에돔 사람들을 대적하여 북이스라엘과 동맹하였을 때, '하나님의 사람'으로부터 한 전갈을 받았다. 이 선지자는 그에게 북이스라엘로부터의 군사적 도움 없이 하나님의 능력 안에서 행하라고 강권했다(25:7-9). 주께서는 그와 함께 계셨으나 급기야 그는 에돔의 우상을 세웠다(14절). 그는 그를 꾸짖는 선지자에게 주께로부터 오는 말씀을 자신에게 말하지 말라고 명령하였다(16절). 그러나 그 선지자는 그에게 임할 하나님의 심판을 선포하였다. 북이스라엘 왕 요아스는 유다를 공격하였다. 예루살렘이 포위되었고, 성전과 왕궁의 보물들을 포함하여 광범한 전리품이 탈취되었다(20-24절).

선지자들은 왕들을 강권하고, 왕들에게 약속하고, 경고하기도 했으며, 왕들에게 임할 하나님의 심판을 선포하기도 하였다. 웃시야 왕이 선지자요 제사장인 아사랴에게 대항하다가 나병에 걸렸을 즈음, 예언 운동에 있어 하나의 새로운 발전이 일어나게 되었는데 바로 이것이 고전적 예언 운동이다. 고전적 선지자들은 하나님의 말씀을 왕, 지도자들 혹은 백성들에게 전하였다. 그들은 그들을 고소*rib* 양식으로 기소하였고, 백성을 정죄하였으며, 다가오는 '주의 날'의 심판을 선포하였고 경건한 남은 자들이 향유할 새로운 시대를 예언하였다. 새 시대를 예언함에 있어 그들은 주께서 계속 그의 백성들과 함께 하실 것이지만, 그 연속성은 몇 가지 불연속적 요소들에 의해 제한될 것이라고 예언하였다.

북왕국에서 그러했던 것처럼, 남왕국에서의 예언 운동은 왕에 대한 자문관으로서의 선지자의 기능에서 그 일반 백성들에 대한 하나님의 대변자로서의 역할로 발전하였다. 선지자들은 왕들이 과거에 이미 추진하였거나, 현재 또는 미래에 행할 일들에 관하여 왕을 강권하기도 하고 왕에게 경고하기도 하였다. 역대기서의 예언 운동은 점차 증가하는 왕들의 완고함에 직면한다. 갈수록 왕들은 자신의 권리를 주장할 뿐 아니라 예언 운동을 일축하였다.

점차 예언 운동은 그 방향을 바꾸게 되었다. 주전 8세기경 선지자의 기능은 설교자의 기능으로 확대되었으며, 그 설교자의 영감 있는 메시지는 선지자적 설교라는 독특한 형식을 갖추게 되었다.[1] 선지자는 유다를 기소하고 그 죄책을 선포하며 다가오는 주의 심판을 미리 경고하라고 주께 위임받은 언약 집행의 기소자covenant prosecutor였다. 선지자는 또한 새 시대에 관하여 말씀을 전하는 환상의 사람이었다. 또 다른 한 시대에 관한 이러한 메시지는 위로와 희망의 특징을 가졌고 자비와 용서를 베푸시는 주께 대해 개인적인 사랑의 반응을 보일 것에 대한 요구였다.

주전 8세기 말부터 시작해서, 선지자들은 심판들과 다가올 회복의 결과에 대한 증거로써 그들의 메시지를 기록하였다. 모세와 여호수아 때에도 심지어 후세대에 대한 문자로 기록된 증언을 남겼던 것처럼(신 31:24-29; 수 24:25-27), 유다의 선지자들의 사역은 그들이 전한 말씀을 수집하고 보존함으로써 영구적으로 보존되었다. 예언 운동이 대중적 선포와 문학적 기록물로까지 확장되었다는 것은 유다 왕국에 있어 한 새로운 발전을 의미하고 있다.[2]

주전 8세기의 선지자들

이사야

'구원은 주의 것이다'는 이름의 뜻을 가진 이사야는 대략 주전 740년경 웃시야 대왕이 죽던 해에 그의 사역을 시작하였다(사 6:1). 이사야가 예언하던 당시에 재위하던 세 왕들 중에서(요담, 아하스 그리고 히스기야), 아하스만이 악한 왕으로 간주된다. 이 사실은 중요한 의미를 갖는다. 왜냐하면 이사

---

1. C. Westermann, *Basic Forms of Prophetic Speech*, trans. H. C. White (Philadelphia: Westminster, 1967)를 보라.
2. 구약의 선지자 운동과 해석에 대하여 더 많은 연구를 하려면, W. VanGemeren, *Interpreting the Prophetic Word* (Grand Rapids: Zondervan, forthcoming)을 보라.

야가 왕이 선함에도 불구하고 백성들 가운데 있는 큰 죄악들을 지적하였기 때문이다. 이사야가 공격하였던 많은 부분은 유다에 편만해 있었던(3:13-26; 5:8-23; 9:8-21; 22:1-13; 28:1-4; 29:1-6) 억압, 부도덕 및 불의였다. 본질적으로 유다와 예루살렘은 언약을 깨뜨렸다. 그래서 야웨의 의로운 진노가 그들을 겨냥하게 되었다(3:1-12; 5:1-7). 땅을 번성케 하시리라는 축복 자체도 취소될 것이었으며, 이스라엘과 유다는 앗시리아와 바벨론에 의해 그 땅에서 추방될 것이었다. 이사야가 전한 말씀들은 유다를 억압하고, 괴롭히며, 미혹케 한 열국들에게도 말하고 있다(13-23장을 보라). 그러나 이러한 심판의 상황 중에서도 야웨께서는 종국적으로 그 땅으로 회복될 남은 자들을 보존하실 것을 약속하셨다(27장).

이사야는 다윗 왕조의 미래에 대한 희망을 계시하였다. 그는 위대한 임마누엘 예언(사 7:10-17) 안에서 하나님의 임재와 공의와 평화로 특징지어지는 메시아 시대를 예언하였다(9:1-7; 11:1-11). 이사야는 포로 이후에 새롭게 될 하나님의 은총을 기대하고 있다. 그는 백성들에게 하나님의 왕국이 능력으로 임할 것과, 그들의 죄는 사함받고, 남은 자들이 그 땅으로 돌아올 것을 확신시킴으로써 위로를 베풀고 있다(40:1). 몇 구절들은 오직 진실하신 하나님이신 야웨의 위엄에 초점을 맞추고 있다(40:12-26, 41:1-7; 44:6-8; 45:18-19). 이러한 하나님의 진실이 그 땅으로 돌아오게 된 남은 자들의 두려움을 가라앉힐 의도에서 제시되고 있다(41:8-10; 43:1-7). 40-55장 가운데 있는 소위 종의 노래는 그의 백성의 죄를 짊어질 한 특별한 종에 대한 야웨의 주권적인 계획과(49:3) 그의 출현을 예언하고 있다(53:13-53:12). 회복될 시대에 대한 그의 예언들에서, 이사야는 경건치 못한 자들에게 금지되고 하나님의 백성들은 참여하게 될 웅대한 천지개벽으로 구속사를 전망하고 있다. 회복의 점진적 진행은 수 세기에 걸쳐 심지어 수천 년에 걸쳐 일어나고 있으나, 역사 안에서 향유되었던 모든 하나님의 축복들은 유대인과 이방인으로 구성되는 그의 성도들의 영원한 영광과 승리의 축복을 미리 보여주고 있다.[3] 이사야는 새 하늘과 새 땅에서 완성될 야웨의 왕국의 최종적 영광을 바라보며 그의 예언들을 끝맺고 있다.

미가

이사야보다 조금 이른 시대에 활동했던 미가는(미 1:1를 보라) 통치자들, 선지자들 그리고 제사장들 등 죄악된 지도자들에게 특히 초점을 두면서(2:6-11; 3장) 이사야와 유사한 심판의 메시지를 전하였다(2-16절). 미래의 재앙에 대한 대부분의 책임은 죄악된 지도자들에게 있다. "이러므로 너희(지도자들)로 말미암아 시온은 갈아엎은 밭이 되고 예루살렘은 무더기가 되고 성전의 산은 수풀의 높은 곳이 되리라"(3:12).

이사야의 메시지에서와 마찬가지로 앗시리아는(5:5-6) 물론 모든 이스라엘의 적국들에도 심판이 또한 임하게 될 것이다. 미가의 역할은 시온에서 이루어질 야웨의 통치와 유다가 열국들에게 주의 뜻을 가르치는 데 동참하는 아름다운 환상을 제시하는 것이다. 그는 다윗 왕국의 부활과 야웨의 영광스러운 통치에 대해서도 예언하고 있다(4:1-3; 5:2-5). 그의 장엄한 기도 속에서(7:14-20) 미가는 야웨께 아브라함 및 야곱과 맺은 그의 언약을 지킬 것과 백성들의 죄를 용서해 주실 것과 그의 축복을 새롭게 하심으로써 그들을 그 땅으로 회복시키실 것을 간구하고 있다.

주전 7세기 및 주전 6세기의 선지자들

1세기 후에 유다는 멸망 직전에 있었다. 유다는 그 역사 가운데 가장 흑암이 짙은 시대를 막 통과하였는데, 이 시대는 유다의 왕들 가운데 가장 악

---

3. 점진적인 성취라는 해석학적 관점에서 이사야를 다룬 더 많은 내용을 보려면, 나의 이사야 주석, in *Evangelical Commentary of the Bible*, ed. Walter Elwell, (Grand Rapids: Baker, 1988)을 보라.

한 왕중의 한 사람인 므낫세에 의해 통치된 55년간이었다. 하나님의 심판은 불가피하였다. 비록 요시야의 종교개혁이 주께 선히 받아들여졌다 할지라도 주께서는 유다를 멸망시키기로 이미 작정하셨던 터였다. 요시야의 개혁과 유다 멸망 사이의 그 시대는 창조적인 기간으로 볼 수 있는데 이 기간 동안 예루살렘에 있는 중요한 선지자들(예레미야)과 포로로 잡혀간 선지자들(에스겔)은 신실한 자들에게 야웨를 찾도록 촉구했는데 이것은 임박한 예루살렘의 멸망, 성전 소화 그리고 포로 추방에 대한 유일하고도 마땅한 반응이었다. 비록 당시의 사람들은 예루살렘이 멸망하리라는 사실을 받아들이지 않으려 했지만 예레미야와 에스겔은 하나님의 말씀을 전하였다. 두 사람 모두 다가오는 심판과 그 후에 따른 회복을 예언하였다. 예레미야와 에스겔은 신실한 남은 자들에게 언약의 갱신과 하나님의 영을 쏟아 부어 주실 것과 하나님의 백성들의 약속의 땅으로의 회복을 희망하면서 인내하도록 강권하는 하나님의 선지자들이었다.

예레미야

선지자 예레미야는 약 40년간 예언 운동을 계속하였다. 그는 요시야왕 제 13년(B.C. 627년)에 소명을 받아 예루살렘의 멸망을 목격하였다(B.C. 586년).[4] 그 직후 그는 그의 동포들에 의해 이집트로 피신하지 않으면 안 되었다. 그는 여호아하스, 여호야김, 여호야긴, 시드기야 같은 졸렬한 왕들의 통치뿐만 아니라 요시야의 통치와 그의 위대한 개혁들도 목격하였다. 그의 사역은 예루살렘과 유다를 초월하여 열방들에 걸친 사역이었기에, 그는 열방들의 선지자로 알려졌다(렘 1:5, 9-10). 예레미야의 사역은 유다와 예루살렘 그리고 파괴의 도구인 바벨론을 포함한 지상의 모든 왕국들에 대한 심판에 대한 설명들을 포함하고 있다(42-51장). 동시에 예레미야는 회복에 대한 하나님의

---

4. 예레미야와 그의 시대에 관한 개요에 대하여는, Willem A. VanGemeren, Jeremiah, *Bible History*, June 1987을 보라.

특별한 약속과 이방인들도 언약적 교제 가운데 포함될 것을 선포하였다. 그의 선포는 파괴와 회복에 관한 말씀들로 구성되어 있었다(1:9-10을 보라).

예레미야가 전한 내용은 다른 선지자들의 그것과 상이하지 않았다. 그러나 역사적인 맥락에서 보면 그는 다른 선지자들과는 다른 독특한 면이 있었다. 그는 성읍이 훼파되고, 성전과 왕궁이 불타고 백성들이 포로로 끌려가는 그러한 때에 예루살렘에 보내진 하나님의 사신이었다. 그는 그 사건 전후에서 심판이 결코 역사의 우연이 아니고 오직 하나님에 의해 작정된 일임을 증거하였다(렘 1:15). 예레미야는 유다를 향한 하나님의 탄핵과 심판은 당연한 것으로 받아들였다(11:20; 12:1). 백성들은 이미 하나님과의 언약을 파기해 버렸었던 것이다(11장). 그들은 야웨를 버리고 각기 제 길로 가고 만 것이다(2:13). 그래서 언약적 저주가 초래되었다(11:3). 하나님께서는 과거에 베푸셨던 자비를 더 이상 베푸실 수 없게 되었다(15:1)

그럼에도 불구하고, 그 선지자는 위로의 말씀을 전하였다. 새로운 시대에는 다윗으로부터 한 '의로운 가지'가 나올 것이다. 그는 시드기야(이 이름은 "주께서는 의로우시다"는 뜻임)와는 달리 의로우실 것이며, 그가 이스라엘의 모든 지파를 다스리게 될 것이다.

> 여호와의 말씀이니라 보라 때가 이르리니 내가 다윗에게 한 의로운 가지를 일으킬 것이라 그가 왕이 되어 지혜롭게 다스리며 세상에서 정의와 공의를 행할 것이며 그의 날에 유다는 구원을 받겠고 이스라엘은 평안히 살 것이며 그의 이름은 여호와 우리의 공의라 일컬음을 받으리라 (렘 23:5-6; 참고 33:15-16)

위로와 회복의 메시지는 포로 이후의 공동체와 우리 주 예수 그리스도의 시대에 희망의 근거가 되었다. 백성들은 새로운 언약이 성취되기를 계속 고대하였다. 예수께서 배신당하셨을 때 그는 제자들에게 자신이 죽지 않으면 회복의 성취가 이루어질 수 없다고 말씀하셨다. 예수님께서 죽으심으로써, 예레미야가 선포하였던 새 언약이 커다란 의미를 지니게 되었는데, 이는 새 언약 가운데에서 하나님께서 인간을 자신께로 회복시키실 것과 하늘과 땅을 회복시키리라는 계획을 재확증하고 계시기 때문이다(마 11:28; 26:28; 고전 11:25; 고후 3:6; 히 8:8-12). 더욱이, 열방들과 관련된 예레미야의 장엄한 예언들은 항상 이스라엘 백성들과 더불어 하나의 언약 백성으로서 이방인을 포함시키시는 하나님에 대한 희망의 근거가 된 것이다. 예레미야는 메시아 왕국의 정확한 성격과 그 메시아적인 왕에 관해서는 비교적 거의 언급하지 않고 있다. 하지만 그는 땅 위에서의 야웨의 왕권의 회복을 앞서서 내다보면서 참으로 사악한 지도자들의 시대에 증언하였다.

에스겔

에스겔의 예언 활동 역시 그가 살았던 시대적 배경을 살펴봄으로써 더욱 잘 이해할 수 있다. 만일 우리가 오리겐의 주장대로 '제 30년'(겔 1:1)이라는 막연한 언급이 에스겔 시대를 표시한다면, 그는 유다 요시야 왕의 통치기간(B.C. 632-609년)인 주전 622년경에 태어났을 것이다. 그의 청년 시절에 그는 이집트와 앗시리아가 갈그미스에서 느부갓네살에 의해 패배하였을 때, 바벨론의 세력이 커져가는 것을 목격하였다(B.C. 605년). 바벨론 사람들은 예루살렘 남부를 깊숙이 밀고 들어와서 유다 지도자들에 대한 1차 포로 이송을 감행하였는데 여기에는 다니엘도 포함되어 있었다. 느부갓네살은 여호야김 왕이 그의 영향 아래에 있는 제후국의 위치로 계속 통치하도록 왕위에 남겨 두었다.

그러나 3년 후에 여호야김은 그의 상전을 배반하여 이집트에게 도움을 청하는 그의 선조들의 우를 반복하였다. 이러한 정책은 유다에 대한 느부갓네살의 분노를 사게 되었고, 바벨론인들이 도착하였을 즈음, 여호야김은 죽게 되고 그의 아들인 여호야긴이 그를 계승하였다.

성읍이 훼파되고 난 직후 2차 포로 이송이 있었다. 여호야긴과 수 천명의 지도자들이 포로로 잡혀가게 되었다. 이렇게 추방당한 사람들 가운데에는 부시의 아들이요 제사장 중의 한 사람인 에스겔이 있었다. 그때 그는 약

25세 정도였다. 그가 성전에서 실제로 제사장직을 수행하였는지는 알려지지 않고 있으나 그는 확실히 하나님의 임재의 상징인 성전에 애착을 가지고 있었음에 틀림없다. 포로 시에 선지자요 제사장인 에스겔은 그발 강 근처에 있는 델아빕에 정착하게 된 동포들에게 미래의 성전에 관한 하나님의 말씀을 전하였다. 여기서는 수천 명의 포로 추방자들이 그들을 유다로 신속히 귀환시켜 주게 될 국제적 상황 변화를 희망하면서, 근근히 살아가고 있었다. 그들의 희망은 긍정적 사고를 지닌 거짓 선지자들의 패기있는 설교에 의해 점화되었다. 에스겔은 이 선지자들을 황무지에 있는 여우에 비교하였다(13:4). 그들은 하나님의 심판이 예루살렘에 퍼부어지려는 때에도, 평화의 메시지로 그들을 속였다(10). 그러나 에스겔은 말로, 환상으로 그리고 상징적 행동들로 임박한 심판을 명백히 외쳤다.[5]

선지자요 제사장인 에스겔

제사장으로서 에스겔은 미래의 성전에 대해 깊은 관심을 가졌다. 성전은 하나님의 임재와 언약 그리고 통치를 나타내는 거룩한 상징이었다(왕상 8:10-11). 포로 시에 에스겔은 하나님의 영광의 환상을 보았다. 주께서는 에스겔에게 그의 소명과(겔 1:4-2:2) 예루살렘 성전에서 하나님께서 떠나셨음을 확신시켜 주셨다(8:1-4; 10:1-22; 11:22-25). 영광의 하나님께서는 에스겔을 이스라엘의 '파수꾼'으로 지명하셨다(3:16-19). 이스라엘에 대한 그의 증거는 전 민족적 회개라는 명백한 목표를 위한 것이었으며, 이는 죄인들이 죄를 회개함으로써 회복될 수 있도록 하기 위함이었다(3:18-19).

상징주의는 에스겔의 문서에서 특출하게 나타난다. 아마도 그의 제사장적 배경이 상징적인 행위들과 표현들에 의해 하나님의 말씀을 전달하는 데 준비시켰을 것이다. 그는 죄악에 심령이 완악해져 포로에서 해방되어 유다

---

5. 그의 메시지에 대한 요약에 대하여는, W. A. VanGemeren, Ezekiel, *Evangelical Dictionary of the Bible* (Grand Rapids: Baker, forthcoming)을 보라.

로 돌아오기만을 낙관적으로 기다리는 사람들에게 하나님의 말씀을 전달하기 위한 가장 효과적인 수단으로서 이 매체를 선택했을 것이다. 그는 토판 위에서 예루살렘이 포위될 것을 연출하고 있으며(4:1-3), 옆으로 누워서 이스라엘의 불법을(4:4-8), 먹을 것과 마실 것을 조그마한 저울에 달아서 먹고 마심으로써 예루살렘의 포위 상태를 (4:9-17), 그리고 머리카락을 자름으로써 불과 검에 의한 예루살렘의 운명적인 파괴를 행동으로 나타내었다(5:1-4). 그리고 숯으로 태운 나무조각(15장), 음란한 여성(16장) 또한 포도나무(17장)를 통한 세 가지의 비유들은 이스라엘의 배교, 현재의 무가치하게 된 상태 및 심판을 나타내고 있다.

회복

에스겔의 사역은 성공으로 장식되지는 못하였다. 포로들은 그 양 떼들을 희생시키고 자신들을 살찌운(34:2-3) 거짓 선지자들(13장; 34장에서는 '목자들')이 제시하는 맹목적 낙관주의에 더욱 귀 기울이기를 원하였다. 하나님께서는 양떼들을 모으고 먹이고 돌봄으로써 친히 남은 자들의 신실한 목자가 될 것을 약속하셨다(11-15절). 하나님의 약속 가운데에는 약속의 땅으로의 회복과 다윗 왕조의 회복이 포함되어 있다. "나 여호와는 그들의 하나님이 되고 내 종 다윗은 그들 중에 왕이 되리라"(24절). 메시아적 통치 하에서의 주와 이스라엘 간의 새롭게 된 관계는 새 언약인 '평화의 언약'에 의해 확증되었다. 그 언약은 추수(26-27절)와 보호(25-29절)라는 점에서 하나님의 축복을 확증하고 있다.

34장은 회복의 말씀을 이해하는 열쇠이다. 이 장은 다음 장에 대한 해석의 발판을 마련한다. 강조점은 자주 반복되는 절에 의해 더 잘 드러난다. "그들은 내 백성이 되고 나는 그들의 하나님이 되리라"(11:20; 34:30 참고 36:28). 회복이라는 주제의 중요한 측면에는 다음과 같은 것들이 있다. (1) 언약 관계를 갱신하는 신성하고 은혜로운 계시(36:20-36; 37:23, 26; 39:25) (2) 약속의 땅으로 이스라엘이 귀환함(36:1-15, 24; 37:14-23, 26; 39:25) (3)

백성들의 영적 개혁(36:25-27; 37:14; 39:29) (4) 축복의 언약(36:8-12, 29-30, 33-35; 37:26), 이것에는 적들에 대한 승리도 포함됨(35:1-15; 36:36; 37:28; 38:1-39:24) (5) 다윗 왕의 회복, 즉 메시아(37:24, 25) 그리고 (6) 성전의 복구(37:26-27) 등이 그것이다. 간단히 말해서, 주께서는 아브라함과 모세와 및 다윗과 맺은 모든 언약을 새롭게 하시기로 약속하셨다. 이러한 갱신은 더 큰 언약의 성취를 의미하는데 그 이유는 그러한 회복을 관찰해 보면 그것은 모든 적에 대한 승리와 하나님의 백성의 복된 상태를 가져오기 때문이다.

선지자적 증거

소위 대선지자들(이사야, 예레미야 그리고 에스겔)과 아울러 주께서는 그의 말씀을 위탁하여 다른 선지자들을 보내셨는데 이들이 '소선지자들'이다. 대소선지자들 간의 차이는 그들이 전한 메시지의 중요성에 있는 것이 아니라 그들의 책의 크기에 있다. 네 명의 소선지자들은 유다와 열방에 관한 하나님의 말씀을 전하였다. 나훔과 오바댜는 열방들 특히, 앗시리아와 에돔에 대한 하나님의 심판을 예언하였다. 스바냐와 하박국은 유다 왕국에 임할 주님의 날에 대해 예언하였고 이어 모든 열방으로 범위를 확대시키고 있다. 소선지자들이 전한 메시지가 오늘날 우리에게 전해주는 의미는 주님의 날이 확실히 올 것이며 그것도 매우 가까운 장래에 올 것이라는 것이다. 그러나 하나님을 신뢰하는 사람들은 두려워할 필요가 없다. 왜냐하면 그들은 주님의 구속을 얻게 될 것이기 때문이다.

나훔

나훔은 주전 7세기의 선지자로서, 1세기 전의 요나와 같이 니느웨에 대한 하나님의 말씀을 증거하였다. 나훔은 앗시리아의 흥망과 북이스라엘 왕국같은 열방들이 포로가 될 것을 증거하였다. 그는 유다 왕 므낫세의 통치

기간인 더베의 멸망(B.C. 664-663)과 니느웨의 멸망(B.C. 612) 사이의 어느 시점에 살았다. 그의 메시지의 강조점은 주의 날이 앗시리아에 임할 것인데 이는 앗시리아가 지나치게 잔혹하고 억압적으로 통치하는 죄를 범하였기 때문이었다. 그날에는 심판이 앗시리아뿐만 아니라 모든 사악한 자들을 삼키게 될 것이다(1:15).

주의 날은 심판과 회복의 시대이다. 비록 주께서는 그의 거룩한 이름을 위하여 악인을 진멸하시기까지 질투하시고 복수하시는 분일지라도, 그분은 그 자신의 백성들에 대한 사랑하심에 있어서 부드러우시다. 나훔은 주를 신뢰하는 자들에 대한 하나님의 선하심을 입증하고 있다. 궁극적으로 주께서는 자기의 백성들을 돌보실 것이다.

> 여호와는 선하시며 환난 날에 산성이시라 그는 자기에게 피하는 자들을 아시느니라 (1:7)

그러므로 사악한 열방들에 대한 주님의 보응을 선포한다는 것은 그에게 사랑받는 자들에 대한 하나님의 관심과 선하심을 과시하는 것이다. 주의 날이란 경건한 자들에게는 평화의 날이요 사악한 자들에겐 괴로움의 날이다 (15절).

스바냐

스바냐는 주전 630년경, 즉 므낫세의 악한 통치 이후 그리고 유다에 대한 요시야 왕권의 통치가 시작될 무렵에 예언하였다. 그는 주의 날이 인간, 동물, 새 그리고 물고기 같은 모든 육체에게 임하게 되리라는 것을 선포하였다. 이러한 심판은 유다 족속과 열방을 포함한 모든 피조물 위에 임하게 된다(1-2장). 스바냐는 가공할 주의 분노의 날을 묘사할 때 점점 더 시적 음조로 묘사하고 있다.

> 그날은 분노의 날이요 환난과 고통의 날이요 황폐와 패망의 날이요 캄캄하

고 어두운 날이요 구름과 흑암의 날이요 (1:15; 2:2 참조)

심지어 비록 심판이 모든 육체에 도래할지라도 그 선지자는 경건한 자들에 대한 위로의 말씀도 전하고 있다. 구속은 유대인과 이방인 모두에게로 확대될 것이다. 이방인들이 주님을 경배하러 올 것이고, 그들의 경배도 주께 열납되어질 것이다(2:11; 3:9). 그는 주께서 위대한 왕으로서 그들 중에 함께 계시리라는 소식을 전함으로써 하나님의 백성들을 격려하고 있다(3:15, 17). 하나님의 백성은 어떤 재난이 그들에게 떨어져도 두려워할 필요가 없다. 하나님의 백성은 주 안에서 즐거워하도록 권고받았다. 주께서는 그들의 운명을 역전시키셔서 회복의 충만함을 경험하도록 하실 것이다(18-20절). 스바냐는 포로 이후 시작되었고 우리 주님의 사역에서 두드러졌던 위대한 회복의 시대를 예언하였다. 이러한 회복은 복음의 선포를 통하여 우리 자신의 시대에까지 확대되고 있으며 예수 그리스도의 재림을 통하여 성취되고 완성될 것이다.[6]

하박국

하박국 선지자는 갈그미스 전투(B.C. 605년) 직후에 사역을 시작하였다. 유다 백성들은 앗시리아의 멸망과 바빌로니아 제국의 부상을 목격하였다. 비록 하박국은 자신의 동족이 얼마나 사악한지 잘 알고 있었지만, 그는 주께서 사악한 자기 백성을 심판하기 위하여 좀 더 사악한 나라를 쓰실 것이라는 사실에 유감을 품고 있었다(1:5-17). 그는 주님 앞에 그의 염려를 내어놓으며 그분의 응답을 기다리고 있다(2:1). 주께서는 그에게 예루살렘의 멸망이 종말의 시작이라는 것을 확신시켰다. 주께서는 하박국에게 예루살렘의 멸망에서 시작하여 인류에 대한 대 심판에 이르는 종말에 대한 환상을 기록하라고 명하셨다(3절). 그러한 환상은 하나님께서 모든 악을 심판하실

---

6. 간략한 주석에 대하여는, W. A. VanGemeren, Zephaniah, *Evangelical Commentary on the Bible* (Grand Rapids: Baker, 1988).

것임을 경건한 자들에게 확증해 주고 있다(5-20절). 비록 열방들이 지상에서 대규모의 파멸을 초래한다 할지라도 주께서는 하늘의 성전에 계시며, 그분의 심판은 그들의 커가는 분노를 잠잠케 하실 것이다(20절).

하박국은 앞으로 다가올 위대한 시대에 대해서도 말하고 있는데 그때는

이는 물이 바다를 덮음 같이 여호와의 영광을 인정하는 것이 세상에 가득함이니라 (2:14)

현재의 죄악과 미래의 영광 사이의 긴장 속에서, 주께서는 남은 자들에게 끝까지 신실할 것을 권고하고 계신다.

보라 그의 마음은 교만하며 그 속에서 정직하지 못하나 의인은 그의 믿음으로 말미암아 살리라 (2:4)

주께서는 자신을 신뢰하는 자를 찾으신다. 그들에게 그는 그의 의로우심을 펼치신다.

마지막으로 이 선지자는 주가 그 자신이 애굽에서 이끌어 낸 그 나라를 인도하고 통치하실 수 있는 능력을 보여주신 승리의 왕이라는 믿음으로 그 마음을 진정시키고 있다(3장). 하나님께서는 열방이 두려워하는 위대하신 하나님이시므로 이 선지자는 그의 기도에서 주께서는 그를 믿는 자의 힘이 되시며 따라서 하나님의 백성은 두려워할 필요가 없다는 확신을 표명하고 있다(3:18-19).

오바댜

오바댜와 함께 우리는 특정 국가에 대한 심판이라는 주제로 되돌아가게 된다. 그는 에돔 전 역사에 걸쳐서, 특히 주전 586년 예루살렘이 멸망할 때, 에돔의 이스라엘과 유다를 대했던 자세에 대하여 책망하고 있다. 그는 에돔

인들이 유다와 예루살렘의 백성들을 학대하는 바벨론인을 얼마나 열렬히 도왔던가를 기술하고 있다. 에돔 역시 주께서 그의 분노 가운데 임하실 때, 주의 날을 맞게 될 것이다. 이 선지자는 그 심판의 말씀을 모든 열방에까지 확대시키고 있다.

> 여호와께서 만국을 벌할 날이 가까웠나니 네가 행한 대로 너도 받을 것인즉 네가 행한 것이 네 머리로 돌아갈 것이라 (15절)

그도 역시 경건한 자들에게 주를 신뢰하도록 권고하고 있는데 이는 주 안에 구원이 있기 때문이다(17절). 하나님의 목표는 자신의 왕국을 세우는 것이다. 대적들에 대한 심판과 자기 백성들에 대한 회복을 통해서 이러한 목적이 성취될 것이다(21절).

다니엘

다니엘의 사역은 독특하다. 느부갓네살은 주전 605년에 그를 바벨론에 포로로 이송시켰다. 여기서 그는 통치술을 연마하기 위하여 자신을 준비시키는 교육을 이수하였다. 다니엘의 천부적인 재능과 독특하고 거룩한 품성은 즉시 자신을 주, 곧 하늘의 하나님의 대변인으로서 인정받게 하였다. 꿈들과(2, 4장), 벽에 쓰여진 손가락 글씨와(5장), 네 짐승의 환상(7장), 수양과 수염소(8장), 70주(9장) 그리고 땅에서의 고통과 하나님의 궁극적 승리(11:2-12:13)에 대한 해석 등을 통하여, 주께서는 바벨론과 열방에 대한 그의 절대주권을 주장하시는 한편, 자신의 백성들을 소망의 메시지로 위로하고 있다. 소망은 하늘의 하나님께 있으며 그분은 열방에 대한 그의 통치권을 확립할 것이며 그의 통치권을 성도들과 함께 나눠 가지실 것이다.[7]

---

7. Willem A. VanGemeren, Daniel, in *Illustrated Guide to the Bible*, ed.

7부 결론

'분열 왕국'의 시대는 죄와 심판, 불순종과 저주, 언약에 대한 불충성과 약속의 땅으로부터의 추방 사이의 상호 관계를 펼쳐 보여준다. 선지자들에 의해 되울려진 모세 언약에 기초한 경고들, 심판들 그리고 저주들은 이스라엘과 유다의 파멸 속에서 성취되었다.

그러나 그 그림은 좀 더 복합적이다. 두 왕국의 역사적 전개 속에서 상호 관련된 발전들의 복잡한 거미줄은 구속사의 밀물과 썰물을 드러내고 있다. 구속사적 관점에서 보면 선지자직의 발전은 사회적, 정치적, 문화적 및 종교적 사건들의 복합성을 이해하는 데 극히 중요하다. 남북왕국 모두에서 주께서는 그의 종들인 선지자들을 일으키셨다.

그들의 사역을 통하여, 주께서는 이스라엘과 유다의 포로 추방 사건이 주의 날에 열방과 세계의 제왕국들에게 미칠 무서운 결과들의 축소된 모형임을 나타내 보이셨다. 처음에는 유다와 이스라엘의 왕들에게 예언하고 조언하고 그들을 권고했던 선지자들은 그 후에는 백성들에게 향하였고 백성에 대한 증거로써 그들의 말씀을 문자로 기록하였다. 백성과 지도자들에 대한 선지자의 증거는 소송 양식 혹은 법률적 고소의 형식을 띠었는데, 그 형식을 통하여 선지자들도 언약 집행의 기소자로서 그들의 신실하지 못함과 그 결과인 언약의 파기에 대하여 탄핵하였다. 포로 사건은 비록 거칠고 잔인한 형벌이었으나 정당한 것이었다. 백성들은 이스라엘의 거룩하고 영광스러운 하나님의 존전에서 배교적인 행동을 하였었던 것이다.

그들의 사역을 통하여 주께서는 또한 모세 언약을 변형하실 것을 보여주셨는데, 곧 모든 지파의 대표('남은 자들')들로 구성된 정결하게 된 한 백성들을 위하여 은혜 가운데 새롭게 하실 것이며, 그들에게는 언약을 지키도록 하시기 위해서 새로운 마음과 하나님의 영이 주어질 것이다. 성전, 제사장직 및 왕 제도와 같은 모든 제도들은 변혁을 겪게 될 것이다. 선지자들이 예언하였던 새 시대는 언약, 하나님의 임재, 신정통치, 다윗 왕조, 성전과 제사장직, 그리고 하나님의 약속들 및 축복들의 중요성과 그것의 연속성을 계시하였다. 차이는 주께서 구속사의 전개 과정에 좀 더 깊숙이 개입하시겠다고 약속하셨다는 점이다. 북쪽 지파의 분리는 더 이상 계속되지 않을 것이며, 모든 지파들의 하나님께서 지명하신 목자인 다윗 같은 왕에 의해 다시 인도함을 받게 될 것이었다.

회복이 이루어질 새 시대는 주, 메시아적 왕, 성전, 제사장직 그리고 백성 간의 관계성의 강화로 이루어질 것이다. 언약, 왕국 및 신정통치의 회복은 메시아 시대의 은혜에 참가하게 될 열방들에게 커다란 영향력을 미치게 될 것이다. 선지자들은 유대인과 이방인들이 공유하게 될 신앙 곧, 평화와 주께 대한 신앙으로 특징지어질 새로운 시대를 고대하게 될 것이다. 하나님의 능력으로 유다의 선한 왕들이 이룬 업적들은 메시아 시대에 엄청나게 확대될 것이다. 이 모든 희망의 선포 속에서 주께서는 그의 백성에 대해 부성적인 돌봄을 보여주실 것이며, 그들은 아무 공로도 없이 하나님의 선하신 약속들, 언약들의 갱신, 약속된 땅에로의 회복 및 개인적 영적 갱신을 체험하게 될 것이다.

이 약속은 너희와 너희 자녀와 모든 먼 데 사람 곧 주 우리 하나님이 얼마든지 부르시는 자들에게 하신 것이라 하고 (행 2:39)
또한 사무엘 때부터 이어 말한 모든 선지자도 이 때를 가리켜 말하였느니라 너희는 선지자들의 자손이요 또 하나님이 너희 조상과 더불어 세우신 언약의 자손이라 아브라함에게 이르시기를 땅 위의 모든 족속이 너의 씨로 말미암아 복을 받으리라 하셨으니 하나님이 그 종을 세워 복 주시려고 너희에게 먼저 보내사 너희로 하여금 돌이켜 각각 그 악함을 버리게 하셨느니라 (행 3:24-26)

The Progress of Redemption

8부
회복된 나라

Part 8

서론

이 시기는 구속사 중에서 가장 인상적인 기간들 중의 하나이다. 그러나 몇 가지 이유들 때문에는 이 기간은(B.C. 538년경에서 A.D. 30년까지) 너무 소홀하게 다뤄져 왔다. 문헌자료의 다양성(성경, 외경, 위경, 랍비문서, 사해문서, 요세푸스 등), 역사적 문화적 발전들의 복합성(페르시아, 마케도니아, 셀루키드/톨레미, 하스모니아 및 로마), 그리고 구약의 가장 최후 시대로부터 메시아의 도래로 급히 달려가고자 하는 이면의 욕구와 같은 여러 가지 이유로 인하여 너무나 소홀히 취급되었다. 사실 이러한 요소들은 신구약의 역동적 관계에 영향을 미치고 있다. 왜냐하면, 그러한 요소들은 다음과 같은 의심스러운 전제들을 야기시킬 수 있기 때문이다.

1. 하나님께서는 이스라엘을 포로 되게 추방함으로써 이스라엘과의 관계를 끝내셨다.
2. 이스라엘의 역사는 대실패로 끝나서 그의 아들을 부득이 보내시지 않을 수 없게 하였다.
3. 예수께서 바리새인의 유전들과 유대인들의 태도를 바로 잡으려는 것은 구약 전체에 대한 비판을 의미한다.
4. 예수께서 발 들여 놓으신 세상은 본질적으로 포로 이후 시대의 세상과 유사하다.
5. 신구약 중간기의 하나님의 침묵은 유다 백성에 대한 그의 개입의 부재를

의미한다.

그러나 우리는 구속의 역사가 이 세상을 새롭게 하기 위한 하나님의 전체 계획을 전개하고 있다는 것과 포로 이후의 회복은 이러한 계획의 본질적인 부분이라는 것을 잊어서는 안 된다. 더욱이, 6백 년간이라는 기간의 역동성은 유대교로 결정화되는 하나의 점진적 과정을 드러내고 있다. 유대교란 그리스도 당시의 유대 공동체가 가졌던 생활 방식과 관점을 말한다.

포로들 중에서 단지 소수만이 선지자들의 도전에 대해 반응을 보였다. 이러한 이스라엘과 유다의 소수는 "남은 자들"로 알려졌으며, 그들은 과거에 대해 반성하였고, 그들의 하나님께로 돌아갔으며 성전에서의 예배를 부활시켰다. 다른 사람들은 디아스포라로 남았거나, 아니면 흩어져 있었다. 그들이 유다 혹은 이집트, 바벨론, 또는 로마 어디에 살았건 간에 경건한 유대인들은 하나님의 율법과 안식일에 대한 헌신 가운데 하나로 연합되었다.

포로 시기 동안에 유대교의 초기 발흥이 있었다. 유대교는 유대인들이 가나안으로 되돌아가서 주께 예배드리는 자유를 갖게 되고 그들이 하나님과 율법에 대한 그들의 견해를 유일신 신앙과 거룩한 계시에 대하여 적대적이었던 문화들과 통합시켰을 때 더욱 발전되었다. 포로들의 정화로부터 해외 교포 디아스포라 유대교는 하나의 살아있는 유기적 공동체로 발전하였다. 그것은 고대 근동의 정치와 문화의 변동에 끊임없이 대응하였다. 하나의 유기체적인 운동으로써 유대교는 여러 형태를 띠면서 발전하였다. 신구약 중간기에는 다양한 전통들이 집단들, 분파, 체제 및 신학들로 진화되었다. 따라서 예수님의 사역은 포로기 시대의 배경으로부터 하여 수 세기 동안 발전해 왔던 다면성을 띤 유대교를 배경으로 이루어지게 된다.

이 시대는 그 형성의 중요성에서 출애굽 사건과 비교된다. 출애굽 시대에 하나님께서는 10가지 재앙, 무교절, 애굽으로부터 탈출, 그리고 홍해의 통과와 같은 경험들을 통하여 12지파의 다양한 요소들을 통합하셨다. 그래서 한 나라로 묶으셨을 뿐 아니라 그들의 왕이 되신 것이다. 그런데 그 지파들이 다시 열방에 흩어지게 되었기 때문에, 포로생활은 그들의 모든 생활 영역에 영향을 주게 되었다. 그래서 이제는 마치 더 이상 한 나라로서 존재하지도 않으며, 더 이상 하나님이 없으며, 더 이상 그분의 백성이 아니며, 더 이상 야웨께서 그들의 왕이 아닌 것처럼 보이게 되었다. 그럼 누가 통치하였는가? 누가 그렇게나 여러 번 주를 도발한 배교적인 나라를 돌아보았는가? 출애굽 이야기는 마치 포로 사건에 대한 이야기로써 끝나는 것처럼 보인다. 출애굽 사건으로 확증된 모든 것은 포로 사건으로 훼손된 것처럼 보였다.

그러나 회복의 시대는 절정의 사건인 동시에 일시적인 과정이다. 그것이 결정적 시기인 이유는 그 시기는 12지파에게 하나님의 진노와 심판이 충만하게 임했기 때문이다. 그는 스스로 그의 임재, 은혜 그리고 긍휼을 거두시며 그의 백성들로부터 그 자신을 자유롭게 분리시키고 계신다. 모세와 선지자들이 미리 경고하였던 질병, 기근, 아사, 불, 피 그리고 전쟁과 같은 저주들이 12지파에게 임하였다. 언약 백성들은 어둠과 번뇌와 소외 가운데 버린 바 된 나머지 열방들의 운명에 동참하게 되었다. 그러나 심판과 소외는 바벨론에서 베들레헴으로 안내하는 길을 의미하고 있기 때문에 그 기간은 일시적인 것이다.[1] 한편으로는 아브라함, 이스라엘 그리고 모세에게 확증되었던 언약은 파기되었으며 이스라엘은 나라가 없는 상태로 존재하게 되었다. 반면, 주께서는 그 큰 폐해의 잿더미로부터 새로운 백성을 일으키셨다. 그들은 남은 자들이었으며, 언약의 상속자들이었다. 이 시대에 관하여 나는 포로 사건, 포로 이후의 회복 그리고 신구약 중간기라는 세 가지 단계의 상관관계를 강조하게 될 것이다.

포로 사건

하나님께서는 이스라엘과 유다의 포로 사건 속에서 그의 공의를 나타내

---

1. H. L. Ellison, *From Babylon to Bethlehem* (Atlanta: John Knox, 1979)를 보라.

셨다. 그의 백성들은 그들의 고집, 반역, 배교, 그리고 완악함 때문에 열방 가운데로 멀리 흩어짐을 당하게 되었다.² 경건한 남은 자들이 스스로 하나님의 백성들의 죄와 심판에 대한 책임을 졌다. 그들 역시 하나님의 분노와 버리심을 경험하였으나 그들이 기도하기 위하여 모이게 되었을 때, 그들의 과거를 기억하게 되었을 때에, 예루살렘의 운명에 대해 슬퍼하게 되었을 때, 그리고 시온의 회복을 갈망하게 되었을 때 그들은 그 형벌을 받는 것이 당연하다는 것을 알게 되었다.

포로 사건은 이스라엘이 이것으로 인해 스스로 하나님에 관해 예민하게 깨달을 수 있었다는 점에서 생산적이고 창조적인 시기였다. 포로의 상황 가운데서 과거에 대한 성찰과 해석의 과정들로부터 새로운 헌신이 생겨났다. 주와 그의 율법, 언약적 이상 그리고 안식일에 대한 이 새롭고 투철한 헌신은 유대교를 낳게 되었다.

포로시대 이후의 회복

주전 538년 고레스의 조서에 의하여 그 백성이 약속의 땅으로 회복된 사실은 노아(창조), 아브라함, 모세 그리고 다윗에게 주신 모든 언약을 새롭게 하시는 하나님의 신호였다. 그러한 갱신은 하나님의 구속 계획과 그분의 약속들에 대한 은혜로우며 주권적이며 점진적이며 더욱 위대한 실현인 것이다. 회복의 시대에 있었던 계시된 말씀과 예언 사역(학개, 스가랴 및 말라기의 말씀과 사역)은 화해의 사역, 희망, 기쁜 소식의 선포, 역사 속에서의 하나님의 승리, 그리고 하나님께서 그의 왕국으로 그들의 백성을 이끄시는 방법을 포괄하고 있다.

포로 이후의 시대에는 약속과 성취, 성취와 더 큰 성취, 회복의 기쁨과

---

2. P. R. Ackroyd, *Exile and Restoration* (Philadelphia: Westminster, 1968); Charles F. Whitely, *The Exile Age* (Philadelphia: Westminster, 1958); D. F. Morgan, Captivity, ISBErev., 612-15.

구속을 기다리고 있는 피조물들의 고통 사이에서 긴장이 계속되고 있었다. 스룹바벨, 여호수아, 에스라 그리고 느헤미야의 지도 아래, 선지자들의 약속은 더욱 가까워졌고 만져볼 수 있게 되었다. 그러나 선지자들은 힘이나 능으로 되지 않고 오직 야웨의 신으로만 성취될 앞으로 다가올 더욱 큰 성취를 끝까지 붙잡고 있었다. 선지자들의 저술과 선포 그리고 권면을 통하여 또한 그들의 동시대인들에 대한 격려를 통하여, 신실한 자들은 그러한 도전에 대해 믿음, 희망 그리고 사랑으로써 반응을 보였으며, 새로운 영에 대해 증거하기 시작하였다. 경건한 자들은 자신을 정결케 하였으며, 낙관주의자들은 사라져 없어지게 되었다.

신구약 중간기

구약의 저술이 마쳐질 무렵으로부터 예수 그리스도를 통한 하나님 자신의 계시에 이르기까지의 상황은 복잡하게 진전되고 있다. 정치적, 사회적, 문화적 그리고 종교적 변동에 대한 대응으로써, 유대교는 여러 파벌, 종파, 그리고 신조 체계로 나뉘었다. 주요 분파는 사두개, 바리새, 엣세네파 그리고 열심당이었다. 유대교는 구약의 계시(율법서, 지혜서 그리고 외경)로부터 제반 전통들을 발전시킴으로써 외부세계에 대응하고자 하였으나, 각 분파들은 성경적 계시의 기준에 있어 다른 것과는 동떨어진 한두 가지의 성경적 계시의 충만을 발전시켰다.

이 기간은 예수님의 사역을 위한 무대를 제공하고 있다. 우리 주님께서는 포로 이후의 있었던 하나님의 역사 사이의 연속성을 회복하시기 위하여 그리고 선지자들이 증거하였던 회복을 더욱 완전하게 시작하시기 위해서 오셨다. 그의 가르침은 모세와 선지자들을 통해 주신 하나님의 증거를 도외시하는 것이었기보다는 오히려 하나님께서 주신 구약 계시로 되돌아가고 있다.

23

포로기와
포로 후기 시대의 문헌

주께서는 자기 백성을 포로에서 회복하실 때 뿐만 아니라 포로 기간 중에도 자신이 행하셨던 것의 증거물을 남기셨다. 그의 계시를 통해 하나님은 왜 이스라엘과 유다를 치욕스럽게 했는지 또 왜 그의 은총을 회복시키셨는지를 설명하셨다. 이러한 하나님의 긍정적이기도 하고 부정적이기도 한 행동들 속에서 우리는 야웨가 어떤 분인가에 대한 놀라울 정도로 명백한 표현을 발견한다. 그런데 유감스럽게도 포로 기간과 포로 이후 시대는 가끔 하나님의 구속 계획에서 빗나간 하나의 곁길로 간주된다. 구약의 구속사의 최고 전성기(아브라함, 모세 언약, 정복기, 다윗 시대)와 비교하면 그 시대는 그리스도의 오심까지 내리막길로 흘러가는 듯이 보일 수도 있다.

이 기간 동안의 하나님의 행동들에 대한 명백한 관심의 결여를 무엇으로 설명할까? 아마도 많은 사람들은 그 포로 기간을 단지 메시아의 도래의 전주곡 정도로 생각한다. 포로 이후 회복에서 빛의 번쩍임은 그리스도 안에 있는 하나님의 임재에 비하면 실로 희미하게 보인다. 더욱이 이제까지 포로 이후 시대의 언약 갱신의 사실에 대하여 충분한 주의가 기울여지지 않았다. 포로 기간과 포로 이후 기간의 전개 과정에 대한 정당한 평가 부족의 또 다른 이유는 자료 부족 때문이다. 갓월드Gottwald는 "포로기와 포로 후기의 역사는 초기 이스라엘의 역사적인 자료와 유사-역사 문서자료들의 연속성과

충분함에는 전혀 비교가 되지 않는다"고 언급했다.¹

포로기와 포로 후기의 문학적 자료들은 주로 예루살렘의 멸망, 포로 상황, 포로 이후의 재건을 상세하게 다룬 책들로 구성된다. 이 자료 집성물은 다니엘, 학개, 스가랴, 말라기, 에스더, 에스라, 느헤미야, 역대기, 예레미야애가와 몇몇의 시편(42, 43, 74, 137)과 아마도 요엘서까지 포함한다. 이상의 책들은 정경적인 기능을 가지고 있으나 이 기간의 복잡한 전개 과정을 재구성하는데 좌절감을 안겨주는 역사적인 문제들을 제기한다. 논쟁거리들과 질문들은 많으나 우리는 본 저서의 목적상 여기서는 그 정경적인 중요성에 초점을 맞추고자 한다.

이 기간에 대한 더 깊은 이해를 이끌어 내기 위하여 성경학자들은 고고학적인 유물들, 외경의 저작들을 포함하여, 이집트, 메소포타미아, 팔레스타인에서 발견된 모든 이용 가능한 문학 자료를 갖고 성경 자료들의 연구에 보충하였다.² 이 기간의 복합성과 문학 자료들의 다양성(성경적인 것과 비성경적인 것, 유대적인 것과 비유대적인 것) 때문에 나는 본 주제와 관련된 성경 책들에 대해서만 간단히 주석하는 것으로 논의를 제한한다.

예레미야애가

예레미야애가는 예루살렘 최후의 날들을 성찰하며, 예루살렘성의 함락, 유다의 포로됨의 이유들과 결과들, 버림받은 경험을 담고 있다. 이 책은 각 행 또는 각 연이 히브리어 22개의 알파벳 순서로 시작되는 시 네 편들(1-4장)과 그냥 보통의 시 한편(5장)으로 구성되었다. 처음 두 편의 시와 마지막 두 편의 시는 22절로 구성되었고 가운데 시는 66절(3×22)로 구성되었다.

---

1. Gottwald, *HB*, 411.
2. Ibid., 410-13; Hayes and Miller, *IJH*, 480-503.

22라는 수는 히브리 알파벳의 수를 나타낸다.

예레미야애가의 저작권이 종종 예레미야와 연관되지만(영어성경은 예레미야 뒤에 이 예레미야애가를 배치하고 있다) 저자는 익명의 저자이다.[3] 각 장 안에 분명한 주제상의 진전이 없다는 것은 주제의 반복을 강조하고 있음을 보여준다. 주제들의 반복, 확실한 문학 양식들의 선택(알파벳 순서에 따라 지은 새, 애가, 불평, 참회), 유다의 고난에 대한 시적 묘사들은 이 운문적 저작물이 후세대의 하나님의 백성들을 위한 영구적인 형식의 기도와 참회와 희망이 되도록 만들었다.

역대기, 에스라-느헤미야와 에스더

역대기의 공헌은 과거(율법, 성전, 제사장들)와의 연속성을 자각케 하고 이스라엘의 역사를 회복된 공동체의 새로운 상황에 적응시킨다는 두 가지 면에 있다. 역대기는 회복된 공동체의 현실적인 필요에 초점을 맞추고, 사무엘서와 열왕기서를 포함한 문서 자료들에 대한 선택적이고 해석적인 사용에 의해서 그 책의 목적을 성취하고 있다. 에스라-느헤미야와 함께 역대기는 포로 이후의 사람들의 뿌리를 확정하기 위해 과거의 문학적 자료들을 사용한다. 역대기는 포로 기간 동안에 나라를 잃어버린 백성들의 통일성과 목적에 대한 새로운 자각을 불러일으키는 데 기여한다. 포로 귀환자들은 수적으로 적었지만 거대한 페르시아 제국에 한 작은 속주로 재정착하도록 허락받았다.

역대기서는 포로 이후의 상황을 위해 쓰여졌다 그 책은 에스라-느헤미야와 함께 포로민에서 유대인으로, 포로된 민족에서 하나님의 율법을 지키

---

3. 저자에 대한 논문으로는, R. K. Harrison, *Introduction to the Old Testament* (Grand Rapids: Eerdmans, 1969), 1069-70; OTS, 617-18.

는 민족으로 개인주의에서 율법, 성전, 예루살렘이라는 공동의 관심사로 변혁되는 배경을 형성하고 있다. 이 목적을 위하여 에스라와 느헤미야의 인물됨이나 역할들이 중요했다. 그들은 유대교를 만들었다.

역대기와 에스라-느헤미야의 문학 자료들의 연구는 여러 문학 비평적 논쟁거리들에 의해 복잡하게 되었다.[4] 첫째로 역대기, 에스라와 느헤미야의 문학적 발전들은 백여 년에 걸쳐서 일어났을 수도 있다는 것이다.[5] 둘째로 신학적인 동기가 그 연대기적인 난점들을 설명할 수도 있다는 것이다.[6] 차일즈는 에스라-느헤미야의 최종 편집자가 포로로부터의 회복을 순종적이고 거룩한 백성들을 위한 신학적 모델로써 제시한다고 제안하고 있다.[7] 이것은 그 정경적인 순서를 설명한다. (1) 에스라의 율법과 야웨에 대한 언약적인 충성심에 대한 에스라의 관심(스 7-10장) (2) 예루살렘 성벽을 재건하는 과정에서의 느헤미야의 공헌(느 1-6장) (3) 에스라와 느헤미야가 회복된 공동체를 종교적이고 정치적으로 개혁하는데 둘이 어떻게 연합하였는가에 대한 기사(느 8-12장)[8] 가 그 순서이다.

역대기와 에스라, 느헤미야라는 그 복합적인 작품은 포로 이후의 공동체에게 과거와의 연속성을 자각시킨다. 이 저작물은 이스라엘의 정체성 자각을 새롭게 했는데 다윗 왕조의 이상화는 에스라와 느헤미야의 역동적 리더십을 통하여 모세의 율법과 성별주의, 그리고 성전 예배에 몰두하는 한 공동체로 변형된다.[9]

---

4. S. Japhet, The Supposed Common Authorship of Chronicles and Ezra-Nehemiah Investigated Anew, *VT* 18 (1968): 330-71; and D. N. Freedman, The Chronicler's Purpose, *CBQ* 23 (1961): 436-42.

5. F. M. Cross, Jr., A Reconstruction of the Judean Restoration, *JBL* 94 (1975): 4-18.

6. Childs, *IOTS*, 631-37; Edwin M. Yamauchi, The Reverse Order of Ezra/Nehemiah Resonsidered, *Themelios* 5 (1980): 7-13.

7. Childs, *IOTS*, 637.

8. Neh. 8-12; *IOTS*, 635; *OTS*, 655-58.

9. P. R. Ackroyd, God and People in the Chronicler's Presentation of Ezra, in *La*

에스더의 상황은 전혀 다르다. 에스더의 이야기는 우리를 예루살렘으로부터 수사의 궁궐로 데려간다.[10] 에스더서는 다섯 두루마리 책 중의 하나인데 나머지 네 책은 룻기, 아가서, 전도서, 예레미야애가이다. 에스더의 기능 중의 하나는 대량 학살을 시도하는 모종의 음모로부터 자기 백성을 보호하는 하나님의 섭리에 대한 신학적 가르침이다. 유대인들에 대한 하만의 적개심은 모르드개를 겨냥하게 되었고 유대 여자인 에스더(하닷사)에 대한 아하수에로 왕의 사랑 이야기는 이스라엘의 하나님 야웨에 의하여 연출된 하나의 연극 무대를 설정하고 있다. 비록 에스더서에 하나님의 이름이 한 번도 나타나지 않고 모르드개와 에스더가 페르시아 사회에 융화된 듯이 보일지라도 하나님께서는 하만의 죽음을 통해서 자기 백성을 구원하시고 어떤 모범을 세우시기 위하여 이러한 신실한 사람들을 통하여 일하신다. 유대인들에게는 너무나 거대한 세력들 가운데서 비유대인들로 둘러싸여 있는 가운데서 유대인들은 하나님의 돌보심을 받았다. 제비뽑기의 명절인 부림절 축제는 하나님께서 자기 오랜 언약 백성들을 오늘날까지라도 돌보시고 계심을 계속적으로 회상시켜 준다.[11]

---

notion biblique de Dieu, ed. J. Coppens, Bibliotheca Ephemeridum Theologicarum Lovaniensium 41 (Paris, 1976), 145-62. 고트발트는 역대기가 민족적인 전통뿐 아니라 그것이 공동체에서 실행된 강력한 회복을 입증하는 것인데, 그 실행이란 페르시아 통치 아래의 노예 상태에서 협력의 형태로 뿐 아니라 민족 저항운동에서도 나타난 것이다. 그 저항운동은 유대인의 종교문화적 주체성을 매우 확고히 세운 것으로 나타나며, 결국 유대 지역에서 주도권을 완전히 회복하지는 못했던 그들의 동료 유대인들인 사마리아인들을 배척하게 되었다(*HB*, 521-22)고 설명한다.

10. Ran Zadok, On the Historical Background of the Book of Esther, *Biblische Notizen* 24 (1984): 18-23; idem, The Historical Background of Esther, *Beth Mikra* (1984-85): 186-89 (Hebrew).

11. H. Ringgren, Esther und Purim, SEA 20 (1956): 5-24; B. W. Anderson, The Place of the Book of Esther in the Christian Bible, *Journal of Religion* 30 (1950): 32-43; J. L. Crenshaw, Method in Determining Wisdom Influence upon Historical' Literature, *JBL* 88 (1969): 129-42.

선지자들

율법과 성전에 대한 새롭게 된 강조는 하나님의 종들인 선지자들에게 새롭게 성령을 부어 주심에 의해 계승되었다.

학개와 스가랴

이 두 선지자들은 소수의 남은 자들에게 주전 520년 성전을 재건하도록 강권하였다(스 5:1-2). 그들의 강권으로 말미암아 회복된 공동체는 하나님께 대한 헌신을 다시 새롭게 하였다. 그들은 그 시대의 동시대인들에게 그들의 우선권을 재평가해 보라고 요청했다. 만일에 그들이 두 세대 동안(70년) 황폐하게 내버려진 땅을 거주지로 개척하기에 불안해하여 계속 스스로를 합리화 시켰더라면 그들의 삶은 더 복잡하고 보상받지 못했을 것이다. 이에 반하여 하나님의 영광을 추구하려고 힘쓰는 삶은 반드시 풍성하게 축복을 받게 될 것이다.

말라기

말라기는 느헤미야가 일하기 직전에 하나님의 백성들을 섬겼다.[12] 그는 느헤미야가 사회적 문제들, 제사장 제도, 십일조, 안식일, 이방 여인들과의 결혼을 다루었던 느헤미야에 의해 제정된 개혁 조처들을 대비하여 유대인들을 준비시켰다(느 5:1-3; 13:7-27 참조). 말라기서의 논쟁적 문제는 일련의 수사적인 질문들과 대답들로 구성되는데, 그렇게 함으로써 그 선지자는 그의 청중들이 하나님의 심판에 희생되지 않고 적절히 응답하게 하려고 의도

---

12. 시대에 관하여는, W. J. Dumbrell, Malachi and the Ezra-Nehemiah Reforms, *Reformed Theological Review* 35 (1976): 42-52; W. Kaiser, *Malachi* (Grand Rapids: Baker, 1984), 15-17; Andrew E. Hill, Dating the Book of Malachi: A Linguistic Reexamination, in *The Word of the Lord Shall Go Forth* (Winona Lake: Eisenbrauns, 1983), 77-89. 그리고, James A. Fischer, Notes on the Literary Form and Message of Malachi, *CBQ* 34 (1972): 315-20도 보라.

하였다.[13]

요엘

요엘서의 연대는 크게 강조되어 왔는데 그 연대는 요아스(B.C. 835-796년) 시대로부터 포로 이후 시대, 혹은 주전 5세기까지 걸쳐 있었다.[14] 그러나 요엘서의 문학적 공헌은 그의 메시지가 이미 당대의 사회 종교학적 배경에 기초하고 있다는 것 이상으로 중요하다. 왜냐하면 요엘이 자기 메시지의 연대를 밝힌다고 해도 그 신학적인 공헌은 영향을 받지 않고 있기 때문이다. 예언적 말씀의 중요성은 소망에 대한 확증인데, 그 소망은 대파멸, 금식, 회개의 경험과 성령의 새 시대에 대한 약속을 통해서 실현된다. 그 약속된 성령은 축복의 확실성(2:18-26), 언약 관계의 확실성(2:27), 주의 날의 진행 동안의 보호의 확실성(3:1-16), 만유 회복 즉, 새 예루살렘의 확실성(3:17-21)을 증거하는 회복의 영이다.[15] 요엘의 메시지는 차일즈가 언급한 바대로 항상 상관성이 있는 메시지이다. "요엘서의 형식으로부터 요엘이 메시지만을 따로 끌어내는 데는 어떤 기술도 필요하지 않다. 요청되는 모든 것이란 곧 진실한 증거가 이뤄지고 있다는 것이다. '너희는 이 일을 너희 자녀에게 고하고 너희 자녀는 자기 자녀에게 고하고 그 자녀는 후시대에 고할 것이니라'"(1:3 RSV)[16]

---

13. James A. Fischer, Notes on the Literary Form and Message of Malachi, *CBQ* 34 (1972): 315-20; 그리고, W. VanGemeren, Malachi, *Evangelical Commentary on the Bible* (Grand Rapids: Baker, 1988)를 보라.

14. 관점들에 대한 논문에 관하여는, R. K. Harrison, *Introduction of the Old Testament* (Grand Rapids: Eerdmans, 1969), 876-79; Leslie C. Allen, Joel, *NICOT*, 19-25.

15. Willem A. VanGemeren, The Spirit of Restoration, *WTJ*, forthcoming.

16. Childs, *IOTS*, 393.

24

포로 시절에 대한 관점들

포로 시절 동안에 경건한 사람들은 하나님의 심판을 말하면서 동시에 회복의 계획들을 말하는 선지자들의 말씀으로부터 그들의 희망을 끌어내었다. 선지자들은 모세의 율법과 함께 증언하였는데, 이는 하나님의 백성들이 물리적으로 그 땅과 성전으로부터 떨어져 있었을 때에도 하나님께서 지속적으로 그의 백성들에게 말씀하신 것이다. 끝까지 남아 하나님께 충성한 자들과 그들의 조상의 하나님께 돌아온 자들은 이스라엘과 유다의 "남은 자"로서 하나님의 새 백성을 구성하였다. 그 남은 자들은 포로기간을 거치면서 근본적인 변혁을 경험했다. 그들의 성찰들과 거룩한 열망들은 유대교의 기초를 형성했다. 경건한 사람들은 이 기간으로부터 하나님과 그의 율법, 성전에 대한 관심과 민족 종교의 주체성에 대한 비상한 헌신을 갖고 출현했다. 이러한 포로기의 종합은 포로들이 가는 곳이면 어디든지 따라다녔던 선지자들 곧 하나님의 종들의 다양한 증거로 인하여 융성하였다.

포로 기간 동안에 경건한 사람들은 신지자들의 사역을 깊이 생각하였다. 신지자들은 하나님의 책망과 하나님의 판단을 전달하는 하나님의 언약 기소자로서 말했다. 포로 생활의 현실을 경험한 소수의 무리들이 회개하고 구원에 대한 희망을 가짐으로써 선지자의 말씀에 응답하였다. 하나님께서는 포로 생활의 훈련을 통해서 남는 자들을 정화시키시고 새로운 하나님의 백성이 되도록 변화시키셨다. 하나님의 은총 밖으로 내던져진 경험, 자기들의 존재에 대한 고뇌, 그들의 질문들, 소망의 추구, 다양한 구성원들의 한 새로운 공동체로의 변형 등은 결코 잊혀질 수가 없었다. 그것은 곧 정경의 일부분이었고 그 정경적인 증거는 구속 역사 속의 이 부분이 모든 세대에 영향을 끼치도록 하고 있다.

이 장에서 우리는 (1) 자기 백성에 대한 하나님의 쟁변 (2) 포로들이 느꼈던 하나님의 진노의 잔혹함 (3) 포로기의 창조적이고 반성적인 의미 (4) 경건한 사람들의 응답 그리고 (5) 유대교의 결정화에 끼친 포로기 시대의 영향에 대한 이해를 얻게 될 것이다.

하나님의 자기 백성들과의 쟁변

선지자들은 하나님으로부터 오는 계시의 다양한 형태 가운데서 소송 양식을 이용한다.[1] 선지자들은 이러한 재판 소송에서 언약 검사로서 언약을 깨뜨린 반역적인 백성들을 하나님의 이름으로 정죄한다. 소송 양식의 요소들은 (1) 정죄들 (2) 과거의 하나님의 사랑의 행위들 (3) 증인 그리고 (4) 판결이다.

정죄들

정죄들은 언약에 대한 충성의 결어인 "반역"이란 단어로 가장 잘 요약된다.[2] 고대 근동에서는 왕이든 군주이든 종주는 자기 가신으로부터 절대적

---

1. Ackroyd, Exile and Restoration을 보라; 예레미야에 대한 전문적인 연구로는, E. W. Nicholson, *Preaching to the Exiles: A Study of the Prose Tradition in the Book of Jeremiah* (New York: Schocken, 1970).
2. 차일즈는 죄에 대하여, 하나님께 대한 고의적인 반항으로써, 그것은 전 세계적인 반역의 수문을 완전히 열어서 어떠한 인간적인 의도보다도 훨씬 더 능가하는 전 우주에 걸쳐 나타나는 재앙을 시작하는 것(*OTTCT*, 230)이라고 정의한다.

인 충성을 기대했다. 만약에 조약을 깨뜨림이 있었다면 영주는 범죄한 제후국의 도시를 산산조각을 내 없애버리거나 더 순종적인 다른 가신으로 바꿔버릴 모든 권리를 가지고 있었다. 선지자들은 이스라엘과 유다가 그들의 위대한 왕을 거역하는 언약적 불충성을 들어 그들을 정죄하였다(예를 들어, 사 3:14을 보라).

거부된 하나님 사랑

무엇보다도 그 백성들은 하나님의 사랑을 거부해왔다. 선지자들에 의해 낱낱이 열거되었듯이 지난날의 하나님의 사랑의 행위들은 특히 출애굽을 가리킨다. 선지자들은 하나님께서 어떻게 그들을 사랑하셨으며 어떻게 애굽에서 이끌어 내셨으며 어떻게 광야를 거쳐 인도하셨는지를 백성들에게 일깨웠다. 하나님께서는 광야 여행 동안 밀월의 사랑이라 불리는 사랑을 보여주셨다. 백성들은 가나안 땅을 포함하여 그의 수많은 자상한 돌보심의 증거들을 받았음에도 불구하고 응답하지 않았었다(예를 들어, 렘 2, 3장을 보라).

증인

고대 근동의 조약들에서 영주들이 세우는 증인은 하늘과 땅의 신들이었다.[3] 그러나 야웨만이 하늘과 땅의 창조주로서 유일한 하나님이시기에 그분은 자신만을 가리켜 맹세하실 수 있다. 그분은 자기 백성들의 유일한 증인이시다(렘 42:5; 미 1:2; 말 3:5을 보라).

판결

판결에 있어서 선지자들은 '주의 날'이라는 표현으로 이스라엘과 유다에 임할 하나님의 심판에 대하여 말하고 있다. 포로 전후의 선지자들은 주

---

3. James B. Pritchard, ed., *A New Anthology of Texts and Pictures* (Princeton: Princeton University Press, 1976), 1:54, 222.

의 날이라는 용어로서 야웨의 심판을 선언하였다(사 2:12; 겔 13:5; 욜 1:15; 암 5:18; 습 1:7). 하나님께서 스스로를 신원하시고 악을 뿌리뽑고, 그의 질투를 표현하며 거룩한 분노로 그의 백성을 징계하는 그날은 크고 두려운 날이 될 것이다. 그 누구도 그 심판을 피할 수 없는 반면 그분께서는 그 자신의 백성만을 보호하실 것을 약속한다. 주의 날은 하나님의 최종적인 심판을 나타내며 그날에 모든 거역하는 민족들과 그 죄악들이 짓밟아지게 될 것이다. 그러나 하나님은 선지자들을 통하여 자기 백성들도 심판에서 면제되지 않으며, 이스라엘과 유다의 포로생활의 형태로 하나님의 진노를 받게 될 것을 계시하셨다.[4] 선지자들은 모세와 같이 중보자로서 자기 백성을 섬기며 구원과 자비를 기도로 구하였다. 그러나 심판의 날에는 기도도 더 이상 소용이 없다(렘 15:1).

맹렬한 하나님의 진노

자기 백성을 향한 하나님의 미워하심은 주의 날에 나타나는 하나님의 의로운 분노의 표현이다. 그 주의 날에 주께서 무서운 파괴를 일으키신다. 이스라엘 사람들 중 대다수는 피상적으로 주의 날을 번영의 시기로 생각했으나 선지자들은 이런 인기 있는 낙관주의를 비난하였다. 이스라엘에게는 축복이요, 열방들에게는 저주라기보다는 야웨께서는 다가올 심판에 언약 공동체의 구성원들도 포함시켰다. 예를 들자면 아모스가 다음과 같이 부르짖고 있다.

---

4. 둠브렐은 따라서 주전 587년에 이스라엘 제국이 어떻게 사라졌는가를 밝혀 줄 모든 증거들은 사라졌고, 포로는 실제로 어떠했으며, 참 이스라엘의 성격은 무엇이고, 그러한 실체가 반드시 결부되어야 했던 어떤 정치적인 형태는 무엇인가가 문제이다(*CaC*, 165)라고 결론짓고 있다.

화 있을진저 여호와의 날을 사모하는 자여 너희가 어찌하여 여호와의 날을
사모하느냐 그 날은 어둠이요 빛이 아니라 (암 5:18)

아모스는 더 나아가 다음과 같이 질문하고 있다.

여호와의 날은 빛 없는 어둠이 아니며 빛남 없는 캄캄함이 아니냐 (5:20)

스바냐는 "주의 진노의 날에는" 어떤 것도 그 백성을 구원할 수 없다고
선포하였다.

그들의 은과 금이 여호와의 분노의 날에 능히 그들을 건지지 못할 것이며 이
온 땅이 여호와의 질투의 불에 삼켜지리니 이는 여호와가 이 땅 모든 주민을
멸절하되 놀랍게 멸절할 것임이라 (습 1:18 참조. 2:2)

예루살렘 함락 직후에 기록된 예레미야애가도 하나님의 백성 위에 내릴 패배의 결과를 묘사한다. 저자는 유다와 예루살렘에 일어났었던 일들이 하나님의 분노의 표현이었음을 인정하고 있다.

슬프다 주께서 어찌 그리 진노하사 딸 시온을 구름으로 덮으셨는가 이스라
엘의 아름다움을 하늘에서 땅에 던지셨음이여 그의 진노의 날에 그의 발판
을 기억하지 아니하셨도다 (애 2:1)

하나님의 자기 백성을 향한 적대감의 영향을 묘사한 방법에는 여러 가지가 있다. 선지자들은 편 팔이나 손이 전에는 하나님의 사랑과 인자하심을 의미했으나 이제는 하나님께서 자기 백성으로부터 떠나버렸기 때문에 하나님께서 자기 백성을 심판하고자 하는 하나님의 의도를 수행하고 있다고 가르쳤다(사 5:25; 9:12; 렘 21:5). 에스겔은 이러한 하나님의 떠나심을 눈에 보

이는 방법으로 묘사했다. "여호와의 영광이 성읍 가운데에서부터 올라가 성읍 동쪽 산에 머무르고"(겔 11:23 참조. 10장) 하나님의 영광이 떠나자 백성들은 보호받지 못한 채 내동댕이쳐졌고 그들의 적들은 완전한 지배권을 받게 되었다.

우리가 하나님의 자비 없는 삶을 상상하기는 어렵다. 우리는 하나님께서 음식과 거처를 제공함으로써 이방 민족들에게까지 일반 은총을 확장시키는 것을 알고 있다. 하물며 하나님께서 그 자신의 친 백성에게 얼마나 더욱 친절하게 대하시겠는가! 그러나 하나님께서 특별 은총과 일반 은총을 거두셨을 때는 누가 하나님의 심판에 살아남으리요(암 7:2, 5; 1:6)라는 질문이 떠오른다. 하박국은 예루살렘이 바벨론에게 함락될 것을 예언하면서 어떻게 하나님께서 바벨론처럼 사악한 나라로 하여금 유다와 예루살렘을 멸망시키도록 허용하실까(합 1:13)라고 묻는다. 하나님께서는 하박국에게 그의 심판의 결과로 새 땅은 하나님의 영광을 인정하는 지식으로 가득차게 될 것을 약속하신다. 오늘날 우리들은 십자가 위에서 하나님의 진노를 겪었던 우리 주 예수 그리스도를 볼 수 있다. 성부 하나님은 자기 아들에게 대적처럼 되셨다. 하나님은 자신을 감추사 자기 아들을 어두움으로 뒤덮도록 하셨으며, 주께서 치욕을 당하시고 사람들에게 죽임을 당하시도록 허용하셨다. 우리 주 예수 그리스도는 우리가 받을 죄책들을 스스로 뒤집어 쓰셨다. 예수님은 우리가 그를 통하여 하나님과 화목하도록 하기 위하여 하나님의 원수처럼 대하심을 감당하셨다. "그러므로 우리가 믿음으로 의롭다 하심을 받았으니 우리 주 예수 그리스도로 말미암아 하나님과 화평을 누리자"(롬 5:1).

포로 기간의 창조적이고 반성적인 의미

포로로 끌려갔던 유대인들 가운데는 포로됨에 대하여 여러 가지 반응들이 있었다(그림 19를 보라). 많은 사람들은 오직 물질적인 기준 속에서 살았고 전쟁의 공포 속에서 살아남게 되었으며 끝내 그들은 포로 생활의 경험에 영향을 받지 않았다. 그들은 재빨리 그들의 새로운 환경에 적응하였고 물질적인 번영을 성취하였다. 그들은 국제결혼에 의해 동화되었고 언약의 공동체에 소속된 자로서의 정체성을 상실하였다.

그러나 신실한 남은 자들의 상황은 전혀 달랐다. 그들은 포로 생활의 영적인 의미를 심사숙고하면서 그들의 새로운 운명을 심각하게 받아들였다. 그들은 구속의 역사와 언약들을 포함한 하나님의 수많은 사랑을 기억하였다. 그들에게 있어서 포로의 경험은 쓰고도 달콤한 것이었다. 그들이 무엇이 일어났었으며 얼마나 많은 것들을 잃어버렸는가를 기억할 때는 쓰디 썼다. 예루살렘과 성전으로부터 추방 때문에 하나님과의 교제는 깨어져 버렸다. 그러나 그들이 주님께 가까이 다가가고 하나님의 약속들을 기억했을 때는 달콤했다. 성경의 여러 구절들은 그 포로 경험을 되새기고 있다(시 42-44, 89, 137편과 애가). 그들은 무엇을 기억했는가?

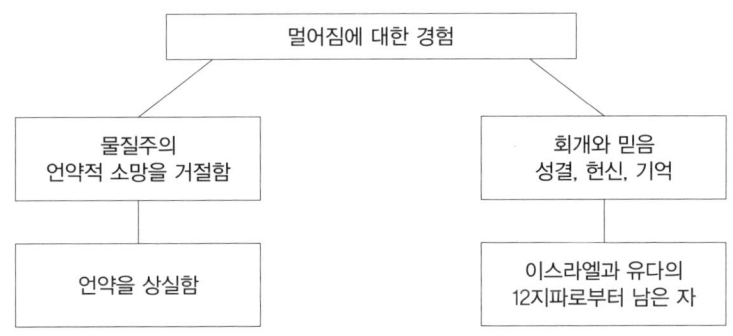

그림 19. 포로 생활에 대한 두 가지 반응

첫째로 그들은 그들의 죄들을 기억했다. 포로기의 주요 목적 중의 하나는 하나님께서 자기 백성을 심판하실 때 죄에 대하여 얼마나 엄하신가를 보여주는 것이었다. 예루살렘에 그의 영광으로 거하신 하나님은 또한 자기 성전을 파괴할 수 있으며 그 영광을 위해 세워진 제단을 더럽게 하실 수도 있었다. 그래서 에스겔은 포로기 시간의 삶을 반역자들을 깨끗케 하는 과정으로 말하고 있다(겔 20:38).

둘째로 그 백성들은 또한 하나님께서 자기 종들인 선지자들에게 말씀하셨던 말씀을 기억했다. 수많은 세월 동안 선지자들은 예루살렘과 유다의 멸망을 예언하였으나 백성들의 반응은 지극히 미미하였다. 하나님께서는 선지자들이 나오기 전에는 모세를 통하여 언약의 저주가 그들에게 밀어닥칠 것을 경고하시기까지 하셨다. 이제 그들은 모세와 선지자들이 옳았다는 것을 깨달았다.

> 여호와께서 이미 정하신 일을 행하시고 옛날에 명령하신 말씀을 다 이루셨음이여 (애 2:17a)

셋째로 그 백성들은 만일 그들이 순종했더라면 그들의 운명이 얼마나 다를 수 있었는가를 기억했다. 이사야는 하나님께서 자기 백성들이 하나님을 자기들의 스승으로 모시고 잘 순종했을 때 약속하셨던 것을 잘 표현했다. 그들은 평강과 의 두 가지를 다 경험할 것이며 그들의 후손들은 번성할 것이며 축복을 받을 것이다(사 48:17-19). 시종일관 하나님의 의도는 자기 백성을 위대함으로 인도하는 것이었다.

넷째로 가장 중요한 것은 그 백성들이 자기들의 하나님을 기억했다는 것이다. 시온 산과 예루살렘에 대한 그들의 성찰들은 실제로 하나님 자신과 하나님께서 과거에 자기 백성들에게 보여주셨던 언약적 사랑에 대한 되새김들이었다. 시편 137편은 그 신실한 공동체가 어떻게 그들의 하나님을 계속 기억하기를 맹세하였는가를 잘 보여주는 본보기이다.

> 예루살렘아, 내가 너를 잊을진대 내 오른손이 그의 재주를 잊을지로다
> (시 137:5)

시온에 대한 기억(1절)과 예루살렘에 대한 찬양(6절)은 그분의 거룩한 성전에서 다시 한 번 야웨를 예배할 수 있는 약속의 땅으로 복귀를 고대하는 그 하나님의 백성들의 깊은 갈망을 의미한다.

경건한 사람들의 반응

남은 자들은 포로 생활을 하는 중에 단순히 과거를 기억하는 그 이상을 경험했다. 정말로 그들의 기억들은 현재 상황에 적절한 방법으로 응답하도록 만들었다. 하나님께서는 그들이 자신에게 돌아오는 기회를 열어주셨다. 그들은 죄의 고백, 회개, 희망, 금식, 질문함으로 응답하였다.

남은 자의 첫 번째 반응은 죄의 고백이었다. 그들이 그들 자신의 죄들과 그들 조상들의 죄를 기억하면서, 그들은 하나님께서 자신들을 용서해 달라고 간청하였다. 비록 경건한 남은 자들이 신실하였을지라도 백성들과 연대성 때문에 백성들의 죄악을 자신들이 떠 맡았다. 예레미야애가는 정확히 아마도 경건한 유대인이었을 저자가 자신을 포로 사건의 책임있는 존재로 제시하고 있기 때문에 그토록 감동적인 책이다.

> 여호와여 보시옵소서 내가 환난을 당하여 나의 애를 다 태우고 나의 마음이 상하오니 나의 반역이 심히 큼이니이다 밖에서는 칼이 내 아들을 빼앗아 가고 집 안에서는 죽음 같은 것이 있나이다 (애 1:20; 스 9:5-7; 느 9:16-31; 단 9:4-4 참조)

그런데 이러한 태도로 1인칭 단수로 쓰고 있는 저자는 하나님의 백성 전체를 그들에게 무슨 일이 일어났는지 주의 깊게 생각하도록 이끌고 있는 것이다(또한 애 3:40-42을 보라).

남은 자들에 의한 포로 됨에 대한 두 번째 반응은 주님께 돌아가는 회개이다. 포로되기 이전에 하나님께서는 자기 백성들이 자신에게 크게 범죄하였을지라도 되돌아오도록 부르셨다(렘 3장). 하나님께서 그들을 영접하시리라는 희망의 근거는 하나님께서 자비로우시며, 자기 백성들이 그에게 돌아와서 하나님의 부성적인 긍휼을 영접해 주도록 기대하고 계시다는 사실에 있다.

세 번째로, 백성들은 하나님의 자비를 받을 권리가 없다는 것을 알면서도 여전히 희망을 가지고 응답하였다. 그들은 하나님을 기다리고 하나님을 찾도록 부름받았다. 그들의 죄악은 그들을 하나님의 자비로부터 멀어지게 하였다. 하나님께서 그의 신실하심을 다시 보이고자 준비하실 때 하나님 백성들은 하나님 은혜를 영접할 준비가 필요했다. 그들이 인내해야 할 근거는 예레미야애가 3:23-25에 대단히 아름답게 설명된 바와 같이 자기 백성에 대한 하나님의 변함없는 신실성에서 발견된다. 하나님을 찾는 또 다른 희망의 기초는 그분께서 위대한 왕이시다는 점이다. 시편 44편은 하나님의 행사들을 기억시켜주며 하나님은 자기 백성을 다스리시는 왕이시기 때문에 하나님께 대한 신뢰를 가지도록 요청하고 있다. 비록 자기 백성들이 이제 경멸과 비웃음으로 뒤덮였지만 시편 기자는 하나님께서 언젠가는 그의 백성들의 필요에 응답하시리라는 것을 알았다. 뭐가 일어날 때까지 기다리는 과정은 무기력한 상태에 머무는 단지 수동적인 태도만이 아니다. 그것은 과거에 대한 반성의 때요, 특히 미래에 대한 희망의 때이다. 희망의 기초는 하나님의 신실함, 왕 되심, 언약에 달려있다.

넷째로, 주를 의지하는 심화된 표현으로 사람들은 포로 기간에 금식에 호소하였다. 선지자 스가랴는 포로 기간 동안과 이후에 행해졌던 금식에 대하여 언급한다. 그런데 다리오 왕의 통치 동안에 이전의 모습처럼 계속 금식하고 애곡하였는지에 관하여는 질문이 제기된다(슥 7:3). 하나님의 응답은 회복의 새 시대에는 금식 대신에 기뻐하는 것이라는 것이다. 기쁨은 하나님의 자애로우심과 보다 더 잘 어울린다(8:19).

다섯째로, 사람들은 또한 질문함으로써 자기들의 상황에 반응했다. 왜 하나님께서는 자기 백성을 버리셨을까(시 43:2; 44:24)? 비록 자기들이 범죄하였으나 하나님께서 심판을 내리셨다는 것을 사람들이 알았을지라도 이 질문이 중요한 것은 이 질문은 희망의 기초를 제공하기 때문이다. 그 시편 기자가 유다를 "하나님의 백성"이라고 말할 수 있는 사실은 곧 남은 자들이 궁극적으로 하나님과의 교제를 누릴 수 있게 되리라는 신앙을 가리키는 것이다.

왜 그들은 불안하며 낙담하였는가(시 42:5-6, 11; 43:5)? 비록 어떤 사람들은 하나님의 자애로운 은총을 기억하였을지라도 그들은 미래에 어떻게 될 것을 계속 질문해 본 것이다. 그들은 깊은 영적 고뇌의 상태에 있었으며 그 어두움은 지평선에 먼동 터오는 어떤 빛보다 더 컸다. 그들은 오로지 하나님께서 빛을 보내시며, 자기들을 예루살렘에 돌려보내시리라고 바랄 수 있을 뿐이었다.

왜 하나님께서는 백성들의 고통과 압제를 잊으시고 얼굴을 숨기려 하실까(시 44:24)? 그들은 하나님께서 자기들의 고투를 볼 수 있으리라는 것을 알았으며 또한 하나님은 온 땅을 통치하시는 왕이심을 믿었다. 그런데 하나님께서 자기들의 고통과 멀리 떨어져서 보지 못하고 있는 듯 느끼고 있었다.

그들의 위로는 어디서 올까? 그들은 확실히 원수로부터 아무런 위로를 받지 못했으며(애 1:3, 9) 너무나 큰 고통을 당하고 있었으므로 서로 간에 위로를 줄 수도 없었다. 그들은 "내가 무엇으로 네게 증거할꼬?"(2:13)라고 물었다. 그들의 슬픔은 너무나 격렬하여 하나님께서 자기 백성들을 대적한 듯이 보였다.

궁극적으로 하나님의 성격과 행동에 기초를 두고 있는 이런 모든 반응들로부터 미래를 향한 특별한 관심들이 발생하고 있었다. 남은 자들의 희망과 기도에는 몇 가지 목적들이 있었다. 먼저 그들은 자기들을 향한 하나님의 긍휼이 새롭게 역사하기를 갈망하였다(애 3:24-26). 그들의 희망의 두 번째 목적은 그들의 원수들을 복수하는 것이었다. 백성들은 예루살렘의 함락과 바벨론과 에돔의 환호성을 기억하고 있었다. 그들은 주의 심판이 주의 백성과 그의 백성들에게 임하기를 기도했다(시 137:7-9). 하나님의 백성들은 또한 원수에 대한 복수와 하나님의 사랑이 새롭게 증명 됨으로써 새로운 시대가 시작되기를 희망했다. 그들은 하나님의 진노와 버리심 대신에 하나님만이 주실 수 있는 새로운 생명과 하나님의 사랑을 경험하도록 기도하였다(애 5:21-22).

그래서 포로됨에 대한 반응이 뒤섞여진 것은 이상한 일이 아니다. 한편으로 사람들은 하나님께서 계속 사랑하심을 느꼈다. 또 다른 한편으로 그들은 고립감과 역경을 체험했다. 그들은 그분께 돌아설 수밖에 없었다. 그러나 그들이 그분께 돌아섰을 때에도 그들은 고통과 불확실성 속에서 돌아섰던 것이다.

유대교의 결정화에 끼친 포로 기간의 영향

포로 됨은 경건한 남은 자들에게 심대한 영향을 끼쳤고 이로 말미암아 유대 역사에 큰 영향이 미쳤다. 그러나 포로 됨이 유대 백성들에게 정확히 무엇을 의미하는가? 이 질문에 답하려면 우리는 바벨론 포로의 역사적, 문화적, 종교적 영향을 말해야 할 것이다.

먼저 역사적인 전망을 가지고 볼 때, 유대인들은 포로 기간에 과거로부터 실제적인 연속성을 체험했다. 포로 시절 초기까지는 예레미야가 유대인들에게 정착하고 생활을 계속하도록 권면하면서 포로들에게 편지를 보냈다(렘 29장). 그는 그들에게 그 환경 속에서 가능한 한 가장 잘 살도록 요구했다. 그들은 자유롭게 결혼하고, 집을 건축하며, 정원에 나무를 심고, 유대인 포로민 공동체를 세웠다(5, 6절). 바벨론 자료들의 역사적 증거들은 유대인들이 진실로 바벨론 사회의 일원이 되었음을 뒷받침해 주고 있다. 그들은 농업, 상업, 기술 분야, 예술, 과학, 경영 등에 개입되어 있었다. 다니엘과 그의 친구들 이야기는 유대인들이 느부갓네살 정부의 상층부에 어떻게 참여하고 있는가를 보여주고 있다. 그들 중에서 일부는 모세로부터 물려받은 장로 제도를 향유하고 있었다(렘 29:1을 보라). 에스겔 선지자는 포로 기간 중에 장로들과 같이 앉아 있었다(겔 8:1; 14:1; 20:1). 에스라와 느헤미야의 족보 명단에 의하면 남아있는 가문들은 과거와의 연속성을 입증하고자 조직되어 있었다(스 2장, 느 7장).

포로 기간은 깊은 반성에 필요한 충분한 시간을 제공하였고 그 기간 동안에 그들은 자기들이 받았던 거룩한 성경에 대한 보다 더 위대한 인식을 발전시킬 기회를 확보하였다. 사실 유대인 포로들은 첨가된 문서의 편집과 기록의 도구였다. 이 기간에 열왕기, 예레미야, 에스겔, 예레미야애가, 또한 다수의 시편의 책들이 마지막으로 편집되어 나왔다. 성령의 영감 아래 저자들과 편집자들은 그들의 현 상황을 조명하여 포로 이전의 구속의 역사를 해석하고 포로의 경험을 성찰하였다. 이와 같이 이 책들은 이스라엘과 유다의 실패의 사건을 재음미하고 또한 하나님께서 다시 유대인들에게 은총을 베풀 희망의 광채를 포함시켰다.

문화적인 면에서 보면 바벨론 사회의 영향은 이때부터 계속 앞으로 유대교를 특징짓게 되었다. 이 영향력은 바벨론식 이름들, 예를 들면 세스바살, 스룹바벨, 사드락, 메삭, 아벳느고, 벨드사살(스 1장, 단 1장 참조)과 같은 작은 일에서도 느낄 수 있다. 언어의 변화는 달력의 매월 이름에서도 뚜렷이 나타난다. 포로 이후에 유대인들의 매 달 이름들은 바벨론식 이름으로 대체되었다(예를 들면, 담무즈, 말게수안). 좀 더 범위를 넓혀보면 아람어는 바벨론 제국의 국제적 통용어였고 그 말은 히브리어와의 밀접한 언어학적 유사성 때문에, 또 그 말이 문화, 상업 외교의 언어였기 때문에 포로 기간 동안 유대인들 가운데 현저히 많이 사용되는 언어가 되었다. 아람어는 단편적인 아람어 문체뿐만 아니라(아람이투 문체는 전체적으로 혹은 부분적으로 아람어로부터 유래한 말로써 포로 이후에 쓰여진 구약성경의 히브리어 부분에서 특별히 발견된다) 성경의 몇 구절들(스 4:8-6:18; 7:12-26; 단 2:4b-7:28)에서 발견된다.

포로 시절 동안 종교적 발전들은 "유대교"라는 용어로 집약할 수 있다. 유대교로 알려지게 된 것은 바벨론 포로 생활에 그 뿌리를 갖고 있다. 죄를 회개하고 자기들의 하나님께로 돌아온 사람들 가운데 한 변혁이 일어났다. 신앙심 깊은 사람들의 작은 공동체는 율법에 제시된 하나님의 뜻을 준행하는 데 보다 큰 관심을 가지게 되었다. 그래서 하나님의 율법 연구는 학문적인 목적의 연구라기보다는 하나님의 영광을 위하여 순종하기 위한 과업이 되었다(느 8:8, 13-18; 9:3; 10:28-29). 둠브렐의 말처럼 우리는 이제 "신약시대의 문지방"에 있는 것이다.[5]

이러한 증대된 율법 연구 이외에 유대인들은 절대적인 유일신론에 그들의 삶과 사상의 집중을 심화시켰다. 그러한 견해로 각 개인들은 오직 주께 헌신했고 주님을 경배하는 데 방해되는 것은 모조리 피하였다. 예를 들면, 이사야 선지자는 야웨만이 하나님이시다로 단언한 반면 우상숭배에 반대하여 담대히 말하였다(사 44:6-11). 마찬가지로 예레미야 선지자도 하나님은 한 분이시며 우상은 하나님에 대한 신앙과 양립할 수 없음을 가르쳤다(렘 1:16; 2:13; 8:19). 에스겔은 포로 공동체에 다음과 같은 것을 말하였다. "너희가 스스로 이르기를 우리가 이방인 곧 여러 나라 족속 같이 되어서 목석을 경배하리라 하거니와 너희 마음에 품은 것을 결코 이루지 못하리라"(겔 20:32).

유대교로 특징지을 수 있는 또 다른 종교적 발전은 안식일의 준수였다. 비록 율법이 그와 같이 명하였지만 그것은 널리 시행되지 못하고 있었었다(렘 17:10-27). 이사야도 백성들에게 안식일을 충성되게 지키라고 일깨웠다. 안식일 준수는 경건한 유대인의 표지였다(사 56:2-7). 안식일의 참된 준수는 주의 하신 일을 배우는 데 있다(사 58:13). 안식일 자체가 경건함을 갖도록 하는 하나의 교훈이 되기 위하여 그렇게 한 것이다. 에스겔은 반드시 지켜야 할 특별 헌신으로 안식일 계명을 뽑아냈다. "내 모든 정한 절기에는 내 법도와 율례를 지킬 것이며 또 내 안식일을 거룩하게 하며"(겔 44:24).

마지막으로 언약 공동체는 거짓 경배의 요소를 취하지 않도록 하기 위하

---

5. Ibid., 166.

여 이방 문화로부터 고립되어 사는 것을 배웠다.[6] 동시에 유대인들은 사업상 그리고 기술상 이교도들과 소통하는 법을 배웠다. 이러한 종교적 고립과 문화적 소통이라는 긴장은 포로 기간과 예수 그리스도의 오심 사이의 수 세기 동안 중대한 논쟁이 되었다.

결론

포로 기간은 하나님의 종말론적 심판인 주의 날의 한 표현이었다. 이스라엘과 유다 둘 다 수백 년 동안 하나님의 사랑, 자비, 인자에 복종으로 응답하는데 실패하였기 때문에 하나님의 진노를 받았다. 포로 기간은 하나님께서 자신을 위하여 남은 자를 선택하는 자비로운 과정이었다. 이 남은 자들은 하나님께 돌아감으로써, 그들의 과거를 반성함으로써 그리고 하나님의 은총이 새 시대를 희망함으로써 하나님의 진노와 하나님으로부터 소외로 요약되는 포로 생활의 체험에 반응하였다. 경건한 사람들은 심판의 불을 통하여 갱신을 체험하였고 이 재점화된 헌신의 요원들은 페르시아, 그리스, 셀루키드와 로마의 통치에 직면한 포로 이후의 하나님 백성의 새 도전들에 대비하여 포로 공동체를 준비하였다. 분명히 특이한 강조점을 가진 유대교는 하나님의 유일성과 토라, 성전, 이스라엘의 사명의 독특성, 안식일, 할례에 대한 관심을 포함한 채 새 모양을 갖추기 시작하였다.

---

6. H. Tadmor, The Period, *A History of the Jewish People*, ed. H. H. Ben-Sasson (Cambridge: Harvard University Press, 1976), 163.

25

포로 이후의 시대의 회복

영원할 것처럼 보였던 것 후에 새 시대가 동이 터왔다. 주전 538년 페르시아 왕 고레스는 모든 포로들이 자기 고국에 돌아가 자기들의 본래의 신들을 경배하도록 허락하는 칙령을 내렸다. 경건한 유대인들은 그의 칙령을 하나님의 하시는 일로 올바르게 해석했다(스 1:1-4). 마침내 그들은 귀환하도록 허락받았다. 그러나 그들 중에 고국 땅에 귀환하는 데 관심을 가진 사람들은 거의 없었다. 세스바살, 스룹바벨, 여호수아 지휘 아래 이뤄진 1차 귀환 포로들은 고작 5만 명 정도에 불과했다. 그들은 성전의 그릇들을 가지고 왔으며(9-11절), 그들의 첫번째 행동 중 하나는 성전 재건을 준비하기 위하여 주의 제단을 다시 세우는 것이었다. 그들의 기쁨은 얼마나 컸던가! 그러나 생활의 가혹함과 원수들의 적의의 경험으로 인하여 그들의 경이와 약속 성취의 감격은 얼마나 짧게 지속되었던가! 이 장에서 우리는 (1) 새 시대에 대한 선지자적 묘사 (2) 약속과 성취 사이의 긴장 속에 있는 새 시대의 현실 (3) 보나 너 영광스러운 시대에 대한 희망을 탐구할 것이다.

새 시대의 성격

새 시대는 분명히 포로 이전의 사건들로부터 동떨어져 있다. 포로 이후의 사람들은 회복이 구속사에서 분수령이라는 것을 인식했다. 그들은 하나님께서 또다시 그의 권능의 손으로 놀랍게 역사 속으로 운동해 오셨기 때문에 포로 이전의 상태로는 되돌아 갈 수가 없었다.

옛 시대는 죄, 심판, 슬픔으로 특징지어졌다. 이사야는 박탈, 황폐화, 수치 그리고 죽음에 의해 야기된 그들의 슬픔을 의미하는 휘장, 즉 백성들을 덮고 있는 휘장에 대해 말한다(사 25:7). 그들은 포로가 되었기 때문에 많은 것을 잃어버렸다. 즉 하나님과의 관계성, 성전, 하나님께서 자기 백성들에게 약속하였던 축복들, 사랑하는 사람들, 모든 재산, 가정들, 도시들 등을 잃어버렸다. 선지자들은 하나님 백성들의 큰 슬픔에 대하여 말했다. 예컨대, 예레미야는 그 상황의 깊은 비애를 다음과 같이 표현했다.

> 여호와께서 이와 같이 말씀하시니라 라마에서 슬퍼하며 통곡하는 소리가 들리니 라헬이 그 자식 때문에 애곡하는 것이라 그가 자식이 없어져서 위로 받기를 거절하는도다 (렘 31:15)

이사야는 하나님께서 새 일을 하실 것이므로 백성들에게 이전 일들을 잊어버리도록 요구하셨다. 미가는 주께서 자기 백성을 완전히 용서함으로써 백성들의 죄를 제거해 주시기를 기도했다(미 7:18-20). 이사야는 하나님께서 유다와 이스라엘의 범죄를 잊으실 것이라고 단언하였다(사 65:16). 심지어 이스라엘 사람들이 애굽에서 머물렀을 때의 고통들을 잊고 하나님께서 그들을 약속의 땅으로 인도하시는 하나님의 능하신 출애굽 구원을 송축했듯이, 마찬가지로 하나님의 백성들은 포로로부터의 회복을 구속사 전체를 아울러 가장 위대한 순간 중의 하나로 기억할 것이다. 그들은 포로 이전의 죄악된 생활에 대해서도 포로 기간의 고통에 대해서도 더 이상 생각지 않을 것이다. 사실 그들은 애굽에서의 구속을 포로 생활에서의 구속보다 덜 중요하게 생각할 것이다.

> 그러므로 여호와의 말씀이니라 보라 날이 이르리니 그들이 다시는 이스라엘 자손을 애굽 땅에서 인도하여 내신 여호와의 사심으로 맹세하지 아니하고 이스라엘 집 자손을 북쪽 땅, 그 모든 쫓겨났던 나라에서 인도하여 내신 여호와의 사심으로 맹세할 것이며 그들이 자기 땅에 살리라 하시니라 (렘 23:7-8)

포로에서 회복되는 새 시대는 하나님의 주도권, 하나님의 은총, 하나님의 왕국과 언약의 재건, 성령의 능력 등 네 가지의 특징들에 의해 묘사될 수 있다.

하나님의 주도권

구속은 하나님의 자유로우시고 주권적인 은총으로 성취되었다. 이사야의 예언에서 민족과 왕들을 다스리는 권세를 가진 우주의 왕, 창조자요 구속자로 그려져 있다.

> "보라 그에게는 열방이 통의 한 방울 물과 같고 저울의 작은 티끌 같으며 섬들은 떠오르는 먼지 같으니라 (사 40:15)

영존하시는 하나님으로서 그는 자기 백성을 새롭게 그리고 강하게 하실 수 있다(사 40:28-31). 그는 이 목적을 성취하기 위하여 사건들을 장악하고 계신다. 하나님의 백성들과 언약에 기초하여, 하나님은 페르시아의 고레스를 세우심으로 그들을 구속하는데 주도권을 행사하신다.

> 내가 공의로 그를 일으킨지라 그의 모든 길을 곧게 하리니 그가 나의 성읍을 건축할 것이며 사로잡힌 내 백성을 값이나 갚음이 없이 놓으리라 만군의 여

호와의 말이니라 하셨느니라 (사 45:13)

이스라엘을 형성시켰던 하나님은 자기 백성들에 대한 소유권을 주장하신다.

나는 여호와 너희의 거룩한 이요 이스라엘의 창조자요 너희의 왕이니라
(사 43:15)

하나님의 은총

새 시대는 하나님의 은총을 드러낸다. 새 시대를 식별하는 방법 중 하나는 '언약적 충성'이라는 단어이다. 하나님께서는 현재의 심판과 진노의 때가 미래의 축복과 비교해보면 극히 미미해 보일 그런 방법으로 당신의 언약적인 사랑을 새롭게 할 것을 자기 백성들에게 확언한다. 이사야는 하나님께서 작은 진노로써 그 얼굴을 어떻게 자기 백성들로부터 숨기셨는지와 하나님께서 어떻게 영원한 사랑으로 그들을 사랑할 것인가 진술하고 있다(사 54:8). 하나님께서 자기 사랑을 새롭게 하시는 때는 하나님의 은총의 해로 알려졌다. 이사야는 이 개념을 하나님께서 자기 백성들에게 위로와 화해의 메시지를 선포할 때를 의미하려고 사용한다(사 49:8, 61:2).

하나님의 은총은 화해와 용서로 구성된다. 포로로 있었던 백성들은 하나님의 진노 아래 있었으며 하나님께서 그들을 용서하실 것이라는 확신을 필요로 했다. 그들의 필요를 아신 하나님은 대답하신다.

너희의 하나님이 이르시되 너희는 위로하라 내 백성을 위로하라 너희는 예루살렘의 마음에 닿도록 말하며 그것에게 외치라 그 노역의 때가 끝났고 그 죄악이 사함을 받았느니라 그의 모든 죄로 말미암아 여호와의 손에서 벌을 배나 받았느니라 할지니라 하시니라 (사 40:1-2)

하나님의 왕국과 언약의 재건

포로 추방은 바로 하나님의 주권적 통치 자체를 의심하도록 하였다. 솔로몬 성전은 하나님의 통치의 상징이었는데 그 성전이 파괴되어 버렸고 이스라엘은 수치스럽게 포로가 되었다. 열방들은 "너희 하나님이 어디에 계시냐?"라고 물으면서 이스라엘의 하나님이 무력한 통치자임을 은근히 암시하였다. 그러나 이사야는 시온에 선포한다. "너희 하나님이 통치하신다."(사 52:7). 그리고 그 선지자는 이 통치가 어떤 모습으로 나타날 것인가 설명한다. 하나님께서는 자기 백성들을 포로로부터 회복하실 것이며(8절; 참조. 11절; 사 48:20, 21), 그들에 대한 그의 위로를 과시할 것이며(52:9), 모든 열방의 목전에서 그들을 구원할 것이다(10절). 비록 하나님께서 열방과 왕들을 도구들로 사용하여 행하실지라도 자기 백성을 건지실 수 있는 분은 그분뿐이시다.

> 사람이 없음을 보시며 중재자가 없음을 이상히 여기셨으므로 자기 팔로 스스로 구원을 베푸시며 자기의 공의를 스스로 의지하사 (사 59:16)

그 선지자는 계속 하나님은 의의 흉배와 구원의 투구, 복수의 의복과 열심의 외투를 착용한 전사요 왕이심(사 59:17)을 기록하고 있다. 하나님의 갑옷은 자기 백성을 위한 계획을 예시한다. 그들은 보상을 받을 것이며 왕의 돌보심을 받을 것이다. "그는 목자같이 양 무리를 먹이시며 어린 양을 그 팔로 모아 품에 안으시며 젖먹이는 암컷들을 온순히 인도하시리로다"(40:11).

새 시대는 또한 하나님 백성들에 의하여 깨뜨려졌던 언약의 갱신을 확증한다.[1] 자기 백성에 대한 신실함 때문에 하나님께서는 미래의 언약 갱신을 약속하셨으나(렘 31:31). 이 언약의 갱신은 단지 예수님의 지상 강림의 관점에서 뿐만 아니라 하나님의 옛 언약의 백성들의 역사적 맥락 속에서도 이해

---

1. 이 문제에 관한 논문으로는, Dumbrell, *CaC*, 172-88; W. C. Kaiser, The Old Promise and the New Covenant, *JETS* 15 (1972): 11-23; idem, *TOTT*, 228-35를 보라.

되어야 할 것이다. 왜냐하면 그들은 언약을 깨뜨렸고 심판을 받았었기 때문에, 또한 포로 생활 후에 언약 갱신을 체험하지 않으면 안 되었기 때문이다. 어떻게 보면 유대 백성들은 포로 기간과 예수 그리스도의 오심 사이의 기간에 언약 없이 지냈던 것이다. 이사야는 이와 같이 하나님의 백성들에게 아무 값없이 와서, 그의 영원한 언약인 "다윗에게 약속한 나의 사랑"(사 55:3)의 표현들인 하나님의 은혜들을 향유하도록 북돋우고 있다.

성령의 시대

동시에 우리는 언약의 갱신이 의미심장한 변화를 가져왔다는 것을 깨닫지 않으면 안 된다. 갱신은 회복 시대의 시작을 표시할 뿐만 아니라 또한 성령의 시대로 표시된다. 선지자들은 성령이 하나님의 백성들과 후손들에게 내릴 것을 선포한다(사 44:3; 욜 2:28, 29). 포로 이전에 솔로몬은 백성들에게 하나님께 순종하는 마음이 있어야 할 필요를 인식했다(왕상 8:23, 38-39). 선지자들은 하나님께서 백성들의 구속을 인치고 그들을 하나님께로 성별시키기 위하여 성령을 보내실 것이라고 가르쳤다. 이스라엘은 정결케 됨과 거룩함의 관점으로 이 변화에 대하여 말했다(사 4:2-6). 그는 또한 언약 갱신을 통해서 성령께서 하나님의 백성을 더욱 신실하도록 도우실 것을 예언했다(59:21 또한 행 1:8; 엡 5:18-20; 골 3:16, 17을 보라).

영적 갱신에서 성령의 사역은 바로 언약 갱신의 표징이었다. 성령의 사역은 하늘과 땅이 회복될 것에 대한 하나님의 보증이다. 앞선 언약들의 집행 시에도 표징이 있었던 것처럼(노아 언약에서 무지개, 아브라함 언약에서 할례, 시내 산 언약에서 안식일) 새 언약의 표징은 성령이다.

그 후에 내가 내 영을 만민에게 부어 주리니 너희 자녀들이 장래 일을 말할 것이며 너희 늙은이는 꿈을 꾸며 너희 젊은이는 이상을 볼 것이며 그 때에 내가 또 내 영을 남종과 여종에게 부어 줄 것이며 (욜 2:28-29)

현실과 희망 사이에 긴장

회복의 기간은 약속과 성취, 현실과 희망 사이의 분명한 긴장에 의해 특징지어진다. 여기에서 나는 회복의 양면성이 어떻게 포로 이후 기간의 역사와 신학의 두 영역에 분명히 나타나는가를 살펴보고자 한다.

현실: 점진적인 성취의 시작들

에스라서는 예레미야가 예언했던 대로 하나님께서 "고레스의 마음을 감동시켜서" 유대인들이 고국 땅에 귀환하도록 허용하는 법령을 선포하도록 했다는 이야기로 시작한다(스 1:1). 하나님의 심판이 바벨론이 건국된 지 70년이 끝날 즈음에 바벨론에 임했다(렘 25:11, 12; 29:10). 바벨론은 주전 539년에 고레스가 바벨론에 쳐들어간 때 망하였다. 이사야가 이미 예언하였던 고레스(44, 45장)는 유대인들이 예루살렘으로 돌아가 성전을 재건하도록 허용하였다. 대략 5만 명의 유대인들이 세스바살, 스룹바벨, 여호수아의 영도 아래 주전 538년에 고국 땅에 귀환했다. 그들이 귀환하여 보니 땅은 황폐하였고 도시와 가옥들은 완전히 파괴되어 있었다. 그들은 성전 복구에 착수하였고 초막절 절기를 지켰다. 그러나 그들의 기쁨은 사마리아 사람들로 인하여 곧 박탈되고 말았다(스 1-6장). 성전 복구의 역사는 중단되었다. 그러나 경건한 남은 자들은 주님을 기뻐할 이유를 갖고 있었다. 시편 기자들은 하나님의 백성들에게 그들이 포로에서 돌아올 때의 사정이 어떠했는지를 기억하도록 권면한다. 그들은 슬픔으로 가득찼으나 곧 그들의 꿈은 이루어졌으며, 그들의 슬픔은 기쁨으로 바뀌었다.

> 여호와께서 시온의 포로를 돌려 보내실 때에 우리는 꿈꾸는 것 같았도다 그 때에 우리 입에는 웃음이 가득하고 우리 혀에는 찬양이 찼었도다 그 때에 뭇 나라 가운데서 말하기를 여호와께서 그들을 위하여 큰 일을 행하셨다 하였도다 (시 126:1-2)

계속되는 기쁨과 하나님의 축복들의 확실성은 하나님께서 자기 백성들에게 언약적 사랑을 새롭게 하시리라고 맹세한 선지자들의 선포에 근거를 두고 있다.

고레스가 칙령을 선포한 지 20여 년 후에는 예루살렘 성벽이 완성되었으며 그 성에는 유대 여러 마을에서 온 대표자들로 꽉 들어찼다(느 4:7). 하나님의 영이 그들 마음속에 역사하고 있었기 때문에 백성들은 도전적 현실에 기꺼이 대처하였다. 학개, 스가랴, 에스라, 느헤미야와 어느 정도는 말라기서까지 당면한 필요들에 대한 하나님의 백성들의 민첩한 대처를 증거하고 있다.

> 여호와께서 스알디엘의 아들 유다 총독 스룹바벨의 마음과 여호사닥의 아들 대제사장 여호수아의 마음과 남은 모든 백성의 마음을 감동시키시매 그들이 와서 만군의 여호와 그들의 하나님의 전 공사를 하였으니 (학 1:14)

비록 하나님의 백성들의 영광이 위대하지는 않았을지라도 그들의 기쁨은 열방 중에까지 분명히 알려졌고, 열방들은 하나님께서 자기 백성들을 위해 하신 능하신 일들을 볼 수 있었다(시 126:2). 하나님께서는 하나님의 백성들을 약속의 땅에 세우시고 하나님께 드리는 예배를 새롭게 하실 때 열방들을 사용하셨다. 고레스, 다리오, 아닥사스다와 같은 왕들은 하나님의 사역에 쓰임 받은 그의 도구들이었다. 이때로부터 야웨 예배에 유대인들과 함께 동참한 개종자들의 수적 증가와 이스라엘의 하나님에 대해 더욱 배우고자 하는 "하나님을 경외하는 자들"의 출현을 우리는 발견한다.

희망: 부분적인 성취 가운데 삶

현실은 예언된 말씀에 비추어 예견될 수 있는 것들로부터 동떨어져 있었다. 하나님 백성들이 경험한 긴장은 이 시대와 다가올 시대 사이, 즉 '지금'과 '아직 아닌' 사이의 것이다. 부분적인 성취의 성격과 왜 하나님의 백성들은 하나님의 왕국의 보다 충만한 실현을 계속 희망해야 했는가하는 이유들을 토의할 때 우리가 숙고해야 할 세 가지 중요한 요인들은 거룩함, 열방들의 존재, 그리고 믿음에로의 부르심이다.

비록 우리는 하나님의 예언적 말씀이 어떻게 성령 충만을 약속했는가를 보았지만 실제로 돌아온 남은 자들은 하나님이 바라시는 거룩함에서 동떨어져 있었다. 그들은 제사장들에게 기꺼이 드리지 않았고, 할 수 있는 한 자신들을 위해 움켜쥐고 있었으며, 하나님께 가장 좋은 제물을 드리지 아니하였다(학 1장; 말 1장). 심지어 제사장들조차 하나님께 온전히 헌신하지 못했다. 왜냐하면 그들이 율법의 함축적 요구들을 충분히 가르치지 않았기 때문이다(말 2:1-9). 제사장의 헌신 부재에 대한 한 가지 예는 성소의 거룩한 방을(느 13:4-9) 암몬 사람 도비야에게 내준 경우이다. 백성들은 느헤미야가 발견한 것처럼 안식일을 올바르게 지키지 못하였다(15-22). 더욱이 그들은 그 땅 사람들과 결혼하였는데 이는 거룩한 민족으로서 하나님의 백성의 미래에 관하여 심각한 의심을 일으키는 것이었다(스 9:2).

현실과 희망 사이에 긴장을 일으킨 두 번째 요인은 이방 민족들의 존재였다. 예를 들면, 이사야 44:26b-45:6에 야웨께서 열방들을 주장하여 이스라엘을 고토로 돌아오게 하실 것이라고 약속하신다. 다른 구절들은 열방들이 시온의 재건에 적극적으로 응답할 것이라고 가리키고 있다(45:14; 49:22,23). 그러나 에스라가 묘사한 대로 열방들은 유대인들을 방해하였다(스 4장).

세 번째 요인은 하나님의 백성들이 다른 민족들도 하나님의 복음을 듣고 하나님의 은혜를 나누어 갖도록 하기 위하여 구원의 기쁜 소식을 선포할 의무를 가지고 있다는 점이다. '그 하나님의 종'이 자유와 기쁨의 좋은 소식을 전파하러 온 것(사 61:1-3)처럼 또한 하나님께서는 자기 백성들이 다른 민족들을 하나님의 오심을 준비하는 데 동참하도록 요청하기를 기대하신다.

성문으로 나아가라 나아가라 백성이 올 길을 닦으라 큰 길을 수축하고 수축

하라 돌을 제하라 만민을 위하여 기치를 들라 (사 62:10)

믿음과 순종: 긴장 속에서의 경건한 삶

고레스 칙령 후 여러 세대에 걸쳐 경건한 유대인들은 여전히 약속들의 보다 더 충분한 성취를 기다리고 있었다. 그런데 안타깝게도 세월이 흐르자 많은 유대인들이 종교적인 표현들에 있어서 형식적이 되었고 더러는 세속적인 생활양식을 채택하고 말았다. 일상생활에서 신앙이 분리되자, 영적 냉소주의가 시작되었다.

말라기는 하나님께서 우리를 사랑하시는가? 또는 하나님은 정말 존재하는가와 같은 당시 논쟁거리들과 대화에 참여함으로써 퍼져가고 있는 냉소주의에 대응하였다. 예언적 말씀이 마치 페르시아의 힘에 의해 좌절된 것처럼 보였다. 하나님께서는 어떻게 축복을 실제화 할 수 있는가를 말씀하시지 않고 하나님 백성들에게 축복들을 미리 맛보게 하셨다. 포로에서 귀환 이후 계속 선지자들(학개, 스가랴, 말라기, 아마도 요엘)을 통한 주의 말씀은 백성들이 낙담하는 중 실족하지 않게 하기 위하여 그들을 격려코자 애써왔다. 에스라는 율법의 탁월성을 옹호함으로써 역동적인 지도력을 발휘하였다. 에스라의 사역과 더불어 율법을 일상생활에 적용하는 것이 규범화되었다. 그러므로 율법은 정태적 상태로 머물러 있지 않았다. 즉 그것은 새로운 상황에 적응하기 위하여 새 법령들과 결정들을 만드는 수단이 되었다.

비록 그 백성들이 신실한 백성이 되도록 강권을 받았다 할지라도 그들의 질문은 진실로 하나님을 믿는 자들에게 있을 법한 것이었다. 그들은 가장 기본적으로 "왜 하나님은 구원의 완성을 연기하시는가?"하고 물었다. 이사야는 우리에게 하나님께서 그의 왕국을 세우시고자 하는 열심이 가득차 있으시며 약속된 때에 그 왕국의 완전한 성취를 서두르실 것을 생각나게 하면서, 하나님의 생각을 헤아릴 수 있는 약간의 통찰력을 특별히 주었다(사 60:22). 예수 그리스도는 또한 사도들에게 왕국의 확고한 건설은 하나님의 손에 있음을 기억시켜주었다(행 1:7).

더 나아가서, 백성들의 죄들은 왕국의 진행을 지체하도록 만들었다. 이사야는 하나님께서 즉각 구원할 권능을 가지고 있으나(사 59:1) 백성들의 죄 때문에 응답하지 않는다(2절)고 확고하게 말한다. 하나님은 자기 백성들이 더욱 거룩한 삶을 살기를 배울 때까지 약속을 성취하지 않으시며 기도도 듣지 않으신다. 이사야는 58장에서 하나님의 백성들이 하나님 말씀을 따라 살기를 배울 때에, 예언된 약속의 성취를 체험케 되리라고 선언한다.

포로기와 포로기 이후 시대의 희망

포로기 이후 회복의 시대는 가나안 땅에 새로운 공동체를 창출했다. 백성들은 진실로 선지자들이 약속한 바와 같이 회복을 목격하였다. 그러나 경건한 사람들의 경험은 달콤하고도 쓰라린 것이었다. 변혁의 시대 즉, 하나님의 왕국이 발전된 시대의 생활은 선지자들의 영광스러운 환상에 비교하면 실망스러운 것이었다. 하나님의 백성들은 약속 성취의 점진적인 성격에 적응해야만 했다. 더욱이 그들은 페르시아, 그리스, 셀루키드와 프톨레미 그리고 최종적으로 로마를 포함해서 벌어지는 현실적인 정치적 변화들에 적응하지 않으면 안 되었다. 이러한 모든 불확실한 상황들을 비추어보면서, 경건한 사람들은 하나님 말씀에 의존하는 것을 배우게 되었다. 약 주전 400년에서 메시아 강림과 교회 설립 때까지 오랜 기간 우리에게(중간기로 알려진 기간동안), 하나님의 백성들은 하나님의 왕국의 도래를 위하여 기도하고 일했다. 나는 이 단원에서 경건한 사람들을 지탱하던 그리고 하나님의 왕국을 기다리는 오늘날의 우리를 지탱해주는 그 선지자적인 희망을 요약하고자 한다.

하나님 백성들의 갱신

복음의 선포와 하나님과 그의 백성의 화해는 남은 자들에게 깊은 영향을 끼쳤다. 이 선포는 갱신과 관련된 몇 가지 중요한 구절들과 이미지들에 의해 전달된다.[2] 갱신의 여러 측면을 제대로 알기 위해서 우리는 (1) 언약적인 신분의 갱신 (2) 족장 약속들의 재확증 (3) 다윗 언약의 재확증 (4) 제사장 직의 갱신 (5) 갱신의 목적들을 숙고할 것이다.

언약적인 신분의 갱신

하나님의 백성들은 자신들이 실로 하나님의 백성이라는 그 진실의 의미를 이해하기 시작한다. 그들은 "내 백성이 아니라"(호 1:9)고 여겨졌었는데 이제 다시 하나님의 택하신 백성이 되리라고 선포된다(사 61:6). 예레미야는 하나님께서 그들을 자기 백성으로 취하심으로써 언약의 자비를 새롭게 하시리라고 반복적으로 확증했다(렘 30:22; 31:1). 주께서는 자신에게 심한 범죄를 저질렀던 언약 백성들에게 그의 사랑을 표현하시고 또한 하나님은 출애굽 구속 후에 광야에서 이스라엘을 처음 발견하여 거룩한 나라로 세우셨을 때처럼 마치 그들을 사막에서 다시 찾으신 것과 같이 그들을 다시 새롭게 하신다(2절).

족장 약속들의 재확증

귀환한 포로들에게 자손들이 번성하리라고 확신하는 말은 창세기의 약속에 크게 의존한다.[3] 그들은 수가 너무 많아서 경계선이 열방들의 영토까지 뻗칠 것이다(사 54:2). 그들은 더 이상 소국으로 간주되지 않을 것이다(60:22). 그 백성들은 동, 서, 남, 북에서부터 모여들게 될 것이다(43:5, 6). 후손들은 언약의 상속자들이 될 것이며 대대로 언약의 가르침을 받을 것이다(54:13). 그들은 더 이상 뿌리째 뽑히지 않을 것이다. 회복의 시대는 하나님

---

2. Dumbrell, *CaC*, 164-200; Donald E. Gowan, *Eschatology of the Old Testament* (Philadelphia: Fortress, 1986), 59-96.

3. Kaiser, "Kingdom of the Promise," in *TOTT*, 236-49.

의 백성들이 그 땅을 앞으로 영원히 물려받을 것을 의미한다. 하나님의 백성들은 하나님의 축복과 임재를 경험할 것이다. 그들의 언약적인 신분의 덕으로 그들에게 올 영광과 빛은 열방들에 의해서 인정받게 될 것이다(60:1-3). 유대인들은 열방들이 언약 백성에 연합되기까지 열방들에게 축복이 될 것이다(55:5; 2:3 참조).

회복의 시대의 새로운 측면은 이방인에 대한 복음 선포의 사명이 보다 더 분명해진 것이다. 그래서 하나님은 그 백성들에게 그들이 당신의 종들이며(사 41:8; 44:21), 하나님의 종으로서 이방의 빛이 될 것이라고 확증하신다(42:6). 포로됨에서 구속받았고 하나님의 전능하신 사역을 체험한 지금 그들은 하나님의 전능하심과 사랑의 증인들이다(43:10; 44:8). 이 이유 때문에 하나님의 영광스러운 통치에 응답하지 않을 나라들과 왕국들 위에는 하나님의 심판이 머물러 있게 될 것이다(60:12).

다윗 언약의 재확증

다윗과 그의 가문에 신실하시겠다는 하나님의 약속은 선지자들을 사로잡았다! 특별히 몇몇 구절들은 다윗을 메시아적인 왕으로 언급하며(렘 23:5, 6; 30:9; 33:17; 겔 34:23, 24; 37:24; 호 3:5; 암 9:11) "다윗에게 약속된 나의 확실한 사랑"(사 55:3)의 계속적인 유효성을 언급한다. 그러나 종종 선지자들은 땅 위에 당신이 정부를 세우시고(9:7), 열방의 빛이요 깃발이 되실(2, 3절 11:10)[4] 메시아의 영광이라는 일반적인 관점에서만 언급한다. 메시아는 성령과 하나님의 지혜로 충만하여 오실 것이며 가난한 자에게 복음을 선포할 것이다(사 61:1-3). 그의 평강과 의의 통치는 끝이 없을 것이다(9:6-7; 11:5-9). 메시아 시대의 특징들은 하나님을 아는 지식, 승리, 땅 전체에 걸친 하나님 백성들의 영원한 안식 등이다(11:9; 14:1-3).

---

4. 차일즈에 따르면, 다윗의 통치가 하나님의 통치의 모형이 되었고, 하나님의 종말론적 통치의 예표가 되었기 때문에, 신화 시대의(mythopoetic) 언어는 하나님의 의로우신 통치의 사자로서 통치하는 군주정치에 적용될 수 있다(*OTTCC*, 120).

선지자들은 메시아의 영광은 그가 겸비케 된 후에 온다고 가르친다. 베들레헴에서 나올 자(미 5:2)는 또한 인간적 고난의 길을 걸을 것이다(사 52:13-53:12). 그는 자기 백성들을 구속하려고 자기 백성의 고통과 하나님의 진노를 감당할 것이다. 스가랴는 그 왕이 겸손하게 오시리라 말한다(슥 9:9). 그는 메시아의 찔리심과 그것으로 말미암은 치료의 효과에 대해 암시한다(12:10).

제사장직의 갱신

선지자들을 통하여 하나님께서는 제사장직과 성전의 연속성을 확증하신다. 아론의 자손과 맺은 언약이 영구한 것으로 묘사되어 왔으며(민 25:13), 이제 주께서 레위 가문과의 언약을 재확증하신다(말 2:4-7). 포로 생활 후에 그들은 예레미야의 예언(렘 33:18, 21)대로 성전에서 계속 주를 예배하였다. 스가랴는 여호수아의 제사장직과 스룹바벨의 지도력이 어떻게 "기름부음 받은 자가 둘이 있으니 온 땅의 하나님을 섬기도다"라는(참조. 슥 4:14; 6:13) 선지자적 말씀의 포로 이후의 성취로 간주될 수 있는가를 보여준다.

그러나 연속성 외에 몇 가지 불연속적인 요소들도 있다. 이사야는 주의 모든 백성들을 제사장이라고 말한다. 그에 따르면,

> 오직 너희는 여호와의 제사장이라 일컬음을 받을 것이라 사람들이 너희를 우리 하나님의 봉사자라 할 것이며 너희가 이방 나라들의 재물을 먹으며 그들의 영광을 얻어 자랑할 것이니라 (사 61:6)

이사야는 한 걸음 더 나아가 온 땅이 하나님의 성전이며 하나님께서 예루살렘 성전에만 제한될 수 없다고 주장한다(66:1; 왕상 8:27 참조).

또한 희생 제사들에 대한 새로운 기대가 있다. 하나님께서는 황소나 어린 양, 그 밖의 제물들(사 66:3, 4)보다는 통회하는 심령(사 66:2)을 드리기를 원하신다. 심지어 이방인들이 하나님께 제물을 드릴 것이며 그들 중에서 제

사장과 레위인들을 택할 것이다(66:20, 21). 성전은 거룩한 산 위에 계속 있을 것이나 이제는 유대인과 이방인 둘 다 예배드리는 중심처로써 더 큰 강조점이 있는 것이다.

내 집은 만민이 기도하는 집이라 일컬음이 될 것임이라 (사 56:7)

갱신의 목적

하나님께서 자기 백성들을 새롭게 하는 목적들은 세 가지이다. 첫째로 하나님은 모든 민족 앞에서 자신을 영화롭게 하고자 하신다(사 61:3; 66:19). 이스라엘의 하나님의 바로 그 이름과 명예가 가장 중요한 초점이다. 그는 어느 누구에도 자기 영광을 넘겨주지 않을 것이다.

둘째로, 하나님은 자기 백성들을 영화롭게 하고자 하신다. 영화의 가능성은 하나님 자신에 근거한다(사 45:24, 25; 46:13). 영화롭게 함은 하나님께서 자기 백성들을 포로에서 돌이키시기 시작하고 하늘과 땅의 회복까지 확장되는 과정으로 구성된다. 이 과정의 이스라엘이 하나님 앞에서 그 구속의 완성을 찾을 때(60:19, 20)까지 세세토록 계속된다(51:8).

셋째로, 하나님은 자기 백성을 거룩하게 하고자 하신다. 하나님의 백성들은 하나님의 거룩한 도성이기 때문에 아름다운 옷을 입도록 부르심을 받았다(사 52:1). 새 옷들은 그들이 정련되었으며 시험을 거쳤음을 보여준다(48:10; 61:10). 스가랴는 땅 위의 모든 것들이 거룩하게 될 때를 미리 내다보고 있다(슥 14:20, 21).

땅의 갱신

위대한 선지자적 기대는 하나님께서 자기 백성을 포로에서 회복하실 때 땅도 갱신하리라는 것이었다. 포로 기간은 하나님의 언약 백성들의 보금자리가 되기 위하여 형성되었던 가나안 땅이 황폐하고 더럽혀졌었던 폐허의 기간이었다. 하나님의 백성들의 그 땅에로의 귀환뿐만 아니라 그 땅의 갱신도 온 땅의 회복의 표징이 되는 것이었다. 이와 같이 회복은 이스라엘과 온 땅을 통치하는 하나님의 왕권을 주장하는 것이며 구속과 창조 모두에 대한 하나님의 주권을 확실히 보여주는 것이다.

구속과 갱신의 관계

선지자적인 관점에서 바라볼 때 이스라엘, 유다, 열방들의 죄는 필연적으로 하나님의 심판을 받아야 했다. 그러나 땅은 또한 열방들의 죄로 인하여 오염되었고 열방들의 심판은 또한 땅에 영향을 끼쳤다. 그 땅의 갱신은 하나님께서 자연의 갱신의 과정에서 행하실 것에 대한 하나의 그림이다. 호세아는 자연에서 도입된 비유로써 하나님 은총의 갱신을 말한다.(호 14:4-8). 이 그림은 하나님께서 자기 백성을 위하여 자연과의 언약을 갱신하시리라는 이전의 확언 때문에 보다 더 큰 신빙성을 얻고 있다(2:21-23). 이사야가 암시하였듯이 창조와 구속은 참으로 상호 관련된 주제들이다.

> 내가 내 말을 네 입에 두고 내 손 그늘로 너를 덮었나니 이는 내가 하늘을 펴며 땅의 기초를 정하며 시온에게 이르기를 너는 내 백성이라 말하기 위함이니라 (사 51:16)

이와 유사하게 하나님의 백성들에게 이사야는 심지어 포로 기간 중에도 소망의 기초로써 땅의 존재와 계속성을 바라보도록 강권하였다.

> 하늘이여 노래하라 땅이여 기뻐하라 산들이여 즐거이 노래하라 여호와께서 그의 백성을 위로하셨은즉 그의 고난 당한 자를 긍휼히 여기실 것임이라
> (사 49:13)

갱신의 점진적인 성결

창조와 구속의 관계성은 점진적인 방법으로 조망되어야 한다. 이사야는

구속자가 시온에 오시리라고 분명히 예언했는데 이는 유대인들도 유대인으로서 새 질서의 일부분이 될 것임을 가리키는 것이었다(사 59:20). 사도 바울은 이 말씀이 유대인들의 과거와 미래의 구원을 위하여 중요성을 가진다고 해석하였다(롬 11:26-27). 그리고 이사야나 바울 둘 다 하나님의 백성 안에 이방인들을 포함시켰다(사 42:1,4; 롬 11:25-26). 그러므로 진행이나 진행의 개념은 본래부터 선지자적인 말씀과 사도적인 말씀 속에 내재해 있었던 것이다. "하나님의 목표는 유대인의 구원뿐만 아니라 땅에 그의 나라를 완전하게 세우는 것이었다." 그 진행은 고레스에 의해 시작했는데 그는 하나님의 백성들이 예루살렘과 성전을 재건하도록 해방시키라고 주님께 부름 받은 자였다(사 44:28; 44:26-45:13). 그 고난의 종의 사역은 "그가 세상에 공의를 세우기에 이를 때까지"(42:4) 계속되지 않으면 안 된다. 구속의 진행은 구속의 범위가 온 땅이며 꼭 팔레스타인 유대인들만이 아니므로 불가피한 것이었다.

결론

선지자들은 포로 생활에서의 회복이 구속의 현재적 실현을 표시한다고 단언한다. 유대인들이 포로 생활하다가 귀환했을 때 비록 구속이 완성되지는 않았을지라도 그들은 그것이 그들의 회복의 시작이라고 항상 기억하고 있었다. 하나님의 은총의 시대는 포로 생활에서부터 예수 그리스도의 재림까지 또한 만유의 완전한 회복까지 범위를 넓힐 수 있다. 구속의 현재를 복음을 선포하는 신약시대에만 제한할 것이 아니라 포로 생활 이후 주어진 하나님께서 은혜로운 선물의 빛에서 구속의 현재를 조명해보이야 한다. 이사야는 하나님의 은총의 때가 도래하였음을 가리키는 "지금(이제)"이라는 단어를 여러 번 사용한다.

보라 내가 새 일을 행하리니 이제 나타낼 것이라 너희가 그것을 알지 못하겠

느냐 반드시 내가 광야에 길을 사막에 강을 내리니 (사 43:19)

이러므로 포로들의 유다 귀환은 그 백성들을 그들의 땅에 회복시키는 하나님의 약속의 현실적 성취였다. 이러한 구속의 예언적인 선포(심지어 포로생활 이전일지라도)는 백성들 편에서 신앙심을 요구했다. 이런 의미에서 시편 95편 언어들을 이해해야 할 것이다.

그는 우리의 하나님이시요 우리는 그가 기르시는 백성이며 그의 손이 돌보시는 양이기 때문이라 너희가 오늘 그의 음성을 듣거든 … 너희 마음을 완악하게 하지 말지어다 (시 95:7-8)

더욱 하나님의 백성들은 하나님을 "모든 신 위에 위대하신 왕"(3절)으로 인정해야 하며 감사로 그에게 나와야 한다(2절).

세스바살, 여호수아, 스룹바벨, 에스라와 느헤미야와 같은 사람들은 하나님의 약속에 대한 그들의 신앙 때문에 항상 기억될 것이다. 그들은 하나님의 뜻을 행하려고 순종하기에 몰두했으나 그들의 행위의 결실을 결코 볼 수 없었다. 그러나 그들은 하나님께서 자신의 말씀에 신실하시리라는 희망 안에서 우뚝 서 있었다. 포로 생활 이후 회복의 이야기는 예수 그리스도의 강림을 예비하는 데 있어서 새로운 단계를 표시한다. 그러나 중간기라는 그 자체는 하나님께서 그의 나라를 천천히 세우고 계심을 일깨우는 역할을 한다. 포로 생활 후의 성공들은 시간이 흐르면서 검증되어져야 했으며 인간 제도의 타락으로써 마침내 성령께서 최종적인 절정 목표를 향하여 보다 더 위대한 회복의 증거를 가져오려고 활동하셨다.[5]

---

5. Tadmor는 이 첫 번째 유대 디아스포라는 -에스라와 느헤미야의 활동에서 증거되듯이- 그들 스스로의 이미지를 심으려고 했고, 이러한 몇 가지 자기 주장은 본국과 디아스포라 사이의 관계의 중심적인 면모가 되었으며, 오늘날까지도 유대인들의 거주의 특징이 되고 있다(Period, 182)고 결론짓는다.

26

신구약 중간기

신구약 중간기는 성경의 정경적인 책들에 관해서는 침묵하고 있으나 다른 면에서는 아주 조용한 기간은 아니였다.[1] 하나님께서는 400여 년 동안 계시를 보내시지 않으셨다. 선지자들의 소리가 그쳤다(시 74:9; 마카비 1서 4:46; 14:41; 시락의 바룩서 85:3을 보라).이 시기 동안에 구약을 형성하고 있는 저작들이 모아지고 연구되고, 필사되고, 성령의 인도하심 하에 함께 모여져서 현재의 정경이 되었다(딤후 3:16-17). 정경이 아닌 문서들의 연구와 고고학적 발견물들을 통하여 우리들은 제 2성전 시대로 알려진 이 기간에 대해 더욱 많이 알게 되었다.[2] (도표 12를 참조)

---

1. M. Avi-Yonah, *The Holy Land from the Persian to the Arab Conquest: A Historical Geography* (Grand Rapids: Baker, 1966); S. W. Baron, *A Social and Religious History of the Jews*, 2 vols. (New York: Schocken, 1952); E. J. Bickerman, *From Ezra to the Last of the Maccabees* (New York: Schocken, 1962); D. S. Russel, *Between the Testaments* (Philadelphia: Fortress, 1960); idem, *The Jews from Alexander to Herod* (Oxford: Oxford University Press, 1967); S. Safrai and M. Stern, eds., *The Jewish People in the First Century*, vols. 1, 2. *Compendia Rerum Iudaicarum ad Novum Testamentum* (Philadelphia: Fortress, 1974).

2. Sources, *Compendia* 1:1-62 에서 Hebrew, Aramaic, Greek, Latin, New Testament, papyri, archaeological sources 의 목록을 보라.

시대	정치 권력	문화와 종교의 발전들
B.C. 400	페르시아 제국	디아스포라, 혼합주의, 토라와 성전의 중요성, 사마리아인들의 반대
B.C. 332	마케도니아 제국 ; 셀루키드 왕조와 프톨레미 왕조와의 투쟁	헬레니즘, 법률서적으로 간주된 토라, 회당의 중요성
B.C. 165	하스모니안 왕조	사두개파, 바리새파, 엣세네파, 열심당의 등장; 묵시문학의 유포
B.C. 63	로마 제국	주후 70년에 예루살렘 멸망

도표 12. 신구약 중간기

제 2성전 기간은 자료 부족과 우리 주님의 지상 공생애의 사회적, 정치적, 문화적 그리고 종교적 맥락에 영향을 끼쳤을 정치적 음모들과 종교적 대응들의 거미줄 같은 뒤얽힘 때문에 이해하기가 꽤 복잡하다. 유대교는 팔레스타인 안의 한 고립된 공동체에만 국한된 것이 아니라 보다 넓은 세계와 관련되어 있었다. 팔레스타인의 유대교는 성지 순례와 무역 관계를 통하여 해외(이집트, 페르시아, 소아시아, 유럽) 거주 유대인들과 하나님을 경외하는 자들과 접촉하였다.[3] 또 유대교는 유대인들을 지배한 정치세력들의 중심지들(수사, 다메섹, 알렉산드리아, 로마)에서 이뤄진 결정들에 의해 큰 영향도 받았다. 유대교는 알렉산더 대왕의 정복과 그의 제국의 분열, 셀류키드 왕조와 프톨레미 왕조의 전쟁, 로마의 정복, 특히 헬레니즘과 로마의 점령 때문에 생긴 정치적 변화에 어쩔 수 없이 적응해야 했다. 구약 저서들의 마지막에서 유대교는 제한적이고 위로가 되는 것이었지만, 약 400년이 지난 뒤의 유대교는 세계주의적이고 계속되는 변화에 적응하고 있었다. 예수와 사도들 시대의 유대인 세계는 변화무쌍해서 에스라, 느헤미야 시대와 같은 모습

---

3. M. Stern, The Jewish Diaspora, *Compendia* 1:117-83; S. Safrai, Relations Between the Diaspora and the Land of Israel, ibid., 184-215.

은 거의 없었다.

신구약 중간기는 구약의 마지막 책과 복음서들을 연결시킨다. 이 시기는 여기에서 간단히 다루는 것보다 훨씬 더 많은 주의를 기울일 만한 가치가 있다. 여기에서는 단지 신구약 사이의 다리를 놓고, 한편에서는 율법서들과 선지서들, 성문서들의 관계를 더욱 분명하게 보여주고, 다른 한편에서는 복음서들과 사도행전과 서신서들과 계시록 사이의 관계를 보여주려는 것이다.[4] 유대교와, 구약에 대한 유대교의 해석과, 율법에 대한 부정적인 반응들은 반-셈족, 말시온적 자세에서는 매우 일반화되어 있다. 복음서를 읽는 사람들이 거의가 외경을 읽지 않거나 제 2성전 시대의 상황과 갈망에 대해 생각하지 않는 것은 유감스러운 일이다. 종교개혁자들은 외경이 역사적, 종교적인 면에서 신구약 사이의 관계를 제공한다고 지적하면서 그것을 읽으라고 권장했다.[5] 요즈음 상황에서 우리는 외경에 대하여 부정적이고 의심스러워하는 자세를 취하지만, 그것은 신약이 어떻게 이해되어야 하는가에 대해서 뿐 아니라 점점 커져가는 신구약 사이의 차이에도 관계가 있다. 신구약 중간기에 대한 관심이 감소함에 따라 포로 시대와 그 이후의 시기에 대한 이해도 줄어들었다. 침묵의 400년이 침묵의 600년이 되었다.

유다 왕조의 몰락과 함께 포로 이후의 회복은 구약의 구속사에서 회복의 시작이라기보다는 회복의 결말로써 더 자주 다루어진다.[6] 시기의 중요성은 마태가 기록한 예수의 계보에서 발견된다. 마태는 구조적으로 아브라함에서 다윗까지, 다윗에서 포로까지, 그리고 포로에서 예수까지의 세 시기로 구

---

4. J. J. Scott, Jr., On the Value of Intertestamental Jewish Literature for New Testament Theology, *JETS* 23 (1980): 315-23.
5. Bruce M. Metzger, An Introduction to the Apocrypha, in *The Oxford Annotated Apocrypha*, ed. Metzger (New York: Oxford, 1965); R. H. Pfeiffer, *History of New Testament Times with an Introduction to the Apocrypha* (New York: Harper, 1957)을 보라.
6. 이 시대에 관하여 탁월한 논문들로는, Hayes and Miller, *IJH* 489-677; M. Stern, The Period of the Second Temple, in *A History of the Jewish People*, ed. H. H. Ben-Sasson (Cambridge: Harvard University Press, 1967), 185-295를 보라. 좀 더 대중적인 논문으로는, H. L. Ellison, *From Babylon to Bethlehem* (Exeter: Paternoster, 1976)을 보라.

분하여 계보를 기록한다(마 1:1-16). 이 세 기간 중 마지막 기간에 대해서는 가장 알려지지 않고 있다. 우리는 역사상 페르시아와 헬라와 로마 제국의 역사적 기간들 동안의 정치적, 종교적 발전들을 간략하게 살펴보고자 한다.

페르시아 지배 하의 유대인

고레스의 귀환 명령은 성전과 율법과 (특히 스룹바벨, 학개, 스가랴, 에스라, 느헤미야에 의해 인도된) 독특한 유대 문화를 회복할 수 있는 길을 열어 주었다. 선지자들과 신정적 지도자들을 통하여, 페르시아의 속국인 유다(아람어로 예후)에 거하던 유대인들은 성전과 토라를 중심으로 주체성을 발전시켰다. 그들은 앗수르인들에게 의하여 이주한 사람들로 구성된 사마리아 공동체로부터 분리를 유지하였고 다른 인근 족속들의 위협을 성공적으로 물리쳤다.[7]

디아스포라(흩어진 유대인들)의 유대교에 대해서는 거의 알려지지 않았다. 많은 유대인들이 앗수르, 바벨론, 페르시아, 이집트에 정착하였다. 이집트 상부의 나일강에 있는 작은 섬이 엘레판틴의 유대 공동체로부터 온 서신뿐만 아니라 바벨론과 페르시아에서 나온 상업 문서들은 기록이 없는 시대에 대하여 작은 빛을 던져준다. 엘레판틴에서 유대인들은 야후Yahu(주)께 바치는 성전을 세웠다. 그들은 예후드의 유대인과 밀접한 관계를 유지하고 있었고, 예루살렘의 성전뿐만 아니라 예루살렘의 종교적 지도력에 분명히 의존하고 있었다.

비록 예후드는 페르시아의 행정 구역으로 완전히 합병되었지만, 그곳의 유대인들과 디아스포라는 상대적으로 종교적 표현의 자유를 누렸다. 고레

---

7. M. Stern, The Province of Judaea, *Compendia* 1:308-76; F. M. Cross, Aspecs of Samaritan and Jewish History in Late Persian and Hellenistic Times, *Harvard Theological Review* 59 (1966): 201-11.

스가 시작한 불간섭 정책은 여전히 유효하였다.

헬라 제국과 헬레니즘

알렉산더 대왕이 출현하기 직전의 몇 십 년 동안, 페르시아 제국은 계속되는 내분으로 혼란 상태였다. 주전 334년경 페르시아 제국의 상황은 알렉산더가 페니키아, 필리스티아, 이집트에까지 밀고 나아갈 수 있을 정도로 상황은 악화되어 있었다. 페르시아 제국이 정복함으로써 유대교는 헬레니즘 세계와 직접적으로 접촉하게 되었는데 이 헬레니즘은 유대교와 기독교에 끊임없는 영향을 끼치게 되었다.[8]

정치적 발전들과 문화적 발전들

그리스 (혹은 마케도니아) 제국이 탄생하면서 새로운 시장들이 열렸다. 무역의 세계는 물건과 함께 그리스 문화(헬레니즘)를 유포시켰다. 그리스의 의복, 관습, 사고 방식, 언어가 제국 전체에 걸쳐 있는 식민지들과 성읍들에 들어갔다.[9] 유다와 사마리아 지역도 예외는 아니었다. 그리스의 성읍들이 거기에 세워졌고, 주위의 지방들을 그들의 관할권과 영향권 아래에 두었다. 그리스인들은 처음에는 종속 민족들에게 그들의 문화를 강요하지 않았지만 헬레니즘은 매력을 갖고 있었다. 아람어와 히브리어 이외에도 헬라어가 일반적으로 사용되었다.[10]

---

8. M. Hengel, *Jews, Greeks, and Barbarian: Aspects of the Hellenization of Judaism in the Pre-Christian Period*, trans. John Bowden (Philadelphia: Fortress, 1980); V. Tcherikover, *Hellenistic Civilization and the Jews*, trans. S. Applebaum (New York: Atheneum, 1975).

9. D. Flusser, Paganism in Palestine, *Compendia* 2: 1065-1100.

10. C. Rabin, Hebrew and Aramaic in the First Century, *Compendia* 2:1007-39; G. Mussies, Greek in Palestine and the Diaspdra, ibid., 1040-64.

알렉산더가 죽자 마케도니아 제국은 그의 장군들에 의해 분열되었다. 유다는 이집트를 다스리는 프톨레미우스와 시리아에서 페르시아까지를 통치하는 셀류커스가 싸우는 전쟁터가 되었다. 디아스포라의 유대교는 제국의 분열로 큰 영향을 받았으며, 어떤 집단들은 마케도니아(유럽)로 떨어져나갔고, 어떤 집단들은 셀류커스 왕국에 또 어떤 집단들은 프톨레미우스의 세력권에 있었다.

유대인들은 갑자기 어쩔 수 없이 정치에 휘말려들었고, 그로써 혼합주의와 술수, 정치적 음모, 마침내는 주후 70년에 예루살렘이 멸망하기에 이르렀다. 더군다나 유다 지역은 프톨레미우스와 셀류커스 사이의 이상적인 전쟁터였기 때문에 페르시아 시대의 평화와 번영은 완전히 사라졌다. 계속되는 전쟁의 비용 때문에 유대인들은 일반적으로 종속국 백성들이 내야 하는 일반 세금 이외에도 터무니없는 재산세를 내야 했다. 이러한 요구 때문에 배타적인 배경을 가진 사람이 세리로 임명되는 관례가 생겼다.

유다는 위성 국가였지만 비교적 자치권을 누렸다.[11] 귀족들은 그들의 지위 때문에 정치적 재정적 특혜를 누렸다. 이 시기 동안 내내 헬레니즘이 스며들어 와서 점차로 유대교의 통일성을 바꾸어 전혀 다른 삶의 형태가 되게 했다. 유대교는 정치적으로는 이미 알렉산더 제국의 분열에 의해 무너져 있었고 로마조차도 파르티아처럼 페르시아 전 영역에 대해서 완전히 통치할 수 없었다. 그래서 문화적으로나 종교적으로나 더 분열되어 있었다. 헬라의 지배권과 문화는 팔레스타인 지역에서도 헬라식 성읍들이 세워짐으로써 더 진보되었다. 북쪽에는 안디오키아, 바니어스, 실루기아; 요단 건너편에는 가다라, 베레니스, 거라사, 빌라델비아; 지중해 연안에는 가자, 아스글론, 아조투스, 얌니아, 욥바, 아폴로니아, 스트라토의 탑, 톨레; 유대와 사마리아와 갈릴리의 경사 지역에는 마리사, 안디오키아, 사마리아, 스키티오폴리스, 니사,

---

11. Safrai, Jewish Self-Government, *Compendia* 1:377-419.

이타비리움 등이다.[12] 유대교는 그것을 추종하는 사람들이 우수하다고 인정하는 세련된 문화와 접촉을 늘 피할 수 없게 되었다.

종교적 발전들과 분파들

사마리아의 사마리아인들은 그리심산에 그들 나름대로의 성전을 세움으로써 헬레니즘에서 자신들을 구별하였다. 유대인들과 사마리아인들 간의 이전의 긴장은(느헤미야에서 보듯이) 공공연한 적대관계로 변하였다. 사마리아인들은 이미 예루살렘과 성전을 인정하지 않았다. 유대인들도 또한 헬레니즘 문화에서 자신을 구별하지 않을 수 없었다. 일부 사람들은 토라를 엄격하게 적용하여 성별하였고 그들의 구전 해석과 문서 해석들을 공히 모세오경과 같은 동등한 권위로 생각하였다. 그와 같은 경우가 바로 희년서를 만든 공동체와 엣세네 (사해문서)공동체, 바리새파 공동체의 경우이다.

페르시아의 법적 체계를 처음 접할 때부터 토라에 대한 유대인들의 개념은 변하기 시작했다. 토라의 원래의 개념은 백성들로 하여금 거룩하신 하나님 앞에서 의롭게 살게 하는 "교훈" 혹은 거룩한 삶의 지침들이었는데, 점차 페르시아어의 다트dat의 개념이나 혹은, 엄격한 법체계를 이루어서 변경될 수 없고 논쟁의 여지가 없는 명령의 개념으로 바뀌었다. 헬라의 노모스nomos와 로마의 렉스lex는 이러한 영향을 지속시켰으며, 결국 토라는 "율법"law이 되었다. 이러한 관점에서 아주 간단한 단계를 거쳐 "삶의 지침들"은 "구원의 방법"이 되었다. 엣세네파와 바리새파는 이 기록된 토라에 그들의 추종자들을 법적으로 구속하는 자기들의 구전口傳 전승을 첨가했다.

엣세네파는 아마도 마카베오 혁명을 열렬히 지지했고 "율법에 열정적"인 "유력자"의 한 집단이었던 초창기 하시딤Hasidim의 후손들이었을 것이다

---

12. M. Rappaport, The Hellenistic Cities and Judaization of Palestine in the Hasmonean Age (in Hebrew), in *Commentationes Benzioni Katz Dedicatae*, ed. S. Perlman and B. Shimron (Tel Aviv: University of Tel Aviv, 1967), 219-30.

(마카비 1서 2:42; 7:13).¹³ 그들의 쿰란 공동체의 시기는 대략 왕권과 대제사장직을 겸임한 하스모니안 왕조의 요한 히르카누스와 격한 논쟁을 했던 때로 거슬러 올라간다.¹⁴ 엣세네파는 성전 제사에 참여하지 못하게 쫓겨났고 결국 그들은 모든 성전 봉사가 부패한 것으로 보게 되었다. 그들은 자기 부인, 제의 의식적 목욕, 기도 등의 엄격한 체계를 발전시켰으며 종교의식의 몰두, 성전에서 거행했던 부정한 동물 희생 제사 대신에 성경연구와 성경 읽기에 힘썼다. 그들의 교리적 강조점들은 공동생활, 외적 정결함, 세상으로부터 분리(독신을 포함), 하나님 나라의 임박한 도래, 압제자들을 멸망시키고 엣세네파를 새로운 세계질서의 지도자요 제사장으로 만들어 주실 거룩한 전사이신 하나님의 묵시적 개입 등을 포함하고 있었다.¹⁵

또 하나의 다른 집단은 바리새파였는데, 그들은 복음서를 통해 우리에게 친숙해져 있다.¹⁶ 그들은 엣세네파와 같이 아마도 하시딤으로부터 유래되었을 것이다. 그들의 이름은 히브리어 파라스 $pāraš$에서 나온 것인데, 그것은 "해석자들" 혹은 "분리된 자들"이라는 뜻이 가능하다. 그들은 토라를 가르치고 해석했기 때문에 자연적으로 회당의 지도자들이 되었다. 모든 종파들 중에서 일반 백성들 사이에 그들의 영향이 가장 컸던 것으로 여겨지며, 이러한 지위는 성문 토라에 대한 그들의 독특한 해석과 적용에 신빙성을 부여했다. 문화 변용의 압력에 대항하려는 시도로, 그들은 삶에 모든 예측 가

---

13. Menahem Mansoor, Essenes, *EJ* 6:899-902.
14. F. F. Bruce, *Second Thoughts on the Dead Sea Scrolls* (Grand Rapids: Eerdmans, 1961); M. Mansoor, *The Dead Sea Scrolls* (Grand Rapids: Eerdmans, 1964); J. T. Milik, T*en Years of Discovery in the Wilderness of Judaea*, trans. J. Strugnell (London: SCM, 1959).
15. Josephus, *Antiquities* 18. 1. 5; idem, Wars 2. 8. 2-13. Philip R. Davies, Eschatology at Qumran, *JBL* 104 (1985): 39-55도 보라.
16. R. Travers Herford, The Pharisees (Boston: Beacon, 1962); L. Finkelstein, *Pharisaism in the Making* (New York: Ktav, 1972); idem, *The Pharisees: The Sociological Background of Their Faith*, 2 vols. (Philadelphia: Jewish Publication Society, 1962).

능한 정황들이 토라 안에 내재되어 있다고 여기는 원칙을 빠르게 적용했다. 이렇게 해서 의인이 마땅히 걸어야 할 지침이 될 목적으로 만들어진 구두 판결의 총체가 발전되었다(전문적인 용어는 할라카). 그들은 이러한 방법으로 부지중에 신성한 토라를 어기지 않게 하려고 했다. 전통을 중요시한 결과 드디어 이 구전 자료집이 기록된 토라와 동등하게 되었다. 둘다 시내 산에서 모세에게 내려졌던 것으로 믿어졌다(Pirqe Aboth 1:1).[17] 신약에는 이 자료집이 장로들의 유전이라고 불리운다(마 15:2; 갈 1:14).

사두개파도 바리새파나 엣세네파와 마찬가지로 마카비 시대에 시작되었다.[18] 그들은 왕 앞에서 일종의 종교회의를 열었던 가장 제사장적이고 귀족적이었던 사람들이다. 이 종교회의는 결국 우리가 알고 있는 바 산헤드린으로 발전되었고, 그들이 대중적인 지지를 많이 얻은 후 나중에야 바리새파가 여기에 참여했다. "사두개"라는 이름은 대제사장 "사독"에서 유래되었으며, 따라서 이 종파의 구성원들은 성전을 관할하는 대제사장의 후손들이나 그 후원자들임에 틀림없다. 그들은 바리새파나 엣세네파와는 달리, 예정론, 구전율, 영혼 불멸, 천사들, 마귀들, 부활, 하늘 또는 지옥에 대해서 믿지 않았다. 정치에 대한 그들의 영향력은 종종 컸지만, 그들은 바리새파와 같이 백성들에게서 인기를 얻지는 못했다. 성전이 파괴되자 그와 함께 그들의 힘의 근원도 사라졌고, 그들은 더 이상 유대교의 발전에 실제적인 힘이 되지 못했다.[19]

주후 70년의 성전 파괴로 생긴 힘의 공백 상태에서 사두개파는 그들의 힘의 근원을 잃었고, 엣세네파는 로마에게 멸망하거나 펠라Pella와 다메섹으로 도망갔다. 바리새파나 회당의 랍비들은 랍비 요하난 벤 삭카이에 의해 야브네Yavneh에서 재구성되었다. 장로들의 유전이나 미쉬나는 결국 주후

---

17. Ephraim Urbach, Halakhah and History, in *Jews, Greek, and Christians*, ed. Robert Hamerton-Kelly and Robin Scroggs (Leiden: Brill, 1976), 112-28.

18. M. Mansoor, Sadducees, *EJ* 14:620-22.

19. Josephus, *Antiquities* 13. 10. 6; 18. 1. 4; idem, Wars 2. 8. 14; 또 사도행전 23:8도 보라.

200년에 글로 기록되었으며, 그것은 지금 탈무드의 핵심을 이룬다.[20] 오늘날 이것은 모든 정통 유대인들의 신앙과 실천의 목적을 위해 무오한 구약의 해석으로 남아있다.

유대교와 헬레니즘

유대인들은 헬라인들과의 토론에서 그들의 종교적인 토론을 장려한 변증법을 발전시켰지만 그들과의 구별을 지키고 있었다. 그들은 모세에게 계시된 종교가 그리스의 다신교와 다르고 또 그것보다 우수하다는 것을 알았다. 그들은 야웨를 더 이상 모세와 이스라엘에게 계시된 인격적인 이름으로 부르지 않고, 일반적인 칭호인 "주"kurios, "최고의 존재"ho theos, 또는 보통 "지극히 높으신 분"ho hypsistos으로 불렀다. 하나님께 대한 직분적인 칭호는 언약 관계에 규정된 하나님과 인간 사이의 친밀함을 약화시켰다. 하나님은 "나의 아버지"나 "우리 아버지"보다 창조주-하나님이나 우주의 통치자로 더 잘 알려지게 되었다. 그래서 우리는 구약에는 그런 사실들이 이미 들어 있었지만, 예수의 가르치심은 그 당시의 유대인들에게는 혁명적인 것이었다고 생각할 수 있다(사 63:16).

구약을 헬라어로 번역한 70인역은 그 시대에 성취한 중요한 일이었다.[21] 그것은 구약이 헬라어를 읽는 모든 사람들에게 유용될 수 있게 했을 뿐 아니라, 유대인의 책이 이방인들과 대화할 수 있는 근거를 만들었으며, 디아스포라 유대인들이 각자 그들 지방의 언어로 성경을 읽음으로써 그들 중에 더

---

20. 미쉬나의 훌륭한 번역은 아직, H. Darby, *Mishnah* (London: Oxford, 1938) 이다. S. Safrai, The Era of the Mishnah and Talmud(70-640), in *A History of the Jewish People*, ed. H. H. Ben-Sasson (Cambridge: Harvard University Press, 1976), 307-82도 보라. 서론에 관하여는, Herman L. Strack, *Introduction to the Talmud and Midrash* (New York: Atheneum, 1974)을 보라.

21. R. A. Kraft, Septuagint, *IDBSup* 807-15; Sidney Jellicoe, *The Septuagint and Modern Study* (Oxford: Clarendon, 1968); E. Tov, *The Text-Critical Use of the Septuagint in Biblical Research* (Jerusalem: Simor, 1981).

큰 일체감을 조성했다.

유대인들은 외부 세계와의 접촉에서 비유대인들에게 각별한 관심을 보였다. 그러는 동안에 그들은 유대교를 헬라적 환경에 적응시켰을 것이며, 또 토라와 성전의 삶의 방법을 존경하거나 선택하는 개종자들과 하나님을 경외하는 자들을 찾으려는 바람도 있었을 것이다. 이러한 전환기에 선지자들의 말이 성취되고 있었다. 수많은 이방인들이 디아스포라 전역에서 여호와께 드리는 예배에 참여했다(말 2:6). 비록 평화의 시대는 아직 이르지 않았지만, 토라는 이렇게 시온에서부터 퍼져 나가고 있었다(사 2:1-4).

그럼에도 불구하고 혼합주의가 악용되고 있었다. 헬라 문화와 관련되어 있는 언어, 문학, 철학, 관습, 과학적 발견들이 매일 유대교를 공격했기 때문에 헬라화의 충격을 피할 수는 없었다. 문화 변용의 과정이 천천히 그러나 어쩔 수 없이 시작되었다. 유대교와 이방 종교 사이의 충돌이 안티오커스 4세(에피파네스, 존귀케 된 자)의 통치 때에 최고조에 달했는데, 그는 유대인에게 제우스신을 숭배하도록 강요했고, 주전 167년에 제단에다가 돼지를 제물로 드림으로써 예루살렘 성전을 더럽힌 자였다. 마카비 통치(마카비 1서 2:1-4:59) 하의 주전 165-164년에 예루살렘과 그 성전은 다시 성결케 되었다.[22]

성전 재봉헌은 매년 기슬르 달의 하누카(재봉헌) 축제, 빛들의 축제로 기념되었다. 마카비가 승리함에 따라 유대교는 외부 세계와의 관계를 더 분명하게 제한하라고 권고했다. 왜냐하면 유대교는 보수주의와 혼합주의 사이의 팽팽한 줄다리기를 하고 있었기 때문이었다. 이렇게 도전을 받는 상황 속에서 유대교 집단들은 헬레니즘의 현실에 대해서와 서로 그들끼리에 대해서 상이한 반응을 보이고 있었다.

회당과 유대 교육 체계는 유대교와 헬레니즘 시이의 상호작용 가운데서 긍정적인 부산물로 발전했다. 바리새파 유대교는 모든 젊은이들이 토라

---

22. M. Stern, *Documents on the History of the Hasmonean Revolt* (in Hebrew), 2d ed. (Tel Aviv, 1972).

와 기술을 배우기를 기대했다(Pirqe Aboth 2:2). 종교적인 학문에 대한 장려도 유대교와 헬라 학문 사이의 상호작용을 진전시켰다. 이는 알렉산드리아의 필로의 경우와 같은데, 그는 이집트의 알렉산드리아 출신의 유대인 철학자로서 토라와 철학의 통합을 목적으로 철학체계를 발전시켰다.

로마 제국

정치적 상황

유다가 로마의 속국이 되자 혼합주의의 도전은 더욱 커졌다.[23] 알렉산더 잔네우스(B.C. 103-76)가 죽자 유다에서 내전이 발생했다. 사두개파와 바리새파는 민중들과 함께 계속되는 그의 두 아들 힐가누스와 아리스토불루스 사이의 싸움에 휘말려들었다. 왕권과 대제사장직이 위험한 상태가 되었다. 결국 양편 모두가 로마에 도움을 청했고 로마는 그에 응하여 주전 63년에 폼페이를 보냈으며, 그는 유다를 로마 제국의 속국으로 합병시켰다. 오히려 하스모니아 왕조의 부끄러운 멸망에도 불구하고 후세대들은 이 시기를 메시아 시대의 모습을 보여주는 것으로 이상화시켰다. 이러한 발전은 결국 메시아의 기대에 영향을 끼쳐서, 오실 자가 전쟁에서 승리하고 정치적으로 독립하게 하는 옛 마카비 시대의 통치자와 같이 표현되었다. 예수 시대에도 마카비의 황금시대에 대한 열망이 신앙의 교리로 받아들여지게 되었다. 예로써, 요한복음 6:15; 10:22-24; 사도행전 1:6의 예수의 사역에서 있었던 긴장을 볼 수 있다.

주전 39년경, 로마의 동조를 얻은 에돔 족속 헤롯 대왕(안티파터)은 하

---

23. E. Mary Smallwood, *The Jews Under Roman Rule: From Pompey to Diocletian* (Leiden: Brill, 1976).

스모니아 왕조로부터 왕권을 강탈하는데 성공했다.[24] 유대의 왕으로 헤롯이 임명되자 유대교는 국가와 종교 사이의 관계에 대한 문제에 부딪혀야 했다. 헤롯과 그의 후계자들은 민족의 이익보다 로마 제국의 이익을, 종교적인 관심보다는 정치적인 관심을 우위에 두었기 때문에 유다에 있던 당파들도 새로운 상황에 적응해야 할 계속적인 도전에 직면하게 되었다. 자치권과 제사장직, 종교 생활이 제한된 그들은 직책은 유대적이지만 무엇보다도 로마에 충성해야 하는 왕의 호의에 의존하고 있었다.

종교적 발전

우리 주 예수 그리스도께서는 정치적 편향주의와 구약의 제도적 타락과 종교적 분열과 알력으로 가득 찬 이 세상에 탄생하셨다. 당시의 유대교는 포로 이후 초기의 유대교와의 유사점을 거의 볼 수가 없었다. 정책들과 종교적 이상주의와 다양한 문화이식 단계들에 의해 많은 분파들로 분열되었다. 팔레스타인 유대 인구 중에 사두개파와 엣세네파는 각각 2퍼센트를 차지한 반면 바리새파는 최소한 5퍼센트는 되었다. 더욱이 이러한 집단들은 전부 분열되어 있었다.[25]

<u>토라의 연구</u>

힐렐 학파와 샴마이 학파라는 두 개의 주요한 바리새 학파가 주전 1세기경에 발전했다. 두 학파 모두 일상생활에 토라를 적용하기 위한 규례들을 발전시켰다. 복잡한 새로운 세계에 대하여 힐렐이 더 큰 인식을 나타내었다. 그것이 발전되면서 바리새파 유대교는 점차로 샴마이 학파보다 힐렐의 접근 방법으로 형성되어져 갔다.

---

24. M. Stern, The Reign of Herod and the Herodian Dynasty, *Compendia* 1:216-307.

25. David S. Russel, *The Method and Message of Jewish Apocalyptic* (Philadelphia: Westminster, 1964), 22; Jacob Neusner, *Early Rabbinic Judaism: Historical Studies in Religion, Literature, and Art* (Leiden: Brill, 1975).

토라와 그 해석에 종사하는 사람들은 서기관sōf^erîm으로 알려지게 되었다. 종종 서기관이 되려는 사람은 학교에 등록하여 선생(랍비)에게 배웠으며, 그 랍비의 가르침을 충분히 이해할 때까지 공부했다. 그리고 그는 해석과 적용과 해설에 대한 전통적인 형식들에 있어서 권위자로 인정될 만큼 충분한 지식을 가질 때까지 다른 선생들과 함께 계속 연구해야 했다. 그가 충분히 인정을 받게 되면 그는 그 자신의 젊은 학자 모임을 이끌고 그 자신의 학파를 세울 수 있을 것이다. 토라 선생들은 회당에서 중요한 위치를 차지했으며, 공동체는 그들의 학식 때문에 그들을 존경했고 논쟁의 중재자로 그들을 찾았다. 유대 공동체는 성전에서 멀리 떨어져 있었지만, 그런 고립된 상황 속에서도 회당 안에서는 친밀한 교제가 형성되었다. 디아스포라에서 가장 멀리 떨어져 있는 곳에서도 유대인들은 회당 안에서 교제하기 위해 함께 만나고 그들의 주체성을 고무하기 위해 만날 수 있었다.[26] 정치적, 언어적, 지리적 장벽에도 불구하고 유대인들은 회당 제도와 토라와 교육 체계로 연합되었고, 그로 인하여 전통은 법적 변론과 결정 사항들의 큰 문서집으로 형성되었다.[27] 성문 율법은 인간 전통의 조명 아래에 해석되었다.

성전과 제사장직

많은 유대인들이 제사장들의 타락과 도도한 자세 때문에 성전 제의에 환멸을 느끼게 되었다.[28] 제사장 야손과 메넬라우스가 정치에 관여하고, 사두개파와 제사장들이 결탁하며, 비사독계 제사장이 나오고, 정치적 음모와 형식주의들이 있게 되자 성전에 대한 각성이 일어났다. 엣세네파는 완전히 성

---

26. S. Applebaum, The Social and Economic Status of the Jews in the Diaspora, *Compendia* 2: 701-27.

27. S. Safrai, The Synagogue, *Compendia* 2:908-44; idem, Education and the Study of Torah, ibid., 945-70.

28. S. Safrai, The Temple, *Compendia* 2:865-907; M. Stern, Aspects of Jewish Society: The Priesthood and Other Classes, ibid., 561-630.

전에서 떨어져 나와서 쿰란과 다메섹과 다른 곳들에다 공동체를 세웠고, 메시아와 사독계 제사장이 다시 세워지기를 기다렸다. 어떤 단체들은 성전에 대한 형식적인 충성을 유지하고 있었지만, 그것을 공개적으로 비난하고 있었다. 또 다른 단체들은 위서들에 가득 찬 묵시적 신비의 계시들에 관심을 두면서 메시아 시대를 기다리고 있었다.[29]

주후 70년의 성전 파괴는 엣세네파와 사두개파와 묵시론자들에게 치명타가 되었다. 유대교는 서서히 모어Moore가 칭한 규범적인 유대교로 발전했다.[30] 그러한 입장은 바리새파 유대교에 근거했지만, 성전 파괴 이후에야 구체화되었던 것뿐이다. 토라를 강조했던 많은 바리새인들에게는 예루살렘의 함락과 성전의 파괴가 큰 손실은 아니었다. 토라는 계속 남아 있었고 유대의 전통은 야브네Jabneh, Jamnia에서 랍비 요하난 벤 삭카이Zakkai의 역동적인 지도 아래에서 바리새파와 함께 재건되었다. 충격적인 예루살렘의 함락을 목격했기 때문에 유대교는 요하난의 지도 아래에 일관된 토라 생활 방식으로 발전했다. 그들의 결정은 규범적인 유대교의 기초를 형성했고, 그들의 영향은 오늘날까지도 남아 있다.

네 가지 초점들

유대교가 스스로 발견한 새로운 세계에 대한 여러 당파들과 접근 방법들 이외에도, 율법서, 지혜서, 선지서, 묵시록을 둘러싸고 중요한 신학적인 관점들이 발전했다. 율법과 지혜와 예언에 의해 열려진 접근 방법들은 성경의

---

29. '위서'라는 용어는 헬라어 성경이나 라틴어 성경의 정경 목록에 결코 포함되지 않은 묵시적 저작들을 가리킨다(다음과 같은 것들은 포함되어 있다: 제1에녹서, 희년서, 12족장들의 언약서, 솔로몬의 시편, 모세의 승천, 이사야의 순교). 서론에 관하여는, J. H. Charlesworth, *The Old Testament Pseudepigrapha and the New Testament* (Cambridge: Cambridge University Press, 1985); Russel, *Method and Message*; R. H. Charles et al., *Apocrypha and Pseudepigrapha of the Old Testament*, 2 vols. (New York: Oxford University Press, 1913)을 보라.

30. G. F. Moore, *Judaism in the First Centuries of the Christian Era*, 2 vols. (1927-30; reprint, New York: Schocken, 1971); E. E. Urbach, The Sages, *EJ* 14:636-55.

관점들 가운데서 자연스럽게 나온 발전들이었다. 그러나 묵시는 독특하게 발생하여 주전 200년부터 주후 100년 사이에 유대교에서 중요한 위치를 차지했다.[31] 이 기간 동안에 그것은 복잡한 정치와 문화의 세계 때문에 만들어진 긴장들에 접근함으로써 유대교에 깊은 영향을 미쳤다. 묵시는 억압받는 자의 관점에서 문학적인 작품으로 발생했다. 그래서 그것은 하나님, 인간의 역사, 천사의 세계, 사후의 삶, 메시아 왕국, 종말의 때에 관한 위로의 관점을 제공한다.[32] 묵시는 주로 세계의 창조와 이스라엘의 역사와 열방들의 종말에 관한 전통들과 상호 교류하기 위하여 상징적인 언어와 이미지를 사용한다.

랍비 요하난 벤 삭카이는 매우 특출한 선생이었으며, 그의 제자 위대한 랍비 엘리에셀도 그의 선생을 따라 순수이론적 경향을 띠었다.[33] 엣세네파의 문서들[34]인 위경들과 여러 묵시적 은유들 -에스드라 2서 14:13, 26, 46은 70개의 묵시록들을 언급함- 도 대중적인 것은 아니지만 묵시의 중요성을 증거한다.[35] 요한계시록은 묵시의 형태로써 이런 형태의 글의 일반적인 대중성을 보여준다. 예루살렘이 함락되고 토라-유대교가 주도권을 잡고 메시아에 대한 해석에 대하여 그리스도인들과 대화를 하게 되고 나서야, 랍비 유다Rabbi Judah가 이끄는 규범적인 유대교는 묵시를 줄이려고 했다.

유대교를 형성하는데 토라와 묵시를 강조한 것 이외에도 지혜서가 중요

---

31. G. E. Ladd, The Revelation and Jewish Apocalyotic, *EQ* 29 (1957): 94-100; idem, The Place of Apocalyptic in Biblical Religion, ibid., 30 (1958): 75-85; idem, The Origin of Apocalyptic in Biblical Religion, ibid., 140-46.

32. Russel, Method and Message, 205-390.

33. Israel Levi, Apocalypse dans le Talmud, *Revue des Etudes Juives* 1 (1880): 108-14; Jacob Neusner, *First-Century Judaism in Crisis: Yohanan ben Zakkai and the Renaissance of Torah* (Nashville: Abingdon, 1975), 126-32.

34. G. Vermes, *The Dead Sea Scrolls in English* (Hammondsworth: Penguin Books, 1970).

35. Russel, *Method and Message*, 28-33.

한 역할을 했다. 벤 시라Ben Sira는 이 복잡한 세계 속에서 균형을 발견하기 위하여 지혜를 받아들였다. 그에게 있어서 지혜는 무조건 율법에 집착하거나 성전에 헌신하는 것이 아니라 지혜 자체에 대한 추구를 요구하는 것이었다. 다른 사상가들은 선지자들의 말을 미래에나 헬레니즘과 이방 종교를 넘어서는 세계에 적용하려고 했고, 그래서 묵시 운동이 일어났다. 열심당이라는 또 하나의 집단은 정치적인 대안들을 찾고 지배 권력을 방해하는 데서 의미를 찾았다.[36] 유대교는 온갖 종류의 분파와 이익 단체들로 분열되고 갈라졌는데, 모두가 대중적인 지지를 얻으려고 경쟁했고 서로가 다른 집단들보다 더 우월하다고 여기고 있었다. 우리 주님께서 오신 세상은 구약이 전혀 주의 깊게 적용되지 않고 있었다. 정치적, 사회적, 경제적, 지역적, 분파적 이익들이 결합하여 복잡하게 얽힌 인간관계를 만들고 있었다.

---

36. Josephus, *Antiquities* 18. 2. 6.

8부 결론

포로 이후 시대의 세계는 종교 운동가인 에스라와 정치 운동가인 느헤미야 같은 위대한 지도자들의 그늘 밑에 있었다. 둘 다 이상향에 몰두했으며, 토라에 집착하고 하나님의 임재를 누릴 수 있는 거룩한 나라에 대한 비전을 가졌다는 공통점이 있다. 그것은 포로 이후의 선지자들(학개, 스가랴, 말라기)의 소망이기도 했다. 그러나 이 세 선지자들은 모두 포로 이후의 유대교 세계가 단지 부분적인 성취일 뿐이라고 이미 지적한 바 있다. 선지자의 말은 아직 많은 부분이 성취되어야 했다. 여호와께서는 또 한 번 천지를 진동하셔야 했다(학 2:6; 히 12:26도 보라). 예루살렘은 열방 가운데서 논쟁의 대상이 되어야 했고, 메시아가 와서 그 나라를 소개해야 했다(슥 14:4-9). 여호와의 종이 와서 한 백성을 여호와께 대하여 정결케 할 것이며 그 후에 경건한 자들은 큰 보상을 받을 것이고 악한 자들은 심판을 받을 것이다(말 4:1-3). 포로 이후의 선지자들은 더 큰 성취의 시대가 올 것이라고 말했고, 하나님의 백성들에게 헌신의 행위들과 여호와께서 상급과 큰 영광을 가지고 오실 것에 대한 기대와 정의와 공의와 사랑을 실천함으로써 그의 오심을 준비하라고 권고했다.

고립되어 있던 전원 세계가 갑자기 헬레니즘과 로마 정책이 가해지는 현실 세계로 인하여 깨졌다. 주전 323년 이후 유대교는 안팎의 많은 적들을 대해야만 했다. 선지자들의 세계도 복잡해지고 긴장되었다. 유대인들은 서로 다른 반응을 보였으며, 몇 백 년 동안 서로 다른 반응을 보이는 가운데 각기 다른 이념들, 학파들, 당파들이 생기게 되었다.

신약의 세계는 포로 이후의 시대와 완전히 달랐다. 헬레니즘과 더불어 새로운 형태의 우상 숭배가 나타났다. 유대교는 포로의 체험을 통해 교훈들을 얻었고, 그래서 선지자들이 되풀이하여 외치는 우상 숭배는 토라를 사랑하는 자들에게는 더 이상 큰 유혹이 되지 못했다. 그러나 헬레니즘은 더 매력적인 형태의 우상 숭배를 소개했다. 헬라적인 생활방식과 사고방식으로 문화가 이식되면서 사람들은 부와 권력을 얻을 수 있었다. 고대 세계의 세속화라는 관점에서 보면, 유대교는 헬라제국과 로마제국의 현실 정치에 반응해야만 했다. 어떤 집단은 그 체제 속으로 끌려들어갔고 어떤 집단들은 그 체제와 협력하다가 사라져 갔으며, 어떤 집단들은 여전히 새로운 세계에 대하여 강하게 반항했다.

신약의 세계에 대한 문서 자료들과 고고학적 정보들이 늘어감에 따라 주후 1세기는 매우 복잡한 시기였음이 분명해졌다. 우리가 유대인 집단들이 무엇을 믿었는가를 물을 수 없는 것은 너무 많은 집단들이 있었기 때문이다. 오늘날까지도 많은 교파들, 집단들, 분파들이 있으며, 각각이 분열 과정을 겪고 있고, 각각 소중히 이해하는 신앙 체계를 유지하고 있으며, 정치적인 문제들과 문화적인 개입과 성경의 기록에 대한 이해에 있어서 서로 상이하게 말하고 있으므로, 1세기 유대교는 그 흐름에 있어서도 역동적이고 복잡한 종교로 묘사되어야 한다.

신구약 중간기를 이렇게 요약하면 예수와 유대인 및 유대 지도자들과의 관계를 재평가할 필요성이 생기게 된다. 예수를 괴롭힌 것은 거의가 몇몇 집단들이나 혹은 기껏해야 한 집단의 분파들이었다. 몇몇 사람들의 행위 때문에 모든 유대인들이나 모든 바리새인들을 판단하는 것은 신약의 기자들에게와 유대 백성들에게 정당하지 못한 것이리라!

이러한 재평가에는 예수와 구약의 연속성에 대한 새로운 강조점들을 포함해야 한다. 종종 예수께서 구약에 나오는 것과 다른 교리를 가르치신 것으로 여겨진다. 오히려 예수께서 율법과 선지서와 성문서에 있는 하나님의 진정한 음성을 회복하셨다는 사실이 점점 확실해졌다. 하나님의 음성은 조직화와 논쟁적 관심과 당파적 관심으로 가리워지게 되었다. 모든 집단들이 말씀을 해석하고 적용하는 데 자기 나름대로의 체계를 가지고 있었고, 참된 아브라함의 자손이 되는 유일한 방법을 다른 집단에게 보여주려고 애썼다. 강조점들이 많았고, -토라, 성전, 묵시주의, 실용주의, 현실주의- 각 집단들은 자신의 학파, 지도자, 역사적 정당성을 가지고 있었다. 수백 년 동안의 정치적, 문화적, 종교적 변화를 겪으면서 구약의 메시지는 뒤죽박죽이 되었다. 예수께서는 성경의 가르침을 단순히 인간의 우연한 일들을 통해서 뿐만 아니라 모세와 선지자들을 통한 하나님의 음성으로 회복하시기 위해 오셨다.

The Progress of Redemption

9부
예수와 그 나라

Part 9

서론

　1세기 상황에서 유대인들은 많은 소망의 여지를 남겨 놓고 있었다. 하나님의 백성들이 수 세기 동안 선지자의 음성을 듣지 못했다. 그들은 지난 셀류커스-프톨레미우스 시대와 지금의 로마 통치 하에서 압제와 불안을 겪고 있었다. 선지자들이 그렇게도 생생하게 말했고 유대인들이 여러 세기 동안 간절히 기다렸던 메시아 시대는 아직 오지 않았다. 그러나 세례 요한과 주님께서 오실 때에 하나님께서 다시 그의 백성들에게 말씀을 시작하셨다.

　신약의 저자들은 예수 그리스도 안에서 절정을 이룬 하나님의 계시를 증거한다. 아버지께서 과거에는 모세와 선지자들을 통하여 자신을 계시하셨지만, 예수 그리스도는 아버지의 형상이시며 아들 자신이시다(히 1:3; 3:6). 구속사에서 이 시기는 과거 시대의 기대를 절정에 이르게 하며, 다가올 더 큰 시대에 대한 새로운 전망들과 소망들을 확대시킨다. 신약은 예수 그리스도 안에서의 위대하고 영광스러운 회복을 증거함으로써 구약을 확증한다. 신약만을 성경으로 생각하는 것은 치명적인 실수이다. 왜냐하면 사도들과 복음서의 기자들은 스스로를 구약 메시지의 상속자들이라고 생각했기 때문이다. 그리스도 이전의 하나님의 백성들은 신약의 성도들과 함께 한 집안을 이루며, "사도들과 선지자들의 터 위에 세우심을 입은 자라 그리스도 예수

께서 친히 모퉁잇돌이 되셨느니라"(엡 2:20).[1]

　누가복음은 구약의 선지자들의 소망과 신약의 선포의 연속성을 보여주고 있는데, 그것은 메시아이신 예수 안에서 구약의 모든 약속들이 성취되리라는 것이다. 누가는 마리아의 송가Magnificat와 스가랴의 예언과 시므온의 축복과 안나가 그의 출생의 기쁜 소식을 이야기하는 내용을 통하여 구약의 성도들이 얼마나 다가올 구원을 고대했는지를 표현하고 있다. 첫 두 장에 있는 출생 기사는 요한과 예수의 사역과 구약을 연결시키고, 선지자들과 요한과 예수의 사역들의 연속성을 확증하면서, 신약과 구약의 고리를 만들고 있다.[2]

　누가복음의 출생 기사에서 예수는 이스라엘의 가난한 자들에게 관심을 가짐으로써 그들이 죄사함을 체험하고, 거룩함과 의로움으로 두려움 없이 하나님을 섬기며, 그들의 구원이 모든 이방인들에게 계시가 될 것인데, 이것은 아브라함과 다윗과 선지자들에게 하신 하나님의 말씀과 일치한다. 구약의 선지자들과 예수와의 연관성은 그 선지자들이 메시아의 시대에는 그의 백성들이 하나님의 용서의 은혜를 누릴 것이라고 예언했기 때문에 충분하게 이루어지고 있는 것이다(사 40:1-2; 43:25; 44:22; 렘 31:34). 그때는 이스라엘뿐만 아니라 이방인들에게도 비추이는 빛이 특징이다(사 60:62).

　또 메시아의 시대는 과거에 하나님의 백성들을 괴롭힌 모든 대적들과 악의 종말을 나타낸다. 그들은 평안히 그를 경배할 수 있을 것이다. 누가복음의 서론에 위의 노래들과 기대가 들어 있다는 것은 그가 유대인 독자들로 하여금 예수 안에서 구약의 선지자들의 말이 성취되었다는 사실을 볼 수 있도록 준비시키고 있는 것이기 때문에 신학적으로 중요한 의미를 갖는다. 이와 비슷한 방법으로 바울도 예수 안에서 하나님의 모든 약속들이 확증된다고 선포하고 있다. "하나님의 약속은 얼마든지 그리스도 안에서 예가 되

---

1. 신약에서의 구약의 사용에 대하여는 R. N. Longenecker, *Biblical Exegesis in the Apostolic Period* (Grand Rapids: Eerdmans, 1974); James D. G. Dunn, *UD*, 81-102를 보라.
2. Willem A. VanGemeren, "IHCIP," pt. 2, pp. 285-86; Raymond Brown, *The Birth of the Messiah* (Garden City: Doubleday, 1977), 499.

니 그런즉 그로 말미암아 우리가 아멘하여 하나님께 영광을 돌리게 되느니라"(고후 1:20).

새 시대의 기쁨은 구속사의 중심이신 그리스도의 오심에 있다. 옛 시대의 성도들은 그리스도께서 독특하고 영광스러운 방법으로 하나님의 나라를 소개하리라는 소망을 가지고 그리스도께 예배함으로써 새 시대의 성도들과 연합된다. 사복음서의 기자들은 우리에게 예수께 맞춘 초점을 보여 주며, 이 4중적 초점은 그리스도가 누구시며 그가 세상에 계시는 동안 무슨 일을 시작하실 것인지에 대하여 더 폭넓고 깊이 있게 이해하게 해준다.

그 왕의 시대는 구속사에서 분수령을 이룬다. 이러한 관점에서 구속사는 계속 그 마지막 목표인 온 세상의 회복을 향해 나아간다. 우리는 이 시기의 문학적, 정경적, 구속사적 특징들을 고려함으로써 이 시대의 의미를 살펴보고자 한다. 복음서들은 다음의 내용들을 증거한다.

1. 예수의 지상 사역의 사실성
2. 그의 사명의 목적과 충격
3. 하나님의 메시아의 권위
4. 하나님의 계획의 연속성
5. 메시아이신 예수께 대한 개인적 응답의 필요성
6. 하나님의 새 백성("교회")의 성격과 사명, 그리고
7. 메시아적 백성들의 소망이신 예수

27

예수 그리스도의 복음

사복음서는 본래 우리 주님의 생애와 가르침을 담고 있는 문헌 자료들 중에서 유일하게 현존하는 것이다. "복음"이라는 말은 특별한 문학 형태에 대한 문학적 명칭이다.¹ 복음서들은 각자가 모두 성령으로 영감된 각기 다른 네 사람들에 의하여 계획되고 이끌어낸 예수 그리스도의 다양한 모습을 담고 있다. 각 복음서들이 이야기 전개에 있어서 많은 특징들을 사용함으로써 그 문학적 구도는 통일된 구성을 나타낸다. 라이켄Leland Ryken은 복음서가 전기, 역대기, 픽션(비유들), 연설, 설교, 대화(혹은 드라마), 잠언, 시, 비극, 희극 등이 뒤섞인 이야기라는 확신을 가지고 그에 대한 문학적 접근을 시작해야 한다고 주장한다.² 각 복음서 기자들은 선택하고, 해석하고, 재구성하고, 대조시켜 강조하는 등의 방법들을 통하여 각자가 해석한 예수의 모습을 보여 준다.³

---

1. Meredith G. Kline, "The Old Testament Origins of the Gospel Genre," *WTJ* 38 (1975-76): 1-27.

2. Leland Ryken, *How to Read the Bible as Literature* (Grand Rapids: Zondervan, 1984), 131-32; idem, ed., *The New Testament in Literary Criticism* (New York: Unger, 1984), 84-129.

3. Robert A. Guelich, "The Gospels: Portraits of Jesus and His Ministry," *JETS* 24 (1981): 117-23; David Rhoads and Donald Michie, *Mark as Story: An Introduction to the*

복음서들은 예수께서 그의 가르침에서 즐겨 사용하시던 비유 형태를 기록하고 있다. 비유는 대개 짧고 간결한 말이며, 지혜 장르나 단편 소설의 특징을 갖는 표현이다. 단편 소설의 범주는 단순한 유추를 넘어서서 훨씬 복잡한 교훈에까지 나아간다. 라이켄은 비유들이 "대중적이거나 민속적인 이야기의 걸작들"이라는 확신을 갖고서 그 이야기의 단순하고 드러나는 요소들 뒷면을 본다. 그는 비유와 풍유를 구별하며, 각각의 비유들에서 여러 개의 주제들을 발견한다. 따라서 그는 각각의 비유들은 오직 하나만의 중심점을 갖는다는 현대적 해석의 표준을 거부한다.[4]

마태복음

마태는 그의 자료를 어떻게 구성했는가? 그는 마가와 같은 다른 자료들에 어느 정도로 의존하고 있으며, 이 자료들을 어떻게 재정리해서 메시아이신 예수의 모습을 그리는 데 독립적으로 공헌하고 있는가? 비록 신약 학자들이 1세기 동안 이런 질문들에 매달려 있지만 아직 일치된 대답이 없으며, 솔직히 말해서 마태가 그의 복음서를 어떻게 구성해 놓았는지 분명치가 않다. 문학적 분석 방법을 시도해 왔지만, 여전히 확신있게 내적 구조를 밝히지 못하고 있다.[5] 마가와 비교하여 마태는 예수의 지상 사역에서 서론과 결

Narrative of a Gospel (Philadelphia: Fortress, 1982); George Wesley Buchanan, *Jesus: The King and His Kingdom* (Macon: Mercer, University Press, 1984).

4. Ryken, *Bible as Literature*, 144. 이 문제에 관하여 계속 더 연구하기 위해서는 Raymond E. Brown, "Parable and Allegory Reconsidered," in *New Testament Essays* (Garden City: Doubleday, 1968), 321-33; G. B. Caird, *The Language and Imagery of the Bible* (Philadelphia: Westminster, 1980), 160-71; M. D. Goulder, "Characteristics of the Parables in the Several Gospels," *Journal of Theological Studies*, n.s., 19 (1968): 51-69; L. Ryken, *The New Testament*, 78-83, 255-72, 285-94를 보라.

5. Donald Guthrie, *NTI*, 29-33, 48-50; K. Stendahl, *The School of St. Matthew and Its Use of the Old Testament* (Philadelphia: Fortress, 1968), 20-29; H. J. Bernard Combrink, "The

말에 더 많은 주의를 기울이고 있다. 더욱이 그는 복음에 관한 자료들을 선포Kerygma와 교훈didackē이라는 문학적 묶음으로 정리하고 있는데, 산상 설교(5-7장), 제자들의 선교(10장), 비유들(13장), 교회에 대한 비유들과 교훈들(18장), 바리새인들에 대한 저주들(23장), 감람산 강화(24-26장) 등이 그것들이다.

공관복음서끼리 비교해 보면 마태는 마가의 자료를 크게 확장하고 있는 것을 알 수 있다. 큄멜은 마태의 약 50퍼센트 정도가 마가와 병행되고 28퍼센트는 누가와 병행되고, 22퍼센트만이 마태의 독특한 것이라고 주장한다.[6] 마태의 고유한 자료는, (1) 선지자의 말의 성취 (2) 기독교와 유대교의 구별 (3) 기독교와 유대교의 연속성 (4) 순종과 제자도에 대한 철저한 성격 그리고 (5) 종말론적 심판이라는 기록자의 5가지 신학적 관심들을 드러낸다.

첫째, 마태는 선지자들의 말의 성취fulfillment에 관심을 드러낸다. 그는 소위 성취 인용들을 광범위하게 사용한다(1:22-23; 2:5-6, 12-15, 17-18, 23; 4:14-16; 8:17; 12:17-21; 13:35; 21:4-5; 27:9-10).[7] 성취된 예언들을 자주 언급하는 것은 구약에 대한 모형론적typological 접근을 반영하는 것이다. 마태에게 있어서 예수는 특정한 구약 예언들을 성취할 뿐 아니라 -그가 아브라함의 자손이며 애굽에서 나오고 광야에 머물렀다는 점과 그의 사역과 거절된 점에서- 이스라엘 역사의 일반적 개요를 성취한다.[8]

둘째, 마태는 기독교와 유대교의 분리separation가 어디에서 시작되는지를 훤히 알고 있다. 그는 유대인이든 이방인이든 간에 죄인에 대한 예수의

Structure of the Gospel of Matthew as Narrative," *TB* 34 (1983): 61-90.

6. W. G. Kümmel, *Introduction to the New Testament*, trans. A. J. Mattill, Jr. (Nashville: Abingdon, 1966), 108.

7. A. T. France, "The Formular Quotations of Matthew 2 and the Problem of Communication," *NTS* 27 (1980): 233-51; Stendahl, *School of St. Matthew*, 39-217를 보라.

8. R. H. Gundry, The Use of the Old Testament in *the St. Matthew's Gospel*, Novum Testamentum Supp. 18 (Leiden: Brill, 1967); Buchanan, *Jesus*, 291-311을 보라.

관심을 분명하게 밝힌다(1:21; 9:13; 11:19). 예수의 죽음에 대한 죄의 책임은 유대인에게 있으며(27:25), 유대인들에게서 "하나님의 나라를 빼앗기고 그 나라의 열매 맺는 백성이 받을"(21:43) 것이다. 예수께서는 그의 세대의 유대인들에게 "나라의 본 자손들은 바깥 어두운 데 쫓겨나 거기서 울며 이를 갈게 되리라"(8:12)고 경고하셨다. 마태는 새로운 공동체를 나타내는데 *ekklēsia*("교회")라는 단어를 쓰면서(16:18; 18:17), 그 새로운 공동체에 대한 예수의 가르침을 나타내는 데 큰 관심을 기울인다(18장).⁹ 베드로와 새로운 공동체의 신자들의 직분자들에게 주어진 권위는 회당과 구별되어 존재하지만, 죄를 용서하고 제자를 훈련하시는 예수의 권위와 연관되어 있다(9:1-8; 16:19; 18:18).¹⁰ 최후 심판에서 양과 염소의 구별은 예수의 말씀을 지키는 것과 예수께 대한 사랑의 표현에 달려 있다(25:31-46). 마태의 마지막 부분에서 "유대인들 특히 그들의 지도자들은 교회와 맞선다"¹¹ (21:31-32, 45-46을 보라).

셋째, 마태는 또 기독교와 유대교의 연속성continuity을 언급한다. 그리스도께서는 유대인들을 거절하지 않으시고(10:5-6) 그들에게 그가 예시한 하나님의 나라를 구하고 그를 따르라고 권면하셨다(6:33; 11:28-29). 그는 옛 것을 고수하고 있는 모든 "율법 선생들"을 초청하여 그에게 와서 배우게 했다(13:52; 5:17도 보라). 마태는 예수께서 다시 오실 때에 유대인들이 그를 어떻게 환영할 것인지에 대한 예수의 말씀을 인용함으로써 유대인들의 미래에 대한 여지를 열어 두고 있다(23:39).

넷째, 예수의 오심과 함께 순종과 제자도의 철저성radical nature이 강조된

---

9. Terry Spearman, "An Exeegetical Study of Matthew 16:18," (M.A. thesis, Reformed Theological Seminary, 1983); James P. Martin, "The Church in Matthew," *Interpretation* 29 (1975): 41-56.

10. Hans Conzelmann, *An Outline of Theology of the New Testament* (london: SCM, 1969), 145-49; cf. Childs, *NTCI*, 77-78.

11. Kümmel, *Introduction*, 115.

다. 연속적인 요소가 있기는 하나, 예수의 사명은 의로운 자들을 그분 자신에게로 구별해 내야 하는 것이며(10:34-39), 그분 자신에 대한 절대적인 충성을 요청하고(37-42절; 16:24-26), 아버지의 뜻에 대한 무조건적인 복종을 요구한다(7:21-23; 12:50; 13:41-43; 25:31-46). 예수는 하나님의 영원하신 율법에서 사람들을 자유롭게 하시려고 오신 것이 아니라(5:17-20), 유대인들과 이방인들을 함께 묶으려고 오셨다. 율법은 이제 더 이상 모세에게서 최종 권위의 한계를 갖는 것이 아니라 부분적으로 예수의 사명의 조명 하에서 이해되어야 한다(11:28-30). 예수는 모세에 대한 해석자이시다. 이 점에서 차일즈는, "모세의 율법은 일시적인 것이어서 지금은 하늘 나라로 대체되어야 하는 것이 아니라 오히려 영원히 유효한 하나님의 뜻을 표현하고 있다."라고 정확히 설명했다.[12]

다섯째, 종말론적 심판eschatological judgement이 하나님의 뜻을 가르치는 교사로서의 예수의 역할에 초점을 맞추고 있다. 그는 양과 염소를 판단할 것이며(25:31-46), 그의 심판의 근거는 그와 그의 가르침에 대한 충성이다(7:21-23; 13:41-43). 예수께서는 편한 신앙주의easy-believism를 원치 않으신다. 그는 가장 철저한 성격의 제자도-자기를 부인하고 자기 십자가를 지는 것(8:22; 10:38-39; 16:24-25)과 그의 뜻에 대한 절대적 충성(7:21; 25:31-40)을 요구하신다.

마태의 문학적 구조는 5개의 단락에서 이 5가지가 강조되고 있는데, 각 단락은 "예수께서 이 말씀을 마치시매"(7:28; 11:1; 13:53; 19:1; 26:1)라는 공식적인 맺음말로 끝나고 있다(표 20을 보라). 그런 도식화가 비평을 받을 필요가 있기는 하지만, 그것은 이스라엘이 하나님께 대하여 소망했던 것들이 하나님의 아들이신 예수의 생애와 사역 안에서 성취된다는 구속사를 편리하게 요약해 주고 있다.[13] 이 책의 전체를 통과 하며 다양한 부분들이 연관

---

12. Childs, *NTCI*, 72.
13. B. W. Bacon, "Five Books' of Matthew Against the Jews," *Expositor*, 8th ser., 15

되어 있는 주제는 약속과 성취라는 신학적 원리이다.[14] 성취는 지금 여기에서 이루어지지만, 그것은 또한 종말론적이다. 이와 같이 마태는 그의 메시지의 모든 면을 종말론이라는 우산 속에 포함시킨다.

서론(1-2장)
    예수와: 구약의 율법(3-7장)
        제자도(8:1-11:1)
        그 나라(11:2-13:53)
        새로운 공동체, 교회(13:54-19:2)
        종말, 새 소망(19:3-25:46)
절정(26-28장)

표 20. 마태복음의 문학적 구조

마가복음

마가복음은 지리적으로 구성되어 있다. 예수의 이야기는 갈릴리에서의 그의 사역에서 시작하여(1:14-9:50), 잠시동안 갈릴리 밖으로 확장되고(두로에서[7:24], 두로와 시돈에서[31절], 가이사랴 빌립보에서[8:27]), 예루살렘으로 향한 그의 여행으로 절정에 이르게 되는데, 여기에 그가 예루살렘 안에서와 주변에서 가르치시고 고난 당하신 사역이 포함되어 있다(10:1-16:8). (표 21을 보라).

(1918): 56-66; Childs, *NTCI*, 63; Marianne Meye Thompson, "The Structure of Matthew: A Survey of Recent Trends," *StBit* 12 (1982): 195-238.

14. W. G. Kümmel, *Promise and Fuifillment: The Eschatological Message of Jesus* (London: SCM, 1961).

서론(1:1-13)
　　　　갈릴리에서의 예수(1:14-5:43)
　　　　　　갈릴리 주변에서의 예수(6-9장)
　　　　　　　　예루살렘으로 향하시는 예수(10장)
　　　　　　예루살렘 주변에서의 예수(11-13장)
　　　　예루살렘 안에서의 예수(14:1-16:8)
　　결말(16:9-20)
　　*가장 좋은 본문들의 증거에 따르면, 마가의 결말(16:9-20)은 신빙성이 없음.

표 21. 마가복음의 문학적 구조

지리적 구성은 신학적-문학적 관점에 근거하고 있다.[15] 마가는 예수께서 갈릴리 출신이고 갈릴리에서 사역하셨고 예루살렘에서 고난 당하시고 부활하신 후에 갈릴리로 되돌아가신 것으로 묘사하고 있다(14:28). 예루살렘 근처에서의 그의 사역과 수난과 부활은 부활하신 주님의 사역에 대한 배경을 이룬다.

갈릴리 주변에서의 그리스도의 사역을 간단히 부연한 것과, 이방인에 대한 앞으로의 선교를 가르치신 것은 마가가 이방 선교를 중시했다는 증거이다. 갈릴리는 예루살렘에서 멀리 떨어진 이방인의 세계를 나타내며, 반면에 예루살렘은 제도화된 유대교의 형태 때문에 예수님을 거절한 것을 나타낸다. 큄멜은 이런 점에서 다음과 같이 살펴보고 있다. "구원이 불신앙적인 유대인들에게서 신앙적인 이방인들에게로 이전되는 것… 그는 더 이상 예루살렘과 그곳의 유대인과는 아무런 관계가 없는 이방인 기독교에 대해 연설

---

15. B. van Iersel 은 "Locality, Structure, and Meaning in Mark," *Linguistica Biblica* 53 (1983): 45-54 에서 5중 구조 -사막, 갈릴리, 길, 예루살렘, 무덤- 의 입장을 주장한다; 또, Ryken, *New Testament*, 214-20; Guthrie, *NTI*, 63-69를 보라.

하고 있는 것이다."¹⁶

이 복음서의 목적이 예배 의식을 위한 것인지, 교리 문답을 위한 것인지, 논쟁을 위한 것인지에 대해서는 일치된 견해가 없다. 복음서의 기자들이 예수가 누구인지에 대하여 고의적으로 초대 교회와 일치되게 설명하고 있다고 자주 논의되었다. 마가가 "숨겨진 그리스도"hidden Christ라는 대전제에 의해서 초대 교회의 기독론(소위 헬라적 그리스도)과 실제로 갈릴리에서 살았고 사역했던 예수(소위 팔레스틴 예수)와의 차이를 설명하고 있다는 가정은 매우 의심스럽다. 마가에 대한 비평주의적 입장이 그런 관점들을 택한다. 헬라적 그리스도와 팔레스틴의 예수는 결코 구별될 수가 없다. 왜냐하면, 마가는 분명히 사람들을 기독교 신앙으로 끌어들이려는 목적에서 부활의 그리스도를 설명하려 하고 있기 때문이다. 차일즈는, "부활 이전의 예수의 모습과 부활 이후의 예수의 모습을 합쳐서 하나를 이루는 것이며, 과거든 미래든 둘로 분리할 수 있는 방법은 없다"라고 말한다.¹⁷ 그리스도께서 부활 이전에 자신의 참된 정체를 드러내시기도 하셨지만 또 숨기셨던 것은 부활 이후에도 마찬가지이다.

예수께서는 부활 이전의 교훈과 이적들을 통하여 그의 나라가 이 땅에 속하지 아니한 육신을 입으신 그리스도의 권위를 나타내신다(1:22; 9:14-29; 10:46-52; 11:12-33). 그 나라의 "복음-"(1:1)은 모든 것을 완전하게 하시러 오실 살아계신 그리스도에 대한 선포로 이루어져 있다. "하나님의 아들 예수 그리스도 복음의 시작이라"는 말로 시작되는 서두는 구약 선지자들의 말과 관련지어서 예수의 사명을 소개하는 것이다(1:2-3; 사 40:3; 말 3:1을 보라). 보른캄Bornkamm에 의하면 "하나님의 아들" 이라는 칭호는 마가가 "그리스도를 이해하는 데 있어서 가장 분명하고 가장 중요한 표현이다."¹⁸ 그러나

---

16. Kümmel, *Introduction*, 89.

17. Childs, *NTCI*, 86.

18. Günther Bornkamm, *The New Testament: A Guide to Its Writings*, trans. Reginald H. Fuller and Ilse Fuller (Philadelphia: Fortress, 1973), 55.

예수의 사명은 종말론적 파루시아Parousia, 임재라는 표현으로도 이해되어야 한다. 이러한 목적으로 종말론적 강화(막 13장)는 수난 기사를 소개함으로써, 마치 그의 수난을 통하여 "그리스도의 종말론적 나라가 기대되며 그의 최후 승리 이전에 그것이 이미 체험되는 것"을 말하려는 것 같이 보인다.[19] 나중에 예수에 관한 복음의 선포인 복된 소식은 모든 열방에게로 퍼져나갈 것이다. 시간적 장소적 차원에서 종말과 우주는 승귀하신 메시아이신 예수 안에 집중된다.

누가복음

누가의 독특한 역사 의식은 그의 서론(1:1-4)에서 나타나는데, 거기에서 그는 그가 어떻게 "처음부터" 예수에 관한 모든 것을 주의 깊게 조사하여 그것을 근거로 해서 차례대로 복음을 기록하려는지를 설명하고 있다. 이러한 초점은 사도행전의 유사한 문구와 일치한다, "내가 - 예수의 행하시며 가르치시기를 시작하심부터 - 승천하신 날까지의 일을 기록하였노라"(1:1-2). 누가는 다른 복음서 기자들보다도 더 구속사 안에서의 예수의 위치에 대하여 몰두한 것 같다.[20] 이러한 관심은 누가가 왜 복음서의 후편으로 초대 교회에 성령께서 임하신 역사(사도행전)를 기록했는지도 설명해 준다.

예수의 생애는 시간적이고 지리적인 관심이 반영되면서 단계적으로 드

---

19. Childs, NTCI, 91. 콘첼만에게 있어서 복음은 "재림을 가리키지만, 그러나 그것을 넘어서지는 않는다"(Outline of Theology, 141).

20. 콘첼만에 의하면, "구속사의 계속성은 율법에서부터 분명하다. 첫 단계는 율법과 선지자의 때이다. 그런데 예수께서는 자신의 회개에 대한 설교와 자신의 계명들로 율법을 발전시키신다. 이러한 것들은 어쩔 수 없이 교회에 남아 있지만, 이제는 그것이 하나님의 나라(눅 16:16)와 그 영에 관한 설교에 더 첨가되어 주어지고 있다"(Outline of Theology, 151; 강조 부분은 저자인 VanGemeren 이 강조한 것임).

러난다.²¹ 누가는 마가가 소개한 지리적 형식(갈릴리, 유대, 예루살렘)으로 예수의 생애를 전개하고 나서, 예루살렘에서 시작된 사도들의 선교가 유대와 갈릴리와 세상 끝까지 확장되는 계획을 세운다(행 1:8). 시간적으로 예수의 복음도 구속사에서 많은 진전을 보이고 있다. "율법과 선지자는 요한의 때까지요 그 후부터는 하나님 나라의 복음이 전파되어…"(눅 16:16).

사도행전에서 누가는 다음 단계인 성령의 시대로 더 전개해 나간다(행 1:4-5). 매 시기마다 그 이전의 시기와 연속성을 보여 준다. 누가는 사명에 있어서 예수께서 모세와 자신을 관련시켜 하신 말씀을 인용함으로써 내적 관련성을 분명하게 하고 있다. "그러나 율법의 한 획이 떨어짐보다 천지가 없어짐이 쉬우리라"(눅 16:17). 모세의 율법이 시행되던 시기와 예수 안에 하나님의 나라가 임한 시기가 구별되듯이, 이 땅에서의 예수의 사역과 성령의 시대는 구별된다(행 1:1-5). 그러나 그런 차이들 속에 살아있는 연속적 요소들이 있다.

누가가 그리스도께서 다시 오시지 않는 사실에 실망하여 그의 작품을 기록했다고 추론한 학자들이 많았다. 그러나 이러한 주장을 지지할 만한 증거가 복음서에는 없다. 첫째, 성령께서 복음서에 능력있게 임하셨다(눅 4:18-22). 예수께서는 복음의 선포에서 선지자들의 말을 성취하셨고, 이런 면에서 영광스러운 미래는 예수 안에 있는 것이다.

둘째, 비록 누가가 예수를 "종말적 사건"으로 묘사하지는 않지만, 그는 종말에 대하여 분명하게 이해하고 있다. 그는 미래의 그리스도의 나라를 아버지의 권위 안에 있는 것으로 명시하고 있으며(행 1:7), 예수께서 분명히 예기치 않게 오실 것이라고 주장한다. "미래의 확실성은 하나님께서 심판과 구원으로 그의 백성을 찾아오실 그분의 계획에 기인된다. 따라서 그것은 엄

---

21. S. J. Kistemaker, "The Structure of Luke's Gospel," *JETS* 25 (1982): 33-40; 다른 구조들에 대해서는, Ryken, *New Testament*, 190-92를 보라.

격한 제자도로써 계속 응답할 것을 요구하는 것이다."[22] 누가는 그리스도께서 곧 오실 것이라는 역사적 인식에 공헌하고 있다. 교회가 박해를 당하는 것을 보면서 누가는 그 나라가 완전히 알려질 때까지 인내하도록 부탁한다. "이방인의 때"(눅 21:24)와 같이, 예수께서 영광 중에 오셔서 그 나라를 완성하시는 것은 하나님의 손에 달려 있지만, 기독교 공동체는 그들에게 시련을 줄 권위들 앞에서 증거할 준비가 되어있어야 한다(12-19절). 그들은 예수께 대한 충성심을 가지고, 이 땅에 어려움이 늘어갈수록 가까워 오는 구원을 기대하면서 살아야 한다(28절). 이렇게 그들은 부지런히 두려움 없이 그의 재림을 기다려야 할 것이다.

누가는 역사적 도식화에 관심을 두면서, 예수의 생애를 약속들의 성취로 전개하고 있다. 그는 점진적인 성취라는 구도로 저작하여, 예수의 일생 전체-출생 기사에서부터 부활 이후의 모습까지-가 구약에 예시되어 있는 것으로 묘사한다. 예수의 말로는, "모세의 율법과 선지자의 글과 시편에 나를 가리켜 기록된 모든 것이 이루어져야 하리라"(24:44).

구약에서 인용함으로써, "유대인의 성서가 예수의 생애가 읽혀지고 이해되는 정황을 제공한다. 무엇보다도 누가는 구약을 기독교화하려는 것이 아니라 그것 자체의 소리를 다가오는 구원으로 말하려고 한다."[23] 종말론과 즉각성에서 연속성으로 바뀌어지는 것이다. 교회의 선포에는 모세와 선지서와 성문서들과 그 나라의 복음 모두가 포함되어 있다(16:16; 24:44-45를 보라). (표 22를 보라)

---

22. Childs, *NTCI*, 110. 콘첼만은 이렇게 기록하고 있다, "누가의 구속사 개념의 근거도 역시 부활과 재림 사이의 교회로서의 그 교회인 이스라엘이다"(*Outline of Theology*, 150); I. Howard Marshall, *Luke: Historian and Theologian* (Exeter: Paternoster, 1970)을 보라.

23. Childs, *NTCI*, 115.

서론(1:1-4)
　　출생과 어린 시절의 기사(1:5-2:52)
　　　　예수의 사역의 시작(3:1-4:13)
　　　　　　갈릴리에서의 예수(4:14-9:50)
　　　　　　　　예루살렘으로의 여행(9:51-19:27)
　　　　　　　　　　죽음과 부활과 부활 이후(19:28-24:53)

표 22. 누가복음의 문학적 구조

요한복음

　요한은 예수에 관해 다른 관점을 보여 주고 있다. 그는 예수의 생애의 사건들보다는 예수의 말씀과 그가 일으키신 이적들의 표적으로써의 가치에 더 관심을 갖고 있다. 예수의 말씀들이 요한의 복음을 형성하고 있다. 비록 요한이 다른 세 복음서 기자들보다 예수의 말씀을 더 풀어서 설명하고 있지만, 그는 의도적으로 예수가 하나님의 말씀이시며, 그로 인하여 사람들이 심판을 상징하는 어두움에서 빛으로 나아오게 된다는 그의 주장을 위해 예수의 말씀을 채택하고 있다. 그를 믿는 자들은 생명을 가지며, 하나님의 영(보혜사)을 받고, 거듭나서, 예수가 아버지의 영광과 사랑의 표명임을 이해하게 될 것이다. 그 아들 이외에는 아버지께로 갈 방법이 없다. 따라서 이 복음서 전체를 꿰뚫고 있는 주제는 예수를 믿어야 할 필요성이다(20:30-31을 보라). 결국 예수는 '나는 -이다'문구 the great I Am로 표현된다. 즉 나는 생명의 떡(6:35, 48), 세상의 빛(8:12), 문(10:7, 9), 선한 목자(10:11, 14), 부활과 생명(11:25), 길과 진리와 생명(14:6), 참 포도나무(15:1, 5)이다. 이 복음서는 4부

분으로 나뉘어질 수 있을 것이다.²⁴ (표 23을 보라)

    서론(1:1-18)
        세상에서의 예수(1:19-12:50)
        예수께서 아버지께로 돌아가심(13-20장)
    결론(21장)

표 23. 요한복음의 문학적 구조

네 번째 복음서는 예수에 대한 신앙을 표현하는 데 도전을 준다. 그는 그 메시아적 선지자이시다(4:19, 44; 6:14; 7:40; 9:17). 예수는 하나님의 축복과 저주가 이스라엘에게 임하게 한 구약의 선지자들인 엘리야와 엘리사에 대하여 모형론적 관계를 갖는다. 요한은 이적들을 구성함에 있어서 엘리야보다 더 큰 자를 묘사하면서 선지자들의 능력을 생각나게 한다(1:19-27을 보라). 예를 들면, 엘리사는 여리고의 물을 깨끗하게 했는데(왕하 2:19-22), 예수께서는 물을 포도주로 바꾸셨다(요 2:1-11). 엘리야와 엘리사는 어린 아이의 생명을 살렸는데(왕상 17:17-24; 왕하 4:18-37), 예수께서는 신하의 아들을 고치셨다(요 4:46-54). 이런 예들과 다른 많은 병행들을 통해서 요한은 독자들을 엘리야와 엘리사보다 더 큰 분에 대한 신앙으로 초청한다!²⁵

요한의 복음은 각 개인들에게 예수를 메시아로 받아들이도록 당부한다. 원 청중의 특징이 이 디아스포라 유대인이었는지, 어느 분파의 집단이었는지, 가현주의Docetism의 교훈에 홀린 사람들이었는지, 이방 신자들이었는지를 결정하는 것은 매우 어렵다. 이 복음서는 모든 세대들에게 믿음의 응답을 요구하기에 충분할 만큼 일반적이다. 예로, 서론과 결론에서 그리스도로

---

24. 다른 구조 형태들에 대하여는 Ryken, *New Testament*, 164-69를 보라.
25. Buchanan, *Jesus*, 304-5.

서의 예수를 나타내는데, 누구든지 그에게 신앙이든 불신앙이든 반응을 보여야만 하는 것이다. 이 복음서 전체의 목적은 예수에 대한 신앙을 나타내는 것이다.[26] 그러므로 다른 복음서들에서 설화적인 부분이 빠져있는 것처럼 요한복음은 역사적인 측면이 빠져있다. 요한이 반역사적이 아니라 그는 예수를 그리스도로 나타내는 데 있어서 다른 복음서들의 역사적인 진실성과 진리를 전제로 한다.

그를 따르는 자들과 그가 만나는 자들은 믿음의 응답을 요구하는 살아계신 메시아와 마주 대하게 된다.[27] 따라서 예수에 대한 사람들의 반응-니고데모, 사마리아 여인, 도마, 베드로, 가버나움의 신하, 나면서 소경된 자 같은 사람들의 반응이 매우 중요하게 된다.

이 복음서는 또 살아계신 그리스도를 대면한 유익을 얻지 못한 사람들에 대해서도 말한다. 예수께서는 자주 그의 영화와 오실 성령님에 대해서 말씀하신다.[28] 예수께서 부활하신 후에 영광을 받으시고 오순절에 그 영이 임하면, 그 영은 그를 믿는 모든 사람들을 가르치셔서 그들도 역시 예수의 지상 사역과 현재의 그의 영화로운 상태에 대한 특별한 통찰력을 얻게 하실 것이다. 복음서의 모든 부분이 그리스도에 대한 신앙의 응답을 요구하는데, 그는 지금 그 영을 통하여 교회에 임재하시며 영광 중에 오실 것이다. 성육신 하신 말씀은 그의 제자들에게서 큰 사랑을 요구하신다. 이 사랑은 십자가를 출발점과 모델로 삼는 것이며 반드시 세상으로 뻗어나가는 것이다.[29]

---

26. Daniel Roy Mitchell, "The Person of Christ in John's Gospel and Epistles" (Ph.D. diss., Dallas Theological Seminary, 1982).

27. 요한에게 있어서의 제자도에 관한 연구는 Jeffrey S. Siker-Geiseler, "Disciples and Discipleship in the Fourth Gospel: A Canonical Approach," *StBit* 10 (1980): 199-227을 보라.

28. David Earl Holwerda, *The Holy Spirit and Eschatology in the Gospel of John* (Kampen: Kok, 1959); cf. Hans Windisch, *The Spirit-Paraclete in the Fourth Gospel*, trans. James W. Cox (Philadelphia: Fortress, 1968).

29. Leon Morris, "Love in the Johannine Epistles," in *Through Christ's Word*, ed. W. Robert Godfrey and Jesse L. Boyd, III (Phillipsburg: Presbyterian & Reformed,

복음서들의 조화

사복음서들은 그리스도이신 예수에 대하여 다양하게 증언한다.[30] 예수의 행위에 대한 사도 요한의 설명 - "만일 낱낱이 기록된다면 이 세상이라도 이 기록된 책을 두기에 부족할 줄 아노라"(21:25) - 은 우리 주님의 특별하신 사역을 표현한 것이다. 누구든지 그의 생애를 단순하게 재구성하려 하거나 조화시키려 하면 복잡하게 뒤얽힌 사복음서들에 부딪힐 것이다. 교회는 사복음서를 받았으며, 결코 그것을 하나의 기사로 합치려는 관심을 보인 적이 없다. 각 복음서들이 문학적 단위이며, 다른 것들과 독립적인 가치를 갖는다. 그러나 사복음서들이 바로 그렇게 존재함으로써 예수께 대한 우리의 이해가 더 깊어진다. 다방면의 증거들을 결합한 효과가 구성하는 부분들을 분석하는 것보다 더 크다. 그러므로 각 복음서들은 전체가 그대로 남아있어야 한다.

사복음서들의 여러 형태는 각 세대들로 하여금 나사렛 예수가 누구신가? 라는 질문을 던지게 한다. 정경적 접근과 구속사적 접근의 목적은 예수의 사역에 대하여 구약과의 관련성에서와 정경적 정황에서의 우리의 이해를 증진시키는 것이어야 한다. 이러한 접근 방법은 각 복음서의 전체성을 보존한다. 각 기사들은 하나님의 아들이신 예수에 대하여 만화경 같이 변화무쌍한 증언에 기여할 것이다. 복음서들의 독특성은 고백적인 진술 confessional statements로서 그들의 정경적인 위치에 놓여 있다. 그들 가운데 "예수에 관한 이야기로서 선언된 믿음이 있다. 따라서 그의 과거의 이야기는 결코 시대적인 연관성을 잃은 것이 아니라 항상 새로운 의미를 얻은 것이다."[31]

1985), 23-37.

30. Jack Dean Kingsbury, "The Gospel in Fourth Editions," *Interpretation* 33 (1979): 363-75.

31. Günther Bornkamm, *The New Testament*, 41.

28

요한과 예수

세례 요한

세례 요한은 나이 많은 제사장 사가랴와 그의 아내 엘리사벳의 아들로 태어났다. 요한은 우리 주 예수 그리스도를 준비하는 자로 택함을 입고 태어나기 전에 하나님의 선지자로 구별되었다(눅 1:15). 그는 엘리야의 심령과 능력으로 나아가서 아버지들의 마음을 자녀들에게로 돌려놓고 남은 자들로 하여금 아브라함의 믿음과 성실함을 갖게 하여, 그들이 메시아의 오심을 준비하게 해야 했다(17절; 말 4:5-6을 보라). 사가랴는 그의 아들이 태어났을 때 성령으로 충만하여 아이의 이름을 요한("여호와는 은혜로우시다"는 뜻)이라 짓고, 그를 말라기가 말했던 지극히 높으신 자의 선지자라고 했다(눅 1:76; 말 3:1).[1]

요한이 명백하게 회개하라고 외친 것은 그의 엄격한 생활과 잘 결부되어 있다(마 3:4). 그의 사역은 회개를 선포하는 것과, 자기 죄를 회개하는 모든 사람들에게 세례를 주는 것과, 메시아의 시대를 기다리는 것이었다. 요한의 회개의 세례(눅 3:3)는 경건한 자들에게 그들의 죄가 용서되었음을 확인하

---

1. Werner Georg Kümmel, *The Theology of the New Testament, According to Its Major Witnesses: Jesus-Paul-John*, trans. John E. Steely (Nashville: Abingdon, 1973), 22-36.

게 해 주었다. 이러한 회개는 단순히 감정적으로만이 아니라 외부적인 행동의 표현이 요구되었으며, 그래야 용서가 확인되는 것이었다. 세례를 받은 사람들은 회개에 합당한 선행을 해야 했다(8절).

요한의 설교는 메시아가 오신다는 것을 알리는 것이었다.[2] 그는 그를 따르는 자들에게 임박한 새 시대인 성령 시대를 가리키고 있었다. 메시아가 오심으로써 종말은 시작되는데, 그 표적은 "성령과 불로 주는"(눅 3:16) 세례이다. 예수께서 오심으로써 성령께서 더 크게 나타나시는 시대로 들어가게 되는데, 그는 오순절에 불의 혀같은 모습으로 나타나셨다(행 2:1-3). 메시아를 믿는 자들에게 있어서 성령-불은 그들이 이미 하나님의 심판을 통과했음을 의미하지만, 반면에 믿지 않는 자들에게 있어서 성령-불은 그들이 받을 저주를 상징한다.

요한은 오실 자가 구원의 시대와 심판의 시대를 모두 보여줄 것이라고 기대했다. 선지자들의 메시지에서 이 양면성은 성육신하신 그리스도 안에 초점이 맞추어져 있다. 요한은 그리스도를 자기보다 더 능력이 있는 자로 묘사한다(눅 3:16). 요한은 물로 세례를 주지만, 메시아는 성령과 불로 세례를 주실 것이다. 요한은 예수의 오심을 나무 뿌리에 놓여 있는 도끼로 비유한다(9절). 좋은 열매를 맺지 않는 나무는 잘려질 것이며, 열매를 맺지 않는 나무는 제거될 것이다. 그 다음의 비유는 키질하는 과정이다. 메시아는 타작 마당에서 쭉정이를 쓸어버리실 것이지만, 의로운 자들은 그에게로 모으실 것이다(17절). 그러므로 요한의 사명은 분명히 말라기에게 하신 하나님의 말씀, 즉 "사자"(요한)가 "언약의 사자"(메시아) 앞에 가고 메시아는 하나

---

2. 그 나라에 대한 요한의 개념에 대하여 주의 깊게 연구하려면, Herman Ridderbos, *The Coming of the Kingdom* (Philadelphia: Presbyterian & Reformed, 1976), 18-60을 보라. 리델보스는 하나님 중심적, 역동적, 메시아적, 미래적, 현재적이라는 5 항목들로 그 나라에 대한 교훈들을 다루고 있다. 세례 요한에 대한 보스(Vos)의 공헌은 여전히 매우 중요하다 ("The Ministry of John the Baptist," in *Redemptive History and Biblical Interpretation. The Shorter Writings of Geerhardus Vos*, ed. Richard B. Gaffin, Jr. [Phillipsburg: Presbyterian & Reformed, 1980], 299-303).

님의 백성을 그 자신에게로 연단하리라는 말씀의 성취에 있다(말 3:1-3).

메시아 왕국의 시민권은 필수적인 믿음으로 보충된 의로운 행위들을 요구했다. 요한은 부자들에게 가진 것이 없는 자들과 그들의 재산을 나누라고 말했으며, 세금 징수자들에게는 마땅히 그들이 걷을 것만 걷으라고 요구했으며, 군병들에게는 아무에게도 압제하거나 위협하지 말고 그들의 임금에 만족하라고 명했다(눅 3:11-14). 요한이 기대했던 거룩함과 공의와 정의와 사랑과 평화는 선지자들의 내용들과 완전히 일치한다.

요한의 구속사적 위치는 선지자의 위치이다. 종말을 구원과 심판의 날로 말했던 구약의 선지자들과는 달리, 요한은 오실 자를 이미 여기에 존재하는 분으로 언급한다. 종말은 예수의 성육신 안에서 앞으로 나아가며, 그는 구약의 소망의 성취이시다. 예수께서 요한의 세례를 받으신 바로 그 사실이 신구약의 연관성을 보여 준다. 옛 언약의 마지막 선지자인 요한이 예수께 세례를 준 것이다. 예수께서는 그의 사역에서 선지자들의 메시지인 회개를 선포하셨다. 그는 그의 사도들에게 선지자들과 메시아에 이어지는 사역을 부여하시면서, 그들과 그를 따르는 자들에게 가서 전파하고 가르치고 그의 이름으로 세례를 주라고 명하셨다(마 28:18-20을 보라). 그가 부활한 후에 제자들에게 하신 위임 명령은 단지 부활 이전의 사역과 부활 이후의 사역의 연결과, 예수와 요한과 구약의 선지자들과의 연결을 강화할 뿐이다. 신구약 간의 차이와 요한과 예수의 차이는 예수의 이름으로 세례를 받은 자들 안에 계시는 하나님의 영의 위대한 증거 안에 있다(행 4:12; 10:44-48을 보라). 따라서 요한의 세례로 돌아갈 수는 없는 것이다(18:25).

예수께서 세례 요한에 대하여 하신 증거는 그것이 요한의 사역의 의미를 확증한다는 점에서 중요하다(요 10:41을 보라). 우리 주 예수 그리스도께서 하신 말씀에 따르면, 요한은 말라기 선지자가 예언한 "오리라 한 엘리야"(마 11:14)였다.[3] 요한은 또한 새 시대를 증거했기 때문에 옛 시대에서 가장 위

---

3. Walter C. Kaiser, Jr., "The Promise of the Arrival of Elijah in Malachi and the Gospels,"

대한 선지자였다. 그의 위대함은 그가 예언한 횟수에 있는 것이 아니라, 그가 옛 시대와 새 시대의 분수령에 있다는 그의 독특한 위치에 있는 것이다. 그럼에도 불구하고 예수께서는 하나님의 나라에서 가장 작은 자라도 요한보다 크다고 약속하심으로써 미래를 내다보신다(눅 7:28). 요한은 사람들이 반응해야 하는, 빛을 발하는 등불이었지만(요 5:35), 예수의 사역은 그가 요한보다 더 크며 아버지 자신께서 아들이신 예수를 보내셨다는 사실을 증거한다(36-37절). 요한의 인기는 1세기까지 지속되어서, 아볼로와 에베소의 12사람들 같은 제자가 계속 있었다(행 18:24; 19:1-7). 복음서들은 요한에 대하여 겸손하고 헌신적인 성도요, 메시아를 증거한 하나님의 선지자라고 증거한다. 예수는 아버지께서 보내신 메시아이시며, 따라서 요한은 기독교 이전 시대와 기독교 시대를 연결하는 고리이다.[4]

예수의 자기 계시

복음서들은 예수의 출생과 사역을 설명한다.[5] 우리가 이미 본 바와 같이 우리 주님에 대한 공관복음의 설명들은 복잡하다. 실제로 래드Ladd가 "메시아에 관한 문제"the Messianic Problem라고 부르는 데에는 몇 가지 이유들이 있다. 첫째, 예수께서는 분명히 자신의 메시아적 사명에 대하여 선포하기를 삼가하셨다.[6] 둘째, 각각의 복음서들은 서로 다른 말로 그의 사역의 다른 면모

Grace Theological Journal 3 (1982): 221-33.

4. K. Brower, "Elijah in the Markan Passion Narrative," *Journal for the Study of the New Testament* 18 (1983): 85-101을 보라.

5. 예수의 자기 계시에 관한 참고 서적들로는, G. Vos, The Self-Disclosure of Jesus (Philadelphia: Presbyterian & Reformed, 1975); Leon Morris, *The Lord from Heaven* (London: InterVarsity, 1964); 그리고 특히 *The Jesus Library, ed. Michael Green* (Downers Grove: InterVarsity)의 책들을 보라.

6. T. W. Manson, "The Life of Jesus: Some Tendencies in Present-Day Research," in *The*

들을 나타낸다. 셋째, 복음서들의 초점은 예수의 원래의 사명과 다르다. 예수께서는 모세의 율법에 엄격하게 묶여 있는 유대 청중들에게 직접 말씀하셨지만, 복음서들은 메시아이시며 세상의 구세주이신 예수의 선포에 대한 초대 교회의 관심을 표현하고 있다.

"메시아적 비밀"은 복음서들을 둘러싸고 있다.[7] 이 나사렛 예수는 과연 누구인가? 예수께서는 하나님의 아버지 되심에 대하여 그 나라에 대하여 하나님께로 가는 길에 대하여 길게 말씀하시지만, 자신에 대해서와 지상에서의 그의 사명에 대한 말씀은 조심하신다. 어떤 때에는 특히 마가복음에서 그는 그에게 고침을 받은 자들에게 일어난 일에 대하여 말하지 말라고 당부하신다. 예수께서는 오해되지 않도록 염려하셨음이 드러난다. 다양한 유대인들의 기대를 생각해 보면, 어떤 집단들은 그를 그들의 특별한 관점에서 보았을 것으로 생각된다. 유대교에서 메시아의 개념이 다양했던 것은 여러 당파들 때문이었지만, 일반적으로 메시아의 지상적 정치적 특성이 발전되어 있었다.[8] 그들은 분명히 우리 주님의 메시아적 사명의 더 큰 의미를 이해하지 못했을 것이다. 예수의 사명이 1세기의 배경과는 반대로, 제대로 인식되고 있을 때에 복음서들은 그리스도의 성격에 대하여 분명하고 애매하지 않게 증거하고 있다. 그들은 기사들과 구약의 인용과 예수에 대한 다양한 이름을 사용하여 증거하며, 그의 자기 계시와 그의 지상 사명의 의미를 종합적으로 전달한다.

Background of the New Testament and Its Eschatology, ed. W. D. Davies and D. Double (Cambridge: Cambridge, 1964), 211-21; R. H. Fuller, *The New Testament in Current Study* (New York: Scribner, 1962); S. Kistemaker, *The Gospels in Current Study* (Grand Rapids: Baker, 1980).

7. J. D. G. Dunn, "*The Messianic Secret in Mark*," *TB* 21 (1970): 92-117.

8. G. R. Beasley-Murray, *Jesus and the Kingdom of God* (Grand Rapids: Eerdmans, 1986), 46-68.

메시아

기독교 공동체는 "그리스도"(히. māšîah, "기름부음을 받은 자", 혹은 "메시아"messiah)라는 칭호로 예수의 직무와 동시에 그의 구약과의 관계를 표현한다. 이 칭호에 대하여 래드는 "모든 기독론적 개념 가운데 가장 중요한 것… 왜냐하면 그것이 예수에 대한 그리스도인들의 이해를 나타내는 데 가장 중심적인 방법이 되었기 때문이다."[9]라고 말한다. "메시아"라는 칭호는 다윗에 대한 구약의 약속들(삼하 7:12-13; 시 132편)과 구약의 선지자들에게서 유래한 것이다. 다윗 언약은 하나님께서 기름부으신 종, 다윗의 자손이 계속 통치할 것이라는 소망의 근거였다. 구약의 선지자들은 그들의 성령 충만한 메시지를 통하여, 회복과 다윗 계열의 왕의 통치에 대한 소망을 주었는데, 그의 통치는 자기 백성에 대한 하나님의 통치가 되는 것이다. 수 세기 전부터 유대인들은 다윗의 메시아인 다윗 계열의 왕에 대해서 그리고 그를 통하여 여호와께서 유대인들이 우월하고 평화로운 시대를 열어주실 것이라고 말했었다.

마태는 예수께서 구약의 기대들의 성취이심을 보이기 위하여 구약에서부터 광범위하게(약 50개의 직접 인용과 많은 암시들) 인용하고 있다. 그는 이스라엘의 역사에 따라 예수의 일생을 도식화하지만, 예수는 이스라엘과 달리 아버지께 순종하셨고, 이스라엘과는 달리 하나님의 아들이셨으며, 다윗과 아브라함의 자손이셨다. 그는 유대인의 왕으로 태어나셨다(마 2:2). 마태는 바로 이 예수가 그 나라에 대한 예수의 가르침에서부터 광범위하게 인용된 그 메시아임을 강력하게 주장하고 있다(4:12-7:29; 11:27-13:52). 그의 논지는 메시아를 일종의 정치적 인물로 보고 하나님께서 그를 통하여 그의 구원을 이루실 것이라는, 유대인들 가운데서 공통적인 메시아에 대한 기대에 반대한다. 유대인들이 비록 세부적인 사항들에서는 일치하지 않는다고 하

---

9. G. E. Ladd, *TNT*, 135. "메시아" 칭호에 대하여 더 충분한 연구를 하려면, Donald Guthrie, *NTT*, 236-52; Morris, *Lord from Heaven*, 29-32; Dunn, *UD*, 41-45를 보라.

더라도, "메시아"에 정치적인 연관성을 부여하는 것에서는 일치한다. 그러나 예수께서는 정치적인 야망을 갖지 않으셨으며, 자신을 메시아로 드러내기를 삼가하고 계셨다.

"메시아" 혹은 그리스도라는 칭호의 중요성은 예수님 자신이 그것에 부여하신 의미에 있다. 그는 그 말이 일반적으로 사람들이 기다리는 메시아가 아니라 전혀 다른 사람을 뜻하게 될 때까지 통속적인 잘못된 개념을 점차로 바꾸어 놓으셨다. 바꾸어진 의미란, 예수는 오랫동안 기다려왔던 구원자이시며, 그는 인류의 죄를 스스로 담당하셔야 하는 분이시다. 그가 메시아이시며 하나님의 아들이시고 만물이 그로 말미암아 회복될 열쇠가 되신다는 증거는 그의 가르침과 그의 이적들과 (마 11:3-5; 8:1-11:1도 보라) 그의 수난과 부활에서 발견된다. 고난받으러 오신 메시아는 다윗의 자손이며 하나님의 아들이시다(9:27; 12:23; 15:22; 막 12:35-37, 시 110:1에서 인용). 그의 모든 상호 관련된 모습들 속에서 예수께서는 백성들이 "호산나 다윗의 자손이여!"(슥 9:9; 마 21:1-11)라고 외쳤을 때와 같이, 그를 메시아로 보는 통속적인 인식을 거절하지는 않으셨다. 이러한 강조점은 선지자들의 말이 성취되었다는 근거가 예수께서 다윗의 자손이시라는 사실에 있다는 초대 교회의 신학과 일치하는 것이다(행 2:25-36; 13:22-37을 보라).

메시아이신 예수는 메시아 시대의 출발에서 자기 백성에 대한 하나님의 관심을 나타내기 위하여 오셨다. 종말론적인 왕국은 예수의 사역 안에서 구체화된다(마 6:10, 14-15; 11:2-6). 그러나 그 나라가 임하는 것은 예수의 수난과 구별되지 않는다. 복음서들은 예수께서 어떻게 그의 십자가에 달리시고 장사되셨다가 부활하신 사건을 중심으로 그의 사역을 계획하셨는지에 대하여 우리가 이해할 수 있도록 도와준다. 그는 자발적으로 아버지의 계획을 이루셨다. 메시아는 죽었다가 다시 일으킴을 받아야 했다(마 16:21; 17:22). 예수께서 완전히 수치를 당하신 후에라야 그는 승리의 왕으로 영광 중에 나타나실 것이다(24:30; 25:31).

많은 암시들과 설명들과 구약과의 명백한 관련 사항들은 복음서의 예수와 구약의 메시아적 기대를 이어준다. 예수에 대한 초대 교회의 인식은 메시아와 그 나라와 교회의 상호 연관성과 일치한다.[10] 사도행전 2:36에 따르면, 예수는 "메시아-주, 즉 고난받으시는 메시아와 대조적인 왕위에 오르신 메시아"[11] 이시다. 기독교 가르침의 주제는 예수가 그리스도시라는 선포이다(5:42). 예수의 주되심과 그의 메시아 되심과의 사이에 구별은 없다. 실제로 사도행전은 그 나라의 선포와 예수가 현재의 메시아이심이라는 동기로 결론을 내린다. 비록 바울이 그의 편지에서 그 나라나 예수의 메시아 직분을 전개하지는 않는다고 하더라도, 그도 역시 예수를 부활하시고 영광스러우시며 승리하신 메시아로 보는 것은 분명하다. 바울은 어쩔 수 없이 그들의 유대적 메시아 개념을 바꾸어야 했던 모든 유대인들에 대하여 언급한다(고후 5:16). 바울과 함께 우리도 예수 그리스도 혹은 그리스도 예수라는 두 이름을 공식화된 방법으로 사용하기 시작했음을 증거하는 바이다. 예수가 그리스도라는 고백은 교회사 전체를 통하여 그리스도인들을 함께 묶어왔다.

하나님의 아들

예수께서 다윗 계열의 메시아이시기도 하지만, 그의 메시아직이 효력이 있는 것은 그가 아버지의 독생자이시기 때문이기도 하다.[12] 예수께서는 그의 사역 동안에 육체로 계시면서 눈먼 자와 저는 자와 병든 자를 고치시고 하나님의 나라와 구원의 길에 대한 아버지의 말씀을 가르치시는 - 아버지의 일을 행하심으로써 그의 아들되심을 나타내셨다. 그러나 예수가 아버지의 독생자라는 궁극적인 표지는 그의 십자가 죽음과 부활이다. 예수께서는 분명히 성육신하신 구약의 하나님이시며, 그것은 그가 스스로 "나는 …

---

10. Donald L. Jones, "The Title Christos in Luke-Acts," *CBQ* 32 (1970): 69-76.

11. Guthrie, *NTT*, 246.

12. 더 충분한 연구를 위해서는, G. E. Ladd, *TNT*, 159-72; I. H. Marshall, "The Divine Sonship of Jesus," *Interpretation* 21 (1967): 87-103; Vos, *Self-Disclosure of Jesus*, 141-70를 보라.

이다" 구절로 주장하시는 바와 같다. 예수께서 자신에 대하여 (아무런 수식어 없이) "나는 …이다"를 말씀하시거나, 자신을 "문", "생명의 떡", 또는 다른 어떤 유사한 구절로 말씀하실 때에는 항상, 자신을 구약의 여호와와 동일시하신다(참조. 출 6:6-7; 20:1, 5; 사 41:4; 43:10; 호 13:4; 욜 2:27).[13]

우리 주님은 출생에 대해서는 자신을 완전히 인류와 동일시하셨다. 그러나 그의 출생과 지상 생애에서조차도 그는 여전히 하나님의 아들이시다. 영광의 주께서 인간들 가운데서 살기 위하여 그의 영광을 버리신 것이다(빌 2:6-11). 그가 비록 우리와 인간성을 함께 가지시지만, 성령으로 잉태된 점이 다르다(마 1:20). 성육신의 신비는 하나님께서 여자에게서 나심으로 완전히 인간이 되셨지만 여전히 완전하신 하나님이시라는 점이다(11:27). 이 사실은 "임마누엘"("하나님이 우리와 함께 계시다"; 사 7:14; 마 1:23을 보라) 이라는 칭호에 가장 잘 나타난다. 마리아는 천사가 알려 주었기 때문에 그 아기를 갖게 된 비밀을 알았고, "나실 바 거룩한 자는 하나님의 아들이라 일컬으리라"(눅 1:35)는 계시도 알고 있었다. 그는 분명히 하나님이시다. 왜냐하면 성령의 능력으로 하나님이 예수의 아버지셨기 때문이다.

그 하나님의 아들은 성육신하신 아들이라는 점에서 아버지와의 언약적 관계를 더 깊은 방법에서 나누도록 다른 사람들을 초청할 권위를 갖는다(마 11:27). 이스라엘은 모세가 "너희는 너희 하나님 여호와의 자녀"(신 14:1; 출 4:22; 롬 9:4도 보라) 라고 선포한 바와 같이 이미 양자의 권리를 받았다. 예수께서는 그를 영접하는 모든 자들에게 그 자신과 같이 하나님의 영으로 태어나도록 양자의 권리를 확장시키신다(요 1:11-12). 하나님의 자녀가 된 자들은 특별한 의미에서 그분의 형제들이며 자매들이다. 그리스도 안에서의 모든 언약 구성원들은 하나님의 자녀로서 마치 하나님의 특별한 아들이신 예

---

13. Eduard Schweizer, *Ego Eimi* (Göttingen: Vandenhoeck & Ruprecht, 1939); Raymond Brown, *The Gospel According to John*, AB, 2 vols., 1:533-38; Philip B. Harner, The *"I Am" of the Fourth Gospel: A Study in Johannine Usage and Thought* (Philadelphia: Fortress, 1970), 37-65.

수께서 그의 아버지의 뜻에 완전히 순종한 것처럼 아버지께 자발적으로 순종해야 한다(마 12:50). 의무 없는 권리란 불가능하다. 아들됨이란 아버지의 뜻에 대한 순종을 나타낸다.

메시아적 직분과 관련하여 "하나님의 아들"이라는 칭호는 다윗에게 하신 하나님의 약속의 성취이다(삼하 7:16; 시 2:7도 보라). 누가의 서론에서 마리아는 그 아이에 대해서 그녀가 "지극히 높으신 이의 아들"을 잉태했고, 그는 다윗의 위를 물려받아서 영원토록 하나님의 나라를 다스릴 것이라는 말을 듣는다(눅 1:32-33). 이와 마찬가지로 천사들도 예수가 그리스도 주이시며 이스라엘의 구원자가 될 것이라고 베들레헴의 목자들에게 선포한다(2:11). 그의 세례는 메시아적 사명의 시작이다(막 1:2-13). 예수의 사역의 출발부터 마가는 그를 하나님의 아들로 본다. 예수는 하나님의 아들이시다. 왜냐하면 그는 그의 오심을 세례 요한이 선포했고, 아버지께서 "너는 내 사랑하는 아들이라 내가 너를 기뻐하노라"(11절) 라고 확증하신 "주님"이시기 때문이다. 마귀들조차도 그의 권위를 인정하여, 악한 영에 들린 사람은 "우리가 당신과 무슨 상관이 있나이까 – 나는 당신이 누구인줄 아노니 하나님의 거룩한 자니이다"(24절; 3:11; 5:7도 보라) 라고 소리쳤다.

예수의 아들 되심은 메시아적 사명을 나타낸다. 아버지께서 그를 임명하셨고, 하나님의 영이 그에게 능력을 입혀주셨다. 그가 메시아적 아들 됨 messianic sonship의 입장에서 아버지께 완전히 순종하신 것은 시험 기사들로 입증된다. 그의 사명의 목적을 위하여 아버지께서는 그의 수난의 준비로써 그 아들을 영화롭게 하셨다. 변화산에서 그는 다시 그의 메시아적 아들 됨을 확인했다(막 9:2-13).[14] 그의 순종과 이유없이 당하신 고난으로, 십자가 옆에 있던 이방인 백부장조차 반응을 보이고 있다. "이 사람은 진실로 하나님의 아들이었도다!"(15:39). 아버지와 악한 영들과 이방인들이 예수의 하나

---

14. J. A. Kirk, "Messianic Role of Jesus and the Temptation Narrative," *EQ* 44 (1972): 11-29, 91-102; Morris, *Lord from Heaven*, 34.

님의 아들 되심을 증거한다.

"하나님의 아들"이라는 칭호는 예수의 사명의 중심에 해당된다. 보스는 예수의 자기 계시에 대하여 지각있는 분석을 하고는, 예수께서 자신이 독특하게 하나님과 하나이심을 충분히 알았고 영광스런 메시아로서의 그의 사명을 알고 있었다고 결론을 내리고 있다.[15] 잘못된 해석이 가능하기 때문에 그는 자신에게 "메시아"라는 칭호를 사용하지 않으시고, 제자들과 그들을 통한 교회를 위해 그의 성격에 대한 충분한 계시는 남겨 두고 계신다. 우리가 이미 본 바와 같이 누가는 영광을 받으신 메시아의 관점에서부터 예수의 지상 사역을 묘사한다. 하나님의 유일하신 아들이라는 예수에 대한 개념은 성육신의 신비를 소개한다. 하나님께서 인간이 되셨도다! 하나님의 아들 예수는 하나님의 나라를 세울 메시아로서의 더 큰 영광과 권위를 이미 받으셨도다! 그가 그의 교회의 소망이신 것은 바로 그가 구약 메시지의 초점이시기 때문이다. 구약은 모든 만물의 회복과 용서와 대적들의 굴복과 메시아 왕국의 때를 말한다. 예수께서는 그의 제자들에게 그가 구약의 소망의 성취이심을 설명하셨다(눅 24:44-47).

인자

"인자"라는 표현은 우리 주님께서 자신과 자신의 사명에 대해 말씀하실 때 즐겨 사용하신 표현 방법이다.[16] 그것은 사도행전 7:56만 예외이고 항상 복음서에서만 사용되었다. 예수께서 자신을 가리키는 표현으로 이 칭호를 사용하신 것은 그의 청중들이 잘못된 메시아 개념으로 나아가는 것을 막고, 다니엘 7:13-14과 같은 성경의 다른 본문들을 고려하게 하신 시도였다. 다니엘이 본 인자 환상은 하늘에 근거하고 있으며 하나님께로부터 우주적인

---

15. Vos, *Self-Disclosure of Jesus*, 141-42.
16. 더 충분한 연구를 위해서는, Ladd, *NTT*, 146-58; Guthrie, *NTT*, 270-91; B. Linders, *Jesus son of Man* (Grand Rapids: Eerdmans, 1983)을 보라.

왕국을 받는다. 예수는 또한 이사야 본문의 종의 성취로서 수난의 개념을 포함한다(52:13-53:12). "인자"는 메시아가 해야 하는 모든 것에 대한 우리 주님의 표현으로써 전형적인 유대인들의 메시아적 개념을 피한다. 그 표현 문구는 우리에게 예수의 사역의 모든 면모, 그의 지상 사역, 그의 수난, 그의 영광 중에 오심을 제시한다.

첫째, 인자는 하늘에서 오고 아버지로부터 권위를 받으며 이 땅에서 그의 사명을 감당한다.[17] 그가 하늘에 기원을 둔 것은 죄를 용서할 그의 권위와(막 2:10) 안식일에 대한 그의 해석과(27-28절) 온 세상에게 그 자신에 대한 충성을 요구하는 것(마 13:37)에 나타나 있다. 비록 그가 권위를 가졌을지라도 그는 스스로를 낮추어서 이 땅에 살면서 지상 사역을 완수하신다. 그의 생애는 다른 사람들처럼 먹고 마시는 완전한 인간이었지만(11:9), 또 그 자신을 돌볼 장소도 없는 궁핍함을 겪기도 했다(8:20; 빌 2:5-11도 보라).

둘째, 인자는 고난받으러 이 땅에 오셨다. 우리 주님께서는 죄를 영원히 속량하시기 위해 오셨다. 바로 그러한 그의 사명은 이미 잃어버린 자를 찾고 구하는 것이다(눅 19:10). 그는 사명을 감당하기 위하여 그의 제자들에게 자신이 예루살렘에서 고난을 받아야만 한다는 것을 알리신다(막 8:31-32). 겸손의 모든 과정이 구약 예언을 성취하는 것이었다.

셋째, 인자는 오셔서 그의 메시아 직분으로 말미암아 영광과 권세가 그의 것임을 나타내실 것이다. 우리 주님의 사역과 수난은 그의 종의 역할 속에 있는 인자의 영광을 반영하며 그의 영광과 위엄에 대한 훨씬 더 큰 계시를 기대한다. 사도들은 그의 생애에서(요 1:14), 변화산에서(마 17:1-13; 벧후 1:16-18), 그의 영광에로의 승천에서 이 영광을 증거했다. 인자는 그의 사명을 완수하여 영광 중으로 돌아가셨고, 거기에서 그는 하나님의 권위를 맡아

---

17. M. D. Hooker, *The Son of Man in Mark* (London: SPCK, 1967), 181; R. Maddox, "The Function of the Son of Man According to the Synoptic Gospels," *NTS* 15 (1968): 45-74; idem, "The Function of the Son of Man in the Gospel of John," in *Reconciliation and Hope: New Testament Essays on Atonement and Eschatology*, ed. Robert Banks (Grand Rapids: Eerdmans, 1974), 186-204.

아버지의 우편에 앉아 계시면서 그가 천사들과 함께 영광 중에 이 땅에 오실 때에 완전한 권위를 맡으실 준비를 하신다(마 16:27; 26:64; 막 8:38; 13:26-27). 그는 예기치 않게 오실 것이며(마 24:27, 36; 눅 12:40), 그것은 구속사에서의 마지막 단계들을 가시적으로 보여 줄 것이다(마 19:28; 25:31-32, 46).

주

누가는 부활 이후의 관점에서 예수를 성육신하신 영광의 주로 묘사한다. 그에게 있어서 "주"는 오직 하늘로 올리우신 예수만을 가리키며, 그는 아버지의 우편에 앉아계신다(행 2:36). 따라서 누가복음에서 사용되는 "주"는 이러한 올리우심을 전제하고 있다(눅 7:13, 19; 10:1; 다른 여러 참조 구절들). 누가만이 엠마오 출신의 두 사람 이야기와 그들이 제자들에게 한 확인, "주께서 과연 살아나시고 시몬에게 나타나셨다"(24:34)을 보고하고 있다. 부활하신 주는 오직 성육신하신 하나님 자신이시며 그에 대하여 천사들이 말했다. "오늘 다윗의 동네에 너희를 위하여 구주가 나셨으니 곧 그리스도 주시니라"(2:11). 메시아 직분에 있어서 예수는 주이시다(시 110편; 마 22:41-45).

요한도 그에 대하여 "주"로 언급함으로써, 부활하신 예수에 대한 깊은 이해를 보여 준다(요 4:3; 6:23; 11:2). 도마의 고백은 예수의 참된 모습에 대한 요한의 확신을 표현한다. "나의 주님이시요 나의 하나님이시니이다"(20:28).

누가와 요한의 용법은 예수가 주이시라는 초대 교회 주장의 관점과 일치한다(행 1:6, 24; 4:29; 9:5; 10:4, 14; 22:8, 19). 예를 들면, 베드로는 예수를 하나님의 메시아로 설명한다. "너희가 십자가에 못 박은 이 예수를 하나님이 주와 그리스도가 되게 하셨느니라"(2:36).

구원자

예수 그리스도는 복음의 화신이시다. 하나님의 아들로서의 예수의 지위는 복음을 설명해 준다. 그는 강제로 그의 백성들을 다스리려고 오신 것이 아니요, 그들에게 어떻게 하면 더 나은 삶을 살 수 있는가를 말해 주려고 오신 것도 아니다. 무엇보다도 그는 인간들을 섬기러, 특히 십자가에서의 그의 희생적인 죽음으로 섬기러 오셨다. 예수께서 선언하셨다. "인자가 온 것은 섬김을 받으려 함이 아니라 도리어 섬기려 하고 자기 목숨을 많은 사람의 대속물로 주려 함이니라"(막 10:45). 마가의 관점에서 본 예수의 사역의 본질이 여기에 있다. 하나님 자신이 육체가 되셔서 자신을 인간의 형상이 되게 하셨다. 예수의 성육신적 사역은 개개인을 하나님께 화해시키고 인류의 죄를 속하는 것이다(요 4:42).

복음서에서는 두 본문이 예수를 "주"로 부른다(눅 2:11; 요 4:42).[18] "주"라는 칭호는 죄에서 구원하시는 그의 능력보다 훨씬 많은 것을 지칭한다. 그는 능력과 영광과 보호하심으로 그의 통치를 세우시는 구원자-통치자 Deliverer-Ruler이시다. 베들레헴의 아기는 하나님의 용사요, 구원자요, 메시아이시며, 주이시다(눅 2:11)!

예수 그리스도께서 오심으로 회복의 시대는 훨씬 가까워졌다. 마가가 우리에게 복음의 "시작"부터 예수의 부활과 승천까지 제시하려 했음을 고려해야 한다. 성령의 부으심과 사도의 사명은 예수의 복음에 있어서의 다음 단계를 표시하며, 그것은 열방에게 선포될 때까지 계속된다(막 13:10).

다윗의 자손

메시아 직분과 관련하여 "다윗의 자손"이라는 호칭은 다윗에게 하신 하나님의 약속을 성취하는 것이다(삼하 7:16). 이러한 목적에서 마태와 누가는 둘 다 예수의 계보를 제시하지만(마 1:1-16; 눅 3:23-38) 마태는 "다윗의 자손 예수 그리스도의 계보"(마 1:1)라고 하여, 예수와 다윗의 관련성을 더 분명하게 하고 있다. 마태는 예수가 다윗의 메시아적 자손이라는 일반적인 표현을 반영하는데 그의 메시아됨은 유대적 메시아에 대한 신앙을 표현하는

---

18. G. Turner, "Soteriology in the Gospel of John," *JETS* 19 (1976): 271-77.

이방인들에게까지도 분명한 것이다.[19] 그러나 유대 지도자들은 다윗의 자손을 거절한 유대인이라는 책임이 있다(23장).

예수

"예수"("구원"이라는 의미)라는 이름은 우리 주님의 이름들의 의미들을 전체로 통틀어서 가리키는 것이다. 출생 시에 마리아는 그를 "예수"라 불렀는데 마태는 그것을 이사야 7:14의 임마누엘과 연관시키고 있다. 예수 안에 하나님께서 계심은 "예수"라는 이름이 여러 가지 방법으로 각각의 칭호들과 관련되어 있음을 보아도 확실하다. 인자 예수, 하나님의 아들 예수, 메시아 예수, 주 예수, 구원자 예수 등이다. 하나님께서는 구약에서 그의 이름을 야웨로 계시하셨고 신약은 야웨께서 예수라는 이름의 신인God-man 안에서 백성들 가운데 거하심을 증거한다. "그의 이름으로" 하나님의 새 백성들은 세례를 받고(마 28:19) 예배하기 위해 함께 모이며(18:20) 선행을 하고(막 9:41; 골 3:17을 보라) 기도 응답의 기쁨을 체험한다(요 14:13; 16:24). 그리스도인들은 예수의 영광이 크게 나타날 것을 기대하면서 살며 그때 모든 무릎이 그 앞에 꿇리고 모든 혀가 그를 만물의 주로 고백할 것이다(빌 2:9-11).

결론

우리 주님의 칭호들은 어떤 메시지를 전달한다. 그 칭호들을 전체 합친 것이 예수가 누구신지에 대한 전체 내용을 주는 것은 아니다. 각 칭호들은 특별한 의미를 부여하며 다른 칭호들과 서로 연관되어 있다. 이와 같이 사도들은 예수를 하나님의 계시로 기억한다. 예수의 자기 계시는 신인에 대한

---

19. J. M. Gibbs, "Purpose and Pattern in Matthew's Use of the Title 'Son of David'", *NTS* 10 (1963): 446-64.

우리의 이해를 도와주지만, 그것이 임무와 구별된 이해는 아니다. 예수의 가르침과 자기 계시로 우리는 하나님의 존전에 나아가게 된다. 그는 예전에 선지자들이 이스라엘에게 거절당했듯이 거절될 수 없다. 예수는 그가 성육신하신 하나님이라고 담대히 주장하신다. 그는 하나님의 아들이시며, 인자요, 하나님의 메시아이시도다! 그는 귀를 기울이는 자들에게 구원과 영광을 약속하시지만, 그를 거절하는 모든 자들에게는 심판과 수치를 약속하신다. 그분의 주장에 대하여 도마처럼 우리도 고백해야 할 것이다. "나의 주시요 나의 하나님이시니이다!"

29

하나님의 나라

 그 나라에 대한 예수의 가르침은 그의 가장 독특한 메시지를 이룬다.[1] 예수께서는 분명한 설명과 비유로써 하나님의 나라의 현재적인 면과 동시에 미래의 영광을 보여주신다. 예수의 가르침 안에서 그 나라의 개념은 예수의 사명과 사역의 비밀을 이해할 수 있는 두 초점으로써의 메시아적 개념과 상호 연관되어 있다. 예수께서는 그 나라에 대하여 다양한 이해를 나타내신다. 그것은 현재성과 미래성, 영적인 면과 정치적인 면, 지상적인 것과 천상적인 것이다. 우리는 여기에서 예수 그리스도의 인격과 사역의 관점에서 하나님의 나라의 네 가지 측면을 살펴보고자 한다.

---

1. G. R. Beasley-Murray, *Jesus and the Kingdom* (Grand Rapids: Eerdmans, 1986). George Eldon Ladd, *The Presence of the Future* (Grand Rapids: Eerdmans, 1974); idem, *The Pattern of New Testament Truth* (Grand Rapids: Eerdmans, 1968), 41-63.

구약과 신약

역사적 발전

하나님의 나라는 이미 구약에 있었다.[2] 거기에서 주께서는 자신을 그의 모든 창조물을 다스리시는 위대한 왕으로 계시하셨다. 그는 계속해서 양식과 마실 것과 아름다움과 출산의 축복으로 그의 통치 영역 전체를 풍성하게 복 주시며 유지하셨다. 그는 진정한 창조자-왕이시다. 그러나 그는 또한 자신을 용사이신 하나님으로 나타내시며 구원과 심판으로 열방에 대하여 그의 통치를 확장시키신다. 그는 이스라엘에게 출애굽과 홍해를 건넌 일과 가나안 정복과 다른 많은 구원의 위대한 행위들 속에서 그의 전능하심을 보여 주셨다. 그들은 그를 그들의 왕으로 알게 되었고(출 15장), 그는 이스라엘 백성을 그의 "왕 같은 제사장" 즉, 거룩함을 특징으로 하는 제사장 나라로 삼으셨다. 그들은 지상에서 그의 나라였다. 그는 그의 통치를 이루시기 위하여 다윗과 언약을 맺으셨으며 다윗 왕조는 계속 왕권을 유지하면서 그의 백성을 다스리는 데 있어서 여호와의 대리 목자로 봉사하게 되었다. 여호와께서는 다윗 왕권을 통하여 평화와 공의와 정의와 지혜와 번영과 열방 위에 뛰어나게 하심으로써 자기 백성에게 은혜를 내리시려고 뜻하셨다. 이런 특징들이 다윗과 솔로몬의 시대에는 크게 성행하여 이스라엘은 "왕 같은 나라"가 되었다.

왕국이 남북으로 갈라지고, 주와 그의 선지자들이 계속 거절되며, 끊임없는 우상 숭배로 인하여 하나님께서는 이스라엘을 잠시 포로로 내쫓으셨다. 그러나 하나님의 신실하심과 사랑은 12지파들에게 소망이 끊어지지 않게 지켜 주셨다. 여호와께서 약속하셨던 대로 행하셨다. 그는 남은 자들을 그 약속의 땅으로 돌아오게 하셨고, 그들의 성읍들과 경작지와 과수원을 회복시키셨으며, 언약들을 재확인하셨는데, 거기에는 그의 백성에 대한 하나

---

2. John Bright, *The Kingdom og God* (Nashville: Abingdon, 1953).

님의 통치의 위임이 포함되어 있다. 군주제도가 아니지만 신정정치가 회복되었다. 비록 주께서 스룹바벨에게 다윗의 약속들을 주심으로써 이러한 방향에서의 그의 위임을 재확인하셨지만(학 2:23; 슥 4:14), 스룹바벨은 상속된 그의 왕권을 잇지 못하고 죽었다.

약 500년 동안 유대 민족은 다른 열방들에게 종속되어 있었고, 새 시대의 성취와 회복과 우주적인 메시아의 통치에 대한 선지자들의 말이 크게 실현되는 것을 보지 못했다. 그러나 선지자의 메시지가 사실이라는 증거들이 있었다. 여호와께서 12지파의 남은 자들을 회복시키셨다는 것, 성전 예배가 번성하게 되었다는 것, 여호와의 임재하심으로 그들이 보호받고 인도받았다는 것, 하나님의 영이 그들의 조상들과 같은 혼합주의적이고 이교도적인 마음을 바꾸셔서 율법과 하나님의 뜻을 행하기를 원하는 마음이 되게 하셨다는 것 등이다. 그러나 가장 좋았던 시기라 할지라도 경건한 유대인들의 마음은 구원과 보호의 위대한 때를 기대하면서 심하게 상처받고 있었다. 비록 그 시대에 관하여 일치된 모습은 없었지만 그들의 소망은 야웨께 확고히 서 있었으며, 메시아가 나타나서 다윗과 솔로몬의 시대보다도 더 웅장한 방법으로 하나님의 나라를 일으키실 것이라는 하나님의 말씀 위에 서 있었다. 이 메시아의 시대는 또한 "이 세대"와 대조되어 "오는 세대"로 알려져 있었다.[3]

신학적 차원들

구약은 우리에게 그 나라에 대하여 3중적 관점을 제시한다. 첫째, 하나님은 그의 모든 창조물을 다스리시는 위대하신 왕이시다. 그의 영역은 이끝에서 저끝까지 확장되며 짐승이든 사람이든 속국이든 적국이든 모두 해당된다. 그는 주권을 가지신 창조자-왕이시다. 둘째, 주께서는 이스라엘에 그의 나라를 세우셨고(시 114:2), 예루살렘에 그의 발등상을 두셨다(시 132:7, 13-15). 그는 언약의 하나님이시고 구원자-왕이시며, 그의 행위로 인하여 이스

---

3. Ridderbos, *Coming of the Kingdom*, 8-13; Ladd, *TNT*, 45-48.

라엘은 양식과 보호와 인도를 받는다(15-16절). 이러한 목적에서 그는 또한 다윗과 언약을 맺으시고 다윗 왕조를 통한 그의 영광스러운 통치의 약속을 확언하신다(17-18절). 셋째 면은 완전한 하나님의 나라가 아직도 오고 있다는 선지자들의 관점이다. 구약 전체에 걸쳐서 하나님의 백성들은 그 약속들의 더 큰 성취를 기다리고 있었고 현재의 성취는 앞으로 올 것들과 비교하면 그림자라는 사실을 알고 있었다.

예수께서 오셨을 때, 천사들과 세례 요한과 하늘에서 들린 아버지의 음성은 모두 하나님의 나라가 현재 인간들 사이에 존재하고 있음을 주장한 것이다. 복음서들에서 예수는 자신을 가리켜 메시아 왕국을 시작하라고 아버지께서 보내신 자로 설명하신다. 우리가 본 바와 같이 메시아적 칭호들은 예수를 천상의 왕이시며, 스스로 낮아지시고 고난당하신 후에 부활하셔서 그의 뛰어난 영광에 오르시사 그의 영광스런 임재, 즉 파루시아(재림)를 알리실 자로 나타낸다. 그 나라에 대한 예수의 가르침이 새로움newness과 우리가 그 나라의 현재성nowness이라고 부르는 것을 전제로 하고 있다는 사실은 주의할 만하다. 그 나라는 예수 그리스도이며, 예수 그리스도는 그 나라이시다.

예수와 그 나라

예수를 그 나라와 거의 동일시하는 것과 마찬가지로, 그가 그 나라에 대하여 강조하는 것은 하나님께서 이전에 행하신 어떤 것과는 달리 그 나라는 새로운 것이라는 인상을 준다. 래드Ladd는 구약에 있는 하나님의 나라의 역사들activities은 받아들이지만 망설이면서 이렇게 기록하고 있다, "실제적인 면에서 하나님의 나라는 예수의 인격과 사역 안에서 역사 속으로 들어 왔다."[4] 보스Vos는 복음서에 있는 이 새로움*de novo*에 대한 강조가 역사적 상황에서 일어난 것이라고 잘 설명하고 있다. 그 나라에 대한 선포는 우리에게 왕의 임재와 실재, 구약의 선포와의 연속성을 제시해 주지만, 당시의 기대와

---

4. Ladd, *TNT*, 69.

는 불연속적임을 나타낸다.[5] 더욱이 그 나라에 대한 예수의 가르침에 나타나는 종말론적 분위기는 선지자들의 그것과 관련되어 있고 그 당시의 종말론과는 구별된다. 따라서 복음서들로부터 새로움과 차이점에 대한 인상을 쉽게 얻을 수 있지만, 예수의 가르침을 자세히 보면 그런 인상을 정당화할 수는 없다. 그 나라의 새로움과 현재성을 말하는 대표적인 본문은 세 곳이다. 마태복음 3:1-2; 11:12-13; 누가복음 16:16.

누가복음 16:16에 의하면 예수께서는 구약의 시대 -"율법과 선지자"의 때- 와 자신의 임재, "하나님의 나라의 복음"을 대조시키신다. 이 본문의 문맥은 예수께서 율법과 이 세상의 물질적인 유익을 모두 얻고 싶어 하는 바리새인들과 대화하시는 장면이다. 예수께서는 하나님과 재물 두 극단을 제시하신다(13절). 백성들은 율법과 선지자로 만족스러워 했지만, 세례 요한과 예수께서 오셔서 그들에게 "하나님의 나라의 복음"의 선포에 귀를 기울여야 한다고 요청하셨다. 이러한 방법으로 예수께서는 그들을 자기 만족에서 떼어 놓으려고 하셨던 것이다(그들은 "돈을 사랑했다"-14절). 그리고 율법과 선지자들을 새롭게 이해하고, 새롭게 헌신하게 의도하신 것이다. 여기에서의 대조는 구약과 그 나라가 아니라 구약과 예수 그리스도 혹은 더 나아가서 구약에 대하여 일반적으로 잘못된 개념과 하나님의 율법의 해석자이신 예수 사이의 대조이다. 이러한 기능은 그가 정하는 규율에서도 나온다, "무릇 자기 아내를 버리고 다른 데 장가드는 자도 간음함이요 무릇 버림당한 여자에게 장가드는 자도 간음함이니라"(18절).

두 번째 본문도 처음의 것과 매우 유사하다. 마태복음 11:12-13에서 우리 주님께서는 요한에 대하여 칭찬하시면서 그의 이전까지가 "선지자와 및 율법이 예언한 것"이고 그의 이후로 "천국은 침노를 당한다"고 말씀하신다. 구약과 그 나라가 대조적인 방법으로 보여질 수 있는 것은 조금도 이상하지 않다. 더 자세히 읽어 보면, 우리 주님께서는 새로운 시대가 여기에 있음을

---

5. Vos, *BT*, 399.

군중들에게 설득하시는데, 그것은 선지자의 말의 성취이다. 세례 요한은 단순한 금욕주의자가 아니라 말라기에게 하신 하나님 말씀의 성취다(3:1; 4:5). 그는 유대인들이 새 시대를 열 것으로 기대했던 그 엘리야이다(마 11:14). 구속사에서 뒤로 돌아가는 것은 없다. 요한에게서 시작한 그 나라는 이제 성장했음이 분명하기 때문이다. 우리 주님께서는 그 나라의 진전이 이제는 빠르고 예기치 못한다고 밝히시는 것이다. 그가 하나님의 나라가 구약에서는 실체가 아니었다고 가르치신 것이 아니다. 오히려 그는 그 나라의 구약적 단계를 자기 자신 안에 나타난 새로움에서 출발시키는데, 그것은 새 시대의 새벽과 같은 것이다. 그러나 새 시대의 시작에 반대가 있을 것을 암시하신다.[6]

세 번째 본문은 앞의 두 본문들과 관계가 있다. 마태복음 3:1-2에서 세례 요한은 하나님의 나라가 가까왔다고 선포한다. 그 선포는 그 나라가 이전에는 존재하지 않았고 새로운 것이며 예수를 따름으로써 시작되는 것임을 전제로 한다. 그러나 여기에서 다시, 나는 유대인들이 그들의 구약을 알았고 현재의 실체인 하나님의 나라에 대해서 말했다는 사실을 강조하고자 한다. 그들은 그들이 토라를 지키는 것을 그 나라의 멍에를 메는 행위라고 관용적으로 말했다.[7] 요한은 오실 메시아와 메시아 시대와 주의 날의 관점에서 회개와 세례를 요청했다. 그에게 있어서 다가오는 나라는 마지막 날 구원과 심판의 주의 날의 시작을 의미한다. 그 나라가 가깝다는 주제는 회개와 죄의 고백에 연관되어 있다. 복음서 기자들에게 있어서 예수의 임재는 그 마지막 날들의 새 시대의 시작을 의미하며 그것은 주의 날에 대한 최종 계시를 준비하는 것이다.

---

6. "선지서들과 율법서는 그때까지 예언했고, 이 새로운 시대를 은연 중에 예언했다. 그리고 그 때로부터 계속해서, 예언의 성취인 그 나라 자체는 강력하게 진전되고 있는 것이다"(D. A. Carson, "Matthew," in EBC 8:268).

7. Berakhot. 2.2, 5; Aboth 3. 5.

우주적 관심

신약의 그리스도는 창조자-구원자-왕이시다. 성육하신 하나님의 아들은 잃어버린 자들을 구하러 오셨고, 그의 사명은 잃어버린 모든 것에까지 확장되었다. 하나님의 나라는 우선 그의 모든 창조물에 대한 하나님의 실제적인 통치를 의미한다. 구약에서 하나님은 전능하신 구원의 행위들로써 이스라엘에 대한 그의 통치를 나타내셨다(출 15:1-18; 시 93-94편; 96-99편; 103:19; 145:11). 하나님의 백성들은 더 큰 하나님의 통치가 나타나기를 갈망했는데, 특히 하나님의 약속들과 선지자들의 메시지에 근거한 것이었다(시 2편; 47편; 67-68편; 72편; 사 2:1-4; 4:2-6; 습 3:14-20; 슥 14장). 주는 그의 종들인 모세, 여호수아, 선지자들, 그리고 다윗 왕조를 통하여 그의 정권을 세우셨다. 그러나 메시아가 오실 때에는 구속사 안에 하나님의 행위들로 인하여 새로워진 감동이 있다. 주는 그의 말씀에 따라서 메시아를 통하여 우주적인 왕국을 세우실 것이다(눅 1:68-79).[8]

복음서의 기자들은 유대인과 이방인 모두를 위한 예수의 사명에서 이러한 우주적 관심을 기록한다. 우리는 이미 복음서들이 반-셈족속이 아님을 강조했는데, 그것은 유대인들을 위한 문이 항상 조금 열려 있기 때문이다. 개개인과 단체들이 저주 아래에 있을지라도 예수께서는 "자기 백성에게 구원을 알게 하기 위하여"(눅 1:77) 오셨으며, 하나님께서는 그를 통하여 이스라엘을 그의 언약의 성취로 인도하신다(54-55절). 그들이 예수를 거절함에도 불구하고 하나님의 신실하심은 이스라엘에게까지 확장된다. 그러나 예수의 사명은 열방들에게도 관련되어 있다. 그는⋯

어두움과 죽음의 그늘에

---

8. "예수께서 유대교와 다르게 가르치신 가장 특이한 사실들 중의 하나는 [그 나라의] 개념을 전 세계화하신 것이었다"(Ladd, *TNT*, 64).

앉은 자에게 비추기 위해 (1:79)

오셨다. 그는…

이방을 비추는 빛이요
주의 백성 이스라엘의 영광이니이다 (2:32)

그 왕국 개념에는 하나님께서 메시아를 통하여 그의 창조물을 우주적으로 다스리시는 것이 수반된다. 이러한 목적으로 우리 주님께서는 우리에게 기도를 가르치셨다.

나라가 임하시오며
뜻이 하늘에서 이루어진 것 같이
땅에서도 이루어지이다 (마 6:10)

그 나라의 목적은 다름이 아니라, 그의 창조와 구원의 영역인 이 땅에 대한 하나님의 절대적 통치의 확장이다. 이 점은 리델보스Ridderbos가 잘 말해 주었다.

하나님의 나라의 개념이 더 정확하게 이해될 수 있는 것은 그것이 하나님의 백성의 구원에만 근거할 뿐 아니라 그의 모든 사역들에 대한 하나님의 자기 주장에도 근거하기 때문이다. 그것은 이스라엘에만이 아니라 이방 민족들, 온 세계, 그리고 하나님의 모든 권한과 약속들의 실현이라는 넓은 관점에서 본다면 창조물 전체에까지 존재하는 것이다.[9]

---

9. Ridderbos, *Coming of the Kingdom*, 23.

그 나라의 주제들

예수께서는 남녀노소를 가릴 것 없이 모든 사람들을 불러내기 위하여 오셨다. 그 나라는 그 나라의 참된 자녀로 구별되는 선택 과정 속에서 더욱 진전되어 갔다. 주께서는 모세를 통하여 아브라함의 자손들에게 그 나라의 요구 사항들을 제시하셨다. 모세에게 귀를 기울이는 것은 주께 귀를 기울이는 것과 마찬가지이다. 아버지께서는 그 아들의 계시를 통하여, 그들이 그 나라의 상속자가 되기를 원한다면 그가 모든 아브라함의 참된 자손들에게 기대하시는 것이 무엇인지를 다시 계시하신다.

첫째, 그 나라의 자녀들은 어린아이와 같은 믿음을 입증해야 한다(마 19:14). 그 나라에 들어가는 것은 예수를 "그 길"(요 14:6)로 믿고 하나님의 영으로 태어나는(1:12; 3:3-8) 절대적인 방법 이외에는 없다.

둘째, 그 나라의 자녀들은 그 나라를 구하는 일(마 6:33)에 끊임 없이 열심으로 전념해야 한다. 금식, 기도, 구제와 같은 경건의 겉모양은 적합하지 못하다(1-18절). 참된 경건은 하나님께 합당하고 그의 아들 주 예수 그리스도께 가까이 가는 결과를 낳는 영적 성품이다(마 19:23-24; 눅 18:29-30; 살후 1:5). 우리 주님께서는 외부적인 조항들보다 선지자들이 말한 갱생, 내적 갱신, 참된 영성을 다시 새롭게 말씀하신다. 그가 기대하시는 것은 다름 아닌 믿음, 선행, 예수의 율법(제자도)을 지킴, 영성, 끊임 없는 기도(마 8:10-12; 10:37-39; 12:50; 16:24-25; 25:31-46) 등을 어떠한 희생을 치루고라도(13:44-46) 행하는 것이다. 본회퍼는 이러한 요구를 "제자도의 희생"이라고 불렀다.

셋째, 그 나라의 자녀들은 그들이 들어갈 수 있는 자격은 그리스도께 받은 것임을 인정해야 하는 것이다. 그들의 행위로는 결코 들어갈 수 없다(눅 22:29). 두 왕국이 그대로 남아 있는 한, 영원한 왕국의 상속자들은 기꺼이 고난과 수치를 겪어야 한다(마 5:3-10; 행 14:22; 살후 1:5). 그 나라는 공의의 나라이며, 하나님 자신께서 그 근원과 목표가 되신다. 그 나라에 들어가는 것은 은혜이며, 근본적으로 자신을 구하려 하거나 하나님을 설득하려는 모든 시도들과 상반된다.

넷째, 그 나라의 자녀들은 축복을 받은 자들이다. 그들은 하나님을 그들의 아버지로 알고 있다. 그들은 의롭다 하심과 생명과 용서함을 받았다. 그 나라의 통치에 조화를 이루며 사는 삶은 복 있는 삶이 되게 한다(마 5:3-10). 그 나라의 삶에 대한 상급은 현재의 삶과 오는 삶에 모두 포함되며, 물질적인 면과 영적인 면 모두에 해당된다. "공의 때문에 박해를 받는" 때에라도 하나님의 자녀는 "기뻐하고 즐거워할" 이유가 있다(10, 12절).

다섯째, 그 나라의 자녀들은 미래를 미리 맛보는 즐거움을 누린다. 그들은 종말의 그림자 밑에서 사는 삶이다. 그 나라는 거울처럼 다가오는 미래를 현재에 반영한다. 예수는 회복의 시대로 나아가는 열쇠이시다. 하나님의 영이 보장하신 새로운 삶은 미래의 회복에 대한 표시이다. 교회, 선포 행위, 개인적 성화(개인적 윤리), 그 나라의 사회적인 모습들은 새 하늘과 새 땅에서 있게 될 근본적인 변화의 모든 부분들이다.

현재와 미래

그 나라에 대한 논의 가운데 가장 주된 주제들 중 하나는 그것이 현재인가 아니면 미래인가의 문제이다.[10] 선지자들은 그 나라가 미래임을 선포한 반면, 군주적 신정정치에는 이미 실제적이고도 확실한 제도화된 나라가 있었다. 우리 주님께서는 그 나라가 현재적이고, 성장하며, 대변동적이고, 미래적이라고 말씀하셨다. 부분적으로는 이 주제에 대한 그의 가르치심의 대부분이 비유이기 때문에 범위를 정하기가 쉽지 않다. 신약의 증거는 해석에 따라 좌우된다.

가라지 비유와 누룩 비유에 의하면 그 나라는 천천히 성장한다(마 13:24-

---

10. Ibid., 61-103; Ladd, *Presence of the Future*.

43; 참조. 막 4:26-29). 우리 주님께서는 겨자씨 비유에서 그 나라가 점진적이라는 확실성과 필연성을 가르치시면서(막 4:30-32) 동시에 씨뿌리는 자의 비유에서 우리 주님의 말씀에 대해 개인적으로 응답해야 할 의무를 지적하셨다(마 13:1-23). 그는 감추어진 보물 비유와 진주 비유에서 얻을 수 있는 목표 중의 극치로써 그 나라를 가르치셨다(44-46절). 의인과 악인이 미래에 구별될 것과 함께(47-50절의 그물 비유) 곡식과 가라지의 비유는 의인과 악인이 세상에 공존함을 인식하게 한다(막 4:26-29).

그 나라의 임재는 독특하게 우리 주님께로 집중되어 있다(참조. 마 19:27과 함께 눅 18:29; 행 8:12; 28:31도 보라). 분명히 예수 자신이 하나님의 나라이다. 왜냐하면 그는 그 나라의 역동적이고 영적인 능력을 드러내면서 병자를 고치시고, 마귀들을 쫓아내시며(마 12:28), 죄를 용서하시고(막 2:10) 사탄을 묶으시며(마 12:29; 눅 10:18도 보라) 복음을 선포하신다(눅 4:16-21). 문제는 그 나라가 현재인가 미래인가, 혹은 그가 실현된 종말론을 가르치는가 미래의 종말론을 가르치는가가 아니다. 사실 예수께서는 다가오는 그 나라의 현재와 미래를 모두 가르치신다. 예수 자신은 그 나라의 진전 과정이나 때에 관심이 없으시다(행 1:7). 그는 자신이 하나님의 메시아임을 백성들에게 지적하고 있다.

선지자들의 기대가 예수의 임재에서 실현되었음은 분명하다. 그러나 숨겨진 차원이 있는 것은 그의 영광이 아직 충분히 명시되어 나타나지 않았기 때문이다. 우리는 아직 선지자들의 말이 충분히 성취되어 실현되기를 기다린다. 이러한 사실은 예수께서 선지자들의 말을 성취하셨다고 말할 수 없게 한다. 그 말은 아직 성취되고 있는 중이다. 현재에도 신자는 믿음의 눈으로 예수를 바라보며, 그가 알파와 오메가이시고, "다윗의 뿌리요 자손이며 광명한 새벽별"(계 22:16)이심을 믿는다. 신자들은 현재의 메시아 왕국에 응답하고 더 큰 그의 영광의 계시를 기대함에 있어서, 율법과 선지서들과 성문서들과 복음서들에 전념하는데, 이는 그것들이 신자들과 교회와 창조 세계가 기다리는 영광스런 미래를 조화있게 증거하기 때문이다(눅 16:16-17, 31;

21:27-28; 24:44-47을 보라). 완전한 구원과 하나님의 용서를 기다리는 동안에도 그리스도인들은 그 나라가 여기에 있음을 알고 있다!

예수께서 그 나라를 시작하신 것은 하나님께서 왕으로서 다스리시는 과정의 한 단계이며, 아담과 하와가 동산에서 쫓겨난 때부터 시작된 과정이다. 이스라엘에게 주신 계시 -언약들, 약속들, 주의 전능하신 행위들- 를 통하여 그는 그의 왕적 통치를 확장시키셨다. 선지자들을 통하여 그는 하늘에서 땅까지 그의 나라를 확장시키실 것이라고 말씀하심으로써 그의 백성들을 격려하셨다. 아브라함의 선택, 출애굽, 가나안 정복, 다윗 왕조, 성전, 포로에서의 회복은 그 나라의 진전 과정에서 강조점들을 나타낸 것이었다. 우리 주님께서 오셨을 때에 하나님께서는 그의 왕적인 통치를 받도록 세상을 더욱 드라마틱하고 효과적으로 혼란하게 하셨다. 그의 왕권을 받아들이거나 거절하는데 세상 천지가 동원된 것이다. 예수께서는 받아들일 것인지 아니면 거절할 것인지를 강요하신다.

결론

그 나라에 대한 예수의 가르치심은 공관복음서의 중심적이고 통합된 주제이다. 그가 이 땅에 오시고 영광을 받으신 것은 하나님의 나라가 이 땅에 온 것과 그 미래의 영광의 모델이다. 하나님의 나라는 현재적이며 하나님의 아들의 성육신에서 더욱 확실하다. 다드Dodd는 "무시간적이고 영원하고 초월적인 것이 예수의 사역 안에서 역사 속으로 들어왔다"[11]고 결론짓는다. 그러나 예수 안에서의 하나님의 행위는 일련의 사건들 속에서 절정을 이루는 한 사건이며, 일련의 하나님의 행위들은 하나님의 왕권을 드러내는 것이다. 따라서 예수의 성육신과 선포는 그 나라의 시작도 아니며 완전한 실현도 아

---

11. C. H. Dodd, *The Parables of the Kingdom* (London: Nisbet, 1953), 107-8.

니다. 오히려 예수께서 오신 단계의 새 왕국은 하나님의 왕적인 행위들의 과정 속의 한 요소이다. 이러한 관점은 "하나님의 나라는 하늘의 하나님께서 인간들 사이에 그의 왕권을 세우실 목적으로 인류 역사에 침입하신 것이다"라는 래드의 주장에 가깝다. 래드는 예수의 사명 안에서 그 나라가 감추어진 상태로 오는 것과 완성의 때에 영광스럽게 오는 것의 두 단계로 나누었다. 이러한 구도에다가 나는 그 앞에 이스라엘 안에서의 하나님의 나라는 단계를 첨가한다. 그 나라가 모세 언약과 다윗 언약에 확언된 대로 이스라엘에 임했을 때, 하나님께서 그의 신정정치적 공동체에게 기대하신 것은 예수께서 요구하시는 것과 거의 다르지 않다. 그러나 그것들은 하나님의 나라에 대한 예수의 권위적인 가르침과 해석의 관점에서, 그리고 동시에 영광스런 왕국이 아직 미래에 있다는 것을 계속 생각하는 관점에서 강조되고 있는 것이다. 그러나 우리는 래드의 주장에 동의해야 할 것이다. "하나님의 나라는 하나님께서 하늘을 땅으로 가져오실 것이며 땅이 하늘의 삶과 영광을 공유할 것이라는 의미이다."[12]

예수 안에서 나타난 바와 같이 그 나라의 정확한 성격이 여러 가지 사항들로 나타난다.

1. 예수는 사탄을 누르고 승리하기 위해 오셨다(마 12:28).
2. 그 나라의 비밀은 진행 중이며 믿음의 눈으로 볼 수 있다(막 4:11).
3. 그 나라의 성격은 성도들의 공동체 안에서 가장 확실하다(눅 17:21).
4. 하나님의 백성들은 예수가 그리스도이심을 증거하도록 세상에 보냄을 받는다(행 8:12).
5. 그 나라는 필연적으로 성장한다(마 13:24-30).
6. 그리스도인의 마음 속에 있는 그 나라의 인격적 열매는 겸손이다(마 5:3).
7. 그 나라의 소망은 예수 그리스도의 오심에 있다(마 19:28).

---

12. Ladd, *Pattern of Truth*, 63.

30

예수의 메시아적 사명

구약의 관점에서의 "종"

예수께서 하나님의 "종"으로서 오시자, 예기치 못했던 상태에서 메시아의 시대가 시작되었다. 유대인들은 새로운 정치적 실체를 보여 줄 영광스러운 메시아적 시대를 기대했다. 그와 대조적으로 예수께서는 구약도 메시아의 겸손과 수난을 계시했다고 가르치셨다.[1] 메시아가 고난을 받아야 한다는 이 가르침은 예수께서 자신을 "하나님의 종"과 동일시하시는 독특한 표현이 된다. 초대 교회가 예수를 하나님의 종으로 고백한 것은 사도행전에서 분명해진다(행 3:13, 26; 4:27-30).[2] 초기 그리스도인들은 제한된 범위 내에서 이사야의 종의 구절들을 예수의 수난에 적용했는데, 빌립이 에디오피아 내시에게 복음을 전할 때 그렇게 했다(8:26-40; 참조. 사 53장).

사도들은 예수께서 자신의 종의 역할에 대하여 가르치신 것을 이해하고 있음을 보여 주었다(마 8:17[사 53:4]; 마 12:18-21[사 42:1-4]; 눅 22:37[사

---

1. L. Sabourin, "About Jesus' Self-Understanding," *Religious Studies Bulletin* 3 (1983): 129-34.
2. R. T. France, "The Servant of the Lord in the Teaching of Jesus," *TB* 19 (1968): 26-52. 사도행전에 나오는 호칭에 관한 문제에 대하여는, Guthrie, *NTI*, 264-65를 보라.

53:12]). "종"이라는 단어는 구약에서나 신약에서나 3중적인 연관성을 가지고 있다. 관계, 권위, 그리고 주어진 명령들을 수행하는 데 있어서의 자발적인 순종과 밀접하다. 이러한 의미에서 "하나님의 아들"이란 칭호는 우리 주님께서 하늘에 계신 아버지께 순종하여 성육신하셨음을 설명해 준다.[3] 아버지께서는 예수를 그의 순종적인 아들로 인정하셔서, 세례 받을 때와 변화산에서 "이는 내 사랑하는 아들이요 내 기뻐하는 자라"(마 3:17; 참조. 사 42:1)라고 선포하셨다. 고난 당하시는 예수와 영광의 주로서의 예수와의 조화가 바로 역설이다. 그러나 이 역설이 복음이다![4]

포도원 농부들의 비유(눅 20:9-18)는 예수의 사명을 비유의 형태로 설명한다. 이 이야기에서 그 아들은 종들의 사명을 완수해야 한다. 그 종들은 선지자들과 율법 선생들이며, 그들은 하나님 때문에 박해를 받았다. 그 나라의 상속자인 그 아들은 고난을 피하지 않고 죽임을 당해야 했다. 이렇게 예수는 종으로서 아버지의 뜻을 이루셨고, 그의 목적을 성취하셨다.

하나님께서는 마치 모세 언약과 선지자 사역의 시대의 대표자들인 모세와 엘리야 같은 그의 종들을 통해서 말씀하신 바와 같이, 그리고 시내 산에서 그들과 언약을 맺으시고 확언하신 바와 같이(출 24장; 왕상 19:9-18) 그렇게 예수에 의한 언약을 확언하셨다. 그의 수난은 이스라엘이 깨뜨린 언약을 새롭게 하는 역할을 한다. 마지막 만찬에서 예수께서는 그의 임박한 고난과 하나님의 나라를 오게 할 언약의 피에 대해 말씀하셨다. "이것은 많은 사람을 위하여 흘리는 나의 피 곧 언약의 피니라 내가 포도나무에서 난 것을 하나님 나라에서 새 것으로 마시는 날까지 다시 마시지 아니하리라"(막 14:24-25).

---

3. 인자, 그의 수난, 그의 나라에 대하여는, Beasley-Murray, Jesus and the Kingdom, 219-312를 보라.

4. 헤르만 리델보스는 요한에게 있어서 "인간 예수의 진짜 살과 피 안에 있는 하나님의 영광이라는 대조적인 이중성"을 강조한다("The Word Became Flesh," in *Through Christ's Word. A Festschrift for Dr. Philip E. Hughes*, ed. W. Robert Godfrey and Jesse L. Boyd III (Phillipsburg: Presbyterian & Reformed, 1985), 14.

하나님의 나라에서의 "아들"과 교회

종의 개념에 더 첨가하여, 복음서들은 교회와 관련된 "아들"에 대하여 말한다. 종말론적인 왕국의 임재와 영광을 받으신 그리스도에 대하여 마태가 보이는 관심은 교회에 대한 그의 관심과 직접 관련되어 있다. 예수께서 그가 다시 오실 때까지 그의 사역을 계속 이어갈 신자들의 공동체를 제정하신 것을 가리키는 말로 에클레시아라는 말을 사용한 것은 마태뿐이다(마 16:13-20). 교회 안에서의 그의 나라의 통치는 그의 왕권의 제한이 아니라 오히려 그의 통치를 나타내는 것이다. 마태는 그 나라, 교회, 그리고 모든 열방으로 제자를 삼으라는 복음 위임 명령의 개념들을 메시아이신 예수께로 모은다(28:16-20). 예수는 구약의 성취이시다. 그는 그의 지상 사역에서 이 성취를 시작하셨다. 그는 그것을 여전히 성취하고 계시며, 그 나라를 완전히 세우시기 위하여 다시 오실 것이다. 그는 하늘과 땅의 모든 권세를 받았기 때문에 이제 그의 교회를 다스리시며 그의 택한 자들을 모으기 위해 큰 영광과 함께 나타나실 것이다(24:30-31; 28:18). 그의 나라는 영원하도다!

마태복음은 하나님의 나라와 예수 그리스도의 교회 사이의 친밀성을 더 잘 이해하게 해 준다. 예수께서는 모든 이스라엘에게 회개하고 자신을 하나님께서 보내신 자로 여기도록 촉구하셨다. 그러나 포도원 농부의 비유(마 21:33-44)에서 명백해진 바와 같이 그들은 그를 거절했다. 따라서 그 나라는 그들에게서 탈취되어 다른 자들에게 주어질 것이다. 이런 목적에서 마태는 또한 선지자들과 예수의 사역의 연속성을 증거하고 있다. 그는 아버지께서 보내신 아들로서 오셨다. 선지자들인 그 종들을 거절한 것과 같이 그 아들을 거절한 것은 아버지와 하나님의 확실한 심판에 대한 거절을 가리킨다(25:31-46; 8:11-12도 보라). 그 아들의 메시지를 선포하는 자들은 예수의 이름으로 축복과 저주를 선포하는 하나님의 전권대사들이 될 권세를 받는다(10:11-15). 예수의 사명은 교회에게 주어졌는데, 그것은 하나님의 그리스도 안에 있는 그 나라를 선포하는 것이다. 선포하고 함께 예배하며 예수가 하나님의 메시아라는 공동적인 신앙을 갖는 자들이 "남은 자" 혹은 "새 백성", 예수 그리스도의 교회를 이룬다(16:19을 보라). 그 교회는 구약에 있는 하나님의 구속 사역에 근거한다. 헬라어 *ekklēsia*가 히브리어 *qāhāl*, 혹은 이스라엘의 회중에 해당된다는 사실을 주목하라.[5]

교회는 예수를 믿고 그를 인하여 고난 당하는 모든 자들로 구성되어 있다.[6] 교회는 예수께로부터 권세를 받았다(마 10:40; 막 9:37도 보라). 교회는 예수의 이름으로 용서와 신적인 징계를 확장시킨다(마 16:19). 따라서 예수의 권위는 교회의 직분자들에게 주어지며, 그들은 징계를 실행한다. "진실로 너희에게 이르노니 무엇이든지 너희가 땅에서 매면 하늘에서도 매일 것이요 무엇이든지 땅에서 풀면 하늘에서도 풀리리라"(18:18).

하나님의 나라와 예수 그리스도의 교회와의 연관성은 무엇인가? 이 문제는 최근 50년 이상 복음주의 내에서 토론되어 왔다. 여기에서 나는 그 나라가 교회보다 더 큰 범주라는 사실만을 말하려고 한다. 교회는 예수의 제자들처럼 메시아를 따르며 함께 예배하고 그를 증거하며 하나님의 나라의 완전한 성취를 기다리는 사람들로 구성되어 있다(마 24:14; 28:18-20). 예수의 교회의 구성원들은 예수의 사명을 계속 감당해야 하며, 그것은 복음이 만연해지고 그 나라가 다소 분명해질 정도까지 되어야 한다.

하나님의 나라는 천지에 대한 하나님의 통치이다. 그 통치는 구약에 연속되는 것이며, 영원 무궁토록 지속될 것이다. 그러나 구속사의 목적은 새로워진 땅에서의 하나님 나라의 완전한 성취이다(마 19:28). 하나님의 나라는 과거에도 있었고, 현재에도 있으며, 앞으로도 영원히 있을 것이다. 그의 나라의 통치는 이스라엘의 신정정치에서 나타났다. 지금 교회에 속한 자들은

---

5. K. L. Schmidt, "*Ekklēsia*," *TDNT* 3:530-31. 헌터(Hunter) 는 이렇게 결론을 내린다, "예수께서는 그의 사역 기간 동안에 하나님의 새로운 백성을 창조한다는 지고한 목적에 전념하셨다"(*The Message of the New Testament* [Philadelphia: Westminster, 194], 65).

6. Birger Gerhardsson은 예수의 희생과 그의 교회와 제자도를 서로 연관시키고 있다. in "Sacrificial Service and Atonement in the Gospel of Matthew," in *Reconciliation and Hope*, ed. Banks, 1-35.

그 나라의 능력을 체험할 것이다. 궁극적으로 모든 죄는 제거될 것이고, 악한 자들은 쫓겨날 것이며, 그 나라는 완전한 영광으로 나타날 것이다(13:31-50). 이러한 구별에 대해서는 래드가 잘 표현했다. 교회, 곧 "하나님의 통치를 깨닫는 자들 없이 그 나라는 있을 수 없으며, 하나님의 나라 없이 교회가 있을 수도 없다. 그러나 하나님의 통치와 인간들의 교제는 그들을 구별할 수 있도록 남아 있는 두 개념이다."[7] 예수에 대한 초대 교회의 개념은 메시아와 그 나라와 교회의 이러한 상호연관성에 일치한다. 사도행전 2:36에 따르면, 예수는 "메시아-주, 즉 고난의 메시아와 대조되는 영광의 메시아"이시다.[8]

예수의 사명의 절정으로서의 그의 부활

구속사의 중심과 그 의미는 예수 그리스도의 부활이다. 부활이 없다면, 기독교도 없고, 그리스도인들의 선포의 근거도 없으며, 소망도 없다. 복음서 기자들은 십자가에 달리신 예수께서 하나님의 능력으로 부활하셨다는 부활 소망으로 우리를 감동시킨다. 부활은 창조에서 재창조로, 옛 것에서 새 것으로의 전환점이다. 부활은 하나님의 약속들을 유효하게 만든다. "전환점은 이전 것의 결과로 일어나며, 동시에 완성을 준비한다."[9] 예수의 부활은 메시아이신 예수의 성육신과 사명과 권위에 타당성을 부여한다(행 2:36을 보라). 모든 복음서의 기자들은 부활하시고 영광 받으신 그리스도의 관점에서 기록하면서, 예수만이 하나님의 메시아이시라는 신앙에 대한 절박함을 보여주었다. 래드는 훌륭한 통찰력으로 부활의 의미를 잡아서 기록하고 있다.

---

7. Ladd는 '그 나라가 교회를 창조한다. 교회는 그 나라를 증거한다. 교회는 그 나라의 수호자(custodian)이다'라는 3가지 방법에서 그 나라와 교회를 구별한다(*TNT*, 113-19).

8. Guthrie, *NTT*, 246.

9. H. Berkhof, *CF*, 319.

간단히 말해서 최초의 기독교를 이룬 것은 하나님에 대한 새로운 교리나, 영원불멸에 관한 새 소망이나, 구원의 성격에 대한 새로운 신학적 통찰력이 아니었다. 그것은 그리스도를 죽음에서 일으키신 하나님의 전능하신 행위, 위대한 사건이 펼쳐짐으로써 이루어졌다.[10]

종말론적 사건으로써의 예수의 부활은 미래의 영화와 완성과 새로워짐이 그 주위에서 맴도는 주축이다.[11]

예수의 사명의 연속성

하나님의 아들이 세상의 구주가 되기 위해 오셨으며, 그것은 예수께서 탄생하신 그 밤에 천사가 선포한 바이다(눅 2:11). 참으로 누가복음 전체의 중심 구절은 "인자의 온 것은 잃어버린 자를 찾아 구원하려 함이니라"(19:10) 라는 선언이다. 누가는 잃어버린 양의 비유와 탕자의 비유(15장)를 통해서 잃은 자들에 대한 예수의 관심을 나타내며 또 죄인들에 대한 하나님의 사랑을 보여 준다. 그는 또 예수께서 잃어버린 모든 자들-유대인들, 사마리아인들(9:52-56; 17:11-19), 이방인들(2:32; 3:6, 8; 4:25-27; 7:9; 24:47)을 위해 오셨다고 강조한다. 예수께서는 종교 집단이나 사회적 지위와 상관없이 인간들을 구원하시려 오셨다. 그는 창녀나 나병환자와 세리 같이 사

---

10. Ladd, *TNT*, 317. 빈 무덤에 대하여는, James C. DeYoung, "Event and Interpretation of the Resurrection," in *Interpreting God's Word Today*, ed. Simon Kistemaker (Grand Rapids: Baker, 1970), 127-75; M. C. Tenney, "The Historicity of the Resurrection," in *Jesus of Nazareth: Saviour and Lord*, ed. C. F. H. Henry (Grand Rapids: Eerdmans, 1966), 135-44.
11. 오스본(Grant R. Osborne)은 예수의 삶과, 구원과, 종말론, 그리고 교회의 선교 사명을 연관시킴으로써, 부활을 풍부하고 다양하게 신학적으로 이해하는데 기여하고 있다(*The Resurrection Narratives: A Redactional Study* [Grand Rapids: Baker, 1984]).

회에서 버려진 자들을 위하여 오셨다. 더욱이 예수 그리스도의 복음은 몸과 영혼 모두를 다루는 전체적인 복음이다. 예수께서는 병든 자나 저는 자를 고치실 때에도 그들을 용서하신다고 말씀하셨다. 이와 같이 그는 참으로 세상의 구원자이시다.

사명을 위해 교회를 부르심

그는 그의 사명을 계속하기 위하여 그의 제자들을 부르셨다.[12] 아버지께서 보내신 아들은 그의 나라를 세우기 위해 제자들을 임명하셨다. "내 아버지께서 나라를 내게 맡기신 것 같이 나도 너희에게 맡겨 너희로 내 나라에 있어 내 상에서 먹고 마시며 또는 보좌에 앉아 이스라엘 열두 지파를 다스리게 하려 하노라"(눅 22:29-30). 게다가 그들은 복음 선포의 능력과, 예수의 사역의 관점에서 구약을 보는 통찰력과, 예수의 이름으로 하나님의 용서를 베푸는 능력을 받았다(24:44-47). 그는 그의 제자들이 그에게 완전히 헌신할 것을 기대하신다. 왜냐하면 "우리는 그러한 충성과 헌신과 사랑을 하나님께 빚진 자들이기 때문이다. 하나님께 대한 우리의 사랑은 다른 모든 사람들에 대한 사랑과 비교하면 후자는 오히려 미워하는 것이 될 만큼 커야 한다."[13] 예수께서는 "위에서 오는 능력"을 성령의 인격 안에서 그의 교회에게 보내시겠다고 약속하셨는데, 그 성령은 영광을 받으신 그리스도의 임재의 계속이다. 예수께서는 파루시아(재림) 때에 만물을 회복하실 것이다. "그때에 사람들이 인자가 구름을 타고 능력과 큰 영광으로 오는 것을 보리라 이런 일이 되기를 시작하거든 일어나 머리를 들라 너희 속량이 가까웠느니라"(21:27-28).

---

12. 나는 Dunn(*UD*, 104-6)의 입장에 반대하여, "예수 공동체"가 예수의 지상 사역을 이어받았다고 주장하는 바이다.

13. Morris, *Lord from Heaven*, 42.

교회 안에서의 성령의 역사

성령의 시대 – 성육신과 완성의 사이– 는 영광스런 메시아에 대한 완전한 계시를 준비하며 기대한다. 하나님의 아들이신 예수는 아버지와 하나이시며(요 17:20-21), 하나님의 영광에 함께 하시며(24절), 성령을 보내셔서 그를 따르는 모든 자들과 그의 영광을 함께 나누신다(14:15-27; 16:14-15; 20:21-23). 성령의 사명은 영광의 그리스도의 은혜를 예수 믿는 자들에게 나누어 주는 것이다. 성령께서는 그리스도를 드러내시며 가르치시고 위로하신다(15:18-16:15). 성령께서는 교회로 하여금 예수께서 그의 교회를 저버리지 않으셨다고 확신하게 함으로써 도우시는 분이시다(14:26). 그는 아버지에게서와 아들에게서 오시는 진리의 영이시며(15:26), 세상의 죄와 공의와 심판을 선언하실 것이다. 그렇게 하심으로써 하나님의 백성을 성별케 하시며(17:17-19), 그들을 이미 정죄된 세상에서 지키시고(16:8-11), 그들을 위해 예비된 큰 영광을 위해 그들을 준비시키신다.

그리스도 안에서의 새 생명

그리스도가 아들 되심에 있어서 또 하나의 중요한 초점은 그가 자기 백성에게 주시는 새로운 삶의 방식이다. 그는 선한 목자시며, 다윗 계열의 메시아가 그의 백성의 목자가 될 것이라는 다윗 언약의 약속을 성취하신다. 예수는 그의 양을 돌보시는 목자시며(요 10:2-4) 그들을 위해 자기 생명을 희생하신다(11, 17-18절). 양들은 유대인이든 이방인이든 간에 그 목자의 음성을 듣는 모든 자들이다. 그들은 함께 모여 한 떼를 이루어야 하는 두 그룹의 양들이다(16절). 예수 그리스도의 양들의 특징은 영적인 변화이다. 양들은 성령의 사역으로 중생한 하나님의 자녀들이다. 그들은 혈과 육으로만 난 자들이 아니라 하나님의 영으로 난 자들이다(1:12-13; 3:1-8; 8:39-41). 하나님의 영으로 난 자들은 새로운 삶의 방식을 체험할 것이다. 그들은 그가 육체적으로 계시지 않는다 하더라도 두려워할 필요가 없으니, 이는 그가 그의 승리를 그들에게 확신케 하셨기 때문이다. "이것을 너희에게 이르는 것은 너희로 내 안에서 평안을 누리게 하려 함이라 세상에서는 너희가 환난을 당하나 담대하라 내가 세상을 이기었노라"(16:33).

    새로운 삶의 방식은 성령으로 충만하며 예수로 만족하는 것이 그 특징이다. 하나님의 자녀들은 더이상 그들의 영적인 목마름 때문에 세상적인 만족을 구하지 않는다. 왜냐하면 이제는 예수께서 그들의 필요를 채워주시기 때문이다(요 4:13-15; 6:35; 7:37-38). 새로움은 풍성한 삶으로 인도하며 그로부터 하나님의 자녀들은 더 깊은 사랑의 위임 명령을 보게 될 것이다(13:34-35; 17:26; 21:15-19). 사랑은 예수께 대한 순종의 표현이다. "나의 계명을 지키는 자라야 나를 사랑하는 자니 나를 사랑하는 자는 내 아버지께 사랑을 받을 것이요 나도 그를 사랑하여 그에게 나를 나타내리라"(14:21). 아버지와 아들과 하나로 연합된 하나님의 자녀들은 열매 맺는 포도나무 가지가 되어야 하며, 예수께서 명령하신 것들을 행함으로써 열매를 맺어야 한다(15:1-13). 이러한 순종은 다른 사람을 위해 기꺼이 자기 목숨을 내어주신 예수 그리스도의 본을 따르는 삶 전체를 포함한다.

9부 결론

　복음서들은 예수 그리스도의 인격과 사역을 증거하기 위하여 교회에 의해 그리고 교회를 위하여 선포된 복음이다. 그의 여러 칭호들과 또 지상 사역에서의 교훈들과 이적들 모두가 가리키는 것은, 나사렛 예수가 구약 전체의 초점이며 하나님께서 행하시는 구속사의 중심이라는 사실이다. 예수 안에서 하나님께서는 구속 계획의 새 시대를 여셨고, 예수께서는 그가 영광 중에 다시 오실 때까지 그의 나라의 말씀과 사역을 감당하도록 교회에게 위임하셨다. 그 왕은 이미 오셔서 복음의 좋은 소식을 선언하셨다. 그는 또한 사역을 성취하심으로 말미암아 그 복음에 능력과 생명을 부여해 주셨다. 그의 교회가 그를 섬기는 동안 그는 우주의 왕으로 다스리시며, 그의 모든 대적들이 그의 발등상이 되며 모든 무릎이 그 앞에 꿇리고 "모든 입으로 예수 그리스도를 주라 시인하여 하나님 아버지께 영광을 돌리게 되는"(빌 2:11) 때를 기다리신다.

　예수께서는 다가오는 하나님의 나라의 준비로써 율법과 선지자가 충분하다고 가르치신다(눅 16:19-31). 그는 율법과 선지자가 세례 요한의 때까지 선포되었으며, 그 이후부터는 하나님의 나라가 선포된다고 확인하셨다(16절). 예수께서는 하나님의 나라를 선포하시면서 율법과 선지자를 제쳐둔다고 말씀하지 않으신다. 오히려 그것들은 계속 메시아와 메시아 시대를 증거한다. 정말로 구약성경에 밝은 사람이라면 그는 예수 그리스도 안에 있는 하나님의 계시에 응답할 것이다.

　예수께서는 그 자신 안에 하나님의 나라를 구체화하셨는데, 그것은 그 나라가 그에게 주어졌기 때문이다(눅 22:29). 그 나라에 들어가기를 원하는 자들은 그 나라를 구하여 찾아야 한다(마 6:33). 여러 가지 경우에서 예수는 그 나라를 사람이 많은 비용과 시간을 바쳐야 할 보물에 비교하셨다. 그의 나라는 단순히 혈과 육에 속한 것이 아니라 영에 속한 것이다. 그를 따르는 자들은 하나님의 영의 능력 안에서만 그렇게 할 수 있는 것이지 인간적인 보상 때문에 그렇게 할 수는 없다. 공의와 기도와 금식과 사랑의 행위들은 하나님 때문에 실천되어야만 타당성이 있다(6, 18절).

하나님의 나라는 아직 이 땅에 완전히 오지는 않았다. 예수의 제자들은 그들이 기대하던 나라가 금새 오리라고 생각했지만(눅 19:11), 예수께서는 먼저 그가 이 땅에서 떠나야 할 것이라고 말씀하셨다. 그가 육체로 계시지 않아야 사도들과 교회는 그들이 받은 것을 사용하여 그의 사명을 계속 이을 수가 있는 것이다(12-27절). 겨자씨 비유는 누룩 비유와 마찬가지로 그 나라가 승리하며 성장하는 것을 나타낸다(13:18-21). 그러나 곡식과 가라지의 비유(마 13:24-30)는 의인들이 어떻게 악인들과 함께 살아야 할 것인지를 보여준다. 예수의 가르침 안에는 그 나라의 승리와 이 세상에서의 그 나라의 점진성 사이의 긴장이 있다. 종종 그 나라는 이 세상의 악의 존재 때문에 분명하게 구별되지 않는 것 같다. 그러나 예수께서는 참고 그의 나라를 구하며 그들이 받은 은사를 활용하는 자들이 상급을 받을 것이라고 분명히 밝히신다. 예수께서는 누구든지 그 나라를 위하여 무엇이나 희생하는 자는 이 세상에서와 오는 세상에서 모두 크게 상 받을 것이라고 약속하신다(눅 18:29-30).

예수께서 시작하신 그 나라는 그가 오시기 전의 하나님의 나라와 연속되어 있다. 실제로 그는 아브라함과 이삭과 야곱과 선지자들이 하나님의 나라에 참여했다고 가르치셨다(눅 13:28). 그러나 복음서들은 그리스도 안에서 그 나라의 새로운 회복과 성취의 시대가 열렸다고 말한다. 그 나라의 성취에 대한 구약의 개념은 우선 그의 백성 이스라엘을 통하여 이 세상에 하나님의 통치가 세워지는 것에 초점이 맞추어져 있다. 예수의 오심은 더 넓은 관점을 보여 주었다. 메시아이신 예수는 사탄까지도 정복하시는 완전한 승리를 가져오신다(눅 10:18-20; 요 12:31). 사탄의 능력은 이 세상에서 이미 약화되었다(마 12:28-29). 이제 이스라엘 민족뿐만 아니라 모든 사람들이 예수 안에 있는 하나님의 나라의 통치의 축복들을 받을 수 있다.

예수께서 회개하라고 하신 말씀은 종말론적 차원을 가지고 있다.[14] 현재의 질서는 철저하게 변하게 된다. 그것은 오직 이 땅에 대한 하나님의 심판과 양과 염소, 죄인과 의인의 구별을 통해서만 일어날 수 있는 일이다. 복음서에서 예수께서는 그의 재림과 모든 사람의 부활과 다가올 심판에 대한 기대감 속에서 종말이 체험되고 있다는 이유만으로, 철저한 순종을 요구하신다.

---

14. John Painter, "Eschatological Faith in the Gospel of John," in *Reconciliation and Hope*, ed. Banks, 36-54.

The Progress of Redemption

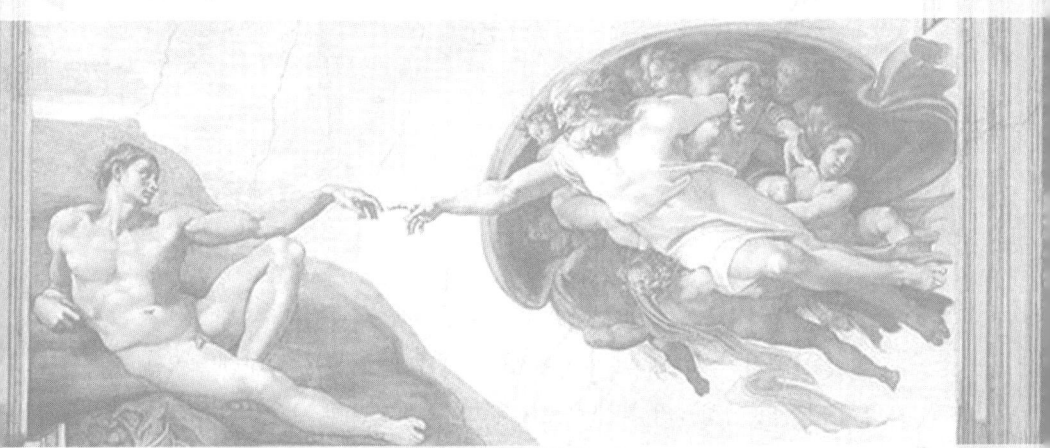

10부

사도 시대

Part 10

서론

신약은 우리에게 예수의 사역에 대한 기사와 그 나라에 대한 복음의 선포와 하나님의 백성들의 확장을 보여 준다. 누가복음과 사도행전은 신약 전체의 구속사적 발전을 반영한다는 점에서 신약 저작들 가운데 독특한 위치를 차지한다. 더욱이 누가복음-사도행전의 자료는 3가지 유익한 점들로부터 부활하시고 영광받으신 그리스도로서의 예수의 신학적 관점을 나타낸다. 그 3가지란 지상에 있는 동안의 영광의 메시아의 사역, 아버지의 우편에서의 영광의 메시아의 사역, 성령 안에서의 영광의 메시아의 사역이다. 누가복음-사도행전의 초점은 고난을 통하여 영광스런 유업을 얻으시고 그의 승리의 유익들을 유대인과 이방인으로 이루어진 그의 교회와 함께 나누시는 예수이다. 서신서들은 (1) 구원의 적용에 삼위일체 하나님께서 개입하심 (2) 그 나라의 확장 (3) 교회들의 설립 (4) 복음을 이방 세계에 적용시킴 (5) 다가올 영광스런 나라에 대한 소망을 증거한다.

사도행전과 서신서들이 이러한 것들을 증거하고 있는 방법을 찾아내기 위하여 우리는 정경적 상황과 관련된 사도행전과 서신서들의 문학적 공헌, 즉 유다로부터 이방 세계로 나아간 그 나라의 발전을 살펴보아야 할 것이다. 이 시기의 중요성은 예수 그리스도의 사역의 계속성, 복음의 확장, 성령의 사역, 선지자들의 말의 점진적인 성취에 있다. 이러한 장들에서 우리는 다음과 같은 주제들을 살펴보고자 한다.

1. 예수가 그리스도시며 주시라는 사도의 고백
2. 성령의 능력에 의해 교회 안에서 각 지체들에게 은사를 주시고, 몸에 직분들을 주시고, 다양한 지체들을 한 몸으로 연합하심으로써 계속되는 예수의 사역
3. 예수의 영 안에서 하나님의 나라가 더 크게 실현됨과 따라서 종말이 더 가까와짐
4. 예수 그리스도의 교회 안에서의 그 나라의 점진성
5. 예수 그리스도의 사역과 직분에 관한 사도들의 전통 paradosis(즉, 복음)[1]
6. 새 시대의 교회 지도자 직분에 대한 사도들의 준비
7. 예수께서 다시 오셔서 그의 사명을 완전하고 영광스럽게 성취하실 것이라는 사도들의 소망

---

1. 전통(paradosis)이란 그리스도에 관한 사도들의 본래의 가르침 전체를 말한다(막 7:5, 8-9, 13; 골 2:8을 보라). 이 전통은 신약의 정경서들에 나타나 있다.

31

부활하신 그리스도에 대한 사도들의 증거

신약의 글들은 예수의 성육신의 중요성을 강조하지만, 그가 만주의 주요 만왕의 왕으로 영광을 받으신 것을 더욱더 강조한다. 그는 하나님의 메시아이시며, 주 예수 그리스도이시다. 사도행전과 서신서들은 성부 하나님의 계획 안에서 메시아의 성육신과 속죄와 영광스런 자리의 신비에 대하여 가르치고 적용하며 통찰력을 준다. 이러한 글들의 목적은 근본적으로 예수를 하나님의 약속들과 언약들을 완전히 이루실 자로 묘사하는 것이다. 사도행전과 서신서들은 그리스도를 계시하는 성부 하나님의 계시로서, 구약의 계시들과 완전히 일치한다. 신구약 모두 그리스도에 관하여 언급된 영광스러운 것들을 증거한다.

본장에서 나는 사도행전과 히브리서와 공동서신들의 정경적 기능을 고찰하고자 한다. 이러한 책들은 우리들에게 그리스도의 영과 교회와 사도들의 새 시대에 관하여 우리들에게 말해 준다. 정경적 기능을 살펴보면, 독자들은 다음과 같은 사항들에 관하여 더 많은 이해를 얻게 될 것이다.

1. 예수의 사역이 영광의 주와 메시아로서 계속됨
2. 예수의 사역이 성령 안에서 계속됨
3. 예수의 사역이 교회 안에서 계속됨

4. 예수께서 심판과 구원을 모두 가지고 영광 중에 오실 것을 기대함
5. 세계적으로 세워진 교회들 가운데서 베드로와 요한과 바울의 사도적 권위와 우리 주님의 형제들인 야고보와 유다 같은 지도자들
6. 회당에서 교회로, 유대인에서 이방인으로 점차 움직임
7. 교회 안에서 사도적 권위에서부터 장로들과 집사들의 지도자 직분으로 바뀌어감

사도행전

사도행전은 누가복음의 연속이다.[1] 복음서는 예수께서 성령에 대한 아버지의 약속을 확인하시는 것과 예루살렘에 남아 있으라는 당부의 말씀으로 끝난다(눅 24:48-49).[2] 사도행전의 서론은 두 책을 연결시킨다. 복음서는 "예수의 행하시며 가르치시기를 시작하심부터 그의 택하신 사도들에게 성령으로 명하시고 승천하신 날까지의 일"(행 1:1-2)을 설명하는 반면, 사도행전은 예수께서 그의 사도들의 사역을 통하여 행하시고 가르치시기를 계속하시는 것을 우리에게 설명한다.

사도행전은 무엇보다도 초대교회의 역사를 기록하려고 쓰여진 것이 아니다.[3] 역사적인 자료가 신빙성이 있는 것이라 할지라도 누가의 첫 번째 관

---

1. S. Brown, "The Role of the Prologues in Determining the Purposes of Luke-Acts," in *Perspectives on Luke-Acts*, ed. C. H. Talbert (Danville, Va.: Association of Baptist Professors of Religion, 1978), 99-111.

2. F. F. Bruce, "The Holy Spirit in the Acts of the Apostles," *Interpretation* 27 (1973): 166-83; Richard B. Gaffin, Jr., *The Centrality of the Resurrection: A Study in Paul's Soteriology* (Grand Rapids: Baker, 1978); G. W. Lampe, "The Holy Spirit in the Writings of St. Luke," in Studies in *the Gospels: Essays in Memory of R. H. Lightfoot* (Oxford: Blackwell, 1955), 159-200.

3. 거쓰리는 사도행전의 목적에 관하여 5가지 관점들 -역사 설화, 성령의 복음, 변증, 바울의 시련을 변호하는 서신, 신학적 문서(*NTI*, 349-54)- 을 고려한다. 나는 두 번째 관점을 지지

심은 신학적이다.[4] 그는 사도들의 사역 안에서 계속되는 예수의 사역에 관심을 보인다. 이러한 목적에서 그는 설교들을 인용하고 사도들의 이적들을 사용하며, 복음서의 예수의 사역과 부활하신 예수의 사역을 연관시키는 문학적 장치들로써 요약된 기사들을 제시한다. 따라서 사도행전의 독자들은 예수께서 성령 안에서 현존하신다는 결론에 이르게 된다.[5]

설교들과 연설들

설교들과 연설들은 사도행전의 두드러진 특징이다.[6] 이 책의 거의 1/3이 말한 내용이다(도표 13을 보라). 누가는 단순히 사도들의 설교의 본을 보여 주려는 것이 아니라 신학적 목적을 가지고 있었다. 첫째, 설교들과 연설들은 사도들의 선포가 예수의 가르침의 연속임을 보여 준다. 예수께서는 회당에서나 야외에서 설교하셨는데, 사도들도 그랬다.[7] 예수께서는 다가오는 그 나라에 초점을 맞추셨다. 그를 따르는 자들은 예수를 하나님의 메시아로 선포하고 그의 이름으로 능력있는 이적들을 일으킨다(행 4:30; 16:18). 그들은 구약을 확장하여 인용하면서 메시아이신 예수의 복음, 그의 죽음과 부활

하지만, 거쓰리는 첫 번째 관점을 주장한다.

4. I. H. Marshall, *Luke: Historian and Theologian* (Exeter: Paternoster, 1970); P. S. Minear, "Dear Theo: The Kerygmatic Intention and Claim of the Book of Acts," *Interpretation* 27 (1973): 131-50; J. C. O'Neill, *The Theology of Acts in Its Historical Setting* (London: SPCK, 1970).

5. R. F. O'Toole, "Activity of the Risen Jesus in Luke-Acts," *Bibl* 62 (1981): 471-98.

6. F. F. Bruce, *The Speeches in the Acts of the Apostles* (London: Tyndale, 1942); idem., "The Speeches in Acts, Thirty Years After," in *Reconciliation and Hope: New Testament Essays in Atonement and Eschatology*, ed. Robert Banks (Grand Rapids: Eerdmans, 1974), 53-68; W. W. Gasque, "The Speeches in Acts: Dibelius Reconsidered," in *New Dimensions in New Testament Study*, ed. R. N. Longenecker and M. C. Tenney (Grand Rapids: Zondervan, 1974), 232-50.

7. J. W. Bowker, "Speeches in Acts: A Study in Proem and Yalammedenu Form," *NTS* 14 (1967-68): 96-111.

과 현재적인 메시아적 통치를 설명한다.[8]

본문	말하는 사람	상황
2:14-41	베드로	오순절 날의 설교
3:11-26	베드로	솔로몬의 행각에서의 설교
4:8-12; 5:29-32	베드로	산헤드린 앞에서의 연설
7:1-53	스데반	산헤드린 앞에서의 변론
10:34-43	베드로	고넬료의 집에서의 설교
13:13-48	바울	비시디아 안디옥에서의 설교
14:15-17	바울	루스드라에서의 군중을 향한 호소
17:22-34	바울	아레오바고에서의 설교
20:17-35	바울	에베소 장로들에게 한 연설
22:1-21	바울	예루살렘에 있는 군중들 앞에서의 변론
26:2-27	바울	권세자들 앞에서의 변론
28:25-28	바울	유대 지도자들 앞에서의 변론

도표 13. 사도행전의 설교들과 연설들

둘째, 사도들의 설교들과 활동들은 구속사의 점진성을 증거하기도 한다. 베드로는 오순절 날에 했던 설교에서 성령을 부어주심을 하나님께서 그의 말씀을 성취하시는 그의 새로운 행위라고 설명한다(행 2:16-21). 성령의 임재는 예수께서 부활하시고 영광으로 올라가신 증거이다(22-35절; 참조. 7:55). 베드로는 디아스포라에서 온 대표들("천하 각국으로부터 온 경건한 유

---

8. 참조. R. N. Longenecker; Biblical Exegesis in *the Apostolic Period* (Grand Rapids: Eerdmans, 1975); M. Rese, "Die Funktion der alttestamentlichen Zitate und Anspielungen in den Reden der Apostelgeschichte," in Kremer, *Les Acts*, 61-79.

대인들"(⟨2:5⟩)에게 예수를 믿음으로써 새 시대와 성령의 은사를 함께 나누자고 초청하고 있다. 약속이 그들의 것이기 때문에 그들은 새 시대에 들어올 수 있다(39절). 그러나 회개하고 "예수 그리스도의 이름으로"(38절) 세례를 받아야만 한다.

셋째, 베드로에서 바울에게로의 움직임은 사도행전의 신학적 관점을 강조한다. 베드로는 우리 주님과 바울 사이의 전환적 인물이다. 그의 사역을 통하여 교회가 세워졌고(행 2:38-41), 번창해졌으며(42-47절), 교회가 영광의 그리스도의 능력을 증거했고(5:12-16), 이방인들에게 문을 열었다(10:1-11:8). 그러나 이방인 선교에 대한 관심이 커지고 바울이 성공을 거두자 이 책의 후반부에서는 사도 바울의 위치가 더 중요하게 된다.

바울은 이방인을 위한 사도이며 자유의 사도로서, 선지자들(특히 이사야)의 기대를 더욱 분명하게 이해했고, 그리스도로부터 특별하게 부르심을 받았으며, 그의 선교 여행 중에 교회에서 일어난 신학적 문제들에 대해서 더 예리하게 집중했다.[9] 정경적인 관점에서 볼 때 바울은 사도들을 대표하는 우월한 위치를 차지하며, 뒤에 이어지는 모든 세대의 그리스도인들을 위해 계속해서 이 역할을 한다. 더욱이 현재 사도행전 뒤에 바울 서신들이 위치한 것은 바울에게 적절한 위치를 증거한다.[10] 차일즈는 서신서들을 사도행전의 신학적 관점 안에서 읽어야 한다고 잘 지적하고 있다.

정경에는 바울의 편지들이 들어 있는데, 그것들은 그것들을 해석하기 위한 해석학적 지침들을 제시하는 사도행전의 틀 안에 있다…. 그러나 사도행

---

9. 또 다른 이름(cognomen)인 바울에 대하여는, Colin J. Hemer, "The Name of Paul," *TB* 36 (1985): 179-93을 보라. 그의 특별한 소명에 대하여는, J. W. Bowker, "Merkabah Visions and the Visions of Paul," *Journal of Semitic Studies* 16 (1971): 157-73; C. W. Hendrick, "Paul's Conversion/Call: A Comparative Anaysis of the Three Reports," *JBL* 100 (1981): 415-32를 보라.

10. J. Knox, "Acts and the Pauline Letter Corpus," in *Studies in Luke-Acts*, ed. L. E. Keck and J. L. Martyn (Nashville: Abingdon, 1966), 279-87; Peter R. Jones, "1 Corinthians 15:8: Paul the Last Apostle," *TB* 36 (1985): 3-35를 보라.

전은 바울과 다른 세대에 살기 때문에 그의 역사적 사역을 나누지 못하는 독자들을 위해 바울의 원래의 생애와 메시지의 의미를 해석함으로써 신앙 공동체에게 그들이 나아가야 할 한 방향을 가리키고 있다.¹¹

이적들

누가는 설교들과 연설들을 문학적으로 사용할 뿐 아니라, 예수의 사명이 사도 시대에는 더 크게 성취되어 나타난다는 사실을 밝히기 위해 "이적을 통한 증명" 방법을 사용한다.¹² 베드로는 "나사렛 예수 그리스도의 이름으로" 앉은뱅이 된 자를 고쳤다(행 3:6). 그는 "많은 표적과 기사를"(5:12) 일으켰다. 사람들은 베드로의 그림자가 그들을 치료할 것이라는 소망으로 병자들을 거리에 내놓기까지 했다(15절). 사도들의 소문 때문에 병든 자들이 근처 성읍들에서 예루살렘으로 나아왔다. 예수를 따르는 모든 자들에게 치료의 능력과 마귀를 쫓아내는 권세가 있었음은 분명했다(16절).¹³ 그리스도의 능력은 이방인들에 대한 바울의 사역에도 수반되어서, 단지 손수건과 옷깃이 닿기만 해도 병자가 낫고 마귀가 쫓겨 갔다(19:11-12). 사도들은 예수의 이름으로 기사와 표적을 행했고, 그의 이름에 영광을 돌렸으며, 복음화의 도구로 사용했다. "이와 같이 주의 말씀이 힘이 있어 흥왕하여 세력을 얻으니라"(20절; 17절도 보라).

성령이 부어짐과, 성령의 증거들과, 사도들의 권위의 능력있는 표적들은

---

11. Childs, *NTCI*, 240.

12. G. W. H. Lampe, "Miracles in the Acts of the Apostles," in *Miracles*, ed. C. F. D. Moule (London: Mowbray, 1966), 163-78; F. Neirynck, "The Miracle Stories in the Acts of the Apostles: An Introduction," *Les Actes des Apotres*, ed. J. Kremer (Leuven: University Press, 1979), 169-213.

13. 마술사 시몬은 사마리아에서 그의 "기적들"로 명성을 얻고 있었지만, 증거의 이적들에 의해 압도당했다(행 8:9-24). 그는 사도들의 특별한 능력을 얻고 싶어서 사도들을 뇌물로 매수하려고 했다. 그러나 그들은 그에게 저주하고 떠나갔다. 이 이야기는 유다에서나 사마리아에서나 예수의 사역이 사도들에게서 계속 이어지고 있다는 증거를 얼마나 드라마틱하게 보여 주고 있는가!

사도의 시대가 완전한 회복을 가져오도록 예수께서 받으신 사명의 제 2단계임을 능력있게 성취하는 모습이다. 예수는 선지자들의 말의 성취이며, 그의 권위는 교회에 성령이 부어짐으로써 세워진다. 성령은 승천하신 영광의 메시아의 선물이며 "유쾌하게 되는 날"(3:19)을 시작하신다.

요약 기사들

소위 요약 기사들은 특별한 문학 기법을 이룬다. 누가는 초대 교회의 생활과 예배에 대하여 완전한 기사를 제시하지 않고, 독자들에게 그 교회를 얼핏 볼 수 있는 몇 가지 짧은 구절들을 제시한다(행 2:42-47; 4:32-37; 5:12-16, 41-42; 8:1-8; 9:31; 16:5). 예수 그리스도 안에서 새로 설립된 신자들의 공동체는 성령의 감독으로 번창해졌다. 교회는 분파주의자나 급진적 공동체가 아니라, 예수를 사랑하고 서로 조화를 이루어 살며 조직화된 유대교로부터 거절당하는 사람들로 이루어져 있었다(예. 8:1-3을 보라).

사도행전의 개요는 복음의 확장에 따라 나눈다. 이 책에는 예루살렘에서 로마까지 복음의 지리적 확장이 나타나는데(1:8을 보라), 그것은 예루살렘 교회 근처로부터 시작해서 바울의 선교 여행, 그리고 그가 예루살렘으로부터 로마까지 로마당국에 의해 감금되기까지의 일련의 과정이다(그림 24를 보라).

서론(1:1-5)
예루살렘에서의 사역(1:6-5:42)
    확장과 박해(6:1-9:31)
        확장과 이방인 선교(9:32-20:6)
            바울의 이방인 선교의 결론(20:7-21:17)
    바울의 감금(21:18-28:10)
로마에서의 사역(28:11-31)

그림 24. 사도행전의 문학적 구조

서신서들

서신서들은 신약의 1/3을 차지한다. 21개의 서신들 가운데 13개, 즉 갈라디아서, 데살로니가전후서, 고린도전후서, 로마서, 옥중 서신들(빌레몬서, 골로새서, 에베소서, 빌립보서), 그리고 목회 서신들(디모데전후서와 디도서)은 바울의 것이다. 다른 서신들에는 히브리서와 일반 서신, 혹은 공동 서신-야고보서, 베드로전후서, 요한1-3서, 유다서가 있다.

서간문은 헬라와 라틴 문학에서 보편적인 것이었다. 세속적인 서신들은 문학적, 철학적, 과학적 주제를 다룬, 비교적 짧고 기교적인 소논문이었다.[14] 신약의 서신들은 세속 서신들과 비교하면 대개 훨씬 길고, 회중에게 보낸 것으로, 신학적이고 실천적인 권고를 포함한다. 예를 들면 바울 서신들은 그것을 받아쓰게 한 것으로(예. 롬 16:22를 보라), 선생이면서 설교자로서의 따뜻함과 동정심을 나타내며, 그 편지를 확증하기 위하여 그 자신의 필체로 개인적인 인사를 첨가시켰다(고전 16:21; 갈 6:11; 골 4:18; 살후 3:17; 몬 1:19). 일반적으로 서신들은 고정화된 형식 -인사말과 기도, 편지의 적절한 내용, 결론과 서명- 을 따른다. 히브리서, 야고보서, 베드로전후서, 요한1서, 유다서와 같은 몇몇 서신들에는 개인적인 언급이 거의 없어서 로마의 논문 형식의 문학적 형태에 가깝다.

서신서들은 1세기 교회의 매우 복잡한 모습을 나타낸다. 본장과 다음 장에서 나는 서신서들의 정경적 기능을 살펴보면서, 각각이 신약의 다양한 기록들에서 자기의 특색으로 나타내는 공헌과 예수께서 교회에 대하여 보증하시는 주장의 표현들을 살펴보려고 한다. 사도들은 영광의 그리스도를 주 Lord로 나타내고, 그리스도의 구속의 성격과 적용을 설명하면서, 회복을 위

---

14. Kümmel, *Introduction to the New Testament*, trans. A. J. Mattill, Jr. (Nashville: Abingdon, 1966), 247-52. Stanley K. Stowers는 우정, 가족, 칭찬과 책망, 권면, 충고의 편지들이 우리가 이전에 알고 있던 것보다 훨씬 더 일반적인 것임을 보여 주었다 (*Letter Writing in Greco-Roman Antiquity* [Philadelphia: Westminster, 1986]).

해 하나님의 백성들을 준비시키시는 성령의 위치를 언급하고, 하나님의 백성들에게 그 영광스러운 날을 위해 스스로를 준비하라고 권고한다. 더욱이 그들은 구약과 예수 그리스도와 사도들의 전통 *paradosis*, 즉 복음의 전승들 사이의 신앙적 연관성이 계속되지 않는다는 모든 거짓 교훈을 물리치기 위해 예를 들거나 직접적인 가르침으로 교회에게 경고한다.[15]

사도들은 예수로부터 초대 교회에로 복음을 전하는 신앙의 전승자들이다. 그들은 그리스도께로부터 그들의 권위를 받았고, 그들의 사도적 권한을 발휘하고 있었으며, 대부분의 교회들에게와 거기에서 세워지는 지도자 직분에게는 그들의 권위를 이미 기권했다. 사도 시대가 끝난 이후로는 메시아이신 예수를 믿는 모든 새 세대의 신자들에게 그 전통을 보존할 철저한 의무가 남아 있다.

현재 정경의 순서에는 바울의 서신들이 예수의 사역과 바울의 이방 선교에 밀접하게 이어져 있는 사도행전 뒤에 있다. 다른 전승에 의하면, 초대 교회에서는 공동 서신들이 사도행전 뒤에 위치해 있었다. 바울 서신들과 공동 서신들의 중요한 차이는, 바울의 서신들이 대개 우선 특정한 회중들에게 보내졌다가 다음에 돌려가며 읽었다는 점이다. 공동 서신들은 원래 돌려가며 읽는 성격의 편지였기 때문에 상당히 큰 신자들의 모임에 보내졌다. 그러한 용도와 상관 없이 교회들은 그리스도의 음성을 들었고, 하나님의 영에 감동된 이 기록들을 후세대의 그리스도인들의 유익을 위해 남겨 두었다. 나는 우선 히브리서와 공동 서신들을 보고 나서 다음 장에서 바울 서신들을 살펴보려고 한다.

히브리서

대략 주후 68년경에 쓰여진 것으로 보여지는 이 서신은 신약에서 가장 문제시되는 책들 중의 하나이다. 저자, 청중, 역사적 배경, 신학적인 틀, 문학

---

15. E. Earle Ellis, "Paul and His Opponents: Trends in Research," in *Christianity, Judaism, and Other Greco-Roman Cults: Studies for Morton Smith at Sixty*, ed. J. Neusner (Leiden: Brill, 1975), 264-98.

장르 모두가 학문적인 토론의 주제가 되고 있다.¹⁶ "히브리서" 혹은 "히브리인들에게"라는 이름은 아마도 근거가 있는 것이 아니라 그 책의 주된 강조점들에 대한 요약인 것 같다. 그렇다면, 이 책은 유대교에 대해서 잘 알고 있는 (아마도 나면서부터) 신자들, 곧 하나님의 종인 모세와 하나님의 아들인 예수 사이의 관계와 차이에 대하여 배워야 할 필요가 있는 신자들에게 보내진 것이다. 그 차이는 구약 대 신약이 아니다. 왜냐하면, 모세와 선지자들을 통하여 말씀하신 바로 그 하나님께서 아들을 통하여 말씀하시는 것이기 때문이다(히 1:1-5). 차이점이란 아버지 앞에서 그 아들의 현재 사역이 우월하다는 점이다.

저자 문제에 있어서는, 바울, 바나바, 누가, 아볼로, 실라, 빌립, 브리스길라, 클레멘트 등 여러 사람들이 주장되어 왔다. 비록 신학적 기준으로 볼 때 바울이 저자라는 주장 편으로 가는 경우가 종종 있지만, 일반적으로 일치된 견해는 없었다. 저자는 구약에 매우 익숙하며, 어떤 사항을 증명하는데 70인역을 사용하며 종종 미드라쉬적인 방법을 쓴다. 멜기세덱의 제사장직이 우월하다는 주장은 저자가 엣세네파의 사상을 잘 안다는 사실을 말해 준다.¹⁷

---

16. 시기에 대하여 일반적으로 일치되는 의견은 없지만, 히브리서와 엣세네파의 사상의 연관성, 성전이 존재했을 것이라는 가정, 조직화된 유대교를 떠나려는 관심으로 미루어 보아 예루살렘 멸망 바로 직전으로 보인다; P. E. Hughes, Hebrews (Grand Rapids: Eerdmans, 1977); George Wesley Buchanan, "The Present State of Scholarship on the Hebrew," in *Christianity, Judaism*, 299-330을 보라.

17. M. Barth, "The Old Testament in Hebrews," in *Current Issues in New Testament Interpretation: Festschrift for O. Piper*, ed. W. Klassen and G. F. Snyder (New York: Harper, 1962), 53-78; S. Kistemaker, *The Psalm Citations in the Epistle to the Hebrews* (Amsterdam: van Soest, 1961); P. E. Hughes, *Hebrews* 10-32; I. W. Batdorf, "Hebrews and Qumran: Old Methods and New Directions," *Festschrift in Honour of F. W. Gingrich*, E. H. Barth and R. E. Cocroft, eds. (Leiden: Brill, 1972), 16-35; F. F. Bruce, "To the Hebrews" or "To the Essenes," *NTS* 9 (1962/3): 127-32; J. Carmignac, "Le Document de Qumran sur Melkisedeq," *Revue Qumran* 7 (1970): 348-78; A. S. van der Woude, "11Q Mechizedek and the New Testament," *NTS* 12 (1962/3): 301-26; "Melchisedek als himmlische Erlosergestalt des neugefundenen eschatologischen Midrashim aus Qumran Hohle XI," *OTS* 14 (1965): 354-73; Y. Yadin, "The Dead Sea Scrolls and the Epistle to the Hebrews," *Scripta*

히브리서는 서신의 공식적인 요소들을 따르지 않고 서론적인 문안 인사와 기도를 빼놓고 있다. 형식으로 보면 그것은 설교에 더 가까우며, 소논문이나 설교 형식으로 쓰여진 서신으로 말해질 수도 있다. 넓은 범위에서 보면, 이 서신은 천사들보다 우월하신 예수께서는(사탄에 대한 승리로 인하여; 1-2장), 모세보다도(3:1-4:13), 아론의 제사장직보다도(4:14-10:18) 높으심을 나타내고 있다. 저자는 또 경건한 자들에게 스스로 그리스도께 복종하라고 호소하고 있다(10:19-13:25). 그리스도의 언약적 사역이 이전의 사역들보다 더 우월하다는 사상이 이 편지의 중심에 놓여 있다. 저자는 그 우월성이 기독론적이고 종말론적이라고 주장한다. 왜냐하면, 예수께서 하늘의 성막에 들어가신 지금 종말은 훨씬 더 가까이 다가왔기 때문이다.[18]

신학적인 부분들은 권고적인(혹은 삽입적인) 부분들에 의해 나뉘어져 있다. 신학적인 것과 실천적인 것이 서로 교차되어 나오는 것은 독자들로 하여금 그 아들에 대한 믿음을 지키도록 격려한다. 아버지께서는 최후의 방법으로써 그 아들로 말씀하셨고, 최후의 심판에서부터의 구원이 그 아들 안에서 발견된다(12:18-27).

일반 (혹은 공동)서신

"공동"(즉, 일반) 이라는 칭호는 유세비우스에게서 그 기원을 찾을 수 있을 것인데, 그는 광범위한 의도에서 쓰여진 일곱 서신들이 특정한 회중들에게 보내진 것이 아니기 때문에 그것들을 그렇게 언급했다. 이 책들 중에 대

Hierosolymitana 4 (1958), 36-55; 비평적인 입장의 재평가에 대하여는, Richard Longenecker, "The Melchizedek Argument of Hebrews," Ladd *FS*, 161-85를 보라.

18. C. K. Barrett, "The Eschatology of the Epistle of the Hebrew," in *The Background of the New Testament and Its Eschatology: Festschrift for C. H. Dodd*, ed. D. Daube and W. D. Davies (Cambridge: Cambridge University Press, 1964), 363-93; G. W. MacRae, "Heavenly Temple and Eschatology in the Letter to the Hebrews," *Semeia* 12 (1978): 179-99; James C. De Young, *Jerusalem in the New Testament: The Significance of the City in the History of Redemption and in Eschatology* (Kampen: Kok, 1960).

부분이 교회사 가운데서 그 확실성과 정경성을 의심받았었다.

야고보서

야고보서는 구약과 예수의 가르침을 연결해 준다는 정경적 기능을 갖고 있다. 현재의 정경에 있는 바울 서신들의 위치 때문에 바울이 유일한 신학자이고 공동 서신들은 부록들이라는 인상을 받게 된다. 그러나 야고보서는 경건의 본질로써의 지혜에 대하여 강력하게 나타내고 있다. 그는 율법과 은혜, 인간의 의와 하나님의 의, 행위와 믿음을 대조시키지 않는다. 바울에게 있어서 은혜, 하나님의 의, 믿음은 복음의 본질에 의존하는 최우선적인 동기들이다. 사도 바울은 그리스도의 변증자로서 기록했지만, 야고보는 목회적으로 기록하고 있다. 그에게 있어서 신앙이란 하나님에 대한 신뢰이며 동시에 행위이다. 왜냐하면 그는 신앙을 오직 그리스도 안에서 하나님께 충성하는 것이라는 히브리적 개념에서 이끌고 나가기 때문이다. 따라서 야고보는 적절한 대답을 주는 것이나 바울의 가르침과 단순하게 조화시키는 것을 반대한다.[19] 본질적으로 그는 바울에 동의하지만 이 편지의 정경적 증거는 바울을 보충해 준다. 야고보서는 예수의 가르침의 관점에서 볼 때 가장 명백하다.

야고보서는 구약이 예수의 오심과 그의 사명에 대하여 어떻게 이해되어야 하는가에 대한 기독교적 이해를 설명한다. 야고보는 구약에 대한 마태의 이해를 확장시킨다.[20] 이방인 선교 이전의 시대에 기록된 것으로 여겨지는 그의 메시지는 하나님께서 그리스도인들에게 요구하시는 것에 관한 주제들을 소개했

---

19. 야고보와 바울에 관한 논문으로는, J. Jeremias, "Paul and James," *Expository Times* 66 (1954-55): 368-71; P. Stuhlmacher, Gerechtigkeit Gottes bei Paulus, FRLANT 87 (1965), 191-94; W. Schmithals, *Paul and James*, trans. Dorothea M. Barton (Naperville: Aiienson, 1965)을 보라. 제임스 던은 *UD*, 251-57에서 이러한 반명제를 계속 지속시키고 있다.

20. 마태복음에서의 예수의 가르침과 야고보서의 유사점들에 대한 목록으로는, Guthrie, *NTI*, 743을 보라. 거기에서 그는, M. H. Shepherd, "The Epistle of James and the Gospel of Matthew," *JBL* 75 (1956): 40-51을 참조한다.

다. 차일즈처럼 적절한 시기를 60년대 초반으로 주장하는 것도 가능하다.

그의 서신은 단순히 바울에 대한 오해를 점검하는 것이 아니라 바울 이후의 기독교에 대해 들을 수 있는 공관 복음서의 내용들에 대하여 적극적으로 증거한다. 이 서신은 부활 이후에라도 구약이 계속 그리스도인들의 삶의 규범의 역할을 한다는 바른 해석을 증거하고 있다.[21]

야고보는 무엇보다도 "흩어져 있는 열두 지파에게"(1:1) - 즉, 유대인인 그리스도인들에게 편지를 썼다. 그들의 관심은 복음이나 예수가 누구였는가에 있는 것이 아니라 구약이 그리스도인들의 삶에 어떻게 작용하는가에 있었다. 이 문제에 대하여 야고보는 율법과 선지자와 예수의 오심 사이의 연속성을 주장함으로써 효과적으로 대답하고 있다. 예수 안에서 자유가 발견되지만, 그 자유의 목적은 성도들의 마음에 "심긴 도"(1:21)인 "최고의 법"(2:8)을 실천하는 것이다. 지혜로운 자는 "자유하게 하는 온전한 율법을… 듣고 잊어버리는 자가 아니요 실행하는 자니 이 사람이 그 행하는 일에 복을 받으리라"(1:25). 그 사람은 믿음의 사람, 즉 신실한 사람이며 만일 사람이 그의 말과 행동에 있어서 마음 속으로 확신할 수 없다면 신실할 수 없는 것이다.

베드로전후서

둘 다 확실하게 베드로의 저서인가에 대한 문제가 현대 비평학자들에 의해 제기되었다.[22] 저자, 위경의 내용들, 문학적 구조와 청중의 문제에도 불구하고 초대교회는 두 책 모두 베드로 사도의 저작으로 일제히 증거한다. 60년

---

21. Childs, *NTCI*, 438. 야고보서는 주후 50년 이전이나 아니면 60년대 초기에 기록되었을 것이다. 저자와 연대에 관한 비평적 논의를 보려면, Guthrie, *NTI*, 736-64; Robert H. Gundry, *SNT*, 343-45를 보라. P. Davids 는 주후 40년과 예루살렘 총회 사이의 초기 연대라고 증거하는 예를 제시하고 있다(*The Epistle of James*, NIGTC, 2-22).

22. Kümmel, *Introduction*, 421-34; Guthrie, *NTI*, 771-862.

대 초반에 기록된 것으로 보이는 베드로전서는 대략 "본도, 갈라디아, 갑바도기아, 아시아와 비두니아에 흩어진, 하나님 아버지의 택하심을 입은 자들"(1:1)에게 보내지고 있다. 특별한 역사적 상황에 보내지는 것에 반하여, 내용의 성격은 일반적인 것이다. 이 서신은 신실한 자들에게 박해들과 많은 이단들에 상관하지 말고 인내하라고 격려하고 있다. 베드로는 기독교 공동체에게 충성스런 자로 남아 있으라고 요구하며 격려한다. 그리스도인들은 부르심을 받고 새롭게 태어남으로 말미암아 그리스도의 계시에 나타나는 완전한 구원에 대한 소망을 함께 나누는 것이며(1:3-12), 그것 때문에 거룩한 백성이 되도록 부르심을 받았으며(1:13-3:11), 복음을 위해 고난받을 준비를 해야 하는 것이다(3:12-4:19). 마지막으로 장로들과 젊은이들에게 하는 호소(5:1-9)는 바울의 목회서신들과 비슷한 정경적 역할을 한다.[23] 베드로도 역시 교회의 지도자들에게 축복함으로써 그가 떠나는 것에 대하여 기독교 공동체를 준비시킨다.

주후 65-68년 사이에 기록된 베드로후서는 더 많은 문제들을 일으켰지만 역시 정경으로 받아들여져야 한다. 여기에서 우리는 베드로전서에서 보다 더 사도 베드로로서의 목소리를 듣게 되는데, 그것은 이생을 떠날 때가 임박한 것을 알리는 것이나(1:14), 초대 기독교 공동체에게 거룩한 삶을 살라는 당부(3-11절), 구약성경들의 관점에서 예수의 복음을 확신케 하는 것(12-21절), 이단의 가르침이나 교사들에게서 물들지 않고 복음을 지키는 것(2장)이다. 그렇게 함으로써 그들은 스스로 여호와의 날을 준비하게 될 것이다(3장). 차일즈는 밀레도에서 한 바울의 고별 설교(행 20:17-38)와 목회 서신들의 관점에서 이 서신들의 정경적 역할에 대하여 잘 평가하고 있다.[24] 차이는 베드로가 지도자들보다 교회 전반적인 전체에 관심을 두고 있다는 점이다. 임박한 죽음을 보면서 그 사도들은 교회와 그 지도자들에게 지도자

---

23. Guthrie, *NTI*, 771-863.

24. Childs, *NTCI*, 469-74.

직분을 주었다. 그들의 글들은 예수의 사역과 사도 이후의 교회의 사역의 연속성을 증거하는 정경적 역할을 하고 있다.

베드로와 바울은 모두 구약성경들의 권위의 계속성, 우리 주님의 복음의 효력, 기독교 공동체의 성장과 안정에 큰 관심을 나타내고 있다. 비록 그들이 그들의 권위를 신실한 공동체에 돌리고 있지만, 그들은 사도들의 전통을 확고히 붙잡을 것을 촉구하면서, 다시 오실 그리스도에 대한 준비로 끊임없이 경계하라고 한다.

요한 1-3서

요한의 관심은 베드로와 유사하여, 그도 역시 사도의 권위를 제쳐두려는 경향이 있다. 주후 85-95년경에 기록된 이 세 편의 편지들에서 그는 기독교 공동체로 하여금 그가 그들에게 예수에 관하여 가르쳤던 것을 생각나게 한다.[25] 하나님의 자녀는 성육신한 그리스도를 통하여 아버지와 교제를 나눌 수 있을 것이며(요일 1:1-4) 죄사함을 확인하며 빛의 자녀로서 행할 것을 요구받는다(1:5-2:14). 그리스도와 교제를 가지려면 세상으로부터 구별되어야 하고(2:15-17) 그리스도에 대한 이단의 가르침에서 구별되어야 한다(18-27절).

요한의 서신들도 참된 공동 서신들이며, 사도는 특별한 역사적 상황에서 기록하면서도 기독교 공동체에 대하여 넓은 관심을 보여 준다. 2서, 3서에서 그는 충성과 사랑에 대한 중요성을 동일하게 강조한다.

유다서

마지막 편지를 쓴 유다는 야고보의 형제인데(1절), 그는 우리 주님의 형

---

25. 요한복음과 요한의 서신들과의 관련성에 대하여는, C. H. Dodd, "The First Epistle of John and the Fourth Gospel," *BJRL* 21 (1937): 129-56; W. F. Howard, "The Common Authorship of the Johannine Gospel and Epistles," *Journal of Theological Studies* 48 (1974): 12-25; W. G. Wilson, "An Examination of the Linguistic Evidence Adduced Against the Unity of the First Epistle of John and the Fourth Gospel," ibid., 49 (1948): 147-56을 보라.

제임이 거의 확실하다(행 1:14; 고전 9:5; 갈 1:19).[26] 그도 일반적으로 그의 서신을 "부르심을 입은 자 곧 하나님 안에서 사랑을 얻고 예수 그리스도를 위하여 지키심을 입은 자들에게"(1절) 보낸다. 이 서신의 정경적인 역할은 "우리 주 예수 그리스도의 사도들"(17절)이 미리 말했던 배교에 대한 경고를 반향하는 것이다. 유다는 사도들의 권위에서 한걸음 나아가지만, 사도들의 전승들과 가르침을 받아들이며, 우리 주님의 형제로서의 그의 권위를 가지고 모든 시대의 기독교 공동체에게 사도들의 가르침을 저버리지 말고 예수의 복음을 지키라고 권한다. 사도들의 전승은 "성도에게 단번에 주신 믿음의 도"(3절)로 한 단계 올라간다.[27] 그는 또 경건한 자들을 권면하는 종말론적 관점을 덧붙인다. "하나님의 사랑 안에서 자기를 지키며 영생에 이르도록 우리 주 예수 그리스도의 긍휼을 기다리라"(21절).

결론

선포로, (예수의 능력에 의한) 표적들의 방법으로, 성령의 임재로, 사도적 전승의 가르침으로, 그리고 서신들을 통해서, 사도들의 증거는 우리 주님과 그의 교회와의 역동적인 연속성의 의미를 전한다. 그러나 성령의 오심, 이방인 선교, 유대적인 개념을 지키지 않는 자유와 같은 불연속성도 분명히 있다. 그러나 이러한 불연속성의 증거들에도 불구하고 사도들은 예수의 가르치심과 부활과 영광에로 올리우심의 관점에서 선지자들의 말을 통하여 예수에 대해 말했다.

---

26. 유다서의 연대는 주후 65년 아니면 80년이며, 베드로후서와의 관계에 근거한다(Guthrie, *NTI*, 906-27을 보라).

27. E. E. Ellis, "Prophecy and Hermeneutic in Jude," in *Prophecy and Hermeneutic in Early Christianity* (Grand Rapids: Eerdmans, 1978), 221-36.

32

부활의 그리스도에 대한 바울의 증거

바울의 서신들은 분명히 예수께서 주시는 은혜의 성격, 성숙한 자녀들과 아버지와의 교제, 성령 안에서의 우리의 삶에 대해 설명한다.[1] 신약의 다른 기록들보다도 바울의 서신들은 더욱 분명하게 구약의 유산들에 이방인 신자들을 포함시킨다. 목회자-교사로서 바울은 교회에게 자신이 떠난 후에라도 사도들의 전통은 계속 이어질 것이라는 소망을 가지고 기록하고 있다 (고전 15:3-8; 골 2:8). 사도는 교회가 성령 안에서 앞으로 나아가야 하며, 유대교로 돌아서거나 또는 더 이상 복음이 아닌 것으로 복음을 바꾸지 말라고 열심히 강조한다. 이러한 목적들을 이루기 위해서 그는 이방 세계에 있는 교회들에게 편지를 썼다.

그는 세계의 수도 로마에 있는 그리스도인들에게 로마서를 썼는데, 거기서 예수 그리스도 안에 있는 하나님의 의를 해석했고 아버지께서 성령을 통하여 그리스도 안에 있는 그의 자녀들에게 주시는 모든 은혜를 설명했다. 아버지께서는 그의 자녀들이 그에게 헌신하는 삶으로 응답하기를 기대하신

---

1. 바울의 신학에 대하여는, Günther Bornkamm, *Paul*, trans. D. M. G. Stalker (New York: Harper, 1971), 109-239; Werner Georg Kümmel, *The Theology of the New Testament, According to Its Major Witnesses: Jesus-Paul-John* (Nashville: Abingdon, 1973), 137-254; Herman Ridderbos, *Paul: An Outline of His Theology*, trans. John Richard de Witt (Grand Rapids: Eerdmans, 1975)를 보라.

다(롬 12:1-2). 사도 바울의 교훈은 우리 주님의 가르침과 연속되는 것으로 서, 그도 역시 하나님의 영광을 위해 사는 삶과 다가올 구원에 대한 소망으로 가득 찬 삶인 그리스도인의 윤리를 강조한다.

고린도인들에게 보내는 편지들에서 바울은 사도들의 전통에 대한 관심으로 가득 차 있는 그의 사도적 권위를 변증한다. 그는 고린도의 그리스도인들에게 연합, 믿음, 소망, 사랑, 그리고 성령의 은사로 서로에게 자원하여 하는 봉사와 같은 그리스도의 영의 열매들을 나타내라고 권한다. 그는 교회의 속성을 더 분명하게 전개하는데, 교회의 머리는 그리스도이지만 그 지체들은 다양하며, 은사들은 서로 다르지만 성령은 하나라고 설명한다. 그리스도인의 삶은 몸의 부활과 하나님의 나라의 완전한 성취를 기대하는 성령 충만한 삶이다.

갈라디아의 그리스도인들에게 사도 바울은 하나님의 자녀의 자유를 강조한다. 하나님 앞에서의 그들의 위치는 구약의 하나님의 자녀들의 위치와 다르다. 이는 하나님의 아들이신 그리스도께서 오셨다는 사실과 하나님의 영이 부어졌다는 이 두 가지 사실 때문이다. 새 창조는 예수 안에 실제로 존재한다. 유대적인 할라카Halakah(율법에서 유래된 해석들과 규칙들)를 지키는 것으로 되돌아가는 것은 그리스도께서 오신 바로 그 목적에 전적으로 반대되는 것이다.

데살로니가인들에게 보내는 서신들에서 바울은 여호와의 날, 휴거, 기독교 공동체를 위해 마련된 영광에 초점을 맞춘 그리스도인들의 소망의 성격을 서술한다.

옥중 서신들(에베소서, 빌립보서, 골로새서, 빌레몬서)은 역경 가운데서 쓴 것이다. 거기에서 독자들은 예수 그리스도 안에 있는 기쁨과 승리에 가득찬 한 영혼을 보게 되는데, 사도 바울은 인내하는 자들에게 마련된 영광을 말하고 있다. 그는 감금된 상태에서 조차도 모든 기도와 물질적인 지원에 감사하면서 교회들과 성도들에게 더 큰 관심을 보인다. 그는 교회 안에서 사랑, 연합, 순결과 같은 성령의 증거들을 위해 기도한다. 그는 빌립보 교인들에게 유대교화되는 것을 경고했으며, 골로새인들에게 창조자-구원자로서의 그리스도의 사역을 축소시키는 이단에 대해서도 경고했다.

목회 서신들(디모데전후서와 디도서)에서 사도 바울은 확실한 교리의 중요성과 사도들의 전통의 연속성을 강조한다. 교회의 미래는 더 이상 자신 안에 있는 성령의 사역에 달린 것이 아니라 디모데 안에 그리고 교회를 계승하는 신실한 장로들과 집사들 안에 있는 성령에 달려 있다. 그들은 그리스도의 교회를 돌보기에 신뢰할 만한 자들이어야 한다. 다른 사도들과 마찬가지로 사도 바울도 그의 마지막 편지에서 이렇게 그의 사도적 권위를 넘겨 준다. 바울, 베드로, 야고보, 유다, 요한, 초대 교회의 다른 사도들과 지도자들이 죽자, 교회의 미래는 새 세대의 손에 놓여 있게 된다. 다른 서신들과 함께 바울의 편지들의 정경적 기능은 그 전통이 유지될 것이며, 하나님의 영이 세우신 지도자 직분이 예수 그리스도의 교회에 평화와 순결과 사랑이 넘치게 할 것이라는 확신이다.

주요 서신들

사도 바울은 이방인의 사도였다. 그는 예수께서 부활하신 주후 34년경 보다 여러 해 후에야 예수를 메시아로 알게 되었다.[2] 47년부터 56년 사이에 그는 세 번의 선교 여행을 하면서 소아시아와 그리스에 그리스도의 복음을 전했다. 여행 동안 그는 계속 그 교회들의 사역과 삶에 접해 있었다. 그의 서신들은 새로운 메시아적 회중과 그들에 의해 야기되는 문제들에 대한 그의

---

2. Guthrie, *NTI*, 386-91; Richard N. Longenecker, *Paul, Apostle of Liberty* (New York: Harper, 1964). 메르카바(Merkabah) 신비주의와 바울의 회심에서 그의 바리새파적인 배경에 대하여 꾸며낸 설명에 관하여는, J. W. Bowker, "Merkabah Visions and the Visions of Paul," *Journal of Semitic Studies* 16 (1971): 157-73을 보라. 메르카바 신비주의의 배경에 대하여 더 연구하려면, W. A. VanGemeren, "The Exegesis of Ezekiel's 'Chariot' Chapters in Twelfth-Century Hebrew Commentaries" (Ph.D. diss., University of Wisconsin, 1974)를 보라.

관심에서부터 나온 것이다. 서신들은 커뮤니케이션의 문학적 형태 그 이상이다. 그것들은 예수에 대한 사도들의 전승과, 구약의 관점에서 보는 새로운 시대에 대한 사도들의 이해, 하나님의 자녀들에게 마련된 미래에 대한 소망을 반영한다.[3] 그들이 하나님의 음성을 들은 것은 그들이 영감되었기 때문이며, 교회는 모든 세대에 하나님의 말씀인 사도들의 기록들을 읽고 함께 나누고 수집했다.

로마서

세 번째 선교 여행이 끝날 무렵인 57-59년경에 사도 바울은 로마에 있는 교회에 편지를 썼다. 이 편지는 성격상 매우 신학적이며, 기독교 신학, 특히 이신칭의의 교리를 형성했다. 그러나 바울의 기록 동기는 종말론이나 구원론에 대한 단순한 교리적 관심 그 이상으로써, 실천적인 권고들은 바울이 로마 교회에 사도들의 전승을 전하려고 한 그의 관심을 보여 준다.[4] 사도 바울은 완전히 정리된 신학적 논문을 제시하는 것이 아니라 이방과 유대교의 신앙 체계에 상충되는 예수 그리스도의 복음을 적절하게 기술하는 것이다.[5]

정경적인 모양이 다른 서신들과 달라서, 로마서는 긴 개인적 인사와 서론(1:1-17)으로 시작하여 축복과 인사와 송영으로 끝난다(16:20-27). 서론에서 사도 바울은 그가 부활하신 주 예수 그리스도의 복음의 사도이며, 그분의 권위에 의해 유대인들과 이방인들이 "예수 그리스도께 속하도록"(1:6) 초대된다는 사실을 확언한다. 예수 그리스도께 속한 자들은 믿음으로 구원

---

3. 바울의 신학적 발전에 대한 훌륭한 요약으로는, Ridderbos, Paul; Richard B. Gaffin, Jr., "Paul as Theologian: A Review Article," *WTJ* 30 (1967-68): 204-32를 보라.

4. Gundry, *SNT*, 290을 보라. 로마서의 초점에 관한 다양한 견해들-논쟁적, 화해적, 교리적, 현재적 체험의 요약, 교회에 필요한 것들에 대한 연설-에 대하여는, Guthrie, *NTI*, 398-99를 보라.

5. 차일즈에 의하면, "규정들이나 결론 부분의 찬양은 기독론적인 상황을 세우는 것이며, 그 상황에서부터 로마에 있는 자들에 대한 바울의 사명을 해석하게 해 주는 것이다.…어떠한 해석도 그 내용을 선포적 중심에서 무시간적인 진리로 요약하려고 한다면, 그 메시지가 가지고 있는 종말론적인 논지를 놓치게 될 것이다"(*NTCI*, 255).

을 받는다. 복음은 하나님의 능력과 의를 모두 나타낸다(16-17절). 그것은 구속사에서 갑작스러운 것은 아니지만 새로운 사건이다. 왜냐하면 하나님께서 "선지자들로 말미암아… 성경에 미리 약속하신 것"(2절)이기 때문이다.

결론의 송영에서 동일한 강조 내용이 반복된다.[6] 바울에게 계시된 복음은 완전히 새로운 계시로서가 아니라 이미 "영원하신 하나님의 명을 따라 선지자들의 글로 말미암아… 알게 하신" 메시지였다. 복음 선포는 유대인과 이방인 모두가 포함되는 "모든 민족"에게 해당되며 예수 그리스도에 대한 믿음과 순종의 반응이 요구된다(16:26).

이 서신의 구조는 사도 바울의 기독론적 우주적 관심을 나타낸다. 복음에는 인간의 죄와 예수의 속죄에 대한 메시지와 또 많은 것들이 포함되어 있다. 바울은 예수의 이 복음이 구약의 선지자들과 연속된다고 증언한다. 복음은 부활하신 주, 선지자들이 예언했던 메시아를 선포한다. 이러한 관점에서 우리는 구약의 성경들과 그 인물들(예. 아담과 아브라함)에 대한 많은 인용들과 유추들을 이해해야 한다.[7] 구약의 초점은 부활의 주이신 예수 그리스도에 맞추어져 있으며, 그는 율법과 선지자에 주어져 있는 약속들을 완전히 이루어 나갈 것이다.[8] 선지자들은 하나님의 의와 구원과 우주적인 변화에 대하여 전에도 말했고 지금도 여전히 증거한다. 이러한 관점에서 바울은 복음에 대한 이해를 확장시켜서, 새로운 순종에 대한 소명, 하나님과의 새로운 관계, 성령의 사역, 창조에 대한 자연 만물의 암시, 유대인과 이방인 모두에게의 적용도 포함시킨다. 예수는 모든 권세를 받으신 메시아-주이시며, 모든 열방에까지 그 주권이 확장되는 부활의 그리스도이시다.

---

6. L. W. Hurtado, "The Doxology at the End of Romans," in *New Testament Textual Criticism: Essays in Honour of Bruce M. Metzger*, ed. E. J. Epp and G. D. Fee (New York: Oxford University Press, 1980), 185-99.

7. Robert Paul Martin, "*Paul's Use of Old Testament Quotation in Romans*" (Ph.D. diss., Southwestern Baptist Theological Seminary, 1983)을 보라.

8. 차일즈는 로마서 안에서의 구약의 역할을 매우 훌륭하게 요약하고 있다(*NTCI*, 258-60); 참조. E. E. Ellis, *Paul's Use of the Old Testament* (Grand Rapids: Eerdmans, 1957).

고린도전후서

바울은 주후 57년에 세 번째 선교 여행 중에서 에베소에 체류하려는 목적에 대해 고린도에 있는 그리스도인들에게 편지를 썼다. 그는 전에도 편지를 쓴 적이 있었으나(고전 5:9) 오해를 샀다. 두 번째 편지인 고린도전서는 대부분이 그 회중에서 일어난 문제들과 "글로에의 집"과 대표단 스데바나, 브드나도, 아가이고에 의해 들은 문제들에 대한 답변이다(1:11; 16:17). 다양한 관심들 때문에 사도 바울은 한 주제에서 다른 주제로 넘어갈 때 약간 변동이 잦은 스타일이 된다. 전체적으로 바울은 "율법주의나 궤변을 따르지 않고"[9] 목회적 관심을 나타낸다.

서신에는 사도 바울이 교회들의 삶에 관여하는 것이 나타난다. 본 서신에서 바울은 사도적 권위의 문제가 해결된 교회의 신학자로서 두각을 나타내고 있다. 그의 권위는 그리스도에게서 유래한 것이다(5:3-5; 7:10; 11:23). 그러나 바울은 그가 기록한 인간적인 모습으로 남아 있으며(7:6, 12, 25, 40; 10:15을 보라) 따라서 목회자-신학자로서 문제들을 다룬다.

이 서신의 또 하나의 중요한 공헌은 그리스도인들의 일상 생활과 다시 오실 그리스도에 대한 소망을 연결시키는 것이다. 바울은 고린도의 그리스도인들을 위해서 기도하며, 그로써 모든 세대의 신자들이 예수 그리스도의 나타나심을 기대하면서 거룩한 삶을 살도록 기도한다(1:7-9). 연합, 거룩하고 지혜로운 삶, 모든 사람들과의 화평은 미래의 영광을 기대하는 새로운 삶의 방법의 대표적인 모습들이다(2:9; 4:5; 10:11). 고린도인들이 제기한 문제에 대한 바울의 대답과 그의 신학에 영향을 준 것은 종말론적 관심이었다.[10]

따라서 새로운 삶은 믿음, 소망, 사랑의 세 주제로 가장 잘 요약될 수 있

---

9. Günther Bornkamm, *A Guide to Its Writings*, trans. Reginald H. Fuller and Ilse Fuller (Philadelphia: Fortress, 1973), 95.

10. Childs, *NTCI*, 276-79; 또, D. J. Doughty, "The Presence and Future of Salvation in Corinth," *ZNW* 66 (1975): 61-90; A. C. Thiselton, "Realized Eschatology at Corinth," *NTS* 24 (1977-78): 510-26도 보라.

다. 믿음은 부활하신 그리스도에 대한 복음 안에 계시된 삼위일체 하나님께 대한 의무에 속한 것이다(15:1-11). 소망은 그리스도 안에서 하나님의 주권에 맡기는 것이며, 완전한 구원을 갈망하는 것이다. 사랑은 성별된 관계 안에 나타나며(13장) 그리스도인들의 가장 큰 속성이다. 믿음이 없이 사랑 agape이 있을 수 없고 그리스도 예수 안에서 하나님의 나라가 완전히 성취되리라는 소망 없이 사랑이 있을 수 없다.

고린도후서는 훨씬 더 심각한 문제들의 상황에 처해 있다. 바울이 한번 더 방문한 일과 유감스러운 편지에 대한 언급은 두 서신들 사이에 생긴 일에 대해서 설명하는 데 도움을 준다. 바울은 방문차 고린도에 돌아왔는데(고후 12:14; 13:1-2를 보라) 심한 반발에 부딪힌 것으로 보인다. 그는 거기를 떠나서 (지금 남아 있지 않은) 강한 어조의 편지를 썼는데 그것이 그에게 큰 슬픔이 되었다(2:4; 7:8).

이 편지를 쓸 당시에 그는 세 번째 선교 여행을 마치면서 마케도니아에 있었다. 오랫동안 기다렸던 고린도인들의 회개가 이루어졌고, 그는 그들의 마음 안에서 역사하신 하나님의 은혜에 대하여 듣고 기뻐했다(2:3; 7:5-8).

갈라디아서

갈라디아에서는 율법과 복음의 문제가 초점이 되었다.[11] 유대교화하려는 자들Judaizers의 정체, 그 교회의 위치, 이 서신과 예루살렘 총회와의 관계에 대하여 제기된 역사적인 문제들이 너무 자주 중심 초점이 되어 왔기 때문에 훨씬 더 광범위한 관심을 일으키는 정경적 의미는 무시되어 왔다.

대략 주후 48-56년 사이에 기록된 것으로 보이는 갈라디아서의 현재의 문학 형태는 율법과 복음, 자유와 성령, 율법의 세속적인 해석과 영석인 적

---

11. 연대에 관한 문제에 대하여는, Guthrie, *NTI*, 457-65를 보라. 나는 여기에서 갈라디아 교회들에 대하여 그것이 남쪽인지, 북쪽인지와 같은 정확한 문제는 다루지 않았다. 그런 문제들에 대하여는, 북부 갈라디아를 주장하는 퀌멜(*Introduction*, 295-98)과 남부 갈라디아설을 지지하는 건드리(*SNT*, 260-62)를 참고하라.

용, 그리스도의 율법과 유대교화 하려는 자들의 율법과 같은 문제들에 대하여 재구성하려는 주장을 일으키기에 충분하다. 이 편지의 논쟁적이고 변증적인 형식과 스타일은 (이 편지의 경우) 유대교화 하려는 자들에 대해서만이 아니라 신앙에 대한 모든 공격에 대해서 복음을 방어하는 것이다. 따라서 문학적인 공헌은 복음에 대한 고전적인 문구들이 만들어졌다는 사실에 있다. 바울에게 있어서 기독교는 그리스도에 대한 고백, 그의 사랑의 율법에 힘쓰는 것, 자녀들로서 아버지에 대하여 더 성숙한 관계, 그리고 성령의 자유이다. 게다가 이 서신은 예수 그리스도의 사도로서의 바울의 권위를 주장한다. 논쟁의 형태는 정경적이고 구속사적인 관점에 근거한다. 교회는 그리스도께서 그의 종 바울의 권위와 바울의 신앙, 칭의, 성화, 성령 안에서의 새로운 삶에 대한 메시지의 권위를 확증하시는 목소리를 듣는다.[12]

데살로니가전후서

이 서신들은 주후 51-52년경, 두 번째 선교 여행 중에 짧은 간격을 두고 기록되었다.[13] 전서의 특징은 1-3장에 그리스도인들이 거룩한 삶을 살도록 기도하는 것과 감사가 넓게 퍼져 있다(3:13). 거룩함을 위한 기도는 바울이 신자들에게 주의 오심을 스스로 준비하라고 격려하는 권면 부분으로 이어진다(4-5장). 그는 성화를 위한 기도와 축복으로 결론을 내린다. "평강의 하나님이 친히 너희를 온전히 거룩하게 하시고 또 너희의 온 영과 혼과 몸이 우리 주 예수 그리스도로써 강림하실 때에 흠 없게 보전되기를 원하노라"(5:23). 이 서신의 정경적 역할은 그리스도인의 삶 속에서 감사와 소망과 성화를 고무시키는 것이다.

---

12. 더 많은 연구를 위해서는, D. Betz, "Spirit, Freedom, and the Law: Paul's Message to the Galatian Churches," *SEA* 39 (1974): 145-60; F. Hahn, "Das Gesetzesverständnis im Römer-und Galaterbrief," *ZNW* 67 (1976): 29-63; Richard N. Longenecker, "The Pedagogical Nature of the Law in Galatians 3:19-4:7," *JETS* 25 (1982): 53-61.
13. 후서의 연대는 더 논란이 많으나, 아마 전서보다 반년 가량 후나, 혹은 주후 52년경 일 것이다; Guthrie, *NTI*, 566-67, 575-78; Gundry, *SNT*, 270-71을 보라.

후서는 전서에서 발생한 문제들의 상황 속에 있다. 바울은 그리스도께서 표적과 함께 곧 다시 오실 것과(2:1-12), 인내에 대한 격려(1장; 2:13-17), 그리고 실제적인 권고들(3:6-15)을 조화있게 강조하고 있다.¹⁴ 두 서신들 사이에 강조점이 다르고 명백한 연속성이 없기 때문에 저자와 정통성과 서신의 형태에 대한 논쟁이 계속되어 왔다.¹⁵ 정경적인 관점에서 볼 때, 후서에는 종말론적인 긴장이 있다.

옥중 서신들

에베소서

에베소서는 골로새서와 비슷한 시기(A.D. 59-61)에 기록된 것으로 보여지는데, 둘 다 두기고를 말한다(엡 6:21-22; 골 4:7-8).¹⁶ 초기의 여러 사본들에는 인사에서 "에베소에"가 없어서 저자, 청중, 목적에 대해 심각한 문제가 되었다. 또 본서의 출처의 역사적 상황이 그리스도에 대한 진술과, 성령의 사역과, 교회와, 믿음의 새로운 삶보다 이차적이다. 정경적인 역할은 사도 바울이 그리스도 안에 있는 젊은 신자들에게 관심을 갖고 있다는 사실에 있다. 그는 그들도 성령을 받아서, 그리스도 안에서 받은 구원이 보증되었다고 확신케 한다(1:13-14). 에베소서의 정경적 기능은 모든 신자들, 그러나 특히 비유대인들을 포함하여 최근에 예수를 메시아로 알게 된 모든 자들에 대한

---

14. 살후 2장과 막 13장과의 관계에 대하여는, G. R. Bearsley-Murray, *Jesus and the Future* (New York: St. Martin's, 1954), 232-34를 보라. 바울의 종말론에 관하여는, Ridderbos, Paul, 487-563; O. Cullmann, "Der Eschatologische Charakter des Missionsauftragen und des apostolischen Selbstbewusstseins bei Paulus," in his *Vorträge und Aufsätze*, 1925-1962 (Tübingen: Mohr, 1966), 305-26을 보라.

15. Guthrie, *NTI*, 569-75; Childs, *NTCI*, 360-66; J. A. Bailey, "Who Wrote II Thessalonians?" *NTS* 25 (1978-79): 131-45를 보라.

16. 연대와 저자에 관련된 문제에 대하여는, Guthrie, *NTI*, 472-516을 보라.

격려이다. 그리스도 안에 있는 자들은 모두가 약속들과 언약들의 상속자들이다(2:1-21; 3:6).

바울은 사도로서의 염려로써, 모든 새신자들에게 "하나님을 본받는 자"가 되고, "그리스도께서 너희를 사랑하신 것 같이 너희도 사랑 가운데서 행하라"(5:1-2)고 권고한다. 그는 그들에게 가르친다. "하나님의 성령을 근심하게 하지 말라 그 안에서 너희가 구원의 날까지 인치심을 받았느니라"(4:30). 그리스도인의 삶의 근거와 실천은 삼위일체적이다(4-6장). 모든 새신자, 모든 교회, 모든 세대가 이렇게 예수 그리스도 안에서와 성령 안에서의 하나님의 사역을 개인적으로 깨달아 알도록 권고받는다. "바울은 새로운 세대의 그리스도인들이 하나님께서 그리스도 안에서 이루어 놓으신, 그리고 전 세계를 포함하는 하나님의 뜻에 따른 그들의 삶 속에서 그분이 현재 발휘하시는 능력의 성격에 대하여 이해하기를 바란다."[17]

빌립보서

저자, 구성, 연대에 관한 문제가 종종 논쟁점이었다.[18] 본서에서 사도 바울은 빌립보인들이 그가 육체적으로 곤경에 처했을 때 그를 기억한 것에 대하여 감사하고 있다. 그는 그들이 베푼 친절에 감사하고(4:10, 14) 연합하도록 그들을 격려하며(2:2; 4:2) 유대교화 하는 자들을 반대하라고 권고하고 있다(3장). 그의 고난의 경험은 그에게 새로운 관점을 주었고(1:12-30), 그는 그것을 우리 주님의 고난에 반영하면서 우리 주님께서 자기 희생의 삶을 사신 본을 본받으라고 권면하고 있다(2:1-18).[19] 차일즈는 이 서신이 사도 바

---

17. Childs, *NTCI*, 325.
18. 그 연대는 바울이 감옥에 갇힌 것이 에베소, 가이사랴, 로마 중 어디인가에 달려 있다; Guthrie, *NTI*, 522-40; Childs, *NTCI*, 331; Gundry, *SNT*, 314-18을 보라.
19. 우리 주님께서 자신을 낮추심(즉, 그의 *kenosis*; 빌 2:7을 보라)은 자신을 인류를 위한 속죄물로 드리기 위하여 왕적이고 영광스러운 특권들을 스스로 포기하신 것을 말한다. 문헌에 대해서는, Ridderbos, Paul, 68-78; G. Howard, "*Phil. 2:6-11 and the Human Christ*," *CBQ* 40 (1978): 368-87을 보라.

울의 "마지막 의도이며 유언"이라고 주장한다. 왜냐하면 사도 바울의 소망이 그리스도께서 곧 오실 것과 우리 주님을 따르는 자들에게 하나님께서 주시는 현재의 평안에 있기 때문이다(4:4-7).[20] 정경적인 의미는 인내와 자기희생, 그리고 기독론적이며 종말론적인 상황에서 그리스도를 위해 당하는 고난을 요구하는 데 있다.

골로새서

골로새서는 주후 60년에 빌레몬서와 같이 쓰여졌으며, 둘 다 바울의 친구들의 이름이 동일하게 나온다(골 1:1; 4:9-14, 17; 몬 1-2, 23-24절).[21] 본서는 서두의 인사, 감사와 기도(골 1:1-14)와 결론적인 교훈들과 인사(4:2-18) 사이에 있어서 바울의 다른 서신들과 몇 가지 중요한 차이점들을 나타낸다. 어휘나 스타일이나 그리스도에 대한 관점의 차이가 있다. 그 결과 저자 문제와 골로새의 이단에 대한 문제를 일으켰다. 연대, 이단, 문학적 비평에 관한 학문적인 문제들에도 불구하고 본서는 정경적인 기능을 갖는다.[22] 거짓 교훈들이 예수 그리스도인 기독교의 본질을 위협하는 것이다! 바울은 예수께서 통치자이시며, 창조자이시고, 세상의 주관자이시며 특히 그의 교회의 주관자이심을 분명히 언급함으로써 대답하고 있다(1:13-18). 예수는 하나님의 *plērōma* 즉, "충만"이시며, 바울은 15-23절에서 영광의 찬양으로 그에게 영광을 돌린다.[23]

---

20. Childs, *NTCI*, 337.

21. 이 문제에 관한 연구로는, Guthrie, *NTI*, 545-59; Childs, *NTCI*, 341-44; Kümmel, *Introduction*, 340-46을 보라.

22. 거쓰리는 6가지 관점을 제시한다: 기독론적, 철학적, 유대적, 그리고 상당히 강조하는 천사론, 영적 세계, 그리고 제외된 주장들(*NTI*, 546-50). 건드리는 위의 여러 요소들 가운데에서 헬라적, 동양적, 유대적 개념의 결합이라고 결론짓는다(*SNT*, 307-8). E. P. Sanders, "Literary Dependence in Colossians," *JBL* 85 (1966): 28-45도 보라.

23. G. Delling, "Pleroma," *TDNT* 6:288-311; R. P. Martin, "An Early Christian Hymn (Col. 1:15-20)," *EQ* 36 (1964): 195-205; B. Vawter, "The Colossian Hymn and the Principle of Redaction," *CBQ* 33 (1971): 62-81.

본서는 부활하신 그리스도께서 만주의 주이시며, 그는 죄로부터의 구원과 창조물의 구원을 통하여, 그리고 유대교의 제사들로부터와 이방의 제의들로부터 자유케 하심으로써 세상과 교회 모두를 다스리신다. 기독교 신앙의 핵심은 스스로 희생당하신 예수 그리스도께서 머리가 되시는 것이다. 그는 하나님과 이 세상 사이의 중보자이시다(1:20).[24]

빌레몬서

빌레몬서는 비록 그것이 전에 빌레몬의 돈을 가지고 도망한 적이 있는 노예 오네시모에 관한 세상적인 문제를 다루고 있지만, 다른 긴 서신들의 특징들과 형식상 동일한 특징을 갖고 있다. 그리스도 안에서는 노예나 자유자가 없기 때문에 본서는 사회 변혁에 대한 논문이 되었다(고전 7:17-24; 갈 3:28을 보라).[25]

목회서신들: 디모데전후서와 디도서

목회 서신들의 저자 문제는 심각하게 비평을 받아왔다.[26] 세밀한 주석에 의해 문체와 어휘와 신학이 다르다고 주장되었고, 그것은 너무 자주 부정적인 결론에 이르게 되었다. 이 서신들이 익명의 것이라는 비평적 이론들에

---

24. A. J. Bandstra, "Did the Colossian Errorists Need a Mediator?" in *New Dimensions in New Testament Study*, ed. R. N. Longenecker and M. C. Tenney (Grand Rapids: Zondervan, 1974), 329-43; Childs, *NTCI*, 344-50.

25. 비평적인 문제에 대하여는, Guthrie, *NTI*, 635-40을 보라. 또, U. Wickert, "Der Philemonbrief-Privatbrief oder apostolisches Schreiben?" *ZNW* 52 (1961): 230-38; Childs, *NTCI*, 399를 보라.

26. Guthrie, *NTI*, 584-624; Childs, *NTCI*, 378-86; E. E. Ellis, "The Authorship of the Pastorals: A Resume and Assessment of Current Trends," *EQ* 32 (1960): 151-61. 디도서와 디모데전서의 연대는 대개 주후 63-65년으로, 디모데후서는 사도가 죽기 직전(67 혹은 68년)으로 잡는다.

대항하여 보수적 이론들은 바울이 믿을만한 대필자를 두었다거나 그가 자유롭게 단어를 사용했다고 즐겨 주장해왔다.[27]

비평적 견해들은 이 서신들과 바울의 서신들 사이의 형식적인 유사점들과 바울의 생애와 사역에 대한 많은 인용들에 대해서는 동의한다(예. 딤전 1:1, 3, 16; 딤후 1:11; 3:11; 딛 1:3, 5). 그러나 목회서신들의 분위기가 다르다. 사도 바울은 좀 더 형식적이고 신학적이면서 개인적으로 적용하지 않으려는 경향이 있다. 목회 서신들의 중요한 정경적 공헌은 바울이 에베소에서 장로들에게 연설했을 때 했던 것처럼, 그의 권위를 다른 사람들에게 전수하는 것이다(행 20:17-35). 이로써 바울의 동역자들은 사도적 전승(그리스도에 대한 가르침, 말씀에 대한 사역, 이단들에 대한 반대)을 계속 이어나가며, 장로들과 집사들 같은 지역적 지도자 직분을 세우는 일에 힘쓰는 데 책임을 맡는다(딤전 3장; 딛 1:5-9).

첫째, 사도 바울은 확실한 교리에 대한 그의 관심을 강조한다(딤전 6:3; 딤후 4:3). 이 교리는 바울이 교회들에서 주의깊게 가르쳐 온 사도적 전통에 관한 것이다. 사역을 마치면서 그는 그리스도와 그의 구속 사역에 대한 교훈들은 교회들의 교리와 실천의 근거로써 영속돼야 한다고 확신한다. "미쁘다 이 말이여"(딤전 1:15; 3:1; 4:9; 딤후 2:11; 딛 3:8)로 이루어진 확실한 교리는 예수 그리스도로 시작하고 끝난다.[28] 예수께서는 죄인들을 구원하러 오셨다(딤전 1:12, 15; 4:10). 그만이 하나님과 인간 사이의 중보자이시며(2:5-7) 그는 정해진 때에 다시 오실 것이다(6:13-16; 딛 2:13도 보라).

둘째, 교회의 직분자들은 모든 새 세대에 신앙을 전수하고, 경건함을 양성하며, 교회의 순결을 지킬 책임이 있다(딤후 4:1-5). 이러한 목적에서 사도 바울은 디모데에게와 그 안에서 교회의 모든 지도자들에게 "너는 그리스도 예수 안에 있는 믿음과 사랑으로써 내게 들은 바 바른 말을 본받아 지키

---

27. Gundry *SNT*, 322-23을 보라; cf. Childs, *NTCI*, 378-86.
28. George W. Knight, *The Faithful Sayings in the Pastoral Letters* (Kampen: Kok, 1968).

고 우리 안에 거하시는 성령으로 말미암아 네게 부탁한 아름다운 것을 지키라"(1:13-14)고 책임을 준다.

셋째, 바울은 모든 자들에게 점점 더 경건해짐으로써 하나님의 은혜를 활용하라고 격려한다. 그는 경건한 자들이 그가 맡았던 책임을 맡아서 하나님과 주 예수의 존전에서 살며 일할 것이라는 소망으로 자기의 책임을 벗는다. 바울은 확실하게 말한다. "이제 후로는 나를 위하여 의의 면류관이 예비되었으므로 주 곧 의로우신 재판장이 그 날에 내게 주실 것이니 내게만 아니라 주의 나타나심을 사모하는 모든 자에게니라"(딤후 4:8).

결론

사도행전과 히브리서, 공동서신의 배경과 대조해서 생각해보면, 바울 서신들은 구속사 안에서의 중요한 발전 단계를 나타낸다. 한편으로 교회는 그리스도께서 안 계시고 성령께서 임재하심에 대해 적응해야만 했다. 성령께서는 자유와 성숙함과 더 큰 확신을 주실 뿐 아니라 거룩함과 사랑과 평화, 연합, 영적 갈망 안에서의 더 큰 확신을 기대하신다.

다른 한편으로 교회는 이방인들을 포함시키는 데 적응해야 했다. 이방인들도 하나님의 자녀들이 되고, 성령을 받고, 언약적 삶의 모든 권리와 특권을 누리며, 구약성경들을 하나님의 영의 말씀으로 읽고, 지도자의 지위를 주장하는 것이 가능했다. 사도행전과 마찬가지로, 사도 바울의 서신들은 오순절과 영광의 그리스도께서 나타나실 때 사이에서 사는 긴장에 대해 증거한다. 그들은 증거들이 될 뿐만 아니라, 정경적인 기능을 갖고 있는데, 각 서신들을 성육신하시고 영광을 받으신 예수의 권위적인 의미를 형성하고 기독교 공동체 전체나 교회의 구성원 개개인들이 성령 안에서의 새로운 삶을 살도록 요청한다.

33

예수에 관한 사도들의 메시지

사도들의 전파

사도행전은 예수의 사역과 이방인 교회의 설립 사이를 생생하게 연결시키는 고리이다. 본서의 흐름은 오순절에 예수 그리스도의 교회가 세워짐, 교회에 성령이 부어짐, 예루살렘에서(2장) 로마에 이르기까지(28장)의 교회의 성장을 조명하고 있다. 교회의 확장은 성령 충만한 복음의 설교, 즉 케리그마 때문이었다.[1] 하나님께서 과거에 주셨던 신실하신 약속의 말씀이 하나님의 메시아와 그 나라의 임재로 성취되었다.

예수께서는 전도의 미련한 것으로 그의 교회를 세우셨다(고전 1:21). 선포의 중심은 예수 그리스도의 복음이었고(15:1-2), 복음의 중심은 우리 주님의 십자가와 부활이었다(행 1:22; 4:33; 17:3; 24:21; 고전 1:18; 15:1-8). 사도들의 전파에 대하여 사도행전에 기록한 누가의 보고에는 하나님의 종이시며

---

1. R. N. Longenecker, *Biblical Exegesis in the Apostolic Period* (Grand Rapids: Eerdmans, 1975), 79-103; Leon Morris, *The Apostolic Preaching of the Cross* (Grand Rapids: Eerdmans, 1965); C. H. Dodd, *The Apostolic Preaching* (New York: Harper, 1964). 헌터는 사도들의 케리그마(선포)가 (1) 구약의 선지자들의 말의 성취; (2) 예수의 생애와 죽음과 올리우심에 대한 설명; (3) 회개에 대한 설교들로 되어 있다고 정의한다(*Message*, 29). 사도들의 선포에 대한 더 많은 연구를 위해서는, Dunn, *UD*, 11-32를 보라.

메시아이신 인자 예수가 메시아 왕국의 영광스런 통치자이시며, 그의 현재
적인 통치를 통하여 하나님의 나라를 세우신다는 예수의 가르침을 더욱 분
명하게 보여 준다(고전 15:25-28). 그의 권세는 선지자들의 말의 성취로 유
대인들과 이방인들 가운데 하나님의 영에 의하여 완전히 이루어진다. 사도
들의 전파는 천지 만물에 대한 예수의 권위를 신학적으로 설명한 것이다.

하나님의 고난의 종

예수의 생애를 증거한 사도 베드로는 예수가 선지자들이 예언했던 그
메시아라고 전파했다. 예수의 십자가는 우연이 아니었다. 그를 죽음으로 이
끈 고난의 길은 하나님의 뜻에 따른 것으로써 선지자들이 예언해왔던 바이
다(행 2:23; 3:18; 4:28). 따라서 그를 십자가에 못 박은 자들은 하나님의 종을
죽게 한 죄가 있는 것이다. 스데반은 베드로의 설교를 보충하고 있는데, 그
는 하나님께 대한 이스라엘의 반역의 역사를 들어서 백성들에게 도전을 주
고 있다. 그들의 조상들은 하나님의 종들인 선지자들을 박해하고 죽였다. 선
지자들은 "의로운 자"가 올 것을 예언했지만, 현 세대는 선지자들이 증거한
바로 그 인자를 죽였다(7:51-53). 따라서 교회는 예수를 그 종으로 전파함에
있어서 참되고 영원한 하나님의 백성이다.

예수께서는 고난의 종이시며, 그는 자신의 겸손을 통해 그의 메시아직에
어울릴만한 모습을 스스로 입증하셨다(행 3:13-14, 26: 4:26-27). 초대교회
의 케리그마는 분명히 복음의 결정적인 요소들을 포함하고 있었는데, 그것
은 용서와 화해와 회복과 성령의 부음을 위하여 대신 받으신 여호와의 메시
아의 고난-하나님의 계획과 선지자들의 말에 일치하여-이다. 메시아이시며
하나님의 종이신 예수의 부활과 현재의 영광은 그들의 죄를 회개하고 메시
아이신 예수의 이름으로 세례를 받는 모든 자들로 하여금 그들이 이미 종말
론적 세대에 속해 있음을 확신케 한다(2:38; 또, 3:6; 4:10; 8:12도 보라). 예수
의 생애에서 이미 시작된 종말은 그의 영광스런 왕적 통치를 강력하게 증거
하며, 그것의 표지는 성령이시다. 결국 고난의 종은 하나님의 "거룩한 자"이

시다(3:14; 4:27, 30).

부활의 주인 메시아

부활은 사도들의 설교의 중심이다. 복음의 진리는 가장 큰 의미의 구속사적 사건으로서의 부활의 역사성과 의미부여에 근거한다.[2] 사도들은 예수께서 부활하셨음을 완전히 확신했으며, 부활하신 예수만이 유일한 소망이라고 유대인과 이방인에게 설명했다. 예수가 죽음에서 부활하지 않았다는 신앙은 미래에 대한 관점을 주지 못할 것이며, "역사적 예수"-복음서들을 비평학적으로 연구한 결과-에 대한 설명은 역사에 닻을 내릴 수 있을지는 몰라도 미래에 대하여는 아무런 소망도 주지 못한다.

예수의 부활은 그가 하나님의 메시아로서의 영광스런 통치를 시작한다는 표시이다. 승천은 실제적인 등극을 나타내는 반면, 부활은 예수가 아버지께서 통치하라고 임명하신 메시아이심을 입증한다. 그는 선지자들이 예언한 하나님의 메시아이시기 때문에 죽음이 그를 매어둘 수가 없었다(행 2:22-36). 부활은 자기 백성들에게서 거절당한 예수가 "주와 그리스도"(36절)이심을 아버지께서 입증하신 사건이다. 부활에 대한 신약의 표현은 어디서든지, 예수가 아버지의 뜻과 능력으로 일으킴을 받았다고 말한다. 부활에 아버지께서 개입하신 것은 그리스도의 사역이 완전한 속죄이며 예수가 메시아이심을 증명한다. 예수의 메시아 사역은 죽음으로 끝나지 않고 죽음에서 부활하신 사건으로 계속되는 것이다. 그는 주이시며 메시아-왕이시다.

부활은 또 종말이 시간 안으로 침입한 것을 나타낸다. 래드는 그것을 "종말론적 사건"[3]이라고 잘 표현하고 있다. 말씀과 이적들의 선포를 통하여 주님께서는 그의 사역을 계속하셨다. 사도들의 사역과 우리 주님의 사역의 연

---

2. Richard B. Gaffin, Jr., *The Centrality of the Resurrection: A Study in Paul's Soteriology* (Grand Rapids: Baker, 1978).

3. Ladd, *TNT*, 327.

속성에 대하여 사도들은 그리스도의 계속적인 임재를 증거했다. 예수의 부활은 그의 지상 사역 동안에 그 나라가 시작되었음을 확증하며 종말의 임재와 가까움을 증거하는 것이었다. 베드로 사도는 예수께서 선지자들이 약속했던 미래를 완전히 열어 놓았기 때문에 그를 믿으라고 청중들에게 외쳤다(행 3:24-26).

우리 주님의 부활은 또 하나님의 새 백성이 새 언약의 상속자임을 보증한다. 그것은 그 언약의 영원 불멸성, 언약의 유익들, 예수 그리스도의 교회에 속한 자들이 승리할 미래를 의미한다.

승천하신 왕

그리스도의 승천은 그의 부활이 주는 모든 유익들이 사실임을 나타낸다.[4] 그가 그의 사명을 다 마치고 승리하여 집으로 돌아갔을 때 아버지께서는 그의 사역을 받으셨다. 엘리야가 그의 사역의 확인으로서 영광에 올라갔듯이(왕하 2:11), 예수께서도 영광으로 올리우셨다. 더욱이 그는 아버지의 오른편에 앉는 영광을 받았다(행 2:33; 7:55).

그리스도께서는 승천하시고도 그가 지상에서 시작하신 일을 계속하신다. 아버지께서 그와 그의 사역을 인정하셨기 때문에 그의 사역으로 인한 모든 유익들은 참된 것으로 드러난다. 그러므로 예수의 승천은 용서의 근거이며 회복에 대한 선지자들의 예언의 근거이다. 승천은 우리 주님께서 고난의 종으로서 이루신 사역의 완전한 승리임을 표시하며 동시에 영광스런 부활의 몸으로 그의 사역을 계속하신다는 확증이다(요 3:13을 보라). "인자"라는 칭호는 사도행전에는 비록 한 번 밖에 쓰이지 않았지만, 그것은 예수와 아버지와의 친밀성과 그의 영광과 권위를 적절하게 특징지어준다. 그는 "하나님의 우편에 서 계신 인자"(행 7:56)이시다.

---

4. John F. Maile, "The Ascension in Luke-Acts," *TB* 37 (1986): 29-59.

하나님의 메시아

예수는 주와 메시아이시다(행 2:36). 그가 메시아라면 그의 나라는 어디에 있는가? 그 나라는 미래의 사건인가, 아니면 그의 메시아되심에 나타나는 현재적 실체인가? 이 문제는 꽤 복잡하다. 복음서에는 예수께서 오심으로써 그 나라가 임박해졌고 현재적이었다. 그는 자신 스스로가 그 나라이시다. 그러나 사도행전과 서신서들에는 사실 하나님의 나라에 대한 언급이 빠져있음을 어떻게 설명할 수 있는가?

첫째, 복음의 선포가 그 나라의 선포이다. 사도행전에서 "나라"라는 말의 사용이 우리에게 실마리를 준다. 사도행전 8:12; 19:8; 28:23에 따르면, 예수의 복음의 선포는 그 나라의 선포와 동등하다. 이 말의 의미는 사도행전의 저자인 누가에 의해 더욱 분명해진다. 래드의 결론은 이렇다, "누가가 완전히 비헬라적 문구인 '하나님의 나라'로 이방인들에게 한 바울의 설교 내용을 요약하고 있는 것은 매우 흥미있는 일이다."[5]

둘째, 예수께서 아버지의 우편에 오르신 메시아적 등극은 아버지께서 메시아로 임명하셨음과 현재 그의 나라에 대한 메시아적 통치를 의미한다. 예수께서 현재적인 메시아 직분에 대한 사도들의 선포에는 어떤 애매함이 들어 있지 않다. 위에서 우리가 보았듯이 사도들의 주장은 예수를 다윗 계열의 메시아로 지적하는 것과 그의 영광과 승리를 강조하는 것이다. 그러나 예수의 승리적인 통치는 성령과 교회 안에서 현재적이다. 그는 정치적인 통치자가 아니며, 그가 세상을 심판하러 오실 것과 모든 나라가 그에게 굴복할 것을 우리는 안다.

셋째, 교회가 이방인 지역으로 확장되기 때문에 그 나라라는 말을 바꿀 필요가 있었다. "나라"kingdom라는 말은 로마제국 안에서 부정적인 의미를 갖는다. 유대인들의 귀에는 그것이 선지자들의 기대를 나타냈지만, 이방인들의 귀에는 그것이 로마에 대한 폭동이나 다른 정치적 이데올로기를 암시

---

5. Ladd, *TNT*, 333.

했다. 예수께서도 정치적인 문제 때문에 자신을 "메시아"로 말하지 않으려고 조심하신 것처럼, 사도들도 디아스포라에서는 그들의 말을 바꾸어서 정치적인 속임수라는 의혹을 불러일으키지 않으려고 했다. 예수가 메시아라는 고백은 유대-기독교적인 대화에 관련된 부분에서만 지켜져왔다.

넷째, 사도 시대가 시작되면서 문제는 더 이상 메시아적 왕국의 시작이 아니라 그의 나라의 새로운 국면들이었다. 부활 이후와 승천에 대한 선포에서 완전히 바뀐 유리한 점은 메시아의 죽음에 따른 즉각적인 혜택, 즉 실제적인 용서와 교회와 성령의 임재에 초점을 맞추고 있다. 사도들은 메시아의 부활과 영광을 근거로 하여 메시아 시대의 존재와 그 나라의 임재를 동일한 것으로 생각한다. 따라서 "그리스도"라는 칭호는 "예수 그리스도" 혹은 "그리스도 예수"라는 고정된 문구의 일부가 되었다. 사도들은 메시아이신 예수에 대한 모든 것을 사실로 여기므로 더 이상 그가 메시아라는 주장을 내세울 필요가 없어 보인다. 그의 나라의 임재는 그들의 복음에 전제되어 있다.

예수는 주님이시다

부활하신 그리스도가 영광의 주시라는 사실은 이미 요한복음의 마지막 두 장에서 분명해졌다. 요한은 그의 복음서의 앞쪽 19장 전체에서 예수를 언급할 때 "주"라는 칭호를 세 번 밖에 안 쓰지만(4:3; 6:23; 11:2) 20, 21장에서는 "주"를 9번이나 사용한다. 그에게 있어서 예수는 바로 하나님 자신의 영광스런 임재이다. 사도행전에서 사도들도 예수의 주되심을 인정한다. "주"$kurios$라는 말은 "선생"이라는 일반적인 칭호보다 그 이상이다. 예수가 주님이라는 선포는 사람들에게 예수가 하나님이시라는 사실을 받아들이라는 것이다. 그는 구원의 근원이시며(행 2:20-21) 성령을 주시는 분이시며(33절) 죄를 사해 주시는 분이시고(5:31; 10:43) 거룩하신 분(3:14) 의로우신 분(3:14; 7:52) 모든 백성의 심판자이시다(10:42). 그의 권위는 그가 하나님의 우편에 앉아계심으로 상징되어 있다(2:33-36).

사도들의 선포에서 예수는 주이시며 메시아이다. 베드로는 경고했다.

"그런즉 이스라엘 온 집은 확실히 알지니 너희가 십자가에 못 박은 이 예수를 하나님이 주와 그리스도가 되게 하셨느니라"(2:36). 그는 하나님의 메시아이며, 메시아이신 하나님이시다. 사도행전의 연설들로부터 모리스Morris는 결론을 내린다. "따라서, 초대 그리스도인들이 예수를 '주'로 자유로이 말했다고 주장할만한 모든 이유가 있다."[6] 그가 다윗 계열의 메시아-왕이시며 구원자이시라는 사실과 영광의 주라는 사실 사이에 아무런 차이가 없다. 그가 주되심으로 그에게 복종과 신앙과 헌신과 경배를 드려야 한다.

현재의 구원자

예수는 메시아이시며, 주이시고, 생명의 왕자이시다. 그는 또 "구원자"이신데, 이 칭호는 그의 메시아-왕으로서의 권위와 구별되는 것이 아니다. 그는 주가 되시나 죄를 사하는 능력을 가지신 구원자이심과(2:38; 13:38) 구별되는 것이 아니다(행 4:12). 예수의 부활과 승천은 그의 다스리심이 현재에도 유효함을 보증한다. 구원은 현재의 삶에서 다가올 완전한 회복을 기대하면서 하나님의 축복을 체험하는 것이다. 구원은 또 그가 예수 그리스도 안에서 의롭다 하심을 얻는다는 사실을 아는 것이다. 구원자로서의 예수는 죄와 하나님의 심판으로부터 개개인을 사할 권세를 가지신다. 그는 의로우시며, 예표된 모세의 율법보다 훨씬 더 광대한 방법으로 의롭다하실 권세를 갖고 계신다(13:39).

예수의 임재와 종말의 임재는 성령께서 오심으로써 매우 분명하게 드러났다. 우리 주님의 승리의 통치는 그가 세상에 계실 때 약속하셨던 바와 같이 그의 교회에게 은사들을 주심으로써 시작되었다. 베드로는 고넬료와 함께 있을 때에 말했다, "주의 말씀에 - 너희는 성령으로 세례를 받으리라 하신 것이 생각났노라"(행 11:16). 바울의 설명과 같이 "내리셨던 그가 곧 모든

---

6. Morris, *Lord from Heaven*, 58. 헌터는 "주(Lord)"라는 호칭을 "신약에서의 본질적인 기독론"이라고 요약한다(*Message*, 48).

하늘 위에 오르신 자니 이는 만물을 충만하게 하려 하심이라 그가 어떤 사람은 사도로, 어떤 사람은 선지자로, 어떤 사람은 복음 전하는 자로, 어떤 사람은 목사와 교사로 주셨으니"(엡 4:10-11). 그런 모든 직분들은 한 성령의 은사가 나타난 것이다(고전 12:4-11).

성령의 오심은 바로 예수의 메시아적 왕국의 성취를 나타내는 것이다(행 2:32-36; 10:44-48; 11:15-17). 본서 전체에 걸쳐서 누가는 유대인들과 하나님을 경외하는 자들과 이방인들 안에서의 성령의 역사하심을 보여준다. 성령께서는 사도들 안에서와 마찬가지로 교회의 구성원들 안에서도 역사하신다. 그분은 유대인과 이방인, 사도와 평신도를 구별하지 않으신다. 성령께서는 구원받은 모든 자들 안에 임재하시면서 그들이 아버지와 예수와 새로이 맺은 관계를 증거하신다(11:17).

오실 왕

주가 되신 예수 그리스도께서는 죽음에서 부활하신 예수를 아버지께서 영화롭게 하셨다는 점에서 더 큰 영광을 받으신다. 예수께서는 하나님의 우편 보좌에 앉아 계신다(행 2:30-33). 그는 생명의 주권자, 제왕Prince, 구원자로 알려져 있으며(3:15; 5:31), 그는 최후 절정의 회복을 인도하실 권세와 함께 그 미래의 축복을 바로 지금 여기에까지 확장시키실 권세도 가지신다. 베드로는 유대인들에게 예수를 메시아와 생명의 제왕으로 받아들여서, 예수 안에 있는 하나님의 축복들을 받고 회복의 시대가 오기 전에 다시 새롭게 되는 때에 참여하라고 권하고 있다(3:19, 21). 회복의 때가 오면, 예수께서는 믿음으로 그를 받아들이지 않은 자들을 심판하시는 자가 되시기 때문에 그를 받아들이기에는 너무 늦어진다. 사도 바울은 예수께서 언젠가 의로 세상을 심판하러 오실 것이라고 분명하게 밝히고 있다. "이는 정하신 사람으로 하여금 천하를 공의로 심판할 날을 작정하시고 이에 그를 죽은 자 가운데서 다시 살리신 것으로 모든 사람에게 믿을 만한 증거를 주셨음이니라 하니라"(17:31).

사도들의 가르침

사도들의 서신들은 예수의 오심과 마지막 시대의 시작의 의미를 더 잘 이해할 수 있게 해 준다. 사도들의 전승에 대해서는 단 하나의 기록도 남아 있지 않지만, 복음서들과 사도행전과 서신서들은 서로 조화되어 그리스도이신 예수에 대한 다양한 설명을 주고 있다.[7] 앞장에서 우리는 우리 주 예수의 칭호들의 의미와 용법에 대해 살펴보았다. 이제 우리는 바울 서신들과 공동 서신들이 어떻게 우리가 예수의 인격과 사역을 이해하는 데 기여하는지를 살펴보고자 한다.

바울 서신들에서의 예수

사도 바울은 다메섹 도상에서 예수를 만났다. 그는 그가 부활하신 영광의 그리스도를 증거해야 할 마지막 사도가 되었음을 스스로 알았다(고전 15:8). 그래도 하나님의 은혜로 사도의 직분을 주장할 수 있었다(9-11절; 행 1:22를 보라). 그는 그리스도의 계시를 직접 받았고(갈 1:12), 가말리엘을 포함한 그의 선생들로부터 "내 조상의 유전"(14절)을 받았다. 그러나 그리스도께로 변화된 체험으로 그는 "내가 받은 것을 먼저 너희에게 전하였노니 이는 성경대로 그리스도께서 우리 죄를 위하여 죽으시고"(고전 15:3)라는 복음의 본질을 포함하는 새로운 "전통"의 관점에서 구약을 읽을 수 있게 되었다. 그가 그리스도께로부터 받은 계시는 그의 삶과 신학을 변화시켰지만, 그가 예수에 대하여 말하는 신학적 평가는, 그 강조점은 다르지만, 복음서와 사도행전에 설명된 예수와 완전히 일치한다.[8]

---

7. A. M. Hunter가 선택한 연합되어 있는 주제들을 보라, in *The Message: One Lord, One Church, and One Salvation*. Cf. Dunn, "The Role of Tradition," in *UD*, 60-80; Kümmel, *Theology of the New Testament*, 96-136.

8. L. Cerfaux, *The Christian in the Theology of St. Paul*, trans. Lilian Soiron (London: Chapman, 1967); Ridderbos, *Paul*, 44-90. 거쓰리는 결론을 내린다. "바울은 그리스도의 인성에 대해서보다 신성에 대해서 더 언급한다.…그는 오히려 인성을 가정한다. 왜냐하면,

고난의 종

바울은 예수가 영광 받으시기 전에 먼저 죽으시고 다시 부활하셔야 하는 메시아라고 선포했다. 바울이 예수의 메시아 되심을 그의 죽으심과 부활하심에서 분리해 낸다는 것은 불가능했다(고전 15:3-4).[9] 바울은 십자가의 메시지가 유대인들에게는 거치는 돌이고 이방인들에게는 어리석은 것임을 알고 있었지만(고전 1:18-25), 그는 십자가의 메시지가 구원하시는 하나님의 능력임을 계속 주장했다(롬 1:16; 고전 1:18). 십자가는 바로 예수의 사랑의 표현이다. 왜냐하면 그가 거기에서 교회를 위하여 자신을 내주었기 때문이다(갈 2:20). 예수께서는 불경건한 자들을 위하여 죽으신 의로운 자가 되심으로써 우리를 위한 그의 사랑을 나타내셨다(롬 5:6). 예수께서는 죄인들을 위하여 자신을 내어줌으로써 인간들을 섬기러 오셨다(고전 15:3; 빌 2:6-11). 이와 같이 십자가는 하나님 자신을 심판하신다는 점에서 하나님의 의를 나타낸다(롬 3:21-26). 그는 오직 은혜로 메시야의 영광에 참여하는 신자들을 의롭게 하신다. 종으로서의 예수의 수난에 대한 가르침은 로마서에 더욱 분명히 나타나지만(4:25; 8:32-34), 부활의 영광도 바울이 예수의 종되심을 다루는 내용을 통하여 더욱 빛나게 된다.[10]

예수의 부활과 승천에 대한 메시지도 모든 신자들이 나눌 수 있는 새로운 삶을 확인해 준다. 예수께서는 죄있는 육신의 모양으로 오셨고(롬 8:3), 죄를 짓지 않으셨지만(고후 5:21) 죄인들을 위해 죽으셨고 다시 살아나셨다. 바울에게 있어서 예수의 부활이 가장 중요한 것은 그것이 이 세상의 삶과 오는 세상의 삶에 대한 소망을 주기 때문이다. 그리스도의 부활은 신자들에

그것이 없이는 그리스도의 십자가 사역이나, 그가 영광으로 올리우심이 이해될 수 없기 때문이다"(*NTT*, 225-26). Morris, *Lord from Heaven*, 66 도 마찬가지이다.

9. H. 리델보스는 고린도전서 15:3을 속죄의 선포로 생각한다("The Earliest Confession of the Atonement in Paul," in *Reconciliation and Hope*, ed. Bankes, 76-89).

10. Richard N. Longenecker, "The Obedience of Christ in the Theology of the Early Church," in *Reconciliation and Hope*, ed. Banks, 142-52.

게 그들의 신앙이 무익한 것이 아니라는 확신을 준다. 그들의 죄가 용서되며(고전 15:17), 죽은 자들이 살아나게 될 것이다(20-21절). 그러므로 신자들은 그리스도께서 다시 오실 때 그들은 영광스럽고 썩지 않으며 영적인 몸을 받게 될 것을 알면서 죽음을 맞을 수 있다(35-49절). 바울은 일반적인 부활은 죽음을 없애고 하나님의 백성이 예수 그리스도를 통한 승리를 의미한다고 확언한다(50-58절).

영광과 승리의 주

바울 서신들은 지상에서의 예수의 생애와 사역의 전통에 대하여 거의 언급하지 않는다. 그는 부활하시고 올리우신 주를 안다. 따라서 그의 신학은 예수 그리스도의 미래 계시 즉, 소위 종말론적 예수에 관하여 전개된다. 그는 전통의 내용을 알지만, 예수께서 오실 때 나타날 영광과 존귀를 근거로 해서 그의 사역을 적용시킨다. 래드는 이렇게 본다.

> 바울은 예수의 생애에 관한 전통을 알고 있다(고전 11:23 이하). 그러나 그 자신이 체험한 예수는 역사적인 예수가 아니라 존귀하신 주님이셨기 때문에 그는 성령의 인도하심 하에 예수의 신격의 의미를 추론할 수 있었다.[11]

첫째로, 사도 바울은 예수 안에서 새 시대, 메시아적 시대가 시작됨을 발견했다. 비록 그가 하나님의 나라에 대하여 거의 언급하지 않고 있지만, 그의 신학은 하나님의 나라가 여기 있다는 확신에서 나왔다. 적절한 이름으로 "그리스도"를 사용할 때 예수 그리스도 또는 그리스도 예수라고 하는 것은 예수가 메시아가 아니라는 의미가 아니다. 반대로 그는 세상, 교회, 각 개인과 예수와의 관계를 다룰 때 예수를 존귀하신 메시아로 확신한다.[12] 에베소

---

11. Ladd, *TNT*, 411-12.

12. Martin Hengel, *Between Jesus and Paul*, trans. John Bowden (Philadelphia: Fortress,

서에서 바울은 예수에 대하여 "우리 주 예수 그리스도의 아버지께서 그리스도 안에서 하늘에 속한 모든 신령한 복을 우리에게 주시되"(엡 1:3)라고 말한다. 그는 축복을 선택, 양자, 은혜, 죄사함, 지혜, 구원, 성령의 인치심으로 정의한다(4-14절).

이러한 축복들은 바울이 "때가 찬 경륜"과 "약속의 성령으로 인치심을 받았으니 이는 우리의 기업에 보증이 되사 그 얻은 것을 구속하시고"라고 지적하여 언급하는 것을 볼 때 종말이 분명하다는 것을 나타내는 것이다(엡 1:10, 13-14). 더욱이 이 축복들은 예수께서 "하늘에 속한 것들에 대하여" 권세를 가지시는 것처럼 그리스도의 현재적인 통치의 증거들이 된다. 바울은 거기에서 그를 이렇게 묘사한다. "모든 통치와 권세와 능력과 주권과 이 세상뿐 아니라 오는 세상에 일컫는 모든 이름 위에 뛰어나게 하시고"(20-21절).

둘째로, 바울에게 있어서는 예수 자신이 온 세상을 다스리시는 왕이다(고전 15:25). 원래 그는 만물을 창조하셨고(골 1:16-17), 사탄과 정사들과 권세들을 정복하셨으며(2:15), "만물을 자기에게 복종케 하시려고"(빌 3:21) 오실 것이며, 특히 죽음에 대해서 그러하다(고전 15:26). 그는 부활하셔서 이제는 모든 정사와 권세와 능력과 주관자들 위의 하늘에서 하나님의 우편에 앉아 계신다(엡 1:20-21). 아버지께서 스스로 그 아들을 높이셨고 그에게 모든 열방에 대한 권세를 주셨으며 모든 민족과 언어가 예수 그리스도를 주로 고백하게 될 때를 기다리고 계신다(빌 2:9-11).

마지막으로, 바울에게 있어서 예수는 영광스럽게 성육신하신 하나님이다. "주"Lord 라는 칭호도 히브리 구약성경의 아도나이Adonai("주인"; "주")라는 칭호를 언급한다.[13] 70인역은 야웨라는 이름과 아도나이라는 칭호를 구

1983), 65-77.

13. F. F. Bruce, "Jesus Is Lord," in *Soli Deo Gloria: New Testament Studies in Honor of William Childs Robinson*, ed. J. M. Richards (Richmond: John Knox, 1968), 23-36.

별하지 않는다. 유대인들은 그들의 언약의 하나님의 이름을 사용하기를 꺼려했는데, 그것은 하나님의 이름을 망령되이 일컫지 말라는 계명을 어길까 두려웠기 때문이다. 구약이 헬라어로 번역되었을 때, 야웨를 "주"로 대체하는 관습이 채택되었다. 아도나이는 종종 모든 인간을 심판하시는 온 우주의 주인-통치자이신 하나님을 가리킨다(시 2:4; 사 6:1). 야웨는 세상의 하나님이시며 동시에 자기 백성 가운데 그의 주권을 세우시는 언약의 하나님이시기도 하다(시 114:2). 바울을 포함하여 모든 사도들은 구약의 종말론적 소망에 대하여 예수를 주로 시인하는 그들의 신앙에서 그 근거를 발견했다. 이것은 여러 구절들의 비교를 통해 나타난다.

> 하나님이 살아 있는 자와 죽은 자의 재판장으로 정하신 자 (행 10:42)

> 정하신 사람으로 하여금 천하를 공의로 심판할 날을 작정하시고 (행 17:31)

> 이를 위하여 그리스도께서 죽었다가 다시 살으셨으니 곧 죽은 자와 산 자의 주가 되려 하심이라 (롬 14:9)

> 그가 모든 원수를 그 발 아래에 둘 때까지 반드시 왕 노릇 하시리니 (고전 15:25)

기독교 공동체의 소망은 예수께서 주되심이 완전히 이루어지기를 위한 아람어 기도에 있다. 마라나타, "주여, 오시옵소서!"(고전 16:22; 계 22:20도 보라).[14]

---

14. 주석적인 문제들에 대한 연구로는 Guthrie, *TNT*, 295-96; Ladd, *TNT*, 341; R. N. Longenecker, *The Christology of Early Jewish Christianity* (Naperville: Allenson, 1970), 121-24.

공동 서신들에서의 예수

공동 서신들은 신약의 기독론에 크게 기여하지 못한다. 그것들은 복음서들과 사도행전과 바울 서신들의 전통을 재확인한다. 드문 예외를 제외한다면 예수라는 칭호는 공식화되어 사용된다. 저자들의 관심은 대개 예수가 누구신가에 대한 변증보다는 예수의 오심에 관한 진리의 적용에 있다. 예를 들면, 베드로는 고난의 종으로서의 예수라는 주제를 전개하는데(벧전 1:11, 19; 2:21-25; 3:18; 5:1) 그것을 근거로 자기 부인과 고난을 인내하도록 권면한다(2:13-3:22; 4:12-19).

히브리서의 저자가 좋은 공헌을 하고 있다. 그는 예수의 성육신과 낮아지심, 그리고 존귀한 상태에 대해서도 특이한 이해를 나타내고 있다. 그는 예수의 사역과 구약의 선지자들과의 긴장을 조심스레 전개한다. 그는 우리 주님의 사역의 과거와 현재와 미래의 측면을 설명하면서, 예수에 관한 설명에서는 종말론적인 분위기가 압도적이다. 예수께서는 죄인들을 구원하시려고 오셨으며(히 2:14-17) 죄 없는 삶을 사셨지만, 인간으로서 시험을 당하셨다(4:15). 그는 심한 고난을 받으셨지만, 자신을 아버지께 복종시키심으로써 결국 열매를 맺으셨다(5:7-10). 그의 죽으심으로 하나님의 백성들은 현재와 미래에 은혜를 입게 되었다(3:1; 6:4-5; 9:26; 10:10, 12). 올리우신 그리스도는 "세상 끝에"(9:26) 십자가에서 희생당하심으로써 그 자신이 이미 여기에서 종말이 되신 것이다(즉, 실현된 종말).

결론

사도들의 전파와 가르침은 다양성과 함께 통일성을 준다. 사도들은 예수가 누구이신지에 대한 선포를 이방인 세계에 적용시킨다. 더군다나 그들은 교회의 직분을 사도들에서 새 세대에게로 넘겨줌으로써 그들 스스로가 상황의 변화에 적응한다. 다양한 고백적 표현들과 전승들로부터, 던Dunn은 사도들의 증거가 그들의 개인적인 연관성과 별개로 전달되도록 의도된 것이 아니었다고 결론을 내린다. 모든 세대마다 그들의 시대에 관한 문제에 전념하며 예수가 누구신지를 고백해야 한다. "모든 성령의 공동체와 모든 성령의 세대마다 그들이 받은 전통을 그들 자신의 상황과 요구에 따라 새롭게 해석하도록 성령께서 부여하신 의무를 느꼈다."[15]

---

15. Dunn, *UD*, 92.

34

교회: 성령 안에서의
예수의 사역

사도들의 사역은 예수의 사역의 제 2단계이다.[1] 누가복음은 예수의 생애에 대하여 그의 출생부터 승천까지를 기록한다. 그의 후편 사도행전에서 누가는 예수의 지상의 사역과 그의 생애 안에 있는 하나님의 나라의 임재에 대하여 짧게 요약한다(행 1:3). 하나님의 나라는 위대하신 왕이신 예수 그리스도 자신 안에 임했다. 누가에 의하면 바로 이 예수가 그의 제자들에게 그의 나라가 예루살렘, 유다, 사마리아, 온 세상을 포함하기까지 확장될 것을 기대하라고 가르치셨다(1:8). 이 목표가 사도행전의 구조의 역할을 한다. 따라서 여기에는 예수 그리스도의 나라가 예루살렘에서(1-7장) 사마리아로 (8:5-25) 이방인에게로(26-40절; 10-11장) 그리고 결국 바울이 이방인의 사도가 되었을 때 열방들에게로(9:15) 성장하는 것이 기록되어 있다. 복음이 이방인들에게로 나아가기 이전에 이미 주님께서 유다, 갈릴리, 사마리아에 교회들을 세워 놓으셨다(31절). 사도행전의 결론은 여전히 열심으로 예수 그리스도 안에 있는 하나님의 나라를 증거하는 사도 바울의 모습을 우리에게 보여 준다(28:23, 31). 예수는 하나님의 나라이시도다!

---

1. 사도 시대에 관하여 도움이 될만한 요약으로는, Donald Guthrie, *The Apostles* (Grand Rapids: Zondervan, 1975); Everett F. Harrison, *The Apostolic Church* (Grand Rapids: Eerdmans, 1985)을 보라.

초대 교회의 특징은 사도들의 사역인데, 그들은 예수께서 택하셨고(행 1:2) 또 예수의 사역에 대하여 그의 세례 받으심에서부터 부활하시고 승천하심까지 익숙하게 알고 있던 자들이었다(22절). 사도들의 증거는 예수께서 하신 약속의 성취로 오신 성령의 능력을 힘입었다(5절). 성령을 통하여 그들은 회복의 새 시대를 확인했다. 그들도 주님처럼 기사와 이적을 행한 것으로 알려져 있다(2:43; 3:6; 4:33; 5:12). 이러한 일들은 우리 주님께서 약속하신 대로 계속 임하심을 나타내는 것이다. "내가 진실로 진실로 너희에게 이르노니 나를 믿는 자는 내가 하는 일을 그도 할 것이요 또한 그보다 큰 일도 하리니 이는 내가 아버지께로 감이라"(요 14:12). 예수께서는 아버지의 우편에 계시면서 성령으로 그의 교회와 함께 계신다. 사도들의 가르침과 치료의 사역은 예수의 사역의 연속성이지만, 주로 유대인 교회에서 이방인 교회로 점차 변했다. 사도행전은 성령의 임재를 나타내기 위하여 사도들의 교회의 지리적, 인종적 진전 상황을 기록하며, 성령께서는 사도들의 지도자적 직분을 통하여 예수의 사역을 계속하면서 교회를 억지로 그의 지역적인 근거로부터 떨어지게 하신다.[2]

서신서들은 성령의 사역을 신학적으로 반영하고 있다. 바울은 교회에서의 성령의 사역을 그리스도의 인격과 사역, 종말론, 하나님의 나라의 성격과 같은 다른 중요한 주제들과 연관시킨다. 우리는 여기에서 교회에 대한 바울의 이해의 3단계-하나님의 백성, 하나님의 나라, 성령의 은사들에 대하여 조사하고자 한다.

---

2. 그러나, 사도적 공동체는 발전된 형태일지라도 예수의 공동체의 연속임이 분명하다. Dunn에 따르면, "바울의 교회와 사명의 개념은 그것이 은혜의(charismatic) 공동체 개념이라는 점에서 예수의 지상 사역의 제자도와 다르다"(*UD*, 114).

하나님의 백성으로서의 교회

"교회"의 성격을 말해주는 단어 에클레시아는 지역적 회중을 지칭하며(고전 1:2; 고후 1:1) 또한 그리스도께서 머리가 되시는 우주적인 교회도 말한다(엡 1:22; 골 1:18). "교회"는 종말론적 개념, 즉 예수께서 아버지께 드릴 하나님의 백성을 말한다. 교회론과 미래론의 상호 관련성 때문에 리델보스는 우주적인 교회가 에클레시아에 관한 모든 논의에서 우선되어야 한다고 결론을 내린다.

> 만일 *ekklēsia tou Theou*(하나님의 교회)의 개념이 무엇보다도 구속사적인 내용을 가지며 교회를 참된 하나님의 백성으로, 위대한 미래의 (메시아적) 회중이 나타난 것으로 말한다면, 바울은 분명히…우주적인 교회가 우선이고, 지역 교회, 가정-교회house-church, 그리고 교회의 모임도 그들 안에 우주적인 교회가 나타나기 때문에 교회로 표시될 수 있다는 생각을 가진 것 같다.[3]

바울의 교회론은 구약의 하나님의 백성 개념과 연결된다. 구약에서 "하나님의 백성"이라는 문구는 "회중"*qāhāl*과 동의어로, 70인역에서는 그것이 에클레시아로 번역되었다. 바울에게 있어서 교회는 하나님의 에클레시아 즉, 리델보스가 "마지막 때의 메시아적 회중"[4]이라고 부르는 것이다. 신구약의 차이는 교회가 종말론적 개념이 더 뚜렷하다는 것이다. 그것은 유대인과 이방인으로 구성되며, 함께 한 몸을 이루고 하나님의 구속사적 목표를 향해 모든 민족들로부터 나온 한 백성을 이루도다! 에클레시아는 하나의 유기적인 전체이며, 그 안에서 "지역 교회는 고립된 모임들이 아니라 전체 교회와

---

3. Ridderbos, *Paul*, 330; 참조. Ladd, *TNT*, 743.

4. Ridderbos, *Paul*, 328.

함께 결집된 상태를 이룬다."⁵ 유기체적 성분들은 하나님의 백성으로서의 교회에 대한 여러 비유들, 즉 그리스도의 몸, 하나님의 성전, 시온, 하나님의 이스라엘 가운데 표현되어 있다.

그리스도의 몸

사도 바울은 몸의 비유를 통하여 교회 안에 있는 통일성과 다양성을 표현한다. 그러나 통일성과 다양성은 그리스도와 별개로 이해할 수 있는 추상적인 개념이 아니다. 교회는 그리스도 안에서 한 몸이며 그리스도 안에서 다양성을 보여 준다. 교회의 통일성은 예수 안에서 만물을 통일하시려는 하나님의 계획을 나타낸다(엡 1:10). 그것은 종말론적 목표로써 교회는 이미 하나님께서 만물에 대하여 목표하신 것, 한 하나님과 유대인들과 이방인들로 이루어진 하나님의 한 영적 백성(4:4-6)을 누리고 있다. 교회의 모든 구성원들은 유일하신 머리가 되시는 예수 그리스도께 대한 충성 안에서 서로서로 연결되어야만 한다(엡 4:15; 골 1:18). 바울은 또 몸 안에 있는 다양성에 대하여 말한다(롬 12:3-8; 고전 12:14-31). 다양성은 교회의 은사들과 직분들에서 저절로 나타난다. 성령께서는 몸 전체의 유익을 위해 주권적으로 각 개인에게 은사를 주신다(7, 11절). 성령께서는 다양한 은사들을 통하여 다가올 회복의 표시로써 개인과 교회가 다시 새롭게 되는 역사를 일으키신다. 몸으로서의 삶이 가장 잘 나타나는 것은 그 몸의 지체들이 섬김을 받기보다 섬기려 하고, 사랑 받기보다 사랑하려 하고, 다른 사람들을 낮추기 보다 스스로 낮아지려고 할 때이다(롬 12:3; 고전 12:31; 13:13; 빌 2:1-4).

하나님의 성전

더 밀접하게 관련된 비유가 하나님의 성전이다.⁶ 교회는 하나님의 영적

---

5. Ladd, *TNT*, 537.

6. Ridderbos, *Paul*, 429-32; Ladd, *TNT*, 539-41.

인 성전이다(엡 2:21-22). 왜냐하면 성령께서 거하시고 성령의 사역이 그 특징이기 때문이다. 하나님의 영은 백성들을 깨끗케 하시고 그 자신에게로 성별 시키신다(고전 3:17). 그리스도 안에서 하나님의 모든 자녀들은 한 가족의 식구들이며 동역자들이다(9절). 하나님께서는 멀리 있는 자들과 가까이 있는 자들을 그리스도 안에서 그의 성전 안으로 모으셨다(엡 2:14-22).

시온

사도들은 "위에 있는 예루살렘"을 시내 산과 대조시켜서 언급한다(갈 4:25-26). 예루살렘이 "우리 어머니"로 불리는 것은 예루살렘에 많은 사람들이 거주하여 그 수를 셀 수 없게 될 것이라는 선지자들의 기대에서 유래한 개념이다(슥 2:10-13; 사 54:1-15도 보라). 여호와께서 거기에 거하시며 그의 임재로 유대인과 이방인 모두가 복을 받는다. 시편 87편의 멋진 시적 표현에도 시온에서 태어난 이방인들이 포함되어 있는데, 여기에서 시온의 이름이 "민족들의 등록처"(4-6절)로 되어 있다.[7] 시온은 신실한 자들의 성읍이다(사 60:1-22; 66:7-13을 보라). 시온과 관련된 구약은 시온에 대한 바울의 이해를 반영해 준다.[8] 시온은 생명과 구원과 기쁨의 원천이며-"그 시내가 하나님의 성소를 기쁘게 하는 강이다"(시 46:4; 87:7; 사 12:3; 겔 47:1-12; 계 22:1-5). 바울에게 있어서 "위에 있는 예루살렘은 자유자니 곧 우리 어머니라"(갈 4:26).

하나님의 이스라엘

한편에서 사도 바울은 언약들과 구속사와 하나님의 구약 백성에 관련되

---

7. 70인역의 시편 87:5(cf. "Zion shall be called a mother / in whom men of every race are born"[NEB])이 예루살렘을 "어머니"로 표현한 바울의 배경일 것이다.

8. 안토니 A. 후크마는 이렇게 기록하고 있다, "우리는 신약이 이러한 단어들("예루살렘"과 "시온")의 이해의 폭을 넓히는 것을 다시 한 번 더 발견하게 된다. …그러므로 구약에서 이스라엘 백성이 사용한 예루살렘이라는 말을 신약에서는 예수 그리스도의 교회 전체가 사용한다"(*The Bible and the Future* [Grand Rapids: Eerdmans, 1979], 199).

어 있는 교회의 연속성을 분명히 보았다. 이런 면에서 교회는 하나님의 이스라엘이다(갈 6:16). 반면 바울은 아직 교회와 회당의 구별, 그리스도인과 유대인의 구별을 증거하지 않는다. 회당과 교회 사이의 경계선은 엄격하게 그어져 있었지만 그 사이의 문은 넓게 열려 있었다. 이스라엘은 그들이 메시아를 거절했더라도 역사적으로 그리고 민족적으로 연속되어 있다는 점에서 여전히 하나님의 백성이다(롬 11:15-16). 바울은 이스라엘이 회개하고 메시아이신 예수를 믿으리라는 소망을 갖는데 그것은 이사야가 종말의 순간에 유대인과 이방인이 함께 모여 한 몸을 이룰 것이라고 한 말에 근거한다. 현재에는 이스라엘이 거절되고 있기 때문에, 구원이 유대 백성으로부터 나올 것이라는 선지자들의 말은 아직 이루어져야 할 것이다(26절; 사 27:9; 59:20을 보라). 그는 구원자를 받아들이는 것이 이방인들에게 구원을 가져다 줄 것이며, 그것이 "죽은 자 가운데서 사는 것"(롬 11:15) 같은 새 시대에 있을 것이라고 믿는다.

교회와 하나님의 나라

예수 그리스도께서 교회의 머리가 되심은 하나님의 나라 개념에서 더 진전된 표현으로 발견된다.[9] 바울은 골로새 교회에게 하나님께서 "우리를 흑암의 권세에서 건져내사 그의 사랑의 아들의 나라로 옮기셨으니"(1:13) 라고 기록하고 있다. 바울은 교회를 하나님의 나라의 특별한 표현으로 사용한다.[10] 예수께서 온 세상의 왕이심은 하나님께서 그 나라를 그에게 주셨기 때

---

9. 헌터는 "그 나라 안에" 있는 것과, "예수 안에" 있는 것, "영원한 생명"을 가지는 것을 동일한 개념으로 본다(*Message*, 20).

10. 헹겔에 따르면, "바울 신학의 삶의 정황은 '열방들' 가운데서의 사도 바울의 선교이다. 그는 그것을 주님의 통치에 관하여 전 세계에 대한 종말론적 선포라고 이해한다"(*Between Jesus and Paul*, 63).

문이지만, 실제적인 면에서는 구약에서의 하나님의 백성처럼 교회가 지상에서 눈에 보이는 현실세계의 하나님의 나라이다.

우리는 예수 그리스도의 나라의 특징을 나타내기 위하여 몇몇 단어들을 사용할 수 있다. 로마서 14:17에서 바울은 그 나라가 먹는 것과 마시는 것이 아니라 "성령 안에서 의와 평강과 희락이라"고 표현하고 있다. 이러한 표현들에 사랑, 소망, 영광과 같은 단어들이 첨가될 수 있을 것이다. 첫째, 예수 그리스도 안에서 신자들은 하나님의 의를 받는다(4:22-25). 두 번째 아담이신 예수께서는 순종을 통하여, 불순종과 저주와 죽음의 삼위일체를 순종과 칭의와 생명의 삼위일체로 바꾸어 놓으셨다. 예수 그리스도의 순종 때문에 그를 믿는 자들은 그의 의로움에 참여함으로써 생명에 참여하는 것이다(갈 3:26-27; 롬 5:21).

둘째, 예수 그리스도를 믿는 자들은 하나님과 평화를 누린다(롬 5:1). 신자들은 하나님의 진노로부터 구원을 받고 예수를 통하여 하나님과 화해된다(9-11절; 살전 1:10; 엡 2:16-18; 골 1:21-22). 그 나라에 속한 자들은 교회 안에서 평화를 사랑하고 훈계를 따른다, "그러므로 우리가 화평의 일과 서로 덕을 세우는 일을 힘쓰나니"(롬 14:19).

셋째, 하나님의 나라는 또한 기쁨으로 정의될 수 있다. 특히 빌립보서에서 바울은 우리가 예수 그리스도 안에서 가지는 기쁨이 우리의 삶의 방법에 반영되어야 한다고 주장한다. 우리의 기쁨은 우리의 신앙 과정에 밀접하게 관련되어 있으며 하나님께 드리는 예배 가운데 위치한다(1:25; 3:3). 따라서 우리는 어려움에 직면하더라도 기도를 통하여 하나님의 평강을 얻는다는 사실을 기억하고 항상 기뻐해야 한다(3:1, 3; 4:4-6).

넷째, 예수 그리스도의 나라는 또한 사랑의 나라이다. 하나님께서는 그리스도 안에서 우리를 사랑하셨고 그의 사랑에서 우리를 끊을 것이 아무 것도 없다고 약속하셨다(롬 8:31-39). 그는 예수 그리스도 안에서 이방인들을 사랑하셨을 뿐 아니라, 유대인들에게도 신실하셔서서 그들이 언젠가는 그리스도 안에서 그의 사랑의 대상이 될 것이라고 약속하셨다(9-11장). 사랑은 우리와 그리스도와의 연합의 증거이며, 우리의 영적 은사를 활용하는 가운데서 그것이 드러난다(고전 13장). 더군다나 사랑은 평화와 기쁨처럼 그리스도인의 삶에서의 성령의 열매이다(갈 5:22). 사랑은 그리스도의 율법을 성취한다(14절).

다섯째, 하나님의 나라는 소망의 나라이다. 성경에는 우리가 인내를 통하여 소망을 가지게 될 것이라고 기록되어 있다(롬 15:4). 그 약속들은 예수 그리스도께서 받으셨으며, 따라서 하나님의 약속들은 예수 그리스도 안에 있는 모든 자들에게 확인되었다. 바울은 기도하기를, "소망의 하나님이 모든 기쁨과 평강을 믿음 안에서 너희에게 충만하게 하사 성령의 능력으로 소망이 넘치게 하시기를 원하노라"(13절).

여섯째, 하나님의 영광이 예수 그리스도 안에 계시되었다. 그리스도의 교회는 이미 예수 그리스도의 은혜와 은사들과 하나님께서 자기 백성을 위해 준비하신 모든 것들을 상속하기 때문에 영광스럽다. 구원과 회복의 날을 기다리면서 신음하고 있는 창조물을 위해 현재의 영광과 미래의 영광이 모두 있다(롬 8:18). 신자들은 예수 그리스도 안에서 완전한 자이며(골 2:9-10) 따라서 육체 안에 계신 하나님이시며 모든 권세들을 다스리시는 예수 그리스도의 영광에 참여한다(엡 1:4-6, 12, 14).

교회와 성령의 은사들

성령의 열매와 성령의 은사들 사이에는 중요한 차이가 있다. 그리스도 안에 있는 자는 누구나 성령 안에서 행해야 하며(갈 5:16, 25), 새로운 삶을 삶으로써 성령의 열매를 맺을 것이다. 성령의 열매는 예수 그리스도 안에 반영되어 있는 하나님의 형상을 확인해 주는 삶의 특성들; 사랑, 희락, 화평, 오래참음, 자비, 양선, 충성, 온유, 절제이다(갈 5:22-23; 엡 5:9). 모든 그리스도인들은 예외 없이 그러한 영적 열매들을 맺으라는 고귀하고 거룩한 부르심을 받고 있다.

그러나 성령의 은사들은 그리스도의 몸 안에 있는 다양한 기능들에 해당된다.[11] 사도 바울은 우리가 이미 본 바와 같이 몸 안의 다양성을 강조하는데, 실제로 다양한 은사들에 대한 가르침 속에서 다양성을 강조하고 있다(롬 12:6-8; 고전 12:8-10, 28-30; 엡 4:11). 다양한 은사들은 그리스도의 교회에 속한 모든 자들이 동일한 성령으로 세례를 받는다는 사실을 나타낸다(고전 12:13; 엡 4:4). 이런 은사들은 카리스마타charismata, 즉 영적 은사들이다. 이것들은 하나님의 영이 교회의 몸을 세우기 위해 주권적으로 부여하시는 것이다(12-13절).

개개인들은 교회 안에서 독특하게 섬김에 대한 부르심을 받는다. 바울이 열거하는 은사들은 이론적인 것이 아니라 기능적인 것이다. 사도, 선지자, 교사, 복음 전하는 자, 설교자 등등의[12] 은사들은 개인들이 누리는 것이 아니라 몸 전체를 세우기 위한 것이다. 성령의 은사들은 연합을 이루며, 연합하는 곳에서 예수께서는 그의 백성 가운데 임재하신다. 예수께서 계신 곳에 영적 성숙이 나타난다. "우리가 다 하나님의 아들을 믿는 것과 아는 일에 하나가 되어 온전한 사람을 이루어 그리스도의 장성한 분량이 충만한 데까지 이르리니"(엡 4:13).

결론

예수 그리스도의 교회는 말씀의 전파와 가르침, 성령의 능력의 임재, 이

---

11. Dunn은 다양한 사역들을 "그리스도-신비주의"라고 설명하는데, 그것은 "그리스도의 제자를 구별하는 특징은 그리스도의 삶을 함께 나눌 뿐 아니라 그의 고난도 함께 나누는 체험"과 일치하는 것이다(UD, 195).

12. 직분들에 대한 뛰어난 연구로는, Ridderbos, Paul, 446-63을 보라; 또, Ladd, TNT, 534-37도 보라.

적들의 증거, 그리고 삶의 변화로 세워졌다. 교회는 구약의 하나님의 백성의 연속이지만 예수께서 오심으로써 이제는 예수를 하나님의 메시아로 고백하는 자들만이 메시아적 회중에 속할 수 있게 되었다. 아버지께서 주신 예수의 이름 외에는 구원이 없다. 바울은 많은 비유들을 쓰면서 하나님의 백성의 연속성과 연합성을 표현한다. 새로운 요소는 예수 그리스도의 한 몸 안에서 유대인과 이방인이 연합하는 것이다. 예수는 모든 창조물에 대해서와 특별한 의미에서 그의 교회에 대해서 머리가 되신다. 그는 그에 속한 자들에게 풍성히 주시며, 그의 승리의 통치는 성령을 주심으로 나타난다. 하나님의 영은 그리스도의 몸의 모든 지체들 안에 있지만 다양한 은사를 주심으로써 몸 안에 다양하게 역사하시며 격려하신다.

성전으로서의 하나님의 백성들은 시온의 자유로운 시민권을 누리는 자들이며, 예수 그리스도의 나라의 구성원들이다. 그 나라는 그리스도의 교회와 함께 펴져 나가지만 그것을 넘어서 확장된다. 예수를 따르는 자들은 의, 하나님과의 평화, 기쁨, 사랑, 소망, 영광을 내포하는 그 나라를 가지고 있다. 그러나 그들은 언젠가 그들의 주님께서 더 큰 영광으로 오셔서 그 나라의 자녀들에게 그의 영광을 베푸시며 그들에게 이 땅을 통치할 권세를 주실 것이라는 소망으로 연합되어 있다.

이제 그 나라는 성령의 역사하심으로 예수 그리스도의 나라를 이끌어 나아가는 대리자이다. 교회는 이스라엘과 구별되지만 손위 형제로서 이스라엘과 계속 대화를 나눈다. 교회는 이스라엘이 아니지만 원래 유대인에게 주어졌던 특권을 받았다(롬 9:4-5). 그들은 특별한 지위에서 잘려졌지만, 거룩하고(11:16) "조상들을 인하여 사랑을 받은 자"(28절)로 대해야 할 것이다.

그리스도의 교회에 속한 자들은 지역 교회에서 정기적으로 함께 모이는데, 그 특징은 기도, 설교, 교제, 그리고 성례 집행과 같은 예수 그리스도의 교회의 표지들이다. 이러한 방법으로 모든 세대의 교회는 초대 교회에 연속되며 따라서 성령의 역사하심을 통하여 예수의 지상 사역에 연속된다.

35

하나님의 구원 사역

　구원은 삼위일체 하나님의 합작으로서, 그리스도의 사역의 은혜가 지금 여기에 적용되면서 더 큰 성취를 기대하는 것이다. "중생", "구원", "성화", "새 창조" 등의 말은 개인의 변화를 가리키는 것인데, 이것은 하나님께서 사람을 불멸하고(벧전 1:23), 영원하며(요 3:16-18), 거룩하고(롬 6:22), 영광스럽게(8:21) 여기시는 것에 근거한다. 아버지께서는 그리스도 안에서 그의 자녀들을 죄에서 용서받고, 이 세상의 권세에서 해방되었고, 영원을 기대하며 그분을 자유롭게 섬기는 자들로 보신다. 이러한 이유로 개인적인 구원은 성격상 종말론적이다(23절; 엡 4:30).

　"그리스도와의 연합"에 관한 성경의 가르침은 삼위일체 하나님을 구원 사역에 연관시킨다. 신자들은 그리스도와 연합할 때 구원과 모든 은혜를 보장받는다. 이 연합의 성격은 구약에서는 신비였지만 이제 우리 주님의 고난과 영광으로 인하여 드러난다(롬 16:25-27; 엡 5:32; 골 1:26-27). 아버지께서는 그의 아들을 믿는 모든 자들에게 용서, 하나님과의 교제, 양자의 특권을 주신다(엡 1:3-14). 그들은 "그리스도 안에서" 선택된 자들이며, 그리스도와 아버지와의 독특한 관계 때문에 그들은 그리스도와 함께 상속자들이다(고전 3:22-23). 그를 통하여 그들은 아버지와 교제를 가질 뿐 아니라 신비스런 방법으로 그리스도와 함께 아버지께서 신자들 안에 거하시는데, 그 조건은 그리스도에 대한 사랑과 그의 말씀에 대한 순종이다(요 14:23; 요일 1:3). 하나님의 영은 많은 신자들을 한 몸과 한 영이 되게 하시는데(롬 8:9-11; 고전 6:17; 12:13; 요일 3:24; 4:13), 그것은 예수께서 원하시는 바, "내가 비옵는 것은…나를 믿는 사람들도 위함이니 아버지께서 내 안에 내가 아버지 안에 있는 것 같이 그들도 다 하나가 되어…그들도 하나가 되게 하려 함이니이다"(요 17:20-21, 23).

"언약"이라는 말도 이 관계의 성격을 분명히 드러낸다. 예수께서는 새 언약, 즉 예수께서 그의 피로 그의 백성을 성별하시고 그의 영을 주심으로써 유익들을 보장하신 은혜와 약속의 주권적 사역의 유익을 충분히 활용할 길을 열어 놓으셨다. 창조 언약, 아브라함 언약, 모세 언약, 다윗 언약은 모두 예수 그리스도의 언약을 확증했다(히 9:16-17). 옛 언약은 예수 이전의 언약 사역이지 상반되거나 모순되는 것이 아니다. 옛 언약 아래에서 주께서는 그의 백성에게 사랑과 충성을 보일 것을 기대하셨고, 그들의 죄를 속죄하셨으며, 아들 되는 자격을 주셨고, 용서와 생명을 주셨다. 새 언약 아래에서의 하나님의 은혜는 예수 그리스도 안에서 더 확실한데, 아버지께서는 그로 말미암아 죄인들과 화해하시며, 그 아들 안에서 그들에게 구원을 주신다. 새 언약이 우월한 것은 그것이 용서를 주기 때문이 아니라 그것이 약속들의 회복과 성취를 더 크게 실현하기 때문이다.[1] 인류와 맺은 언약은 예수 그리스도 안에서 갱신되는 한 새로운 것이다. 이 언약의 유익은 아버지와 아들과 성령의 삼위일체 하나님께서 그리스도의 성육신의 유익을 인간에게 적용하시는 것에서부터 나온다.

---

1. L. Morris, *The Atonement: Its Meaning and Significance* (Downers Grove: InterVarsity, 1983), 39.

아들의 사역: 속죄

"속죄"atonement의 의미는 통속적인 어원학에서의 "하나됨"at-one-ment과 아무 상관이 없다. 하나님과 "하나가"at one 되는 것은 속죄의 한 면일 뿐이며, 화해로 더 잘 알려져 있다. 속죄는 갚으심과 화해와 구속으로 되어있다.

갚으심

그리스도의 죽으심은 복음의 메시지의 한부분이다(고전 15:3).[2] "우리 죄를 위하여 죽으신" 예수께서는 구약의 제사와 제사장 제도를 성취하셨다(롬 3:24-26; 8:3). 그의 죽으심은 우리의 죄 때문에 발하신 하나님의 진노를 만족시키셨다(롬 5:9). 따라서 그리스도의 죽으심은 대리적이다. 그는 그 자신을 위해서가 아니라 우리를 위해서 죽으셨다(8절; 갈 3:13; 엡 5:2; 살전 5:10; 히 9:11-10:18). 그리스도의 죽으심은 구약의 죄를 사하는 제사들(속죄제와 속건제)로 예표되어 있었고, 그것은 구원과 성화에 영향을 준다(13:10-13).

예수께서는 자신이 죄인들에 대한 하나님의 심판을 받으심으로써 성육신 안에서의 인간의 조건을 완전히 일치시키셨다(갈 3:13). 그가 마지막 아담으로서 다른 사람을 위하여 죽으심으로써 인류라는 가족을 대표하셨고, 따라서 사심으로써 그의 안에 있는 모든 자들에게 그의 대속적 죽음의 유익을 주실 수 있게 되었다(롬 5:12-6:14).[3]

그리스도의 희생의 효력은 하나님께서 구약의 백성들에게 약속하셨던 죄를 덮으심, 용서, 깨끗케 하심보다 그 이상의 것이다. 구약의 제사장 제도

---

2. 나는 만족(propitiation 즉, 하나님의 진노를 풀어드림)과 속상(expiation)를 구별하지 않으며, 속죄는 항상 만족(propitiation)을 포함한다고 본다; L. Morris, "Propitiation," *EDT*, 888을 보라.

3. 제임스 던은 예수의 죽음의 대속적 의미를 옹호하는 주장을 한다, in "Paul's Understanding of the Death of Jesus," in *Reconciliation and Hope: New Testament Essays on Atonement and Eschatology Presented to L. L. Morris on His Sixtieth Birthday*, ed. R. Banks (Grand Rapids: Eerdmans, 1974), 125-41.

에서 거룩함과 정결에 관한 규칙들과 제사 제도는 그리스도의 죽음을 예표하는 것이었다. 구약의 하나님의 백성들이 실제로 용서와 깨끗케 하심과 그들의 구원의 즐거움을 누린 것은 우리 주님의 마지막 사역에 대한 기대가 하나님의 진노를 진정시켰기 때문이다. 하나님의 아들의 마지막 절정에 이르는 희생 안에서 안식할 수 있는 그리스도인들에게 주어진 특권들은 얼마나 더 큰 것인가! 예수께서는 아버지께서 요구하시는 순종과 의와 공의, 거룩함, 절대적인 사랑을 완전히 만족시키셨다. 그의 안에서 죄인들은 그들의 모든 죄가 완전히 갚아진 것을 발견하게 될 것이다(요일 2:1-2). 더욱이 그의 희생을 통하여 아버지의 진노가 풀리고 화해가 가능하게 되었다.

화해

예수께서 십자가에서 희생 당하시고 아버지의 진노가 진정됨으로써, 죄인들은 하나님과 화해될 수 있게 되었다(롬 5:10-11).[4] 화해란 하나님께서 담을 제거하시고 개개인이 아버지께 나아갈 수 있게 허락하심으로써 아버지와 평화를 누릴 수 있게 하시는 행위를 가리킨다(롬 5:1; 엡 2:13; 골 1:20). 우리가 그리스도와 상관이 없는 상황이라면 하나님의 진노와 저주를 부르게 된다(롬 5:6). 우리는 여호와의 날을 심판과 복수의 크고 두려운 날로 당하도록 저주받았기 때문에 하나님의 진노 아래에 있는 것이다(벧후 3:10; 계 6:16-17). 우리는 우리의 죄와 범행과 불경건함 때문에 하나님에게서 멀리 떨어져 있다(롬 1:18). 그러나 그리스도 안에 있는 자는 누구든지 하나님의 진노로부터 구원받을 뿐 아니라 하나님과 화해된다(롬 5:8-11; 고후 5:18-20). 래드는 이렇게 결론짓는다. "바로 하나님 자신께서 그리스도 안에서 화해를 시작하셨고 성취하셨다." 마샬Marshall은 거기에 부언한다. "하나님께서는 세상의 죄를 이렇게 처리하시며, 그렇게 하심으로써 그의 화해의 행위

---

4. Morris, *Atonement*, 132-50; Ridderbos, *Paul*, 182-204; I. Howard Marshall, "The Meaning of Reconciliation," in *Unity and Diversity in New Testament Theology: Essays in Honor of George E. Ladd*, ed. Robert E. Guelich (Grand Rapids: Eerdmans, 1978), 117-32.

를 받아들이는 자들에게는 그의 진노가 임하지 않게 하신다."[5]

구속

구원자이신 예수는 바로 위대하신 하나님의 용사-왕이시며, 그의 권세로써 세상의 모든 권세들은 아버지의 뜻에 굴복될 것이다(고전 2:6; 15:24-25; 골 2:15; 히 2:8). 그에게 속한 자들은 그의 마지막 승리를 기대하면서 성령의 인치심으로 은혜를 받고 있다. 그러나 "구속"이라는 말은 모든 것을 포함하는 말이며, 시공 안에서 일어나는 과정을 가리키고, 예수의 영광스러운 임재에까지 확장된다.[6] 구속에는 속전, 해방, 영화의 3단계가 있다.

속전은 그리스도의 사역으로써, 그가 죄인을 죄의 결박에서(히 9:14; 계 5:9)와 율법의 저주하는 세력에서(갈 3:13; 4:4-5) 구속하시는 것이다. 예수께서는 이를 위해 오셨고(막 10:45) 속전으로 자신을 내어주시는 사명을 감당하셨다(딤전 2:6). 하나님께서는 구속의 이러한 면을 성취하시기 위해 바로 자신의 아들의 피를 요구하셨다(엡 1:7). 그의 속전으로 그는 속죄를 이루셨다. 그는 하나님의 진노를 진정시켰고, 인간의 죄를 갚았으며, 아버지와의 화해의 길을 완전히 여셨다.

구속은 또한 그리스도의 속전에서 유래하는 유익인 해방을 포함한다. 해방은 결국 그리스도인들이 죄책과 죄의 권세에서 자유로워지고 살아계신 하나님을 섬기는데 자유로워지는 것이다(롬 6:11, 14; 8:21). 우리 주님께서는 이미 사탄에게 승리하셨고 최후 승리는 확실하다(요 12:31; 골 2:15; 히 2:14-15). 그리스도인은 이제 더 이상 죄와 이 세상의 구조에 대해서 노예가 아니며 완전히 자유롭게 살아계신 하나님을 섬길 수 있다(고전 6:19-20; 7:22-23; 갈 5:1-18).[7]

---

5. Ladd, *TNT*, 451; Marshall, "Meaning of Reconciliation," 130.

6. Morris, *Atonement*, 132-50; Ridderbos, *Paul*, 182-204; Marshall, "Meaning of Reconciliation."

7. Jacques Ellul, *The Ethics of Freedom*, trans. and ed. Geoffrey W. Bromiley (Grand Rapids:

하나님의 관점에서 볼 때 구속된 자들은 이미 그리스도 안에서 영화를 얻은 것이지만, 이 땅에서 생활하는 우리는 우리 몸이 완전히 구속되고 완전한 유업을 얻기를 갈망한다(롬 8:23; 엡 1:14; 4:30). 그리스도인들의 소망은 사탄과 악에 대한 그리스도의 최후 승리에 있으며, 그때 하나님의 자녀들의 완전한 영광이(롬 8:17-18) 몸의 부활과 함께 나타날 것이다(고전 15:43).

아버지의 사역

선택

선택에 관한 사도들의 가르침은 하나님의 은혜와 전능하심과 목적에 관련되어 있다. 그것은 아버지께서 태초부터 종말까지 목적을 가지고 계시며 구속사가 그 목적의 일부를 드러낸다는 사실을 확증한다. 이 역사 전체에 걸쳐서 주께서는 축복과 저주를 행하시는 데 있어서 원하시는 대로 주권적으로 행하셨다.

이스라엘의 특권들은 어떤 타고난 의로움에 기인하는 것이 아니라(신 7:6-9; 9:4-5) 오직 아브라함에게 약속하신 자유로우신 은혜 때문이다(롬 4:1; 갈 3:15-29). 더욱이 아브라함의 육체적 자손이 선택을 보장받지 못하는 것은 하나님께서 처음부터 믿음의 자손들을 기대하셨기 때문이다(롬 9:8). 그들의 최후의 존재를 위해 약속의 하나님을 바라본 자들이 약속의 자녀들이었다(갈 4:28).

그의 목적에 따라서 유대인과 이방인으로 이루어진 교회가 있어야 했다. 그의 목적은 유대인과 이방인의 충만함을 이루는 것이었다. 그러나 그들의 충만해짐은 때가 차서 그리스도 안에 하나님의 계시가 나타나는 것과 정비례한다. 따라서 그의 목적은 우리 주 예수 그리스도의 성육신과 승천에서

Eerdmans, 1976)을 보라.

가장 분명하며, 그의 안에서 만이 구원이 발견될 수 있고 그만이 교회의 기초가 되신다(고전 3:11). 하나님께서 교회를 택하실 영원한 목적에 대한 계시는 선지자들과 사도들의 사역을 통하여(엡 1:4; 2:20), 특히 예수 그리스도 안에서 점차 모양이 드러났다. "오직 흠 없고 점 없는 어린 양 같은 그리스도의 보배로운 피로 된 것이니라 그는 창세 전부터 미리 알린 바 되신 이나 이 말세에 너희를 위하여 나타내신 바 되었으니"(벧전 1:19-20).

부르심

아버지께서는 또한 그의 목적에 따라 그리스도에 속한 자들을 부르신다(롬 8:30). 그는 우리를 그의 아들과의 교제로 초대하시고 신실하게 그 관계를 지키신다(고전 1:9; 롬 11:29). 그의 부르심의 목적은 우리의 영원한 유업을 위해 우리를 준비시키시는 것이다(빌 3:14; 딤후 1:9; 히 3:1). 아버지께서는 즐겨 전도의 미련한 것으로(고전 1:21) 사람들을 그 자신에게로 부르시며 그들은 거기에 응답해야 한다. 아버지의 부르심은 신비이다. 그것은 무조건적이며 효과적이지만 동시에 인간 편의 동의와 신앙의 표현을 요구한다. 하나님의 부르심의 신비는 인간의 이해를 초월한다. 그러나 중요한 것은 그리스도 안에 있는 자들은 모두가 아버지의 초대를 받은 자들이다. 이것이 복음이다!

칭의

칭의에 대한 사도들의 가르침은 구약에 기초한다.[8] 아브라함은 믿음으로 의롭다하심을 받았다(창 15:6; 롬 4:1-3). 칭의는 법적(혹은 법정적) 용어로써, 용서와 회복으로 인하여 거룩하신 하나님 앞에 설 자격을 말한다. 죄인

---

8. Morris, *Atonement*, 177-202; Ridderbos, *Paul*, 17-174. 율법과 의로움의 관계에 대하여, 최근에 전통적인 입장에 대한 심각한 도전들이 있다. by E. P. Sanders, *Paul and Palestinian Judaism* (Philadelphia: Fortress, 1977), and by D. P. Fuller, *Gospel and Law: Contrast or Continuum?* (Grand Rapids: Eerdmans, 1980).

은 칭의에 의해 하나님을 기쁘시게 할 수 있으나, 의롭다 하심을 얻지 못하고서 아버지를 기쁘시게 할 수는 없다(롬 8:8). 하나님께서는 그가 부르신 자들에게서 오직 참된 믿음과 진정한 회개만을 기대하시며, 이러한 반응을 보이면 그는 죄와 허물로 죽었던 죄인을 자유로우신 뜻으로 의롭다고 하신다. 이 행위는 성령의 역사하심이 사람들을 중생시키시고, 그들이 죄가 많아서 구원이 필요함을 느끼게 되는 것을 전제로 한다(요 1:13; 3:5; 요일 2:29; 3:9; 5:1, 4, 18).

칭의는 아버지께서 용서하신 것이며, 용서받은 죄인에게 완전한 화해(앞의 설명 참조)와 그에 따른 모든 유익을 주시는 법적 상황을 말한다. 아버지의 은혜가 의롭다하심을 입은 자들에게 임하는 것이다. 따라서 그리스도의 의와 그 아들에게 주시는 아버지의 상급(생명, 영광, 승리)이 아버지께서 그의 아들 안에서 의롭다 하신 모든 자들의 것이 된다(고후 5:21). 우리는 그 완성을 기다리기 때문에 칭의도 역시 종말론적이라고 말하는 것이 적절하다.

양자

하나님께서는 창조 행위를 통하여 창조 세계와 특별한 관계를 맺으셨다. 그는 기원이라는 점에서나 통치라는 점에서나 모든 인류의 아버지이시다(행 17:27-28). 그러나 그는 자기 백성들과는 아버지와 아들의 관계로 대표되는 밀접한 관계를 맺으셨다. 이스라엘은 이미 이러한 특권을 누렸고(사 1:2; 렘 3:19; 호 11:1; 롬 9:4), 이스라엘을 위한 하나님의 사랑과 보살피심은 확증되었으며(신 32:5-6, 10-12), 그것은 애굽에 있을 때부터 우리 주님께서 오실 때까지 이어졌다. 아버지께서는 그리스도 안에서 가족을 확장하셔서 이스라엘에 이방인들도 포함시키셨으며 특권들도 더욱 분명하게 하셨다.

영화

양자는 영화의 전제 조건이다. 예수께서는 그의 영광을 우리와 함께 나누시기 위하여 우리를 하나님의 가족이 되게 하시고 성별되게 하시며 그에게 주어진 아버지의 영광을 나누어주셔야 했다(히 2:5-11). 이러한 유익 전체는 그의 고난 때문에 가능하다. 한편, "영화는 구원의 적용의 마지막 문구"라고 로마서 8:30에서 추론할 수 있다.⁹ 반면에, 영화는 종말론적인 개념이기 때문에 그리스도인들은 현재에 그것을 체험하며, 하나님의 찬란한 영광이신 우리 주님의 영광에 이미 참여하고 있다(히 1:3; 약 2:1). 현세에서 영화의 많은 유익들에는 그리스도인의 자유(롬 8:21), 새 언약의 사역(고후 3:9-10), 하나님의 은혜(엡 1:6), 영적으로 강해짐(엡 3:16), 기쁨(벧전 1:8), 그리스도인들이 "영원한 영광으로 저와 같은 형상으로" 영광스럽게 변하는 것(고후 3:18; 살후 2:14도 보라), 영광의 영(벧전 4:14), 그리고 양자(히 2:10)가 있다.

성령의 사역

중생

이사야는 세상의 갱신과 회복의 사역을 성령의 사역으로 말했다(사 32:15-20). 그는 창조 때에도 계셨고(창 1:2) 세상이 새롭게 되는 모든 과정에 개입하실 것이다. 성령께서는 구약에서 이스라엘이 율법을 받고 여호와께서 계실 성전을 지을 때에도 계셨다(출 35:31). 이스라엘이 애굽에서 나올 때나 포로에서 돌아올 때도 그는 거기에 계셨다(학 2:5). 그러나 구약에서 시작된 갱신은 우리 주님의 사역과 성령을 부어주심, 이방인이 포함되는 등 종말의 새롭게 되는 시대를 가리키는 모든 것들을 통하여 극적으로 극대화되었다.

성령은 새롭게 하시는 영이시다. 성령의 사역을 통하여 영적 줄생이 이루어진다. 그는 죄 많고 더럽고 억압으로 죽은 자들을 하나님의 아들의 형

---

9. John Murray, *Redemption: Accomplished and Applied* (Grand Rapids: Eerdmans, 1955), 174.

상 안에서 새롭게 하신다(요 1:13; 3:8; 요일 2:29). 중생은 영적으로 새로워지는 첫 단계이다. 성령께서는 우리에게 새 생명을 주시고 새 언약에 참여하게 하신다(고후 5:17; 갈 6:15). 그는 양자됨과 영광의 소망에 대하여 하나님께서 주신 표시이다(롬 8:1-17).

성화

성령께서는 또한 성화의 과정을 통하여 그리스도의 사역을 계속 이어가신다. 새 언약의 사역은 그를 통하여 옛 언약 아래에서 계시된 사역보다 훨씬 더 영광스러운 것이 된다. 왜냐하면 그의 사역은 모든 신자들이 "영광으로 영광에"(고후 3:18) 이르러서 예수의 모양으로 점차 변하는 모든 과정을 포함하기 때문이다. 예수께서는 그를 통하여 그의 제자들에게 자유와 영적 인도와 통찰력과 영적 진리의 적용과 영적 성숙을 주시는 그의 사역을 계속하신다(17절; 요 16:12-15; 고전 2:6-16; 빌 2:12-13). 그 아들의 형상으로 변하는 것은 신자들이 성령 안에서 행할 때 나타난다(갈 5:16, 25). 그들은 성령의 열매로써 삶의 새로움을 끊임없이 나타낸다. 또 성령께서는 신자들이 그들의 양자됨을 더 중요하게 깨닫는 데 도움을 주신다(롬 8:15-16; 갈 4:6; 앞을 참조). 하나님의 자녀는 성령으로 함께 한 몸을 이루며, 이를 위해 그는 그들에게 다양한 은사들을 주신다.

그리스도인의 삶

바울은 세상의 특징을 불의라고 한다. 현 상태의 세상은 새 세상으로 나아가기 위해 분명히 지나가야 할 것이다(고전 7:31). 이 세상에서 악하게 사는 자들은 하나님의 나라를 유업으로 받을 수 없다(6:9-11). 그러나 그리스도인의 삶의 특징은 새로워짐이다.[10] 하나님의 영이 삶 속에 들어온 자는 새로워진다(롬 8:11). 이 새로운 삶은 그의 삶 전체-생각, 말, 태도, 행동 모두에 영향을 끼친다(엡 4:23-24). 그리스도인은 하나님의 저주 아래에서 죽어야 했지만(2:1-3), 의롭다 하심을 입고서 이제는 예수 그리스도 안에서 새로운 피조물이 되었다(고후 5:17). 성령의 중생시키시는 사역으로 새롭게 되고 아버지께 의롭다하심을 얻은 신자들은 하나님의 가족에 양자가 되며, 따라서 예수 그리스도와 함께 상속자가 된다(롬 8:15-17). 새로워진 삶은 지혜와 사랑과 자유와 마음의 연합을 통하여 성령 안에서의 그리스도의 사역을 증거한다.

지혜

바울은 참된 지혜(혹은 경건)를 삼위일체 하나님의 목적이라고 정의한다. 그는 지혜를 성부, 성자, 성령과 함께 행하는 것이라고 말한다. 그는 그리스도인들에게 하나님께 합당히 행하고(살전 2:12; 4:1-8), 하나님의 충만하심으로 충만해지며(엡 3:19), 주 예수 그리스도로 옷 입고(롬 13:11-14), 예수 그리스도 안에서 살고(골 2:6-7), 성령 안에서 행하라고(롬 8:4-11) 권한다. 바울은 성령 안에서의 삶과 세상의 정욕을 대조시킨다(고전 3:1-4; 10:1-10; 갈 5:16-21). 새로운 삶은 하나님 중심적이며, 오직 경건한 삶을 살며, 그것은 성령의 열매로 확증된다(롬 6:22; 엡 5:1-2; 갈 5:22-23; 골 1:9-10).

사랑

그리스도인의 삶의 두 번째 특징은 사랑의 삶이다. 바울은 사랑을 계명의 완성이라고 주장하면서(롬 13:8-10; 고전 13장), 하나님 사랑과 이웃 사랑을 가장 중요한 계명이라고 말씀하신 예수 그리스도의 말씀을 확인한다(막 12:29-31). 바울은 윤리적인 하나님의 율법의 타당성을 부인하지 않으나 랍

---

10. William Barclay, "The One, New Man," in *Unity and Diversity in New Testament Theology: Essays in Honor of George E. Ladd*, ed. Robert E. Guelich (Grand Rapids: Eerdmans, 1978), 73-81.

비들의 전통을 거절한다. 율법 자체의 작용은 의가 아니라 죽음이다. 예수께서 오신 이후로 그리스도인들은 그들의 주인을 섬기기 위하여 자신을 희생하는 사랑의 삶을 살도록 부르심을 받는다.

사랑의 법은 풍성함과 공평함이라는 두 원리에 확실하게 표현되어 있다. 하나님께서 각자에게 그들의 필요 이상으로 주실 때에 그들은 나누어야 할 의무를 갖는다(고후 8:7; 9:5-13; 갈 6:6-10). 공평의 원리는 만일 어떤 사람이 곤경에 처해 있다면 그 형제가 그를 도와야 하는 의무를 갖는다는 사실을 가르친다. 지체들이 몸 안에서 이렇게 상호의존한 결과로 아무도 남지도 않고 부족하지도 않게 되는 것이다(고후 8:14).

자유

그리스도인의 삶의 자유는 귀중한 진리이다. 예수께서 자신의 피로 자기 백성을 구속하셨기 때문에 어떠한 인간의 제도도 그리스도인을 통제할 수 없다. 그리스도인은 그들이 먹든지 마시든지 무엇을 하든지 간에 하나님의 영광을 위하여 하는 일에 있어서 자유롭다(갈 4:26; 5:1; 골 2:16-17; 딤전 4:3-5). 사도 바울은 어떠한 인간의 제도도 그리스도인들의 자유의 원리를 침해할 수 없다고 주장한다. 그는 인간의 규율과 가망성으로 양심을 묶은 자들에 대하여 강력하게 주장한다. 그러나 동시에 그는 자유를 어떻게 누려야 하는지에 대하여 설명한다. 누구든 믿음과 감사의 삶이면 성령의 자유의 삶을 누릴 수가 있으며(롬 14:6) 공동체의 느낌을 중요시하는 것이다(고전 10:29, 33).

마음의 연합

그리스도인의 삶은 또한 마음의 연합으로 정의된다(롬 15:5-6; 빌 1:27; 2:2).[11] 그리스도의 몸은 예수를 따르는 자들로 되어 있으며, 그들의 마음은

---

11. John B. Webster, "The Imitation of Christ," *TB* 37 (1986): 95-120을 보라.

"그리스도의 마음으로"(고전 2:16; 빌 2:5도 보라) 새로워져 있다. 마음이 새로워짐은 이기적인 욕심과 분열로 나타나는 모든 불의의 종말이다(엡 4:23-24; 골 3:10; 빌 2:3-4). 바울이 성도들의 공동체에서 이기심을 고치는 방법으로 제시하는 것은 예수 그리스도 자신께서 모범이 되신 순종함과 겸손이라고 한다(엡 5:21; 빌 2:5-8).

10부 결론

    구원은 하나님의 백성을 부르시고, 새롭게 하시고, 의롭게 하시고, 화해하시고, 성별되게 하시고, 영광스럽게 하시는 삼위일체 하나님의 사역이다. 구원은 현재이며 미래이고, 법정적이고 관계적이며, 개인적이고 단체적이며, 사람들과 창조 세계에 모두 영향을 준다. 일반적으로 구원은 하나님의 사역 전체에 해당된다.

    구원은 일련의 하나님의 은혜의 행위들이다. 구속사는 하나님의 은혜의 이야기를 펼치는 것이며, 하나님의 은혜는 예수 그리스도 안에서 나타나고, 그로 말미암아 아버지께서는 그리스도와 연합된 모든 자들로 된 새로운 공동체(에클레시아)를 세우신다. 큄멜은 말한다, "구원 사건과 그리스도의 주 되심은 교회의 삶에서 세상 안에 현존한다. 그것은 하나님의 구원 행위를 근거로 하여 오직 은혜로 산다."[12]

    구원은 성령의 회복의 사역을 통하여 각 개인과 공동체에 현재 적용된다. 그는 새롭게 하시며 새 창조가 일어날 때까지 계속 그 새로움을 지키신다. 따라서 성화는 선지자들과 그리스도와 사도들이 약속한 완전한 구원의 때까지는 완전해지지 않는다. 기독교 공동체는 현재 그리스도의 은혜를 누림과 미래 영광에 대한 소망 사이의 긴장 속에서 산다.

---

12. Kümmel, *Theology of the New Testament*, 176.

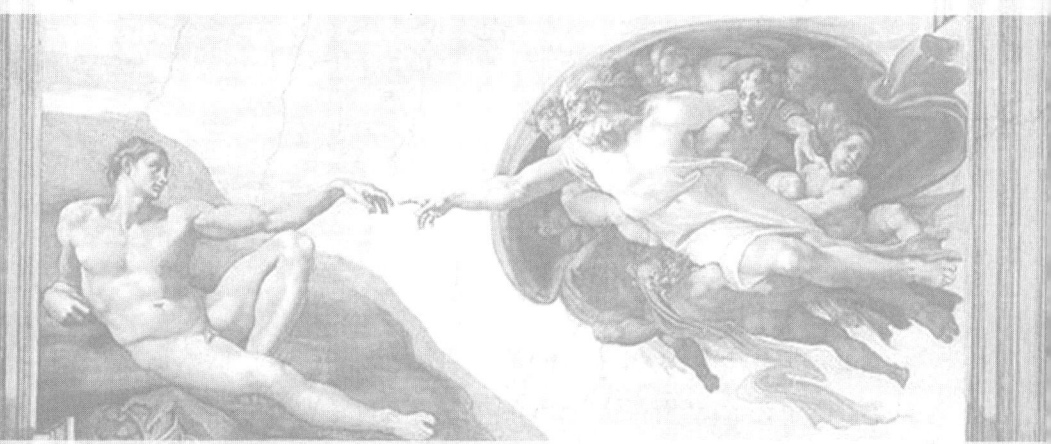

11부
그 나라와 교회

Part 11

서론

　사도들의 사역이 끝나자 주님께서는 부활하신 그리스도에 대한 사도들의 증거를 주권적으로 끝내셨다. 그러나 사도 시대의 종말이 성령의 사역과 그리스도의 임재와 하나님 아버지께서 교회에 대하여 가지시는 목적이 종결된 것은 아니다. 교회사를 연구해 보면 아버지께서 얼마나 많이 참으셨는지, 그리스도께서 그의 교회를 얼마나 사랑하셨는지, 성령께서는 개인과 교회와 사회를 얼마나 효력있게 지속적으로 변화시키셨는지를 알 수 있다. 삼위일체 하나님의 사역이 예수의 복음의 빛을 땅 끝까지 전하셨도다!

　이 11부에서 우리는 현재의 복음 세계를 형성해 온 사람들과 사건들과 운동들에 대해 살펴보고자 한다. 나는 철저하게 조사하거나 또는 교회사에 이용 가능한 많은 작품들로 대체시키려는 뜻은 없다. 여기의 몇 페이지는 단지 구속사의 앞 단계들과 최후 절정의 계시인 예수 그리스도와 연관시키기 위한 것이다.

　복잡한 문제들, 사람들의 문화적 제약들, 이념들, 운동들에 귀를 기울여야 할 것이다. 이 이야기의 어떤 부분이라도 20세기의 유리한 입장에서 판단한다고 해서 결코 쉬운 일이 아니다. 교회사는 교회 제도의 타당성과, 삼위일체 하나님께서 교회를 통하여, 교회 안에서, 교회를 넘어서 계속 일하심을 증거한다. 여기에서 나는 판단주의judgmentalism와 근시안적 견해와 배타성을 피하려고 한다. 과거에 대한 판단주의는 종종 지난 19세기가 넘도록 하나님께서 역사하신 것을 오해한다. 근시안적 견해는 우리 자신이 문화적으로 제한된 반응을 보이는 것을 못보게 한다. 배타성은 우리 자신의 집단 내의 교리와 실천 원리에 대한 자존심만 조장한다.

　삼위일체의 하나님께서는 성도들의 박해 속에서도 일하시며 이단들을 일으켜서 교리들을 깨뜨리기도 하시고 운동들을 일으키시고 부흥케 하시고 개혁시키시며 영원한 세계를 위해 그의 백성들은 구원하시고 성별되게 하신다. 하나님께서는 그의 목적을 이루시기 위해 인간들, 나약한 제도들, 문화적 표현들, 분파들과 종파 운동들, 심지어는 세속화까지도 즐겨 사용하신다. 그 백성들을 불완전하고 믿을 수 없지만 그는 여전히 성실하시도다!

36

세상 속의 교회

기독교는 세상에 적응하는 방법에 대해서 유대 디아스포라에게서부터 전수받았다.[1] 유대인들은 변화하는 세계인 헬레니즘과 로마 제국 모두에 대하여 성경을 적용하는 방법을 배워야만 했다. 기독교는 먼저 이방인 신자 문제에 부딪혔다. 다음으로는 회당과 유대교로부터 점점 분리되어가는데 적응해야 했다. 셋째로, 그리스도인들은 로마와 이방 종교의 압박에 대처해 나아가야 했다. 교회가 자립하기 시작했을 때, 계속 부딪힌 문제는 적대적인 세상 속에서의 그리스도인으로서의 삶이었다(표 25를 보라).

---

1. James D. G. Dunn, "Earliest Christianity: One Church or Warring Sects?" in *The Evidence for Jesus* (Philadelphia: Westminster, 1985), 79-102.

연대	시대 / 사건
주후 29 - 500	초대 교회
29	예수의 죽음과 부활
70	예루살렘의 멸망
100	사도 시대의 종말
312	콘스탄티누스 황제의 개종
325	니케아 종교 회의
400	아우구스티누스
500 - 1350	교회와 권세
800	샤를마뉴
1054	동서 교회의 분리
1096 - 1272	십자군 운동
1350 - 1600	르네상스와 종교개혁
1517	루터의 95개 조항
1536	칼빈의 기독교 강요
1600 - 현재	현대
1611	흠정역 성경(KJV)
1648	웨스트민스터 신앙고백
1750	웨슬레; 대각성운동
1750 -	개신교 선교; 사회 개혁; 성경 연구와 신학 연구; 인본주의, 이성주의, 계몽주의가 일어남

표 25. 교회사의 큰 사건들

로마 제국에 부딪힌 기독교

증거와 인내

초대 교회는 예수를 그들의 메시아로 믿는 신앙을 증거하는 데 있어서 사도들의 본을 따랐다. 그들이 그들의 신앙에 대하여 말하는 열심은 그리스도를 위하여 죽을 준비가 된 정도였다. 로마의 관리들과 시민들은 그리스도인들의 임무를 이해할 수 없었다. 그리스도 신앙은 그리스도인들에게 대한 미움이 폭발하고 기독교를 불법화함에도 불구하고 빠르게 퍼져나갔다.

네로(54-68), 도미티안(81-96), 마르쿠스 아우렐리우스(161-180), 데키우스(249-51), 디오클레티안(284-305)의 통치 때에는 그리스도인들이 그리스도로 인하여 박해를 받았다. 폴리갑의 순교는 박해 속에서의 감동적인 한 예이다. 나이 많은 폴리갑은 그를 괴롭히는 자 앞에서 그리스도를 고백했다. "86년 동안 내가 그〈예수〉를 섬겨왔지만 그는 나를 나쁘게 대해주지 않았는데, 어떻게 내가 나를 구원하신 나의 왕을 모욕할 수가 있겠는가?"(9:3). 그는 이렇게 기도하면서 죽었다. "나는 당신을 송축하오니, 이는 당신께서 나를 이 날 이 시간에 합당하게 여기셔서 나로 하여금 영생으로 부활하도록 순교자들의 자리에 서게 하시고 당신의 잔에 참여하게 하셨기 때문입니다"(14:2).

교회는 종종 혹독한 박해에도 불구하고 로마 제국 전체에 놀랍도록 성장했다. 이 기간 동안에 몇몇 뛰어난 사람들이 등장했다. 변증가들인 져스틴 마터(c. 150), 타시안(c. 150), 터툴리안(c. 200)은 복음을 변호했고, 반면에 논쟁자들인 이레니우스(c. 175), 알렉산드리아의 클레멘트(c. 175), 오리겐(c. 225), 키프리안(c. 250)은 믿음의 내용을 더 분명하게 제시했다.

일반적인 헌신 행위

초대 교회에는 기도와 말씀과 공적인 죄의 고백이 있었다.[2] 2세기 문서인 디다케에 따르면 신자들은 매 주일마다 그들의 죄를 고백했다. 4세기 초에 그리스도인들은 주의 날을 공적인 예배로 구별했고 절기들(특히 부활절과 오순절)을 절기력에 넣었다. 4세기에 기독교가 공인되자 절기들이 훨씬 더 많아지고 공식화되었다. 팔레스틴에 성소가 세워짐으로써, 유물들이 회수되었고 그것들은 예수와 그의 사도들을 기억나게 하는 눈에 보이는 물건들이 되었다. 그것들은 너무 자주 숭배의 대상이 되었고, 그것들에는 특별한 힘이 있다고 여겨졌다.

---

2. Roger T. Beckwith, "The Daily and Weekly Worship of the Primitive Church," *EQ* 56 (1984): 65-80, 139-58.

신앙의 표현에 있어서 동기독교와 서기독교가 점차 달라지게 되었다. 동쪽에서는 좀더 신비적이어서, 그들 자신의 절기력을 만들고, 공적인 예배와 사적인 경배를 위해 뛰어난 예술로써 예수와 사도들의 초상들을 만들었다. 이것으로 열띤 싸움이 일어났고, 결국 동상은 동교회의 기독교 신앙 전통으로만 남게 되었다.

금욕주의

금욕주의는 종교개혁 오래 전부터 기독교인에게 강한 영향을 주었다. 부분적으로는 박해들, 그리스도께서 우리 안에 다시 오심에 대한 믿음, 국가와 교회의 부패, 마니교와 같은 이단의 영향으로 신자들은 가혹한 훈련의 생활방법으로 빠져들게 되었다. 금욕적 방식은 거칠거나 마른 음식만 먹는다든지 심지어 물조차도 먹지 않는 등, 물질적인 관계를 절제하는 것이다. 은둔자들은 더 극단적인 형태로써 가족과 일을 모두 버리고 문명 밖에서 생활한다.

지침서들과 신조들

그리스도인들에게는 신앙적 교훈들이 필요하다. 이런 목적에서 기독교 신앙과 예배와 생활에 관한 지침서들이 기록되었다. 그 중 하나가 질문과 답변으로 되어 있는 요리문답서the Rule of Faith이다. 다른 형태로는 어린 신자들에게 사도신경과 같이 "나는 믿사오며…"라는 형식으로 그들의 신앙을 암송하게 한 것도 있다. 이런 지침서들이 복사되고 널리 보급되자 교회들은 믿음과 실천적인 것들을 통일시켰다. 비록 지침서들이나 교리문답서들이 어린 신자들에게 도움이 되기는 했지만, 모든 문제들을 다 다루지는 못했다. 그리스도인들은 점차로 하나님과 예수, 성령, 삼위일체, 구원, 인간의 본성, 성경의 권위와 같은 많은 교리들에 대해서 어쩔 수 없이 분명하게 밝혀야 했다. 이러한 형식들은 내적의 이단과 외적의 세상 철학들의 관점에서 전개되었다.

이런 도전들에 대한 대답으로 신조들이 생겨났다. 이단, 논제, 회의들과 함께 신학의 내용은 점점 커졌지만, 각 세대들은 사도들의 교회에서 멀어져

갔다. 긍정적으로 말하자면, 신학적 정의와 신조 문구들이 일치하고 명확해졌으며, 나중의 세대들이 이전 신자들에게 부딪혔던 문제들을 또다시 겪지 않아도 되었다. 더욱이 하나님의 영이 역사하셔서 유능한 지도자들이 일어났으며, 그들의 연구와 저서들은 성경을 이해하는 데 중요한 진전을 가져왔다. 부정적으로는, 지도자들과 평신도들, 신학과 철학을 배운 사람들과 못배운 사람들 사이에 틈이 생겼다. 이러한 구별은 평신도들이 목사에게 의존하도록 만들었다.

신앙의 자유와 교회의 활기

라토렛Latourette은 기독교를 로마의 공식적인 종교로 만든 칙령이 "예전의 박해 정책보다도 더 위험한 것이었다"고 보았다.[3] 교회가 국가에 종속될 위험뿐 아니라 그리스-로마 문화의 유산에 너무 쉽게 동화되었다. 기독교가 어떤 문화 양상에 동화되는 것은 그 증거의 지리적 범위를 로마 제국으로 한정했으며, 동쪽으로 퍼져나갈 준비를 막았다.

주후 313년에 로마 제국이 기독교화 되자 기독교는 위험하게도 국가의 군대가 되는 것과 밀접하게 되었다. 이 과정은 위험한 것이었으며 기독교 신앙의 세속화였다. 4세기 경에는 노바티안주의자들, 도나티스트들과 같은 분리주의 집단들이 그들의 경건한 전통을 순수하고 엄격하게 지키자고 주장했다. 동교회의 그리스도인들은 금욕적 고행을 통해 하나님과의 교제를 누리기 위해서 교회와 세상을 등졌다. 이러한 외로운 은둔자들이 점차로 함께 모여 가이사랴의 바실에 공동체들을 형성하게 되었고(d. 379), 그들의 규정대로 기독교 형제단 공동체들이 세워졌으며 일종의 성직으로 인정을 받았다. 이 운동은 점차 퍼져나가서 5세기경에는 멀리 아일랜드에까지 퍼졌다. 어떤 사람들은 완전히 숨어서 영적인 문제에만 몰두했으며, 제롬(c. 347-

---

3. Kenneth Scott Latourette, *The Unquenchable Light* (London: Eyre & Spottiswoode, 1945), 3.

420)같은 사람들은 높은 경지의 학문을 이룬 박식한 사람이었다. 그는 성경을 라틴어로 번역했으며(벌게이트역) 성경 각 권에 주석을 달았다.

라토렛은 이 당시의 영적인 위험에 대해 이렇게 말한다. "기독교가 성공했기 때문에 위기에 처해졌다. 교회는 초창기의 큰 승리를 통해서 그리스-로마 세계에 너무나도 밀접하게 연관되자 하나의 붕괴는 다른 하나의 죽음을 인도하는 징조가 되었다."[4] 그러나 로마 제국이 붕괴했을 때 교회는 탄력을 보여 주었다. 그것의 영적인 힘은 하나님의 영의 임재에서 온 것이지 정치적 구조적 연합에서 온 것이 아니었다. 기독교 신앙은 비록 정치적, 문화적 구조에 크게 둘러 싸여 있었지만 그것들을 이겨냈다. 박해, 교회의 정치화, 세상적 가치의 도전, 그리고 모든 약함들을 극복해낸 위대한 동력이 예수 그리스도에게 남아 있는 자들에게 함께 있었다. 예수의 탄생부터 중세까지의 500년 동안의 교회는 예수의 가르침의 활기와 그의 영광스런 임재에 대해 바뀐 소망을 증거한다. 기독교는 로마 제국과 이방종교, 이교도들의 침입, 이단들, 교회 성장에 있어서의 영적 논쟁들을 겪어 냈다.

세상을 직면한 기독교

수도원 제도, 금욕주의, 은둔 생활, 선교 등은 세속화의 도전에 대하여 기독교적 신앙이 나타내는 공식적인 모습이었다. 영적 각성이 교회를 통해서 그리고 교회 밖에서 일어났다. 주님께서는 기독교가 거의 진전이 없던 여러 세기 동안에도 그의 백성 교회를 인도하셨다. 그러나 이슬람에 가까운 어떤 지역과 동교회(정통)는 세속화되었고, 서교회는 점점 멀어져만 가서 기독교의 두 지류를 형성했다. 사제단과 교황직의 부패와 정치화는 교회의 영성을 더욱 더럽혔다. 더욱이 박해를 받던 소집단이었던 기독교가 변해서 대

---

4. Ibid., 15-16.

집단이 되자 이방인들의 박해자가 되었다. 주후 1000년까지의 기독교는 낮은 수준으로 여겨진다.

수도원 제도

수도원 운동은 어떤 모임으로 하여금 공동 목표를 위해 함께 헌신하게 하는 데 적절한 방법이었다. 비록 종교 개혁은 이러한 형태의 기독교가 계속 유지되는 것을 거절했지만 그것은 교회사에서 긍정적으로 남아있다. 수도원 제도는 극심하게 타락한 시기에 영적인 열기를 지키면서 교회를 시작한 개혁자들을 산출해 냈다. 그 중에 마틴 루터는 어거스틴 수도사로 하나님과의 평화를 구했고 찾은 사람이다.

수도원 제도는 암흑의 시기 동안에 빛을 비추는 등대의 역할을 했다. 세속화와 부패의 한 가운데서 수도원 제도의 질서는 그들 시대의 악에 적극적으로 응했다. 그들은 변화하는 세대에 부응하여 늘어만가는 타협에 근거하지 않고 예수의 가르침에 근거하여 영적, 학문적, 문화적 혁신의 근거를 제시했다. 예를 들면, 클루니Cluny 수도원은 이상적인 사회, 교육, 정책을 제시하면서 사회에 참여하라고 수도사들을 격려했다. 끌레르보Clairvaux의 베르나르Bernard와 시토 수도원의 수사들Cistercians은 청빈과, 세상으로부터의 분리라는 성 베네딕트의 규율을 지켰지만 그들 스스로가 게으르지 않기 위해 수공업에 종사하기를 기대했다. 성 프랜시스 수도원의 규율인 청빈과 금욕은 수도원 규율 전체로 기억될 만한 것이었다. 성 도미닉 수도원은 수도사들에게 청빈, 전파, 가르침에 전념하는 삶을 요구했다. 모든 수도원들이 이러한 방법으로 어느 정도 사회에 기여하고 있었다.

북유럽과 동유럽 선교

기독교가 좀 더 적극적으로 펼친 운동의 대표적인 것이 선교 운동이다. 로마 제국은 야만인들의 물결에 밀려나다가 결국 410년에 멸망당했다. 이러한 상황에서 히포의 사제 아우구스티누스는 『하나님의 도성』을 썼는데, 거기에서 그는 "하나님의 도성"이 "인간의 도성"보다 더 높은 이상향이라고 설명했다. 하나님의 나라의 수립에 대한 이런 관심은 선교사들로 하여금 야만 민족들에게 복음을 전해야 한다는 반응을 불러 일으켰다. 울필라스(311-383), 투어스의 마틴(316-396), 패트릭(389-461), 어거스틴(c. 575, 히포의 사제와 동명이인), 콜룸바(521-597), 보니파체(c. 725), 윌리브로어드(658-739), 안스카르와 또 다른 사람들이 고트, 켈트, 영국, 스코틀란드, 프랑스, 프러시아, 그리고 멀리 노르웨이까지 복음을 전했다. 1000년경에는 서유럽 대부분이 기독교가 되었다.[5]

학문에 직면한 기독교

기독교 문화에 대한 관심 가운데서, 기본적인 기술들을 가르치기 위하여 교육 제도들이 나타났다. 프랑스 지도자들은 유럽을 교육하는 데 있어서 특히 기술적인 분야에 비전을 가졌다. 이런 목적에서 샤를 마뉴(c. 800)는 "궁전 학교들"을 세웠다. 이 제도를 통하여 기초 교육이 서방에 시행되었고, 그것이 오늘날 대학 제도로 발전되었다.

동시기에 이슬람은 그리스의 문학, 과학, 기하학, 철학을 번역하고 연구함으로써 그리스의 죽은 유산을 살아있는 문화로 바꾸어 놓았다. 아리스토텔레스의 작품을 통하여 서방 문화는 이성적이고 과학적으로 개방된 사회로 바뀌어지게 되었다.

아랍인들의 철학과 언어학적 연구 결과는 유대인 학자들, 특히 이븐 에즈라Ibn Ezra와 마이모니데스Maimonides에 의해 주의 깊게 연구되고 채택되었다. 그들의 지배적인 영향을 통하여 유대교는 그러한 연구 결과들을 성경

---

5. "서양 전체가 그리스도인인 것은 결코 아니었다. 예수의 고귀한 소명과 서구 문명의 현실 사이의 긴장이 항상 있었다"(ibid., 44).

연구에 매우 지속적인 접근 방법으로 받아들이게 되었다. 페샤트peshat("단순한")라는 방법은 해석의 전통적인 형태인 순수한 반복법에 의한 것이 아니라 문법의 일반적 기준들과 문학적 관례를 통하여 성경 본문을 주의 깊게 연구하는 것을 더 진전시켰다. 어떤 집단들에서는 철학적인 해석이 유행했지만 유대교에 지속적으로 기여하지는 못했다. 그러나 이러한 해석 형태들은 구약 본문을 이해하는 데 있어서 이러한 방법들을 접해본 기독교 학자들에게 영향을 주었다.

게다가 십자군과 동방 무역은 고대 문헌과 지식을 서방에 가져다 주었다. 훨씬 더 넓은 시장 개척을 위한 여행으로 인하여 서방은 그들 자신의 문명의 한계를 알게 되었다. 개척자들은 그들에게 친근한 사회 구조들을 재검토하기 위하여 서방 사회를 개방하며 도전하고 있었다.

스콜라주의와 르네상스

교육, 과학적 탐구, 더 넓은 세계의 발견, 먼 옛날의 보물들의 발견은 서구의 중세 문명을 바꾸어 놓았다. 익숙했던 사상 체계와 해석과 세계관이 도전받고 있었다. 중세 사회는 이방 종교의 혼합, 미신, 알지 못하는 어떤 것에 대한 두려움, 인간의 능력에 대한 확신, 알지 못하는 것들에 대한 호기심, 교회의 사랑과 불신, 영적 타락과 새로운 영적인 삶, 왕과 교황의 세상적인 권세의 확장, 그리고 교회의 성장으로 대단히 복잡한 세계를 반영하고 있다. 사람들이 지식에 더 도취될수록 그들은 하나님과 인간과 세상에 대하여 더 많이 인식하게 되었다. 일반인들은 많은 변화들로 실망했겠지만 르네상스의 세계는 종교개혁을 탄생시켰다!

스콜라주의는 아리스토텔레스의 철학과 신학 사이의 내적 관계에 몰두한 중세 운동을 가리키는 것이다. 소위 스콜라 학자들은 이성의 위치, 교회와 지식의 위치, 신앙과 지식의 관계에 의해 나뉘어졌다. 그들의 관심들 속에서 대학교 체제가 생겼는데, 거기에는 대성당 학교들(파리의 노틀담)과 대학교들(파리, 볼로냐, 파두아, 옥스포드, 캠브리지, 비엔나, 프라하, 라이프찌히, 하이델베르크, 바젤, 루뱅)이 있다.

11세기부터 14세기까지 스콜라주의는 연합된 체계로 발전되어서 기독교 신학과 아리스토텔레스 철학을 창출해냈다. 캔터베리의 안셀름, 피터 아벨라드, 피터 롬바드, 그리고 토마스 아퀴나스 등은 모두 전체적인 관점에 공헌했다. 특히 아퀴나스는 하나님과 인간의 세상이라는 그의 피라미드 모양의 상향식 교권 제도로 유명하다. 하나님은 "최고의 선"과 동일시되었고, 인간은 생물과 무생물의 상황에 놓여 있다. 존재(하나님)와 세상의 실체 사이에는 큰 존재에서 작은 존재에로 이어지는 "존재의 사슬"chain of being이 있다. 인간은 하나님을 닮은 부분에 한해서는 선하다. 아퀴나스는 세상이 질서 정연하고 이성적이며, 모든 자연은 하나님의 마음을 반영하고 있고, 그리스도인들은 하나님께 가까이 나아가기 위해 적절한 논리를 사용해야 한다고 생각했다. 더 경험주의적인 스콜라주의가 프란체스코 수도사들 가운데서 발전되었는데, 로버트 그로쎄테스트Robert Grosseteste와 로져 베이컨Roger Bacon은 현대 과학 이론의 발전에 있어서 빛을 가지고 프리즘과 거울과 무지개를 실험하기 시작한 사람들이다.

르네상스 ("재탄생")는 14세기부터 16세기까지 동안에 가장 중요한 운동이었다.[6] 그것은 이탈리아에서 발전되었고 빠른 속도로 북유럽에 퍼졌다. 그것은 삶의 즐거움에 불붙인다는 점에서 인간의 정신에 영향을 끼쳤고, 미술과 문학과(보카치오, 레오나르도 다빈치, 라파엘, 미켈란젤로) 고전 연구의 부활에(요한 로이흘린, 토마스 모어, 에라스무스) 반영되었다. 르네상스는 기독교 인문주의를 형성시켰는데, 거기에서 인간의 본성은 실제적으로 죄에 물들어 하나님의 은혜를 필요로 하는 상태로 평가되었다. 동시에 인류가 과거와 현재에 이룩한 문화에 대한 전체적인 인식이 인간의 잠재력에 대한 낙관주의와 결합하여 나타났다. 르네상스와 인문주의는 기독교와 아리스토텔레스주의를 새롭게 종합했으며, 그것의 최종 권위는 교회가 아닌 인간이었다. 이

---

6. William R. Estep, *Renaissance and Reformation* (Grand Rapids: Eerdmans, 1986)를 보라.

러한 상황에서 종교 개혁이 일어났다.

신비주의

또 하나의 긍정적인 발전이 있었는데, 그것은 에크하르트, 타울러, 하나님의 친구들, 테올로기아 게르마니카Theologia Germanica, 루이스브뤽Ruysbroeck의 요한, 공동 생활의 형제단, 빈데스하임Windesheim의 수도원 등의 가르침을 통하여 그리스도와의 신비적인 교제를 강조하는 것이었다. 공동 생활의 형제단에서 나온 가장 큰 문학적 공헌으로 화란 수도사인 토마스 아켐피스(c. 1450)의 『그리스도를 본받아』라는 헌신에 관한 책은 하나님과 교제하는 삶의 지침서가 되었다.

15세기가 되어서는 성경이 자기나라 말로 번역되어야 할 필요성을 느끼게 되었다. 위클리프는 성경 번역뿐 아니라 말씀을 설교하도록 다른 사람들을 훈련시켰다. 종교개혁 이전의 또 다른 지도자들로는 보헤미야의 얀 후스John Hus와 스페인의 히메네스 데 시스네로스Jimenes de Cisneros가 있다.

종교개혁

종교개혁은 교회사에서 가장 중요한 발전이라는 의미를 가진다. 여기에서 루터교, 개혁파, 장로교, 침례교, 영국교회가 발전되었다. 종교개혁의 핵심에는 하나님과의 직접적인 관계에 대한 관심이 있다. 이러한 관심에 대한 근거는 로마서에서 나온 것인데, 거기에서 바울은 이신칭의의 성격을 명시하고 있다. 종교개혁의 승리는 전통적 해석이나 로마 가톨릭 교회의 권위의 그림자 없이 성경이 자유로이 말할 수 있게 되었다는 데 있다. 마틴 루터가 1517년 비텐베르크 교회의 문에 그 유명한 조항들을 걸어놓음으로써 종교개혁이 시작되었고, 그때 그는 성령께서 세상의 갱신을 어떻게 준비하셨는지에 대하여 모르고 있었다. 그는 예수와 하나님의 말씀을 사랑했고, 모든 신자들이 제사장이라는 확신을 용감하게 주장했다. 루터는 교회의 권위들에 대항하여 반대의 입장에 서 있으면서, 종교개혁의 solas (오직)들: *sola fide* ("오직 믿음으로"), *sola Scriptura* ("오직 성경"), *solus Christus* ("오직 그리스도"), *sola gratia* ("오직 은혜로 말미암아") 에 대하여 점점 더 확신하게 되었다. 종교개혁 신앙은 서구에 빠르게 퍼져 나갔다. 루터는 세상을 개혁하려고 시작한 것이 아니었지만 그를 통한 하나님의 사역의 영향은 오늘날의 우리들에게도 여전히 미치고 있다. 마틴 루터로 인하여 하나님께 감사하라!

종교개혁 시대에는 새로운 고백서들과 교리 문답서들이 활기차게 발전되었다. 1차와 2차의 종교개혁자들이 성경을 서로 다르게 이해함으로써 개신교는 다양하게 되었다. 그러나 교리의 발전에 논쟁이 없던 것은 아니었다. 각 단체들은 가톨릭 배경과 관련시켜서 그리고 적어도 다른 단체들과 관련시켜서 그들의 특징들을 정의했다. 예를 들면, 루터란은 로마, 칼빈주의, 재세례파와 반대하면서 발전해갔다.

비록 루터와 칼빈과 다른 종교개혁자들이 연합된 기독교 세계관을 재형성한다는 것이 어렵다는 사실을 알았지만, 만인 제사장직에 대한 확신은 중요한 출발점이었다. 모든 그리스도인들은 하나님의 영광을 위해 그들이 받은 은사들을 개발하고 활용하도록 부르심을 받았다. 좀 더 실제적인 차원에 있어서 루터란과 개혁 신학자들은 만인 제사장직의 성격에 대하여 생각이 서로 달랐는데, 그것은 자연과 은혜에 대한 개념이 달랐기 때문이다.

루터란은 자연과 은혜 사이, 문화와 그리스도 사이에 구별을 둔다. 이러한 구별은 아리스토텔레스 철학과 신학에 대한 반동에서 나온다. 아퀴나스의 관점에서 보면, 인간들이 성취한 문화는 자연 법칙을 따르는 자연 세계의 일부이다. 은혜는 지속적인 가치를 이루는 데 부족한 모든 것을 덧붙인다. 이러한 점에서 자연과 은혜는 구별된다. 루터는 중세의 보편적인 견해에 반대하여, 인간의 정신("자연")을 격하시키고 인간의 죄악성을 강조하며 그 결과로 은혜의 필요성을 주장한다. 문화와 인간들의 업적들은 궁극적인 가치를 갖지 못한다. 그리스도인들은 그리스도의 재림 때에 그들의 행위를 하나님께서 기뻐하실 것이라는 소망으로 산다. 재세례파는 인간의 문화적인 업적들에 대해 훨씬 더 회의적이다. 그들도 인간의 죄악성을 강조하지만 기독교 문화를 불가능하다고 본다.

반면에 칼빈은 하나님의 나라와 예수 그리스도의 승리의 사역의 관점에서 기록했다. 그는 하나님께서 아담과 하와의 타락 때부터 이 세상을 개선해 오셨다고 보았다. 인간들이 비록 죄인들이지만 구속받은 자들은 그리스도의 은혜를 받아 의미있게 문화적으로 기여한다.

새로운 형태의 스콜라주의가 16세기부터 19세기까지의 개혁 운동을 경직시켰다. 시간은 계속 흘렀고 인문주의 정신은 계속 사람들을 자유롭게 했다. 인간들이 받은 은사와 그들의 죄악성에 대한 신념들을 모두 가지고 있던 개혁자들의 기독교적 인문주의는 인간의 능력과 이성이 무한하다는 주장을 허락하는 인문주의로 발전했다. 계몽 정신은 탐구를 통해 세계에서 하나님을 제외시켰고 자연신론을 이끌어냈으며, 임마누엘 칸트는 종교와 이성을 연결시켰다. 세속주의와 인문주의는 현 세대의 특징이며, 그것은 14세기부터 지금까지 오랜 과정을 거쳐 성장해왔다. 기독교와 인문주의는 함께 있었지만 그들은 서로 속마음을 모를 동료들이다. 인간에 대한 도취에서 인문주의가 나왔고 인간에 대한 실망에서 실존주의가 나왔다. 오직 완전한 하나님이자 완전한 인간이신 그리스도를 믿는 믿음만이 이 땅에서의 하나님의 나라를 증거한다.

현대

현대 정신의 발전

17세기와 18세기의 스콜라적 개신교는 과학적으로나 철학적으로 중요한 발전을 이룩하지 못했으나, 르네상스에서 시작된 인문주의 운동은 큰 진전을 보았다. 처음에는 학자들-인간의 문화 업적, 인간의 가능성, 과학적 탐구를 경외하는 자들-이 여전히 교회와 연관되어 있었다.7 인문주의는 여전히 교회와 교육에 훨씬 더 연관된 운동이었다. 기독교 인문주의자들은 이제 점점 더 좁아지기도 하고 더 커지기도 한 세계에 적응하고 거기에서 사는 방법을 알게 되었다. 그러나 18세기에는 인문주의자들이 기독교에서 점점 떨어져 나왔다. 이성주의가 만연해져서 사상가들은 이성을 신성시했고 인간의 가능성에 더욱 고취되었다. 이러한 상황에서 계몽 정신이 발달되었다. 칸트의 작품인 이성의 범주 내에서만의 종교 (1793년)는 그 시대의 정신을 잘 표현해 준다. 순수 이성 비판(1781년)에서 그는 사람이 이성과 인간의 이해 범주들을 통하여 지식을 얻는다고 주장했다. 그는 사실 계시, 즉 하나님에 관한 지식이 불가능하다고 결론을 내린 것이나 다름 없다.

칸트의 인간의 이해 범주들, 특히 그의 시공의 연속성에 대한 개념은 그의 하나님 존재 논증 비평과 같이 그 이후의 신학의 발전에 막대한 영향을 끼쳤다. 칼 바르트(1886-1986)가 성령과 말씀을 통하여 그리스도 안에서 계시된 숨어 계시는 하나님이라는 논지를 중심으로 하는 신학을 전개하여 수정하려고 노력했음에도 불구하고 서방의 종교 사상은 복음의 세속화와 "사신신학God-Is-Dead" 운동으로 나아갈 수밖에 없었다. 신구약에 대한 비평적 연구는 메시지와 목적의 통일성을 더 깨뜨렸다. 초점은 주석에서 자료 분석으로, 비교 종교적 접근 방법으로 이동되었다. 성경은 많은 책들 중의 한 권이 되었고 인문주의적 관점에서 연구되었다.

복음주의적 반응

개신교 스콜라주의는 복음의 진리와 교회의 순수성에 대한 관심에서 발전되었다. 17세기와 18세기의 특징은 신학적 사고와 교리적으로 정확한 표현을 정화하는 작업이었다. 개신교들은 선교에 거의 관련되지 않았고 세속

---

7. Ronald H. Bainton, "Enlightenment and Revival," in *From the Reformation to the Present*, vol. 2 of *Christendom* (New York: Harper & Row, 1966), 98-128.

주의 정신이 점차로 진보하는 것을 알지 못했다. 형식주의와 이미 죽은 정통성만이 자리잡고 있었다. 교회들이 세워지는 데 있어서의 그런 냉냉함에 대하여 하나님의 영이 개신교 교회의 흐름에 크게 영향을 주는 운동들을 일으키셨다.

경건주의와 부흥운동

모라비안파는 18세기에 카운트 폰 진젠도르프의 막강한 지도 하에서 루터파 교회와 나중에는 영국교회 내에서 복음주의 운동을 일으켰다. 그들은 형식주의와 이성주의의 도전에 부딪치면서, 그들은 상호 격려에 의한 영적 갱신, 성경의 연구, 복음주의의 방법을 시작했다. 그들은 성경에 대하여 수준 높은 관점을 가지고 있었으며 선교에 대한 사명이 매우 강했다. 그들을 통해서 선교사들이 새로운 식민지역에 파송되었다. 그들의 막강한 영향력에 의해 존 웨슬리도 영향을 받았으며, 웨슬리에 의해 복음의 불꽃은 미국으로 퍼져 나갔다.

모라비안파와 같은 때에 미국 식민지역에서는 대각성운동이 있었다(1725-60). 하나님의 영은 회중교회 목사인 조나단 에드워즈를 사용하셨고, 특히 조지 휫필드를 통하여 뉴잉글랜드 지역에 부흥을 일으키셨다. 비록 그들이 개신교회들 안에서 큰 반발을 사기도 했지만, 많은 장로교인들과 다른 교파들이 이 새 운동에 참여했다. 대각성 운동을 통하여 교육 제도들이 시작되었고(프린스톤, 브라운, 러트거즈, 다트마우스, 그리고 펜실바니아 대학교), 교파를 초월하여 묵인되었던 노예 문제와 인디안 처우 문제 등이 고조되는 분위기였다.

주님께서는 웨슬리 형제인 찰스 웨슬리와 존 웨슬리를 사용하셔서 각계각층의 사람들을 그리스도의 복음으로 부르셨다. 모라비안의 영향으로 웨슬리 형제들은 탁월한 복음적 열성을 보여주었는데, 찰스는 교회와 감옥에서 설교하면서 7,270곡이 넘는 찬송을 썼다! 존은 야외 설교자로서, 주로 런던, 브리스톨, 타인강 위의 뉴캐슬과 같은 곳을 순회했다. 존은 원래 영적 각성의 불길을 영국 교회로 가져가려고 했지만 감리교파의 "집단들"을 형성한 후에 감리교회를 발전시켰다.

선교

개신교파들은 교회 밖 운동의 조직들로부터 외부적인 자극을 받은 후에 선교에 대한 관심을 보이기 시작했다. 모라비안과 대각성운동은 본국에서와 해외에서 복음 전도의 필요성을 크게 절감하도록 책임을 부여했다. 선교에 대한 관심은 주된 교파들에서 계속되었고, 타종교 간의 선교도 꽤 유지되었다.

19세기의 기독교 전파에서 탁월한 개인들의 모험심은 사회의 악을 물리치고 개인과 사회의 발전을 가져오려고 개인적으로 만든 수많은 조직들의 일면일 뿐이다.[8]

교육과 문화

종교개혁은 신앙과 지식의 통합에 대하여 새로운 촉진제가 되었다. 종교개혁자들은 성경의 권위와 (만인 제사장직 교리에서 유래한) 개개인의 의무를 강조했다. 고등 교육은 아직 높은 재능이나 돈이 있는 자들에게 제한되었지만, 교육 자체는 모두에게 개방되었다. 루터 주의는 문화와 자연의 영역이 성령의 관심과 관련이 없기 때문에 은혜-자연의 분리 차원에서 일했다. 반면에 칼빈주의는 자연-은혜 이원론을 인정하지도 않았고, 아퀴나스의 교계제도를 받아들이지도 않았다. 모든 것이 그리스도 안에서 하나님의 주권 하에 있으므로, 그것들은 연구할 가치가 있으며 그것들은 하나님의 솜씨를 드러내는 것이었다. 그러나 1800년대에 교육은 교회의 손에서 국가의 손으로 넘어가고 있었고, 많은 신앙의 기본 원리들이 가르쳐지지 않고 있었다. 비록

---

8. Latourette, *Unquenchable Light*, 87.

철학이나 과학의 놀라운 발견으로 서방의 사회가 새로운 변화를 강요당하지 않았지만, 생활은 점점 세속화되어 가고 있었다.

세속화, 교육과 사회와 문화에 대한 국가의 간섭이 늘어감에 따라, 교회 밖 조직들, 학교들, 대학들이 발달되었다. 하나님께서 교회의 영성과 고조된 선교 분위기를 다시 기억하게 하시기 위하여 보내신 개인들과 기관들이 교회 주변에와 또 종종 교회와 협력하며 존재했다. 불행하게도 이러한 많은 기관들이 세속화되었다. 왜냐하면, 그것들은 어떤 교회와의 관련이나 교파의 감독을 받지 않았기 때문이다. 기독교의 목적이 분명하게 보존되는 것은 대개 아주 밀접한 관계성이 어떤 한 교회와 유지될 때 맺었었다.[9]

미국의 경험

영국(국교/감리교), 독일과 스칸디나비아 나라들(루터교), 네덜란드와 스코틀란드(개혁파와 장로교)의 신교의 영향과 가톨릭의 영향은 함께 미국에서 개념들, 성례전들, 신학적 관점들, 교회 정치 등의 흥미있는 혼합을 초래했다. 미국에서는 감리교와 회중교회와 장로교가 교회 조직의 중심을 이루면서 나란히 있다. 더욱이 미국은 대단히 다양한 신학적 관점들과 교회 정치 형태들에다가 부흥 운동 정신과 대각성 운동의 영향까지 받고 있다. "대각성 운동에서부터, 뛰어난 미국의 부흥사들은 전통을 일으켰으며, 그것의 특징은 죄와 구원과 영혼의 전반적인 돌아섬이 있는 회심의 체험을 강조하는 감정적 복음 전도이다."[10]

개인적인 경건의 충격은 사회에도 영향을 주었다. 특히 두 번째 대각성 운동(1795-1830) 이후에 교회들은 운동들과 선교와 (대학들, 대학교들, 연구원들, 주일학교를 포함하여) 교육을 개혁하는 데 더 개입하게 되었다. 그러나

---

9. Ibid., 89.

10. Thomas Askew and Peter W. Spellman, *The Church and the American Experience: Ideals and Institutions* (Grand Rapids: Baker, 1984), 51.

20세기로 바뀌면서 그리스도인들은 대개 교육과 새로운 지적 분위기에서 후퇴하여, 창조와 구원의 통합을 희생하면서까지 오직 구원에 대하여만 관심을 좁히고 있다. 이렇게 지성주의를 의심하는 것은 "근본주의"로 알려지게 되었다. 에스큐Askew와 스펠만Spellman은 이렇게 본다.

> 근본주의 운동은 사실 마음 상태나 문화적 상황을 신학적 전제만큼이나 반영한다 … 그 추종자들은 그들 자신을 "구원받을 남은 자"로 여기는 경향이 있으며, 전통적인 미국의 기독교 가치들에 충실하려고 하고, 생각과 행위에 있어서 "현대주의"의 비웃음을 산다.[11]

말스던G. Marsden은 근본주의자들과 역사적 배경에 근거한 복음주의를 구별한다. 그는 1950년대에 점진적인 구별이 있음을 보았으며, 그때에 엄격한 분리주의자들이 "복음주의자들"이라고 불리우게 된 주류로부터 그들을 스스로 구별했다.[12] 따라서 복음주의는 초교파적 운동이 되며, 다양한 신학적 관점들과 교회 형태들, 몇몇 초교파적 신념들, 소위 다양한 교회 밖 조직들로 특징이 나타난다. 복음주의적 정신의 특징은 무엇인가? 위의 초교파적인 관심들 이외에 복음주의자들은 근본적인 성경의 가르침, 즉 성경의 권위와 무오성, 하나님의 계시의 역사적 실재, 그리고 구원과 선교와 복음 전도와 개인적 경건의 중요성에 집착한다.[13]

---

11. Ibid., 152-53.

12. George Marsden, "Introduction," in Evangelicalism and Modern America, ed. Marsden (Grand Rapids: Eerdmans, 1984), xiv. "근본주의"에 대한 J. I. Packer 의 정의를 보라, in *"Fundamentalism" and the Word of God: Some Evangelical Principles* (Grand Rapids: Eerdmans, 1958), 그것은 1950 년대의 그 용어에 대한 이해를 반영하고 있다.

13. Marsden, "Introduction," ix-x. 복음주의 내의 다양한 그룹들과 그들의 사회에 대한 관계, 현대적인 문제들에 대하여는 *Evangelicalism and Modern America* 에 있는 도전적인 논문들을 보라. 복음주의에 대하여 비판적인 관점에 대해서는, James Barr, *Fundamentalism* (Philadelphia: Westminster, 1978)을 보라.

37

교회 안에서의 핵심 문제들

교회는 다양한 견해들을 가진 사람들로 구성되어 있으며 다른 철학으로 가득 찬 세계에 둘러 싸여 있다. 수 세기에 걸쳐서 그리스도인들은 그들이 사도들로부터 받은 믿음을 분명히 해야만 했다. 그리스도인들은 성경과 관련하여 그들의 신앙을 설명해야만 했다. 성경은 신조들의 모음집이 아니며, 특히 각권이 새로운 주제를 말하는 것도 아니다. 20세기를 거치는 동안 그리스도인들은 영지주의, 신플라톤주의, 아리스토텔레스주의, 인문주의, 그리고 이성주의에 부딪혔다. 새로운 이념적 사조들이 있을 때마다 그리스도인들은 그들의 신앙을 표현하는 방법에 영향을 받았지만, 불리한 결과를 낳기도 했다. 결국 "그 신앙"을 전수하는 과정에 있어서 가장 중요한 요소는 인간이다. 인간들은 오류에 빠지기 쉽고, 강한 개성을 가지고 있으며, 서로 다르게 해석하기 때문에 견해 차이가 생기고, 그 결과로 넓은 범위에 걸쳐 주제들이 나왔으며 폭넓게 갈라져서 발전했다. 사실상 교회는 동서 간의 대립, 개신교와 가톨릭의 대립, 교파주의, 여러 가지 대립적인 신학적 입장들에 직면했다. 그러나 인간의 제도들과 주장들에도 불구하고 그리스도인 교회에 대한 이야기는 성령의 사역을 드러내고 있다.

해석과 적용의 방법에 있어서 어떤 것들은 이미 채택되었지만, 어떤 것들은 점차 잊혀져 갔다. 기독교회사 초기에 그리스도인들은 율법의 위치에 대한 이단(에비온파)과, 하나님과 세상에 대한 지식의 성격에 대한 이단(영지주의, 신플라톤주의), 성경의 권위와 영감의 범위에 관한 이단, 그리고 그리스도의 성격과 신성에 관한 이단에 직면했다. 사도 시대부터 오늘날에 이르기까지 기독교 공동체는 안팎에서 일어난 수많은 문제들에 부딪혀 왔다. 모든 도전들이 치명적인 위험을 주었지만, 역사적인 관점에서 볼 때, 이단들은 기독교로 하여금 변화하는 세계에 어쩔 수 없이 적응하게 만들었다. 케어른스Cairns은 다음과 같이 말한다.

> 사람들로 하여금 그들의 권위에 대하여 자신만만하게 만들려는 시도들을 통해서나, 혹은 성경의 어떤 부분을 지나치게 강조한 결과로 인한 잘못된 해석을 통해서, 아니면 교회가 실수를 범한 소수의 사람들에게 보여 주는 무자비함을 통하여 야기되는 거짓 교훈들- 이것들은 결국 교회를 약화시키는 것이 아니라 교회로 하여금 신앙을 생각해내게 하고 조직을 발전하게 만든다.[1]

예수 그리스도의 영이 여러 세기 전체를 통하여 다양한 교리적인 표현들, 동서 간의 차이, 가톨릭과 개신교, 개혁파와 루터파, 다양한 교회 정치 형태들 가운데서 생긴 차이점들 속에서 교회를 보호하셨다. 우리의 독특한 주장들이 강하면 강할수록 우리는 1세기의 교회로 돌아갈 수 없고, 오히려 우리와 주장이 다른 사람들을 사랑하는 데 동의하지 않게 될 것이며, 비슷한 생각을 하는 사람들끼리만의 교제를 귀중하게 여길 것이다.

본 장에서 우리는 다음과 같은 질문들을 던지게 될 것이다.

1. 성경의 정경적 권위란 무엇인가?
2. 우리는 성경을 어떻게 해석할 것인가?

---

[1]. Earle E. Cairns, *Christianity Through the Centuries: A History fo the Christian Church* (Grand Rapids: Zondervan, 1954), 113.

3. 우리는 성경 해석을 변화하는 세계에 어떻게 적용시킬 것인가?
4. 하나님은 누구시며, 삼위일체의 각 위person들께서는 서로 어떻게 관련을 맺고 계시는가?
5. 속죄는 어떻게 적용되는가?
6. 사람은 어떻게 하나님 앞에서 의롭다함을 얻는가?
7. 성례들이란 무엇인가?

무슨 기준에 의해서인가?

기독교는 유대교로부터 하나님의 말씀에 대한 관심을 전수받았다. 기독교는 말씀의 능력으로 변화받을 개개인을 부르며, 그 말씀은 하나님의 영으로부터 계시에 의해 받은 것이다. 성경은 하늘에서부터 떨어진 것이 아니라 시공 속에서 인간의 말과 문화를 통하여 주어진 것이다. 따라서 하나님의 말씀은 동시에 인간의 말이기도 하다. 이러한 사실은 계시의 형태에 관한 문제를 일으킬 뿐 아니라 그 계시의 범위와 해석에 관한 문제도 일으킨다. 매우 상이한 문화적 상황 속에서 받은 그 말씀은 과연 어떻게 해석해야 하는가? 성경은 이방의 상황 속에서 읽혀지고 선포되었을 뿐 아니라 또한 교회라는 정황 속에서 정경의 전통에 종속되었다. 문화적인 상황에 더욱 민감해짐과 동시에 전통을 받아들일 만한 해석적 규범으로 중요시함으로써 성경의 권위는 점차 감소되어 갔다. "하나님과 인간의 책"은 점차로 인간의 한계들에 의해 묶여졌다.

초대 교회에서의 성경

초대 교회는 그리스도 때문에 박해를 받으면서 어쩔 수 없이 중요한 신학적 문제들에 대하여 연단을 받았다. 성장하며 신학이 반영되는 과정 속에서 교회는 성경의 권위로 돌아갔다. 전통은 이미 어느 정도의 역할을 감당하고 있었으며, 니케아 종교 회의를 전후로 하여 사제들은 중요한 유산을 물려 받았다. 그들의 신학적 논쟁의 기초를 이루는 것은 성경에 계시된 하나님의 말씀과 예수 그리스도께 대한 헌신이었다.

초기의 그리스도인들은 세 가지 역사적 상황들 때문에 그들의 믿음과 실천과 예배를 발전시키는 데 성경의 각권들을 사용하게 되었다.

첫째, 유대인들과의 대화 속에서 그들은 성경, 즉 구약으로부터 그들의 입장을 변호했다. 그러나 유대인들은 구약성경이 그들의 것이라고 여겼고 그들의 해석이 적절한 것이라고 주장했다. 1세기에는 히브리어 성경이 아직 현재의 형태와 같지 않았고 본문은 자음으로만 되어 있었다. 헬라어 구약성경인 70인역이 완전했지만 유대인들은 이미 히브리어 본문에 우선적인 권위를 두고 있었다. 점차로 그들은 본문을 "적절하게" 읽을 수 있도록 모음을 붙이는 체계를 소개했다. 이 과정으로 결국 마소라massora(혹은 "전통"에서 온 말) 성경으로 알려져 있는 표준 본문이 되었다.

유대인들은 사본에 관한 문제에 대해서 강력히 주장했을 뿐 아니라, 정경에 대한 관점에 대해서도 논쟁했다. 유대인들과의 대화 속에서 그리스도인들은 70인역이 구약에 있어서 히브리 성경에 없는 소위 외경이라고 불리우는 책들을 더 포함시키고 있음을 알았다. 그리스도인들과 유대인들과의 논쟁이 2세기에 끝났다는 사실은 놀라운 일이 아니며, 그리스도인들은 70인역을 "하나님의 말씀"oracles이라고 주장했고 그들은 완전히 문학적인 본문들을 영적인 의미나 또는 종종 기독론적인 의미로 해석했다. 더욱이 이방인 그리스도인들은 구약의 기사들과 사건들에 대하여 헬라적 배경으로부터 많은 편견들을 이어받았다. 그들은 유대인들을 공격할 수 있는 것이라면 무엇이든지 기어코 설명해내려고 시도했다.[2] 유대인들과 대화를 하는 한, 그리스도인들은 유대인들의 정경과 사본과 해석으로부터 배웠다. 그러나 기독교

---

2. Tim Dowley, ed., *Eerdmans' Handbook to the History of Christianity* (Grand Rapids: Eerdmans, 1977), 101을 보라.

가 자신의 길을 걸어갈 때 대화는 끝났고, 유대교와 기독교 사이에는 큰 장벽이 생겼다. 중세 후기가 되어서야 그리스도인들은 유대적 교훈들에 관심을 가지게 되었고, 이 대화 가운데서 종교개혁이 발단되었다.

둘째, 2세기의 말시온Marcion은 유대인과 그리스도인, 구약과 신약, 율법과 복음 간의 대립을 더욱 강화시켰다. 그의 이단은 영적 "복음"이라는 영지주의와 관련되어 있다. 물질 세계 특히 육체로부터의 자유를 통하여 구원을 찾을 수 있다는 것이다. 하나님은 영이시고, 세상을 창조하신 것이 아니다. 물질의 창조는 반신반인인 데미우르고스(플라톤 철학의 조물주-옮긴이)에게서 나왔다. 말시온은 구약의 주(야웨)와 데미우르고스를 동일시했고, 그리스도는 구약으로부터, 야웨로부터, 육체로부터, 세상으로부터 인류의 구속자가 되신 것이다. 그리스도는 인간의 육체로 오신 것이 아니라 육체로 나타나신 것이다. 이러한 신학적 근거에서 그는 구약의 정경이 유대적이고, 사악한 것이며, 부적절한 것이라고 주장했다. 신약의 어떤 부분들도 유대적이고 기독교적이지 못하다. 그는 누가복음과 (디모데서와 디도서를 제외시킨) 10편의 바울 서신만이 그리스도의 영을 표현한 것으로 채택했다.

니케아 이전의 교부들은 서둘러서 영지주의와 말시온의 교훈에 대하여 응답했다. 한편으로, 그들은 예수 그리스도의 아버지이신 주께서 천지를 창조하셨고, 예수께서는 실제로 여자의 몸에서 나셨다(즉, 육체를 가지셨다)는 사실을 확증했다. 다른 한편으로 그들은 구약의 성경들을 확증했고, 신약의 정경화 과정을 시작했다. 전자를 통하여 그들은 사도신경의 표현, 곧 "전능하사 천지를 만드신 하나님 아버지를 내가 믿사오며 그 외아들 우리 주 예수 그리스도를 믿사오니 이는 성령으로 잉태하사 동정녀 마리아에게 나시고 본디오 빌라도에게 고난을 받으사 십자가에 못박혀 죽으시고 장사한 지…"를 발견한다.

후자를 통하여는 정경서들의 목록과 구약 정경에 대한 변론의 표현들을 발견한다. 유대인들의 구약 정경이 우리 주님과 사도들에 의해 확증된 것으로 받아들여졌다.[3] 게다가 신약의 저작들에 관한 전승들을 변호하는 목록이 작성되었다. 가장 의미있는 신약의 책들의 목록은 주후 367년에 알렉산드리아의 사제 아타나시우스가 쓴 부활절 편지에 나와 있다. 그것은 현재의 신약의 책들을 모두 포함하는 최초의 목록이다. 다른 (위경, 가짜, 묵시적) 저작들은 제거되었다. 히브리서, 야고보서, 베드로후서, 요한 2, 3서, 유다서, 그리고 요한 계시록이 문제가 되었지만, 이러한 책들은 일반적으로 받아들여졌다. 그러나 실제적인 정경과 신학적으로 유보된 것 사이에는 차이가 생겼다. 나중에 종교개혁 때에도 루터는 히브리서와 야고보서, 유다서, 위경들은 솔직히 유보된 것으로 표현했다!

셋째, 로마의 박해들도 그리스도인들로 하여금 정경의 책들에 대해 깊이 생각하게 만들었다. 박해 기간 동안에 로마는 종종 그리스도인들로 하여금 성경의 책들을 찢거나 불경스럽게 만들게 했다. 주후 300년에 디오클레티안 황제는 네 가지 칙령을 내렸는데, 그중 두 가지는 기독교 성경를 불태우고 찢어버리라는 것이었다. 정경이 아니라면 문제가 안 되겠지만, 정경이라면 결단을 내려야 했다. 배교자들이라고 알려져 있는 어떤 그리스도인 집단은 성경들이 불타도록 그냥 내줌으로써 칙령에 의한 형벌을 기피했다. 주후 313년에 기독교가 콘스탄틴 황제에 의해 인정되자 도나티스트들이 그 배교자들을 반역자로 정죄하고 그들에게서 구별되려는 문제가 생겼다. 도나티스트들은 당시의 박해 동안에 믿음을 순수하게 지키지 못한 지도자들이나 교회들과의 교제를 피했다. 이러한 움직임이 북아프리카에 널리 퍼졌으며, 그것은 교회의 연합을 결렬시켰다. 도나티스트들이 극소수가 되고 북아프리카에 무어 회교도들이 침입하자 그 분리주의자 운동은 곧 잊혀지게 되었다.

---

3. 팔레스타인 정경 대 알렉산드리아 정경의 문제를 최근에 해결한 획기적인 연구는, Roger Beckwith, *The Old Testament Canon of the New Testament Church* (Grand Rapids: Eerdmans, 1985).

교회와 전통

교회가 발전하면서 신조의 표현을 형식화한 것은 자연스런 일이었다. 정경은 규범적인 원리였지만, 새로운 문제들(즉, 그리스도의 성격, 신성, 성령)이 일어났고, 전통과 고백적인 문구들의 형식에서 점점 여론이 발전되었다. 이 여론은 기독교를 하나로 묶었고, 미래의 세대들을 위한 표준이 되었다. 정경과 신조의 발전과 함께 전통이 성장해가는 것은 필연적인 일이었다.

전통은 교회 질서의 정치적 조직과 결합하게 되었다. 이 조직은 연합하게 하고 신학적으로 든든하게 한다는 유익이 있으며, 작은 교회들은 큰 교회들의 지도를 받았다. 신약의 교회들은 사도들, 장로들, 집사들, 사도적인 대표자들인 디모데와 디도의 지도를 받는 은혜를 누렸다. 교회가 발전되자 큰 교회들과 작은 교회들 사이에 구별이 생기게 되었다. 큰 교회들은 "감독"bishop이 장로들(혹은 사제들)과 집사들과 조수들subdeacons, acolytes의 도움을 받아 시무했다. 감독은 그의 도시에 있는 모든 교회에 대하여 책임을 졌다. 감독의 지위는 그 도시의 중요성이나 동료들 사이에서의 인정 여하에 따라 올라갔다. 큰 도시나 좀 풍요로운 도시의 감독들은 많은 봉급을 받았고 권력을 확장할 수 있었던 반면, 시골의 성직자는 그의 수입으로 근근히 살아갈 수 있었다. 감독들 가운데 로마의 감독은 그곳에서 베드로와 바울이 묻혔다고 자랑할 수 있었기 때문에 점점 더 높은 지위를 갖게 되었다. 교회 협의회는 교회의 중심 도시들로 알렉산드리아, 안디옥, 카르타고, 콘스탄티노플, 그리고 로마를 인정했다.

한동안 로마와 콘스탄티노플이 주도권을 놓고 라이벌이었지만, 로마 제국이(콘스탄티노플과 로마를 각각 수도로 하여) 동서로 나뉘어지자 두 도시의 감독 간의 대립은 끝났다. 세속의 분리가 영적인 분리를 가져왔다. 1054년에 동서 교회의 분열은 공식화되었고, 1024년에 십자군이 콘스탄티노플을 점령한 후에는 돌이킬 수가 없게 되었다. 동방이 회교도인 투르크족과 대항하기 위하여 군사적인 도움을 바라고 서방에 화해를 요청했을 때 조차도 아비뇽의 교황은 처음에는 관심을 갖지 않았다. 결국 연합 성명서에 서명이 되었지만 동방은 1453년 콘스탄티노플의 멸망 직전까지도 그것을 받아들이지 않았다.

로마 감독의 지위는 레오 I세(400-461)의 칙령과 그레고리 대제(540-604) 치하에서의 교황 치리권의 확장으로 인하여 점점 확고하게 되었다. 로마의 감독은 로마 황제의 약점을 이용하여 세속적인 문제에도 그의 권한을 확장시켰으며 로마 제국의 조직을 근거로 하여 성직 세계의 모형을 이루었다. 교회의 언어와 교황의 칙령을 내리는 데 라틴어를 사용하고 대주교와 추기경과 사제 회의(원로원)라는 세련된 교회 조직을 세우는 교회법을 만들어서, 로마의 성직 구조는 로마 제국의 구조에 남아 있게 하였다. 인노센트 III세(1160-1216)는 교회와 교황의 위치가 모든 일상생활과 모든 교회에까지 미치는 세력을 갖는 조직이 되도록 바꾸어 놓았다. 그는 제4차 라테란 회의를 소집하였는데, 거기에서 성직과 세속적 문제에 대한 교회의 역할은 제한되었고, 유대교를 포함한 이방 종교에 대한 정책이 세워졌다.

로마를 중심한 세력은 지금의 가톨릭 이단 종교재판 제도와 같았다. 유대교와 이방 종교와 로마를 위협하는 다른 종교들은 박해를 받았고 예수의 이름으로 처형되었다. 교황 자신이 정치적 물질적 관심으로 인하여 타락을 증거하고 있었다. 권력은 이제 교회와 교황과 밀접하게 결합되어 있었다. 이런 상황에서 종교개혁이 일어났다. 종교개혁 가운데 일어난 모든 집단들은 권위의 문제에 대하여 반응을 보였다.

종교개혁 때부터 오늘날까지의 성경

르네상스는 교회의 전통들에 반대하여 성경와 주석에 새로운 관심을 일으켰다(예로, 라이라의 니콜라스의 작품을 보라).[4] 더군다나 인간과 인간의 이성에 대한 새로운 강조를 통하여 로마의 권위로부터 개인을 구별하는 데 용

---

4. Eugene H. Merrill, "Rashi, Nicholas de Lyra, and Christian Exegesis," *WTJ* 38 (1975-76): 66-79; A. S. Wood, "Nicholas of Lyra," *EQ* 33 (1961): 196-206.

기를 얻었다. 종교개혁 시대에 있어서 이신칭의의 문제는 마틴 루터와 로마 사이의 상충되는 견해의 경우이다. 그러나 성경의 칭의 교리는 하나님, 인간, 은혜, 성례, 성경, 믿음, 그리고 신자들의 제사장직과 연관되어 있다. 종교개혁은 여러 세기 동안 매우 소중하게 내려온 많은 전통적인 견해들에 대하여 도전했다. 교회의 "전통의 나무"는 결국 성경의 도끼로 찍힌 것이다.

이 도끼는 여러 세기 동안 날을 갈아왔던 것이다. 르네상스는 성경의 원어들과 새로운 감각의 해석 방법에 대한 자극을 일깨웠다. 주어진 본문에서 여러 의미들을 발견하는 해석 체계에서부터 성경 본문의 일관성 있는 해석 방식으로 바뀌자, 문제가 많이 일어났다. 왜냐하면 그 결론들이 당대의 해석 관행과는 모순되었기 때문이다. 전통과 성경 사이, 교회의 권위와 하나님의 영적인 증거와의 사이, 따라서 개개인의 해석 권리와 교회 교리의 권위와의 사이에 쐐기를 박아 놓자 "새로운 해석학"은 훨씬 더 혼란을 가중시켰다. 이러한 결과들은 결국 종교개혁이 오직 성경으로! 라는 승리의 구호를 외치게 했다. 이러한 입장에는 교회가 아니라 성령께 최종 권위가 있고, 성경은 믿음과 실천의 문제에 있어서 분명하며, 성경은 사람들의 언어로 유용해야 하고, 성경 해석은 법칙들에 의해 인도되어서 성경 전체를 해석해야 한다는 가정이 내포되어 있는 것이다.

"오직 성경으로"라는 구호는 이스라엘과 교회에게 주신 신선한 하나님의 말씀을 듣기 위하여 성경 연구로 돌아가라는 말이다. 종교개혁자들은 문학적, 문화적, 역사적 탐구에 있어서 르네상스 정신의 장점을 공유하고 있다. 유대교의 해석 양식인 폭넓은 주석적 범위(문자적-문법적, 풍유적, 교훈적, 비밀적)와 성경에 대한 기독교적 접근 방법들(문자적, 풍유적, 비유적, 신비적) 가운데서 개혁자들은 성경에 대하여 더 사려 깊은 방법을 구함으로써 하나님의 말씀이 무지한 방법들과 개인주의적인 통찰력으로 애매모호해지지 않고 열려질 수 있게 했다.[5] 개혁자들은 성경의 자명성(명확성)을 주장했다. 이

---

5. Menachem Elon, "Introduction," *EJ* 8:1413-29; K. Grobel, "Interpretation," *IDB* 2:718-24;

확신은 중세 가톨릭 교회에서 사제들의 세력을 약화시키는 데 중요한 역할을 했으며, 모든 신자들이 제사장이라는 개신교의 새로운 강조점을 뒷받침해 주었다.

개혁자들은 성경 주석을 새롭게 강조함으로써 16세기를 뒤흔들었고, 그로써 그리스도와 은혜와 믿음이 특히 중요하다는 교리들을 주장했다. 성경 해석에 있어서 그들은 일반적으로 성경이 하나님께서 모든 사람들에게 기대하시는 것을 분명히 밝힌다는 전제 하에 있었다. 개혁자들은 새로운 사실들에 대하여 개방적이라는 르네상스의 정신도 가지고 있었다. 모든 피조물은 하나님의 솜씨였고 하나님의 계시의 방법이었다. 예술과 과학을 통하여 자연에 나타난 하나님의 계시를 연구한다는 것도 역시 오랫동안 이어져 내려온 전통에 도전하는 혁신적인 결론들이 되었다. 루터와 칼빈은 모두 하나님의 말씀을 더 풍성하게 이해하기 위해서는 폭넓은 배경을 알아야 한다고 주장했다. 이렇게 성경에 대한 역사적, 언어학적 접근 방법을 강조하는 가운데서 역사적-문법적 주석이 생겼다.

그런데 개혁자들은 오직 성경이라는 교리 그 자체를 궁극적인 목적으로 삼지 않았다. 그것은 전통에 대한 그들의 신학적 반영과 대화와 관계되어 있다. 그들이 고지식하다는 비판을 받을 수 없는 것은, 그들이 사도 시대의 교회와의 1500년이라는 기간의 경과를 무시하고 초대 교회로 돌아가려고 의도했던 것이 아니기 때문이다. 더욱이 그들은 모든 계시가 다 똑같이 분명하지는 않다는 사실을 충분히 알고 있었다. 성경의 명료성 교리와 해석에 있어서 성령의 임재를 새롭게 강조하는 것은 모두 구원과 성화, 즉 "구원을 위해 반드시 알아야 하고 믿어야 하고 지켜야 하는, 그러한 것들"에 대하여 새로운 방법으로 성경에 귀를 기울여야 할 필요성을 말해주는 것이다.[6] 그러나 개혁자들은 새롭게 이해하는 방법에는 당연히 일반적인 방법들을 사

D. P. Fuller, "Interpretation, History of," *ISBErev.*, 2:863-74.

6. Westminster Confession 1.7.

용해야 한다고 강조했는데, 그런 것들에는 성령께 복종, 기도, 선포된 말씀 듣기, 그리고 하나님의 말씀을 부지런히 개인적으로 연구하는 것이 포함되어 있다.

권위의 문제는 18세기의 계몽주의와 19세기의 고등 비평주의의 발전에서 계속 제기되었다. 그에 대한 복음주의자들의 응답은 하나님의 말씀의 권위와 무오성과 절대성을 계속 주장하는 것이다. 무오성과 절대성이 어떻게 성경 해석의 적절한 구조를 제공할 것인가의 문제는 아직 남아 있다. 이런 용어들은 분명히 성경이 주어진 문학적 문화적 상황의 관점에 비추어 보아서 성경을 계속 연구해야 할 여지를 충분히 남기고 있다. 처음 몇 세기 동안에는 교회가 성경을 하나님의 신탁으로 강조함으로써, 인간 저자들과 문자적이나 역사적-문법적 성경 연구 방법에 대한 관심에 해를 끼치는 실수를 범했을 것이다. 오늘날의 위험도 역시 성경을 신학적 체계나 명제들의 모음집으로 전락시키는 것이다. 성경은 하나님과 인간의 책으로써, 현대의 독자들은 하나님의 영의 증거와 또 고대의 하나님의 사람들이 기록하여 이해되어지도록 의도한 방법(문학적 관점)에 대해서 그리고 하나님의 백성들은 어떻게 그 거룩한 성경에서 하나님의 말씀을 들었는가(정경적 관점)에 대해서 민감해야 한다.

하나님은 누구신가?

여러 세기 동안 기독교회는 예수의 인성과 신성에 대한 복잡한 정의에 대하여, 그리고 하나님의 삼위 간의 관계에 대하여 씨름해 왔다. 이러한 토론들에서부터 나온 삼위일체 교리는 가장 보편적인 교리로써 기독교의 모든 교리들을 가지로 묶어두고 있다. 삼위일체 교리는 성경이 하나님의 각 위들에 대하여 가르치는 것을 성숙한 견지에서 반영한 것이다. 오늘날의 복음주의적 그리스도인들은 수 세기에 걸쳐 내려온 역사적 기독교회처럼 아버지와 아들과 성령의 삼위일체 하나님에 대한 그들의 신앙을 고백한다.

사도신경은 삼위일체 형식을 지키지만, 다른 신조의 형식들은 그리스도의 신성과 인성에서처럼 삼위일체의 각 위의 관계를 더 세밀하게 결정해 놓은 상태이다. 어떤 이단들은 예수 그리스도의 신성과 인성을 독특하게 보존시키려는 시도에 근거하고 있다. 어떤 것들은 하나님의 통일성에 대한 가정에서 시작된다.

신학이 반영된 수백 년 동안 예수의 성품에 대한 많은 관점들이 제거되었다. 아리우스파(A.D. 250년)는 그리스도의 성품이 본질적으로 아버지와 다르다고 주장했다. 그들은 첫 니케아 회의(325년)에서 완전히 정죄되었다. 라오디게아의 감독 아폴리나리우스(c. 375)는 이방 문헌과 알렉산드리아의 철학적 경향에서 영향을 받았다. 그는 그리스도를 로고스와 마리아의 육체의 연합이라고 가르쳤다. 로고스는 완전한 하나님이고 인간의 혼을 갖지 않으신다. 아폴리나리우스파는 콘스탄티노플 회의에서 제거되었는데, 거기에서 교회는 그리스도께서 영혼을 가지고 계시는 완전한 사람이시며 동시에 완전한 하나님이심을 확인했다. 네스토리우스는 그리스도의 두 성품을 구분하여, 예수께서 인간과 하나님의 두 인격체였는데 마리아는 그의 인간 편의 어머니라고 주장했다. 네스토리우스파는 431년에 에베소 회의에서 제거되었다.

유티케스파는 그리스도의 신성 하나만을 강조한 유티케스와 관련되어 있다. 그는 네스토리우스파에 대한 반발로, 그리스도는 본래 신성 하나만을 가지신다는 입장인 초기 단성론Monophysitism을 말한다. 이 견해는 451년에 칼케돈 회의에서 성육신의 신비에 대하여 불충분한 것으로 정죄되었다. 단의론Monotheletism은 이와 관련된 것으로서, 성품은 둘이지만 의지가 하나라는 입장을 통해 두 성품의 신비를 해결하려는 시도였다. 이 입장도 성육신에 대하여 비성경적인 이해 방법이라고 제3차 콘스탄티노플 회의(680)에서 제거되었다.

예수의 신성과 인성에 가장 밀접하게 관련되어 있는 것은 하나님Godhead

의 성품이다. 군주론Monarchianism은 하나님의 연합과 예수 그리스도의 신성을 일치시키려는 시도였다. 동태적 군주론은 예수를 신적으로 영감된 사람으로 보았다. 그가 세례를 받을 때 하나님께서 그를 그의 아들로 택하셨다. 형태적 군주론(사벨리안파)은 훨씬 더 미묘한 것으로, 오늘날까지도 그 후계자들을 가지고 있다. 하나님의 성육신은 성부 하나님께서 택하신 방식이었다. 사벨리안의 신학에서 하나님은 하나이시지만, 그가 자신을 아버지와 아들과 성령으로 다양하게 나타내실 자유를 가지고 계신 것이다.

초기의 논쟁들에서는 삼위일체의 각 위들과 성령과의 관계 규명에 별 관심을 보이지 않았다. 일반적으로 성령은 하나님의 한 인격이시라고 가정되었다. 예를 들어 터툴리안은 성령이 하나님이시며 아버지와 아들과 함께 존재하신다고 가르쳤다. 사도신경과 니케아 신경의 성령에 대한 고백에서 성령의 성품은 미결 상태이다. 이 교리에서도 많은 가르침들이 교회에 영향을 주었다. 예를 들면, 마케도니우스는 성령의 신성은 부인했고 인격은 인정했다. 콘스탄티노플에서(381년) 니케아 신조의 정의는 더 확장되어 "성령은 주님이시요, 생명을 주시는 자요, 아버지께로부터 나오신 자요, 아버지와 아들과 함께 경배와 영광을 받으시는 자요, 선지자들을 통해 말씀하신 자라"고 언급되었다.

"아버지께로부터 나오신 자요"라는 표현에 대하여 논쟁이 계속 되었는데, 결국 또 다른 종교회의 신조를 만들었고, 동방교회(정교회)와 서방교회(가톨릭 혹은 로마)로 갈라졌다. 톨레도 회의(589년)에서 서방교회는 그 구절에 "아들과"를 붙인 반면에 동방교회는 제거했다.

그리스도께서 하신 일은 무엇인가?

삼위일체와 그리스도와 성령의 성품에 대한 신조들이 교회 안의 심각한 도전들에 응답하며 발전하고 있을 때, 계속 교회를 나누게 될 새로운 문제가 야기되었다. 이 문제들은 인간의 죄, 은혜, 우리 주님의 속죄, 성례전의 성격에 관련된 것이다.

인간의 성품

인간의 성품에 대한 논쟁은 성 아우구스티누스(c. 400)의 동시대인인 펠라기우스가 제기했다. 펠라기우스는 인간의 의지가 중립적이고 사람들은 선악을 행할 자유를 가지고 있으며 스스로 하나님의 은혜를 유효하게 해야만 한다고 가르쳤다. 그에게 있어서 은혜는 초자연적으로 주어지는 선물이 아니라 이미 모든 사람들이 활용할 수 있는 것이다. 개개인은 은혜를 개발해야 하며 모든 은사들을 개발해야 한다. 펠라기우스는 인류의 유죄성보다는 인간의 책임에 더 강조점을 두었다.

어거스틴은 하나님의 은혜와 인간의 본성에 대한 펠라기우스의 가르침에 대하여 비판적인 반응을 보였다. 그는 개인이 하나님과 교제를 나누는 동안에만 자신의 인간 됨을 체험할 수 있다고 말했다. 인간의 타락과 죄를 생각해 볼 때, 인간은 본성적으로 하나님과의 교제를 누릴 수 없다. 사람들은 본성적으로 하나님보다 자신을 더 사랑하는 자들이다! 계속하여 어거스틴은 인간이 타락으로 말미암아 죄를 짓지 않을 수 없는 non posse non peccare 본성을 갖는다고 가르쳤다. 아담과 하와는 죄와 하나님의 심판의 영향을 받았을 뿐 아니라, 하나님을 거역한 그들의 행위와 하나님의 저주는 모든 인류에게 영향을 끼쳤다. 그들의 죄는 씨가 싹이 나고 자라서 열매를 맺는 것처럼 그와 동일한 종류인 죄인들을 만들어 내는 것과 비교될 수 있을 것이다.

따라서 어거스틴은 하나님의 은혜를 훨씬 더 강조하고 있다. 인간은 새로워질 필요가 있기 때문에 하나님 혼자만이 그 영혼을 돌이키실 수 있다. 성령으로 말미암아 놀랍게 변화된(중생한) 자들은 하나님의 은혜를 받은 것이기 때문에, 어거스틴처럼 "당신의 뜻대로 내게 명하소서"[7] 라고 말할 수

---

7. Augustine, *Confessions* 10.19, 31, 37.

있고 또 그렇게 말해야만 한다.

하나님의 은혜에 대한 아우구스티누스의 이러한 이해는 교회가 스스로를 은혜의 수여자로 여기는 것과 상충된다. 그의 견해가 펠라기우스파의 입장에 대하여 승리했지만, 교회의 신학자들은 수 세기 동안 중도적인 입장을 발전시켜 왔다. 오랜 논쟁과 많은 회의를 거친 후에 펠라기우스파의 체계는 431년 에베소 회의에서 정죄되었지만, 그 문제는 오늘날의 우리들에게도 논쟁거리로 남아 있다. 인간은 얼마나 타락했는가? 인간은 하나님의 은혜와 함께 사역할 수 있는가? 예정의 성격은 무엇인가? 어떻게 예정과 인간의 책임이 둘다 옳을 수 있는가? 인간은 마음대로 선을 행할 수 있는가? 어떻게 하나님은 그의 모든 피조물의 아버지가 되시고 또 선택된 자들만의 아버지가 되실 수 있는가?

속죄의 성격

인간의 죄, 하나님의 은혜, 그리스도의 사역의 문제는 *Cur Deus homo?* (왜 하나님께서 인간이 되셨는가?)의 문제와 결부되며, 11세기에 캔터베리의 안셀름의 획기적인 신학 연구와 이어진다. 그의 이전에 교회는 매우 다양한 관점들을 묵인하고 있었다. 배상의 관점에서 예수께서는 사탄에게 배상금을 내셨다. 다른 관점은 그리스도는 하나님의 의를 만족시키셨다. 화해의 관점은 그리스도의 죽음이 인간의 죄의 대속을 위한 것이라고 가르쳤다. 오르 Orr는 주장한다.

> 그러므로 예수 그리스도의 죽음의 진정한 속죄의 가치에 대한 교회의 일반적인 신앙에 관한 문제는 논란의 여지가 없다. 그러나 그리스도의 구원 사역의 다양한 면들을 연합하거나 그것들에 필요한 신학적 근거를 제시하려는 시도가 아직은 없었다.[8]

---

8. James Orr, *The Progress of Dogma* (Grand Rapids: Eerdmans, n.d.), p. 220.

안셀름은 인간이 범죄하여 하나님께 잘못했고 따라서 하나님의 의로우신 형벌을 받아 마땅하다는 사실을 주장함으로써 성경의 자료들을 좀 더 체계적으로 설명하려고 시도했다. 성부께서는 인간의 노력으로는 만족하실 수가 없으셨다. 왜냐하면 그분의 진노는 너무 커서 개인이든 집단이든 인간의 성취로는 그것을 대치할 수 없기 때문이다. 그러나 성부께서는 그리스도의 순종으로 만족하셨으니, 그는 하나님의 요구를 성취하셨고 특히 아버지께 영광 돌리기 위하여 기꺼이 고난 당하시고 죽으셨던 것이다. 이 희생이 성부께 받아들여졌고, 이제 예수의 죽음을 통하여 죄많은 사람들은 아버지의 처소로 들어갈 수 있게 되었다.

안셀름은 이득의 입장을 지키면서 이득과 손실, 빚과 보상의 균형을 유지했다. 안셀름의 견해는 아벨라르(c. 1100)의 윤리적 영향의 관점만큼 널리 받아들여지지는 않았다. 아벨라르는 그리스도의 죽음이 적용된 사람은 죄를 회개하고 예수를 사랑하며 그의 모범을 따라 배우려는 마음이 일어나야 한다고 주장했다.

가치와 윤리가 혼탁한 상황 속에서 종교개혁은 일어났다. 개혁자들은 그리스도께서 인간들과 완전히 같은 조건 하에서 죄와 허물을 담당하셨고, 그리스도의 희생은 대속적이었으며, 인간은 하나님의 법을 어겼고, 혼자의 힘으로는 구원을 얻을 수 없고, 오직 그리스도의 완성된 사역에 근거해야만 의롭다하심을 얻을 수 있다고 주장했다.

개혁자들은 피터 아벨라르의 속죄 이론을 성경의 가르침이라고 하기에는 불충분한 것으로 여기고 제거했다. 그들은 하나님의 율법과 인간의 정죄와 죄의 흉악성을 적절히 강조한 안셀름의 주장을 다듬었다. 죄는 다름 아닌 하나님께 대한 반역이었다. 그들은 그리스도의 죽음이 하나님의 진노를 만족시키셨을 뿐 아니라 인간의 죄악을 담당하신 것이라고 설명했다. 오직 믿음과 오직 은혜로만 의롭다하심을 얻을 수 있다. 의롭다하심은 인간의 노력의 결과가 아니라 오직 믿음, 오직 은혜, 오직 그리스도의 결과였다!

또 다른 논쟁점은 속죄의 범위였다. 여기에서는 개혁자들이 일치하지 않는다. 개혁자들 사이에서도 두 개의 그룹인 일반론자들(루터, 멜랑히톤, 불링거, 그리고 약간은 칼빈에 의해서도)과 특수론자들(칼빈주의자들)이 있다. 일반론자들에 의하면 속죄는 모든 인류를 위한 것이나 믿는 자들에게만 그것이 적용된다는 것이다. 특수론자들은 그리스도의 죽음이 오직 믿을 자들에게만 유익한 것이었다고 주장한다. 후자의 주장은 칼빈의 가르침에서 발전되었으며 도르트 총회(1618-19년)에 제기되었다.[9]

속죄의 범위에 관한 문제는 선택과 예정, 죄와 타락의 성격, 인간의 능력과 하나님의 은혜에 대한 성경의 교리들과도 연관되어 있다. 개혁자들의 유산은 곧 많은 교파들로 나뉘어졌으며, 각 교파들은 어느 특정 개혁자에게로 이어지는 정통 노선을 주장하면서 성경의 가르침과 씨름을 하고 있다(예로, 아이랄드주의와 소치니안주의 그리고 아르미니우스주의를 살펴보라).

성례전들

오늘날 교회적으로나 실제적인 삶으로나 또 다른 분리를 만들어 내는 근거는 성례전에 대한 다양한 견해들에 있다. 개혁자들은 공통적으로 로마 가톨릭의 성례전 이해에 반대하고 있다. 로마는 일반적으로 "성례"는 내적 은혜의 외적 표지이며 그리스도의 교회가 베푸는 것으로 보는 어거스틴의 정의를 받아들였다. 개혁자들에게 있어서 성례전들은 단지 그리스도께서 세우신 그러한 표지들일 뿐이었다. 그들은 가톨릭의 "성례 신학" 안에서 발전된 7성례 대신에, 오직 세례와 성만찬 두 가지만이 본래 우리 주님께서 세우신 것이라고 동의했다.

더군다나 개혁자들은 성례전들이 은혜의 수단으로써 필요하다는 점과, 기록된 말씀(성경)에 대한 보조적인 성격을 갖는다는 점, 표지로서의 성례전들의 가치에서 의견이 일치되고 있다. 그들은 또한 성례전이 정식으로 임명

---

9. 특수론자 관점을 철저히 다룬 논문으로는, J. Owen, *The Death of Death in the Death of Christ* (London: Banner of Truth, 1963), 특히 J. I. Packer가 쓴 서론적 논문 pp. 1-25를 보라.

된 직분자들에 의해 교회를 통하여 베풀어져야 한다는 점에 대해서도 일치하고 있다. 그러나 그들은 성례전들의 의미와 적용에서는 큰 차이를 보였다.

결론

성경, 하나님, 속죄, 칭의, 성례전과 같은 문제들 이외에도 그리스도인들은 다른 많은 주제들에 대해서 논의했고 서로 동의하지 않았다. 우리 복음주의자들은 우리를 함께 묶어주는 공통된 유산을 가지고 있지만, 그 복음적인 유산 안에서 다양성을 가진다. 다양성은 신학, 교회 행정, 그리스도인의 경건, 자연과 은혜의 관계와 창조와 구원의 관계와 과거와 현재의 관계와 현재와 미래의 관계에 대한 이해의 모든 면에까지 확산된다. 그러나 우리는 역사적 기독교 신앙이라는 공통 유산을 가지고 있다.[10] 우리는 자유롭게 이 유산을 받았으며, 그 유산을 다음 세대에게 역동적이고 신선한 방법으로 전해 줄 의무를 지고 있는 것이다. 과거와 마찬가지로, 여호와께서는 그의 백성들이 전심전력하여 응답하기를 기대하시며, 부활하신 그리스도의 영이 개인들과 회중들로 하여금 예수 그리스도의 모습 안에서 새롭게 되도록 그리고 모든 세대에 복음에 대한 도전들에 응답하도록 계속 변화를 일으키고 계신다는 사실을 알기를 기대하신다.

---

10. 그러한 역사적 기독교 신앙을 중심으로 하는 것에는, J. Gresham Machen's writing, e.g., *Christianity and Liberalism* (New York: Macmillan, 1923); *What Is Faith?* (Grand Rapids: Eerdmans, 1946); *The Christian Faith in the Modern World* (Grand Rapids: Eerdmans, 1936).

38

현재와 미래에 관한 문제들

21세기로 접어들면 교회는 적어도 7가지의 문제들을 대하게 될 것이다. 첫째, 자유적인 기독교와 보수적인 기독교 내에서 성경의 위치가 논의될 것이다. 내재적인 기독교의 미래는 밝지 못하며 세속주의로 타락할 것이다. 자유주의 기독교는 성경 신학의 형태에 있어서 사회적, 개인적 변화(윙크), 비신화화(불트만), 실존주의(키에르케고어), 혹은 성경 비평주의 형태를 취할 것인지에 있어서 성경의 유산에 적절한 방법을 구해야만 할 것이다. 복음주의 그리스도인들에게 있어서는 복음에 대한 책임과 믿음을 무너뜨리지 않을 비평적-주석 방법이 똑같이 중요하다. 복음주의자들은 가장자리에 서 있는 것이 아니라, 비평주의 학자들에게 적극적으로 대처하면서 성경 학문의 중앙 무대로 들어가고 있다.

둘째, 정치적 사회적 참여는 금세기에 기독교 신앙의 합법적인 표현 방법이 되었다. 교회와 국가는 구별되어야 한다는 확신을 가지고서도 많은 사람들이 정치에 참여하게 되었다. 그런 행동주의의 결과는 예측할 수 없는 것이며 따라서 기독교 공동체는 사회와 투쟁하는 위치에 있을 뿐 아니라 기독교 집단들끼리 종종 서로를 함정에 빠뜨릴 것이다. 교회의 중요한 사명에 초점을 맞추고 교회 밖 기관들을 활용함으로써, 극단성이나 고립성은 없을 것이다. 그러나 가장 큰 위험은 어떤 목적을 달성하기 위하여 어떤 특정한 문화적, 정치적, 사회적 기관의 참여와 교회의 참여를 동일하게 여기는 데 있다. 니버Niebuhr는 모든 공동체의 유익을 보호하는 방법으로 정치적 참여를 권장하였다.[1] 그러나 정치적 참여의 위험은 그 유익과 반대되는 점에 있어서 주의 깊게 고려되어야 한다. 기독교 역사에 대한 어드만의 핸드북 편집자들은 이렇게 결론을 내린다.

> 금세기 말의 몇십 년에서 교회가 부딪친 가장 큰 도전은 기독교가 가난과 사회적 부정과 인종 차별과 억압에 물들고 세속주의와 물질주의에 편승한 세상 속에서 실제 생활에 적응한 것이다.[2]

셋째, 우리는 미국의 기독교와 세계 다른 곳의 기독교와의 관계를 생각해야 한다. 세속주의와 민족주의, 국제주의(유엔과 같은 기구를 생각해 보면)의 시대에 기독교 신앙의 독특성을 편드는 주장을 하는 것은 좀 유별난 것이다. 최근의 예를 들어, 칼 바르트나 에밀 브룬너, 그리고 복음주의는 예수를 그리스도로 시인하는 신앙에서 출발한 독특한 증거를 계속하고 있다.

교회는 문화의 장벽을 넘어서서 하나님의 대변인의 역할을 감당해야 할 것이다.[3] 던Dunn은 초기 그리스도인들이 유대교에서 이방 세계로 변화하는 세계에 대하여 그들의 신앙고백을 어떻게 적용시켰는지에 대하여 우리로 하여금 생각나게 한다.[4] 일본의 선교사였던 존 영John M.L. Young과 다른 선교학자들은 복음을 다른 어떤 한 문화와 동일시하지 말고 의미있는 토착화

---

1. Reinhold Niebuhr, *Moral Man and Immoral Society* (New York: Scribner, 1960); 또, Gabriel Fackre, "Reinhold Niebuhr," in *Reformed Theology in America*, ed. David F. Wells (Grand Rapids: Eerdmans, 1985), 263-79.

2. Dowley, *Handbook*, 640.

3. D. J. Hesselgrave, *Communicating Christ Cross-Culturally* (Grand Rapids: Zondervan, 1978); B. J. Nichols, *Contextualization: A Theology of Gospel and Culture* (Downers Grove: InterVarsity, 1979).

4. Dunn, *UD*, 226-31.

를 통하여 복음을 나타내라고 우리에게 계속 도전을 주고 있다.[5]

유럽과 미국 이외의 지역에서의 교회 성장은 조절이 필요할 것이며 서양 교회는 제3세계에서의 교회들을 인정해야 할 것이다. 서양은 선교 전략에 협조해야 할 것이며, 제3세계 지도자들이 일으킨 신학적 형식과 방법론에 기여해야 할 것이다. 더욱이 기독교 선교사들은 그들이 어떤 지역에서 왔든지 간에 그들 자신의 문화와 기독교를 구별해야 할 것이다. 우리 기독교의 표현 방식, 예배, 신학, 윤리의 대부분은 매우 문화적으로 제한되어 있어서 본질적인 것과 비본질적인 것을 구별하기가 어렵다. 오스 기니스Os Guinness 의 말은 우리로 하여금 정신 차리고 기억하게 한다.

> 서양의 교회가 교회 전체는 아니다. 그것은 단지 오래된 교회일 뿐이며, 세상에게 빼앗겼던 횃불을 그대로 다시 불붙이게 도와준 횃불의 전수자일 뿐이다. 그러나 새로운 교회가 그 횃불을 다시 오래된 교회에게 돌려준다면 불은 더 밝아지지 않겠는가?[6]

넷째, 기독교 공동체는 또한 유대인과 아랍인과 이스라엘 국가에 대하여 대응할 도전에 직면해야 할 것이다. 현재 이스라엘을 둘러싸고 있는 해석적, 신학적 문제들로 인하여 교회는 현재의 상황에 가장 잘 대응하는 방법이 무엇인가라는 질문에 부딪힘으로써 새롭게 변해야 할 것이다. 어떤 공동체들은 이스라엘의 모든 잘못들을 고치고 싶어하는 반면, 어떤 사람들은 신학적 경향을 따라 대체로 그 문제를 피한다. 지금은 언약, 약속-성취, 그리고 세대주의적 신학의 때이다! 메시아적 유대교에 대한 관심이 고조되면서, 그리스도인들과 유대인들은 다리를 놓고 대화를 시작할 절호의 기회를 맞이하

---

5. John M. L. Young, "Cross-Cultural Witness: Conflict and Accommodation," in *Interpretation & History: Essays in Honor of Allan A. MacRae*, ed. R. L. Harris, Swee-Hwa Quick, J. Robert Vannoy (Singapore: Christian Life, 1986), 281-90.

6. Os Guinnes, *The Gravedigger File* (Downers Grove: InterVarsity, 1983), 236.

고 있으며, 2세기 이후로 연기되어 왔던 교회와 회당 사이의 토론이 다시 시작될 것이다. 동시에 교회는 변화하는 모슬렘 세계의 도전에 대해서도 적극적으로 응해야 한다.

다섯째, 제2 바티칸 종교회의(1962-65년) 이래로 종교 세계의 변화는 매우 중요하다. 로마 교회의 구조 내에서 뿐 아니라 동방 정교회 내에서도 변화들이 보인다. 여기에는 에큐메니칼(보편주의적) 정신이 있으며, 교파들 사이의 교제를 다시 맺게 할 기준에 대한 평가가 요청된다. 한편에서는, 기존 교파들이 새로운 단체들로 합병되며 대화가 공식적 비공식적인 통로들을 통하여 계속되고 있다. 다른 한편에서는 제3세계 지역에 대한 도전이 오순절주의의 교파로부터 오고 있다. 아프리카와 라틴 아메리카에서 오순절주의자들은 가장 큰 비가톨릭 그리스도인 그룹을 형성했다. 오순절주의는 성령과 영적으로 새롭게 변화함, 성령 충만한 삶에 대한 강조로 이루어져 있다. 그들의 강점은 문화를 초월하고, 범사회적이며, 새로운 삶에 대한 초교파적인 관심에 있다.

여섯째, 기독교는 계속해서 기독교가 참여하는 문화와 동일시될 위험에 직면해 있다. 모세와 선지자들과 우리 주님과 사도들은 새로운 시대, 바로 하나님의 나라의 도래를 증거했다. 우리는 1세기의 그리스도인들과 동일한 도전, 즉 하나님인가 아니면 가이사인가, 예수인가 아니면 월 스트리트(미국의 경제를 좌우하는 거리)인가, 하나님의 나라인가 아니면 민주(혹은 공화)당인가, 새 예루살렘에 대한 비전인가 아니면 21세기에 올라 탈 인간들이 만든 승강장인가에 직면해야 한다. 보이스Boice는 문화적으로 제한된 교회의 비전에 대하여 말하면서, 우리가 "'국가의 비신화화'와 개개인을 서로 달라지도록 부르고 있는 것"이 아닌가를 묻고 있다.[7]

세계와 우주가 넓게 열려지고, 연구와 복음화에 대한 새로운 접근 방법

---

7. Boice, "The Future" 309. 보이스는 여기에서 Jacques Ellul, *The Political Illusion*, trans. Konrad Kellen (New York: Vintage, 1972)을 암시한다.

들이 생겨나는 것은, 미래에 대한 소망을 가지고 그것을 이루어나갈 기회로 가득찬 이 세상에서 사는 현대의 그리스도인들에게 도전을 준다.[8] 실용주의와 세속주의는 교회에게서 교회가 존재해야 하는 바로 그 소망, 예수 그리스도를 쉽게 빼앗아 갈 수 있다. 한편에서 기독교는 다른 나라에 있는 가난하고 억압받는 자들에게 도움의 손길을 뻗음으로써 소위 자유주의 신학(구띠에레츠, 조세 미란다를 보라)과 연합할 수 있지만, 그렇게 함으로써 마르크스 철학을 진보시킬 수도 있다. 자유주의 신학의 출발점은 성경도 아니며 그리스도의 재림에 있을 정의에 대한 그리스도인의 소망도 아니다. 그들은 성급하게도 현재의 상황을 가리키면서 자율적으로 현재의 잘못된 것을 고치려고 한다.

종교개혁 시대에 있었던 선택의 여지가 아직 우리에게도 있다. 한편에서 비관적인 사람들은, 그리스도의 재림 때에 있을 변화와 영광까지 모든 것을 기다리는 선지자적 관점을 가진다. C.S. 루이스Lewis는 자연과 은혜의 두 영역을 계속 구분하는 대표적인 사람이다.[9] 다른 사람들은 구원의 관점에서 약간 낙관적인 견해를 가지며, 하나님의 나라가 그리스도 안에서 이루어지고 있고 그리스도인들은 만물이 그리스도께 복종하게 되도록 중요한 공헌을 할 수 있을 것이라고 믿는다.[10]

끝으로, 21세기로 들어서는 데 있어서의 도전은 복음주의적 기독교가 어떻게 적절히 의미있는 방법으로 그리스도에 대한 신앙을 고백할 것인가에 있다. 성경의 신앙은 결코 영원히 유효한 신조의 표현으로 형식화될 수 없

---

8. 종교와 과학의 도전에 대하여는, Landon Gilkey, *Religion and the Scientific Future* (New York: Harper, 1970), 160을 보라.
9. Jacques Ellul, *The Meaning of the City* (Grand Rapids: Eerdmans, 1970); J. H. Yoder, *The Politics of Jesus* (Grand Rapids: Eerdmans, 1972); C. S. Lewis, "Christianity in Culture," in *Christian Reflections*, ed. Walter Hooper (Grand Rapids: Eerdmans, 1967)을 보라.
10. A. Kuyper, *Lectures on Calvinism* (Grand Rapids: Eerdmans, 1961); Cornelius Van Til, *Common Grace and the Gospel* (Nutley: Presbyterian & Reformed, 1973); Francis A. Schaeffer, *How Should We Then Live?* (Old Tappan: Revell, 1976)을 보라.

다. 그것은 역동적이며, 하나님께서는 특별한 문화적 상황 속에서 인간과 교제하신다. 그분의 말씀은 진리이지만, 우리는 오류 가능한 인간 세계에 주어지고 전해진 오류 불가능한 하나님의 말씀이라는 모자이크 같은 특성들을 보는 것이기 때문에 우리의 인식은 계속 변하는 것이다.

던은 교회가 모든 새로운 상황에 대하여 고백을 계속 적용시켜야 한다고 말한다. "새로운 상황은 새로운 고백을 요구한다. 새로운 고백적 언어를 발전시키지 않는 기독교는 현대의 세계에 대한 그들의 신앙 고백을 하지 않는 것이다."¹¹ 이러한 목적에서 벌코프Hendrikus Berkhof는 기독교 신앙에서 새로운 형태의 신학화에 공헌했다. 도날드 블로쉬Donald Bloesch도 과거와 현재에 대한 신학적 범주들에 관하여 중요한 공헌을 했다.¹² 우리는 전체의 통합을 요청하는 포부가 큰 노력을 원할 것이다. "오늘날 미국은 신앙을 적용해야 한다. 사업과 정책들과 이웃지간, 학교와 도시에 적용해야 한다."¹³ 이러한 목적에서 간하배Harvie Conn는 세계 전체의 상황에서 신학을 할 것을 요구한다. 이러한 신학은 사람들에 대한 관심과 하나님 중심의 관점 사이의 역동적인 상호 관련을 중요시한다.

신학화는 교향곡처럼 화합된다.…전체에 기여하는 모든 부분들로, 그 전체는 단순히 각 부분들의 집합이 아니라 화음을 이루게 되는 것이다. 신학적 방법으로써 다관점주의는 삶의 스타일이 되고, 해석학이 되며, 제한된 몇 개의 관점으로 시작하여 그것으로 전체를 보게 하는 사고방식이 된다.¹⁴

---

11. Dunn, *UD*, 58.
12. Donald G. Bloesch, *Essentials of Evangelical Theology*, 2 vols. (San Francisco: Harper & Row, 1978-79).
13. Thomas F. O'Meara and Donald M. Weisser, eds., *Projection: Shaping an American Theology for the Future* (Garden City: Doubleday, 1970), 224.
14. Harvie M. Conn, *Eternal Word and Changing Worlds. Theology, Anthropology, and Mission in Trialogue* (Grand Rapids: Zondervan, 1984), 337. Vern S. Poythress, *Symphonic Theology. The Validity of Multiple Perspectives in Theology* (Grand Rapids:

기독교 신앙을 고백하면서, 교회는 프란시스 쉐퍼가 경고한 것, 즉 "볼 수 있는 사랑"의 표현으로써 연합과 보편성에 새롭게 관심을 보이는 일에 주의해야 할 것이다. 그는 말한다. "사랑-그리고 그것이 입증하는 연합-은 그리스도께서 그리스도인들에게 세상 앞에서 붙이라고 주신 표이다. 그 표를 달아야만 세상은 그리스도인들이 정말 그리스도인들이며 예수께서 아버지께로부터 보내심을 받았음을 안다."[15]

Zondervan, 1987)을 보라.

15. Francis A. Schaeffer, *The Great Evangelical Disaster* (Westchester: Crossway, 1984), 182; idem, *The Mark of the Christian* (Downers Grove: InterVarsity, 1970), 35.

The Progress of Redemption

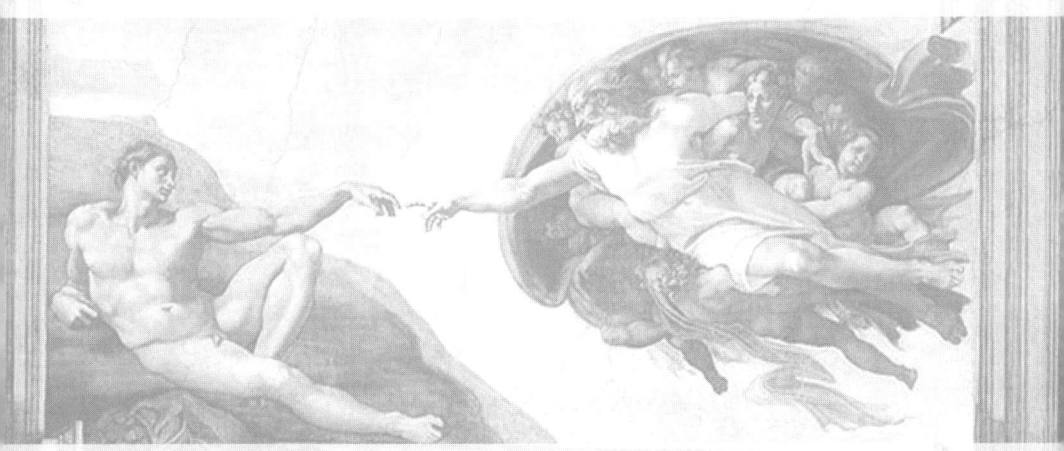

12부

새 예루살렘

Part 12

서론

구속사는 하나님께서 인간들을 구원하시는 데 참여하시고 인간들은 주 Load의 언약들에 응답하는 이야기이다. 하나님께서는 약속하시고 전능하신 일들을 행하시며, 구원하시고 보호하시려는 그의 목적을 이루신다. 구속사는 하나님의 계시와 그의 사역의 상호 작용을 보여 준다. 그 양면은 상호보완적이며 창조와 구원에서의 하나님의 목적을 보여 준다. 그는 자기 백성의 복good을 위하여 신실하게 그의 목적을 이루신다(롬 8:28). 그 "복"의 성격은 구속사가 진전됨에 따라 점점 더 분명하게 드러난다.

구속사의 매 시대마다 하나님께서 약속과 언약과 성취에 신실하심을 보여준다. 여호와께서는 새로운 시대를 펼치시면서 그의 신실하신 면모들, 그가 자기 백성들에게서 기대하시는 반응들, 그리고 그의 구속 계획 전체를 계시하신다. 하나님의 행동에 의한 계시는 선하심과 완전하심을 모두 갖추신 우리의 하나님을 드러낸다. 따라서 구속사는 하나님의 계시를 바라보며 특히 예수 그리스도에 초점을 맞춘다. 모든 성경은 창조와 구원 가운데서 우리의 하나님을 드러내는 데 기여한다. 모든 하나님의 역사하심은 구원하시는 하나님과, 그리고 그의 약속들이 훨씬 더 크고 훨씬 더 지속적으로 성취된다는 사실을 가리키고 있다. 모든 행위는 예수 그리스도 안에 있는 하나님의 목적과 관련되어 있다. 그 목적은 분명하게 식별할 수 있는 것은 아니지만, 믿음의 눈은 하나님께서 예수 그리스도 안에서 자기 백성들을 위하여 준비하신 놀라운 미래를 바라보고 있게 된다. 믿음은 우리의 구원을 시작하시고 마치시는 여호와께 향하는 것이므로 본질상 종말론적이다.

구속사 전체를 통하여 하나님께서는 그의 백성들에게 미래적인 측면을 발전시키도록 격려해오셨다. 그는 모든 시대의 단계들 - 아담, 아브라함, 이스라엘, 그리고 교회 시대의 단계에 약속을 주셨다. 그는 모세와 선지자들과 우리 주님과 사도들을 통하여 말씀하셨으며, 그분 자신과 그의 왕국으로 믿음의 공동체를 부르셨다. 그들의 사역을 통하여 여호와께서는 우리에게 그의 목적을 얼핏 보여 주셨다. 그들의 말은 그의 신실하심에 대한 지속적인 증거로 기록되었다. 우리의 이해에는 오류가 있고 제한이 있어도 이 계시는 신뢰할 만하다.

성경은 한 권이지만 많은 책들로 이루어져 있다. 우리는 그 많은 책들이 구속사 안에서 하나님의 계획의 전개를 반영하고 증거함을 보아 왔다. 에덴 동산에서부터 새 예루살렘까지의 구원 이야기의 굴곡을 통하여 하나님께서는 방대한 계획을 계시하신다. 일반적으로 회고적인 관점은 다양한 구성 부분들 사이를 연결시켜 주는 역할을 한다. 이 책에서 나는 이제까지 구속사의 11기간들에 대하여 설명해 왔다. 이 기간들 중에서 중요한 순간들은 창조의 조화와 분산, 아브라함 언약, 이스라엘의 성별과 시내 언약에서의 모세의 중보적 역할, 왕권 수립과 관련된 사무엘의 사역, 다윗 언약의 수여, 유다로부터 이스라엘의 분리와 엘리야 이후 선지자직의 발전, 포로와 포로 이후의 회복, 세례 요한과 우리 주님의 성육신 사역, 그리고 사도들의 선교이다.

구속사의 흐름 전체를 통하여, 여호와께서는 그의 계획을 계속 펼치시기 위하여 사람들을 택하신다. 구약에서의 하나님의 종들(모세와 선지자들)은 신약에서의 그의 사자들(그 아들과 사도들)과 함께 다가올 만물의 변화를 증거한다(히 1:1-3). 변화는 하나님께서 그의 세상에 왕으로서 개입하셔서 심판과 구원을 통하여 새 하늘과 새 땅을 세우신 결과이다.[1] 구속사 전체를 통하여 여호와께서는 그의 목적을 이루어 오셨고, 하나님의 모든 행위들은 만물의 마지막 변화를 예기하게 하신다. 신구약 모두에서의 하나님의 백성들은 모두 조화를 이룬 창조와 회복된 창조 사이의 두 지평선 사이의 삶을 경험한다. 그들은 양자되는 권한, 하나님의 축복, 그의 사랑과 긍휼하심의 복음, 그의 선하심의 증거들, 용서의 체험, 하나님과의 평화, 그리고 새로운 삶을 얻었다. 언약의 구성원들이 받는 이 모든 유익들은 메시아이신 예수 때문에 그들의 것이다. 그것들은 후회함이 없는(취소될 수 없는) 하나님의 은혜들이다(롬 11:29). 그러나 그것들을 절대시하는 것은 잘못이다. 그것들은 그분의 자녀들이 그들의 유업이 영광스럽게 나타나기를 기다리면서 순례자의 길을 가는 동안에 그들을 위로하는 역할을 한다. 이 현재의 축복들은 그의 백성들이 만물의 마지막 변화에 대하여 가지는 믿음과 소망을 더 크게 가질 수 있도록 그들을 지키시고 양육하시기 위하여 하나님께서 아낌 없이 주신다는 증거이다.

완전한 변화에 대한 메시지는 모세, 사무엘, 엘리야 그리고 선지자들의 사역을 통하여 점점 초점이 집중되게 되었다. 구약 정경의 마지막 부분이 되면서부터, 오직 하나님의 메시아만이 구원과 보호와 영원한 평화의 시대를 가져올 수 있다는 사실이 확실해졌다. 이와 같이 예수께서도 모세와 선지자들이 그를 증거하며(눅 24:44-47) 교회의 사명은 그의 일을 계속하는 것이라고 그의 제자들에게 가르치셨다. 예수 그리스도의 오심은 구속사의 과정에 있어서 하나님의 계획을 얼마나 진전시켰는가? 변화에 관한 메시지는 무엇인가? 하나님께서는 그의 백성의 미래에 대하여, 그의 나라의 적들에 대하여, 창조의 회복에 대하여 무엇을 계시하셨는가? 이 마지막 12부에서 나는 이러한 문제들을 언급할 것이다.

---

1. Meredith G. Kline, "The Intrusion and the Decalogue," *WTJ* 16 (1953): 1-22.

39

주의 날

주의 날에 대한 주제는 성경의 역사 개념에 혁명적인 변화를 준다. 성경의 사건들은 하나님의 구속 계획을 나타내는 순간들이다. 모든 사건들은 신학적 종말론적 의미를 갖지만, 하나님의 계시로서의 사건들 전체는 역사 재구성에 필요한 모든 자료들을 제공하지는 않는다. 성경의 역사는 하나님의 구속의 방식을 드러내며 교회사와 함께 하나님의 계획을 펼친다. 성경의 관점에서 보는 역사는 그리스도 안에서의 하나님의 행위들에 초점이 맞추어져 있지만, 미래에 있을 만물의 대변화에 더욱 집중하고 있다. 따라서 구속사는 사건들을 미래의 관점에서 볼 때 그 의미를 갖는다.

구속사는 두 가지의 차원에서 하나님의 행위를 고려한다. 첫째는 인간 역사의 차원으로써, 거기에서 하나님의 백성의 역사는 하나님의 세계의 역사와 관련되어 있다. 구속사는 또한 인간의 이야기의 일부를 형성하는 사건들에 관심을 가지고 있다. 둘째는 하나님의 계획과 생각의 차원이다. 역사는 종말론적 차원을 갖는다. 왜냐하면, 모든 사건들은 하나님의 계획의 관점에서 볼 때 의미를 가지기 때문이다. 그러나 우리는 그 계획을 알지 못하며 따라서 계시가 필요하다. 하나님께서는 인간 도구들: 모세, 선지자들, 하나님의 종들, 사도들, 그리고 무엇보다도 그의 아들(히 1:1-3)을 통하여 그 자신을 계시하신다. 하나님의 계시를 통하여 주께서는 인간들에게 그들의 행위에 대하여 책임을 져야 할 것과 그의 심판은 몸으로 행한 모든 것을 드러낼 것이라는 사실을 생각나게 하신다. 하나님의 계시를 통하여 주께서는 모든 사람에게 회개하고 그분과 그의 메시아 안에서 피난처를 얻도록 부르신다. 그는 그의 백성들에게 그들을 위해 준비되어 있는 영광을 준비하기 위해 그들 자신을 정결하게 하라고 권고하신다. 하나님의 계시를 통하여 주께서는 그들이 이미 얻고 있는 큰 유익들과 또 그들을 기다리고 있는 유익들을 지적하시면서 그의 백성을 위로하시고 격려하신다. 그러므로, 신자들에게 있어서 역사는 수평선과 수직선의 두 차원이 계속 교차되어 전개되는 그의 이야기his story를 펼치는 것이다. 우리의 관점에서 볼 때 수직선은 종말의 침입이다.

주께서는 창조된 세계와 회복의 세계 사이의 분리가 얼마나 극단적일 것인가에 대하여 단지 점진적으로만 계시하셨다. 그는 구속사 전체 동안에 그의 축복들과 약속들, 보호하시는 행위와 예비하심으로 그의 자녀들을 지켜주셨다. 그의 모든 특별 은총의 행위들은 종말의 축복과 보호에 대한 증거들이다. 반면에 심판의 모든 행위들도 그분께서 이 시대의 종말에 세우실 주권과 왕권을 나타낸다.

또 주께서는 다가올 구원의 성격에 대하여 점차로 분명하게 하셨다. 구약의 증거들은 수평적 차원에서의 미래에 대한 관심에서부터 현재의 이 세상이 재창조되어야 한다는 혁신적인 가르침으로 움직인 것 같아 보인다. 모든 것들은 악한 자들에 대한 하나님의 최후 심판, 의로운 자들에 대한 보호와 구원과 상급, 새 하늘과 새 땅의 설립의 순간으로 나아간다. 여기에서 우리는 (1) 모세부터 세례 요한까지의 다양한 강조점들 (2) 주의 날에 대한 선지자의 메시지 (3) 나라와 교회 그리고 이스라엘에 대한 개념을 설명하고자 한다.

모세부터 세례 요한까지

인류가 필요한 것에 따라 스스로 적응하는 과정 속에서, 주께서는 그의 영광스러운 계획을 점차로 계시하셨다. 구속사에서 하나님의 위대한 여러 종들은 위엄있고 성실하게 하나님의 말씀을 말했다. 모세는 구약에서 하나님의 최고의 종으로서, 선지자들의 "원천"이었다. 그는 언약의 중보자로서 두번에 걸쳐 이스라엘을 위해 중보의 기도를 드렸으며(출 32-34장; 민 14장), 이스라엘에게 언약에 충실하라고 도전을 주었고, 이스라엘 앞에 언약의 축복과 저주를 둔 사람이었다.

여러 세기 후에 하나님께서는 선지자들의 모델의 역할로서 사무엘을 세우셨다. 사무엘은 모든 이스라엘에게와 새로 임명된 왕에게도 하나님의 말씀을 전했다. 그 선지자는 상황에 따라 위로하는 사람도 되었고 고발하는 사람도 되었다.

또 수 세기가 지난 후에 엘리야와 엘리사는 반역의 역사를 걸어온 백성들에게 하나님의 말씀으로 사역했다. 엘리야는 신정적 이상향을 포기하려고 했으며, 하나님께서 임재해 계신 호렙산에서 이스라엘을 고발했다. 그러나 주께서는 그 선지자가 언약의 수행자로서 이스라엘에게 그의 메시지를 가지고 어떻게 사역해야 하는지를 계시하셨는데, 그것은 언약 공동체에게 언약을 어긴 것에 대하여 정죄하고, 이스라엘에게 다가올 심판의 시대를 준비하라고 경고하며, 경건한 사람들인 남은 자를 불러내는 것이었다(왕상 19:10-18). 주께서는 자신의 소유된 자들을 아시며 그는 그 남은 자들 가운데서 그의 나라를 세우실 것이다! 남은 자들은 포로에서 돌아올 것이며 회복, 즉 하나님께서 그의 백성과 언약을 갱신하심을 누리게 될 것이다.

포로 전후의 대선지자들과 소선지자들은 새로운 메시지 - 하나님의 나라의 임재, 메시아적 통치권의 설립, 유대인과 이방인이 함께 주를 경배할 새 시대의 시작, 심령의 변화, 언약의 갱신, 하나님의 임재를 전했다. 그들은 옛 시대 가운데에서 새 시대가 재창조될 것을 알린 하나님의 나팔수들이었다. 그런 선지자들 중의 마지막이 세례 요한이었다. 말라기는 우리 주님의 날 이전에 그의 준비 사역이 있을 것을 예언했다(말 3:1; 4:5). 요한은 구약의 선지자들과 신약의 사도들 사이의 전환기적 인물이었다. 그는 하나님의 심판과 그의 구원을 선포하면서(마 3:12; 눅 1:76을 보라) 메시아를 직접 가리켰으며 직접 보았다(요 1:29).

주의 날: 나팔(트럼펫)

욤 야웨yôm Yahweh, 즉 "주의 날"은 하나님의 영광과 거룩하심과 그의 창조물에 대한 권위의 계시의 시작이다. 원래 이스라엘은 하나님의 나라가 이 땅 위에 세워지기를 기다리고 있었다. 왜냐하면 그들은 하나님의 완전하신 통치가 이루어지면 그들의 지위가 열방들 가운데서 뛰어난 것이 되리라고 생각했기 때문이다. 이스라엘이 종말론을 수평적인 관점에서 보는 한, 그들은 축복들과 약속들과 언약적 유익들이 늘어날 것을 기대할 수 밖에 없었다. 그들은 주께서도 그들의 책임과 헌신의 반응을 기대하셨다는 사실을 몰랐다.

선지자들을 통하여 주께서는 그 자신에게로 남은 자들의 변화와 정결과 구속에 대한 가르침을 소개하셨다. 만물의 멸망과 남은 자들을 통하여 하나님께서는 이 땅 위에 그의 나라를 재건하시려고 계획하셨다. 선지자들은 하나님께서 인간의 역사에 수직적으로 침입하신다는 근본적인 가르침을 소개했다. 하나님께서는 열방들에게 뿐 아니라 그 자신의 언약 백성들에게도 심판을 내리실 것이다. 모세와 여호수아와 사무엘은 이스라엘에게 언약적 저주를 경고했지만, 하나님께서는 엘리야가 이스라엘에 대하여 공식적으로 불평한 것에 대한 응답으로써 그의 심판이 가까왔음을 엘리야에게 계시하셨다(왕상 19:10-18).

주께서는 엘리야에게 그분 자신에게 남은 자들을 정결하게 하시려고 계획하셨다는 사실을 분명히 밝히셨다. 그가 자기 백성을 기뻐하지 않으심은 전쟁들과, 질병, 지진, 기근, 포로와 같은 것에서 그 증거가 나타날 것이다. 심판의 과정을 통해서 남은 자들은 마치 체질을 통하여 알맹이가 겨와 분리되어 남아 있듯이 남을 것이다(암 9:9-10). 심판, 정결, 복수, 보호, 구속의 이 시기는 주의 날이라고도 알려져 있다. 복수와 보호의 형태 속에서 이루어질 최후의 심판 때까지 수평면은 계속해서 수직면과 교차될 것이다.

아모스는 주의 날에 대한 통속적인 개념을 처음으로 재수정한 고전적인 선지자였다. 사람들은 여로보암 2세 때의 번영이 계속 좋아지기만 할 것이라고 믿었다. 그들이 새로 세운 권세와 번영은 마치 그들의 경제적, 정치적, 사회적 제도들이 모두 받아들여질 만한 것임을 입증해 주고 있다고 여겼다. 더 영광스러워질 미래에 대한 그들의 통속적인 기대와는 반대로 아모스는 인간의 문제에 하나님께서 개입하신다는 사실의 두려움을 설명해 주고 있다. 주의 날의 특징은 심리적 불안과 절망, 외로움, 피할 수 없는 문제들이다(암 5:18-20). 그날이 오기 전에 할 수 있는 적절한 준비는 오직 회개뿐이다. 회개는 하나님께 돌아와서 그 나라의 규칙을 따라 의롭고 공평하게 사는 것이다(14-15절).

주의 날에 주께서는 세상의 제도들을 멸하실 것이다. 지도자들은 정치적 동맹들, 수표와 대차대조의 경제적 제도들, 국제 역, 기술, 종교적 가치를 확보하려고 하지만, 책임을 져야하는 그날에는 모든 인간들의 가치가 땅에 떨어질 것이요, 주께서 홀로 위대하신 왕으로 높여지실 것이다(예, 사 2:6-22을 보라). 이스라엘과 유다뿐 아니라 모든 인류가 그 위대하신 왕을 맞을 준비를 해야한다(합 2:20; 습 1:7). 그날은 큰 살륙(사 63:1-6), 전쟁의 참상(습 1:10-13), 그리고 지진(사 13:13)에 비교된다.

반면에, 주의 날은 회복의 시대를 연다. 그 위대하신 왕께서는 그를 부인하는 모든 자들에게 복수함으로써 자기의 소유된 자들을 구하시고 보호하시려고 오신다. 용사이며 재판장이신 그는 그의 대적들과 반대자들과 또 그의 권세에 완전히 복종하지 않은 모든 자들에게 자신과 자기 백성의 원수를 갚으신다. 회복시키시는 행위와 자기 자녀에 대한 애정은 그를 그의 백성의 구원자이신 용사로 묘사한다. 그는 이 둘 모두가 되시도다!

선지자들, 세례 요한, 우리 주님, 그의 사도들 모두가 회복의 시대를 증거하는데, 그것을 나는 여기에서 TRUMPET(트럼펫)이라는 단어의 머릿글자 말로 요약하고자 한다.

T-Total restoration(전체적인 회복)
R-Rule of God(하나님의 통치)
U-Unbroken covenants(깨어질 수 없는 언약들)
M-Messianic blessing(메시아적 축복)
P-People of God renewed(새롭게 된 하나님의 백성)
E-Enemies avenged(보복당한 적들)
T-Transformation by the Spirit(성령으로 변화됨)

TRUMPET 머릿글자 말은 주의 날에 대한 성경의 가르침을 통하여 그때가 심판과 자유, 저주와 칭의, 보호와 구원, 파괴와 갱신의 날이 될 것이라는 사실을 알리는 통로의 역할을 한다. 이 모든 면들이 하나님께서 행하셨고 예수 그리스도 안에서 성취하실 것에 관한 것이다.[1]

전체적인 회복

창조는 인간 활동의 측면이다. 창조된 세계 안에서 구원이 발생한다. 구원은 물질 세계로부터 벗어나는 것이 아니라 그것을 재건하고 성별되게 하는 것이다.

---

1. 종말론의 주제들에 관하여 신학적으로 다룬 것으로는, 조직신학의 작품들뿐 아니라 다음과 같은 특별한 저작들을 보라. G. C. Berkouwer, *The Return of Christ*, trans. James VanOosterom (Grand Rapids: Eerdmans, 1972); Robert G. Clouse, ed., *The Meaning of the Millennium* (Downers Grove: InterVarsity, 1977); Anthony A. Hoekema, *The Bible and the Future* (Grand Rapids: Eerdmans, 1979).

한편에서, 창조를 대변동으로 보는 관점은 기독교 신앙에 파괴적이다. 이 관점에 의하면 창조는 악한 것이 되고, 주께서는 이 땅을 완전히 파괴하셔야만 한다. 그러나 신약은 이런 이원론적인 관점을 지지하지 않는다. 실제로 이 세상의 형적은 분명히 지나가겠지만(고전 7:31), 그것은 하나님의 성도들이 거룩하고 의롭게 거하는 장소로 바뀔 것이며(벧후 3:13), 거기에서는 성부와 성자께서 하나님의 백성들 가운데서 함께 거하실 것이다(계 22:3). 예수께서는 온유한 자가 "땅을" 기업으로 받을 것이라고 약속하셨고(마 5:5), 하나님의 나라가 땅에 임하도록 기도하셨다(6:10). 벌카우어Berkouwer는 이것을 적절히 나타냈다.

> 구원받는다는 것은 분명히 평범한 지상에서의 일이다.… 그때에 이 세상에서의 삶은 가치가 떨어지는 것이 아니라 부름을 받는 것이다. 새 땅이란 결코 이상하고 미래적인 공상이 아니라 이러한 일들 전체에 나타나는 신비가 그곳에서 스스로 나타나게 되는 장소로써, 거기에는 변치 않는 사랑과 신실함이 있고…, 거기에서는 지금 우리에게 희미하게 나타나는 것들이 더 분명하게 집중될 것이다.[2]

반면에, 이 땅이 점점 정결해지고 더 나아질 것이라는 지나치게 낙관적인 관점도 똑같이 기독교 신앙에 치명적이다. 성경은 현재의 세상과 새 창조와의 사이에 긴장이 있다고 주장한다. 이런 의미에서 새 창조는 이미 이곳에 있다! 그리스도인들에게는 땅을 지배하고 문화를 개발하며 그리스도인 가정들을 세우라는 창조 명령을 성취해야 할 의무가 있다. 그리스도께서 기대하시는 정의와 공의와 사랑과 평화에 대한 순종을 통하여 기독교 공동체는 세상의 소금과 변화를 일으키는 요인이 될 수 있다. 그러나 그리스도의 부르심과 교회의 사명은 하나님의 심판의 개입에 대한 성경의 가르침과

---

2. Berkouwer, *Return of Christ*, 234.

조화를 이루면서 주장되어져야 한다. 세상과 세상의 구조들은 무너져야만 한다! 그렇지 않으면 복음은 윤리나, (자유주의 신학처럼) 정치 개혁이나, 하나님의 직접 통치theonomy나, 재구성주의적 관점이 된다.[3]

새로운 세상의 성격은 옛 세상과 같으면서도 다르다. 새 세상은 평화, 정의, 공의, 성실함, 거룩함, 하나님의 임재, 그리고 그의 축복과 우주적 통치와 같은 것들의 완전함이 그 특징일 것이다. 그것은 또한 전쟁, 불의, 불공평, 불성실, 악, 더러움, 사탄, 저주, 물질적 시간적 한계 등이 없다는 부정적인 표현으로도 나타낼 수 있다(계 21:8, 27).

"나는 육체의 부활을 믿는다"는 옛날의 교회의 고백은 변화가 인간의 몸에게까지 확장된다는 그리스도인들의 확신을 요약해서 표현한 것이다. 부활은 하늘과 땅이 새로워지는 양상이다. 인간을 남녀로, 몸과 영혼으로 창조하신 하나님께서 인간의 부활을 통하여 그의 형상을 새롭게 하신다. 인간이란 존재는 불멸의 혼이 아니라 육체로 제한을 받는다. 한 인간은 몸과 영혼이 합쳐진 것이다. 우리 주님의 부활은 인간도 죽은 자 가운데서 부활할 수 있다는 복음의 근거가 된다. 부활은 하나님의 능력과 구원에 의해 물질 세계가 새롭게 될 때 그것이 천부적으로 선한 것이었음을 확증한다.

그리스도 안에서 신자들은 하나님의 진노를 넘어갔으며(살전 1:10), 그리스도 안에서 모든 사람들은 생명으로의 부활에 대한 소망을 갖는다. 그 소망은 예수 안에서 근거를 가지고 있으며, 그는 영생으로 부활할 자들의 "첫 열매"가 되신다(고전 15:20; 골 1:18). 더욱이 성령께서는 그들에게 부활에 대한 소망과 다가올 세상의 영광에 대한 소망을 지켜주신다(롬 8:11). 부활한 몸의 성격에 대해서는 성경에 분명하게 나타나 있지 않지만(고전 15장을 보라), 그것과 관련된 영광과 그리스도의 임재를 누리는 것은 신자들로 하여금 그들의 구원자이신 하나님께 계속 충성하도록 격려한다. 그러나 불신자

---

3. C. H. Cox, *The Secular City* (New York: MacMillan, 1966); Greg L. Bahnsen, *Theonomy in Christian Ethics* (Nutley: Craig, 1977).

들은 소망의 근거를 갖지 못하며, 심판 때에 그들의 거짓된 확신은 예수의 주되심의 고백 앞에 무너지고 말 것이다. 하지만 그것은 너무 늦을 것이다. 왜냐하면, 하나님의 심판은 그가 육체로 행한 모든 행위들에 대해서 책임을 져야 한다고 주장하기 때문이다.

하나님의 통치

하나님의 나라는 현재적이면서도 여전히 다가오고 있다. 언약의 유익들, 약속들의 성취, 성전 안의 주의 임재, 다윗 왕조, 하나님의 전능하신 행위들, 하나님의 용사로서 성경적인 주의 표현(출 15:1-18; 시 98편), 그리고 하나님의 백성들이 겪었던 모든 체험들에 있어서 그 나라는 현재적이다. 이스라엘은 그의 왕적 지배를 받았었다. 선지자들은 그의 전능하신 행위들을 통하여 그의 왕권이 더 크게 실현될 것을 예언했는데, 그것은 유다와 이스라엘을 포로에서 구원하시고 축복과 평화와 의의 그의 나라를 이방에게까지 확장하시는 행위이다.

하나님의 통치는 영원에서 영원까지 이른다. 그는 창조자가 되셔서 다스리신다. 그는 주(아도나이)시며, 만군의 주시요, 위대한 왕이시고 그의 영광은 땅끝까지 이를 것이다(사 6:1; 말 1:11, 14). 구속사적인 관점에서 볼 때, 창조와 구원은 서로 얽혀 있다. 창조자가 구원자이시고 구원자가 창조자이시다. 그 교차점은 통치자로서의 하나님의 칭호에 있다. 그 위대하신 왕께서는 그의 원수들을 심판하시고 보복하심으로써, 그리고 자기 백성을 구원하시고 보호하심으로써 다스리신다.[4] 용사이신 하나님으로서 주의 왕적인 통치는 그가 그의 성도들을 구하시는 행위와 7의 통치에 굴복하지 않는 자들을 복수하시는 행위로 표현되어 있다.

---

4. 용사이신 하나님이라는 동기(motif)는 성경 전체에 걸쳐 나타난다(예. 출 15:1-18; 민 10:35; 수 23:9-10; 사 51:9-10; 계 19:11-21). William H. Brownlee, "From Holy War to Holy Martyrdom," in *The Quest for the Kingdom of God: Studies in Honor of George E. Mendenhall*, ed. H. B. Huffmon, F. A. Spina, and A. R. W. Green (Winona Lake: Eisenbrauns, 1983), 281-92를 보라.

내가 노함을 인하여 만민을 밟았으며
 내가 분함으로 말미암아 그들을 취하게 하고
 그들의 선혈로 땅에 쏟아지게 하였느니라
 (사 63:6; 66:14-16도 보라; 습 3:15-17)

벌카우어는 하나님의 나라에 대한 표현을 *visio Dei*("하나님의 비전")과 *visio mundi*("세상의 비전")으로 정리했다.[5] 하나님의 비전은 우주적이든, 개인적이든, 단체적이든 간에 구원이 완성되는 것에 관한 하나님의 약속이 완전히 이루어지는 것을 소망하는 것이다. 이 소망은 하나님께 있으니, 그는 시공 안에 그의 새 예루살렘을 세우시고 새로운 세상에 새 예루살렘을 완전히 드러내실 그날을 준비하시는 분이시며, 그 자신이 그의 소유된 백성들 가운데 거하실 것이다. 유감스럽게도 영적인 것과 육체적인 것의 구별, 하늘과 땅의 구별, 하나님의 비전과 세상의 비전의 구별이 성경의 가장 근본적인 가르침을 애매하게 만들어 왔다. 이 문제는 마틴 부버가 잘 지적하고 있다.

그것은 그의 생각이나 감정으로만이 아니라 그의 손끝과 발바닥으로도 실제 생활에서 나타내야 하는 것이다. 구원은 육체의 생활 전체에서 일어나야 한다. 창조자이신 하나님은 그의 창조물 전체를 완성하실 것이다.[6]

파기되지 않는 언약: 창조와 구원

언약들은 하나님께서 그의 백성들이나 세상 전체에 대한 그분의 책임을 일시적으로 표현한다.[7] 모든 생명체와 맺어진 노아 언약은 창조자이신 통

---

5. Berkouwer, *Return of Christ*, 385.

6. Martin Buber, "The Faith of Judaism," in *The Writings of Martin Buber*, ed. W. Herberg (1956), (Cleveland: World, 1956), 265.

7. 참조. H. Berkhof: "세상이 새롭게 되는 것이 완전히 불연속적이며, 이 세상과 역사가 단절되는 것을 성경이 말하는 것으로 수세기 동안 여겨져 왔다. 그러나, 세밀하게 관찰해 보면,

치자의 더 넓은 관심을 드러내며, 그의 영광은 은혜 언약 밖에 있는 백성들과 짐승들에게까지 해당된다는 사실을 보여 준다(시 104편을 보라). 그의 창조물에 대한 하나님의 사랑은 결코 그의 자녀들에 대한 사랑과 별개의 것이 아니다(호 2:18-23). 이사야도 창조와 구원이라는 주제들을 연관시키면서, 하나님께서 그의 백성을 선택하시고 사랑하시는 근거를 창조와 세상에 대한 하나님의 계획에 두고서 설명한다. 이사야 선지자는 이스라엘의 회복을 땅과 자연이 새롭게 되는 것으로 연결시킨다(사 35:1-2).

구속사 전체를 통하여 주께서는 4가지 언약들을 통하여 자신의 책임을 약속하셨다. 노아 언약에서 그는 창조 세계에 대한 그의 신실함이 계속될 것임을 확증하셨다. 아브라함 언약에서 그는 아브라함의 후손들에 대한 그의 축복과 아브라함의 하나님께 순종하는 지상의 모든 족속들에 대한 그의 축복을 약속하셨다. 모세 언약에서는 그 약속들을 이스라엘 민족으로 확장시키신다. 다윗 언약에서 주께서는 그의 기름부으신 왕에게 그리고 그를 통하여 이스라엘과 세상에 번영과 평화의 복을 보장하신다.

이러한 언약들의 약속들은 구속사 전체를 통하여 갱신되며 확장되고, 언약 관계의 외적 조건들이 바뀔 때에도 그렇다. 맥코미스키는 이렇게 결론짓는다. "약속이 있는 언약이 보장하는 요소들은 주된 언약들이 시행되는 표현 속에서 확장되고 풍성해진다."[8]

선지자들은 언약이 갱신될 것에 대하여 큰 기대를 가지고 있었다. 포로 생활을 통하여 주께서는 그의 백성들의 일부를 정결하게 만드셨고, 그를 구하는 자들에게 새롭게 개입하셨다. 이러한 상황에서 선지자들은 여러 가지 방법에서 새 시대의 유익을 선포했고, 그것들은 모두 하나님께서 언약을 갱신하실 것을 나타냈다. 선지자들은 언약적 약속들의 언어에서부터 주제들을

가장 불연속적인 상태에서조차 그 배경과 구조는 항상 연속이었음을 볼 수 있다"(*Christian Faith*, 519, 520).

8. T. McComiskey, *CP*, 172.

인용하고 적용하며 변형시켰다. 그들은 새로워질 것이라는 관점에서 그 약속들을 바라보았는데, 새로워지는 언약들은 옛 것보다 훨씬 더 영광스럽게 되는 것이었다. 그들은 그 성취를 특정한 시간에 맞추지 않고, 하나님의 백성들로 하여금 신실해지며 여호와께서는 신실하시기 때문에 그를 기다리고 그분에게서 피난처를 찾도록 격려하고 위로하고 권고했다(도표 14를 보라).

언약	약속들	비유	메시지
노아	통치; 유지; 근심과 질병과 죽음으로부터의 구원이 포함됨	아버지	변화, 축복과 조화와 그리고 창조와 구원의 통합을 포함
아브라함	축복의 땅, 저주로부터 구원, 자손이 많아짐, 개인적인 축복, 모든 민족들의 축복	방패	보호와 축복, 하나님의 임재와 모든 열방으로부터 나온 백성의 존재의 실현
모세	거룩한 제사장과 왕같은 나라; 열방들의 영광; 용서와 축복	용사이신 하나님	영광 안에서 하나님의 통치, (시내 산의) 공의, 정의, 그리고 사랑; 정결하고 거룩하고 신실한 하나님의 백성
다윗	다윗 계열의 메시아를 통하여 영광과 축복을 받은 왕같은 나라; 사랑의 통치	목자	메시아의 우주적인 통치와 메시아와 함께하는 하나님의 백성들의 통치 하에서의 승리와 영광과 평화

도표 14. 예언에 나타난 하나님의 언약들

메시아적 축복

실제적인 목적들을 위해 우리는 하나님의 나라와 그리스도의 나라를 구별해야 할 것이다. 선지자들은 하나님께서 이 땅에 그의 권세를 세우시는 것에 대하여 말하듯이 메시아적 왕국에 대해서도 말한다. 한편으로는 주께서 평화와 정의와 공의와 축복과 그의 백성들의 번영의 나라를 세우시면서 동시에 그의 율법, 혹은 하나님의 뜻을 이 땅 위에 세우신다(예. 사 2:1-4; 렘 32:37-33:13; 단 2:44-45).

반면에 여호와께서는 다윗 계열의 메시아, 즉 "그 가지"와 "이새의 뿌리"(예. 사 9:2-7; 렘 33:14-26; 호 3:5)에서 그의 왕국을 세우신다. 구약에서의 메시아적 개념은 복잡하지만, 예수의 성육신의 관점에서 볼 때 그 복잡성은 풀리기 시작한다. 메시아는 그의 사역 속에서 하나님의 영의 증거들을 가지고 평화와 번영, 열방들에 대한 우주적인 통치, 정의와 공의의 시대를 열었다. 스가랴 9:9에서 겸손하게 나귀를 타고 오시는 왕의 정체는 분명하지는 않지만, 종려주일의 관점에서 보면 이 구절이 인성을 가지신 겸손한 메시아를 언급하는 것은 분명해진다(마 21:1-11).

이사야는 하나님께서 영광과 그 유익을 주실 그 메시아의 받을 고난을 훨씬 더 충분히 전개하고 있지만, 예수께서 실제적으로 고난을 받으시기 전까지는 이 주의 종이 메시아임은 매우 이해하기 어려운 것이었다. 메시아에 대한 개념은 (승리, 축복, 하나님의 나라의 특징인 우주적인 변화와 관련하여) 용 사이신 하나님, (다윗 계열의 메시아인) 인간 메시아, 그리고 다윗 계열의 제사장적 메시아(참조. 시 110; 렘 33:22; 슥 4장; 6:9-15)로 변한다. 선지자들은 시편 2, 45, 72, 110, 132편에 나타난 신학적 관점에서 일한다. 시편 2편에서 메시아는 모든 열방들을 정복하고, 하나님의 백성과 온 우주에 샬롬을 가져다 주며, 해변 이 끝에서 저 끝까지 다스리도록 임명된 하나님의 아들이다(시 72; 슥 9:10도 보라). 시편 45, 72편은 하나님께서 가난한 자들을 위해서 공의를 세우시고 열방들에게 축복하시는 방법으로써 일으키신 다윗 왕조의 영광과 정의와 공의를 찬양한다(시 72:12-14, 17). 시편 110편과 132편에서 다윗 계열의 왕이 성전이나 제사장직과 밀접한 것은 메시아의 왕적 역할과 제사장적 역할이 밀접함을 나타낸다. 메시아적 왕국은 예수 안에 있도다! 그의 나라는 이전의 어떠한 시대보다도 더 완전히 종말을 시작하는 것이다. 성도들이 메시아적 통치의 유익들을 누릴 소망이 예수 안에 있다.

하나님께서 새롭게 하신 백성

아담과 하와가 에덴 동산에서 추방된 이래로 주께서는 스스로 인류를 그분 자신에게로 구원하시는 일을 이루어오셨다. 구원은 하나님의 모든 행위들과 그의 약속들과 언약들과 이스라엘을 그분 자신의 백성으로 구별하신 이 모든 것을 포함한다. 구속사의 모든 시대들을 연결시키는 줄은, 그분께서 선택하시고 그들을 통하여 그분의 영원하신 목적을 이루신 그 백성들의 언약적인 하나님이 되시겠다는 하나님의 약속이다. "세계가 다 내게 속하였나니 너희가 내 말을 잘 듣고 내 언약을 지키면 너희는 모든 민족 중에서 내 소유가 되겠고 너희가 내게 대하여 제사장 나라가 되며 거룩한 백성이 되리라"(출 19:5-6; 신 26:18-19; 벧전 2:9-10도 보라).

모세와 선지자들과 사도들과 그리고 특히 우리 주님의 사역을 통하여 성부께서는 사람들을 자신께로 부르셨다. 하나님의 백성은 그리스도 전에나 후에나 공통적인 자격과 권리와 소망을 가지고 있다. 그들의 관계의 명백성과 깊이는 다양하며 그것은 그들이 사는 구속사의 시대에 달려 있다. 바울은 하나님께서 그들에게 주신 특권이 얼마나 큰지를 잘 알고 있었다(롬 9:4-5).

하나님께서는 그리스도의 오심에 대한 준비로써, 구약의 백성들에게 성전에 그분의 임재와 제도, 그의 영광을 나타내심, 그들이 선택에 의해 하나님의 자녀라는 특별한 지위를 가지고 있다는 확신, 그리고 약속들에 의해 미래를 보장하심을 직접 체험하게 하셨다. 그들은 용서와 이생에서의 특별한 기쁨, 다가오는 삶에 대한 소망을 누리면서, 더 큰 구원과 적들 특히 악과 불의 부정으로부터의 영원한 자유를 기다리고 있었다. 주님 자신이 세상의 모든 열방들 가운데에서 그의 거룩한 백성이 되도록 그들을 나타내셨다.

이스라엘의 반역으로 인한 암흑의 시기에도 주께서는 자신에게 남은 자들을 보존시키심으로써 목적을 이루셨다(왕상 19:18을 보라). 이러한 목적으로 주께서는 남은 자들을 불러내어 용기를 주도록 선지자들을 보내셨다. 선지자들은 주께서 그 계명을 노예처럼 지키는 것보다 그분을 사랑하는 것을 더 좋아하신다고 말한다. 계명들이란 거룩하심과 공의와 정의와 사랑에 대한 하나님의 기준을 가르치는 도구들이었다. 계명들이 아니라 하나님이 목적이다. 구원은 결코 율법에 집착하는 데 있지 않고 하나님에 대한 사랑에 근거한다(신 6:5).

구약의 기록들을 통하여 우리는 자기 백성과 밀접한 관계를 맺으시는 하나님을 알게 된다. 그들은 용서와 구원, 경건한 삶의 즐거움과 풍성한 보상을 체험했다. 구약은 그런 삶을 격려하며 하나님께서는 의롭고 성숙한 자녀들을 찾으신다고 말한다. 이러한 이유로 사도 바울은 기독교회의 목회자-교사인 디모데에게 계속 구약을 영감된 하나님의 말씀으로 강조하면서 하나님께서 하나님의 아들의 성육신으로 구약을 사용하지 않으시는 것이 아님을 말한다. "모든 성경은 하나님의 감동으로 된 것으로 교훈과 책망과 바르게 함과 의로 교육하기에 유익하니 이는 하나님의 사람으로 온전하게 하며 모든 선한 일을 행할 능력을 갖추게 하려 함이라"(딤후 3:16-17).

예수께서 초림하셨을 때 하나님의 백성들은 이전의 어떤 세대보다도 더 큰 확신을 가지고 종말 시대로 들어간 것이다. 그가 오심으로써 그들은 그리스도 전이나 후나 하나님의 백성들이 받는 모든 유익들은 메시아의 대속적 죽음에 근거한다는 사실을 알게 된 것이다. 그의 죽으심으로 하나님의 진노가 드러났지만, 그의 진노가 큰 것만큼 그의 사랑과 은혜와 용서와, 백성들을 자신에게로 새롭게 하시려는 목적이 더 크다는 사실도 드러났다.

예수께서는 선지자들과 다른 메시지를 가지고 오신 것이 아니었다. 그는 사람들의 경건한 기대들을 바꾸지 않으셨다. 오히려 그는 성부의 근본적인 의도들인 충성, 사랑, 순종, 어떤 인간적인 나라보다 하나님의 나라에 대한 책임을 다시 나타내셨다. 새롭고 혁신적인 것은 하나님의 사랑과 그의 나라에 대한 순종은 우리로 하여금 예수의 제자가 되어야 한다는 예수의 분명한 가르침이다. 그의 제자들은 그 왕과 그의 "왕의 율법"을 따르는 법을 배워야만 한다(약 2:8). 이 왕의 율법은 사랑의 율법으로, 겸손을 요구하며 경건함과 의와 지상에 하나님의 나라가 현재 임하도록 부지런히 실천해야 할 것을 요구한다. 하나님의 새 백성들도 역시 예수의 오심을 기다리며 산다. 그의 백성들은 성령 안에서 "마라나타", 즉 "주여 어서 오시옵소서"(고전 16:22;

계 22:17, 20)라고 기도하면서, 그의 파루시아, 즉 영광스런 재림을 위해 그들 자신을 정결하게 하고 있다.

새 예루살렘이란 하나님의 성을 다스리는 자들과 조화를 이루면서 사는 성도들의 교제를 가리킨다. 하나님께서는 거룩함과 공의와 정의와 평화와 사랑과 온유함 등의 필수조건들을 나열해 놓으셨다. 이러한 필수조건들은 영적인 것들로써 하나님의 영이 그의 백성들 안에 역사하심으로써 형성되는 것이다. 그것들은 자연적인 인간의 속성이 아니다(롬 1장을 보라).

신구약 모두에서 주께서는 그를 사랑하는 자들에게 동일한 기대를 하시는데, 그것은 아브라함에게 하신 하나님의 말씀으로 요약될 수 있을 것이다. "너는 내 앞에서 행하여 완전하라"(창 17:1). 하나님 앞에서 행하는 것이란 신자들이 언제나 하나님께서 계신 그 앞에서 사는 것임을 인식하는 마음 자세를 말한다. 새 창조의 기준은 하나님과 사람을 사랑하라는 율법(레 19:18; 신 6:5), 겸손(사 2:11-15), 공의, 정의, 신실함, 거룩함, 평화를 사랑함(1:17; 미 6:8)이다. 이 새로운 방법은 또한 주에 대한 지식으로도 알려져 있는데(사 11:9), 그것은 주에 관한 지식뿐 아니라 그의 구원과 그의 왕권에 대한 순종의 체험도 가리키는 것이다(호 3:5).

보복당하는 원수들

종말론 -하나님의 구원에 대하여 성경이 가르치는 전체- 은 개인적인 소망보다 훨씬 넘어선다. 그것은 하나님께서 여전히 다스리시며 그리스도께서 그의 주권을 완전히 이루실 이 세상에 연관되어 있기도 하다. 온 세상이 종말론적 기대에 몰두하고 있다.

새 시대는 이 세상에서 박해받고, 억압당하고, 억울한 일을 당하며, 부당하게 대우받은 의인들의 것이다. 의인들은 공의를 부르짖으며 정의에 목말라하면서 하나님의 정의와 공의가 완전히 성취되기를 기다리고 있다(시 37:9-11, 34). 의인들의 소망은 하나님의 공의에 있으며, 하나님께서는 공의로써 악을 심판하시고 그의 백성들을 보호하실 것이다(39-40절).

최후 심판은 하나님의 의로우심을 드러낸다. 그 심판에 관한 성경의 본문들은 그것이 일반적이라고 확증한다. 왜냐하면, 하나님의 자녀들을 보호하고 상 혹은 벌의 성격을 나타내는 목적은 육체로 행한 행위들에 달려 있기 때문이다(마 13:40-43; 25:31-32; 행 17:31; 롬 2:5-6; 고전 6:2-3; 고후 5:10; 살후 1:7-10; 벧전 1:17; 벤후 3:7; 계 20:12; 22:12).

성령에 의한 변화

하나님의 영은 새롭게 하시는 과정에도 참여하신다. 구약의 선지자들은 그 영이 하나님의 백성들을 새롭게 하시고, 인도하시고, 위로하시고, 그들 가운데 거하신다고 말한다(예로, 사 44:3; 겔 36:26-27; 학 2:5). 더욱이 그는 회복의 대행자신데, 그에 의해 하나님께서는 모든 만물을 축복과 샬롬의 상태로 새롭게 하신다(사 32:15-20; 시 104:30).

하나님의 영은 특히 메시아의 시대와 관련되어 있다. 다윗은 하나님의 영을 받았다(삼하 23:2; 참조, 왕상 3:5-15). 이스라엘의 왕권이 거룩한 직분이었던 것은 다윗 계열의 왕이 지상에서의 야웨의 통치를 확장했기 때문이다. 또한 메시아도 그 영의 강림하심으로 특별한 권세를 가지셨다(사 11:2). 주 예수께서는 성령으로 세례를 받으셨고(마 3:16), 그때에 아버지께서 그의 메시아적 사명을 확인하셨다(사 11:1; 61:1을 보라). 신비스런 치료와 귀신을 쫓아냄으로써 입증되는 하나님의 영은 종말이 침입한 증거이다. "그러나 내가 하나님의 성령을 힘입어 귀신을 쫓아내는 것이면 하나님의 나라가 이미 너희에게 임하였느니라"(마 12:28). 성령은 메시아 시대가 도래했다는 종말론적 표지이며, "성령과 … 불"(눅 3:16)이라는 특징을 갖는다. 개핀은 이렇게 기록하고 있다.

이 세례는 구원과 멸망이 이중적으로 발생하는 종말론적 심판의 전체를 포함한다. 메시아의 성령과 불 세례는 하나님께서 타작 마당을 정하게 하시는, 좀더 자세하게 표현한다면 역사의 종말에 세상이라는 들판을 추수하시는 행

위로서, 구별하시는 대 작업의 일부이다.[9]

예수께서는 그의 교회에게 위로와(요 14:16), 가르침과 인도하심(26절; 15:26; 16:13), 새롭게 하시는 능력(행 1:8)을 위해 성령의 증거를 주신다. 사도들의 교회에 성령께서 임하심으로써 베드로가 놀랍게 변했으며, 이방인들이 들어 왔고, 기사와 이적을 행했으며, 메시아 시대의 도래를 증거했다(행 2:38; 4:31; 6:5; 7:55; 10:9-48; 11:27-28; 13:1-2; 16:6-7). 성령을 통하여 모든 성도들은 함께 종말에 있는 것이며, 그들은 이미 양자의 영과 상속권을 가지고 있는 것이다(롬 8:9, 14-15; 갈 4:6; 엡 2:18). 그리스도인들 각자는 성도의 교제로 함께 묶여 있는데, 그것은 이 땅에서의 그리스도의 몸이다(롬 5:5; 고후 5:17). 현재의 시대는 성령의 시대이며(고후 3:6-18), 새 언약 안에서 하나님의 영광이 나타나는 시대이다.

주는 영이시니 주의 영이 계신 곳에는 자유가 있느니라 우리가 다 수건을 벗은 얼굴로 거울을 보는 것 같이 주의 영광을 보매 그와 같은 형상으로 변화하여 영광에서 영광에 이르니 곧 주의 영으로 말미암음이니라 (고후 3:17-18)

성령께서는 교회를 위해 최후의 영광을 예비하신다. 그는 새 시대의 "첫 열매" 혹은 "보증"이시며(고후 1:22; 5:5; 엡 1:13-14; 4:30), 그의 안에서 우리는 구원의 날을 갈망한다(롬 8:23). 교회에 주어진 그리스도의 영은 예수의 영화와 밀접하게 관련되어 있다(요 7:39). 이전의 어느 시대와도 달리, 성령께서는 다가올 위대하고 영광스러운 나라에 대한 소망과 교회의 사명과, 개인적인 성화의 목표를 소생시키시고 재확인하시며 활기 있게 유지하신다. 성령께서는 성도들 개개인과 교회를 만물의 회복을 향해 나아가게 하신다.

---

9. Richard B. Gaffin, *Perspectives on Pentecost* (Phillipsburg: Presbyterian & Reformed, 1979), 15.

그것을 개편은 다음과 같이 결론짓는다. "오순절의 '첫 열매'의 능력에서 교회는 나타날 영광에 대한 소망과(롬 8:18-25), 의의 거하는 바 새 하늘과 새 땅을 바라보는 확신으로(벧후 3:13) 힘차게 살아갈 것이다."[10]

하나님의 나라이자 메시아적 나라로서의 이스라엘 그리고 교회

종말론적 개념으로서의 "나라"

하나님의 나라는 종말론적 개념으로서 창조와 새 창조를 이어준다. 그것은 하늘에서와 땅에서의 하나님의 역동적이고 은혜로우신 임재를 말하는 것이며, 그것으로써 그분께서는 영원에서 영원까지 공의와 정의와 평화 가운데 다스리신다(시 74:12; 93:2; 145:13). 히브리어의 말레쿠트 *malᵉkût*와 맘라카 *mamlākâ*와 헬라어의 바실레이아 *basileia*는 하나님의 통치의 권위, 그의 통치의 완전하심과 능력, 그의 통치의 영역(창조물), 그의 통치의 범위(하늘과 땅), 그의 권위가 저항할 수 없는 것이며 승리적이고 영광스러운 것임을 묘사하는 말이다. 하나님께서는 구속사 전체를 통하여 가시적으로 약속들과, 언약들과, 그의 임재의 표시들과, 성취의 체험들과, 실체에 의해서 지상에 그의 권세를 세우신다. 하나님의 행위들은 그가 지금까지도 통치하고 계시며 또 그의 관심은 새 하늘과 새 땅을 위해 새 인류를 구속하시는 것임을 증거한다.

그 나라의 실체

그 나라는 미래적인 사건이며(우리는 "나라가 임하시오며"라고 기도한다), 동시에 현재적인 실체이다. 하나님의 왕권에 대한 경험은 인간의 타락에까지 거슬러 올라가는데, 그때에 하나님께서는 반역한 인간들에게 축복하

---

10. Ibid., 38.

시면서 주권적으로 인간의 자율을 제한하시는 왕적인 관심을 보이신다(창 3-11장). 신약학자들이 종종 그 나라에 대한 예수의 선포와 이전까지의 구속사에 있어서의 하나님의 행위들을 구분하는 것을 유감스러운 일이다. 예수의 나라의 성격에 대한 신약의 논의는 바이스Weiss와 슈바이쳐Schweitzer에 의해 활기를 띠게 되었는데, 그들은 예수께서 즉각적인 세상의 종말을 기대했었다고 주장했다. 반면에 다드Dodd는 그 나라가 예수의 임재 안에 있다고 생각했는데, 이것은 "실현된 종말론"으로 알려져 있다. 큄멜의 입장은 폭넓은 지지를 얻었다. 왜냐하면, 그는 그 나라의 임박성과 미래성을 모두 정당화하려고 했기 때문이다. 래드의 관점은 큄멜보다 더 발전된 것으로써, 그는 예수의 나라가 구약의 기대를 성취하며 완성을 보증하는 것이라고 설명한다. 이러한 관점은 한편에서는 그 나라가 현재 나타났다는 점과 다른 편에서는 완성과 대변혁을 이룰 것이라는 사실 사이에서 긴장을 형성한다.[11]

그 나라가 시작되었다고 강조하는 것은, 하나님께서 직접적으로(신정정치에서)와 간접적으로(다윗 왕조를 통하여) 이스라엘을 분명히 다스리셨기 때문에 수정될 필요가 있다. 신정정치적인 부분에서 여호와께서는 열방들을 다스리시고, 원수들에게 복수하시며, 반복해서 이스라엘을 구원하신 용사이신 하나님이셨다. 메시아적인 부분에서, 우리 주 예수께서는 귀신을 내쫓으시고, 은혜로우신 이적을 일으키시며, 승리의 부활과 현재의 영광스러우신 통치를 통하여 훨씬 더 하나님의 나라의 임재를 잘 나타내셨다. 예수께서 오심으로써 긴장은 고조되었고, 사탄 스스로가 그 나라의 새로운 단계의 시작을 방해하게 되었다. 교회는 이러한 투쟁을 물려 받았으며, 래드는 이렇게

---

11. J. Weiss, *Jesus' Proclamation of the Kingdom of God*, trans. and ed. Richard Hyde Hiers and David Harrimore Holland (Philadelphia: Fortress, 1971); A. Schweitzer, *The Kingdom of God and Primitive Christianity*, trans. L. A. Garrard (New York: Seabury, 1968); C. H. Dodd, *The Parables of the Kingdom*, 2d ed. (London: Nisbet, 1935); W. G. Kümmel, *Promise and Fulfillment*, trans. Dorothea M. Barton (London: SCM, 1961); George Eldon Ladd, *The Presence of the Future* (Grand Rapids: Eerdmans, 1974), 218.

말한다.

교회는 이 시대의 마지막까지 선과 악, 하나님과 사탄의 싸움의 초점이다. 교회는 결코 쉬거나 안일할 수 없고 항상 전투와 투쟁의 교회가 되며 종종 박해를 받고, 그러나 궁극적인 승리를 확신해야만 한다.[12]

완전한 하나님의 나라의 침입은 구속사에 있어서 그 마지막 단계의 시작을 가져오며, 그리스도의 성도들에게는 영광과 승리와 상급이요, 그의 대적들에게는 부끄러움과 패배와 멸망이 그 특징이 될 것이다.[13]

그리스도의 나라

구속사에 있어서의 현 단계는 복음의 우주적인 선포와 모든 믿는 자들에 대한 그리스도의 은혜가 전 세계적으로 적용되는 것을 통하여 그리스도의 나라를 전개한다. 새롭게 하시는 영이신 하나님의 영은 주 예수의 이름을 부르는 모든 사람들에게 부어져 왔다. 그는 각 성도들을 새로운 피조물로 변화시키시고, 성령과 말씀의 썩지 아니할 씨로 태어나게 하심으로써, 새 하늘과 새 땅을 위한 예수 그리스도의 교회를 준비하신다(요 3:3-8; 벧전 1:23). 그리스도의 나라는 하나님의 영원한 나라의 일시적인 표현이다. 예수께서 시간 안에 오셨고, 그의 나라를 시작하셨으며, 왕 중의 왕으로서 영광스럽게 다스리시며, 아버지의 우편에 앉아계시기 때문에 그것은 일시적이다. 그는 모든 정사들과 권세들과 열방들이 그에게 굴복할 때까지 다스리실 것이다(고전 15:23-28; 히 2:5 9). 그는 흰 말을 탄 자이시며, 그의 용사 같은 힘으로 세상의 나라들은 사탄의 세력과 함께 멸망할 것이다(계 19:11-21). 그리스도

---

12. Ladd, *Presence of the Future*, 338.
13. 그 나라의 실현과 미래에 관하여 엇갈리는 관점을 잘 개관한 것으로는, Hoekema, *Bible and the Future*, 288-316을 보라.

의 통치는 모든 창조물을 다스리시는 아버지의 나라를 회복하기 위한 목적에서 시행되는 모습이다. 하나님의 나라와 그리스도의 나라 사이에는 아무런 긴장이나 갈등이 없다. 벌카우어가 잘 말해 주고 있다.

> 이것은 사실 그리스도께서 아버지 하나님께 그 나라를 드릴 때에 영광과 위엄을 강조하는 것이며, 전혀 그리스도와 그의 나라를 평가 절하하는 것이 아니다. 그리스도 중심주의와 하나님 중심주의, 그리스도의 통치와 하나님의 통치 사이에는 딜레마가 전혀 없다. 모든 것은 구원을 받은 실체가 되는 것의 성취에 중심을 두고 있다.[14]

옛 나라와 새 나라

구약에서의 하나님의 나라(신정정치적인 면)와 현재 나타난 하나님의 나라(메시아적인 면) 사이에는 연관성이 있다. 앞에서 검토한 내용에 의하면, 다음의 사실들은 분명할 것이다.

1. 하나님의 나라는 영원부터 영원까지이다.
2. 구약에서의 하나님의 나라는 그의 우주적인 통치, 그의 백성에 대한 통치, 다윗의 후손들을 통한 통치라는 점에서 실제로 존재했다.
3. 모세와 언약들과 선지자들의 말로, 여호와께서는 그의 모든 창조물들 위에 축복과 의와 평화가 영원히 지속되는 나라를 세우시겠다고 약속하셨다.
4. 메시아적 나라는 다윗에게 하신 그의 약속을 이루실 것이며 땅 위에 그의 나라를 세우실 것이다.
5. 축복과 저주, 칭의와 정죄, 삶과 죽음의 모든 행위들은 다가오는 나라를 기대하는 것이었다.

---

14. Berkouwer, *Return of Christ*, 437.

이와 같이 구약에서의 하나님의 나라의 신정적인 측면은 이 땅에 하나님의 나라를 세웠다. 그 나라에 대한 소망은 예루살렘(시온)과 그 성전과 다윗 왕조였지만, 그 소망의 초점은 하나님 자신이신 위대하신 왕의 임재였다(시 46:4-11; 132:13-18).

그 나라와 이스라엘

하나님께서는 교회와 분리하여 유대인들을 위한 특별한 나라의 계획을 가지고 계시는가? 맞기도 하고 틀리기도 하다. 복음은 처음에 유대인들에게 주어졌다. 그들은 유대인으로 태어나신 메시아에게서 하나님의 전능하신 행위들을 보고 들을 권리를 받았다. 사도들의 선교는 유대인들에게서 시작되었다. 이방인의 사도인 바울은 항상 먼저 유대인들에게로 갔다(롬 1:16). 유대인들에 대한 선교는 매우 실패적이었는데, 그것은 그들이 메시아와 예수의 메시아 되심의 표징인 부활을 거절했기 때문이다. 사도 바울은 로마서 9-11장에서, 유대인들에 관한 문제와 교회와 회당 사이에 점점 벌어져 가는 거리감에 대한 문제를 신학적으로 해석하고 있다. 거기에서 그는 그리스도 안에 있는 하나님의 목적의 명확성과 신비성을 강조한다. 이방인들에게 복음이 확장되고 유대인들과 이방인들을 모아 예수 그리스도의 교회인 한 몸으로 만드는 것에 대한 하나님의 뜻은 명백하다(10:1-13). 그러나 얼마나 많은 수의 유대인들이 포함될 것인가에 대한 하나님의 뜻은 아직 불분명하다(11:25). 사도 바울은 구속자가 올 것이며, 유대인과 열방들을 축복하기 위하여 시온에서 나올 것이라는 선지자의 말에 나오는 소망으로 전환한다(26-27절; 시 14:7; 사 2:3; 59:20-21도 보라). 궁극적으로 그는 하나님의 신실하심에 그의 논지의 근거를 삼는다. "하나님의 은사와 부르심에는 후회하심이 없느니라"(롬 11:29).

로마서 11장에 따르면, 유대 백성들의 회복은 이 시대의 마지막에 가서야 이루어질 것이다. 현재에는 반역의 상태라고 할지라도, 유대인들은 여전히 거룩하고 사랑받는 자들로 여겨지고 있다. 하나님의 지혜 안에서 그리고 그분의 목적에 따라 그리스도의 몸이 새로워진 결과로써 나타난 이방인들의 충만함에다 유대인들의 충만함이 더해질 것이다. 그는 이 새로움을 감람 나무의 원래 가지를 접붙이는 것에 비유하고 있다. 그러나 사도 바울은 미래에 유대인을 위한 하나님의 은혜를 제한하지 않는다. 후크마Hoekema는 이렇게 말한다.

> 그 본문이 오직 미래만을 말한다고 주장하지 않는 한, 그 본문에는 미래의 회개를 제외시키려는 내용은 없으며, 또 이방인의 충만한 수가 모여든 후에야 이스라엘의 회개가 일어날 것이라는 설명도 없다.[15]

앞에서 나는 사도들의 시대에 교회와 이스라엘을 동일시한 근거가 없다고 주장했다.[16] 사도들은 이스라엘을 원래 있는 방법들로 인식했으며, 그것으로 이방인에게 그리스도 안의 하나님의 행위가 선포되어야 한다고 생각했다. 그러나 그들은 이스라엘이 완악해지는 난관에 부딪혔다. 대화와 유대인들에 대한 생생한 증거를 보면서, 사도 교회 즉 에클레시아는 그들 스스로를 옛 하나님의 백성들과 연속된 것으로 보았는데, 그것은 70인역에도 에클레시아("회중")로 알려져 있었다. 그러나 그들은 메시아이신 예수에 대한 신앙 때문에 불연속성도 보았다. 그러나 이스라엘이 그들의 메시아에게로 돌아올 기회는 아직 열려 있다.

그 나라와 교회

교회는 그리스도의 나라가 현재 나타난 것이다. 보스의 주장은 옳다. "우리 주님께서는 가시적인 교회를 실제로 그의 나라가 구현된 것으로 보셨

---

15. Hoekema, *Bible and the Future*, 147.
16. W. VanGemeren, "*IHCIP*," pt. 2, p. 287.

다."¹⁷ 그것은 지역 교회이든 우주적인 교회이든 간에 모두가 예수의 주되심에 굴복하며, 개인적으로나 단체로나 그들의 메시아가 영광스럽게 나타날 것을 준비하는 자들로 구성되어 있다. 그리스도께서 교회의 머리가 되신다는 사실은 그가 온 세상의 머리되심을 나타내기도 한다. 예수께서는 온 세상을 다스리시는 머리가 되심으로써 모든 창조물을 다스리시는 권세를 가지신다(골 1:17-20). 그리스도인들은 예수 그리스도의 교회의 구성원들이다. 그들은 그리스도와 그의 교회와 함께 삼위일체되신 하나님을 경배하며, 영적으로 성장하고, 교회를 통하여 예수의 나라를 확장시킨다. 그리스도인들은 또한 예수께서 온 우주의 머리 되심을 기억하면서, 온 세상을 그리스도 아래 있는 것으로 본다. 그들은 만물이 영광스럽게 변할 것을 기대하지만, 지금은 모든 삶을 예수 아래에 있는 것으로 본다. 교회는 주님의 뒤를 계속 이어서 세상에게 그 나라의 복음을 전파하며, 사탄의 권세를 무너뜨리고(롬 16:20), 그 나라의 영적인 모습들을 나타내는데, 그것은 "의와 평강과 희락"(14:17)이며, "믿음과 소망과 사랑"(고전 13:13)이다.

반면에, 교회는 삶의 모든 영역 - 예술, 과학, 인문 과학들, 산업, 상업, 정치 등에 걸친 그리스도의 통치를 반영한다. 래드는 이렇게 결론을 내린다.

> 그 나라는 교회를 창조하며, 교회를 통하여 일하고, 교회에 의하여 세상에 선포된다. 교회 없이는 그 나라가 있을 수 없다 - - 하나님의 나라 없이는 교회가 있을 수 없다. 그러나 그 둘은 하나님의 통치와 인간의 교제라는 구별된 개념으로 남아 있다.¹⁸

---

17. G. Vos, *The Kingdom: The Teaching of Jesus Concerning the Kingdom of God and the Church* (Nutley: Presbyterian & Reformed, 1972), 87.

18. Ladd, *TNT*, 119.

그 나라의 목표

그 나라의 목표는 부분적으로는 드러나 있지만 부분적으로는 숨겨져 있다. 그 나라는 하나님 중심적이며, 역동적이고, 우주적이다. 위대하신 왕께서 그 메시아를 통하여 하늘과 땅에 있는 모든 만물 위에 그의 나라를 만들어 나아가신다. 교회라는 제도와 성령의 역사하심을 통하여 아버지께서는 예수 그리스도 안에서 그분 자신과 교제하기 위하여 남자든 여자든, 소년이든 소녀든, 유대인이든 이방인이든 간에 부르신다. 그들은 그분의 자녀가 되며, 그의 아들과 하나가 되고 하나님의 영으로 다시 태어난다. 새로운 피조물로서 그들은 이미 새 하늘과 새 땅에 참여하고 있는 것이다. 그들은 새로운 삶과 용서와, 화해, 양자됨, 그리고 예수 그리스도와 함께 형제 상속자가 된 축복을 누린다. 또한, 새로운 삶은 순종과, 하나님 중심적인, 성육신적인, 즐겁고, 소망이 있는 삶의 모습 속에서 삼위일체 하나님께 찬양하고 그 나라를 선포함으로써 자신을 보여주어야 한다.[19] 선지자들과 우리 주님과 사도들, 특히 요한계시록 21-22장은 (비유들과 적절한 말로) 지상에서의 하나님의 나라의 영광과 축복을 말해 준다. 하나님의 목적과 목표에 관한 한 어떠한 회의적인 생각도 그 나라의 상속자들에게는 문제가 되지 않는다. 그들은 그 나라가 분명히 세워질 것이라는 약속의 말을 받았다. 그러나 그것이 세워지는 방법은 아직 아버지의 손에 달려 있다. 그는 그때와 방법을 아시지만(행 1:7), 그러나 지금은 그의 자녀들이 순종하며, 기다리며, 승리하면서, 그의 아들이 영광스럽게 나타나는 그날, 주의 날, 하늘과 땅의 변화를 기다리며 사는 것에 관심을 두고 계신다. 이러한 목적에서 바울은 이렇게 설명하며 기도한다. "평강의 하나님께서 속히 사탄을 너희 발 아래에서 상하게 하시리라 우리 주 예수의 은혜가 너희에게 있을지어다"(롬 16:20).

---

19. A. I. deGraaf, *The Kingdom of God in the Preaching and Work of Jesus* (Potchefstroom: Potchefstroom University, 1982).

40

종말론과 그리스도인의 삶

종말론은 성경이 미래에 관하여 말하는 모든 것들의 종합이다. 성경은 미래에 관한 주제를 하나님, 주 예수, 성령, 하나님의 백성, 예수 그리스도의 교회, 구원과 성화, 하나님의 계시의 성격에 관한 성경의 가르침과 서로 연결시켜서 다룬다. 미래(혹은 종말)에 관한 연구는 성경에 나오는 모든 주제들을 섭렵해야 하며 구원과 그리스도인의 삶과 소망을 포함하는 하나님의 계시의 목적들도 다루어야 한다. 이렇게 볼 때, 미래에 관한 연구는 성경 전체와 같이 책임과 삶의 변화를 요구한다. 그것은 중립적인 것이 아니며, 벌카우어Berkouwer가 말한 바와 같다.

성경에 설명된 종말론적 약속과 기대는 본질적으로 독립되어 있거나, 중립적이거나, 초자연적으로 신자들에게 특별한 지식을 주거나 미래의 사건들에 관한 어떤 통찰력을 주는 것이 아니다.…종말론은 먼 미래에 대한 어떤 기획이 아니다. 그것은 우리가 사는 현재에 발생하는 것이며, 마지막에 있는 일들의 관점에서 오늘날의 삶을 구성하는 것이다.[1]

---

1. Berkouwer, *Return of Christ*, 18-19.

성경의 종말론에 대한 우리의 주된 관심은 성경의 목적들 안에서부터 나온다. 모세와 선지자들과 예수와 사도들을 통한 하나님의 계시는 교육, 격려, 권고라는 3가지 기본적인 목적들을 가지고 있다. 성경에서 미래에 대하여 가르치는 것은 소망과 위로를 주며, 우리 주님을 따르는 응답의 삶을 요구하는 목적을 가지고 있는 것이다.

윤리

윤리와 종말은 서로 포함되어 있다.[2] 첫째, 선지자들의 메시지는 책망과 그에 따르는 하나님의 심판을 포함하면서 주의 날을 말한다. 그러나 하나님의 심판이 필연적이라 하더라도 권고는 여전히 계속되고 있다.

> 오라 우리가 서로 변론하자 …
> 너희의 죄가 주홍 같을지라도
>   눈과 같이 희어질 것이요 (사 1:18)

그가 언약들과 약속들과 미래의 소망을 베푸실 자들은 새로운 성읍을 이룬다.

> 그리한 후에야 네가
>   의의 성읍이라
>   신실한 고을이라 불리리라 하셨나니 (26절)

---

2. 귄터 보른캄의 중요한 논문, "Future and Present, Eschatology and Ethics," in Paul, trans. D. M. G. Stalker (New York: Harper, 1969)을 보라.

주께 구속된 자들은 거룩하다고 불리워질 것이요(4:3), 그들은 "이스라엘의 거룩한 자의 시온"(60:14), 새 예루살렘(65:18)을 이룰 것이다.

하나님 중심적인 삶

하나님 중심적인 삶은 위대하신 왕께 대한 순종을 요구한다. 순종의 마음은 하나님을 하나님 되게 하고 그의 앞에서 겸손하려는 모습이다. 하나님 중심적인 삶은 개인적인 생활 방식, 가정 생활, 언어와 행동들 속에서도 나타난다. 행위의 동기적인 요소는 그 사람의 됨됨이에 달려 있다. 경건한 모습은 자기가 가치 있다는 생각, 보상을 바라는 마음, 이기적인 야망을 원하는 가운데서 나올 수 없다. 오직 주를 기뻐하는 가운데서 나온다. 이 기쁨은 경건한 가정 생활, 그 나라에 대한 희생적 봉사, 성실한 선포와 교육과 복음 전도의 밑에 깔린 동기이다.

그 나라의 자녀들은 그들의 삶 속에서 하나님의 뜻의 영광과 존귀와 의롭게 이루어지기를 구해야 할 책임이 있다. 예수께서 하나님의 나라를 구하는 모든 자들을 부르셨을 때 바로 이 책임을 요구하셨다. 보스는 다음과 같이 말한다.

> 하나님 중심적인 개념에 있어서 예수께서 가장 중요하게 여기신 의로움은 그 나라를 구하라는 절대적인 표현에서 유추될 수 있을 것이다. 그것은 제자들에게 있어서 가장 중요한 관심이다.[3]

그리스도의 영은 하나님의 나라를 세우는 데 있어서 삼위일체되신 하나님의 하나님 중심적인 관심에로 나아간다. 성령께서는 성결하게 하시고, 깨끗하게 하시고, 동기를 부여하시며, 성령의 열매를 맺게하시고, 은사를 받은 성도들로 교회를 준비시키신다. 하나님께서는 성령을 통하여 그의 백성들

---

3. Vos, *The Teachings of Jesus*, 63.

이 하나님 중심적인 백성들이 되도록 다스리신다. 성령께서는 예수의 나라에 더 이상 관심을 두지 않는 인간들의 제도들을 깨뜨리신다. 라이트Wright는 다음과 같이 말한다.

> 하나님께서는 성령을 통하여 항상 인간의 제도주의와 싸우신다고 말할 수 있다. 왜냐하면, 제도는 우상화되어가고, 스스로 영원히 존재하려고 하며, 자신을 경배하게 하기 때문이며, 교회의 구성원들은 새로 태어난 것과 같기 때문이며, 사람들은 성령으로 하여금 율법을 따르게 하려하고 의식과 같은 것들을 통해서만 조정될 수 있다고 가정하기 때문이다.[4]

성육신적인 삶

성 아우구스티누스는 『하나님의 도성』에서 하나님의 도성과 인간의 도성이라는 표현을 통하여 하나님의 나라와 인간의 나라의 공존을 설명했다. 그리스도인들은 하나님의 도성의 시민들이지만 그들은 인간의 성읍에 살고 있다. 하나님의 도성은 위대하신 왕께 순종하는 반면, 인간의 도성의 시민들은 자기고집적이며, 자아중심적이고, 이기적이다. 하나님의 도성의 독특성은 그 통치자에 있다. 위대하신 왕께서 봉사하시도다! 그는 그에게 복종하는 자들에게 선을 행하시기를 즐기신다. 이러한 정신에서 그리스도께서는 다른 사람들을 위하여 인간으로 오신 것이다. 그리스도께서는 하나님의 뜻을 행하시기 위해 이미 인간의 세상에 오셨다. 그는 아버지께 대한 완전한 복종으로 인간들을 위해 자신을 희생하셨다. 그는 그를 따르는 자들에게 똑같은 길을 걷고 그들 자신의 십자가를 지라고 그들을 부르셨다(마 16:24-25).

그 나라의 계획에 참여하는 데 필수적인 조건은 오직 하나님의 통치에 순종하고 하나님의 형상을 나타내는 것이다. 그를 부르며 경외하고 사랑하는 자들만이 그의 구원과 의와 사랑의 대상이다. 메시아적인 나라에 필수적

---

4. G. Ernest Wright, *The Rule of God* (Garden City: Doubleday, 1960), 108.

인 요소들은 오직 자기를 버리는것, 부인하는 것, 하나님의 나라의 목적에 위임하는 것이다. 우리 주님의 성육신하신 모델은 그의 발걸음을 따라 그 나라로 들어가려는 모든 자들을 부르시기 위한 것이다(빌 2:1-11).

그 나라의 자녀들은 어린아이와 같은 믿음을 증거해야 한다(막 10:15). 그 나라에 들어가려면, 길이신 예수를 믿는 것(요 14:6)과 하나님의 영에 의한 중생(요 1:12; 3:5) 밖에 없다. 중생은 성령의 사역으로써, 하나님의 자녀가 되게 하며 새로운 피조물이 되도록 재창조하는 것이다(요 3:1-8, 36). 중생은 그 자체로서 그리스도께 대한 헌신과 회개와 선행을 증거한다. 그 나라로 가는 길은 어려운 것이 아니라 좁다(마 7:13-14).

우리 주님께서는 외부적인 요구사항들이 아니라, 선지자들이 요구했던 중생과 내적인 새로움과 참된 영성을 새롭게 하셨다. 그는 믿음, 사랑, 선행, 악에 대한 저항, 예수의 율법(제자도)을 지킴, 용서할 준비, 영성, 그리고 계속적인 기도만을 기대하실 뿐이다(마 12:50; 16:24-25; 18:35; 25:31-46). 예수께서는 삶 전체의 위임을 요구하신다(눅 17:33). 그리스도 안에서 자신을 잃는 자는 왕 중의 왕이시요 주 중의 주이신 그 영광스러운 이름의 능력을 증거하게 될 것이다(계 19:16).

바울은 계속해서 그리스도인의 삶과 영광스러운 소망을 연관시켰다. 그 나라로 인한 고난은 받을 만하며, 그것과 비교하여 더 큰 "우리에게 나타날 영광"(롬 8:18)이 있다. 칭의에 대한 영광스러운 교훈은 성화와 또는 정의의 실천 교리와 관련되어 있으며, 그것에 따라 그리스도인은 의의 종으로서(5:21; 6:13-23), 하나님의 의가 나타날 것을 소망하며(갈 5:5) 산다. 주의 날에 대한 바울의 가르침은 윤리와 소망으로 정리된다. 그는 데살로니가의 신자들에게 "밤에 도적 같이"(살전 5:2) 오실 예수를 맞이하기 위해 절제와 믿음과 사랑과 소망과 평화와 격려와 도움과 인내와 온유와 희락과 감사에 힘쓰라고 권고했다(6-18절). 2000년 교회사와 시대의 애매한 표징들과 파루시아(재림)의 지연으로 인하여 교회가 위험스럽게도 주님을 기다리는 일을 잊어버리고 있다.

계시록의 환상들도 경건하게 살 것을 권고하고 있다. 영광의 예수께서 소아시아의 일곱 교회들에게 충성하고, 인내하고, 그의 오심을 준비하며, 시험을 이기라고 권면하신다(계 2-3장). 그의 오심을 준비하고 있어야 교회는 생명력있게 유지되며, 언제 그가 오시더라도 준비하게 된다. 새 예루살렘과 새 하늘과 새 땅을 기다리면서 이 세상을 극복하는 자들에게 주어지는 상급은 크다(계 2:7, 11, 17, 26; 3:4-5, 12, 21).

삶의 자세

기다림과 소망, 인내, 견딤과 같은 것은 종말론적인 면모들이다. 구속사는 하나님께서 그의 나라를 세우시고, 그날에 하나님께서는 열방들에게 복수하시며 그의 자녀들에게 영광의 구원을 주실 것이라는 통찰력을 준다. 그 날은 과거이며 현재이고 미래이다. 주께서는 애굽에서, 이스라엘에게 홍해를 건너게 하심에서, 가나안 정복에서, 그리고 많은 왕들의 통치 기간 동안에서 그의 능력을 보여주셨다. 그는 아람, 앗수르, 바벨론, 페르시아, 그리스, 프톨레미우스, 셀류커스, 로마와 마찬가지로 회교도, 십자군, 나폴레옹, 히틀러를 멸하셨다. 이 세상에서 불의와 부정, 악을 만날 때마다 경건한 자들은 군대나 정치에 의한 해결, 경제 정책을 의지하지 말고 오직 주를 의뢰해야 할 것을 배우게 된다.

> 너희가 돌이켜 조용히 있어야 구원을 얻을 것이요
>   잠잠하고 신뢰하여야 힘을 얻을 것이거늘
> 너희가 원하지 아니하고…
>   그러나 여호와께서 기다리시나니 이는 너희에게 은혜를 베풀려 하심이요
>   일어나시리니 이는 너희를 긍휼히 여기려 하심이라
> 대저 여호와는 정의의 하나님이심이라

> 그를 기다리는 자마다 복이 있도다 (사 30:15, 18)

이사야서나 다른 선지서들이나 시편은 주의 왕권을 묘사하면서, 성도들에게 하나님께서 이 땅에 그의 나라를 세우시기를 기다리라고 격려한다.

> 대저 여호와는 우리 재판장이시요
> 　여호와는 우리에게 율법을 세우신 자이요
> 여호와는 우리의 왕이시니
> 　그가 우리를 구원하실 것임이라 (사 33:22)

예루살렘이 바벨론에게 멸망당하기 전날 밤, 주께서는 경건한 자들에게 그의 구원을 성실하게 기다리며 참으라고 격려하셨다(합 2:3-4). 우리 주 예수께서는 감람산 강화에서(마 24:42)와 열 처녀의 비유에서(25:1-13) 기다리라는 말씀을 다시 새롭게 하셨다.

하나님의 나라가 영광스럽게 세워질 것이라는 기대로 인하여, 하나님의 임재하심 가운데서의 기쁨 충만한 삶과 하나님께서 그의 자녀들을 위해 준비하신 것에 대한 기대 사이의 긴장이 형성된다. 영광스러운 미래를 기대하면서 하나님의 자녀라면 그리스도 이전이든 이후이든 간에 누구든지 기쁨과 소망과 찬양에 힘쓰며 또한 기도와 성경 연구로 확신을 지키면서 하나님께서 기대하시는 일들을 나타낸다.[5]

기쁨

하나님을 의지하면 평안과 목적과 기쁨을 가지게 된다. 우리가 의미와

---

[5] 천년에 대한 문제에 그렇게 많은 주의를 기울여온 것이 후회스럽다. 관점을 고려하지만 않으면, 종말론은 삶의 태도를 가지는 것이며, 벌카우어의 말과 같다. "이렇게 연합된 기대는 종종 전, 후, 무천년설에 대한 논쟁으로 기독교회를 위협해 왔다. …이 문제는 단순히 요한계시록 20장을 어떻게 해석하느냐의 문제가 아니라 역사 철학 전체가 달려 있는 문제이다"(*Return of Christ*, 234).

자신의 정체와 확신에 있어서 자꾸 뒤척거린다면, 우리의 영혼은 평안할 수가 없다. 하나님의 왕권에 대하여 기쁨이 충만하면 하나님과의 내적인 평화를 누리게 된다. 하나님의 자녀들은 어떤 계획이나 교리적 진리를 만들어내는 데 열광할 필요가 없다. 그리스도인들은 인간적인 인기나 성공 때문에 "높은" 것이 아니라 하나님에 대한 지식에 도취되기 때문이다. 그러한 지식은 하나님과의 관계, 하나님에 대한 확신, 하나님의 목적들에 대한 신뢰를 언급한다. 위대하신 하나님의 행위와 장엄하신 그분의 성품을 느낄 때 그 마음은 기쁨으로 충만해진다. 시편의 기자는 이러한 자세로 가득 찼을 때 이렇게 외쳤다.

> 여호와는 위대하시니 크게 찬양할 것이라
> 그의 위대하심을 측량하지 못하리로다 (시 145:3)

그리스도인들의 삶은 선택과 그분의 전 통치 영역에 확장된 하나님의 우주적인 아버지 되심 사이에 조화있는 균형을 반영한다. 그의 신실하심과 언약적 사랑, 선하심, 긍휼하심은 언약 공동체를 넘어서 그의 모든 피조물에게까지 이른다. 주의 기쁨을 체험한 자들은 체험적인 진리를 발견해 왔다. 그들은 다른 사람들을 판단하거나 인도하거나 조종하는 자가 되어서는 안 된다. 그들은 하나님의 임재하심 앞에서 하나님을 섬기며 사는 것이다. 그들은 하나님께서 그들에게 하라고 명하시는 것과, 그리고 가능성과 가정적인 상황과 의심으로 그들의 마음을 흐트러뜨리지 말라고 명하시는 것을 엄격하게 구별해야 한다. 그들은 인간의 한계보다 훨씬 더 위대하신 하나님을 바라보아야 한다. 그들은 하나님과 평화를 누리기 때문에 다른 사람들과도 평화를 누려야 한다! 하나님께서 창조하신 세상 안에서 그들은 일종의 임무를 갖는다. 이 임무는 너무 커서 그들 자신이 무익함을 느끼게 되며, 기쁨으로 이렇게 외치게 된다.

> 사람이 무엇이기에 주께서 그를 생각하시며
>
> 인자가 무엇이기에 주께서 그를 돌보시나이까? (시 8:4)

이 세상에 대하여 하나님 중심적인 관점과 메시아적인 관점으로 보면 그것에 대한 자세가 변하게 된다. 세상은 더럽고 악한 것이 아니다. 누가 왕이며 어떠한 경제적, 철학적, 정치적, 과학적 제도가 우월권을 경쟁하는지를 고려하지 않는다면 그것은 하나님의 것이다. 후크마는 삶의 모든 영역에서의 그리스도인들의 비전의 위치를 강조한다.

> 그러므로 그 나라의 시민이 된다는 것은 우리가 모든 삶과 모든 실체들을 우주의 구원의 목표의 관점에서 보아야 한다는 의미이다. 아브라함 카이퍼가 말한 바와 같이, 이것은 그리스도가 이 세상에서 "그것은 내 것이 아니다"라고 말할 것이 엄지손가락 넓이thumb-breadth만큼도 없다는 의미를 내포한다. 여기에는 그리스도인들의 역사와…문화와…소명(직업)에 대한 철학이 들어 있는 것이다. 모든 직업은 하나님께로부터 온 것이며, 매일의 생활 속에서 우리가 하는 모든 것은 그것이 연구이든, 가르치는 것이든, 전파하는 것이든, 상업, 산업, 혹은 가정 일이든 간에 곧 하나님을 찬양하기 위하여 행해지는 것이 되어야 한다.[6]

소망

하나님의 나라의 목표는 하늘과 땅에 하나님의 절대 주권을 세우는 것이다. 에덴 동산에서 추방된 후부터 메시아가 영광으로 오시기까지 하나님께서는 그분 자신에게로 한 백성을 준비하신다. 이 백성은 이 땅에서 그의 뜻을 행하기를 원하면서 이 땅이 변화될 것을 소망하며 기다리는 자들이다. 현재의 세상은 죄와 심판의 결과로 오염되었지만, 이 세상의 회복은 하나님

---

6. Hoekema, *Bible and the Future*, 54.

의 목적들의 완성을 향해 시작되었다.

우리 하나님께서는 이스라엘을 그의 제사장 나라로 세우셨다(출 19:6). 이스라엘은 실제로 하나님의 통치에 속한 유일한 나라였으며, 이 땅에서 그의 뜻을 행하도록 가르침을 받아 왔다. 그분께서는 그들을 통하여 열방을 다스릴 것이다(신 28:12-13). 이스라엘 가운데 겸손한 자들은 그들에게 약속되어진 새 땅에서 하나님의 임재와 축복을 충만하게 누릴 기쁨을 고대하고 있다.

> 그러나 온유한 자들은 땅을 차지하며
> 풍성한 화평으로 즐거워하리로다 (시 37:11)

예수께서는 이방의 신자들을 포함하여 그에게 속한 모든 자들에게 왕권과 통치의 특권을 확장시키신다. 그리스도인들이 삶 속에서 박해받고 고난당한다고 할지라도 예수께서는 그들이 이 땅에서 그와 함께 다스릴 것이라고 그들에게 확신을 주셨다(눅 12:32; 롬 5:17; 계 1:6; 5:10; 20:6).

소망은 그 나라에 있어서 가장 결정적인 요소이다. 이것은 그 나라의 백성들에게 하나님 중심적인 삶을 요구하며, 하나님의 나라의 현재적인 즐거움과, 역동적인 긴장 속에서 그 영광을 펼칠 미래를 모두 유지해 준다. 그 나라의 자녀들은 그 미래를 미리 맛보는 즐거움을 누리지만, 아직 종말의 그림자 속에서 산다. 예수께서 구속사의 마지막 단계를 시작하셨다. 더욱이 하나님의 영에 의해 보증되는 새로운 삶은 미래의 회복의 표지이다. 성령은 교회 안에서 개인과 단체 모두에게 역사하신다. 교회는 그분을 믿도록 다른 사람들을 부르고 또 그분께서 영광스럽게 오실 것에 대한 소망으로 교회의 구성원들을 무장시키기 위한 목적에서 예수 그리스도에 의해 세워진 메시아적 회중이다. 교회는 현재에 있어서 그 나라의 표현이다. 그 말씀의 선포와 성례전의 실행은 복된 소망을 생명력있게 해 준다. 그리스도인 개개인의 사회 참여는 새 하늘과 새 땅에서 있을 근본적인 변화를 부인하지 않는 한,

그리스도인으로서의 시민권을 적절히 표현하는 것이 된다. 그리스도께서는 변화를 약속하신다. 그는 재구성이 아닌 개혁을 기대하신다.

다가올 그 나라에 대한 소망은 그리스도의 가르치신 사역과 그 나라의 중심에 놓여 있다(마 6:10; 25:1-13). 복음 - 그 나라는 자신을 희생양으로 주신 그리스도 안에서 이곳에 있다는 것 - 의 선포는 메시아께서 영광스럽게 오실 것이라는 선포를 추론하지 않으면 불완전한 것이다.

그 나라는 임박한 것이다(마 16:28; 눅 17:20-21; 21:31). 그분께서 오시는 방법, 그 시기의 징조들, 예수의 가르침과 사도들의 가르침에 관련된 예언적인 말의 해석에 관하여 좋은 의미들을 가진 그리스도인들 사이에서 해석의 차이들은 계속 있을 것이다. 소망은 우리가 그 말씀을 이해하는 것과, 우리의 기대보다도 훨씬 더 영광스럽게 자신의 목적을 이루실 하나님의 자유 사이에 긴장을 형성한다.

결론적으로 예언의 말의 의미는 주님께서 오신다는 것으로 다 끝난 것이 아니다. 예언적인 성경의 연구가 훨씬 더 긴요한 것은 그것들이 메시아적 시대들의 영광을 말하기 때문이다(벧전 1:11). 베드로는 예수께서 오실 때에 성도들을 위하여 준비된 유업에 대한 소망을 가지고 서로를 격려하며 기다리라고 권고하고 있다(3-4, 8절). 그 소망의 요소란, 우리 주님께서 영광스럽게 나타나실 것, 육체의 부활, 하나님의 백성의 영화, 하나님의 메시아의 대적들에 대한 복수, 그리스도 안에 있는 하나님의 약속들과 목적을 따라 그리스도의 교회 안에 유대인과 이방인이 충만해짐, 삼위일체 하나님의 임재, 하늘과 땅이 새로워짐 등이다. 소망은 주기도문, 특히 "나라가 임하시오며"를 간구함에 대한 응답이다.[7]

---

7. 이스라엘의 미래에 관한 나의 글들을 보라, in Reformed Theology and prophetic interpretation, "IHCIP," pts. 1 and 2. 또, Raymond E. Brown, "The Pater Noster as an Eschatological Prayer," in New Testament Essays (Garden City: Doubleday, 1968), 275-320.

찬양

미래에 대한 하나님의 계시에는 찬양도 있다. 우리는 모세, 이사야, 시편들, 바울, 그리고 계시록에서 요한과 함께, 하나님의 무한하신 지혜와 사랑에 대한 찬양을 함께 나눌 수 있는데, 그분의 지혜로 만물이 지어졌고 그것은 그리스도의 주권 아래에 복종할 것이다. 선지자들을 통해서 여호와께서는 그의 백성들에게 그들을 위해 준비된 영광과, 그리스도 안에서의 하나님의 나라와, 정의와 공의와 거룩함을 특징으로 하는 새 세계에 대한 복된 소망을 주신다.

이사야의 노래는 그가 왕이시며 용사이신 하나님께 대한 찬양으로 경건한 자들이 그와 함께 연합하도록 인도한다고 표현한다. 그분의 승리로 경건한 자들은 완전히 구원되며, 그는 거룩하심으로 그가 구속하신 자들 가운데 거하시면서 자신을 낮추신다.

> 여호와를 찬송할 것은 극히 아름다운 일을 하셨음이니
> 　이를 온 땅에 알게 할지어다
> 시온의 거민아 소리 높여 부르라
> 　이스라엘의 거룩하신 이가 너희 중에서 크심이니라 할 것이니라
>
> (사 12:5-6; 습 3:14-17도 보라)

바울은 그리스도 안에서 승리가 보장되어 있고, 그리스도를 통하여 교회가 승리의 노략물을 얻게 됨을 기뻐한다(엡 4:7). 그리스도인들의 찬양 속에서, 메시아 안에서 행하신 하나님의 새 역사는 영속적이 되니, 예수는 새 시대를 열도록 하나님께서 임명하신 대리자이시다(빌 2:6-11). 바울에 의하면, 그리스도인들은 그리스도 안에서 하나님의 사역에 대하여 응답하는 방법을 배워야 하는데, 그것은 삶과 기도와 영광스러운 소망을 전개함에서 뿐 아니라 찬양에서도 그렇다. 찬양은 모든 공동체로 하여금 과거와 현재와 미래에서의 하나님의 역사하심에 대하여 서로 격려할 수 있게 하는 경건의 표현인

데, 그것은 성경의 영감된 시와 찬미를 사용하며 또 나중의 신자들이 만들고 그리스도 안에서 하나님의 위대하심이 반영된 "영적인 노래들"도 사용한다(엡 5:19-20).

사도 요한은 하늘에서 그리스도의 보좌를 둘러싼 성도들과 장로들과 천군 천사들의 찬양을 포함시킴으로써, 그리스도 안에 있는 하나님의 놀라운 계획들에 대하여 더 많이 깨닫게 해 준다. 이러한 찬양과 소망과 승리의 표현들은 성도들이 이 땅에서 소망을 가지게 할 뿐 아니라, 그들로 하여금 이 세상의 나라들에 대한 그리스도의 승리와, 그의 권세가 세워짐과, 풍성하고 감출 수 없는 성도들의 기쁨에 대한 기대로 인하여 참된 즐거움을 누리게 해 준다(계 5:9-10; 7:15-17; 15:3-4; 19:1-2, 6-8).

기도와 성경 연구를 통한 확신

우리 주님께서는 한 재판관에게 끈질기게 공정함을 호소하는 한 과부에 대한 비유로 쉬지 않는 기도의 필요성을 설명해 주셨다(눅 18:1-5). 그 여인은 이 세상에서 박해받고 불의하게 대우받으면서 의의 나라를 기다리는 하나님의 자녀들을 나타낸다. 이 재판관은 이 세상의 불공평한 판결 제도를 나타낸다. 우리 주님께서는 그 비유를 가르치신 후에, 천부께서는 이세상의 어떠한 재판관보다도 훨씬 더 세밀하시다는 사실을 통하여 경건한 자들을 격려하심으로써 작은 것에서부터 큰 것에 이르는 주제들을 설명하셨다. 그는 항상 그의 자녀들의 기도를 들으신다. 기도는 위에 계신 하나님과 신자들 간의 의사소통이지만, 반면에 무시될 수도 있고, 오해될 수도 있고, 비웃음을 당할 수도 있고, 괴롭힘을 당할 수도 있고, 차별 대우를 받을 수도 있다. 기도는 경건한 자들이 그들의 구원을 포기하지 않고 기다리면서 견뎌내는 믿음과 인내의 표현이기도 하다.

구약의 성도들, 선지자들, 시인들과 신약의 성도들의 기도는 하나님의 신실하심과 약속들을 증거한다. 기도를 통하여 그들은 얼핏 보이는 하나님의 행위들을 알아챘다. 예를 들어, 하박국은 처음에 하나님께 자신의 불평에 대하여 질문하지만(합 1:2-2:1), 나중에는 역사적으로 불안한 상황에 처해서도 여호와로 인하여 즐거워하며 기도로 마치고 있다(3:16-19).

성도들의 기다림은 기도에서 뿐 아니라 하나님의 약속들에 대한 연구에서도 나타난다. 여호와께서는 다음 세대들이 더 연구하고 묵상하도록 하기 위하여 종종 선지자들에게 그들이 받은 신탁을 봉하라고 명하셨다. 이사야는 여호와의 제자들 때문에, 하나님의 말씀에 대하여 응답하지 않는 자들에게 있을 심판에 관한 예언을 봉했다(사 6:10; 8:16). 경건한 자들은 그의 모든 계획이 이루어질 것이라는 확신으로 용기를 얻을 것이다.

풀은 마르고 꽃은 시드나
　우리 하나님의 말씀은 영원히 서리라 하라

(사 40:8; 34:16-17; 55:11도 보라)

신구약에 있는 예언의 말씀을 연구하면 소망이 생기며 독특한 관점을 얻게 된다. 성경 연구는 우선 모든 예언을 퍼즐 조각으로 보고 그것들이 언제 어떻게 함께 맞추어질 것인가에 대한 관심으로 세부적인 결론들을 재구성하려는 방향으로 나아가지 말아야 한다. 사도들이 그 나라의 시작에 대하여 물었을 때 우리 주님께서 말씀하신 대답은 역시 우리에게도 하나님께 속한 것에 대한 적당한 대답이 되어야 한다(행 1:7). 성령의 능력은 할 수 있는 힘을 주시고, 인도하시며, 위로하시고, 그리스도께서 교회에게 주신 사명을 이룰 소망을 주신다(8절). 말씀을 연구하고 가르치고 선포하는 것은 종말론적인 차원이며, 말씀을 실천할 때마다 우리는 영광으로 다시 오실 그리스도를 준비하는 것이다(딛 2:11-15). 성경 연구는 그 자체를 목적으로 하여 미래에 대해 묵상하는 정도를 넘어서서 매우 실제적이다. 그것은 거룩함과 믿음과 소망과 사랑을 고취시킨다. "이 예언의 말씀을 읽는 자와 듣는 자와 그 가운데에 기록한 것을 지키는 자는 복이 있나니 때가 가까움이라"(계 1:3).

결론

구속의 이야기는 예수 그리스도 안에서 하나님께서 활동하시고 계시하시는 장엄한 계획을 말해 준다. 그 아들은 아버지와 하나님의 백성들 간의 관계에 있어서 중보자이시다. 하나님의 영은 다가올 회복의 징표로써 모든 하나님의 자녀들에게 주어졌다. 그는 하나님의 자녀들이 어린 양과 함께 나눌 영광에 대하여 증거하신다. 비록 우리는 하나님의 구원이 미래에 어떻게 이루어질 것인가에 대하여 세밀하게 조직적인 체계를 구성하지는 않았지만, 모세와 선지자들과 우리 주님과 사도들은 실제적인 종말을 조화있게 증거하고 있다. 기독교 신앙은 본질적으로 종말론적이며 또 기독론적이다. 기독론 없이 종말론은 없으며, 마찬가지로 종말론 없이는 기독론도 없다.

유감스럽게도 복음적인 그리스도인들은 해석의 세밀한 세부 사항들에 있어서 의견이 맞지 않으며, 더 유감스러운 것은 복음주의를 특별한 천년주의적 관점이라는 표현으로 구분하는 것이다.[8] 모든 천년주의적 입장은 선지자들과 사도들의 증거 전체를 듣지 않아서 곤란을 당하고 있다. 우리는 증거들 전체에 관심을 두면서, 인식은 다양하게 할지라도 연합을 힘써야 한다. 그리스도께서는 우리로 하여금 복된 소망에 대한 준비로써 그리스도인으로서의 삶을 살기를 힘쓰도록 우리를 부르셨다. 우리의 소명은 복된 소망의 세부적인 것들을 이루기 위한 것이 아니다. 소망은 서로 다르게 표현될 수도 있다. 왜냐하면, 우리는 아직 흐린 거울로 보고 있기 때문이다. 우리는 우리의 입장에 서서 한 지평선에서는 영원을 또 다른 지평선에서는 성경해석을 바라볼 수 있는 서로 다른 유리한 위치를 점하고 있다. 그러나 우리는 미래나 선지자들의 말에 대한 해석에 무관심할 수는 없다. 우리는 그 복된 소

---

8. 천년에 대한 문제가 Christianity Today Institute의 최근의 글에 신랄하게 야기되고 있다, "Our Future Hope: Eschatology and Its Role in the Church"(*Christianity Today*, Feb. 6, 1987). 사회자 Kenneth Kantzer는 우리가 타당한 차이점들을 인정해야 하고, 말씀의 연구자들로서 우리의 일을 계속해야 하며, 함께 대화를 계속 유지해야 한다고 지혜롭게 결론을 내렸다. 천년에 대한 다양한 입장들을 나타내는 작품으로는 이 글을 보라.

망에 관한 이유들을 드러내며 서로를 격려하도록 명을 받았다. 이러한 목적에서 성령은 우리 안에서 다가올 구원을 더 깊이 갈망하도록 우리에게 주어진 것이다.⁹

그와 함께 우리는 외치도다, "주 예수여, 오시옵소서! 마라나타!"

---

9. Willem A. VanGemeren, "The Spirit of Restoration," *WTJ*, forthcoming.

| 약어표 |

AB	Anchor Bible Commentary.
BJRL	Bulltetin of the John Rylands Library.
BSC	Bible Student's Commentary
BT	Vos. *Biblical Theology. Old and New Testaments*. Grand Rapids: Eerdmans, 1948.
CaC	W.J. Dumbrell. *Covenant and Creation: An Old Testament Covenantal Theology*. Exeter: Paternoster, 1984.
CBQ	Catholic Biblical Quarterly.
CC	O. Palmer Robertson. *The Christ of the Covenants*. Grand Rapids: Baker, 1980.
CF	H. Berkhof. *The Christian Faith*. Grand Rapids: Eerdmans, 1979.
CP	Thomas E. McComiskey. *The Covenants of Promise: A Theology of the Old Testament Covenants*. Grand Rapids: Baker, 1985.
EBC	Expositor's Bible Commentary.
EDT	Evangelical Dictionary of Theology.
EJ	Encyclopaedia Judaica.
EQ	Evangelical Quarterly.
FRLANT	Forschungen zur Religion und Literatur des Alten und Neuen Testaments.
HB	Norman K. Gottwald. *The Hebrew Bible: A Socio-Literary Introduction*. Philadelphia: Fortress, 1985.
ICC	The International Critical Commentary.
IDB	The Interpreter's Dictionary of the Bible.
IDBSup	IDB Supplementary Volume.
IHCIP	Willem A VanGemeren. "Israel as the Hermeneutical Crux in the Interpretation of Prophecy," pt. 1, *WTJ* 45(1983): 132-45; pt. 2, ibid., 46(1984): 254-97.
IJH	J.H. Hayes and J.M. Miller, eds. *Israelite and Judean History*, Philladelphia: Fortress, 1979.
IOTS	Brevard S. Childs. *Introduction to the Old Testament as Scripture*. Philadelphia: Fortress, 1979.

ISBE rev.	*International Standard Bible Encyclopedia*, rev. ed.
JBL	Journal of Biblical Literature.
JETS	Journal of the Evangelical Theological Society.
JNES	Journal of New Eastern Studies.
JSOT	Journal for the Study of the Old Testament.
JSOTSup	JSOT Supplement Series.
LXX	Septuagint.
MT	Masoretic Text.
NCB	New Century Bible.
NEB	New English Bible.
NICNT	New International Commentary on the New Testament.
NICOT	New International Commentary on the Old Testament.
NIGTC	New International Greek Testament Commentary.
NIV	New International Version.
NKJV	New King James Version
NTCI	Brevard S. Childs. *The New Testament as Canon. An Introduction.* Philadelphia: Fortress, 1984.
NTI	Donald Guthrie. *New Testament Introduction*. Downers Grove: InterVarsity, 1970.
NTS	New Testament Studies.
NTT	Donald Guthrie. *New Testament Theology*. Downers Grove: InterVarsity, 1981.
OTL	Old Testament Library.
OTS	William S. LaSor, David A. Hubbard, and Frederic W. Bush. *Old Testament Survey.* Grand Rapids: Eerdmans, 1982.
OTTCC	Brevard S. Childs, *Old Testament Theology in a Canonical Context.* Philadelphia: Fortress, 1986.
SBT	Studies in Biblical Theology
SEA	Svensk Exegetisk Arsbok
SNT	Robert H. Gundry. *A Survey of the New Testament.* Grand Rapids: Zondervan, 1970.
StBib	Studia Biblica et Theologica
TB	Tyndale Bulletin

TDNT	*Theological Dictionary of the New Testament*
TNT	George E. Ladd. *A Theology of the New Testament.* Grand Rapids: Eerdmans, 1974.
TOTC	Tyndale Old Testament Commentaries
TOTT	Walter C. Kaiser, Jr. Toward an Old Testament Theology. Grand Rapids: Zondervan, 1978.
UD	James D.G. Dunn. *Unity and Diversity in the New Testament: An Inquiry into the Character of Earliest Christianity.* Philadelphia: Westminster, 1977.
VT	*Vetus Testamentum*
VTSup	*VT Supplements*
WBC	*Word Biblical Commentary*
WTJ	*Westminster Theological Journal*
ZAW	*Zeitschrift für Die altestamentliche Wissenschaft*
ZNW	*Zeitschrift für Die neutestamentliche Wissenschaft*

| 참고문헌 |

OLD TESTAMENT STUDIES

General Commentaries

Series

Bible Student's Commentary (BSC). Grand Rapids: Zondervan, 1982-.

Calvin's Commentaries on the Old testament. Grand rapids: Baker, 1979.

Gaebelein, F.E., gen. ed. *The Expositor's Bible Commentary (EBC)*, vols. 1-7. grand Rapids: Zondervan.

Harrison, R.K., gen. ed. *New International Commentary on the Old Testament(NICOT)*, Grand Rapids: Eerdmans.

Hubbard, D.A., and g.W. Barker, gen. eds. *Word Biblical Commentary (WBC).* Waco: Word.

Keil, C.F., and F. Delitzsch. *Commentary on the Old Testament*, Grand rapids: Eerdmans, 1971.

Wiseman, D.J., gen. ed. *Tyndale Old Testament Commentary (TOTC).* Downers Grove: InterVarsity,

One-Volume Commentaries

Elwell, W.A., gen. ed. *The evangelical Commentary on the Bible.* Grand Rapids: Baker, forthcoming.

Guthrie, D., dna J.A. Motyer, gen. eds., *The New Bible Commentary*, Rev. ed. Grand Rapids: Eerdmans, 1970.

Bible Dictionaries

Bromiley, Geoffrey W., gen. ed. *International Standard Bible encyclopedia.* Rev. ed. Grand Rapids: Eerdmans, 1979-88.

Douglas, J.D., ed. *The New Bible Dictionary*, Grand Rapids: Eerdmans, 1979.

Doublas. J.D., gen ed. *The Illustrated Bible Dictionary.* Sydney Auckland: Intervarsity, 1980.

Elwell, Walter, ed. *Evangelical Dictionary of Theology.* grand Rapids: baker, 1984.

___. *Evangelical Dictionary of the Bilbe.* Grand rapids: Baker, forthcoming.

Tenney, Merriell C., ed. *The Zondervan Pictorial Dictionary.* Grand rapids: Zondervan, 1967.

___. *The Zondervan Pictorial Encyclopedia of the Bible.* 5 vols. Grand rapids: Zondervan, 1975.

Bible Atlases

Aharon, Yohanan, and Michael Avi-Yonah. *The Macmillan Bible Atlas.* rev. ed. New York; Macmillan, 1977.

Frank, Harry Thomas, ed. *Hammond's Atlas of the Bible lands.* maplewood; hammond, 1977.

May, Herbert G., ed. *Oxford Bible Atlas*, New York; Oxford University Press, 1984.

Commentaries on Old Testament Books

Genesis

Aalders, G.C. *Genesis*, BSC. 1981.

Caussuto, Umberto. *A Commentary on the Book of Genesis.* translated by Israel Abrahams. 2 vols. Jerusalem: Magnes, 961-64.

Kidner, Derek. *Genesis: An Introduction and Commentary.* TOTC. 1967.

Westermann, Claus. *Genesis: A Commentary.* Translated by John J. Scullion. 3 vols. Minneapolis: Augsburg, 1984.

Exodus

Caussuto, Umberto. *A Commentary on the Book of Exodus.* Jerusalem; magnes, 1967.

Childs, Brevard S. *The Book of Exodus.* OTL. 1974.

Cole, Robert *A Exodus.* TOTC. 1973.

Gispen, W. H. *Exodus. BSC.* 1981.

Levicticus

Mays, james L. *The Book of Leviticus and the Book of Numbers.* Richmonds: John Knox, 1963.

Noordtzij, A. *Leviticus*, *BSC*. 1982.
Snaith, Norman H. *Leviticus, Numbers*. *NCB*. 1967.
Wenham, G. J. *The Book of Leviticus*. *NICOT*. 1979.

Numbers

Budd, Philip J. *Numbers*. *WBC*. 1984.
Noordtzij, A. *Numbers*, *BSC*. 1983.
Noth, Martin. *Numbers*, *OTL*. 1968.
Wenham, G. J. *Numbers; An Introduction and Commentary*. *TOTC*. 1981.

Deuteronomy

Craigie, Peter C. *The Book of Deuteronomy*. *NICOT*. 1976.
Kline, Meredith G. *Treaty of the Great King*. Grand Rapids: Eerdmans, 1963.
Rad. Gerhard von. *Deuteronomy*. OTL. 1966.
Thompson, John A. *Deuteronomy; An Introduction and Commentary*. *TOTC* 1974.

Joshua

Butler, Trent C. *Joshua*. *WBC*. 1983.
Soggin, Juan *Alberto, Joshua*, *OTL*. 1972.
Woudstra, Marten. *The Book of Joshua*. *NICOT*, 1981.

Judges

Boling, Robert G. *Judges*. *AB*. 1975.
Cundall, Aruthur E. *Judges*. *TOTC*. 1968.
Soggin, Juan Alberto. *Judges: A Commentary*. *OTL*. 1981.

Ruth

Campbell, Edward F., Jr. *Ruth*. *AB*. 1975.

1–2 Samuel

Hertzberg, H.W. *I and II Samuel*. *OTL*. 1964.
Klein, Ralph W. *I samuel*. *WBC*. 1983.

Lange, Johann Peter. *Commentary on the Holy Scriptures: Samuel-Kings.* Grand Rapids: Zondervan, 1960.

1–2 Kings
Gray, John. *I and II Kings.* OTL. 2d ed., 1970; 3d ed., 1977.

1–2 Chronicles
Myers, Jacob M. *I and II Chroniclels.* AB. 1965.
Williamson, H.G.M. *I and II Chronicles.* NCB. 1982.

Ezra–Nehemiah
Clines, David j.A. *Ezra, Nehemiah, Esther.* NCB. 1984.
Fensham, F.C. *The Books of Ezra and Nehemiah.* NICOT. 1982.
Kidner, Derek. *Ezra and Nehemiah: An Introduction and commentary.* TOTC. 1797.

Esther
Dlincs, David J. A. *The Esther Scroll: The Story of the Story.* JSOTSup 30. 1984.
Moore, Carey A. *Esther.* AB. 1971.

Job
Andersoen, F.I. *Job.* TOTC. 1976.
Eaton, J.H. *Job.* Old Testament Guides. Sheffield: *JSTOT* Press, 1985.
Ellison, H.L., *A Study of Job: From tragedy to Triumph.* Grand rapids; Zondervan, 1972.
Gordis, Robert. *The Book of Job.* New York; Ktav, 1978.
Habel, Norman C. *The Book of Job: A Commentary*, Philadelphia: Westminster, 1985.
Pope, Marvin J. *Job. AB.* 1st ed., 1965; rev. ed., 1973.

Psalms
Allen, Leslie C. *Psalms 101-150. WBC.* 1983.
Craigie, Peter C. *Psalms 1-50. WBC.* 1983.

Kidner, Derek. *Psalms*. TOTC. 975.

VanGemeren, Willem. *Psalms*. *EBC*, vol. 5. Forthcoming.

Weiser, Artur, *The Psalms*. OTL. 1962.

Proverbs

Kidner, Derek. *The Proberbs: An Introduction and Commentary*. TOTC. 1964.

McKane, William *Proverbs; A New Approach*, OTL. 1970.

Scott, R.B.Y. *Proverbs and Ecclesiastes*. AB. 1965.

Ecclesiastes

Eaton, Michael A. *Ecclesiastes*. TOTC, 1983.

Gordis, Robert. *Koheleth-the Man and His World: A Study of Ecclesiastes*. New York: Schocken, 1973.

Kaiser, Walter, *Ecclesiastes; Total Life*. Chicago: Moody, 1979.

Kidner, Derek. *A Time to Mourn and a Time to Dance*. Downers Grove; InterVarsity, 1976.

Song of Songs

Pope, Marvin H. *Song of Songs*. AB. 1977.

Isaiah

Kaiser, Otto. *Isaiah 1-39*. OTL. 2 vols, 1972, 1974,

Westerman, Claus. *Isaish 40-66*. OTL. 1969.

Oswalt, John N. *The Book of Isaiah. chapters 1-39*. Grand Rapids: Eerdmans, 1986.

Young, E.J. *The Book of Isaiah*. 3 vols. Grand Rapids: Eerdmans, 1965-72.

Jeremiah

Bright, John. *Jeremiah*. AB. 1965.

Carroll, Robert P. *Jeremiah; A commentary*, philadelphia: Westminster, 1986.

Harrison, R.K. *Jeremiah and Lamentations: An Introduction and Commentary*. TOTC. 1973.

Thompson, J.A. *The Book of Jeremiah*. NICOT. 1980.

Lamentations

Hilers, Delbert R. *Lamentations.* AB. 1972.

Kaiser, Walter. *A Biblical Approach to personal Suffering.* Chicago: Moody, 1982.

Ezekiel

Craigie, Peter C. *Ezekiel.* Philadelphia: westminster, 1983.

Eichrodt, Walther. *Ezekiel, OTL.* 1970.

Ellison, H.L. *Ezekiel: The Man and His Message.* Grand Rapids: Eerdmans, 1956.

Taylor, John B. *Ezekiel: An Introduction and Commentary. TOTC.* 1969.

Zimmerli, Walther. *Ezekiel.* Hermeneia. 2 vols. philadelphia: Fortress, 1979.

Daniel

Baldwin, J.G. *Daniel. TOTC.* 1978.

Young, E.J. *The Prophecy of Daniel.* Grand Raphids: Eerdmans, 1949.

Minor Prophets

Allen, Leslie C. *The Books of Joel, Obadiah, Jonah, and Micah. NICOT.* 1976.

Andersen, Francis I., and David Noel Freedman. *Hosea. AB.* 1980.

Baldwin, Joyce. *Haggai, Zecharaiah, Malachi. TOTC.* 1972.

Kaiser, walter *Micah: God's Unchanging Love.* Grand Rapids: Baker, 1984.

Maier, walter. *The Book of Nahum.* St. Louis; Concordia, 1959.

Mays, james L. *Amos. OTL.* 1969.

___. *Hosea. OTS.* 1969.

___. *Micah. OTL.* 1976.

Mitchell, Hinckley; Thomas Gilbert; J.M. Powis Smith; and Julius A. Brewer. *A Critical and Exegetical Commentary on Haggai, Zechariah, Malachi, and Jonah. ICC.* 1912.

Peterson, David l., *Haggai and Zechariah 1-8: A Commentary.* Philadelphia: Westminster, 1984.

Smith, Ralph L. *Micah-Malachi. WBC.* 1984.

Verhoef, Pieter A. *The Books of Haggai and Malachi. NICOT.* 1987.

Wolff, Hans Walter. *Hosea.* Hermeneia. Philadelphia; Fortress, 1974.

___. *Joel and Amos*. Hemeneia. philadelphia: Fortress, 1977.

General

Childs, B.S. *Old Testament Books for Pastor and Teacher*. Philadelphia: Westminster, 1977.

Goldingay, John. *Old Testament Commentary Survey*. Leicester; Theological Students Followship, 1982.

NEW TESTAMENT STUDIES

Introduction and Theology

Brown, C., ed. and trans. *The New International Dictionary of New Testament Theology*. 3 vols. Grand Rapids: Zondervan, 1975-78.

Gundry, Robert H. *A Survey of the New Testament*. Grand Rapids: Zondervan, 1970.

Guthrie, Donald. *New Testament Introduction*. Downers Grove: InterVaristy. 1970.

___. *New Testament Theology*. Downers Grove: InterVaristy, 1981.

Ladd, G.E. *A Theology of the New Testament*. Grand Rapids: Eerdmans, 1974.

Ridderbos, Herman. *Paul: An Outline of His Theology*. Translalted by John Richard DeWitt. Grand Rapids: Eerdmans, 1975.

Stott, John R. W. *Basic Introduction to the New Testament*. chicago: InterVaristy.1964.

Tenney, Merrill C. *New Testament Survey*. Rev. ed. Edited by Walter m. Dunnett. Grand Rapids: Eerdmans, 1985.

Theological Dictionary of the New Testament. Abridged in one volume by G.W. Bromiley. Grand Rapids: Eerdmans, 1985.

General Commentaries

Bruce, F.F., gen. ed. *The New International Commentary on the New Testament (NICNT)*. Grand Rapids: Eerdmans. 1962-1984.

Calvin's New Testament Commentaries. Grand Rapids: Eerdmans. 1960.

Gaebelein, F. E., gen. ed. *The Expositor's Bible Commentaru(EBC)*, vols. 8-12. Grand Rapids: Zondervan, 976-84.

Hendriksen, W., and S. J. Kistemaker, eds. *New Testament Commentary*. Grand Rapids: Baker.

Hubbard, D.A., and G.W. Baker, gen. eds. *Word Biblical Commentary(WBC)*. Waco: Word, 1984.

Tasker, R.V.G., gen. ed. *Tyndale New Testament Commentaries*. Grand Rapids: Eerdmans.

Commentaries on New Testament Books

Matthew

Carson, D.A. "Matthew." In *Expositor's Bible Commentary*, vol. 8. Grand Rapids: Zondervan, 1984.

Gundry, R.H. *Matthew: A Commentary on His Literary and Theological Art*. Grand Rapids: Eerdmans, 1982.

McNeile, A.H., ed. *The Gospel According to St. Matthew*. London: Macmillan, 1961.

Mounce, R.H. *Matthew*. San Francisco: Harper & Row, 1985.

Plummer, A. *An Exegetical Commentary on the Gospel According to St. Matthew*. Grand Rapids: Eerdmans, 1956.

Mark

Plummer, A. *The Gospel According to st. Mark*. Grand Rapids: Baker, 1982.

Schweizer, E. *The Good News According to Mark*. Atlanta: John Knox, 970.

Wessell, w.w. "Mark." In *Expositor's Bible Commentary*, vol. 8. Grand Rapids: Zondervan, 1984.

Luke

Ellis, E. Earle, *The Gospel of Luke*. Grand Rapids: Eerdmans, 1981.

Geldenhuys, Johannes Norval. *Commentary on the Gospel of Luke*. NICNT. 1952.

Liefeld, W.L. "Luke." In *Expositor's Bible Commentary*, vol. Grand Rapids: Zondervan, 1984.

Marshall, I.H. *The Gospel of Luke*. NIGTC. 1978.

Plummer, A.A. *Critical and Exegetical Commentary on the Gospel According to St. Luke.* ICC. 1902.

John

Brown, Raymond E. *The Gospel According to John.* AB. 2 vols. 1966-70.

Bruce, F.F. *The Gospel of John.* Grand Rapids: Eerdmans, 1983.

Tenney, M. "John." in *Expositor's Bible Commentary*, vol. 9. Grand Rapids: Zondervan, 1981.

Westcott, B.F. *The Gospel According to St. John.* Grand Rapids: Eerdmans, 1964.

Acts

Bruce, F.F. *Commentary on the Book of the Acts.* NICNT. 1954.

Neil, W. *The Acts of the Apostles.* New Century Bible. London: Marshall, Morgan & Scott, 1973.

Williams, David John. *Acts.* San Francisco: Harper & Row, 1985.

Romans

Cranfield, C.E.B. *The Epistle to the Romans.* ICC. 2 vols. 1975.

___. *Romans; A Shorter Commentary.* Grand Rapids: Eerdmans, 1985.

Hodge, C. *Commentary on the Epistle to the Romans.* New York: Hodder & Stoughton, 1882.

Kasemann, E. *Commentary on Romans.* translated by G.W. Bromiley. Grand Rapids: Eerdmans, 1980.

Luther, Martin. *Lectures on Romans.* translated by Wilhelm Pauck. Library of Christian Classics, vol. 15. Philadelphia: Westminster, 1961.

Murrary, John. *Romans.* 2 vols. *NICNT.* 1959-64.

1–2 Corinthians

Barrett, C.K. *A Commentary on the First Epistle to the Corinthians.* London: A. & C. Black, 1968.

___. *A Commentary on the Second Epistle to the Corinthians.* New York: Hodder & Row, 1973.

Bruce, F.F. *I and II Corinthians.* NCB. 1980.

Hughes, philip E. *Paul's Second Epistle to the Corinthians*. Grand rapids: Eerdmans, 1962.

Martin, Ralph P. *2 Corinthians*. WBC. 1986.

Galatians

Bruce, F.F. *The Epistle to the Galatians*. NIGTC. 1982.

Burton, E.E. *The Epistle to the Galatians*. ICC. 1920.

Guthrie, D. *Galaltians*. london: Nelson, 1969.

Ephesians

Lloyd-Jones, D.M. *An Exposition of Ephesians*. 4 vols. Grand Rapids: Baker, 1972-79.

Westcott, B.F. St. *Paul's Epistle to the Ephesians*. Minneapolis: klock & Klock, 1978, reprint.

Philippians

Lightfoot, J.B. *St. Paul's Epistle to the Philippians*. Grand Rapids: Zondervan, n.d., reprint

Martin, R.P. *Philippians*. London: Oliphants, 1976.

Colossians and Philemon

Eadie, J. *Commentary on the Epistle of paul to the Colossians*. Grand Rapids: Zondervan, 1957, reprint.

Lightfoot, J.B. *St. Paul's Epistles to the Colossians and to Philemon*. Grand Rapids: Zondervan, 1961, reprint.

Martin, R.P. *Colossians*. Exeter: paternoster, 1972.

O'Brien, P.T. *Colossians, Philemon*. WBC. 1982.

1-2 Thessalonians

Bruce, F.F. *1 and 2 Thessalonians*. WBC. 1982.

Marshall, I.H. *I and II Thessalonians*. Grand Rapids: Eerdmans, 1983.

Ward, R.A. *A Commentary on 1 and 2 Thessalonians*, Waco: Word, 1974.

1–2 Thimothy and Titus

Kent, H. *The Pastoral Epistles*. Chicago: moody, 1958.

Ward, R.A. *A Commentary on 1 and 2 Thimothy and Titus*. Waco: Word, 1974.

Hebrews

Hughes, P,E, *A Commentary on the Epistle to the Hebrews*. Grand Rapids: Eerdmans, 1977.

Kistemaker, Simon J. *Exposition of the Epistle to the Hebrews*. New Testament Commentary. Grand Rapids: Baker, 1984.

Lane, W.L. *Call to Commitment*. Nashville; Nelson, 1985.

Westcott, B.F. *The Epistle to the Hebrews*. Grand Rapids: Eerdmans, 1952, reprint

James

Davids, P. *The Epistle of James*. Grand Rapids: Eerdmans, 1982.

Hiebert, D.E. *The Epistle of James; Tests of a Living Faith*. Chicago: Moody, 1979.

Mayer, J.B. *The Epistle of St. James*. Grand Rapids: Baker, 1978.

1–2 Peter

Hiebert, D.E. *First Peter*, Chicago: Moody, 1984,

Kelly, J.N.D. *Commentary on the Epistles of Peter and of Jude*. London: A & C. Black, 1969.

Kistemakker, Simon J. *Exposition of the Epistles of Peter and of the Epistle of Jude*. NCC. Grand Rapids: baker, 1987.

Mounce, R.H. *A Living Hope: A Commentary on 1 and 2 Peter*. Grand Rapids; Eerdmans, 1982.

1–3 John

Boice, J.M. *The Epistles of John*. Grand Rapids: Zondervan, 1979.

Brown, R.E. *The Epistles of John*. Garden City: Doubleday, 1982.

Bruce, R.F. *The Epistles of John*. New York: Revell, 1970.

Westcott, B.F. *The Epistles of St. John*. Introduction by F.F. Bruce. Grand Rapids: Eerdmans, 1966.

Jude

Kistemaker, Simon J. *Exposition of the Epistle of peter and of the Epistle of Jude.* NCC. Grand Rapids: Baker, 1987.

Manton, T. *An Exposition of the Epistle of Jude.* London: Banner of Truth Trust, 1958.

Revelation

Barclay, William. *The Revelation of John.* 2vols. Philadelphia: Westminster, 1961, 2d. ed.

Hendriksen, William. *More Than Conquerors.* Grand Rapids: Baker, 1965.

Sweet, J.P.M. *Revelation.* Philadelphia: Westminster, 1979.

Swete, H.B. *The Apocalypse of St. John.* New York: Macmillan, 1907.

HISTORY OF THE CHURCH

General

Aland, Kurt. *A History of Christianity.* Philadelphia: Fortress, 1985.

Austin, Bill R. *Austin's Topical History of Christianity.* Wheaton: Tyndale, 1983.

Cairns, Earle E. *Christianity Through the Centuries.* Grand Rapids: Zondervan, 1981, 2d. ed.

Gonzalez, Justo L. *The Story of Christianity.* 2 vols. San Francisco: Harper & Row, 1984.

Latourette, Kenneth Scott. *Christianity Through the Ages.* New York: Harper & Row, 1965.

___. *The Unquenchable Light.* Lond: Eyre & Spottiswoode, 1945.

Meyer, Carl S. *The Church: From Pentecost to the Present.* Chicago: Moody, 1969.

Renwick, A. M., and A. M. Harman. *The Story of the Church.* Grand Rapids: Eerdmans, 1985.

Thompson, Ernest Trice. *Through the Ages: A History of the Christian Church.* Richmond: CLC, 1965.

Treadgold, Donald W. *A History of Christianity.* Belmont: Nordland, 1979.

Dictionaries and Handbooks

Cross, F.L., and E.L. Livingstone, eds. *The Oxford Dictionary of the Christian Church.* 2d ed. New York: Oxford University Press, 1974.

Douglas, J.D., ed. *The New International Dictionary of the Christian Church.* Grand Rapids: Zondervan, 1978.

Dowley, T., ed. *Eerdmans' Handbook to the History of Christianity.* Grand Rapids: Eerdmans, 1977.

Keely, Robin, org. ed. *Eerdman's Handbook to Christianity in Today's World.* Grand Rapids: Eerdmans, 1985.

___. *Eerdmans' Handbook to Christian Belief.* Grand Rapids: Eerdmans, m 1982.

Doctrine

Bromiley, Geoffrey W. *Historical Theology: An Introduction.* Grand Rapids: Eerdmans, 1978.

Fisher, George Park, *History of Christian Doctrine.* New York : Edinburgh: T. & T. Clark. 1902

Kelly, J.N.D. *Early Christian Doctrines.* New York: Harper, 1959.

Noll, Mark A.,; Nathan O. Hatch; George M. Marsden; David F. Wells; John D. Woodbridge, eds. *Eerdman's Handbook to Christianity in America.* Grand Rapids: Eerdmans, 1983.

Orr, James. *The Progress of Dogma.* London: Hodder & Stoughton, 1901.

Seeberg, Reinhold. *Textbook of the History of Doctrines.* Translated by C.E. Hay. Grand Rapids: Baker, 1964.

Toon, Peter. *The Development of Doctrine in the Church.* Grand Rapids: Eerdmans, 1979.

Periods

Early

Bainton, Roland H. *Early Christianity.* Princeton: Van Nostrand, 1960.

Brown, Peter Robert Lamont. *Augustine of Hippo: A Biography.* London: Faber, 1967.

Chadwick, Henry. *The Early Church.* Grand Rapids: Eerdmans, 1968.

Frend, W.H.C. *The Early Church.* Philadelphia: Lippencott, 1966.

Petry, R.C., ed. *A History of Christianity: Readings in the History of the Early and Medieval Church*. 2vols. Englewood Cliffs: Prentiss-Hall, 1962-64.

Middle

Cragg, Gerald R. *The Church and the Age of Reason*, 1648-1789. New York: Atheneum, 1962.

Estep, William R. *Renaissance and Reformation*. Grand Rapids: Eerdmans, 1986.

Green, V.H.H. *Renaissance and Reformation: A Survey of European History Between 1450 and 1660*. 2d ed. New York: St. Martin's, 1964.

Strayer, Joseph R., and Dana C. Munro. *The Middle Ages*, 395-1500. New York: Appleton-Century-Crofts, 1970.

Reformation

Bainton, Roland H. *The Age of the Reformation*. Princeton: Anvil, 1956.

___. *Christendom*. New York: Harper & Row, 1966.

___. *Erasmus of Christendom*. New York: Scribner, 1969.

___. *Here I Stand: A Life of Martin Luther*. New York: Abingdon, 1950.

___. *The Reformation of the Sixteenth Century*. Boston: Beacon, 1952.

Chadwick, Owen. *The Reformation*. Grand Rapids: Eerdmans, 1965.

Estep, William R. *Renaissance and reformation*. Grand Rapids: Eerdmans, 1986.

McNeill, J.T. *The History and Character of Calvinism*. New York: Oxford University Press, 1954.

Parker, T.H.L. *John Calvin: A Biography*. Philadelphia: Westminster, 1975.

Stevenson, William. *The Story of the Reformation*. Richmond: John Knox, 1959.

Modern

Cragg, Kenneth. *Christianity in World Perspective*. New York: Oxford University Press, 1968.

Latourette, Kenneth Scott. *Challenge and Conformity: Studies in the Interaction of Christianity and the World of Today*. New York: Harper & Brothers, 1955.

___. *Christianity in a Revolutionary Age*. 5 vols. New York: Harper & Row, 1958-62.

Manschreck, C.L., ed. *A History of Christianity: Readings in the History of the*

Church from the Reformation to the Present. Englewood Cliffs: Prentiss-Hall, 1964.

Miller, Perry, *Jonathan Edwards*. New York: Meridian, 1959.

Nichols, James H. *History of Christianity, 1650-1950*. New York: Roland, 1956.

Vidler, Alec. *The Church in an Age of Revolution*. Vol.5 of *History of the Church*. Baltimore: Penguin, 1961.

Christianity in America

Ahlstrom, Sydney E. *A Religious History of the American People*. New Haven: Yale University Press, 1972.

Brauer, Jerald C. *Protestantism in America: A Narrative History*. Philadelphia: Westminster, 1965.

Herberg, Will. *Protestant, Catholic, Jew*. Garden City: Anchor, 1960.

Hudson, Winthrop. *American Protestantism*. Chicago: University of Chicago Press, 1961.

Inch, Morris A. *The Evangelical Challenge*. Philadelphia: Westminster, 1978.

Noll, M.A.; N.O. Hatch; G.M. Marsden; D.F. Wells; and J.D. Woodbridge, eds. *Eerdman's Handbook to Christianity in America*. Grand Rapids: Eerdmans, 1983.

Thompson, Ernest Trice. *Presbyterians in the South*. Vol. 1, 1607-1861. Richmond: John Knox, 1963.

Wells, David F., ed. *Reformed Theology in America: A History of Its Modern Development*. Grand Rapids: Eerdmans, 1985.

Other

The Cambridge History of the Bible. 3vols. Cambridge: Cambridge University Press, 1963-70.

Neill, S.C. *A History of Christian Missions*. Baltimore: Pengiun, 1964.

Packer, J.I. *"Fundamentalism" and the Word of God*. Grand Rapids: Eerdmans, 1958.

| 성경 색인 |

창세기

1-11	114-117, 142
1-2	39, 50
1:1-2:3	53, 102
1	63
1:2	108, 611
1:26-27	58, 60
1:26	64, 103
1:28-29	129
1:28	64, 131, 150
1:29-30	64
2-11	135
2	63
2:1-3	238
2:1	58
2:4-50:26	145
2:4-25	53, 62
2:4-11:26	95-139, 145
2:4-4:26	99
2:4	63
2:7	85
2:8	64
2:9	103
2:15	63
2:16-17	72
2:16-18	65
2:23	86
3-11	39, 83, 123, 186, 688
3:1-11:9	121
3:1-4:24	121
3	123-124
3:6-8	122
3:6	122
3:15	122, 128, 131, 132, 134, 178
3:16-19	131
3:16	131
3:22	64, 103, 124
3:23-24	64, 133
3:24	114, 115, 240
4:1-16	125
4:1	133
4:7	136
4:9-10	122
4:17-24	99
4:23-24	125
4:26	98-99, 118, 136
5:22-24	101
5:22	118
5:24	118
5:29	101
6:1-9:17	125
6:9-9:29	98
6:9-9:17	127
6	118
6:1-4	118, 126
6:3	123
6:5-7	126
6:5	122
6:9	97, 101, 118
6:11-12	101
8:1	127
8:21	101, 128
8:22	76, 82, 108
9:1	104, 108, 111, 126, 128, 132, 134, 150
9:2	101, 128
9:5-6	128
9:7	104, 108, 126, 128, 132, 134, 150
9:8-17	101
9:15-16	127
9:18-19	111
9:26-27	101, 115
10	112
11	101, 122
11:1-9	102-103, 128, 142, 153, 171
11:3-4	103
11:10-26	98-99, 112, 177
11:26	134
11:27-50:26	99, 102, 145
11:27-25:11	98, 145-146, 154
11:27	97, 142
12-50	39, 144, 147, 154, 165, 168-170, 177-178, 182
12-23	156
12:1-3	149, 186

12:1	173-174	21:8-10	157	33:20	155
12:2-3	63, 152, 183	21:22	152	35:1-15	160-161, 403
12:2	101, 149-151, 178, 341, 352	22:9	155	35:1	155
		22:11-18	174	35:3	155
12:3	105, 113, 137, 149, 153, 156, 172, 352	22:17-18	154, 183	35:7	155
		22:17	149, 151, 171, 341, 352	35:11-12	183
12:7	149, 155			35:11	149
12:8	155	22:18	149, 153	35:12	149
13:4	155	25:12-18	145-146	36:1-37:1	145
13:15	149	25:19-35:29	145-146	37:1-50:26	162
13:16	150	25:22-26	155	37-38	162
13:17	149	25:29-34	157	37:2-50:26	145
15:1	149, 174	26:3-4	149, 154, 159	37:4	155
15:5-6	168	26:3	149	37:11	155
15:6	184-185, 610	26:4	149, 153	37:18	155
15:13-16	151	26:25	155	46-50	162
15:18-21	149, 168, 179	26:28	152	48:3	149
15:18	341	27-35	156	48:4	149
17	159, 168, 174	27:1-45	155		
17:1	136, 192, 230, 684	27:1-29	157	**출애굽기**	
17:2	168	28:3	149-151	1-13	194
17:5-6	149	28:4	149	1-12	242
17:6-8	168	28:10-35:15	160	1:7	170
17:7-8	179	28:10-22	160	1:8-22	195
17:7	149, 151, 154	28:13-15	149, 154, 156, 183	2:23-25	195
17:8	149, 151	28:13	149, 168, 213	3:7-17	195
17:10-14	152	28:14	149, 151, 161	3:10-12	214
17:18	149, 151, 154	28:15	149, 151, 161	3:13-15	167
17:19	154	28:18-22	155	3:13-14	214
18:1	174	32:29-31	112	3:15-16	251
18:18	149, 153	32:12	341	3:19	217

4:22-23	211	17:9-13	251	25:21	240
4:22	210	19-24	194	25:22	227, 240
4:24-26	238	19:1-24:18	194	26:31-33	240
6:1-8	195	19:3	231	28-30	194
6:1	217	19:4-6	110, 196	29:42-46	227
6:2-5	167	19:4	210	29:45-46	240
6:2-4	167	19:5-6	170, 246, 680	30:36	240
6:2	216	19:6	212, 221	31:1-11	194
6:6-8	215-216	19:9	231	31:12-17	194
6:6	217	19:23	196	31:17	238
6:7	246	20-31	238	31:18	194
8-12	195	20:1-17	196	32-34	194, 227, 231
12:1-30	242	20:18-20	194	32:11-14	194
12:31-13:16	195	20:19	231	32:30-35	194
12:43-50	242	20:22-23:33	232	33:12-16	196
13:20-22	195	20:22-23:19	194	33:17-18	195
13:21-22	222	20:24-26	235	34:6-7	195, 220, 256
13:21	225	21-31	194	34:8-10	194
14-18	194	21:1-23:19	196	34:9	194
15:1-18	521, 675	23:14-17	234	34:10	179
15:1	222	23:20-33	194	34:12	172
15:3	219	24	194-195, 530	34:14	224
15:11-12	73	24:15-18	194	34:18-23	234
15:11	222	24:16-18	222	34:29-35	195, 231
15:13-16	213	24:17	196, 226, 256	34:30-35	222
15:14-16	218	25-31	194, 227	35-40	194-195, 227
15:17	221, 308	25-27	179, 194	35:1-3	193
15:18	73	25:1-31:17	196	35:31	609
16:10	194	25:8-9	227	40:20	240
16:13	222	25:16	240	40:34-35	179, 222
16:22-26	239	25:17-22	240	40:35	195

레위기

1-7	197
1:1-7:21	235
8-10	197
9	248
11-16	197, 236
11:45	197
12:3	238
16	240
16:14	227
17-27	197, 236
17	235
18-20	232
18:5-6	197
18:21	197
19:2-4	197
19:2	197
19:5-8	235
19:10	197
19:18	682
19:33-34	172
20:7-8	197
20:26	197
22:32-33	197
23	234
26:11-13	231, 240
26:40-45	256

민수기

1-4	198
1	199, 252
1:46	199
3:1-9	199
4:1-33	388
5-6	198
7	198
9:1-14	198
9:13	198
9:15-23	195
10:33	227
10:35-36	227
11:1-3	198, 256
11:16	248
11:33-34	198
11:33	256
12:6-8	228, 249
12:10-15	198
13:30	251
14	198
14:5-9	251
14:17-19	256
14:20	224
14:24	251
14:37	256
14:38	251
15	198
15:18-19	199
15:22-29	235
15:32-36	198
16	199
16:31-34	256
16:35	256
16:46-50	256
17-18	198
17	249
19	198
20:12	199
20:14-21	171, 199
21:4-9	198
21:4-6	256
21:21-35	171, 253
23-24	199
24:17	257
25	199
25:9	256
25:11-13	249
26	199
26:51	199
27:15-23	248
27:18-23	205
28-30	199
28-29	198
28	198
35:33-34	198

신명기

1-4	201
1:8	179
1:10	251
1:11	251
1:21	179
1:25	179
1:35-36	179

2:31	179	8:18	358	27:9-28:68	203
3:18	179	9:4-6	235	28:1	345
3:20	179	9:4-5	606	28:12-13	702
4:6-8	213	9:5-6	111	28:13	211, 213, 298
4:24	256	9:5	213	28:64-68	254
4:25-28	201, 254	10:1-5	240	29-32	274
4:29	201	10:22	251	29:3-4	211
4:30-31	256	11:11-12	202	29:12-13	170
4:31	201	11:13-15	202	30:4-6	181
5-11	201	12-26	202	30:6	231, 237
5:4-5	194	12	202	30:10	231
5:15	218	12:5	296	30:11-20	203, 243
5:22-33	202	14:2	212	30:11-14	233
5:29	192, 202, 211	16:1-17	234	30:15-16	71
5:32-33	358	16:16-17	234	30:19-20	203
6:2-3	358	17:14-20	202	30:20	71
6:4-5	201	17:15	344	31-34	203
6:5	192, 237, 247, 681, 682	17:16-20	250, 344	31:1-8	203
6:6-7	233	17:18-20	324	31:7-8	205
6:9	233	17:20	345	31:24-29	395
6:18	358	18:9-12	250	32:1-14	207
6:24	358	18:14-22	202	32:5-6	608
7:6-9	606	18:15-22	250	32:7-9	113
7:6	212	18:15	250	32:10-14	210
7:7-9	207, 210	22:12	233	32:10-12	608
7:7-8	111, 173	26:16-19	202	32:43	257
7:12-8:9	358	26:18-19	211, 680	33:29	204
8:1-5	210	26:18	212	34:9	205, 248
8:17-18	235	26:19	213, 257	34:10-12	204, 228
8:7-10	115	27-30	203	34:10	344
8:10-11	358	27:1-8	203	34:11-12	217

여호수아

3-4	205
1:1-2:5	266
1:1-9	205
1:2-9	206
1:10-5:12	206
2:8-13	257
4:10	205
4:14	205, 248
4:17	205
5:1-9	238, 252
5:10-12	205
5:13-12:24	206
7	206
8:30-35	205
11:23	207, 253
13-24	207
13-22	206
14:2	253
14:6-15:63	251
15-17	251
21:43-45	207, 254
23-24	243, 266
23:1-24:28	206
23:4	207
23:6-7	206
23:10-11	206
23:12-16	254
23:13	293
23:14	206
23:15-16	207
24	327
24:14	206
24:20	254
24:25-27	395
24:29-33	206
24:31	208

사사기

1-삼상 15	39
1:1-3:6	265
2:1-5	276, 287
2:3	293, 298
2:6-3:6	266, 268, 292
2:10	280
2:21-3:4	298
2:20-23	339
3:7-16:31	265
5:15-17	282
6:7-10	287, 292
6:13	280
8:1	282
10:6-16	276
10:11-14	292
10:15-16	295
12:1-6	282
13:1-16:31	282
17-21	265, 267
17-18	267
18:30-31	284
20	283
21:25	337

룻기

4:21	257

사무엘상

1-2	273
1:1-2:11	274
2:1-10	289, 301, 312
2:2	272
2:12-4:22	274
2:35	222
3-8	273
3	303
3:1	280, 293
3:19-4:1	292
5-6	274
6:1-7:1	302
7:13-14	274
9-16	274
9:1-16:13	273
12	274, 287, 292, 327, 360
12:14	304
12:19	295
12:22	299
12:24-25	298
13:14	323
14:52	297
15:22-23	287
16-왕상 11	39
16:7	323
16:14-31:13	273
18:16	297

31-삼하 4	275	**열왕기상**		8:23	446	
		1-11	318, 355	8:24	340	
사무엘하		1-2	319	8:25	363	
1-20	273	1:37	327	8:38-39	446	
1:19-27	314, 325	1:48	340	8:47-51	360	
3:6-4:12	314	2:3-4	333	8:56-58	340	
3:22-30	325	2:12	330, 340	8:56	345	
4:8-12	325	2:26-27	302	8:66	340	
5:2	324	2:35	302	9:4-5	319	
5:12	323	2:46	340	9:4	341	
6:3-17	296	3	319	9:20-21	339	
7	335	3:3	329	9:26-28	222	
7:8	337	3:5-15	683	10:1-13	180	
7:13	338	3:5-9	331	10:6-10	341	
7:5-16	275, 314	4:20	341	10:23-24	341	
7:11-13	302	4:21	179, 339, 341	10:24	331	
7:12-13	338	4:25	341	11:1-8	329	
7:15	81	4:30-31	332	11:9	330	
8-20	222	4:32	332	11:39	368	
8-10	275	4:34	180	12-왕하 25	39	
11	275	5-6	351	12-왕하 17	318	
12-20	275	5:1-8:9	22	12:16	368	
15-왕상 2	328	5:1	180	13:2	373	
21-24	272, 273, 275	6:12-13	333	14:7-8	373	
21:13-14	325	6:12	341	14:21-31	385	
22	273	7:13-51	331	15:3	356	
22:1-23:7	312	8:10-11	179, 401	19:9-18	530	
22:2-51	312	8:11	340	19:10-18	669, 670	
23:1-7	273, 313	8:22-9:9	359	19:16	377	
23:2	683	8:22-53	329	19:18	379, 680	
23:5	336	8:23-53	319	19:19-21	377	

열왕기하

2:9	377
2:11	578
2:13	377
2:15	377
14:26-27	374, 378
17:21-22	373
18-25	318, 355, 385
18-19	385
20	385
21	385
24-25	385
25:27-30	318

역대상

1:1-27	112, 316
1:28-54	316
2-4	316
2:1-9:1	316
6	316
6:31-47	388
6:49-53	388
8	317
9:1-34	317
9:1-3	317
9:3	370
9:17-23	345
9:22-27	388
9:28-32	388
10	317
11-대하 9	39, 317, 362

11:2	324
11:9	326
12:26-27	370
14:2	339
14:17	339
15:16	388
15:23-24	388
17:21	344
18:14	326
22:2-26:32	207, 345
22:12	326
25:6-7	345
26:1-19	345
28:1-29:20	302
28:2	240
28:9	327
28:20	327
29:22	302
29:25	329

역대하

1:1	329
6:16	363
6:18	338
9:9-11	340
10-36	362
11:2-4	393
11:16-17	370
15:2	364, 393
16:7-9	393
20:20	364

25:7-9	394
30:6-8	380
30:9	380
30:10	380
31:1	389
34:6-7	390
35:1-19	390
35:4-5	381
35:18-19	381
36:15-20	364

에스라

1-6	447
1:1-4	441
1:9-11	441
5:1-2	422
7-10	420

느헤미야

1-6	420
5:1-13	422
8-12	420
13:4-9	449
13:7-27	422
13:15-22	449

욥

38:33	80

시편

1:1	129

1:2	229	46:4-11	689	104	677
2	311, 338, 679	46:4	595	104:30	683
2:4	587	51:17	237	105:5-6	242
2:7	508	61:7	223	105:43-45	119
8:4	701	66:1	348	106:6-8	242
8:5-9	85	72	311, 332, 679	110	311, 679
14:7	689	72:12-14	679	111:2-4	217
15:2	230	72:17	679	113:2-6	74
18	311	74:12	685	113:5-8	223
19	74	78:60	296, 302	114:2	221, 240, 517, 587
20	311	78:66-72	326	119	71
21	311	78:67-72	294	119:89-93	117
23:6	223	78:67-70	302	126:1-2	447
24:4	230	78:67-68	299	132	311, 679
25:10	223	78:72	314	132:7-8	240
29:1	74, 75	86:15	223	132:8	227
29:10-11	75	87	595	132:13-18	689
32	224	87:4-6	595	133:3	27
32:5	224	87:7	595	135:4	212
33:6-11	72	89	299, 311	136	219
37:1-40	682	89:1	223	137	418
37:11	702	89:49	336	137:5	432
42	431	93:2	685	137:7-9	435
42:5-6	435	95:7-8	458	145:3-7	17
43	431	95:11	458	145:3	700
43:2	434	98	675	145:8-9	223
43:5	435	99:5	240	145:13	685
44	431, 434	101	311	148	70
44:24	434	103	224	148:1	71
45	311, 679	103:8	223	148:7	71
46	348	103:13-16	223	148:13	71

잠언		11:2	683	43:19	458
1-29	332	11:5-9	453	44:3	446, 685
8:22-31	76	11:9	453, 682	44:8	453
		11:10	453	44:21	453
이사야		12:3	595	44:26-45:6	449
1:2	608	12:5-6	704	44:24-28	82
1:11-17	235	13:13	671	45:5-6	82
1:17	682	14:1-3	454	45:9	82
1:18	694	25:7	442	45:13	444
1:26	694	27	396	45:24-25	455
2:1-4	678	27:9	596	46:13	455
2:3	689	30:15	699	48:10	455
2:6-22	367	30:18	699	48:17-19	31
2:11-15	682	32:15-20	609, 683	49:13	456
4:3	695	33:15	230	51:8	455
6:1	395, 587, 675	33:22	699	51:16	456
6:3	74	34:16-17	706	52:1	455
6:10	706	35:1-2	677	52:7-10	445
7:14	507	36-39	385	52:13-53:12	454, 510
7:10-17	396	40:1-2	444, 481	53:4	529
7:17	367	40:8	180, 706	53:12	529
8:6-10	384	40:11	445	54:1-15	595
8:16	706	40:15	443	54:2	452
9:1-7	396	40:28-31	443	54:9-10	128
9:2-7	679	41:8	453	54:13	453
9:2-3	453	42:1-4	529	55:3	337, 446
9:6-7	453	42:6	453	55:6	393
9:7	453	43:25	481	55:11	706
11:1-11	396	43:5-6	452	56:2-7	438
11:1-9	682	43:10	453	56:7	455
11:1	683	43:15	444	58	451

58:3-5	239	7:12	296, 302	5	418
58:13	239, 438	7:14	296, 302	5:21-22	436
59:1-2	451	23:5-6	399		
59:16	445	23:7-8	443	**에스겔**	
59:17	445	29	436	1:1-3	400
59:20-21	689	31:1-2	452	1:4-2:2	401
59:20	596	31:15	442	3:16-19	401
59:21	446	31:31-37	390	3:18-19	401
60:1-22	595	31:31	445	4:1-17	402
60:1-3	453	31:34	481	5:1-4	402
60:12	453	31:35-36	81	8:1-4	401
60:14	695	32:1-33:13	390	10:1-22	401
60:19-20	455	32:37-33:13	678	10:15-19	240
60:22	452	33:14-18	390	11:20	402
61:1-3	453	33:14-26	679	11:22-25	401
61:1	683	33:19-22	390	11:23	430
61:6	452	33:22	699	15	402
61:10	455	33:23-26	390	16	402
62:10	450	33:25-26	81, 390	17	402
63:1-6	671	42-51	399	34	402
63:6	676			34:2-3	402
65:13-16	31	**예레미야애가**		34:11-15	402
65:16	442	1-4	418	34:24	453
66:1-2	348	1:3	435	34:30	402
66:7-13	595	1:9	435	36:26-27	402
66:14-16	676	1:20	433	36:28	402
		2:1	429	40:46	302
예레미야		2:13	8	44:15	302
1:5	398	2:17	432	44:24	438
1:9-10	398	3:23-25	434	47:1-12	595
3:19	608	3:24-26	435	48:11	302

다니엘

2	407
2:44-45	678
4	407
5	407
7	407
7:13-14	509
9	407
11:2-12:13	407

호세아

2:18-23	677
3:5	679, 682
4:1-2	374
4:17	375
5:1-7	374
9:7-8	374
9:17	375
11:1	608
11:9	221
14:4-8	456
14:4-5	375

요엘

2:18-26	423
2:27	423
2:28-29	446
3:1-16	423
3:17-21	423

아모스

2:6-8	375
3:14-15	375
5:18-20	671
5:18	429
5:20	429
9:4	375
9:9-10	671
9:11-12	375

오바댜

15	407
17	407
21	407

요나

4:2	223
4:11	223

미가

3:12	397
4:1-3	397
5:2-5	397
6:8	229, 237, 682
7:14-20	397
7:18-20	235, 442
7:18-19	224

나훔

1:7	404
1:15	404

하박국

1:2-2:1	706
1:5-17	405
1:13	430
2:1	405
2:3-4	699
2:4	406
2:5-20	406
2:14	406
3:16-19	706
3:18-19	406

스바냐

1-2	404
1:7	671
1:10-13	671
1:15	405
1:18	429
2:2	405, 429
2:11	405
3:9	405
3:14-20	521
3:14-17	704
3:15	405
3:17	405
3:18-20	405

학개

1:14	448
2:5	609, 683
2:23	517

스가랴

2:10-13	595
4:14	517
6:9	679
6:15	679
7:3	434
9:10	679
14	521
14:20-21	455

말라기

1:6	222
2:4-8	249
2:15	85
3:1	670
3:17	212
4:4	364
4:5-6	376, 382, 499
4:5	670

마카비 1서

2:1-4:59	469
2:42	466
7:13	466

마태복음

1:1-16	462, 512
1:5	257
1:21	485
3:1-2	519, 520
3:12	670
3:16	683
3:17	530
4:12-7:29	504
5-7	485
5:3-10	230, 523, 524
5:3	527
5:5	673
5:12	524
5:17-20	487
5:19	233
5:20	233
5:35	240
5:45	135
6:1-18	523
6:6	539
6:10	522, 673
6:18	539
6:33	486
7:13-14	697
7:21-23	487
8:10-12	523
8:11-12	531
8:17	529
9:13	485
10	485
10:11-15	357
10:34-39	487
10:37-39	523
10:40	532
11:12-13	519
11:14	519
11:19	485
11:27	504
11:28-30	487
11:28-29	233
11:28	400
12:18-21	529
12:28-29	540
12:28	525, 683
12:29	525
12:50	508, 523
13	485
13:1-23	524
13:24-43	524
13:24-30	527, 539
13:31-50	533
13:40-43	683
13:44-50	525
13:44-46	523
13:52	486, 504
15:1-20	237
15:2	467
16:13-20	531
16:18	486
16:19	486, 532
16:24-25	523
16:28	703
17:3-13	376, 510
18	485
18:17	486
18:18	532
18:35	697

19:14	523	10:15	697	10:18	525
19:23-24	523	10:45	605	12:32	702
19:27	525	14:24-25	530	13:18-21	539
19:28	527, 532	15:39	508	13:28	539
21:1-11	679			15	534
21:33-44	531	**누가복음**		15:20	223
22:41-45	511	1:1-4	491	16:13	519
23-26	485	1:17	376	16:16-17	525
23:39	486	1:32-33	508	16:16	492, 519, 538
24:14	532	1:46-55	301	16:17	492
24:42	699	1:54-55	521	16:19-31	538
24:30-31	531	1:68-79	521	16:31	526
25:1-13	8	1:76	499, 670	17:11-19	534
25:31-46	486, 523, 697	1:77	521	17:20-21	703
25:31-32	683	2:11	511, 512, 534	17:21	527
26:28	400	2:32	522, 534	17:33	697
28:18	531	3:6	534	18:1-5	705
28:20	182	3:8	534	18:29-30	539
28:16-20	531	3:11-14	501	18:29	525
28:18-20	501, 532	3:16	500, 683	19:10	534
28:18-19	182	3:23-38	512	19:11	539
		3:33-37	134	19:12-27	539
마가복음		4:16-21	525	20:9-18	530
1:1	343	4:25-27	534	21:24	493
1:14-9:50	488	7:9	534	21:27-28	526, 534
2:10	525	7:13	511	21:31	703
4:26-29	525	7:19	511	22:29	538
4:30-32	525	7:28	502	22:29-30	535
9:2-13	508	9:52-56	534	22:37	529
9:37	532	10:1	511	24:44-47	509, 526, 535
10:1-16:8	488	10:18-20	540	24:44-45	493

24:47	534	8:39	184	21:25	497
24:48-49	546	10:2-4	536		
		10:11	536	**사도행전**	
요한복음		10:16	536	1-7	591
1:1-14	73	10:17-18	536	1:1-5	551
1:12-13	536	10:22-24	470	1:1-2	546
1:12	523, 697	11:2	511	1:2	591
1:13	610	12:31	540, 605	1:3	591
1:14	182	13:34-35	537	1:5	591
1:19-27	495	14:6	523	1:6-5:42	551
1:29	670	14:12	592	1:6	470, 511
2:1-11	495	14:15-27	536	1:7-8	706
3:1-8	536, 697	14:16	684	1:7	215, 307, 492, 525, 692
3:3-8	523	14:21	537	1:8	446, 591, 684
3:5	697	14:23	602	1:22	575, 583, 591
3:8	610	14:26	536	1:24	511
3:13	578	15:1-13	537	2:5	549
3:16-18	601	15:18-16:15	536	2:23	576
3:36	697	15:26	684	2:33	578
4:3	511	16:8-11	536	2:36	511, 579, 581
4:13-15	537	16:12-15	610	2:38	576, 581, 684
4:24	348	16:13	684	2:39	409
4:42	512	16:14-15	536	2:14-41	548
4:46 54	495	16:33	537	2:16-21	548
5:35	502	17:17-19	536	2:20-21	580
6:15	470	17:26	537	2:22-36	577
6:23	511	17:20-21	536, 602	2:22-35	548
6:35	537	17:23	602	2:30-33	582
7:37-38	537	17:24	536	2:32-36	582
7:39	684	20:21-23	536	2:33-36	580
8:39-41	536	21:15-19	537	2:34-36	39

2:38-41	549	5:31	580, 582	13:13-48	548
2:42-47	549, 551	6:1-9:31	551	13:38	581
2:43	592	6:5	684	13:39	581
3:6	550, 576, 592	6:23	580	14:15-17	548
3:11-26	548	7:1-53	548	14:22	523
3:13-14	576	7:51-53	576	15:29	137
3:13	529	7:52	580	16:6-7	684
3:14	576, 580	7:55	548, 578, 684	16:18	547
3:15	582	7:56	578	17:3	575
3:18	576	8:5-25	591	17:31	135, 382, 587, 683
3:19	551, 582	8:12	525, 527, 576	17:22-34	548
3:21	582	8:26-40	529, 591	17:27-28	608
3:24-26	303, 409, 578	9:5	511	19:8	579
3:24	300	9:15	591	19:11-12	550
3:26	529, 576	9:31	551, 591	19:17	550
4:3	580	9:32-20:6	551	19:20	550
4:8-12	548	10-11	591	20-21	580
4:10	576	10:1-11:18	549	20:7-21:17	551
4:12	501, 581	10:4	511	20:17-38	558
4:26-27	576	10:9-48	684	20:17-35	548
4:27-30	529, 578	10:14	511	21:18-28:10	551
4:28	576	10:34-43	548	22:1-21	548
4:29	511	10:42	580, 587	22:8	511
4:30	547	10:43	580	22:19	511
4:31	684	10:44-48	501, 582	24:21	575
4:33	591	11:2	580	26:2-27	548
5:12-16	549, 551	11:15-17	582	28:11-31	551
5:12	550, 591	11:16	581	28:23	579, 591
5:15	550	11:17	582	28:31	591
5:16	550	11:27-28	684	28:25-28	548
5:29-32	548	13:1-2	684	28:31	525

로마서

1:1	682
1:2	564
1:6	564
1:16-17	564
1:16	584, 689
1:18-32	125
1:18	604
2:5-6	683
3:2	257
3:21-26	584
3:24-26	603
3:25	236
4:1-3	606
4:1	606
4:22-25	597
4:25	584
5:1	597, 604
5:5	684
5:6	584, 604
5:8-11	604
5:8	603
5:9-11	597
5:9	603
5:10-11	604
5:12-6:14	603
5:12	130
5:17	702
5:18-19	135
5:21	597, 697
6:11	605
6:13-23	697
6:14	605
6:22	601, 606, 611
8:1-17	606
8:3	584, 603
8:4-11	611
8:8	608
8:9-11	602
8:9	684
8:11	606, 674
8:14-15	684
8:15-17	611
8:15-16	606
8:17-18	606
8:18-25	685
8:18	598
8:19-21	83
8:20	95
8:21	601, 605, 609
8:22	130
8:23	601, 606, 684
8:30	607, 609
8:31-39	597
8:32-34	584
9-11	597, 689
9:4-5	600, 680
9:4	210, 231, 246, 608
9:8	606
10:1-13	689
11	689
11:15-16	596
11:15	596
11:16	600
11:25	689
11:26-27	689
11:26	596
11:28	600
11:29	606, 689
12:1-2	235, 562
12:3-8	594
12:3	594
12:6-8	599
13:8-10	611
13:11-14	611
14:6	612
14:9	587
14:17	597, 691
14:19	597
15:4	598
15:5-6	606
15:9-10	257
15:13	598
16:20	180, 691
16:25-27	601
16:26	564

고린도전서

1:7-9	566
1:9	607
1:18	575, 584
1:21	575, 607
1:18-25	584

2:3	567	10:33	612	15:43	607
2:6-16	610	11:23	566, 585	15:50-58	585
2:6	605	11:25	400	16:22	587, 682
2:9	566	12:4-11	582		
2:10-16	33	12:7	594	**고린도후서**	
2:12-15	32	12:8-10	599	1:20	182
2:16	613	12:11	594	1:22	684
3:1-4	611	12:13	599, 602	3:6-18	684
3:11	607	12:14-31	594	3:6	400
3:17	595	12:28-30	599	3:9-10	609
3:22-23	601	12:31	594	3:13-16	195
4:5	566	13	567, 611	3:17	610
5:3-5	566	13:13	594, 691	3:18	610
6:2-3	683	15	674	5:5	684
6:9-11	610	15:1-11	567	5:10	683
6:17	602	15:1-8	575	5:17	684
6:19-20	605	15:1-2	674	5:18-20	604
7:5-8	567	15:3-8	561	5:21	584, 608
7:6	566	15:3-4	584	8:7	612
7:10	566	15:3	584, 603	8:14	612
7:12	566	15:8	583	9:5-13	612
7:17-24	572	15:9-11	583		
7:22-23	605	15:17	585	**갈라디아서**	
7:25	566	15:20-21	585	1:12	583
7:31	610, 673	15:20	674	1:14	467, 583
7:40	566	15:23-28	687	2:20	584
10:1-10	611	15:24-25	605	3:7-9	185
10:11	566	15:25-28	576	3:13	604, 605
10:15	566	15:25	39, 585, 587	3:14	185
10:27-31	237	15:26	585	3:15-29	606
10:29	612	15:35-49	585	3:26-27	597

3:28	572	1:6	609	4:23-24	611, 613
3:29	182, 185	1:7	605	4:30	570, 601, 684
4:1-7	229	1:9-10	51	5:1-2	570, 611
4:1-3	210	1:10	586	5:2	603
4:4-5	605	1:12	598	5:9	598
4:4	181	1:13-14	569, 586, 684	5:18-20	446
4:6	610, 684	1:14	598	5:19-20	705
4:21-31	229	1:20-21	586	5:21	613
4:25-26	595	1:22	593	5:32	601
4:26	595, 612	2:1-21	570		
4:28	606	2:1-3	611	**빌립보서**	
5:1-18	605	2:13	604	1:12-30	570
5:1	612	2:14-22	595	1:25	597
5:5	31, 697	2:14	182	1:27	612
5:14	598	2:16-18	597	2:1-18	570
5:16-21	611	2:18	684	2:1-11	697
5:16	598, 610	2:19-22	186	2:1-4	594
5:25	598, 610	2:20	481, 607	2:2	612
5:22-23	598, 611	2:21-22	595	2:3-4	613
5:22	598	3:6	570	2:5-11	510
6:6-10	612	3:16	609	2:5-8	613
6:15	84, 610	3:19	611	2:5	613
6:16	596	4-6	570	2:6-11	584, 704
6:25-32	85	4:4-6	594	2:9-11	513, 586
		4:4	599	2:11	538
에베소서		4:7	704	2:12-13	610
1:3-14	601, 684	4:10-11	582	3:1	597
1:3	586	4:11	599	3:3	597
1:4-14	586	4:12-13	599	3:14	607
1:4-6	598	4:13	599	3:21	586
1:4	607	4:15	594	4:4-6	597

4:4-7	571	5:2	697	디도서	
		5:6-18	697	1:5-9	573
골로새서		5:10	603	2:11-15	706
1:1-14	571	5:23	568	2:13	573
1:9-10	611				
1:13-18	571	**데살로니가후서**		**히브리서**	
1:13	596	1	569	1-2	555
1:15-23	571	1:5	523	1:1-5	554
1:16-17	586	1:7-10	220, 683	1:1-4	73
1:17-20	691	2:1-12	569	1:1-3	46, 665, 667
1:18	593, 594, 674	2:13-17	569	1:3	480, 609
1:20	571, 604	2:14	609	1:13	39
1:21-22	597	3:6-15	569	2:5-11	609
1:26-27	601			2:5-9	687
2:6-7	611	**디모데전서**		2:8	39, 605
2:8-23	237	2:5-7	573	2:10	609
2:8	561	2:5	24	2:14-17	588
2:9-10	598	2:6	605	2:14-15	605
2:15	586, 605	3	573	3:1-4:13	555
2:16-17	612	4:3-5	612	3:1-6	73
3:10	613	6:3	573	3:1	588, 607
3:16-17	446	6:13-16	573	3:5-6	228
4:2-18	571			3:5	260
		디모데후서		3:6	480
데살로니가전서		1:9	607	4:3-11	254
1-3	568	1:13-14	573	4:14-10:18	555
1:10	597, 674	3:16-17	231, 681	4:15	588
2:12	611	4:1-5	573	5:7-10	588
3:13	568	4:3	573	6:4-5	588
4-5	568	4:8	573	8:8-12	400
4:1-8	611			9:3-5	240

9:4	240	**베드로전서**		3:9	181	
9:5	227, 240	1:3-12	558	3:10	604	
9:11-10:18	603	1:3-4	703	3:13	31, 673, 685	
9:14	605	1:8	609, 703	3:8-9	223	
9:16-17	602	1:11	588, 703			
9:22	235	1:19	588	**요한일서**		
9:24	239	1:13-3:11	558	1:1-4	559	
9:26	588	1:17	683	1:3	602	
10:1-14	236	1:19-20	607	1:5-2:14	559	
10:10	588	1:23	601, 687	2:1-2	604	
10:12	588	2:9-10	680	2:15-17	559	
10:13	39	2:13-3:22	588	2:18-27	559	
10:19-13:25	555	2:21-25	588	2:29	608, 610	
11	31	3:12-4:19	558	3:9	608	
11:6	184	3:18	588	3:24	602	
11:13-16	185	4:14	609	4:13	602	
11:19	185	4:12-19	588	5:1	608	
12:18-27	555	5:1	588	5:4	608	
12:29	224, 256	5:1-9	558	5:18	608	
13:10-13	603					
13:15-16	236	**베드로후서**		**유다서**		
		1:14	558	6	126	
야고보서		1:16-18	510	17	560	
1:21	557	1:21	33	21	560	
1:25	557	1:3-11	558	3	560	
2:1	609	1:12-21	558			
2:8	557, 681	2	558	**요한계시록**		
2:21-24	184	2:4	126	1:3	706	
4:8	393	3	558	1:6	702	
5:17	377	3:7	683	2-3	698	
		3:8	181	2:7	698	

2:11	698	21:22	87
2:17	698	21:27	674
2:26	698	22:1–5	64, 595
2:27	39	22:3	673
3:12	698	22:12	683
3:21	698	22:16	525
3:4–5	698	22:17	682
5:9–10	88, 705	22:20	587, 682
5:9	50, 182, 605		
5:10	702		
6:16–17	604		
7:9	50		
7:15–17	705		
12:5	39		
12:10–12	134		
15:3–4	219, 705		
18	129		
19:1–2	705		
19:6–8	705		
19:11–20:6	220		
19:11–21	687		
19:15	39		
19:16	697		
20:6	702		
20:10	130		
20:12	683		
20:13	135		
21–22	50, 692		
21:1–3	127		
21:3	116		
21:8	674		